Orbis

DIE BIBEL

DAS ALTE TESTAMENT

in Bildern erzählt von

ERICH LESSING

Mit Beiträgen von

FRANZ KARDINAL KÖNIG

RAINER ALBERTZ

FRANK CRÜSEMANN

JÜRGEN EBACH

MANFRED GÖRG

ORBIS VERLAG

Der Band enthält 214 Farbabbildungen und 3 Karten
Ausführliche Bilderläuterungen finden sich ab Seite 371

Beratung bei der Bildauswahl: Prof. Frank Crüsemann und Prof. Jürgen Ebach
Beratung bei der Auswahl der altorientalischen Texte: Prof. Manfred Görg
Auswahl der biblischen Texte: Traudl Lessing
Lektorat: Dr. Erich Rößler
Karten: Adolf Böhm

Sonderausgabe 1997, Orbis Verlag für Publizistik GmbH, München

Gesetzt aus der Janson-Antiqua
Satz: Filmsatz Schröter GmbH, München
Reproduktionen: Brennerstudio, München
Druck und Bindung: Egedsa, Barcelona
Printed in Spain · ISBN 3-572-00823-9

Nach Zion kommt man nur über Zion.

Martin Buber

Inhalt

Franz Kardinal König

Der Monotheismus ist die Grundlage des Alten Testamentes

Der vorliegende Bildband eines photographischen Künstlers versucht, mit meisterhaften Bildern in die Geschichte Israels einzudringen. Man erlebt den weltweiten Horizont dieses Volkes, das durch die Bibel Weltgeschichte gemacht hat. Zu den wesentlichen Merkmalen des Alten Testamentes gehört das ganzheitliche Denken, die Darstellung der Geschichte der Menschheit und des Kosmos, angefangen von der Urgeschichte bis zum neuen Ansatz mit Abraham und zur Auseinandersetzung mit allen politischen Problemen dieses Volkes. Die biblischen Bilder erschließen Wege in das Denken Israels und in die Grundvollzüge seines Lebens mit Gott. Diese Bilder rühren an die Geschichte jedes Menschen, die Bibel erzählt von der Suche nach Gott und vom Ringen des Menschen mit ihm. Die Bibel handelt vom Reden Gottes mit den Menschen und dessen Antwort. So ist das Alte Testament nicht nur ein Geschichtsbuch und eine Sammlung prophetischer Reden, sondern gleichzeitig ein theologisches Lehrbuch, zu dem sich in der Geschichte der Religionen keine Parallele findet.

Das Auffallende gegenüber anderen Religionen ist der israelitische Monotheismus, dessen Mitte das Gebot ist: «Ich bin Jahwe, dein Gott, der dich aus Ägypten geführt hat, aus dem Sklavenhaus. Du sollst neben mir keine anderen Götter haben» (Ex 20,2 f.). Wohl begegnet uns überall in der Geschichte der Religionen eine Auseinandersetzung mit den existentiellen Fragen des Menschen: Was war vor meinem Eintritt in die Welt und was wird nach meinem Ausgang aus dieser Welt sein? Welchen Sinn hat mein Leben, von welcher Macht hängt mein Leben ab? Wo entdecke ich die Fäden, die zwischen jener unsichtbaren Welt und meiner sichtbaren Welt gespannt sind?

Die Geschichte der Völker hat sich in ihren Religionen immer für diese Fragen interessiert. Trotzdem ist der israelitische Monotheismus als Antwort einzigartig, die besagt: Es gibt einen Schöpfer, der die Menschen – und zwar alle Menschen – nach seinem Ebenbild geschaffen hat. Dieser Schöpfergott erwählt sich am Sinai ein Volk, um Diener an der ganzen Menschheit zu haben. «Mir gehört die ganze Erde, ihr aber sollt mir als ein Reich von Priestern und als ein heiliges Volk gehören» (Ex 19,5 f.).

Im Sinne dieses Monotheismus sind Christentum und Islam Tochterreligionen des Judentums. Das bedeutet nicht, daß es nicht auch in anderen Religionen Spuren eines Monotheismus, eines Hochgottglaubens, gibt, also Erfahrungen von dem einen Gott, der der Schöpfer des Himmels und der Erde ist und eine Beziehung zu jedem Menschen will. Aber in diesen anderen Religionen ist der Monotheismus auf keinen Fall alles beherrschend und so deutlich wie im Alten Testament.

Wie ist es zu dieser religionsgeschichtlichen Stellung des Monotheismus im Judentum gekommen? Große Professoren des Alten Testaments sehen hier eine Evolution, ausgehend von anfänglichen Erfahrungen in einem dauernden Spannungsfeld zum Polytheismus. Auch innerhalb Israels gibt es diese Spannungen, eine Auf- und Abentwicklung in der sogenannten Volksreligion. Man bringt den Göttern bei verschiedenen Anlässen Opfer dar, um sich auf diese Weise die Gottheit gleichsam dienstbar zu machen. Es ist das Denken: Du mußt mir helfen, denn ich leiste auch etwas für dich. Es erscheint mir wichtig, diese Spannungen zwischen Monotheismus und Volksreligion mit polytheistischen Tendenzen zu sehen. Das Alte Testament ist ein einziges Zeugnis für den Kampf des schwierigen Monotheismus gegen den latent überall – auch in Israel – vorhandenen Polytheismus.

Als eines der vielen Beispiele seien einige Sätze angeführt aus dem alttestamentlichen Buch des Propheten Jesaja. Solche Sätze deuten uns ein Gottesbild, ein Weltbild an, wie es aus keiner anderen der vielen Religionen bekannt ist; wie es in der geographischen Breite oder den vielfältigen geschichtlichen Perspektiven der Religionsgeschichte der Menschheit nicht existiert; das heißt, es ist der Gegensatz zwischen dem einen universalen Gott und den vielen Gottheiten nach menschlicher Vorstellung:

«Wer hölzerne Götzen umherträgt, hat keine Erkenntnis, wer einen Gott anbetet, der niemanden rettet.

Macht es bekannt, bringt es vor, beratet euch untereinander.

Wer hat das alles seit langem verkündet und längst im voraus angesagt?

War es nicht der Herr? Es gibt keinen Gott außer mir, außer mir gibt es keinen gerechten und rettenden Gott.

Wendet euch mir zu und laßt euch erretten, ihr Menschen aus den fernsten Ländern der Erde; denn ich bin Gott und sonst niemand» (Jes 45,15 ff.).

Aus der ganzen Fülle des Materials der vergleichenden Religionsgeschichte finden wir keine Stelle, die die Größe Gottes in ähnlicher Weise beschreibt:

«Wer mißt das Meer mit der hohlen Hand, wer kann mit der angespannten Hand den Himmel vermessen? Wer mißt den Staub der Erde mit einem Scheffel?

Wen fragt er um Rat und wer vermittelt ihm Einsicht?

Seht die Völker sind wie ein Tropfen am Eimer, sie gelten so viel wie ein Stäubchen auf der Waage. Ganze Inseln wiegen nicht mehr als ein Sandkorn.

Alle Völker sind vor Gott wie ein Nichts.
Mit wem wollt ihr Gott vergleichen und welches Bild an seine Stelle setzen?
Mit wem wollt ihr mich vergleichen? Wem sollte ich ähnlich sein, spricht der Heilige.
Hebt eure Augen in die Höhe, und seht, wer hat die Sterne dort oben erschaffen?» (Jes 40,12 ff.).

Das Judentum ist eine universale Religion

Das religionsgeschichtliche entscheidende Phänomen des Monotheismus ist die Grundlage des Alten Testaments. Jesus wurzelt im Alten Testament und geht davon aus. Von daher ist die Frage zu beantworten, wie Chrisen das AT lesen und verwenden sollen. Zwei Möglichkeiten stehen sich diametral gegenüber, die hier kurz skizziert werden sollen. Eine erste ist die religionsgeschichtliche Verwendung des Alten Testaments, wie sie seit der Aufklärung in der christlichen Theologie vorherrschend ist. Diese Methode sucht in den einzelnen Büchern des Alten Testaments die Unterscheidung zwischen jüngeren und älteren Schichten. Sie verwendet damit das Alte Testament als eine Quellensammlung, mit deren Hilfe sie die Entwicklung Israels vom Polytheismus zum strengen Monotheismus historisch und religionsgeschichtlich fassen will. Auf diese Weise kann man feststellen, daß sich in den Schichten des Alten Testaments – vom Polytheismus über den Henotheismus bis zu einem umstrittenen und zum Schluß eindeutigen Monotheismus – die Geschichte von Nomadenstämmen niedergeschlagen hat, die zum Volk Israel geworden sind. Das Alte Testament wird als Dokument einer religionsgeschichtlichen Entwicklung verstanden, in der es auf Grund sozialer, politischer und wirtschaftlicher Fakten zum einmaligen Monotheismus Israels kam.
Dieser Verwendung der Bibel als religionsgeschichtliches Quellenbuch steht ein zweiter Zugang zur Bibel gegenüber. Es ist der Zugang, den das religiöse Judentum von seinen Anfängen bis heute als einzig legitim und der Bibel entsprechend mit allem Nachdruck verteidigt und vertritt. Dieser zweite Zugang beginnt bei der Endgestalt der Bibel und geht davon aus, daß diese Endgestalt das eigentliche Kunstwerk, die eigentliche Offenbarung ist. Der Wille Gottes für Israel und über Israel an die Welt ist damit einmalig und endgültig mitgeteilt. Diese Endgestalt der hebräischen Bibel wurzelt in ihrem Kern im babylonischen Exil.
Es ist in der Forschung heute kaum umstritten, daß die fünf Bücher des Mose im babylonischen Exil geformt und nach dem babylonischen Exil in ihre Jetztgestalt gebracht wurden. Diese fünf Bücher des Mose sind nach deren Selbstverständnis von Gott selbst dem Mose am Sinai, also um 1200 v. Chr. geoffenbart und haben ihre Form literarisch im 6. Jahrhundert v. Chr. gefunden. Seit dieser Zeit erst gibt es ein Judentum. (Die Kenntnis dieser Tatsache drückt sich in einem Wandel der Begrifflichkeit aus, indem man heute nicht mehr vom Spätjudentum spricht, wenn man die nachexilische Zeit ins Auge faßt, sondern vom Frühjudentum, das heißt von den Anfängen dieser Religion.) Die fünf Bücher in ihrer heutigen Textform sind die einzige Grundlage jüdischer Religion und enthalten jenen strengen Monotheismus, der das wesentliche Merkmal des Alten Testamentes ist.
Die Mitte der monotheistischen Gotteserfahrung ist der Bund am Sinai. Nur um diesen Bund schließen zu können, hat Gott die Menschen geschaffen. Alle Bundesschlüsse zwischen Schöpfung und Sinai sind nichts anderes als konzentrische Kreise, in denen Gott diesem einen Bund seine Wirkmöglichkeit und Aufgaben zuweist. Der Noah-Bund, der Abraham-Bund, der Bund mit Isaak und Jakob führen auf die von Gott gewollte Liebesbeziehung hin, auf die Erwählung jenes «heiligen Volkes» (vgl. Ex 19,6). Gott will ein Du haben mitten unter den Menschen, das ihn vertritt, das ihn ganz annimmt und so gegenwärtig macht bei seinen Geschöpfen, die er in dieser Weise der erwählenden Liebe annehmen will. Daraus folgt, daß der Sinai-Bund der einzige Bund ist, den Gott gewollt hat. Der Bund wird in allen Schriften des Alten Testaments entfaltet, wohl kritisiert, aber nie in Frage gestellt. Denn dieser Bund ist in der Treue und Liebe Gottes gegründet und somit stärker als alles Versagen und alle Schuld der Menschen, stärker als alles Böse, das die Geschichte seiner Schöpfung durchzieht. In dieser Lesart ist Mose der erste, dem Gott in den vierzig Tagen auf dem Sinai die Geschichte seiner Schöpfung und seines Wollens mitgeteilt hat. Die Prophetentexte, die zum Teil älter sind als die literarische Endgestalt des Pentateuch, sind nichts anderes als Kommentare, Predigten, Aktualisierungen des einmalig geoffenbarten Gotteswillens.
Dazu ein Beispiel. Wenn Jesaja, Amos und Hosea im Blick auf den Untergang des Nordreiches um 722 in scharfer Selbstkritik die Bundestreue Israels in Frage stellen und den Fluch ankündigen, der daraus folgt, so steht auch diese Verkündigung einer bevorstehenden Versklavung unter der endgültigen Liebeszusage, wie sie in den fünf Büchern des Mose gegenwärtig ist und dort im fünften der Bücher ihre fast mystische Gestalt erhält in der Abschiedsrede des Mose jenseits von Jericho im Ostjordanland. Diese Predigten der großen Propheten stehen alle im Licht der schon vor 1200 ergangenen endgültigen Offenbarung des Gotteswillens. Allerdings ist diese Offenbarung – das ist nun der springende Punkt – zur Zeit des Deuterojesaja, in der tiefsten Erniedrigung Israels im babylonischen Exil niedergeschrieben worden. Israel hat hier seine Gestalt gefunden. Israel ist der Knecht, verstreut unter die Völker. Das ist nicht ein Zeichen der Ohnmacht seines Gottes, sondern es ist die Erfahrung, daß dieser Gott so sehr der Schöpfer aller Menschen ist, daß er sein erwähltes Volk in die Rolle des Knechtes Gottes senden kann, damit auf diese Weise sein Licht unter den Heiden leuchte und sein Wille allen Menschen kund werde. Der strenge Monotheismus des Deuterojesaja korrespondiert also mit dem der fünf Bücher Mose. Die unhinterfragte Urkunde und Selbsterklärung Gottes, wie sie im ersten Gebot des Dekalogs zum Ausdruck kommt, ist in den Liedern, Psalmen und in der Weisheitsliteratur entfaltet.
Getragen von der Grundaussage des in der Geschichte der Religionen so singulären Monotheismus ist so das Judentum eine Religion, die den Anspruch erhebt, von dem Gott zu künden, der der Vater *aller* Menschen ist und von *allen* verlangt, den Weg der Barmherzigkeit und Treue, den Weg der Gerechtigkeit und des Friedens mit ihm zu gehen. Und er gibt ihnen auch die Kraft dazu. Aus dieser Sicht ist die These, daß das Judentum partikularistisch ist, nicht zu halten. Damit ist die erstgenannte Lesart des Alten Testaments in Frage gestellt, nach der die Bibel von einem Gott spricht, der zunächst nur für die Sippe, für den Stamm und

dann für den Stammesverband da war. Demnach hätte Israel einen Gott verehrt, der im Kampf mit den Göttern der anderen Völker nur auf Israel bezogen war und nicht als Gott aller Völker und Nationen verstanden wurde. Als Argument zieht diese alttestamentliche Exegese Jesaja (Kap. 2, vgl. Mi 4,1–3) heran, wonach Israel die Vorstellung hat, daß am Ende der Zeiten alle Völker zum Zion wallfahren und dann den *einen* Gott verehren werden. Diese Exegese übersieht, daß am Anfang des Buches die Schöpfungsaussage steht, die sich auch in vielen Psalmen widerspiegelt. Dem Gottesbild des Frühjudentums wird ein Partikularismus nicht gerecht.

Jesus ist im Alten Testament verwurzelt

Letztlich ist es der strenge Monotheismus des seit seiner Existenz versklavten Volkes Israel, das den weltweiten, latenten Antijudaismus erklärt. Der Antijudaismus ist nicht erst ein christliches, sondern ein heidnisches und schon vorchristliches Phänomen, allerdings bedeutet der christliche Antijudaismus eine wesentliche Verschärfung. Wie konnte es dazu kommen?
Im Unterschied zu den Gottesvorstellungen der verschiedenen Völker, unter die Israel verstreut lebt, erhebt der Gott Israels einen Anspruch gegenüber allen Menschen, auch gegenüber jenen, die nicht von Geburt an als sein «heiliges Volk», als sein «erstgeborener Sohn» und als Träger der Erwählung für die Anderen gesehen sind. Die Götter der Assyrer, Perser, Griechen und Römer hingegen waren tolerant.
Die Götter, wie sie in Korinth, Ephesus oder Rom verehrt wurden, waren Schutzgottheiten für ein bestimmtes Gebiet und ließen Schutzgottheiten anderer Städte neben sich bestehen. In einem friedlichen Nebeneinander erwiesen diese Götter ihre Zuwendung und Güte ihrem Volk, ihrer Stadt oder ihrem Gebiet. Es waren Wettkämpfe zwischen den Göttern möglich, sie waren Partner. Der Eine erhebt den Anspruch, daß es nur einen Weg der Barmherzigkeit und der Gerechtigkeit für alle Menschen gibt, gleich ob sie nun zu Israel oder zum Heidentum gehören. Nur auf dem Weg, wie er im Dekalog als Mitte der Fünf Bücher zusammengefaßt ist, ist Segen zu erfahren. Ein Abweichen von diesem Weg bedeutet für jeden Menschen Fluch. So werden alle Völker, Geschichtstraditionen und kulturellen Werte der Wortoffenbarung unterstellt, in der der eine Gott *einem* Volk seine handelnde Gegenwart zum Heil aller Menschen zusagt. *Einem* Volk ist der Wille Gottes geoffenbart, an den aber alle Menschen gebunden sind. In diesem eifersüchtigen Anspruch Gottes, der in den Kategorien der Liebe und der Beziehung denkt, liegt die tiefste Wurzel des Antijudaismus. Gott mutet den Menschen zu, daß er den Einen aus Liebe erwählt und den Anderen damit benachteiligt. Auf verschiedene Weise zieht er damit das auserwählte Volk und die anderen Völker in den Dialog der Liebe hinein. Er will, daß der Mensch lernt, andere groß sein zu lassen und die eigenen Ansprüche zurückzustellen. Es geht darum, die eigene Erwählung und Berufung anzunehmen.
In diesem Sinn wurzelt Jesus im Alten Testament. Jesus weiß im Bund Israels mit seinem Gott, der der Schöpfer aller Menschen ist, nur die Treue und Identität seines Vaters im Himmel und wendet sie auf seine Zeit an. Seine Zeit ist für ihn die Zeit des Messias. Auf Grund der Schilderungen seiner Bibel, des Alten Testaments, weiß Jesus jetzt die entscheidende Zeit, die die Herrschaft Gottes auf Erden bringen soll und bringt. Er aktualisiert alle alttestamentlichen Aussagen von Liebe und Gericht, von der Willenskundgebung seines Vaters. Jesus ist der Messias innerhalb der am Sinai gestifteten Liebesbeziehung Gottes mit dieser Welt. Hervorstechend ist in seinem persönlichen Messiasverständnis seine Entscheidung, ein König des Friedens und der Gewaltlosigkeit zu sein. Er verwirklicht das Kommen der Gottesherrschaft konkret und politisch, indem er die besondere Liebe zu den Benachteiligten und Fremden in die Mitte seiner Verkündigung stellt. Durch die Liebe zu den Fremden und Heiden kritisiert und reizt Jesus sein Volk, das als erstes von Gott erwählt wurde. In der konkreten Zeitsituation wird für Jesus die im Pentateuch tief verwurzelte Fremdenliebe zur Aufgabe der Entfeindung. Die Liebe Gottes sagt Jesus zuerst den Randgruppen seines eigenen Volkes zu, dann aber auch den Heiden und insbesondere der heidnischen Besatzungsmacht, den Römern, von denen zu dieser Zeit sein Volk geknechtet ist.
Jesus findet die Feindesliebe im Buch Exodus in der Geschichte vom verirrten Rind oder zusammenbrechenden Esel des Feindes, denen man Hilfe leisten muß (vgl. Ex 23,4f.). Oder im Verbot der Nachlese, die den Armen und Fremden überlassen werden soll (vgl. Lev 19,9f.). Die Fremdenliebe wird im Alten Testament in ganz ähnlicher Weise verlangt wie die Nächstenliebe: «Du sollst deinen Nächsten lieben wie dich selbst» (Lev 19,18).
Wird Jesus so als der im Alten Testament vorausgesagte und erwartete Messias gesehen, dann kommt er uns in seiner Biographie, in seinem Handeln und Entscheiden nahe. Es war seine persönliche Entscheidung, das Amt des Messias als Prediger und Prophet auszuüben, als König des Wortes. Alle Bezüge und Anspielungen auf das Alte Testament sind eine Entfaltung seines Messiasverständnisses. Jesus hat die Fülle der alttestamentlichen Texte durch Petrus und die Jünger, die ihn als Messias erkennen konnten, zum Leuchten und zum Tragen gebracht.
Eine Szene aus dem Lukasbericht soll uns die Messiasauffassung Jesu verdeutlichen:
«So kam er auch nach Nazareth, wo er aufgewachsen war, und ging, wie gewohnt, am Sabbath in die Synagoge. Als er aufstand, um aus der Schrift vorzulesen, reichte man ihm das Buch des Propheten Jesaja. Er schlug das Buch auf und fand die Stelle, wo es heißt:
‹Der Geist des Herrn ruht auf mir, denn der Herr hat mich gesalbt.
Er hat mich gesandt, damit ich den Armen eine gute Nachricht bringe . . .
damit ich die Zerschlagenen in Freiheit setze und ein Gnadenjahr des Herrn ausrufe.›
Dann schloß er das Buch, gab es dem Synagogendiener und setzte sich. Die Augen aller in der Synagoge waren auf ihn gerichtet. Da begann er, ihnen darzulegen: Heute hat sich das Schriftwort, das ihr eben gehört habt, erfüllt.»
In der Folge ist ein kleiner Teil der Zuhörer in Wut geraten und versuchte, ihn über den Abhang des Berges zu stürzen, auf dem ihre Stadt erbaut war.
«Er aber schritt mitten durch die Menge hindurch und ging weg» (Luk 4,16ff.).

Ein anderes zentrales Beispiel dafür, wie Jesus im Alten Testament verwurzelt ist, ist die Bergpredigt. Er ersetzt darin nicht die Offenbarung an Mose, den Pentateuch, sondern hält darüber gleichsam eine zeitbezogene Predigt. Der Messias legt die endgültige Gottesoffenbarung für seine Zeit aus. Er preist bestimmte Menschengruppen und Haltungen selig und wiederholt die Aussage vom Sinai, daß es in dieser Welt Licht für alle Menschen und Salz für die Erde braucht. Er bestätigt, daß das Gesetz Israels und die Propheten die Grundlage jeder und zwar auch seiner messianischen Verkündigung sind. Er kommentiert zeitgeschichtlich aktuell und individuell die zweite Tafel des Dekalogs.

So verkündet er letztgültig die Anwendung des Gottesrechtes, das in der Forderung nach Versöhnung und in der Bereitschaft zur Entfeindung, in der Selbstkritik gegenüber dem Begehren und in der Treue gipfelt. Die messianische Predigt Jesu, wie sie in der matthäischen Tradition zusammengefaßt ist, schließt mit dem Bild vom Haus auf dem Felsen – in der Aufnahme ähnlicher Bilder aus dem Alten Testament, wo von Gott als dem Fels die Rede ist (vgl. Das Lied des Mose in Dtn 32).

Nach den Evangelien hat sich Jesus nie über Mose gestellt oder sich mit ihm verglichen. Für den, der zum Volk Israel gehört und am Sinai erwählt ist, steht Mose, der Offenbarungsträger des ersten Bundes, neben Jesus dem Messias, aus dessen Leben, Tod und Auferweckung der zweite und neue Bund erwachsen ist. So hat Jesus als eine Heilsgestalt im Volk Israel den Sinai gültig vergegenwärtigt und in der radikalen Fremdenliebe die Zweiterwählung gestiftet, die Erwählung der Heiden, die vorher als Gottes Geschöpfe gleichsam anonym und nur mittelbar Gott erfahren haben. Ihre Erwählung und Würde als Söhne oder Töchter Gottes, als Priester, Könige und Propheten für die Welt verdanken sie einzig Jesus. Sie müssen nicht Juden werden und haben die Aufgabe, in ihrer Kultur zu bleiben, da ihnen von Gott in Jesus eine eigene Erwählung geschenkt ist. Es ist die Herausforderung an uns Christen, anzuerkennen, daß für den Juden, der an Jesus glaubt, die Offenbarung am Sinai durch Jesus bestätigt wird, daß aber für den Heiden, der an Jesus glaubt, ein neuer Bund durch Jesus den Messias gestiftet wurde.

Die These, daß Jesus im Alten Testament wurzelt und davon ausgeht, ist nichts anderes als die Anwendung des Zweiten Vatikanums, das die bleibende Erwählung Israels und die Gültigkeit des Sinai-Bundes bekennt. Damit ist jeder christlichen Forschung die Frage gestellt, wie sie, vor allem in der Interpretation des Neuen Testaments, sich mit dieser Aussage identifizieren kann, ob sie sich in einer liebevollen und versöhnten Weise mit der bleibenden Erwählung Israels auseinandersetzt. Alle Interpretationen der Verkündigung Jesu und seines Wirkens, die das Alte Testament abwerten, sind damit als Verkürzungen zu sehen. Es entspricht nicht Jesus, wenn man annimmt, daß er in irgendeiner Form das Gottesbild des Sinai-Bundes verändert hätte. Zum Beispiel indem er im Gegensatz zum Alten Testament Gott «Abba» nennt, indem er zuerst ihn als den Universalen verkündet oder ihn von falschen Vorstellungen reinigt.

Alle Versuche, Jesus im Kontrast zu den anderen Lehrern seiner Zeit in Israel zu zeichnen, sind ungenügend. Die Lehrdifferenzen zwischen Jesus und den Pharisäern, auch zwischen Jesus und den Hörern seiner Predigt, sind viel mehr als verschiedene Zeitdeutungen zu verstehen. Jesus will sagen: Jetzt ist die Zeit des Messias, des Aufbruchs, der Sammlung. Darin liegt der Unterschied zur Zeitdeutung anderer Lehrer, die der Meinung waren, daß noch die Zeit des Wartens ist. Die Gegner Jesu im Evangelium sind nicht seine Feinde, sondern seine Dialogpartner, denen er hörend und antwortend seine messianischen Interpretationen des Alten Testaments entgegensetzt.

Weil Jesus im Alten Testament wurzelt und davon ausgeht, hat das Zweite Vatikanische Konzil sich verpflichtet gefühlt, diesen Zusammenhang besonders hervorzuheben und gegenüber eigenen Mißdeutungen und Fehlinterpretationen zu erklären: «Deshalb kann die Kirche auch nicht vergessen, daß sie durch jenes Volk, mit dem Gott aus unsagbarem Erbarmen den Alten Bund geschlossen hat, die Offenbarung des Alten Testamentes empfing . . . da also das Christen und Juden gemeinsame geistliche Erbe so reich ist, will die Heilige Synode die gegenseitige Kenntnis und Achtung fördern, die vor allem die Frucht biblischer und theologischer Studien sowie des brüderlichen Gespräches ist» (Nostra aetate Nr. 4).

Erich Lessing

Das verheißene Land

«Gott redete mit Mose und sprach zu ihm: Ich bin Jahwe, Ich bin Abraham, Isaak und Jakob als El-Schaddai erschienen, aber unter meinem Namen Jahwe habe ich mich ihnen nicht zu erkennen gegeben. Auch habe ich einen Bund mit ihnen geschlossen und habe ihnen versprochen, ihnen das Land Kanaan zu geben, das Land, in dem sie als Fremde lebten. Ferner habe ich gehört, wie die Israeliten darüber stöhnen, daß die Ägypter sie wie Sklaven behandeln. Da habe ich meines Bundes gedacht, und deshalb sage ich zu den Israeliten: Ich bin Jahwe, ich führe euch aus dem Frondienst für die Ägypter heraus und rette euch aus der Sklaverei. Ich erlöse euch mit hocherhobenem Arm und durch ein gewaltiges Strafgericht über sie. Ich nehme euch als mein Volk an und werde euer Gott sein, und ihr sollt wissen, daß ich Jahwe bin, euer Gott, der euch aus dem Frondienst in Ägypten herausführt. Ich führe euch in das Land, das ich Abraham, Isaak und Jakob unter Eid versprochen habe. Ich übergebe es euch als Eigentum. Ich der Herr.»

In diesen wenigen Sätzen ist die gesamte Problematik des Bundes Israels mit seinem Gott oder die Erwählung der israelitischen Stämme durch den Gott Jahwe enthalten. Es ist der Beginn der bis heute unauflöslichen Beziehung zwischen Gott und seinem Volk. Jahwe hat einen Bund mit seinem Volk geschlossen, er verpflichtet sich, es zu schützen und vor Sklaverei zu bewahren. Das Volk verpflichtet sich, diesem seinem einzigen Gott zu dienen.

Aber dieser Bund hat noch eine Komponente: Gott und Volk sind verbunden mit dem Land, dem Land, das Gott ihm verheißen hat.

Dieses Land Kanaan umfaßt ein Gebiet, das bei der häufigen Wiederholung der Verheißung in der Bibel mit sehr verschiedenen, aber auch oft sehr vagen Grenzen angegeben wird, etwa von Dan bis Beerscheba oder vom Wadi Mizrajim, dem «Fluß Ägyptens», bis an die Ufer des Euphrat. In sehr früher Zeit, auf einer mesopotamischen Tontafel des 15. Jahrhunderts, wird Kanaan als das Land an der syrischen Küste, vom Golf von Alexandrette im Norden bis zum Beginn des Karmels im Süden genannt. Im Buch der Richter reicht Kanaan von der Stadt Hazor im oberen Jordantal bis zur Küstenebene. In der Genesis umfaßt es die gesamte Küste von Sidon bis Gaza und reicht im Osten von den Quellen des Jordan bis zum südlichen Ende des Toten Meeres. Die größte Ausdehnung Kanaans ist im Buch Numeri verzeichnet: Alles Land zwischen dem Jordan und dem Mittelmeer, Teile des Negeb und des nördlichen Sinai, die Gebiete östlich des Kinereth-Sees, sowie der gesamte heutige Libanon und das südliche und mittlere Syrien werden ihm zugerechnet. Wahrscheinlich wird mit dieser Aufzählung das Gebiet umrissen, das zur Zeit des Neuen Reiches unter ägyptischer Herrschaft stand. Nach der israelitischen Landnahme umfaßte das Land Kanaan nur noch die Küstenebene nördlich des Karmel und die anliegenden Täler. Offensichtlich gibt es eine Verheißung, die einmal den vom Norden einsickernden oder im Norden beheimateten Stämmen galt und deshalb das Land von Dan im Norden bis nach Beerscheba im Süden zusagt. Auch das Reich Salomos wird von Norden nach Süden gesehen, «denn er herrschte über alles diesseits des Stromes (= Euphrat), von Tifsach bis Gaza». Und schließlich scheint auch das Buch Jesaja das Land der Bibel aus der Sicht der mesopotamischen Großreiche zu beschreiben, wenn es zwischen dem «Fluß» und dem Wadi Mizrajim angesiedelt wird.

Die zweite Betrachtungsweise geht vom Süden und den Südstämmen, also von ägyptischer Sicht aus: Hier beginnt Kanaan am «Fluß Ägyptens», jenem Wadi, das von El-Arisch an der Mittelmeerküste, den Negeb vom Sinai trennend, bis zum Golf von Eilat verläuft und im Norden am Euphrat endet – eine Ausdehnung des Landes, die von den Israeliten wohl nie, selbst nicht unter Salomo, erreicht wurde.

Auf beiden Seiten des Jordan erstreckt sich dieses kleine Land östlich und westlich der großen Senke, die sich bis Afrika fortsetzt, von dem 2800 Meter hohen Hermon bis zum tiefsten Punkt der Erdoberfläche am Ufer des Toten Meeres, etwa 380 Meter unter dem Meeresspiegel. Fruchtbares Land, aride Gebiete und Wüste wechseln einander ab. Zwar entsprechen die Niederschläge im Jahresmittel etwa denen in Westeuropa, die 550 Millimeter, die im Jahr auf London wie auf Jerusalem niedergehen, verteilen sich aber in Jerusalem auf etwa 50 Tage der winterlichen Regenzeit, in London dagegen auf 300 Tage im Jahr.

Der Hermon kann im Winter tief verschneit sein, aber auch in Jerusalem fällt bis zu 30mal im Jahr Schnee, während zur selben Zeit in Eilat 30 Grad gemessen werden. Schon Jakob klagt in der Genesis: «So ging es mir, bei Tag fraß mich die Hitze, der Frost bei Nacht», und Pater Abel von der Ecole Biblique in Jerusalem nennt «Palästina ein kaltes Land mit einer heißen Sonne».

Von Madj el-Schams am Fuße des Hermon bis nach Eilat am Roten Meer sind es etwa 400 Kilometer, aber schon im 5. Jahrhundert schreibt der römische Reisende Hieronymus: «Ich schäme mich beinahe, die Breite des Landes der Verheißung anzugeben . . . von Jaffa bis zu unserem Bethlehem sind es 46 Meilen (ca. 70 Kilometer). Daran schließt sich eine weite Wüste.»

Von Bethlehem bis nach Jericho und zum Jordan sind es wenig mehr als 20 Kilometer.

Die lange Küstenlinie von Rosch Hanikra, dem weißen Felsen an der libanesischen Grenze, bis nach El-Arisch am Wadi Ägyptens, der Grenze des Sinai, ist nur selten von Buchten unterbrochen, die sich als Hafen eignen. Von der fruchtbaren Küstenebene steigt das Land nach Osten zu den Bergen Judäas an, um dann von Jerusalem steil zum Jordantal und zum Toten Meer abzufallen. Durch wenige Täler vom Westen nach Osten durchzogen ist die Jezreel-Ebene auf der Nordseite des Karmelgebirges, die sich von der Bucht von Haifa bis nach Tiberias am Kinereth-See und Beit Schean am Jordan erstreckt, das fruchtbarste Gebiet des Landes. Nach Norden schließen die Hügel von Galiläa und das Hermongebirge das Land ab. Im Süden geht das fruchtbare Land in die Negeb-Wüste über.

Das Land östlich des Jordan, das heutige Königreich Jordanien, zählte auch in biblischer Zeit eher zu den Randgebieten.

Zweimal hat in diesem kleinen Gebiet eine Landnahme israelitischer Stämme stattgefunden: Das erste Mal während der Bronzezeit, ein zweites Mal fast dreieinhalb Jahrtausende später in unserer Zeit.

Die Verbände, die aus dem Norden, Osten und Süden als halbnomadische Hirten einsickerten und nach und nach die kanaanäischen Städte eroberten, wurden erst in Kanaan zu einem Volk. So wie dreieinhalbtausend Jahre später jene heterogenen Gruppen – Aschkenasis, Jemeniten, Sepharden, Abessynier und andere –, deren einzige Gemeinsamkeit der Glaube an Jahwe ist, erst im Land Israel zum Volk der Israelis wurden.

Die erste Landnahme erfolgte aufgrund der Verheißung Gottes und im Glauben an seinen Schutz, die zweite wurde weit prosaischer durch einen Brief des britischen Außenministers Arthur James Balfour vom 2. Dezember 1917 an Lord Rothschild eingeleitet, in dem er den Juden das seit der Römerzeit Palästina genannte Land als Heimstatt zusagte. Auch diesmal waren die Grenzen nicht genau festgelegt, und erst durch friedliche Einsickerung und kriegerische Eroberung entstand der neue Staat Israel.

Thema dieses Buches ist allein die erste Einwanderung, ihre Vorgeschichte und ihre Folgen. Die Überlieferungen über diese Geschehnisse wurden nach der Landnahme wahrscheinlich wie die homerischen Erzählungen über den Trojanischen Krieg am Lagerfeuer der Hirten und später am Herdfeuer der seßhaften Bauern erzählt. Die Helden Josua, Gideon und Debora waren dabei vielleicht nicht weniger populär als Achilles, Odysseus und Patrokles. «Schreib das auf im Buche der Geschichte» aus dem Buch Exodus stammt aus einer viel späteren Zeit. Niedergeschrieben wurden alle diese Erzählungen erst in der Königszeit und nach dem Ende des babylonischen Exils um die Mitte des 6. Jahrhunderts v. Chr.

Schon während der Zeit der mündlichen Überlieferung wurde sicherlich manches den politischen und gesellschaftlichen Gegebenheiten der jeweils eigenen Zeit angepaßt, wurde religiösen Entwicklungen Rechnung getragen und auf die Aufnahmefähigkeit der Zuhörer Rücksicht genommen, so daß selbst Fachwissenschaftler heute nicht immer mit ausreichender Sicherheit zwischen authentischer Überlieferung und sehr viel später erfolgter Bearbeitung unterscheiden können.

Neben der historisch-kritischen Erforschung der biblischen Texte hat in den letzten Jahrzehnten die Archäologie wertvolle Erkenntnisse ans Licht gebracht. Dabei werden nicht alle biblischen Berichte durch den archäologischen Befund bestätigt. Während die schriftlichen Überlieferungen über die Geschichte des Reiches von David und Salomo und der darauffolgenden Teilstaaten Israel und Juda weitgehend mit dem Ergebnis der Ausgrabungen übereinstimmen, ist die Zeit der Patriarchen, des Aufenthalts in Ägypten, des Exodus und der Landnahme nicht immer mit der Archäologie in Einklang zu bringen. Da aus der Frühgeschichte Israels keine eindeutigen Überreste erhalten blieben, verweisen in diesem Buch auch nur einige wenige Bilder auf jene westsemitischen Halbnomaden, die während der Bronzezeit an den Rändern Kanaans auftauchten, die ihre Herden im Zuge des Weidewechsels in der Umgebung der kanaanäischen Städte Heron, Beerscheba oder Sichem weideten, in Dürrejahren in das fruchtbare Nildelta zogen, sich der ägyptischen Fronarbeit entzogen und zusammen mit verwandten Verbänden schließlich in das kanaanäische Kulturland einwanderten. Im Bild zeigen lassen sich erst die von den Israeliten in Palästina vorgefundenen Überreste der bronzezeitlichen Kultur.

Auch der bildlose Kult des israelitischen Gottes entzieht sich jeder bildlichen Darstellung. Dagegen wurden bei den Ausgrabungen aus der Zeit vor und noch jahrhundertelang nach der israelitischen Landnahme zahlreiche Darstellungen kanaanäischer, phönizischer und selbst ägyptischer Götter gefunden – Gottheiten, die sehr rasch auch bei den Israeliten in Konkurrenz zu dem aus der Wüstenzeit mitgebrachten Jahweglauben traten und erst nach der babylonischen Gefangenschaft ihre Anziehungskraft auf die Israeliten verloren.

Wenn man die Vielzahl dieser Götter betrachtet, beginnt man etwas von der elementaren Kraft der israelitischen Jahwereligion zu ahnen, die sich gegen eine solche massive Konkurrenz anderer Kulte behaupten mußte und sich am Ende trotz oder gerade wegen der Vertreibung aus dem verheißenen Land durchzusetzen vermochte.

In seinem Bildteil zeigt dieses Buch zuerst die Landschaften des «gelobten Landes», in denen die Menschen des Alten Testaments lebten. Es folgt ein Blick auf die Religion der Nachbarvölker, von denen die Israeliten umgeben waren, von denen sie beeinflußt und nicht selten bedroht wurden. Im Hauptteil werden dann – immer orientiert am biblischen Text – die historischen Stätten gezeigt, an denen die im Alten Testament geschilderten Ereignisse stattfanden. Und es werden jene oft eindrucksvollen kulturellen und künstlerischen Hinterlassenschaften abgebildet, die der Spaten der Archäologen zutage förderte.

Durch die fotografische Wiedergabe der biblischen Landschaft und der archäologischen Funde nehmen die biblischen Überlieferungen konkretere Gestalt an. Das Bild kann jedoch nichts über die vielschichtige und zum Teil auch umstrittene wissenschaftliche Erforschung der Geschichte Israels aussagen. Wie die Geschichte und Religionsgeschichte Israels nach dem heutigen Stand der Wissenschaft gedeutet wird, ist in den Textbeiträgen von Frank Crüsemann und Rainer Albertz nachzulesen. Jürgen Ebach beschreibt die Religionen der Nachbarvölker Israels. Und Manfred Görg fragt schließlich, welche Bedeutung die alttestamentlichen Überlieferungen für die Christen hatte.

Erich Lessing

Von Dan bis Beerscheba

Erste Seite: Im Hermon-Massiv. *Vorangehende Doppelseite:* Die Hule-Ebene und der Hermon von Hazor aus.
Links: Auf dem Golan. *Oben:* Der Vulkankrater Birket-Ram auf dem Golan.

Seht doch, wie gut und schön

ist es, wenn Brüder miteinander in Eintracht wohnen.
Das ist wie köstliches Salböl, das vom Kopf hinabfließt auf den Bart, auf Aarons Bart, das auf sein Gewand hinabfließt.
Das ist wie Tau des Hermon, der auf den Berg Zion niederfällt.
Denn dort spendet der Herr Segen und Leben in Ewigkeit.
Psalm 133

Lobe den Herrn, meine Seele!

Herr mein Gott, wie groß bist du! Du bist mit Hoheit und Pracht bekleidet.
Du hüllst dich in Licht wie in ein Kleid, du spannst den Himmel aus wie ein Zelt.
Du verankerst die Balken deiner Wohnung im Wasser. Du nimmst dir die Wolken zum Wagen, du fährst einher auf den Flügeln des Sturmes.
Du machst dir die Winde zu Boten und lodernde Feuer zu deinen Dienern.
Du hast die Erde auf Pfeiler gegründet; in alle Ewigkeit wird sie nicht wanken.
Einst hat die Urflut sie bedeckt wie ein Kleid, die Wasser standen über den Bergen.
Sie wichen vor deinem Drohen zurück, sie flohen vor der Stimme deines Donners.
Da erhoben sich Berge und senkten sich Täler an den Ort, den du für sie bestimmt hast.
Du hast den Wassern eine Grenze gesetzt, die dürfen sie nicht überschreiten; nie wieder sollen sie die Erde bedecken.
Du läßt die Quellen hervorsprudeln in den Tälern, sie eilen zwischen den Bergen dahin.
Allen Tieren des Feldes spenden sie Trank, die Wildesel stillen ihren Durst daraus.
An den Ufern wohnen die Vögel des Himmels, aus den Zweigen erklingt ihr Gesang.
Du tränkst die Berge aus deinen Kammern, aus deinen Wolken wird die Erde satt.
Du läßt Gras wachsen für das Vieh, auch Pflanzen für den Menschen, die er anbaut, damit er Brot gewinnt von der Erde und Wein, der das Herz des Menschen erfreut, damit sein Gesicht vom Öl erglänzt und Brot das Menschenherz stärkt.
Die Bäume des Herrn trinken sich satt, die Zedern des Libanon, die er gepflanzt hat.
In ihnen bauen die Vögel ihr Nest, auf den Zypressen nistet der Storch.
Die hohen Berge gehören dem Steinbock, dem Klippdachs bieten die Felsen Zuflucht.
Du hast den Mond gemacht als Maß für die Zeiten, die Sonne weiß, wann sie untergeht.
Du sendest Finsternis, und es wird Nacht, dann regen sich alle Tiere des Waldes.
Die jungen Löwen brüllen nach Beute, sie verlangen von Gott ihre Nahrung.
Strahlt die Sonne dann auf, so schleichen sie heim und lagern sich in ihren Verstecken.
Nun geht der Mensch hinaus an sein Tagwerk, an seine Arbeit bis zum Abend.
Herr, wie zahlreich sind deine Werke! Mit Weisheit hast du sie alle gemacht, die Erde ist voll von deinen Geschöpfen . . .
Verbirgst du dein Gesicht, sind sie verstört; nimmst du ihnen den Atem, so schwinden sie hin und kehren zurück zum Staub der Erde.
Sendest du deinen Geist aus, so werden sie alle erschaffen, und du erneuerst das Antlitz der Erde.
Ewig währe die Herrlichkeit des Herrn; der Herr freue sich seiner Werke.
Er blickt auf die Erde, und sie erbebt; er rührt die Berge an, und sie rauchen.
Ich will dem Herrn singen, solange ich lebe, ich will meinem Gott spielen, solange ich da bin . . .
Psalm 104: 1-24, 29-33

Links: Der bewaldete Abfall des Golan nach Banyas hin. *Oben:* Die Wasserfälle des Jordan.
Folgende Doppelseite: Blick über den Kinereth-See vom Golan nach Westen.

Oben: Der Jarmuk bildet hier die Grenze zwischen Israel und Jordanien.
Rechts: Der Jordan nach dem Verlassen des Kinereth-Sees; im Hintergrund die jordanischen Berge.

Vorangehende Doppelseite: Das Jordantal gegen das Gebirge Ephraim nach Westen. *Links:* Im oberen Galiläa. *Oben:* Die Jesreel-Ebene nach Norden gegen die Berge Galiläas gesehen. *Folgende Doppelseite:* Der Ruinenhügel von Beit-Schean; im Hintergrund die jordanischen Berge.

DIE HIMMEL RÜHMEN die Herrlichkeit Gottes, vom Werk seiner Hände kündet das Firmament. Ein Tag sagt es dem andern, eine Nacht tut es der andern kund, ohne Worte und ohne Reden, unhörbar bleibt ihre Stimme.
Doch ihre Botschaft geht in die ganze Welt hinaus, ihre Kunde bis zu den Enden der Erde.
Dort hat er der Sonne ein Zelt gebaut. Sie tritt aus ihrem Gemach hervor wie ein Bräutigam; sie frohlockt wie ein Held und läuft ihre Bahn.
Am einen Ende des Himmels geht sie auf und läuft bis ans andere Ende; nichts kann sich vor ihrer Glut verbergen.
Die Weisung des Herrn ist vollkommen, sie erquickt den Menschen.
Das Gesetz des Herrn ist verläßlich, den Unwissenden macht es weise.
Die Befehle des Herrn sind richtig, sie erfreuen das Herz; das Gebot des Herrn ist lauter, es erleuchtet die Augen.
Die Furcht des Herrn ist rein, sie besteht für immer.
Die Urteile des Herrn sind wahr, gerecht sind sie alle.
Sie sind kostbarer als Gold, als Feingold in Menge. Sie sind süßer als Honig, als Honig aus Waben . . .
Die Worte meines Mundes mögen dir gefallen; was ich im Herzen erwäge, stehe dir vor Augen, Herr, mein Fels und mein Erlöser.
Psalm 19: 2-11, 15

GOTT IST MEIN HIRT, nichts wird mir fehlen.
Er läßt mich lagern auf grünen Auen und führt mich zum Ruheplatz am Wasser.
Er stillt mein Verlangen; er leitet mich auf rechten Pfaden, treu seinem Namen.
Muß ich auch wandern in finstrer Schlucht, ich fürchte kein Unheil; denn du bist bei mir, dein Stock und dein Stab geben mir Zuversicht.
Du deckst mir den Tisch vor den Augen meiner Feinde.
Du salbst mein Haupt mit Öl, du füllst mir reichlich den Becher.
Lauter Güte und Huld werden mir folgen mein Leben lang, und im Haus des Herrn darf ich wohnen für lange Zeit.
Psalm 23

Links: Blick vom Jordantal gegen die Anhöhen von Samaria. *Oben:* Die Olivenhaine Samarias.
Folgende Doppelseite: Die weißen Kreidefelsen von Rosch Hanikra an der libanesischen Grenze.

Singet dem Herrn ein neues Lied

Singt dem Herrn aller Länder der Erde!
Singt dem Herrn und preist seinen Namen, verkündet sein Heil von Tag zu Tag!
Erzählt bei den Völkern von seiner Herrlichkeit, bei allen Nationen von seinen Wundern!
Denn groß ist der Herr und hoch zu preisen, mehr zu fürchten als alle Götter.
Alle Götter der Heiden sind nichtig, der Herr aber hat den Himmel geschaffen.
Hoheit und Pracht sind vor seinem Angesicht, Macht und Glanz in seinem Heiligtum.
Bringt dar dem Herrn, ihr Stämme der Völker, bringt dar dem Herrn Lob und Ehre!
Bringt dar dem Herrn die Ehre seines Namens, spendet Opfergaben und tretet ein in sein Heiligtum!
In heiligem Schmuck werft euch nieder vor dem Herrn, erbebt vor ihm, alle Länder der Erde!
Verkündet bei den Völkern: Der Herr ist König. Den Erdkreis hat er gegründet, so daß er nicht wankt. Er richtet die Nationen so, wie es recht ist.
Der Himmel freue sich, die Erde frohlocke, es brause das Meer und alles, was es erfüllt.
Es jauchze die Flur und was auf ihr wächst. Jubeln sollen alle Bäume des Waldes vor dem Herrn, wenn er kommt, wenn er kommt, um die Erde zu richten.
Er richtet den Erdkreis gerecht und die Nationen nach seiner Treue.
Psalm 96

Wohl dem Mann

der den Herrn fürchtet und ehrt und der auf seinen Wegen geht!
Was deine Hände erwarben, kannst du genießen; wohl dir, es wird dir gut ergehen.
Wie ein fruchtbarer Weinstock ist deine Frau drinnen in deinem Haus.
Wie junge Ölbäume sind deine Kinder rings um deinen Tisch.
So wird der Mann gesegnet, der den Herrn fürchtet und ehrt.
Es segne dich der Herr vom Zion her. Du sollst dein Leben lang das Glück Jerusalems schauen und die Kinder deiner Kinder sehen. Frieden über Israel!
Psalm 128

Oben: Die Küste südlich von Caesarea. *Rechts:* Der Karmel. *Folgende Doppelseite:* Küstenlandschaft bei Caesarea. *Übernächste Doppelseite:* Die Dünen bei Nathania.

Die Schönheit der Höhe,
das klare Firmament und der gewaltige Himmel sind ein herrlicher Anblick.
Die Sonne geht auf und erglänzt in vollem Licht, ein staunenswertes Gestirn, das Werk des Höchsten.
Steht sie in der Mittagshöhe, versetzt sie die Welt in Glut, wer hält es aus in ihrer Hitze? Ein brennender Schmelzofen ist das Kunstwerk des Gießers; der Pfeil der Sonne setzt Berge in Brand; ihre Feuerzunge versengt das bewohnte Land, ihr Licht versengt das Auge.
Ja, groß ist der Herr, ihr Schöpfer, sein Wort läßt seinen Helden erstrahlen.
Der Mond führt die Zeiten herauf; er herrscht bis ans Ende und dient für immer als Zeichen.
Durch ihn werden Fristen und Festzeiten bestimmt, ist er erschöpft, freut er sich wieder auf seinen Umlauf.
Der Neumond ist so, wie sein Name sagt: Er erneuert sich selbst. Wie staunenswert ist er in seinem Wechsel.
Er ist ein Fahrzeug für das Heer der Wolken in der Höhe und läßt durch seinen Glanz das Himmelsgewölbe erglühen.
Des Himmels Schönheit und Pracht sind die Sterne, ein strahlender Schmuck in den Höhen Gottes.
Durch Gottes Wort stehen sie geordnet da und ermatten nicht bei ihrer Nachtwache.
Schau den Regenbogen an und preise seinen Schöpfer; denn überaus schön und herrlich ist er.
Über den Himmelskreis erstreckt er sich in seiner Pracht, Gottes Hand hat ihn machtvoll ausgespannt.
Gottes Machtwort zeichnet den Blitz hin, läßt die Brandpfeile seines Gerichts leuchten.
Zu seinem Dienst hat er einen Speicher geöffnet, läßt er Wolken fliegen wie Vögel.
Seine Allmacht ballt die Wolken zusammen und schlägt aus ihnen Hagelsteine.
Seines Donners Stimme läßt die Erde beben, mit seiner Kraft erschüttert er die Berge.
Sein Wort hetzt den Südwind auf, den tobenden Nordwind, den Sturm und Orkan.
Seinen Schnee streut er aus wie Vogelschwärme; wie einfallende Heuschrecken wirbelt er herab.
Sein weißer Glanz blendet die Augen, bei seinem Rieseln bebt das Herz.
Auch den Reif schüttet er aus wie Salz und läßt Eisblumen sprießen wie Dornen.
Den kalten Nordwind läßt er wehen, wie Erdschollen läßt er die Quellen erstarren.
Jedes stehende Gewässer überzieht er und bekleidet den Teich wie mit einem Panzer.
Das Grün der Berge versengt er wie durch Hitze, die sprossende Flur wie durch Flammenglut.
Linderung für alles ist das Träufeln der Wolken, der Tau, der sich ergießt, um das Trockene zu erfrischen.
Sein kluger Plan bändigt das Meer und pflanzt Inseln im Ozean ein.
Die Seefahrer erzählen von der Weite des Meeres; hören es unsere Ohren, so erschaudern wir.
Dort gibt es Wunderwesen, die erstaunlichsten seiner Werke, allerlei Getier und Ungeheuer des Weltmeers . . .
Die Menge des Verborgenen ist größer als das Genannte, nur wenige von seinen Werken habe ich gesehen.
Alles hat der Herr gemacht, und den Frommen hat er Weisheit verliehen.
Jesus Sirach 43: 1-25, 32-33

Vorangehende Doppelseite: Kirjat-Jearim, westlich von Jerusalem, und der Abfall zur Küstenebene. *Links:* Die Wüste Juda gegen das Jordantal. *Oben:* Die Wüste Juda im Frühling. *Folgende Doppelseite:* Die Wüste Juda im Sommer.

Vorangehende Doppelseite: Die Oase Jericho gegen das Judäische Gebirge. *Oben:* Am Ufer des Toten Meeres bei Massada. *Rechts:* In der Oase von Ein Gedi. *Folgende Doppelseite:* Das Tote Meer mit den jordanischen Bergen im Hintergrund.

Die Weisheit lobt sich selbst

sie rühmt sich bei ihrem Volk. Sie öffnet ihren Mund in der Versammlung Gottes und rühmt sich vor seinen Scharen:
Ich ging aus dem Mund des Höchsten hervor, und wie Nebel umhüllte ich die Erde.
Ich wohnte in den Höhen, auf einer Wolkensäule stand mein Thron.
Den Kreis des Himmels umschritt ich allein, in der Tiefe des Abgrunds ging ich umher.
Über die Fluten des Meeres und über alles Land, über alle Völker und Nationen hatte ich Macht.
Bei ihnen allen suchte ich einen Ort der Ruhe, ein Volk in dessen Land ich wohnen könnte ...
Ich faßte Wurzel bei einem ruhmreichen Volk, im Eigentum des Herrn, in seinem Erbbesitz. Wie eine Zeder auf dem Libanon wuchs ich empor, wie ein wilder Ölbaum auf dem Hermongebirge.
Wie eine Palme in En-Geddi wuchs ich empor, wie Oleandersträucher in Jericho, wie ein prächtiger Ölbaum in der Schefela, wie eine Platane am Wasser wuchs ich empor. Wie Zimt und duftendes Gewürzrohr, wie beste Myrrhe strömte ich Wohlgeruch aus, wie Galbanum, Onyx und Stakte, wie Weihrauchwolken im heiligen Zelt.
Ich breitete wie die Terebinthe meine Zweige aus, und meine Zweige waren voll Pracht und Anmut.
Wie ein Weinstock trieb ich schöne Ranken, meine Blüten wurden zu prächtiger und reicher Frucht.
Kommt zu mir, die ihr mich begehrt, sättigt euch an meinen Früchten ...

Jesus Sirach 24: 1-7, 12-19

Die Wüste und das trockene Land
sollen sich freuen, die Steppe soll jubeln und blühen.
Sie soll prächtig blühen wie eine Lilie, jubeln soll sie, jubeln und jauchzen.
Die Herrlichkeit des Libanon wird ihr geschenkt, die Pracht des Karmel und der Ebene Scharon.
Man wird die Herrlichkeit des Herrn sehen, die Pracht unseres Gottes.
Macht die erschlafften Hände wieder stark, und die wankenden Knie wieder fest!
Sagt den Verzagten: Habt Mut, fürchtet euch nicht!
Seht, hier ist euer Gott! Die Rache Gottes wird kommen und seine Vergeltung; er selbst wird kommen und euch erretten.
Dann werden die Augen der Blinden geöffnet, auch die Ohren der Tauben sind wieder offen.
Dann springt der Lahme wie ein Hirsch, die Zunge des Stummen jauchzt auf.
In der Wüste brechen Quellen hervor, und Bäche fließen in der Steppe.
Der glühende Sand wird zum Teich und das durstige Land zu sprudelnden Quellen.
An dem Ort, wo jetzt die Schakale sich lagern, gibt es dann Gras, Schilfrohr und Binsen.
Eine Straße wird es dort geben, man nennt sie den Heiligen Weg.
Kein Unreiner darf ihn betreten.
Er gehört dem, der auf ihm geht.
Unerfahrene gehen nicht mehr in die Irre.
Es wird keinen Löwen dort geben, kein Raubtier betritt diesen Weg, keines von ihnen ist hier zu finden. Dort gehen nur die Erlösten . . .
Jesaia 35: 1-9

Links: Die Skorpionensteige, die klassische Südgrenze Kanaans.
Folgende Doppelseite: Die Araba und die Berge des Negeb bei Timna.
Übernächste Doppelseite: Schirmakazien in der Araba vor den moabitischen Bergen Jordaniens.
Letzte Doppelseite: Die Berge des Sinai vom Joramberg bei Eilat aus gesehen.
Letzte Seite: Am Golf von Eilat.

Jürgen Ebach

Die Religionen der Nachbarvölker

Ägypten

Einheit in Vielfalt – Vielfalt als Einheit

Am Beginn dieser Skizze der altorientalischen Religionen soll sich der Blick auf ein Bild richten, ein Schmuckstück aus dem Grab des Tutanchamun (um 1340 v. Chr.). Die Beschreibung dieses Bildes ist zugleich eine Einführung in die Betrachtung religiöser Bildzeugnisse des alten Orients überhaupt. Wie kann man ein solches Bild verstehen? Was zeigt es, welche Deutungen erlaubt es? Wir werden sehen, daß dieser Schmuckanhänger verschiedene Bedeutungen hat, die einander nicht ausschließen, sondern ergänzen und nur zusammen den Gehalt des Bildes ausdrücken können. In dieser Weise soll uns Tutanchamuns Schmuck zur Ouvertüre unseres Themas werden.

Der Anhänger, der 9 cm hoch und 10,5 cm breit ist und aus den Materialien Gold, Karneol, Türkis, Lapislazuli, Feldspat und Kalzit besteht, wurde im Grab des Tutanchamun im Tal der Könige von Theben gefunden. Im Gegensatz zu den meisten Grabbeigaben, die von vornherein für die Begräbnisfeiern und den Grabkult (die Versorgung des Toten im jenseitigen Leben) hergestellt wurden, dürfte dieser Anhänger vom lebenden König als Hals- bzw. Brustschmuck getragen worden sein. Er stellt einen geflügelten Skarabäus dar, also den in Ägypten als heiliges Tier verehrten Mistkäfer («Pillendreher»). Der Skarabäus hält mit den Vorderbeinen eine Kugel fest, die Mistkugel, die der Käfer vor sich herschiebt. Sie enthält die Eier, aus denen seine Nachkommen herauskriechen. Der Grund dafür, daß dieser Käfer auf dem königlichen Schmuckstück dargestellt wurde, ist zugleich der Grund, warum man in Ägypten diesen Käfer als Skarabäus, als «heiligen Pillendreher» verehrte. Für die Wahrnehmung der Menschen des Altertums entstanden die neugeborenen Käfer aus dieser Mistkugel. Solange man die Eier des Käfers nicht erkennen konnte[1], gab es mit dem Skarabäus also ein Tier, das aus Erde, aus Schlamm, d. h. für Ägypten vor allem: aus dem fruchtbaren Nilschlamm, entstand. Die Entstehung von Lebewesen aus unbelebter Materie fand in diesem Käfer ein sinnfälliges Exempel. Wichtig ist, daß es sich bei der Aussage, jenes Tier entstehe aus Schlamm, um eine – dem zeitgenössischen Stand des Wissens entsprechende – *wissenschaftliche* Aussage handelte, nicht etwa um einen von der naturkundlichen Erkenntnis losgelösten Glaubenssatz. Die naturkundliche Beobachtung der Eigentümlichkeit dieses Tieres führte in Ägypten dazu, daß der Käfer als Bild, als Zeichen, als Schriftzeichen (Hieroglyphe), für das Wort «werden» verwendet wurde. Das Bild des Käfers ist also stets auch ein Wort, die Hieroglyphe bedeutet *chepri* – «werden». Das Bild ist zugleich Schrift. Deshalb können wir fortfahren, das Bild des Skarabäenanhängers zu *entziffern*. Wir haben die Scheibe am Kopf des Käfers als die Mistkugel beschrieben, die er vor sich herträgt und aus der das neue Leben kommen wird. Neben und mit dieser Entzifferung ist eine andere möglich: Die rote Kugel ist zugleich die Sonnenscheibe. Wie der Skarabäus mit seiner Kugel ist auch die Sonne ein Bild des stets neu entstehenden Lebens. Denn jede Nacht muß sich die Sonne, die im Westen untergeht, bevor sie im Osten wieder aufgehen kann, durch die Unterwelt hindurcharbeiten, wobei sie gefährliche Kämpfe gegen Chaosungeheuer zu bestehen hat. So bedeutet jeder Sonnenaufgang am Morgen eine neue Schöpfung. Damit hängt es zusammen, daß der Sonnengott, Rê, für lange Zeiten der ägyptischen Religionsgeschichte der Hauptgott war. Wie der Käfer als Hieroglyphe die Bedeutung *chepri* hat, bedeutet die (Sonnen-)Scheibe als Hieroglyphe *Rê* – «Sonne(ngott)». Der Skarabäus und die Sonne verkörpern Leben und Schöpfung. Aber nicht nur die einzelnen Elemente des Skarabäenanhängers sind entzifferbar, sondern auch ihr Ensemble. Nimmt man den auf den ersten Blick nur wie eine untere Abrundung erscheinenden grünen korbartigen Kreisabschnitt hinzu, der als Hieroglyphe *neb* – «Herr» bedeutet, sowie die drei den Korb mit dem Käfer verbindenden Stege, die ein Pluralzeichen darstellen (so wird aus der Käfer-Hieroglyphe *cheperu* – etwa: die Gewordenen, die Schöpfungen), so läßt sich das Ensemble der Figuren als Satz lesen: *Neb-cheperu-Rê*, etwa: «Rê (der Sonnengott) ist der Herr der Schöpfungen». Dieser Satz stellt ein theologisches Programm dar, eine Art «Glaubensbekenntnis». So ist das Bild zugleich Text, der Schmuckgegenstand zugleich ein programmatisches Bekenntnis. Doch damit nicht genug: Eben der theologische Satz *Neb-cheperu-Rê* ist zugleich der Thronname des Tutanchamun; der König trägt seinen eigenen Herrschernamen um den Hals. Das Bild ist zugleich Schrift, das religiöse Bekenntnis zugleich Herrschername und -programm. Kunst, Schrift, Religion, Politik – das alles ist in diesem Anhänger vereinigt. Jedes dieser Elemente ist dabei für sich zu verstehen; einige sind bereits auf derselben Ebene mehrdeutig (so ist die kleine rote Kugel Mistkugel *und* Sonne). Alle Bedeutungsebenen des Bildes sind gleichwertig, keineswegs ist eine nur vordergründig, eine andere die eigentlich gemeinte. Die Vielfalt der Lesarten des Bildes schließt sich in der Einheit des Bildes zusammen, die Bedeutung des Bildes ist umgekehrt nur in einer Vielfalt von Lesarten zu erfassen. Diese Möglichkeit, Verschiedenes in einem zu erfassen und eine Einheit als Vielfalt zu begreifen, stellt einen Grundzug ägyptischer Wirklichkeitsauffassung dar. So besteht das Land Ägypten selbst aus zwei Teilen. Die Einheit des Landes geht auf die frühgeschichtlich vollzogene und immer wieder zu aktualisierende Vereinigung von Oberägypten und Unterägypten zurück. Der ägyptische König ist deshalb König von Oberägypten *und* König von Unterägypten. Er kann in beiden Rollen verschiedene Kronen tragen, aber auch eine, in der beide verbunden sind. Der König ist zugleich Gott *und* Mensch. Beide Rollen sind getrennt und zusammen zu begreifen. So kann der König in seiner Rolle als Mensch vor sich selbst in seiner Rolle als Gott opfern. Die Verbindung von Einheit und Vielfalt kehrt auch bei den Göttern wieder, indem sich in der Vielzahl und Vielgestaltigkeit der Gottheiten zugleich das eine Göttliche, «Gott» manifestiert.

Manche dieser Formen der Wirklichkeitswahrnehmung werden im folgenden Versuch der Darstellung einiger wichtiger Züge der ägyptischen Religion wiederkehren. Daß diese Auffassung nicht zuletzt bei der Betrachtung ägyptischer Bilder, bei ihrer Entzifferung, eine Rolle spielt, zeigt als Ouvertüre der Skarabäenanhänger Tutanchamuns, hinter dessen Bildgestalt ein theologisches und politisches Programm steht.

Das Land und seine Geschichte im Überblick

Ägypten ist ein Geschenk des Nils – diese Feststellung des griechischen Historikers Herodot (II, 5) beschreibt die Grundbedingung des Lebens in Ägypten von den ältesten historisch faßbaren Zeiten bis auf die Gegenwart. Der Nil erlaubt die Bewässerung eines schmalen Streifens kultivierbaren Landes inmitten riesiger Wüstenzonen, die Nilüberschwemmungen bestimmen den Rhythmus der Landwirtschaft, bis heute beeinflußt der Nil die Siedlungsstruktur.[2] Die Höhe und Dauer der jährlichen durch die Regenfälle in den äquatorialafrikanischen Quellgebieten des Nils verursachten Nilüberschwemmung bestimmt seit ältesten Zeiten die Struktur der Landwirtschaft, die auf der Nutzung des Wassers und des fruchtbaren Nilschlamms beruht. Wir werden noch sehen, daß die Erfahrung der jährlichen Lebenserneuerung durch den Nilschlamm das Denken und die religiösen Vorstellungen Ägyptens in verschiedener Weise geprägt hat. Vom Nil geprägt ist aber auch die Landesstruktur selbst. In einem geradezu symmetrischen Aufbau, der sich in gewisser Weise im Raumempfinden der ägyptischen Kunst widerspiegelt, schließen sich an beide Seiten des schmalen Niltals Wüsten und Gebirge an. Der west-östlichen Symmetrie korrespondiert ein nord-südlicher Gegensatz zwischen dem ägyptischen Oberlauf des Nils (Oberägypten) und dem Nildelta (Unterägypten). Am Beginn der ägyptischen Geschichte steht als ein mythisch-historisches «Urdatum» die Vereinigung dieser beiden von verschiedenen Bevölkerungsgruppen bewohnten Landesteile. Von dieser «Reichseinigung» am Beginn des 3. Jahrtausends v. Chr. an war die wirtschaftliche, politische und kulturelle Größe «Ägypten» – bei lediglich wechselnder Südgrenze an verschiedenen Nilstromschnellen (Katarakten) und verschieden ausgeprägter Hegemonie gegenüber den westlichen und östlichen Nachbarvölkern – über mehrere Jahrtausende konstant. Die Abgeschlossenheit und Autarkie des Landes wirkten sich auf die Ausbildung und Kontinuität der ägyptischen Kultur aus, die es auch dem Laien ermöglicht, Denkmäler und Bilder aus einem Zeitraum von mehreren Jahrtausenden unschwer als «ägyptisch» zu identifizieren. Bildeten Ober- und Unterägypten somit seit ca. 3000 v. Chr. eine Einheit, so blieb dem Ägypter auf der anderen Seite stets bewußt, daß es sich um die Vereinigung zweier heterogener Landesteile handelte. In der von dort herrührenden Doppelstruktur, die sich augenfällig durch verschiedene Kronen des Königs ausdrückt, der als König von Ober- *und* Unterägypten regiert, manifestiert sich eine Dualität der ägyptischen Wirklichkeitsauffassung, in der sich als Grundkategorie die Vorstellung eines «zugleich» findet.

Nach der «Reichseinigung» am Beginn des 3. Jahrtausends beginnt bereits in den ersten beiden Dynastien eine um die Figur des Königs zentrierte Machtentfaltung. Die bis heute übliche Einteilung der ägyptischen Geschichte in «Dynastien» geht auf den ägyptischen Priester und Geschichtsschreiber Manetho (um 300 v. Chr.) zurück, der die Geschichte seines Landes nach der Abfolge von nacheinander – zuweilen auch nebeneinander – herrschenden Königsgeschlechtern gliederte.

Mit der 3. Dynastie beginnt die Zeit des «Alten Reichs» (3.-6. Dynastie, ca. 2650-2150). Die Grundstrukturen der politischen und ökonomischen Verwaltung, der Kunst, Literatur und Religion des alten Ägypten wurden bereits in der Zeit des Alten Reichs ausgebildet. Es war die Zeit der größten Machtentfaltung des Königs, der selbst als Hauptgott verehrt wurde. Die gewaltigsten Denkmäler der ägyptischen Kunst- und zugleich Religionsgeschichte, die Pyramiden, vermutlich ins Riesige gesteigerte steinerne Zelte als Grabmale der Könige, stammen aus der Zeit der 3. und vor allem der 4. Dynastie. Unter ihnen ragen die drei großen Pyramiden von Giza (heute ein Vorort von Kairo), die Gräber der Könige Cheops, Chefren und Mykerinos (4. Dynastie) hervor. Metropole Ägyptens war in dieser Zeit die Stadt Memphis.[3] Ein Beiname der Stadt Memphis, Hikuptah, dürfte die Grundlage der späteren griechischen Bezeichnung «Aigyptos» (Ägypten) sein, während die Ägypter selbst ihr Land «Kemi» (das «schwarze» – im Gegensatz zur «roten» Wüste) nannten.

Für den Bau der Pyramiden waren große Massen von Arbeitern erforderlich, die vermutlich zwischen den Erntezeiten requiriert wurden. Die in der Literatur zuweilen diskutierte Frage, ob es sich beim Pyramidenbau um ein despotisches Unternehmen der Ausbeutung von Sklaven gehandelt habe oder um ein echtes religiöses Anliegen[4], ist falsch gestellt. Die richtige Frage wäre demgegenüber die, für wen es im alten Ägypten das eine und für wen es das andere bedeutete. Dabei müssen wir uns darüber im klaren sein, daß nahezu alle Zeugnisse der ägyptischen Kultur, die bis heute erhalten sind, Zeugnisse einer kleinen herrschenden Schicht sind, während Zeugnisse des Alltagslebens der größeren Teile der Bevölkerung kaum greifbar sind. So sind die Pyramiden Zeugnisse von Gewalt und Herrschaft und gleichzeitig Zeugnisse einer religiösen Grundauffassung, die in ihren monumentalen Bauten wie in ihren Ritualen die Sterblichkeit überwinden wollte.

Kam es in der Zeit der 4. und 5. Dynastie zu einer ersten Machtentfaltung des ägyptischen Reichs nach außen – Expansionen nach Westen (Libyen), Süden (Sudan) und Osten (Sinaigebiet) – und zur Ausbildung einer politischen und wirtschaftlichen Selbständigkeit der Beamtenschaft, so löst sich in und nach der Zeit der 6. Dynastie am Ende des 3. Jahrtausends die zentrale

Macht allmählich auf. Gaufürsten gelangen zu selbständiger Herrschaft, die Teile des Reiches fallen auseinander. Die Ägypter haben diese «1. Zwischenzeit» (ca. 2150-2000) als Epoche des Zusammenbruchs nicht nur der äußeren Ordnung, sondern auch der tragenden Sinnsysteme empfunden. Die Literatur dieser Zeit spiegelt die vielfältigen Sinnkrisen wider.

Am Übergang zum 2. Jahrtausend v. Chr. konsolidiert sich die politische und ökonomische Lage. Mit der 12. Dynastie beginnt eine Zeit erneuter zentraler Machtentfaltung und erneuter Expansionen. Unter den Pharaonen[5] mit den mehrfach auftauchenden Namen Amenemhet und Sesostris wird Ägypten zu einer beherrschenden Großmacht im östlichen Mittelmeerraum. Memphis wird wieder Residenz, religiöses Zentrum ist Theben. Nubien und Libyen werden dem ägyptischen Reich einverleibt, Syrien-Palästina steht unter ägyptischer Vorherrschaft.

Nach 1800 v. Chr. verfällt die zentrale Macht erneut. Eine «2. Zwischenzeit» schließlich bringt Ägypten für ein Jahrhundert (ca. 1650-1550) unter die Herrschaft der «Hyksos» (ägypt.: Herrscher der Fremdländer). Die Herkunft der Hyksos und die Art ihrer Herrschaft ist noch nicht ganz geklärt, doch spricht vieles dafür, daß es sich um hurritische Eroberer aus dem syrischen Bereich (s. u. S. 79) handelte.[6] Mit der Vertreibung der Hyksos (um 1550) beginnt als dritte große Epoche der ägyptischen Reichsgeschichte das «Neue Reich». Die Pharaonen der 18. Dynastie stellen die ägyptische Hegemonie in Syrien-Palästina wieder her.

Im 15. Jahrhundert ist Ägypten unter Thutmosis I. und Amenophis I. die vorherrschende Macht im Orient. Aus der Zeit Amenophis' III. und IV. sind uns durch die keilschriftlichen Texte des königlichen Archivs in Amarna die Kontakte mit syrisch-palästinischen Stadtfürsten recht gut bekannt. Diese «Amarnabriefe» geben einen Einblick in die syrisch-palästinischen Strukturen vor dem Beginn der Geschichte Israels. Zu den Partnern gehörten u. a. die Stadtkönige von Jerusalem, Megiddo, Hebron, Tyros, Sidon, Ugarit. Mit dem Namen Amenophis IV., mehr noch mit dem von ihm programmatisch angenommenen Namen Echnaton, verbindet sich eine zuweilen als «Revolution von oben» bezeichnete Veränderung in der ägyptischen Religionsgeschichte (s. u. S. 66). Dabei handelte es sich nicht allein um religiöse Auseinandersetzungen, sondern zugleich um Hegemoniestreitigkeiten mit der Priesterschaft der etablierten Götter, die sich letztlich durchsetzte. So blieb die Zeit Echnatons und seiner (nicht zuletzt im Zusammenhang mit der Problematik deutscher Museumsgeschichte berühmt gewordenen) Frau Nofretete eine Epoche der ägyptischen Geschichte, die zu eigentümlichen Formen in Kunst und Religion führte. Sie fand jedoch unter den Nachfolgern, darunter dem wegen des im wesentlichen unversehrt aufgefundenen Grabes nicht minder berühmten Tutanchamun, keine Fortsetzung.

Die Pharaonen der 19. und 20. Dynastie verteidigten die außenpolitische Hegemonie mit wechselndem Erfolg gegen die Libyer, Hethiter und die Seevölker. Obwohl Ägypten eine Macht im Kräftefeld der altorientalischen Politik blieb, ging aufs ganze gesehen um die Wende zum 1. Jahrtausend (für Ägypten die Spätzeit!) die Macht der Pharaonen zurück. Von der 21. Dynastie an kam es zu Wirtschaftskrisen, Militärdiktaturen, Spaltungen, schließlich im 1. Jahrtausend zur Herrschaft ausländischer (libyscher, äthiopischer) Dynastien. Im Jahre 671 erobert der assyrische König Asarhaddon (s. u. S. 76) Ägypten. Noch einmal gelingt unter Psammetich und seinem Nachfolger Necho eine Konsolidierung. Für kurze Zeit greift Necho erneut weit nach Osten aus, erobert Israel und versucht in den Endphasen des assyrischen Reiches die ägyptische Hegemonie in Vorderasien wiederherzustellen. Doch hat diese letzte Expansion keine lange Dauer. Das Land gerät 525 unter persische Herrschaft, schließlich unter die Alexanders und seiner Nachfolger, die in Ägypten das hellenistische Reich der Ptolemäer errichten, bis das Land wie nahezu der gesamte vordere Orient zu einem Bestandteil des Imperium Romanum wird. Im 2. Jahrhundert n. Chr. wird Ägypten christlich; hier liegt der Beginn der koptischen Kirche. Im 7. Jahrhundert n. Chr. schließlich wird das Land von den mohammedanischen Arabern erobert und ist seit dieser Zeit ein islamisches Land.

Erfahrung und Weltdeutung

Im Rahmen eines kurzen orientierenden Überblicks über die Religionen des Alten Orients kann eine ägyptische Religionsgeschichte nicht im Detail vorgestellt werden. Wohl aber kann der Versuch unternommen werden, einige für die ägyptische Religion grundlegende Formen von Theologie und Frömmigkeit den Grundstrukturen des Lebens in diesem Lande zu korrelieren. Deshalb muß diese Skizze der ägyptischen Religion abermals auf den Nil verweisen. Von der Bedeutung dieses Stroms für das Land und seine Bewohner war bereits die Rede. Nicht nur die äußeren Lebensbedingungen, sondern auch verschiedene Dimensionen der Weltdeutung und der Orientierung hängen in Ägypten mit dem Nil zusammen. So verbinden sich für den Ägypter die Himmelsrichtungen wie selbstverständlich mit dem Flußlauf. Flußabwärts ist Süden, flußaufwärts Norden. Wie geradezu zwingend diese Gegebenheiten die Orientierung bestimmen, zeigt sich an der offenkundigen Verwunderung, ja geradezu Verstehensproblematik, als die Ägypter mit dem Euphrat einen Strom mit umgekehrter Laufrichtung kennenlernten. Diese Schwierigkeit wird in der umständlichen Beschreibung erkennbar. Der Euphrat ist «das kreisende Wasser, das stromaufwärts fließend stromabwärts fließt» oder – anders übersetzt –: «das umgekehrte Wasser, das stromabwärts fließt, indem es nach Süden geht».[7] Die Geographie des Niltals mit dem Fluß in der Mitte, dem flachen Land an beiden Seiten, das an den Rändern in Gebirge übergeht, bildet das Modell der ägyptischen Welt. Über der Erde schwebt der Himmel. Er muß, soll die Welt stabil sein, sicher befestigt sein. Die Festigkeit des Himmels kann (wiederum in jenem «zugleich», das für die ägyptische Wirklichkeitsstruktur kennzeichnend ist) verschieden gedacht werden: Der Himmel beugt sich als Göttin Nut über den unter ihr liegenden männlichen Erdgott Geb; der Himmel ruht auf festen Pfeilern, die auf den vier Weltenden aufliegen; der Himmel ist die Unterseite einer Himmelskuh, deren Leib mit Sternen besetzt ist; der Himmel wird getragen von den mächtigen Armen des Luftgotts Schu. Unter der Erde breitet sich die Urflut und Unterwelt aus. Die Sonne muß sie auf einem gefahrvollen nächtlichen Weg durchqueren, ehe sie am Morgen, erneut die Schöpfung erweisend, aufgeht. Stellt die Sonne die *täglich* sich neu manifestierende Schöpfung dar, so zeigt sich im Rhythmus des Nils die *jährlich* erneuerte Welt. Von der an der Empirie festgemachten Vorstellung vom lebenerzeugenden Schlamm war bereits in der ersten Bildbetrachtung die Rede. Wie aus dem Nilschlamm das Leben immer wieder neu hervorgeht, so verbindet sich auch die Vorstellung von der Weltentstehung mit dem Nil: Wie in jedem Jahr wieder aus den Fluten das fruchtbare Schlammland auftaucht, so war es auch «beim ersten Mal». Die Welt entstand, indem aus dem Urwasser (Nun) ein Urhügel auftauchte. Da die Vorstellung der Kosmogonie mit der immer wiederholten Erfahrung verbunden ist, wird die jährlich wiederkehrende Erfahrung als partielle Wiederholung der Weltschöpfung erlebt. Mit dem Auftauchen des Urhügels aus dem Urwasser verbindet sich abermals jene Vermittlung von Einheit und Vielfalt. Daß «das erste Mal» der Weltentstehung so gedacht wird, ist einheitliche Vorstellung in Ägypten. Die Stelle zu sein, *wo* dies geschah, beanspruchen jedoch mehrere ägyptische Städte. Erfahrungen im Umkreis der Nilüberschwemmung prägen auch weitere Vorstellungen des «ersten Mals», so der Schrei der über der ruhenden Wasseroberfläche auffliegenden Nilente oder der am Morgen aufblühende Lotus (eine Seerose), der wiederum die aufgehende Sonne symbolisiert.

Die Kosmologie und Kosmogonie Ägyptens begründen zugleich die Verpflichtung zur Sicherung und Erhaltung der Welt und ihrer Ordnung, sei es durch die Anlage und Versorgung der Bewässerungssysteme, durch die die Fruchtbarkeit des Nilschlamms erst zur Fruchtbarkeit des Landes wird, sei es durch Gebete und Rituale, die die Sonne auf ihrem gefährlichen Weg durch die Unterwelt begleiten, sei es durch die politische Ordnung, Erziehung, Verwaltung und Rechtspflege. Indem all diese Formen von Praxis und Weltdeutung der Erhaltung der Weltordnung dienen, die sich in Ägypten in der als Tochter des Sonnengotts personifizierten, aber auch als transpersonale Wirklichkeit vorgestellten Ma'at (etwa: Weltplan, Weltordnung, Gerechtigkeit) manifestiert, sind sie Formen einer religiösen Praxis. Nach einer Unterscheidung von J. Assmann[8] zwischen «Religion im weiteren» und «Religion im engeren Sinne» kann man deshalb als Religion im weiteren Sinne die Ma'at-Verwirklichung ansehen. Dazu gehören die Aufgaben,

> den Menschen Recht zu sprechen,
> die Götter zufrieden zu stellen,
> den Göttern Opfer zu geben
> und den Toten Totenspeisen.[9]

Religion im engeren Sinne wäre dann der «Umgang mit den Göttern» und die «Versorgung der Toten». In allen Bereichen der Religion kommt dem König in Ägypten die entscheidende Aufgabe zu. Er ist der Akteur für die Menschen, er bezeichnet die Grenze zwischen Menschen und Göttern, ja, er selbst ist Mensch und Gott. Bevor wir versuchen, die Rolle Pharaos genauer zu beschreiben, muß eine für die ägyptische Religion entscheidende und in der ägyptologischen Forschung umstrittene Frage thematisiert werden, die nach dem Verhältnis von *Göttern* und *Gott* in der ägyptischen Theologie und Frömmigkeit.

Götter und Gott

Die Vielzahl der ägyptischen Gottheiten, ihre Tiergestalten oder ihre tierisch-menschlichen Mischformen erzeugten bereits im Altertum Verwunderung. Während die hellenistische Mythologie die Tiergestalt ägyptischer Gottheiten durch die Geschichte vom Ungeheuer Typhon erklärt, vor dem sich die olympischen Götter nach Ägypten geflüchtet und in mannigfachen Tieren verborgen hätten (Apollodor I, 39ff.), hat die rationalistische Kritik für die ägyptischen Götter nur Spott übrig. So verhöhnt der römische Satiriker Juvenal (XV, 1) die göttlichen Krokodile, Ibisse, Katzen, Affen, Hunde, ja Gemüsesorten, und in ganz ähnlicher Weise spottet Lukian (Götterkonzil 10f.) über den «Wauwau», der Gott sein wolle, und über die Ägypter, die Zeus mit Schafsgehörn versähen. Daneben steht jedoch das ganz andere Urteil des Plutarch (de Iside 77), der die Verehrung beseelter Wesen, welcher Gestalt auch immer, der Verehrung unbeseelter Prinzipien vorzieht. Auch in der Neuzeit setzen sich die erstaunten, zum Teil verächtlichen Urteile über die ägyptischen Götter fort.[10] Dabei handelt es sich vor allem um ästhetische Urteile, die mehr über die jeweils urteilende Epoche und ihre Kunst- und Religionsauffassung aussagen als über die Religion Ägyptens. Auch christliche Kirchenväter verhöhnen die Götter Ägyptens – besonders dem hundsköpfigen Anubis gilt ihr Spott – und stimmen damit nur die Gegenmelodie zu einer im römischen Altertum üblichen Verspottung an, nach der die Juden (und Christen) Verehrer eines Esels seien – eine Beleidigung, die sie gezielt mit dem «bösen» ägyptischen Gott Seth in Verbindung bringen sollte. So ist die jahrhundertelange Debatte um den «Wert» der ägyptischen Götter und ihre vielfältigen Erscheinungsformen von wechselnden Vorurteilen bestimmt.

Tatsächlich wurde eine Reihe ägyptischer Götter in Tiergestalt oder Menschengestalt mit Tierkopf dargestellt, so der ibisköpfige Schreiber- und Wissenschaftsgott Thot, der hunde-, besser schakalgestaltige Totengott Anubis, der widderköpfige Amun, die kuhköpfige Hathor, die nilpferdgestaltige Toëris (die Schutzgöttin der Schwangeren), der Krokodilgott Sobek und viele andere. Doch auch hier begegnet uns die für die ägyptische Wirklichkeitsauffassung kennzeichnende komplementäre Vielfalt, die eine eindeutige Zuordnung von Tier und Gottheit ausschließt. Denn ein widdergestaltiger Gott kann Amun sein, aber auch der Töpfer- und Schöpfergott Chnum aus dem oberägyptischen Esna; Nilpferdgestalt hat nicht nur die schützende Toëris, sondern auch ihr striktes Gegenteil: das vernichtende «rote» Nilpferd, das eine Chaosmacht verkörpert und das im Behemoth des Hiobbuches als Menschen- und Gottesfeind wiederkehrt.[11] Eine löwengestaltige Göttin ist Bastet, aber auch Tefnut oder Sachmet; eine Göttin mit Kuhgehörn kann Hathor oder Isis sein. Umgekehrt erscheint Amun als Widder, als Mensch mit Widdergehörn, aber auch als Nilgans oder als Urschlange. Der in besonderer Weise mit dem Königtum verbundene Horus erscheint als Falke, wird aber auch als Kind dargestellt. Die letztgenannte Darstellungsform belegt eine Möglichkeit der Ordnung und Systembildung, indem man die Götter in Analogie zur Familienstruktur einander zuordnete.

Bei all dem erscheint die ägyptische Religion wie eine klassische Form des Polytheismus. Dieser Eindruck muß jedoch sogleich mit einem anderen, geradezu gegenläufigen ins Verhältnis gesetzt werden. Denn neben den zahlreichen verschiedenen einzelnen Gottheiten kennt die ägyptische Sprache und Theologie ein Wort für «Gott». Dieses Wort, *ntr*[12], bezeichnet nicht einen Gott unter vielen, sondern *das* Göttliche, «Gott». Wo die ägyptische *Theologie* (im Sinne der Reflexion über die Religion) über «Gott» nachdenkt, da sind nicht die vielen Götter und Göttergestalten im Blick, sondern *ein* Gott. Von dieser Linie ägyptischer Religiosität her lassen sich die zahlreichen und vielgestaltigen einzelnen Gottheiten als verschiedene Erscheinungsweisen des einen Gottes verstehen.[13] Für die Religionsgeschichte Ägyptens gilt, daß mit wenigen Ausnahmen zwischen den beiden Aspekten – zwischen «Gott» und «den Göttern» – eine Balance erhalten blieb. Dabei richtete sich die persönliche Frömmigkeit eher an den *Göttern*, die Theologie eher an *Gott* aus. Diesem theologisch-reflektierten Aspekt widerspricht nur scheinbar das Bestreben der ägyptischen Priester und Gelehrten, die Götter in familiale und genealogische Systeme zu ordnen. Unter den Göttergenealogien nehmen zwei Systeme eine besondere Stellung ein, das Kollegium der *acht Urgötter* von Hermupolis und die Heliopolitanische *Neunheit*.

Das System von Hermupolis[14] besteht aus einer Kosmogonie (Weltentstehungslehre) mit vier Götterpaaren am Anfang. Es sind Nun und Naunet (dieses Paar bedeutet das Urwasser), Heh und Hehet (Endlosigkeit), Kuk und Kauket (Finsternis) und – neben anderen Varianten – als viertes Paar: Amun und Amaunet (Verborgenheit). Am Ende dieser Reihe steht mit Amun der Gott, der vom Neuen Reich an als Hauptgott des Reiches angesehen wurde. Diese Kosmogonie befindet sich geradezu auf der Mitte zwischen einer religiösen und einer naturwissenschaftlichen Thematisierung des Weltbeginns und weist Gemeinsamkeiten sowohl mit der biblischen Schöpfungsgeschichte von 1. Mose 1 als auch mit den Systemen der frühen griechischen Naturphilosophen (Thales, Anaximander u. a.) auf.

Ein anderes kosmogonisches System, das aus Heliopolis, der Stadt des Sonnengottes Rê[15], stammt, setzt mit dem Windgott Atum ein, der aus sich selbst durch Masturbation, in späteren Fassungen durch den Hauch seiner Nase, den Luftgott Schu und die Göttin der Feuchte, Tefnut, hervorbringt.[16] Mit Schu und Tefnut beginnt die eigentliche Genealogie; ihre Nachkommen sind der Erdgott Geb und die Himmelsgöttin Nut. Die Trennung von Himmel und Erde stellt den Beginn der Weltschöpfung dar. Die folgende Generation besteht aus den vier großen Gottheiten Osiris, Isis, Seth und Nephtys. Der Gott, auf den die Genealogie jener Neunheit hinausläuft, ist in diesem System selbst nur implizit enthalten. Es ist Horus, der Sohn der bereits im Mutterleib vereinigten Götter Osiris und Isis. Horus aber ist der Königsgott; er verkörpert sich in jedem ägyptischen König. So ist die Kosmogonie zugleich eine Kratogonie[17] – die Lehre von der Entstehung der Welt begründet zugleich das Königtum und die politische Herrschaft.

Eine wiederum andere Form einer henotheistischen Theologie verbindet sich mit Ptah, dem Schöpfergott von Memphis, der hier als Schöpfer und Herr aller Götter, Menschen und Dinge gilt.[18]

Das für die ägyptische Religionsgeschichte tragende Gleichgewicht zwischen Gott und Göttern, Frömmigkeit und Theologie, wurde in der Zeit des Echnaton (s. o. S. 64) für eine kurze Zeit einseitig zugunsten des henotheistischen Aspekts aufgelöst. Echnaton propagierte die Alleinverehrung Atons, der sichtbaren Sonnenscheibe. Doch blieb diese Gewichtsverschiebung (also durchaus keine monotheistische Neuschöpfung) eine Episode. Auch die ägyptische Religion im engsten Sinne, die Auffassung von den Göttern bzw. von Gott, hängt aufs engste mit dem Königtum zusammen.

Der König als Gott – der König und Gott

Der König stellt im alten Ägypten die Verbindung zwischen der Götter- und der Menschenwelt dar. Gegenüber den Göttern bzw. Gott repräsentiert er das Volk, gegenüber den Menschen verkörpert er im Ritual die Gottheit. In der *Rolle* Gottes, besonders des Schöpfergottes, ist der König seinerseits Garant der Ma'at. So sichert er im Ritual die Schöpfungsordnung, z. B. indem er die als Nilpferd und Krokodil sich manifestierenden Chaosmächte, die die Weltordnung bedrohen, in ritueller Jagd erlegt. Der König ist aber nicht nur in dieser Hinsicht Träger seiner Rolle. Sein Leben besteht vielmehr im ganzen darin, einem festgelegten Ritual zu entsprechen. Eines der zahlreichen Beispiele, an dem man die Rollenfunktion des Königs verdeutlichen kann, ist die Beobachtung, daß mit Hatschepsut in der 18. Dynastie eine König*in* über Ägypten herrschen konnte, die sich jedoch in der offiziellen Darstellung als Mann, mit dem seinerseits rituell geprägten Königsbart versehen, abbilden lassen mußte. Der Begriff der «Rolle» ist wohl am ehesten geeignet, auch die bereits erwähnten dualen Erscheinungsweisen des Königs zu beschreiben: Er ist König von Oberägypten *und* König von Unterägypten – er ist Mensch *und* Gott – er kann in seiner Rolle als Mensch vor sich selbst in seiner Rolle als Gott opfern. Die ägyptische Terminologie selbst akzentuiert das Verhältnis der menschlichen und der göttlichen Aspekte des Königs in verschiedenen Epochen unterschiedlich. Überwog bis etwa zum Ende der 4. Dynastie im Alten Reich die Auffassung, der König sei selbst höchster Gott, so wird er von der 5. Dynastie an als Sohn, später auch als Bild des Sonnengottes bezeichnet. Erinnert die erste Formulierung an Psalm 2,7 mit der Erwähnung einer Gottessohnschaft des Königs in Jerusalem, so die letztere an 1. Mose 1,2, wo freilich das Prädikat «Bild Gottes» nicht dem Herrscher, sondern *dem* Menschen zukommt. Als Sohn des Gottes Rê gehört der König in die Sphäre der Götter. Gezeugt wurde er, indem sich Rê in Gestalt seines Vaters mit der Königinmutter vereinigte. Die Ma'at, die als personifizierte Weltordnung eine Tochter Rês sein konnte, verhielt sich in dieser Rollenkonstellation zum König wie eine Schwester. Dennoch zeigt sich in der Vorstellung vom König als Sohn bzw. Bild Gottes gegenüber der älteren unmittelbaren Vergöttlichung eine Distanzierung. Nach der Zeit des Alten Reichs wurde die Stellung des Königs gewissermaßen reduziert, der (Sonnen-)Gott dagegen erhöht. Dabei wächst die Auffassung, letztlich könne nur Gott die Weltordnung garantieren. So erwartet man in den Konzeptionen der Spätzeit – um noch einmal dieses Beispiel zu nennen – die Jagd und die Erlegung der Chaosmächte, die sich in Krokodil und Nilpferd manifestieren, nur noch vom Gott Horus selbst.

Weithin unter dem Aspekt der Wahrnehmung von Rollen läßt

sich auch die politische Praxis der Könige begreifen. Ihre Staatshandlungen folgten weitgehend Ritualen. Die Regentschaft beginnt jeweils mit der Vereinigung der beiden Reiche; zu bestimmten Zeiten müssen die Libyer geschlagen werden; Handelskontrakte, Monumentalbauten, Tempel sind zu errichten; schließlich vereinigt sich der König (im Tod) mit seinem Vater und wird zur Sonne – ein Nachfolger tritt an und wiederholt das biographische Ritual. Gewiß fanden neben solchen rituell festgelegten Formen auch andere politische Handlungen, Machtkämpfe und Herrschaftserweise statt, doch überwiegt nach dem Selbstverständnis der Ägypter das Element der Rollenwiederholung. Das, was wir «Fakten» nennen, wurde in Ägypten den programmatischen Maßstäben notfalls angepaßt. So löste Pharao Pepi II. das Problem, wie er sich in Ermangelung «tatsächlich» vorhandener libyscher Gegner als Besieger der Libyer erweisen solle, dadurch, daß er die Siegesstele seines königlichen Vorfahren Sahure samt dem dort genannten Häuptlingsnamen kopiert und auf sich bezieht.[19] In ähnlicher Weise konnten die ägyptischen Historiographen «richtige» Daten erzeugen (anläßlich eines Jubiläumsfestes der Könige wird regelmäßig konstatiert, der Nil habe so hoch gestanden wie nie zuvor) und «falsche» verdrängen (so findet sich kaum ein ägyptischer Hinweis auf die Eroberung des Landes durch die Assyrer – ein gewiß einschneidendes, aber eben regelwidriges und damit buchstäblich nichtiges Ereignis).

Eine solche Wirklichkeitsauffassung scheint uns heute ebenso fremd wie vertraut – fremd, wenn wir an die naturwissenschaftliche Vorstellung von Fakten und Daten denken, vertraut, wenn wir nur an den politischen Umgang mit ebendiesen Fakten denken. Prinzipiell ist eine Faktizität des Normativen ebenso ideologieanfällig wie die umgekehrte Normativität des Faktischen. Wichtig ist jedoch, diese Verhaltensweisen als Teil der ägyptischen Wirklichkeitsauffassung wahrzunehmen und nicht allzu rasch als wider besseres Wissen propagierte Ideologie zu rubrizieren.

Der verstorbene König wird eins mit der Sonne. Sein mumifizierter Leichnam liegt zugleich für die Ewigkeit bereitet und bewahrt im Grab. Der überwiegende Teil der heute noch erhaltenen Zeugnisse der ägyptischen Kultur gehört den Bereichen des *Königs* und des *Grabes* an. Im Königsgrab kulminieren zwei zentrale Elemente ägyptischer Religion: der König als Schnittpunkt von Gott und Mensch und das Grab als Übergang zum Leben nach dem Tode. Dieses Leben nach dem Tode ist das ewige und wirkliche Leben; ihm gegenüber ist das irdische Leben nur eine Vorstufe.

Die Welt für die Toten

Die dauerhaftesten Zeugnisse der altägyptischen Kultur und Religion wurden bereits nach dem Selbstverständnis der Ägypter für die Toten erstellt. Stein*gräber* gab es vor Stein*häusern*; man kann z. B. an den in Stein nachgeahmten Matten als Wandbekleidungen früher Gräber erkennen, daß das Bestreben darauf ging, vergängliche irdische Materialien für die Welt der Toten in dauerhafte zu überführen. Besonders die Grab- und Begräbnisformen für den verstorbenen König sollen ihm die vollständige und dauerhafte Fortsetzung des Lebens, die ewige Herrschaft, sichern. Dazu bedarf der Tote im Grab der Umgebung und der Hilfsmittel, die ihm jenseits der Schwelle des Todes die Fortsetzung des Lebens ermöglichen. Diesem Weiterleben dient zunächst die Versorgung mit Speise und Trank, darüber hinaus aber auch die Mitgabe von «Dienerfiguren» (später die «Uschebtis»), kleinen Figuren von Arbeitern, die dem Verstorbenen für jeden Tag (deshalb ca. 365, z. T. noch zusätzliche Vorarbeiter und Arbeiter für besondere Tage) die Arbeit abnehmen sollen. Dazu dienen auch die in manchen Gräbern gefundenen Modelle von Schiffen, Werkstätten u. ä., die dem Toten eine «Lebenswelt» bereiten. Der Tod selbst ist als eine Art «Schwelle» zu einem neuen, dauerhaften Leben aufgefaßt. Dabei muß der Tote diese Schwelle unter Bestehung von mancherlei Gefahren überschreiten. Die materiellen Gegenstände für die Bedürfnisse des Toten, Anweisungen zum richtigen Verhalten bei der Schwellenüberschreitung, magische Sprüche und Ritualtexte, die den Toten dabei hilfreich begleiten, wurden in Texten und Bildern im Alten Reich an den Wänden der Grabkammer und der Gänge der Pyramiden aufgezeichnet («Pyramidentexte»); in der 11. bis 17. Dynastie wurden sie auf die Särge geschrieben («Sargtexte») und seit der 18. Dynastie in einer Art Kompendium («Totenbuch») gesammelt, das dem Verstorbenen aufs Grab gelegt oder in die Mumie eingebunden wurde.

Die mit all dem bezeichnete Transformation in ein neues, dauerhaftes Leben bezieht sich gleichsam topographisch auf drei Bereiche bzw. Vorstellungskreise, die in der ägyptischen Religionsgeschichte miteinander verbunden wurden: die Bereiche des Himmels (der Gestirnswelt), der Unterwelt und des Grabes. Es ist im Zusammenhang der in diesem Band durch Bilder und Texte erfaßten Welt der Bibel interessant, daß sich in den biblischen, alt- und neutestamentlichen Vorstellungen vom Tod und vom Leben nach dem Tod diese drei Bereiche (mit zuzeiten verschiedenen Prioritäten) wiederfinden und daß sie auch in den jüdisch-christlichen Traditionen bis in die gegenwärtige Frömmigkeit nebeneinander stehen.

In Ägypten verbindet sich die «Himmelsdimension» mit der Auffassung, der verstorbene König gehe nach seinem Tod in die Sonne, seinen Vater Rê, ein. Er steigt als Käfer (s. o. S. 62) oder als Falke (Horus) auf einer Himmelsleiter (vgl. 1. Mose 28) zu den Gestirnen auf und wird eins mit der Sonne.

Verbunden mit dieser Vorstellung ist die Auffassung, der Tote vereinige sich mit dem Gott Osiris, werde *selbst* Osiris. Wie bei den meisten ägyptischen Göttern sind auch in der Gestalt des Osiris verschiedene Traditionen vereinigt. Er dürfte ursprünglich ein Korngott gewesen sein. In den «Sargtexten» (IV, 169) heißt es: «Ich lebe, ich sterbe, ich bin die Gerste, nicht vergehe ich.» Wie das Korn «stirbt» und «begraben wird», d. h. als Saat in die Erde gelegt wird, aus der es «wiedergeboren» wird, stirbt und lebt auch Osiris und in ihm der verstorbene König. In manchen Zeiten der ägyptischen Religionsgeschichte konnten auch Privatleute «Osiris werden». Diese Analogie zu Leben, Sterben und Wiedergeburt des Korns (aufgenommen auch von Paulus in 1. Kor 15,35 ff.) verband sich in Ägypten mit der Rolle des Osiris als Herrschergott. In der Verbindung beider Traditionen wurde Osiris zum Herrscher der Unterwelt und in dieser Rolle zum Totenrichter. Vor ihm muß der Verstorbene, wie im «Totenbuch» (Kap 125) aufgezeichnet ist, seine Unschuld beweisen. Er bezeugt: «. . . Ich habe kein Unrecht gegen Menschen begangen, und ich habe keine Tiere mißhandelt. Ich habe nichts ‹Krummes› an Stelle von Recht getan. Ich kenne nicht, was es nicht gibt, und ich habe nichts Böses erblickt...»[20] Nun wird, wie es im «Totenbuch» in Bild und Text beschrieben ist, das Herz des Toten im Vergleich zu der in einer Feder verkörperten Ma'at gewogen. Je nachdem, wie die Wägung des Herzens ausgeht, kann er eingehen ins neue, dauerhafte Leben oder wird vertilgt von einem Ungeheuer und erleidet den zweiten, endgültigen Tod. Wiederum liegt ein Verweis auf das Neue Testament nahe (vgl. z. B. Off 21,8).

Die dritte Dimension in den altägyptischen Todesvorstellungen und Totenkulten bezieht sich auf die Konservierung des Verstorbenen selbst und seiner Lebenswelt im Grab. In einer langen Zeremonie wird der Leichnam durch die Mumifizierung vor dem Verfall bewahrt. Dabei werden ihm die inneren Organe entnommen; der Körper wird durch konservierende Mittel präpariert und mit Binden umwickelt. Zur Bewahrung gehört aber auch ein Belebungsritual für die Mumie, das zum Teil mehrere Tage währende, aus einem entsprechenden Brauch zur Belebung von Statuen übertragene «Mundöffnungsritual».

So stellen die Konservierung des Leichnams, die rituelle Begleitung auf dem Wege des Toten über die Todesschwelle und die Vorstellung von der Vereinigung des Verstorbenen mit dem Sonnengott Rê *und* mit dem Unterweltsherrscher Osiris keine alternativen, sondern komplementäre Konzeptionen und Ritualpraktiken dar. Damit sind wir am Ende dieses letzten Abschnitts der Skizze der altägyptischen Religion wiederum angelangt bei dem Aspekt, mit dessen Beschreibung wir ansetzten. Kennzeichnend für die ägyptische Wirklichkeitsauffassung und damit auch für die ägyptische Frömmigkeit (Religion) und die Reflexion über die Frömmigkeit (Theologie) ist die Möglichkeit, eine Einheit in der Vielfalt wahrzunehmen und komplementär dazu in der Vielfalt der Möglichkeiten, Wirklichkeit wahrzunehmen und abzubilden, eine Einheit von Wirklichkeit zu begreifen.

Mesopotamien

Namen, Völker und Geschichte

Die durch die heutigen Staaten Türkei, Syrien und vor allem Irak in der Hauptrichtung von Nordwesten nach Südosten verlaufenden Flüsse Euphrat und Tigris bilden die geographische Voraussetzung für die (neben Ägypten) zweite Stromtalkultur des Alten Orients. Mesopotamien, das *Land zwischen den beiden Flüssen*, das «Zweistromland», ist der Bereich der frühesten vorderasiatischen Hochkultur, die sich mit dem Namen Sumer verbindet, der Bereich des ältesten vorderasiatischen Territorialreiches unter Sargon von Akkad, das Gebiet der Reiche der Babylonier und der Assyrer und schließlich Teil des Perserreiches und geplantes Zentrum eines Weltreichs, das Alexander der Große errichten wollte. Von Mesopotamien ging die vorderasiatische Hochkultur aus, hier wurde am Ende des 4. Jahrtausends, noch ein wenig früher als in Ägypten, die Schrift entwickelt, hier wurden die auch für den syrisch-palästinischen Raum und damit für die Welt, in der die Bibel entstand, grundlegenden Vorstellungen über die Götter und ihr Verhältnis zur Politik, zur Gesellschaft und zum Leben und Leiden des einzelnen ausgebildet. Mesopotamien wurde aber auch das Zentrum der Weltreiche, die – mehr noch als Ägypten – das politische Geschick Israels bestimmten. Babylon, *die* Metropole Mesopotamiens über viele Jahrhunderte, wurde in der Bibel, besonders im Neuen Testament, zur Kapitale eines bösen Reichs schlechthin, Spiegel- und Vorbild Roms, jeden «Roms». Und Babylonien wurde nach dem Untergang Judas zum Exilort vieler Juden, zum Zwangsort zunächst, zu einem Zentrum der Lehre später, dem Ort, von dem der «Babylonische Talmud» ausging, eine grundlegende Schrift des Judentums bis heute. So bildet dieses Zweistromland für die Geschichte Israels und für die israelitisch-jüdische Religionsgeschichte Umfeld und Rahmen, aber auch Hintergrund und Gegensatz. In diesem Kontext und vor diesem Hintergrund wird vieles der Geschichte und der Religion Israels verstehbar. Israel wird erkennbar als Teil des Alten Orients und zugleich als einmaliger, als unvergleichlicher Ort im Alten Orient.

Mesopotamien ist das Gebiet Sumers, Babyloniens und Assyriens. So geläufig diese Namen auch sind, so nötig ist doch eine Begriffserklärung. Denn die Bezeichnungen Sumer, Sumerer, sumerisch, Babylon, Babylonien, Babylonier, Assur, Assyrer, Assyrien, schließlich dazu noch Akkad, akkadisch schwanken zwischen geographischen Bezeichnungen, Volksnamen, Bezeichnungen von Territorien und Großreichen, schließlich Kultur- und Sprachbezeichnungen. Je nach Sprachgebrauch handelt es sich um Kennzeichnungen von Epochen einer historischen Abfolge oder – häufiger – um Benennungen von ethnischen und kulturellen Größen. Deshalb wollen wir unsere Skizze der mesopotamischen Religionsgeschichte mit einigen Worterklärungen beginnen.

Geographisch ist *Babylonien* der südliche Teil Mesopotamiens (etwa südlich des heutigen Bagdad), *Assyrien* das nördliche Zweistromland am mittleren und oberen Euphrat bzw. Tigris. Die geographische Größe Babylonien wurde im altorientalischen Sprachgebrauch selbst unterteilt in *Sumer* und *Akkad*, wobei Sumer das südlichste Gebiet der beiden Ströme ist (die im Altertum noch nicht vereinigt, sondern entsprechend dem früher weiter nordwestlichen Küstenverlauf noch einzeln in den Persischen Golf mündeten), während das nördliche Babylonien als Akkad bezeichnet wurde.

Die geographischen Bezeichnungen werden auch als ethnische und territorial-politische gebraucht. In diesem Sinne nennt man Sumer den Verband von Stadtstaaten, die sich um die Wende vom 4. zum 3. Jahrtausend im südlichen Babylonien um Städte wie Uruk, Ur, Eridu, Nippur, Lagasch, Umma, Kisch, Schuruppak bildeten. Bis zur Gründung des Großreichs des Sargon von Akkad um 2350 waren die Sumerer die führende politische Macht des Gebiets und wurden es noch einmal in den Jahrhunderten um die Wende vom 3. zum 2. Jahrtausend. Nach dieser Zeit ging der politische Primat der Sumerer verloren, doch die Bedeutung der sumerischen Sprache, Kultur und Religion trat keineswegs in den Hintergrund. Vielmehr wird die sumerische Kultur in der Literatur, Theologie und Kunst des Alten Orients bis zum Ende der altorientalischen Reiche virulent bleiben. Sumerisch blieb Gelehrtensprache, die sumerischen Gottheiten blieben – unter ihren semitischen Namen – die Götter Mesopotamiens.

In der Zeit Sargons und dann vom Beginn des 2. Jahrtausends v. Chr. an waren Völker semitischer Sprache[21] die dominanten Größen im Kräftefeld altorientalischer Politik. Im ersten Drittel des 2. Jahrtausends beginnt der Aufstieg Babylons unter der 1. Dynastie.[22] Der berühmteste Herrscher dieser Zeit war Hammurapi. Er setzte sich sowohl gegen Rimsin von Larsa (einem der letzten sumerischen Zentren) durch wie gegen Samschi-Adad I. von Assyrien. In dieser Zeit finden wir also alle drei Größen, Sumer, Assur und Babylon im Konflikt. Nach einer Zeit babylonischer Vorherrschaft in Vorderasien gelangt um die Wende zum 1. Jahrtausend Assyrien in die Rolle der Vormacht. In der Zeit der babylonischen und assyrischen Reiche war oft das jeweils andere Gebiet Teil dieser Reiche, so waren die assyrischen Könige oft zugleich (unter anderen Herrschernamen) Könige von Babylon. Ende des 7. Jahrhunderts v. Chr. bricht das assyrische Reich, das sich selbst als zur Weltherrschaft bestimmt betrachtete (s. u. S. 76), zusammen. Es kommt noch einmal zu einer Vorherrschaft Babylons. Der berühmteste Herrscher dieses «neubabylonischen Reichs», Nebukadnezar, ist als Eroberer und Zerstörer Jerusalems und seines Tempels und als der Herrscher, der Juda ins Babylonische Exil führte, aufs engste mit der Geschichte Israels verbunden.

Grob gesehen läßt sich die politische Geschichte Mesopotamiens also in eine Abfolge Sumer – Akkad – Sumer – Babylon – Assur – Babylon (– Persien – Alexander d. Gr.) einteilen. Dabei muß man sich darüber im klaren sein, daß es sich hier nicht um die Abfolge der Ansiedlung von Völkern handelt, sondern um ihre wechselnde Dominanz in einem Gebiet, das spätestens vom 4. Jahrtausend an durch das Nebeneinander von sumerischen und semitisch sprechenden Völkern gekennzeichnet ist.

Die Bezeichnung *akkadisch* schließlich hat ebenfalls eine mehrfache Bedeutung. Einmal ist sie verbunden mit dem erwähnten ersten territorialen Großreich Sargons, dessen noch nicht eindeutig identifizierte Hauptstadt Akkad (Aggade) hieß. Akkad wurde dann, wie erwähnt, zu einer bereits im Alten Orient selbst gebrauchten Bezeichnung für das nördliche Babylonien. Akkadisch ist aber schließlich (als Kunstbegriff der Wissenschaft) die Bezeichnung *der* semitischen Sprache, die faktisch in den beiden «Dialektformen» Babylonisch und Assyrisch existierte. In diesem Sinne kann man auf der Ebene der Sprache die beiden Anteile der mesopotamischen Kultur als «Sumerisch» und «Akkadisch» bezeichnen, womit man – quer zum historischen Verlauf – den sumerischen Faktor von den in verschiedenen Formen virulenten Anteilen semitisch sprechender Völker unterscheidet.

Mühsal und Vergänglichkeit – Voraussetzungen mesopotamischer Religionen

Diese Überschrift läßt bereits einen entscheidenden Unterschied zwischen der altägyptischen und der mesopotamischen Kultur deutlich werden. Gegenüber der Kontinuität der ägyptischen Geschichte und – damit zusammenhängend – der ägyptischen Kultur- und Religionsgeschichte erscheint die Geschichte Mesopotamiens geradezu chaotisch. Beginnend mit der komplizierteren Einordnung Mesopotamiens in die heutige Landkarte (während Ägypten noch immer Ägypten ist) über die Abfolge von Völkern und Sprachfamilien bis hin zur Beschreibung paralleler und einander durchdringender wie ablösender Reiche zeigt sich das Zweistromland als Bereich wechselnder Verhältnisse, großer Machtentfaltungen und jäher Zusammenbrüche, gewaltiger Zerstörungen und riesiger Reiche. Wie sich die Kontinuität Ägyptens in der Wirklichkeitswahrnehmung der Ägypter bis zu einem Punkt niederschlägt, an dem nur das Normale, das Dauerhafte, das Regelmäßige überhaupt «wirklich» ist, drückt sich die wechselvolle, brüchige, stets gefährdende und gefährdete Situation Mesopotamiens ebenfalls in den religiösen und «philosophischen» Zeugnissen aus. Th. Jacobsen[23] hat dieses unterschiedliche Lebensgefühl einmal in einem erhellenden Gedankenexperiment beschrieben, in dem er sich vorstellt, ein alter Ägypter und ein alter Mesopotamier würden heute an die Orte ihrer Zentren versetzt. Der Ägypter sähe noch heute die Pyramiden und wunderte sich nicht, sie noch heute sehen zu können, denn sie waren ja, wie er wußte, für die Ewigkeit gebaut. Der Mesopotamier sähe, in Babylon oder Uruk z. B., fast nichts, allenfalls einen Schutthaufen – und wunderte sich auch nicht, wußte er doch schon immer um die Brüchigkeit und Vergänglichkeit der Welt.

Schlaglichtartig sei noch auf einen anderen charakteristischen Unterschied zwischen Ägypten und Mesopotamien verwiesen. Beide Kulturen kennen ausgeprägte Formen des Totenkults. Während jedoch in Ägypten der Totenkult in erster Linie der Versorgung der Toten dient, um ihnen ein neues, dauerhaftes Leben zu ermöglichen, hat der mesopotamische Totenkult vor allem die Funktion, durch die Einhaltung von Ritualen zu verhindern, daß die Verstorbenen als Dämonen den Lebenden Schaden anrichten. Dieser spezifische Unterschied durchzieht noch viele andere Bereiche. Gefährdeter im Vergleich zum Ägypter war der Mesopotamier bereits im alltäglichen Leben. Vor allem im Mündungsgebiet der beiden Ströme herrscht ein extrem ungesundes Klima. Die ungeheure Zahl babylonischer Dämonen, darunter eine riesige Anzahl allein solcher, die Kopfschmerzen verursachen, belegt einen ganz unmittelbaren Zusammenhang von Alltagsleben und -leiden und Religion.

Zu den Voraussetzungen des seßhaften Lebens im südlichen Zweistromland und damit der Basis eines wichtigen Teils der religiösen Konzeptionen gehört in der Frühgeschichte der orientalischen Landwirtschaft der Regenfeldbau, der bei einer jährlichen Mindestregenmenge von 200 mm im Durchschnitt möglich ist. In den Gebieten am Rande des «fruchtbaren Halbmondes», an den Hängen der Gebirgszüge des iranischen und irakischen Hochlandes fand zwischen dem 9. und 7. Jahrtausend der Übergang zum seßhaften Leben statt. Angebaut wurden Gerste, Emmer und Flachs, gleichzeitig wurden Schaf, Rind, Ziege und Schwein domestiziert. Erst in der Kupfersteinzeit um 5000 v. Chr. fand die Besiedlung des südlichen Zweistromlandes statt. Hier, wo für den Regenfeldbau viel zuwenig Regen fällt, war das dauerhafte seßhafte Leben und die Ausübung von Landwirtschaft und Tierzucht als Lebensgrundlage an eine gewaltige zivilisatorische Leistung geknüpft: das System künstlicher Bewässerung. Erste Bewässerungssysteme gab es in Südmesopotamien etwa ein Jahrtausend vor dem Auftreten der Sumerer, eines Volkes, dessen Herkunft noch immer ungeklärt ist, das aber vielleicht aus den weiter östlichen Bergländern stammt. Das Bewässerungssystem, das seit dem 4. Jahrtausend von den nichtsemitischen Sumerern ausgebaut wurde, dient einer doppelten Funktion. Einmal wird so die für die Landwirtschaft erforderliche Wassermenge auf die Felder geleitet, andererseits (und das ist gegenüber dem Niltal eine Besonderheit) sind die Bewässerungsgräben nötig, um die reißenden und damit für das Leben im Land überaus gefährlichen Ströme Euphrat und Tigris zu bändigen. Diese lebenermöglichende Voraussetzung der Anlage von Bewässerungssystemen setzt eine komplexe arbeitsteilige Gesellschaftsstruktur voraus, da die Arbeiter von anderen Tätigkeiten freigestellt und versorgt werden müssen und die Kanalarbeiten einer zentralen Organisation und Aufsicht bedürfen. Für eine altorientalische *Religions*geschichte ist eine zweite Implikation noch entscheidender: Die für das Leben im Lande grundlegende Arbeit wurde im kosmogonisch-kosmologischen Horizont auf den Bereich der Götter übertragen. Sumerische (und auf ihnen fußend akkadische) Weltentstehungsvorstellungen lassen zunächst die Götter jene Arbeit tun. Der Beginn der Welt ist in der religiösen Erinnerung der Beginn des Lebens in Sumer. So beginnen die Weltentstehungsmythen mit der Anlage der Bewässerungsgräben durch die Götter. In einem Text heißt es:

> Die Götter des Landes stellten sich hin,
> trugen die Spitzhacke und den Tragkorb:
> Dies war ihre Arbeitsaufgabe.[24]

Dabei mußten die Götter (auch hier wird die menschliche Erfahrungswelt in den Bereich der Götter transponiert) ihrerseits in arbeitsteiliger Organisation und gesellschaftlicher Hierarchie jene lebenermöglichende Arbeit tun:

> ... die oberen Götter beaufsichtigten die Arbeit,
> die unteren Götter trugen den Tragkorb.[25]

Die Abbildung der irdischen Strukturen in der Welt der Götter läßt unter ihnen die auch bei den Menschen zu erwartenden Konflikte entstehen. Die unteren Götter beklagen sich beim Gott der Weisheit, Enki, der – darin noch über den oberen Göttern stehend – der Ruhe pflegt, über ihr Geschick. Sie wollen nicht länger unter der Aufsicht der oberen Götter den Tragkorb schleppen und die Hacke schwingen. Es kommt zu der Lösung, die in den altorientalischen Religionen *die* Antwort auf die Frage nach dem Grund für die Erschaffung des Menschen ist. Der Mensch wird erschaffen, um den Göttern die Arbeit abzunehmen, die sie zuvor selbst tun mußten: der Mensch ist Ersatz für die Götter.

> Mache einen Ersatz für die Götter, damit sie
> ihren Tragkorb wegwerfen können.[26]

Es kommt zu einer Art Vertrag: Die Menschen werden erschaffen, *sie* arbeiten nun, und vom Ertrag ihrer Arbeit versorgen sie die Götter mit ihren Opfern (die ganz real als Versorgung der Götter gedacht waren). Hinsichtlich der Art der Menschenerschaffung und die bei ihrer Erschaffung tätigen Gottheiten haben die altorientalischen Religionen eine Vielzahl von Lehren ausgebildet. So denkt man an eine Erschaffung des Menschen aus Lehm (vgl. auch 1. Mose 27), an ein Aufsprießen der Menschen aus der Erde, in die sie zuvor mittels einer Spitzhacke als Samen eingetieft wurden, aber auch an eine Entwicklung der Menschen aus dem Tierreich. Gerade die letztgenannte Tradition ist besonders aufschlußreich, stellt sie doch eine besondere Form der «Erinnerung» dar. Die Menschen der Urzeit, so wird erzählt[27], lebten wie Tiere, gingen auf allen vieren, fraßen Gras und tranken Wasser aus den Gräben. Derweil lebten die Götter von dem, was von selbst wuchs, konnten sich damit aber auf die Dauer nicht sättigen. Die Götter leben gleichsam auf der Stufe der Sammler und Jäger. Um ihre Nahrungskrise zu bewältigen, lassen die Götter das Mutterschaf und das Getreide hervorgehen, können sich aber dennoch nicht sättigen, weil sie – jetzt gleichsam auf der Stufe des Regenfeldbaus – keine Haustiere und Kulturpflanzen züchten können. Deshalb lassen sie Schaf und Getreide zum Menschen kommen, der sie zu züchten vermag, *dadurch* zum Menschen wird und die Götter mit seinen Opfern versorgt.[28] Es gibt also eine Vielfalt von Traditionen über die *Art* und den *Ort* der Menschenschöpfung. So wird in Eridu Enki als Schöpfergott angesehen, in Nippur aber Enlil. Neben den schon erwähnten Varianten über die Entstehung der Menschen existiert auch die Vorstellung von der Geburt des ersten Menschen durch die Muttergottheiten – freilich nach einem zuvor vom männlichen Gott der Weisheit erdachten «Modell». Wenn schon den Muttergottheiten bei der Geburt der Vorrang eingeräumt werden muß, so bleibt auf diese Weise der Anspruch auf männliche Dominanz zumindest gewahrt. Gegenüber dieser Vielfalt gibt es in der altorientalischen Literatur- und Religionsgeschichte auf die Frage nach dem Grund für die Menschenschöpfung nur die erstaunlich einhellige Antwort: Der Mensch wurde als Ersatz der Götter erschaffen. Er soll die Arbeit tun, die die Götter zuvor selbst tun mußten. Dieser Ansatz bezieht sich, wie leicht erkennbar ist, auf die Theologie im engsten Sinne, die Auffassung von den Göttern. Der erwähnte Text vom Mutterschaf und dem Getreide zeigte, daß der Mensch erst durch die Arbeit zum Menschen wurde. – Das Sumerische kennt geradezu ein(e) Wort(verbindung): «zum Menschen werden»! – Vorher war er Tier. Der Mensch also ist das Wesen, das arbeitet, die Tiere arbeiten noch nicht. Diese Bestimmung hat Folgen für die Auffassung von den Göttern. Denn nach dieser Logik müßten die Götter, als sie noch selbst arbeiteten, *Menschen* gewesen sein. Dies ist kein neuzeitliches funktional-logisches Gedankenexperiment, sondern altorientalische Auffassung selbst. Das altbabylonische Atramchasis-Epos, das mit einer Schilderung der Urzeit einsetzt, beginnt mit den Zeilen:

> Als die Götter Mensch waren,
> trugen sie die Mühsal, schleppten sie das
>   Ziegelbrett ...[29]

Tatsächlich wurden die Götter dadurch zu Göttern, daß die Menschen zu Menschen wurden. Was sich heute liest wie der Ansatz radikaler Religionskritik und geradezu als Entlarvung der Götter, dient im Altertum ganz im Gegenteil zu ihrer Befestigung. Als Widerspiegelung der irdischen Verhältnisse sind die himmlischen ihrerseits die Legitimation der irdischen Hierarchien. Indem es die oberen und die unteren Götter gibt, ist die gesellschaftliche Gliederung der mesopotamischen Gesellschaften vorgegeben. Das Königtum selbst gehört dabei zur menschlichen Welt wie das Gehen auf zwei Beinen und die Kleidung. In dem bereits genannten Text vom Mutterschaf und dem Getreide wird die «tierische» Urzeit ebenso durch das Fehlen von Kleidung und aufrechtem Gang gekennzeichnet wie dadurch, daß es das Königtum noch nicht gab. Sumerische Königslisten beginnen mit dem «Datum», als das Königtum vom Himmel herab in die Stadt Eridu kam.

Dieser Blick auf die mesopotamischen Traditionen von der Urzeit und der Menschenschöpfung und die im Wandel konstanten Aussagen zeigen abermals die Zusammenhänge zwischen den geographisch-klimatischen Lebensbedingungen, den gesellschaftlichen Strukturen und den religiösen und theologischen Konzeptionen. Um es ganz zugespitzt zu sagen: Konnte der Ägypter bei der Weltschöpfung geradezu zusehen, da die Regelhaftigkeit des Nils, das (immer wieder) Auftauchen des Urhügels aus dem Urwasser ein vom Menschen zunächst unabhängiges

Geschehen markiert, so beginnt in Mesopotamien das seßhafte Leben, die «Schöpfung» der geordneten Welt, mit einem gewaltigen Akt der Veränderung der Natur: dem Bau der Bewässerungssysteme. Der Ausbau der Kanäle und die Organisation von Stadtstaaten mit der erforderlichen arbeitsteiligen gesellschaftlichen Gliederung und einem komplexen Verwaltungssystem war im 4. Jahrtausend v. Chr. die eindrucksvolle Leistung der Sumerer.

Stadtkultur und Tempelwirtschaft – die Religionen der Sumerer

Die Herkunft dieses im 4. Jahrtausend im südlichen Mesopotamien sich ansiedelnden Volkes ist noch nicht völlig geklärt. Manche kulturellen Ausprägungen machen eine Verbindung mit den Kulturen des Industals wahrscheinlich; die Anlage der sumerischen Tempeltürme, die in ihrer Form (und zum Teil auch ihrem Namen) wie künstliche Berge wirken, spricht dagegen für eine Herkunft aus den östlichen Bergländern. Auf der Grundlage der geographischen und klimatischen Bedingungen des Lebens im südlichen Zweistromland errichteten die Sumerer eine Reihe von miteinander nur lose verbundenen und im wesentlichen autarken Stadtstaaten. Die ökonomische Grundlage der entstehenden Stadtkultur war der Fernhandel. Da das Land selbst über keine attraktiven exportierbaren Rohstoffe verfügt, bildeten die Sumerer eine Veredelungsindustrie aus. Sie importierten Rohstoffe (z. B. Metalle, die in Mesopotamien nicht vorkommen) und exportieren hochwertige Produkte, die aus den eingeführten Rohstoffen gefertigt wurden. Die im Fernhandel zurückgelegten Distanzen lassen sich augenfällig den Herkunftsgebieten der Materialien entnehmen, die z. B. in sumerischen Statuen verarbeitet sind. So stammt das verarbeitete Gold aus Indien oder Afrika, das Silber aus dem türkischen Taurusgebirge, der für die Augen der Statuen verwendete blaue Lapislazuli aus dem Gebiet des heutigen Afghanistan. Der Fund von Keilschrifttafeln (bzw. Nachahmungen von Keilschrifttafeln) in Siebenbürgen (mit einem Schrifttyp, der auf die Zeit um 3000 verweist) zeigt, daß die Handelsverbindungen bereits in dieser Zeit bis nach Mitteleuropa reichten.

Wirtschaftliches Zentrum der Stadtstaaten war der Tempel. Von ihm aus wurden in einer zentralen Verwaltung und einem ausgeprägten System von Abgaben und Zuteilungen die ökonomischen, politischen und religiösen Belange geordnet. Die zentrale Wirtschaft und Verwaltung erfordern von einer gewissen Komplexität ab die Möglichkeit der Aufzeichnung und Archivierung der Vorgänge. Dies ist die Basis für die Entwicklung der Schrift, die in Sumer noch etwas früher als in Ägypten ausgebildet wurde. Daß die Erfindung der Schrift auch nach sumerischem Selbstverständnis auf ökonomisch-praktische Erfordernisse zurückging, also nicht etwa von Beginn an mit religiösen oder magischen Vorstellungen zusammenhängt, zeigt auf anschauliche Weise das sumerische Epos vom König Enmerkar.[30] Es handelt vom Konflikt zwischen der Stadt Uruk und seinem Herrscher Enmerkar mit dem Herrn der iranischen Bergstadt Aratta. Der Konflikt kreist um die Gunst der Göttin Inanna. In der Darstellung wechselnder Vorwürfe und Übervorteilungsversuche und daraus zuletzt resultierender geordneter Kommunikations- und Handelsformen zeigt dieser sumerische Text, wie Handelskontrakte als befriedete Form gegenseitiger Beraubung entstehen. Im Zusammenhang wechselseitiger Botschaften zwischen Uruk und Aratta gibt es einen Punkt, an dem die Boten die zu lang gewordenen Meldungen nicht mehr behalten können. In diesem Moment beschließt nach der Darstellung des Textes Enmerkar, das zu Meldende aufzuschreiben – und so «erfand er die Schrift». Auf eigentümliche Weise enthält dieser Text die Erinnerung an die ursprüngliche praktische Bedeutung der Schrift. Rasch entwickelte sich die sumerische Keilschrift, die wie die ägyptischen Hieroglyphen eine Bilderschrift ist, in Form und Ausdrucksmöglichkeit weiter, diente bald auch der Darstellung abstrakter Begriffe und wurde somit zur Basis der Aufzeichnung und Tradierung literarischer und religiöser Ausdrucksformen, historischer Erinnerung und wissenschaftlicher Reflexion wie juridischer Kodifizierung. Nicht nur die von den Sumerern entwickelte Keilschrift, sondern auch die mit ihrer Hilfe bewahrte sumerische Kultur blieb in all diesen Bereichen Vorbild der Kulturen des Zweistromlandes und weit darüber hinaus.

Insbesondere die sumerische Religion wurde zur Grundlage aller mesopotamischen Religionen und wirkt – weithin unbewußt – bis heute nach. So gehen zahlreiche heute als Volksbräuche und Aberglauben bekannte Vorstellungen über gute und böse Vorzeichen und über den Einfluß der Gestirne auf den Alten Orient, letztlich auf die Sumerer zurück. Tatsächlich spielt der Bereich der Divination (der verschiedenen Techniken der Zukunftsvorhersage) in den mesopotamischen Religionen eine große Rolle. Dazu gehören die Eingeweideschau, bei der man aus der Form z. B. der Leber eines Tieres Hinweise auf zukünftige Ereignisse entnehmen kann, oder die Ölomina, bei denen man aus der Gestalt eines auf Wasser gegossenen Öltropfens (ähnlich unserem Bleigießen als Sylvesterbrauch) die Zukunft erschließt, aber auch die Anfänge der Astro*nomie*, die vor der Neuzeit immer auch und in erster Linie Astro*logie* ist. In diesen Zusammenhang gehören auch die zahlreichen Tabus und Beschwörungen, vor allem die Tätigkeit der Exorzisten (Dämonenbeschwörer) und viele weitere Formen der «schwarzen» und der «weißen» (d. h. der verzaubernden und der zauberabwehrenden) Magie. Nicht zu trennen vom Bereich der Magie (die ihrerseits am Beginn der Wissenschaft steht) ist die Medizin. In den vielen divinatorischen und exorzistischen Techniken und im Versuch ihrer gedanklichen (wissenschaftlichen) Durchdringung manifestiert sich der bereits genannte Grundzug mesopotamischer Welterfahrung als Erfahrung von Bedrohtheit und Vergänglichkeit. Um sich der Bedrohungen zu erwehren, bedarf es eines ausgeprägten Wissens und seiner Weitergabe.

Drohende und bewahrende Mächte, aber auch Grundgegebenheiten und Grundlagen des Lebens verdichten sich in der sumerischen Religion zu göttlichen Mächten (Numina). Diese Numina sind Naturerscheinungen wie Gestirne, Gewitter, Sturm, Süßwasser, Feuer u. v. m., aber auch Pflanzen und Tiere wie das Mutterschaf, das Schilfrohr und das Getreide oder auch das Salz. Nicht von Beginn an, aber bereits in sumerischer Zeit werden diese realen Gegebenheiten in der Form personaler Gottheiten vorgestellt und verehrt.

Eine zentrale Rolle spielt dabei in allen mesopotamischen Religionen der Schutzgott. Jeder Mensch hat einen persönlichen

Schutzgott (*seinen* Gott), mit dem er in Harmonie zu leben versucht und von dem er Beistand und Begleitung erwartet. Unglück wird als Verlassensein vom Schutzgott empfunden. Die Beziehung zum jeweiligen Schutzgott dürfte religionsgeschichtlich älter sein als die Verehrung von Stadtgöttern und die noch jüngere Ausbildung eines Pantheons. Alle diese Verehrungsformen finden sich aber bereits in sumerischer Zeit. Jeder Stadtstaat hat wiederum seine besondere Gottheit. In Ur ist es der Mondgott Nannar, in Eridu Enki, der Herr des Süßwasserozeans, des im Mündungsgebiet von Euphrat und Tigris gedachten unterirdischen Ursprungs aller Flüsse und Quellen, in Kisch der Gott Zababa, in Uruk die Göttin Inanna, deren Symbol eine Darstellung von Schilfbündeln ist. Enlil (sum.: der «Herr Sturm») ist der Stadtgott von Nippur. Über die lokale Zuständigkeit dieser Stadtgötter hinaus bilden sie im Zuge theologischer Systembildung ein die sumerischen Stadtstaaten übergreifendes Götterkollegium, eine Art «Pantheon». In diesem Kollegium fällen die Götter gemeinsame Entscheidungen, unterliegen aber auch hierarchischen Gliederungen (Einteilung in «obere» und «untere» Gottheiten). Auf diese Weise bildet sich im sumerischen Götterhimmel die politische und soziale Struktur der sumerischen Gesellschaft selbst ab. Auch in den Städten gibt es Ratsversammlungen und gemeinsame Entscheidungen, aber auch Hierarchien und Herrschaft.[31] Politisches und kultisches Oberhaupt einer sumerischen Stadt ist der *en* (Herr), später *lu.gal* (König, wörtlich: großer Mensch).

Im Verlauf der Systematisierung des sumerischen Pantheons kommt es zu familialen Zuordnungen – die Gottheiten erhalten Partner(innen) – und zu Genealogien. So ist z. B. die Sonnengottheit Sohn des Mondgottes. In diesem Pantheon ist An(u), die Personifikation des Himmels, der höchste Gott. Er behält diese Funktion auch in den späteren mesopotamischen Religionen, doch scheint die Herrschaft des Anu zunehmend nomineller Art. In der Religionswissenschaft spricht man in diesen Fällen von einem «deus otiosus», einem Gott, der sich «zur Ruhe gesetzt» hat. Aktiver handelnde Gottheiten sind im sumerischen Pantheon Enlil und Enki, beide auch als die bei der Menschenschöpfung dominanten Götter. Namentlich Enki spielt als Gott der Weisheit und Herr der Schicksalstafeln eine entscheidende Rolle für die Weltordnung.

Sind die Götter in ihren Städten gleichsam allgemein zuständig, so kommt ihnen in der Götterversammlung ein «Ressort» zu. In diesem Sinne kann man vom Sonnengott Utu als Gott des Rechts sprechen. Eine andere Verkörperung der Sonne, nämlich die verderbende sengende Hitze, ist der Unterweltsgott Nergal, als Kriegsgott fungiert Zababa. Die aggressiv-sexuelle Inanna verkörpert wie ihre späteren «Nachfolgerinnen» Ischtar, Anat und Astarte bis zur römischen Venus Liebe *und* Krieg. Daneben gibt es noch den Mondgott Nannar, die Getreidegöttin Nisaba und viele andere Gottheiten mit bestimmten Zuständigkeitsbereichen. In dieser Dimension wirkte das sumerische Pantheon als Vorbild aller weiteren mesopotamischen und weit darüber hinaus.

Im Gebet stellt der Mensch eine Verbindung zur Gottheit her. Die Intention des Gebets drückt sich in sumerischen Darstellungen in bestimmten Gebetshaltungen aus. Es gibt den Bittgestus, bei dem die rechte Hand mit der Handfläche nach innen angewinkelt erhoben (wie an den Mund geführt) ist; ein anderer Gestus ähnelt mit dem Übereinanderlegen bzw. Falten der Hände vor dem Körper einer noch heute im Christentum geläufigen Gebetshaltung. Die äußerste Demut darstellende Proskynese, bei der sich der Beter mit dem Gesicht nach unten flach auf den Boden wirft, wie dies noch heute z. B. bei der katholischen Priesterweihe praktiziert wird, ist in sumerischer Zeit noch nicht belegt, wohl aber bei den semitischen Völkern seit der Zeit Sargons von Akkad.

Mit dem Gebet kann ein Opfer verbunden sein, wobei auch das Opfer eine Form der Kommunikation mit den Göttern darstellt. Allerdings dient das Opfer im Alten Orient in erster Linie der realen Versorgung der Götter.

Die sumerischen Zeugnisse drücken im Vergleich zu den späteren babylonischen eine durchaus zuversichtliche Grundstimmung aus, so daß man geradezu von einem sumerischen Optimismus gegenüber einem akkadischen (babylonisch-assyrischen) Pessimismus gesprochen hat.[32] Man betrachte auch die in sich ruhenden und fast «gemütlich» wirkenden Sitzstatuen sumerischer Stadtfürsten und Beamter. Solche Beurteilungen treffen jedoch kaum angemessen die mesopotamischen Erfahrungen und Deutungen der Lebenswelt. Wer weiß, ob der Ausdruck, den wir heute an einer sumerischen Statue wahrnehmen, mit dem identisch ist, den die sumerischen Künstler und Betrachter empfanden? Denn auch die religiösen und literarischen Zeugnisse Sumers sind geprägt von der Erfahrung der Bedrohtheit und der Zerbrechlichkeit aller Ordnung und allen Lebens. Um das Leben zu meistern, bedarf es der genauen Kenntnis der Mittel zur Abwehr zahlreicher Dämonen und des Wissens um das, was zu meiden ist, weil es Unglück bringt. Die Gefährdung als Dimension der Wirklichkeit manifestiert sich auch in den sumerischen Mythen, die die vorgefundene Welt mit einer einst glücklicheren Urzeit vergleichen. Dabei ist das Widrige durch die Götter und ihre Launen und Konflikte in die Welt gekommen. Der Vergleich mit der biblischen Schöpfungs- und Paradiesgeschichte zeigt die Kontinuität des Themas – die «Erinnerung» an eine glückliche Urzeit – ebenso wie die großen Differenzen bei dessen Gestaltung und Interpretation.

Nicht nur in den biblischen Schöpfungstexten, sondern auch bei anderen alttestamentlichen Überlieferungen zeigt sich die Nachwirkung der sumerischen Religion und Literatur. Die Übernahmen und Anleihen aus dem sumerischen Bereich erfolgten sicher nicht direkt, sondern durch babylonische und assyrische, aber auch kanaanäische Vermittlung. Auf sumerische Tradition gehen z. B. die Vorstellungen von der großen Flut, aber auch die Überlieferungen von den hohen Lebensaltern der ersten Generationen zurück. Und große Literaturwerke des Alten Orients wie das Gilgamesch-Epos haben sumerische Vorläufer. Die sumerische Religion wird durch die Babylonier und Assyrer weiterentwickelt und erhält von ihnen neue Akzente.

Königtum und Götterhimmel – die Religion der Babylonier

Im letzten Drittel des 3. Jahrtausends v. Chr. gewinnen im südlichen Mesopotamien semitische Völker die Oberhand. Die Gründung des ersten von der semitisch sprechenden und bald auch schreibenden Bevölkerung getragenen Großreichs verbindet sich mit dem Namen Sargons von Akkad. Wie viele Reichs- und Dynastiegründer wird auch Sargon bald zur mythologischen Figur. Um seine Herkunft und Geburt ranken sich Sagen; wie Mose wurde er in einem Schilfkörbchen verborgen und gerettet, wie Romulus und Remus oder Ödipus wurde er durch Adoption vor der Vernichtung bewahrt. Die Größe seines Reiches und die Zahl seiner abenteuerlichen Eroberungszüge wurden in der späteren Überlieferung zwar legendarisch überhöht, tatsächlich hat Sargon jedoch um 2300 v. Chr. ein territoriales Großreich errichtet, das alle vorherigen sumerischen Stadtstaatenverbindungen an Umfang und Organisation bei weitem übertraf. Auf seinen historisch glaubwürdigen Eroberungszügen erreichte er das Mittelmeer und die südtürkischen Ausläufer des Taurus- und des Amanusgebirges. Er belagerte Mari am mittleren Euphrat und Ebla in Syrien ebenso wie das unter den sumerischen Stadtstaaten in dieser Zeit dominante Uruk. Sein Reich erstreckte sich vom «unteren bis zum oberen Meer» also vom Persischen Golf bis zum Mittelmeer; die Überlieferung machte ihn zum «König der vier Weltgegenden». Ausgangsort und Zentrum seines Reiches war die Stadt Akkad (oder Aggade) in der Nähe der späteren Metropole Babylon.

Nicht mehr die Machtausübung, wohl aber der Herrschaftsanspruch steigert sich unter den Nachfolgern Sargons. So beansprucht Naramsin, der 4. Herrscher der Dynastie von Akkad, für sich die Vergöttlichung, indem er der Schreibung seines Namens das in der Keilschrift Götternamen vorbehaltene Determinativ (Deutezeichen) voranstellt. Vergleichsweise bescheiden nimmt sich dagegen der Name eines späteren Königs der akkadischen Dynastie aus: Scharkalischarri, d. h. König aller Könige.

Die zentrale Stellung des Königs bezeichnet einen grundlegenden Wandel der akkadischen Herrschaftsauffassung gegenüber der politischen und sozialen Struktur Sumers. An die Stelle des sumerischen Tempels tritt der Königspalast. Das auch von den folgenden semitischen Reichen übernommene veränderte politische System korrespondiert mit der veränderten Ökonomie. Gegenüber der zentralen Tempelwirtschaft mit ihrem Verteilungssystem gewinnt in akkadischer Zeit das Privateigentum an Bedeutung. Beamte werden vom König nicht mehr in erster Linie mit Naturalien und Verbrauchsgütern, sondern mit Land entlohnt; es bildet sich eine Gesellschaftsstruktur, die der mittelalterlichen Feudalgesellschaft in manchem vergleichbar ist. Die zentrale Rolle des Königs spiegelt sich aber auch in der Religion wider; die besondere Beziehung zwischen Gott und Herrscher legitimiert seine Macht. Dieser religiös begründete Anspruch auf Herrschaft, zuletzt auf Weltherrschaft als Erfüllung eines göttlichen Auftrags, wird sich in der assyrischen Religion und Politik des 1. Jahrtausends v. Chr. in besonderem Maße zeigen (s. u. S. 76f).

Das Reich der Akkader, dessen territoriale Eroberungen in erster Linie dazu dienten, Handelswege und Rohstoffe zu kontrollieren, brach im 22. Jahrhundert unter einem Einfall des Bergvolks der Gutäer zusammen. Danach dominierten erneut zwei Jahrhunderte lang sumerische Städte, nun besonders Lagasch, das unter dem Stadtfürsten *(ensi)* Gudea zu großer wirtschaftlicher und kultureller Blüte gelangte, und Ur, unter dessen «3. Dynastie» der sumerische Einfluß noch einmal in den assyrischen Norden ausgreift. Die Rivalität zwischen den sumerischen Städten wird zu Beginn des 2. Jahrtausends v. Chr. durch den Aufstieg Babylons beendet. Hammurapi (1728-1686) setzt sich gegen die Sumerer im Süden ebenso durch wie gegen die Assyrer und das Reich von Mari im Norden.

Wie ein halbes Jahrtausend zuvor Sargon gelingt nun Hammurapi die Etablierung eines mesopotamischen Großreichs. Dieses «altbabylonische» Reich endet nach einem Einfall des hethitischen Königs Mursilis I. im Jahre 1530 v. Chr., bei dem es sich mehr um einen Raub- als einen Eroberungszug handelt. Da sich die hethitische Macht nicht auf Dauer in Mesopotamien etablierte, fiel die Herrschaft in Babylonien abermals an ein Bergvolk, die Kassiten, die sich jedoch nahezu vollständig der sumerisch-babylonischen Kultur anpaßten, ja, sie in besonderer Weise konservierten. Die politische Vorherrschaft im östlichen Mittelmeerraum geht jedoch für Jahrhunderte an Ägypten und das Hethiterreich, schließlich zu Beginn des 1. Jahrtausends an das expandierende Assyrerreich. Erst um 600 v. Chr. wird im «neubabylonischen Reich» unter Nabupolassar und Nebukadnezar Babylon wieder zur politischen Metropole und behält diese Rolle nicht nur bis zum Ende des neubabylonischen Reichs, sondern über die Perserzeit hinweg bis zu Alexander dem Großen – der Babylon zur Hauptstadt seines Reiches ausersehen hatte.

Fragt man nach dem Verhältnis der babylonischen Kultur und Religion zur sumerischen, so stehen Kontinuitäten und Diskontinuitäten nebeneinander. Von den Sumerern übernahmen die Babylonier die Schrift, aber auch die Götter, die sie z. T. mit Namen der eigenen Sprache bezeichneten, etwa wie es die Römer mit den griechischen Gottheiten taten. Auch die Grundformen des Kultes, des Tempels, nicht zuletzt der Divination führen sumerische Religiosität fort. Ein wichtiger Unterschied zur sumerischen Kultur wurde bereits genannt: die Rolle des Königtums, das als politische, ökonomische und religiöse Basis des Staates an die Stelle des Tempels tritt. Im Zusammenhang damit werden die Königsgötter wichtig. In den Schöpfungsmythen der Babylonier, die sumerische Traditionen aufnehmen und ausbauen, tritt als weiteres neues Element das Prinzip des Kampfes zwischen den Göttern in den Vordergrund. Alle diese Merkmale lassen sich an dem in babylonischer Zeit ausgebildeten, bald geradezu kanonisch werdenden Schöpfungsgedicht zeigen, das nach seinen ersten beiden Worten unter dem Titel «Enuma elisch» (Als droben ...) überliefert ist.

Dieses Lehrgedicht thematisiert die Weltentstehung und die Menschenschöpfung. Die Entstehung der Götter und der Welt wird hergeleitet von einer Reihe von Gegensatzpaaren, unter denen der Gegensatz zwischen dem lebenspendenden Süßwasser und dem lebenvernichtenden Salzwasser der entscheidende ist. Der Salzwasserozean, personifiziert in der Göttin Tiamat, reißt die Macht an sich, die großen Götter vermögen ihr nicht standzuhalten. Was ihnen mißlingt, unternimmt Marduk, der Stadtgott von Babylon, der als Preis für den Kampf gegen Tiamat seine Anerkennung als Götterherr fordert und erhält. Marduk besiegt das Ungeheuer und seine Verbündeten; mit Hilfe der Winde zerreißt er die Tiamat in zwei Hälften, aus denen er Himmel und Erde anfertigt. Nun ordnet Marduk die Sternbilder und ihre Bestimmungen, befestigt seinen Tempel Esagila in Babylon, läßt Ea (den sumerischen Enki) die Menschen erschaffen und wird am Ende des Gedichts in vielfachem Hymnus als Herr gepriesen.

Thema des Weltschöpfungsliedes ist mithin die Herrschaft Marduks – und damit der Herrschaftsanspruch Babylons. Die Schöpfungstheologie ist zugleich eine politische Theologie.

Das Menschenschöpfungsmotiv im «Enuma elisch» weist gegenüber den aufgenommenen älteren Traditionen einen bemerkenswerten Unterschied auf. Der Mensch wird aus Erde und dem Blut eines Gottes erschaffen. Das ist nicht neu, neu ist jedoch, daß jener Gott zur Strafe für sein Bündnis mit Tiamat geschlachtet wird. Mit diesem Götterblut als Teil des Menschen ist das Motiv der Schuld verbunden. Diese Zuspitzung gehört in den in der babylonischen Religion im Vergleich zur sumerischen anwachsenden Bereich der Sünden- und Sühnevorstellungen.

Eine Verbindung von Königtum, Weltordnung und -erhaltung und Sühne zeigt sich auch in einem anderen wichtigen Zeugnis der babylonischen Religiosität, dem Neujahrsfest (babylon. *akitu*). In einem mehrtägigen Ritual am Jahresanfang (zur Zeit der Frühjahrs-Tag- und -Nachtgleiche) verantwortet sich der König vor dem Gott Marduk. Dabei wird der Sieg Marduks über Tiamat erinnert und rituell aktualisiert, zugleich wird die Herrschaft des irdischen Königs erneuert. Bevor das geschieht, legt der König ein Sündenbekenntnis ab, wird rituell erniedrigt, d. h., er steigt vom Thron, wird von einem Priester geschlagen etc. Dann erhält der König einen Sündenerlaß und wird erneut mit der Herrschaft betraut. Weitere Bestandteile dieses Festes sind die Entsühnung des Tempels und eine Prozession der Götterbilder, die als Wohnorte der Götter aufgefaßt werden. Durch das Herumtragen der Götterstatuen durch Stadt und Land soll sich der Segen der Götter über das Land erstrecken.

Eine grundsätzliche weitere Fragestellung der babylonischen Religiosität wird in dem berühmtesten Literaturwerk des Alten Orients thematisiert, dem auf sumerische Vorlagen zurückgehenden babylonischen Gilgamesch-Epos. Seine zwölf Tafeln berichten von den Heldentaten des Gilgamesch, des Königs der uralten Stadt Uruk, und seines Freundes Enkidu. Jener Enkidu wurde als allein zum großen Gilgamesch passender Held eigens von den Göttern erschaffen. Gleichsam im Schnellverfahren durchläuft er als einzelner die Stationen der Menschheit vom Tierzustand zum menschlichen, zivilisierten Wesen. Dabei schildert das Epos in eindrücklicher Weise, was Menschwerdung und die dadurch bedingte Trennung von der Natur bedeutet. Gilgamesch und Enkidu werden von Rivalen zu Freunden. Gemeinsam bestehen sie eine Reihe von Abenteuern. Sie dringen in den vom Riesen Chuwawa bewachten Zedernwald des Wettergottes Wer vor[33], besiegen weitere Ungeheuer und fordern damit die Götter heraus. Die Liebesgöttin Ischtar macht Gilgamesch Avancen, er aber weist sie in einer nachgerade religionskritischen Passage unter Hinweis auf das unglückliche Geschick ihrer früheren Liebhaber zurück. Ischtar sendet daraufhin voller Wut den Himmelsstier, um Gilgamesch und Enkidu zu vernichten. Die beiden Helden aber töten den Himmelsstier und verhöhnen in einer Klageliedtravestie das tote Himmelswesen. Aber dann rächt sich Ischtar doch und tötet Enkidu. Gilgamesch trauert um den Freund, hört von ihm, den er in einer Totenbeschwörung aus der Unterwelt heraufkommen läßt, vom bitteren Los der Toten und wird sich seiner eigenen Hinfälligkeit bewußt. Nun macht Gilgamesch sich auf die Suche nach dem ewigen Leben. Auf einer langen Reise trifft er auf Utnapischtim, der – wie der biblische Noah – die große Flut überlebte. Auf der 11. Tafel des Epos wird die Geschichte der Flut erzählt. Die Gemeinsamkeiten mit dem biblischen Bericht in 1. Mose 6-9 sind offenkundig und lassen auf literarische Beziehungen schließen. Am Ende ist die Suche Gilgameschs vergeblich. Für einen Moment hat er zwar das Kraut des ewigen Lebens gefunden, doch er verliert es wieder – für immer. Das ewige Leben bleibt den Göttern vorbehalten, dem Menschen ist es verwehrt. Das ist die resignierende Antwort des Epos auf seine Grundfrage, für die die zahlreichen Abenteuergeschichten nur den erzählerischen Rahmen abgeben.[34] Auch im Gilgamesch-Epos wird somit die Vergänglichkeit und Hinfälligkeit des Lebens thematisiert. Ist aber das Leben bedroht, so bedarf es um so mehr der Techniken der Vergewisserung und Zukunftsorientierung. Dem dienen die verschiedenen Formen der Divination (Wahrsagekunst), die in der babylonischen Religion eine erheblich größere Rolle spielt als in der sumerischen. Die von den Sumerern übernommenen Formen der Wahrsagekunst werden ausgebaut und systematisiert. Ein neuer Typ der Divination manifestiert sich in den «prophetischen Briefen» aus der Stadt Mari am mittleren Euphrat. Bei den Ausgrabungen in Mari traten im königlichen Archiv Briefe aus der Zeit unmittelbar vor der Eroberung Maris durch Hammurapi zutage, die Protokolle über das Auftreten von Priestern und Laien enthielten, die im Tempel vor allem des Wettergottes Dagan in eine ekstatische Verzückung gerieten und dabei Botschaften der Gottheit empfingen und weitergaben. Dabei geht es um Mahnungen und um Kritik vor allem an die Adresse des Königs, um kultische Versäumnisse, aber auch um politische Zukunftsvorhersagen. Im Typus des Ekstatikers aus Mari kann man einen Vorläufer der Propheten Israels sehen.[35]

Eine besondere Rolle unter den babylonischen Divinationsformen spielt die Astrologie. Grundlage aller astronomisch-astrologischen Beobachtungen ist die Auffassung von einer Beziehung zwischen den Konstellationen des Himmels und den irdischen Verhältnissen. Der gesamte Kosmos erscheint als Staat und Urtyp der politischen Ordnungen auf der Erde. Die Sterne sind Gottheiten zugeordnet (so im «Enuma elisch», aber auch im *akitu*-Ritual, in dem im Zusammenhang mit der neuen Festigung der Königsherrschaft auch die Präsenz der Gestirne beschworen wird). Die Vorstellung einer «Sympathie» zwischen Himmel und Erde erlaubt das Verstehen und die Vorhersage irdischer Ereignisse durch die Beobachtung der Gestirne. Besondere Konstellationen werden beobachtet, aufgezeichnet und in Serien von Omina zusammengestellt. Wiederholt sich eine Gestirnskonstellation, so ist wiederum die einst beobachtete Folge auf der Erde zu erwarten. Vor allem Sonnen- oder Mondfinsternis waren ein dramatisches Vorzeichen mit unabdingbarer Wirkung. So bedeutete eine Mondfinsternis Unheil für den König, das jedoch mit Hilfe eines Rituals auf einen Ersatzkönig abgewendet werden konnte. Hier liegt eine der Vorstellungen stellvertretender Sühne zugrunde, die sich auch im biblischen Sündenbockritual (3. Mose 16) findet.

Die Götter der Babylonier sind weithin die sumerischen unter babylonischen Namen. Himmels- und nominell höchster Gott bleibt Anu (der sumerische An). Ihm ist als Partnerin die Göttin Antu (das feminine grammatische Äquivalent zu Anu) zugeordnet. Auch die großen sumerischen Götter Enlil und Enki (Enkis babylonischer Name ist Ea) behalten ihren hohen Rang. Vor

allem Ea ist als Gott der Weisheit und der Weltordnung wichtig. Eine besondere Rolle spielen die Gestirnsgottheiten Sin (Mond), Schamasch (Sonne, Sohn des Mondes) und Ischtar (der weibliche Abendstern, ursprünglich wohl eine androgyne Gottheit, die sich am Morgen als männlicher Morgenstern manifestiert). Wie ihre sumerische Vorgängerin ist Ischtar die Göttin von Liebe und Krieg, eine aggressiv-sexuelle Göttin (und damit keine Muttergöttin). Eine erheblich größere Rolle als in der sumerischen Religion spielen in den semitischen Religionen Vorderasiens die Wettergötter. Sie manifestieren sich im Gewitter, das als bedrohend und zerstörend, aber auch als fruchtbar erfahren wird. Zum Typ des Wettergottes gehören der in Mari besonders verehrte Dagan, der nordmesopotamische und syrische Adad (bzw. Hadad), aber auch die ältere Form unter dem Namen Wer, die uns als Herr des Zedernwaldes im Gilgamesch-Epos begegnete. Eine andere Grunderfahrung manifestiert sich in den Gottheiten, die die Vegetation und ihr Sterben und Wiederaufleben verkörpern. Dazu gehören Dumuzi bzw. Tammuz, aber auch der später in Syrien und von dort aus in Griechenland und im westlichen Mittelmeergebiet bekannte Adonis.
Der in der babylonischen Religion (und Politik) vor allen anderen handelnde Gott aber ist Marduk, der Gott der Metropole Babylon. Mit Ausnahme der letzten Phase des neubabylonischen Reichs, wo es unter dem letzten König Nabonid zu einer Art Alleinverehrung des Mondgottes Sin kam, ist Marduk Königs- und Reichsgott, der Garant von Staat und Herrschaft. In diesem Sinne ist Marduk *bel*, der Herr schlechthin. Neben den wenigen hier genannten Göttern kennen babylonische Götterlisten eine Vielzahl anderer Gottheiten – mehr als 3000 Namen sind überliefert –, dazu ungezählte Dämonen und mythische Wesen. Auch in dieser Vielzahl drückt sich die Grundstimmung der Gefährdung und der Schutzbedürftigkeit aus.
Eine zentrale Rolle in der semitischen Religions- und Sozialstruktur spielt der König. Er ist in Babylonien der Garant des Rechts. Die Rechtssammlungen der Herrscher, unter denen der «Codex Hammurapi» [36] die berühmteste wurde, dienen dabei weniger der faktischen Rechtsprechung als vielmehr dem Aufzeigen der Garantiefunktion des Herrschers für das Recht und die Weisheit, die er im Auftrag der Götter auf der Erde aufrichtet. Auch dieser Bereich der babylonischen Kultur und Religion zeigt seine Nachwirkungen in der Bibel, indem auch hier Herrschaft (sowohl Gottes als auch des gegenwärtigen und zukünftigen Königs) in der Durchsetzung und der Garantie des Rechts konkret wird.

Die assyrische Religion – die Eroberung der Welt für Gott und Reich

Um 1300 v. Chr. beginnt der Aufstieg des Assyrerreichs zur Weltmacht. Unter den Herrschern Salmanassar I. (1274-1245) und Tukulti-Ninurta (1244-1208) greift die assyrische Macht über das Kernland um Assur und Ninive am Tigris (nahe dem heutigen Mossul) hinaus; Tiglat-Pileser I. (1116-1078) erreicht in seinen Eroberungszügen das Mittelmeer. In der Folgezeit setzen sich die assyrischen Heere gegen das syrische Aramäerreich durch und erobern Babylon, das von nun an für lange Zeit Bestandteil des Assyrerreichs wird. Neue Expansionen setzen im 9. Jahrhundert v. Chr. unter den Königen Assurnasirpal I. und Salmanassar III. ein. Für drei Jahrhunderte wird Assyrien zur stärksten Macht Vorderasiens, zeitweise militärisch bedroht allein vom Reich der Urartäer (im heute türkisch-russischen Gebiet). Zahlreiche Feldzüge führen nach Syrien/Palästina; die Herrschernamen Salmanassar III., Tiglat-Pileser V., Salmanassar V., Sargon II. und Sanherib sind auch mit der Geschichte der Königreiche von Israel und Juda als deren Eroberer und Oberherren verbunden. Im Jahre 722 v. Chr. vernichten die Assyrer das Nordreich Israel und deportieren die Bevölkerung; auch Juda gerät in diesen Jahrhunderten in einen Vasallenstatus. Im Jahre 671 erobert Asarhaddon Ägypten. Doch der Höhepunkt der assyrischen Machtentfaltung markiert zugleich den Beginn des Niedergangs. Das gewaltige Reich zerbricht an inneren Krisen, nicht zuletzt an einem zunehmenden Krisenbewußtsein. Die «neubabylonische Dynastie» (s. o. S. 74) erzwingt die Unabhängigkeit Babyloniens; unter dem vereinten Ansturm der Babylonier und der aus dem iranischen Hochland stammenden Meder bricht das assyrische Reich mit seinen Hauptstädten Assur und Ninive 612 zusammen. Ein Reststaat um Harran am oberen Euphrat hält sich nur noch wenige Jahre.
In kultureller und religiöser Hinsicht ist Assyrien ein Teil Mesopotamiens. Wie in Babylonien wurden auch hier die Grundelemente der sumerischen Kultur und Religion übernommen. Assyrische Besonderheiten sind vor allem im Schnittfeld von Religion und Politik und dort wiederum in der noch einmal gesteigerten Rolle des Königs zu finden. So nehmen die Assyrer weniger in ihrer expansiven Machtpolitik eine Sonderstellung ein als in der Rigorosität, in der diese Politik religiös, ja theopolitisch legitimiert wird. Die assyrischen Herrscher betrachten ihre Eroberungen als Erfüllung eines göttlichen Auftrags zur Weltherrschaft. Damit ist um die Wende zum 1. Jahrtausend v. Chr. eine neue politisch-theologische Doktrin entstanden: die in der folgenden Weltgeschichte in vielen Spielarten manifeste Vorstellung, daß ein Volk, ein Reich, ein Herrscher das göttliche Mandat für die politische Weltherrschaft habe. Zwar gab es auch in den früheren Jahrhunderten expansive Machtpolitik, Kriege und Vernichtungsfeldzüge, der mit den assyrischen Herrschern und ihren Heeren in der Weltgeschichte erstmals auftretende Gedanke, daß ein Volk dazu ausersehen sei, alle anderen zu beherrschen, markiert jedoch einen mehr als fragwürdigen historischen Fortschritt, zumal er mit dem Ende der assyrischen Vorherrschaft nicht wieder verschwand.
Die assyrischen Feldzüge erfüllen den Auftrag des Reichsgottes Assur. Dabei ist Assur (genauer: Aschschur) der Name von Reich, Gott und Hauptstadt! Den Machtanspruch dieses Gottes bringen die Assyrer u. a. dadurch zum Ausdruck, daß sie das babylonische Weltschöpfungslied «Enuma elisch» (s. o. S. 74) übernehmen, dabei aber an die Stelle Marduks eben Assur setzen. Die assyrischen Könige legen ihrem Gott Jahr für Jahr über ihre (per definitionem erfolgreichen) Kriegszüge Rechenschaft ab, indem sie einen entsprechenden Bericht in Form eines Gottesbriefes im Tempel deponieren. Folgt die Machtpolitik religiöser Legitimation, so begründet die Evidenz der militärischen Erfolge umgekehrt die Macht der Götter, vor allem aber die Macht des Königs. So ist es verständlich, daß die politische und religiöse Machtfülle des assyrischen Königs die babylonischen Vorbilder noch übertrifft. Assyrische Könige wissen sich

von Geburt an von einer Gottheit zur Herrschaft berufen. So heißt es bei Assurnasirpal:

> Ich bin geboren in den Bergen, die keiner kennt,
> Ich kannte nicht deine Macht und betete nicht zu dir.
> Die Assyrer kannten deine Gottheit nicht
> und beteten nicht zu dir.
> Aber du, Ischtar, furchterregende Herrscherin
> unter den Göttern,
> Du erwähltest mich für den Anblick deines Auges
> Und bekamst Lust, mich als Herrscher zu sehen.[37]

Der König verfügt selbst über göttliche Macht. Es ist sein göttlicher Strahlenglanz, der die Feinde vernichtet; in Bilddarstellungen stellt er *seinen* Sieg dar. Die dargestellten Götter sind dabei die der besiegten Feinde. So kehrt sich das Verhältnis von Gott und König nicht selten um. Zuletzt ist es der König, der die Götter beherbergt: in der von Sargon II. errichteten neuen Hauptstadt Dur-Scharrukin (Chorsabad) sind die Tempel zu kleinen Kapellen in der mächtigen Palastanlage geworden. Letztlich bedarf der religiös legitimierte König nicht einmal mehr der Götter zu seiner Legitimation.

Auf der Ebene der Erfüllung eines göttlichen Mandats liegt auch die assyrische Religionspolitik gegenüber den besiegten Völkern. Mit den Völkern besiegen sie auch deren Gottheiten, die sie wie zum Teil die Völker selbst deportierten. In den unterworfenen und zu Vasallen gemachten Ländern forderten sie die Anerkennung und Verehrung der assyrischen Götter.

Die rigorose Machtpolitik ist trotz aller Gewalt und aller sprichwörtlich gewordenen Grausamkeit der Kriegführung nur die eine Seite des assyrischen Selbstverständnisses. Denn gesteigert wie die imperiale Machtausübung (und kaum ohne inneren Zusammenhang mit ihr) tritt auch das Gefühl der Bedrohtheit und der Unsicherheit zutage. So steht zu der Militärpolitik nur scheinbar gegensätzlich die abermals wachsende Bedeutung der Orakel- und Divinationspraxis. Dabei versuchten die Assyrer, in der Orakeltechnik möglichst eindeutige Antworten zu erhalten. Das dabei erkennbare Sicherheitsbedürfnis führt daher auch zu einer zuvor nicht gekannten Exaktheit der Beobachtungen, zur Ausbildung einer geradezu wissenschaftlichen Divinationstechnik sowie andererseits zur Vervollkommnung der Astrologie-Astronomie.

In der letzten Phase der assyrischen Geschichte scheint – auf dem äußeren Höhepunkt der Macht – die Erfahrung der Brüchigkeit und Bedrohtheit zuzunehmen. So kann man die ungeheure Sammlung der altorientalischen Literatur bis auf die ältesten Zeiten in der Palastbibliothek des Assurbanipal (669-627) geradezu als manieristische Spätphase einer Kultur deuten.[38] Nur wenige Jahre nach dieser kulturellen, vor allem literarischen Blüte ist das mächtige Reich zusammengebrochen. Es hinterließ vor allem zwei Nachwirkungen für die Politik-, Religions- und Ideologiengeschichte der folgenden Jahrtausende: die Idee, daß ein Volk zur Herrschaft über die ganze Welt ausersehen sei, und die Erfahrung, daß dieser Anspruch auf der Basis religiöser Legitimation durchgesetzt werden kann.

Das Reich der Hethiter

Die «1000 Götter des Hattilandes»

Als Teil der syrisch-palästinischen Landbrücke zwischen den Reichen am Nil, an Euphrat und Tigris und im anatolischen Norden stand das Land der Bibel im 2. Jahrtausend (und unter veränderten Vorzeichen auch im 1. Jahrtausend) im Einfluß- und Machtbereich der Großreiche im Süden, Osten und Norden. Während aber die Imperien Ägyptens und Mesopotamiens auch in historischen und erzählenden Texten des Alten Testaments als große und mächtige Reiche genannt werden, finden sich von dem mächtigsten Reich in Israels Norden nur mehr wenige Erinnerungen. Nur noch eine Stelle des Alten Testaments (2. Kön 7,6) spricht von den Hethitern als einem dem großen Ägypten vergleichbaren Reich, mehrere andere Stellen der Bibel nennen die Hethiter jedoch wie eines der zahlreichen kleinen Völker Kanaans. So kauft Abraham nach 1. Mose 23 die Grabhöhle seiner Familie in der Nähe von Hebron von den Hethitern; ein Hethiter namens Uria war Offizier in Davids Diensten.[39] Diese biblischen «Hittim» bzw. «Chittim», die Luther als «Hethiter» verdeutschte, sind späte Nachfahren eines einst mächtigen Reichs, dessen Zentrum im 2. Jahrtausend v. Chr. in Anatolien, genauer: im Bogen des Flusses Halys (dem heutigen Kızıl Irmak) lag. Nach dem Zerfall des Hethiterreiches um 1200 v. Chr. durch Einfälle der «Seevölker» und durch das Vordringen der Phryger existierten vor allem im Süden des ehemaligen Großreiches einige kleinere sogenannte «Nachfolgestaaten» weiter – in diesen Zusammenhang gehören auch die «Hethiter» der Bibel. Im 14. und 13. Jahrhundert v. Chr. aber war das Reich der Hethiter den Imperien Ägyptens und Mesopotamiens mindestens ebenbürtig. Nur mit Mühe gelang es den Pharaonen, das ägyptische Einflußgebiet gegen das hethitische abzugrenzen, die Grenze verlief im 13. Jahrhundert am Orontes, im heutigen Libanon. Kurz zuvor wäre durch Heirat fast der ägyptische Thron selbst in hethitischen Besitz gelangt.

Dieses hethitische Großreich, das im 14. und 13. Jahrhundert in Kleinasien, Obermesopotamien und Syrien die dominierende Macht war, ist in sich ein Ensemble heterogener Elemente. Dabei verwirren bereits die Namen der im hethitischen Reich tonangebenden Völker. Denn das in diesem Reich dominante Volk der Hethiter, das am Beginn des 2. Jahrtausends aus den südrussischen Steppen nach Anatolien einwanderte, übernahm die Namen für das Land und Reich, Hatti bzw. Chatti, und die Hauptstadt Hattusa, ca. 150 Kilometer östlich vom heutigen Ankara, von bereits länger in Anatolien siedelnden Völkern. Das Land «Hatti» ist in den hethitischen Texten zwar der Name des eigenen Reiches, und auch der hethitische König nennt sich «Meine Sonne, König von Hatti», «hattisch» aber nennen die Hethiter selbst nicht ihre eigene Sprache und Religion, sondern die eines früheren anatolischen Volkes, das mit seiner Kultur und Religion im hethitischen Großreich aufging. Ihre eigene Sprache nannten die Hethiter «nesisch» – nach einem ihrer früheren Zentren nach ihrer Einwanderung nach Anatolien.

Wenn man den Versuch unternimmt, einige Grundzüge der hethitischen Religion zu beschreiben, sollte von vornherein jene Mischreligion im Blick sein, die sich als Konglomerat der Religionen des hethitischen Reichs darstellt.[40] Denn genuin «hethitische» Religionselemente, also Gottheiten und Kultformen, die die Einwanderer aus den russischen Steppen mitbrachten, finden sich in der Reichszeit nur in Spuren, da sie entweder zugunsten der vorgefundenen Gottheiten, Kult- und Frömmigkeitsformen aufgegeben wurden oder in ihnen aufgingen. So wurde der Name des alten indoeuropäischen Himmelsgottes, Sius (der im griechischen Zeus, aber auch im lateinischen *deus* wiederkehrt) zur hethitischen Bezeichnung für eine Gottheit überhaupt.

Eine größere Rolle als die genuin hethitischen Götter spielen in der Religion des Hethiterreichs die verschiedenen Götterkreise der hattischen Vorbevölkerung Anatoliens. Dazu gehören der Wettergott Tar(c)hu (der «Starke» – der Name begegnet in dem aus der frühen römischen Geschichte bekannten «Tarquinius» wieder). Seine Partnerin ist die Göttin Kubaba (die spätere Kybele). Zum hattischen Götterkreis gehören auch Hannahanna (die «Großmutter») und der südanatolische Pferdegott Pirwa. Eine andere Form des stiergestaltigen anatolischen Wettergottes ist Taru (der «Stier» – das Wort ist sowohl mit dem griech./lat. *tauros/taurus* als auch mit dem gleichbedeutenden hebräischen *schōr* verwandt, verweist also auf eine vorindoeuropäische und vorsemitische Sprach- und Religionsschicht). Partnerin des Taru ist die Erdgöttin Wurunschemu, die nach ihrem Hauptkultort auch «Sonnengöttin von Arinna» heißt. Beider Sohn ist der Vegetationsgott Telipinu (der «starke Sohn»). In der Dreiheit: Wettergott (= Stiergott) – Erdgöttin – Vegetationsgott drückt sich eine Grunderfahrung aus, die vielleicht im anatolischen Bereich zuerst zum religiösen Modell ausgebildet wurde, jedoch darüber hinaus in viele Gebiete der alten östlichen Mittelmeerwelt ausstrahlte. Der Ursprung dieser in unterschiedlichen Ausprägungen und mit verschiedenen Götternamen belegten Grundvorstellung dürfte in der Beobachtung des Zusammenhangs von Wolkenbildung, Gewitter, Regen, Fruchtbarkeit der Erde und Aufblühen der Vegetation liegen. Über die dunklen

Wolkenbänke des anatolischen Berglandes sah man den Wettergott mit seinem Wagen einherfahren und gewitternd rumpeln. Sein Brüllen und Donnern ist bedrohlich, doch ist es sein Same (= Regen), der auf die trockene Erde fällt und sie befruchtet.

Dieses aus Erfahrungen abgeleitete religiöse Modell wirkt in unterschiedlicher Weise in die Religionen des Altertums hinein. So sind – um zwei ganz gegenläufige Wirkungen zu nennen – die in den Psalmen der Bibel vorkommende Beschreibung von Gott, der auf den Wolken einherfährt (z. B. Ps 104,3), und die Gotteserscheinung in Ps 18,10ff. ebenso von jener anatolischen Triade her beeinflußt wie der in der späteren Antike verbreitete Kult der Erd- und Muttergöttin Kybele. Diese Beispiele zeigen, daß sich sowohl streng patriarchalische Vorstellungen vom Gott Israels auf Elemente jenes Erfahrungsmodells zurückbeziehen wie umgekehrt dominant-feministische wie der Kult der Kybele, bei dem der männliche Part zur deutlich geminderten Rolle geworden ist.

Nicht nur die verschiedenen hattischen Götterkreise wurden zu zentralen Gestalten des hethitischen Pantheons, sondern auch Götter anderer Völker, vor allem der im Zuge der hethitischen Expansion einverleibten Völker und Staaten. Eine besondere Stellung nehmen dabei die Götter der Hurriter ein.

Wie die Bezeichnung Hethiter geht auch der Name der Hurriter (auch Horiter bzw. Churriter) auf die Bibel zurück. Dort werden die Hurriter als Ureinwohner von Edom genannt (1. Mose 36,20ff.). Doch sind auch die biblischen Hurriter nur mehr die letzten Nachfahren eines einst mächtigen Volkes, das bis in die Mitte des 2. Jahrtausends v. Chr. in Syrien und Obermesopotamien dominierte. Im 2. Jahrtausend gründeten sie das Reich von Mitanni, das im 14. Jahrhundert unter hethitische Oberhoheit geriet und letztlich wie viele andere der assyrischen Expansion zum Opfer fiel. Hurriter aber waren nach einer gut begründeten Vermutung auch die Hyksos, jene in der «2. Zwischenzeit» (s. o. S. 64) über Ägypten herrschenden Invasoren.

Noch ausgeprägter als der politische Einfluß der Hurriter auf die Geschichte des Alten Orients war der religiöse. So kamen die hurritischen Gottheiten Teschup und Hepat wie die der Ischtar verwandte Sausga bzw. Schawuschga nicht nur in den Rang hethitischer Reichsgottheiten; darüber hinaus übernahmen die Hethiter einen großen Teil hurritischer Mythen und – vor allem! – Rituale. Viele Aspekte der frühen griechischen Kultur, die aus dem Orient stammen, sind letztlich hurritischen Ursprungs. Das gilt für Bestattungsrituale, die die Homerische «Ilias» beschreibt, ebenso wie für die Überlieferung von der Abfolge der Herrschaft im Himmel, das Thema von Hesiods «Theogonie».

Zu den hurritischen Elementen der hethitischen Religion und ihrer Wirkungsgeschichte gehören auch zahlreiche Beschwörungen. So zeigt die Totenbeschwörung durch die «Hexe» von Endor, wie sie 1. Sam 28 beschreibt[41], Züge hurritisch-hethitischer Beschwörungen der Unterirdischen, wie sich wohl auch im Ortsnamen Endor selbst die hurritische Bezeichnung der «uralten Götter» (*en*na *dur*enna) erhalten hat. Die weisen alten Frauen, die in der hethitischen Religion eine große Rolle spielen, finden sich auch noch in einem anderen späten Nachfahren der hethitischen Religion und Kultur: im etruskisch-römischen Italien. So sind die römischen Sibyllen Verwandte der weisen Frau von Endor, indem beide auf die hethitischen Hüterinnen der alten Überlieferungen und der Beschwörungskunst zurückgehen.

Die Hethiter wußten stets, daß ihre Götter eine höchst heterogene Versammlung darstellen. Sie unterschieden sie sehr sorgfältig nach ihrer Herkunft und trugen Sorge, daß die Götter im Kult jeweils in «ihrer eigenen» Sprache angeredet wurden. Das ist auch der Grund dafür, daß in den hethitischen Reichsarchiven die Zeugnisse der alten anatolischen Sprachen, etwa des Luwischen, des Hattischen oder des Palaischen, bis heute aufbewahrt blieben.

Die Gesamtheit der Gottheiten der Hethiter, der altanatolischen Religionen und der eroberten, bzw. abhängigen Staaten trat zu einem Pantheon des hethitischen Reichs zusammen. Die Hethiter selbst sprechen von den «1000 Göttern des Hattilandes». In den Texten, aber auch in Darstellungen, unter denen das Relief der Götterprozession im Felsheiligtum Yazılıkaya nahe der Hauptstadt Hattusa die berühmteste ist, finden wir die Götter des Hattilandes in langen Reihen versammelt.

Die Götter des Hattilandes tragen – darin den späteren griechischen ähnlich – recht menschliche Züge. Um sie gewogen zu machen, bedarf es guter und pünktlicher Versorgung sowie angemessener Anrede (z. B. in der «richtigen» Sprache). In einem Text heißt es:

> Ist etwa die Sinnesart von Menschen und Göttern
> verschieden voneinander? Das nicht, sondern ihre Sinnesart
> ist ein und dieselbe.[42]

In die anatolischen Gottesvorstellungen gingen, wie angedeutet, Erfahrungen der geographischen und klimatischen Realität ein. Auch die soziale Wirklichkeit wirkt auf die hethitische Religion in direkterer Weise ein, als dies in anderen altorientalischen Religionen zu beobachten ist. Wie in den mesopotamischen Religionen nehmen auch in der hethitischen Reinigungs- und Entsühnungsrituale einen wichtigen Platz ein. Sie dienen der Beseitigung und dem Unschädlichmachen von Minderungen, Verunreinigungen und Verfehlungen. Dabei werden die verschiedenen Formen von «Sünde» als Störungen zwischen den Menschen und zwischen Mensch und Gott aufgefaßt; Dämonen spielen eine sehr viel geringere Rolle als in der babylonischen Religion. Gerade in der Vorstellung von Sünde und Sühne (bis hin zu bestimmten Entsühnungsritualen) steht die hethitische Religion der israelitischen näher als der babylonischen.[43] Wie die Entsühnungen als Beseitigungen von Kommunikationsstörungen zu begreifen sind, so kann man positiv eine Vielzahl von Festen und Ritualen als Formen religiöser Kommunikation verstehen. Eine überaus große Rolle spielt dabei das kultische Essen und Trinken. Im Blick auf die spätere christliche Religionsgeschichte sind vor allem die Rituale interessant, bei denen das kultische Essen und Trinken der Gottheit selbst eine zentrale Rolle spielt.

Wie auch sonst im alten Orient gelten die Tempel als Wohnsitze der Götter. Dabei wird man sich viele der kleineren Heiligtümer im Lande in Umfang und Ausstattung sehr bescheiden vorstellen müssen. Aus hethitischen Inventarlisten wissen wir, daß oft kein Götterbild vorhanden war, die Gottheit vielmehr in der Form einer Tierfigur, eines Trinkgefäßes, eines Steins oder Schildes verehrt wurde. Neben den Tempeln gab es eine Vielzahl von Quell- und Felsheiligtümern. Gerade letztere sind für die anatolischen Religionen kennzeichnend und zeigen noch einmal den Zusammenhang zwischen den kulturellen und religiösen Aus-

prägungen und den unmittelbaren geographischen und klimatischen Lebensbedingungen.
Wie bei den Götterkreisen kann man auch bei den Mythen des Hattilandes zwischen heterogenen Kreisen unterscheiden. Bei den genuin anatolischen Mythen ist wiederum die Beziehung zur Lebenswelt augenfällig. Einige der Mythen thematisieren grundlegende Ängste. War es in Ägypten die Furcht, daß die Sonne einmal nicht am Morgen im Osten aufgehen könne, die zur Ausprägung von Mythen und Ritualen führte, mit denen die Angst in Gewißheit und die Bedrohung in Wahrung verwandelt wurde, so drücken sich entsprechende Ängste in den hethitischen Mythen vom Mond, der vom Himmel fiel, und vom verschwundenen und wiedergefundenen Vegetationsgott Telipinu aus. Stärker in den Bereich der Literatur als der Frömmigkeit gehören die Mythen, die aus Mesopotamien und von den Hurritern her in die hethitische Kultur Eingang fand. Unter den hurritischen Mythen erlangten die um Kumarbi und den Steinriesen Ullikummi eine große Bedeutung. Hier geht es in verschiedenen Zyklen um einen – dem Thema des «Enuma elisch» (s. o. S. 74) vergleichbaren – Kampf um das Königtum im Himmel, die Generationsfolge der Götterkönige. Von hierher stammt letztlich über phönikische Vermittlung das Modell der «Theogonie» des Hesiod, der um 700 v. Chr. für seine griechischen Leser auf altorientalische Überlieferungen zurückgriff, um die Welt der griechischen Götter in eine Ordnung zu bringen.
Das Interesse an Ordnung und Klärung, das den griechischen Dichter und frühen Philosophen veranlaßte, auf die Mythen des Orients zurückzugreifen, war von Beginn an *ein* Grund für die Ausbildung der mythologischen Überlieferungen selbst. Die Mythen erklären Sachverhalte, zeigen, warum geworden ist, was ist, und erlauben so eine Integration in die Lebenswelt.
Diese Funktion der Mythen bei der Interpretation der vorgefundenen Wirklichkeit tritt auch im Bereich der Kulturen und Religionen Syriens und Palästinas zutage, jener Landbrücke also, in der die Einflüsse der Großreiche im Süden, Osten und Norden virulent wurden und in der jene Mischkultur entstand, die zugleich zur Wiege der drei großen monotheistischen Weltreligionen geworden ist.

Die Religionen Syriens und Kanaans

Kanaan – Kampfplatz der Großreiche

Nachdem in den vorangegangenen Kapiteln die Religionen in der Umgebung des biblischen Landes vom ägyptischen Süden über den mesopotamischen Osten bis zum hethitischen Norden skizziert wurden, kommt nun mit dem syrisch-kanaanäischen Raum der geographische Bereich in den Blick, dessen Teil Israel wurde. Dieser kanaanäische, syrisch-palästinische Raum erlebte eine selbst für die Maßstäbe des Alten Orients außerordentlich wechselvolle Geschichte, in deren Verlauf die Länder und Völker Syriens und Palästinas nur zu oft zu Opfern der Auseinandersetzungen der Großmächte und ihrer Hegemoniekämpfe wurden. Ein wenig von dieser wechselvollen und selten selbstbestimmten Geschichte des Gebietes, das etwa die heutigen Staaten Syrien, Libanon, Israel und Jordanien umfaßt, drückt sich bereits in der Schwierigkeit aus, es mit eindeutigen historischen und geographischen Bezeichnungen zu benennen. In der Bibel wird der an der Mittelmeerküste gelegene Landstreifen etwa zwischen dem Karmelgebirge im Norden und dem «Gazastreifen» bzw. der ägyptischen Grenze im Süden nebst seinem Hinterland Kanaan genannt. Dieser Name wird von einem der wichtigsten Produkte dieses Landes abgeleitet, dem von der Purpurschnecke abgesonderten Farbstoff (akkadisch: *kinachchu*), der seit alters als Herrschafts- und Würdefarbe hoch gehandelt wurde. Der griechische Name der Purpurfarbe *(phoinis)* steht hinter der Bezeichnung Phönikien (Phönizien), die sich als Bezeichnung des nördlichen Teils dieses Küstenstreifens (etwa dem heutigen Staat Libanon entsprechend) eingebürgert hat. Die Phöniker selbst bezeichneten sich als Kanaanäer. Auf eine Distriktsbezeichnung des Römischen Imperiums schließlich geht eine andere, bis heute übliche Bezeichnung für das Land bzw. seinen südlichen, der Küste zugewandten Teil, zurück. Die Römer nannten es «Palaestina» nach dem griechischen Philistaia, und dieser Name geht auf das Volk der Philister zurück, das sich als abgespaltener Teil der «Seevölker» nach einer Niederlage gegen Ägypten im Südwesten Kanaans ansiedelte und in der Zeit der Konsolidierung Israels zu dessen gefährlichstem Gegner wurde. Nach dem Aufstand des Bar Kochba 135 n. Chr. ließ der römische Kaiser Hadrian den ihm verhaßt gewordenen Namen Judäa durch den Namen Palästina ersetzen. So zeigt die Geschichte des Namens bis zu seiner gegenwärtigen politischen Verwendung etwas von der Tragik des Landes, das – bis heute – zum Objekt einander ablösender Imperien wurde.

Während die Bezeichnungen Kanaan, Phönikien und Palästina in der Regel auf den dem Mittelmeer zugewandten Teil des Landes bezogen werden, bezeichnet man den im Landesinneren gelegenen Teil meist als Syrien. Auch dieser Name verbindet das Land mit seinen Fremdherrschern. Er geht zurück auf die im 7. Jahrhundert v. Chr. gebräuchliche persische Bezeichnung «Asuriya Arabaya» (etwa: Assyrien bis nach Arabien hin). Die Araber mißverstanden die erste Silbe des Namens als Artikel und lasen: as-Suriya al-Arabiya (das arabische Syrien). So blieb der Name ein Teil des alten «Assyrien» – in der Namensgeschichte wiederholt sich ein Stück der Herrschaftsgeschichte.

Während des größten Teils der uns faßbaren Geschichte lag Syrien-Palästina im Einfluß- und Machtbereich wechselnder Großmächte. Nur in der Frühzeit und in Zeiten vorübergehender Krisen der Großmächte kam es zu mehr als lokaler Machtentfaltung in Syrien-Palästina selbst. Solche Ausnahmefälle sind das Reich Davids und das wenig ältere Reich der Aramäer um das Zentrum Damaskus. Doch nicht diese Staaten sind kennzeichnend für die Geschichte des Landes, sondern die teils von einer Großmacht abhängigen, teils über lokale Macht verfügenden selbständigen Städte, unter denen die Hafenstädte am Mittelmeer eine besondere Rolle spielen. Diese historisch-politische Struktur fand verständlicherweise auch und gerade in der Kultur- und Religionsgeschichte Syrien-Palästinas ihren Niederschlag. Durchzugsgebiet, Einflußgebiet verschiedener Kulturen und Mächte, aber auch Brücke zwischen verschiedenen Kulturen – all das zeigt sich in verschiedenen Ausprägungen auch in der Religion der Kanaanäer und Syrer. Zu den erregendsten Fragen der Religionsgeschichte überhaupt gehört dabei die, wie es kam, daß gerade dieses Gebiet äußerster Gegensätze, heterogener Einflüsse und erstaunlichster kultureller und religiöser Vermischungen *der* Bereich wurde, aus dem die monotheistischen Religionen stammen.

Eine auch nur einigermaßen differenzierte Darstellung der nicht-israelitischen syrisch-palästinischen Religionsgeschichte würde den Rahmen dieser Darstellung bei weitem sprengen. Deshalb soll in den folgenden Abschnitten für je ein Jahrtausend ein charakteristischer Bereich herausgegriffen werden, um an ihm einige Strukturmerkmale aufzuzeigen. Für das erst in den letzten beiden Jahrzehnten deutlicher in den Blick gekommene 3. Jahrtausend wird die syrische Stadt Ebla dieses Beispiel sein, für das 2. Jahrtausend v. Chr. der Mittelmeerhafen Ugarit und für das 1. Jahrtausend v. Chr. die phönikischen Hafenstädte Byblos, Sidon und Tyros (mit einem Seitenblick auf die phönikische Kolonie Karthago). Ein Blick auf ein umfassendes literarisches Zeugnis der phönikischen Religionsgeschichte, aufgezeichnet von dem im 1. Jahrhundert n. Chr. lebenden Philo von Byblos, der im Römischen Reich eine phönikisch-kanaanäische Religionsgeschichte in griechischer Sprache schrieb, die in vieler Hinsicht Parallelen zur Bibel aufweist, soll am Ende der Skizze der Religionen des Alten Orients noch einmal verdeutlichen, daß sowohl die Bibel als auch die Kultur der klassischen Antike ohne die altorientalische Kultur- und Religionsgeschichte kaum entstanden und gewiß weniger verstehbar wären.

Vor dieser auf Beispiele zugespitzten Darstellung der syrisch-kanaanäischen Kultur(en) und Religion(en) selbst empfiehlt sich jedoch ein kurzer Blick auf *die* Sicht der kanaanäischen Religion, die vor den seit etwa fünfzig Jahren forcierten Ausgrabungen die nahezu einzige war: Was man von der Religion Kanaans wußte, orientierte sich nahezu zwei Jahrtausende lang an dem Bild, das die Bibel von ihr zeichnet.

Die Religion der Kanaanäer in der Sicht der Bibel

In der Darstellung des Alten Testaments erscheint die Religion der Kanaanäer als die fremde, ja böse Religion schlechthin. Geprägt vom Interesse an der Ausbildung und Erhaltung der Identität Israels betonen die biblischen Texte nahezu ausschließlich die Abgrenzung und die Abwehr von kanaanäischen Kulten, Festen, religiösen und kulturellen Praxisformen. Die Notwendigkeit, gegenüber den kanaanäischen Vorbewohnern und neuen Nachbarn eigene Formen der Gottesverehrung und der theologischen Reflexion auszubilden und zu bewahren, macht verständlich, daß gegenüber den Kanaanäern diese ablehnende, ja diffamierende Haltung eingenommen wurde. Dabei darf man diese Sicht der kanaanäischen Religion nicht mit einer objektiv beschreibenden Darstellung verwechseln. Oft ist die Abgrenzung gegenüber den kanaanäischen Landesbewohnern die einzige «positive» Begründung einer Verhaltensnorm (so z. B. im Bereich von Sexualtabus). Kanaanäische Kultpraktiken geübt zu haben, wird zurückblickend in der exilisch-nachexilischen Zeit zum Standardvorwurf gegen etliche Könige Judas und alle Könige des Nordreichs Israels. Die Verehrung kanaanäischer Gottheiten, die das Alte Testament häufig summierend «Ba^{c}ale und Astarten» nennt, wird als «Hurerei» bezeichnet. Ein besonders extremes Beispiel derartiger Diffamierung, das bis zur neutestamentlichen Zeit und in der Wirkungsgeschichte bis heute reicht, ist der kanaanäische Hauptgott Ba^{c}al. In einer seiner Titulierungen «Ba^{c}al zablu» (Ba^{c}al, der Fürst) genannt, wurde dieser Titel 2. Kön 1 schmähend zu «Ba^{c}al Zebub» (= Fliegenba^{c}al) verballhornt. Über Beelzebul (so sprachlich korrekter, z. B. Matth 10,25) entwickelte sich daraus «Beelzebub», der Teufel schlechthin.

Solange die Bibel nahezu die einzige Quelle für die Religion Kanaans war, konnten dessen Götter, Kultformen, Frömmigkeit und Feste nur als primitiv, abstoßend, geradezu unmoralisch erscheinen. Dieses Bild hat sich entschieden verändert, seit vor allem seit den dreißiger Jahren dieses Jahrhunderts durch Grabungen in Syrien-Palästina in größerem Umfang primäre Zeugnisse der Kultur und Religion Kanaans bekannt wurden. Nun zeigte sich, daß diese Zeugnisse denen der Hochkulturen am Nil und an Euphrat und Tigris nicht nachstehen. Es zeigte sich aber auch, daß die allein auf Abwehr und Abgrenzung ausgerichtete biblische Darstellung nur die eine Seite der kanaanäisch-israelitischen Beziehung beschreibt. Denn von kanaanäischen Texten und Bildern her erwies sich, daß es hier nicht nur Abgrenzung, sondern auch Annäherung, nicht nur Abwehr, sondern auch Angleichung gab. Aspekte der alttestamentlichen Religion zeigen nun ihre Verwurzelung in der kanaanäischen Religionsgeschichte – bis in die Rede von Gott selbst hinein. So steht neben der schroffen Abgrenzung gegen Ba^{c}al die Übernahme vieler Züge einer anderen kanaanäischen Hauptgottheit, des El. Wie Jahwe kann El Schöpfergott sein, ja der Gottesname bzw. das Gottesappellativ El (*el* bzw. *il‹u›* bedeutet in semitischen Sprachen «Gott») konnte zur Bezeichnung und zum Namen des Gottes Israels werden. Aber auch die Abgrenzung gegen Ba^{c}al erweist sich bei näherem Hinsehen als die schroffe, weil schwierige Abwehr des Ähnlichen. Denn religionsgeschichtlich betrachtet ist Jahwe auch ein Wettergott wie Ba^{c}al. Wie Ba^{c}al erscheint er in der Theophanie im Gewitter, wie Ba^{c}al ist er der Spender der Fruchtbarkeit des Landes. So trug die Erforschung der kanaanäischen Primärquellen auch zum Verständnis der alttestamentlichen Religionsgeschichte bei.

Doch beginnt die für uns faßbare Religionsgeschichte Syriens mehr als ein Jahrtausend vor der Geschichte des Volkes Israel. Bereits im 7. und 6. Jahrtausend v. Chr. gab es in Syrien-Palästina befestigte Städte, und für das 3. Jahrtausend wissen wir nach neueren Ausgrabungen wenigstens von einer Stadt, daß sie in ihrer politischen und kulturellen Entfaltung kaum den zeitgenössischen mesopotamischen Zentren nachstand.

Ebla – eine Metropole des 3. Jahrtausends

Die seit 1964 von italienischen Wissenschaftlern geleiteten Ausgrabungen auf dem Tell Mardich, ca. 70 Kilometer südlich der syrischen Stadt Aleppo, haben das Bild der altorientalischen Geschichte des 3. Jahrtausends v. Chr. entscheidend verändert. Vor allem die dort gefundenen königlichen Archive, deren Texte die Identifikation des Ortes mit dem in mesopotamischen Quellen genannten Ebla (oder Ibla) wahrscheinlich machen, zeigen, daß diese Stadt bereits in akkadischer Zeit (s. o. S. 74) ein weit über den engeren Bereich hinausreichendes Machtzentrum darstellte. Besonders unter seinem König Ebrum (um 2300) umfaßte Eblas Macht u. a. die Städte Karkemisch, Harran und Mari am oberen Euphrat, und sein Einfluß reichte bis ins Sinaigebiet im Süden und ans Mittelmeer im Westen, ja bis nach Zypern. In dieser Zeit war Ebla den südmesopotamischen Städten gleichrangig, und glaubt man den eblaitischen Zeugnissen, dann war ihm das Reich von Akkad sogar zeitweise tributpflichtig. Der akkadische König Naramsin eroberte Ebla jedoch, wonach dessen Einfluß in den folgenden Jahrhunderten zurückging. Doch blieb auch in der neusumerischen Zeit am Ende des 3. und Beginn des 2. Jahrtausends Ebla ein wichtiger Handelspartner Mesopotamiens. Seine Ausfuhrprodukte waren vor allem Hölzer und Stoffe. Von hier aus liegt der Gedanke nahe, daß der im Gilgamesch-Epos erzählte Zug der Helden ins Land der Zedern eine historische Erinnerung an diese Handelsbeziehungen bewahrt. Im 2. Jahrtausend sank die Macht Eblas rasch; in den Mari-Briefen wird der Ort nicht mehr erwähnt.[44]

Lieferten die Ausgrabungen in Ebla neue und zum Teil umstürzende Ergebnisse für das historische Bild des 3. Jahrtausends, bei dem wir nun neben Ägypten und Sumer/Akkad mit einem dritten altorientalischen Machtzentrum rechnen müssen, so waren die neuen Aspekte für die altorientalische Religionsgeschichte nicht minder aufregend. In verständlicher Überschätzung der neuen Funde wurden zwar manche Schlußfolgerungen ein wenig voreilig gezogen. So dürfte die Verbindung des eblaitischen Königs Ebrum mit dem in 1. Mose 10 als Stammvater der Hebräer genannten Eber ebensowenig auf gesicherter Basis ruhen wie die Entdeckung des Jahwe-Namens in dem in eblaitischen Personennamen vorkommenden Bestandteil *ja*, zumal das betreffende Silbenzeichen auch eine andere Lesart zuläßt. Die in Ebla belegten Götternamen zeigen aber doch insofern ein neues Bild, als sich hier zahlreiche Gottheiten finden, die zuvor nur aus späteren, zudem zum Teil anders lokalisierten Quellen bekannt waren. Das gilt für den Gott Kamisch, der in der Bibel als moabitischer Gott Kemosch erwähnt wird.[45] Das gilt vor allem aber für den Gott Dagan, der auch in der Bibel vorkommt, und zwar unter dem Namen Dagon als Hauptgott der Philister (vgl. 1. Sam 5). Jenen Dagan kannte man schon lange als Stadtgott von Mari und dem nahe bei Mari liegenden kleinen Ort Tuttul, der ein Zentrum seiner Verehrung war. Wie aber dieser Wetter- und (im Westen) Getreidegott Dagan zu den Philistern kam, war schwer verständlich. Macht man sich die Bedeutung Eblas für das 3. Jahrtausend klar, so wird deutlicher, daß wir es mit einer Gottheit zu tun haben, die im Syrien der Frühzeit eine sehr große Rolle spielte und später vielleicht nur noch in Randgebieten in einem so hohen Rang verblieb. In Ebla kam Dagan das Prädikat «Bel» (Herr) zu. In der dem akkadischen «Bel» entsprechenden kanaanäischen Namensform «Ba^{c}al» erscheint der Titel in Ugarit im 2. Jahrtausend als eigenständiger, ja als mächtigster Gott. In den ugaritischen Texten wird Ba^{c}al Sohn des Dagan genannt. Darin drückt sich die alte Verbindung ebenso aus wie die neue Wertigkeit Ba^{c}als.

Ausweislich seines Namens bzw. Titels ebenfalls mit der Herrschaft verbunden ist der in Ebla belegte Gott Malik (etwa: Herrscher). Doch scheint Malik früh mit der Unterwelt verbunden worden zu sein. Hier wie in vielen anderen Fällen der Beschreibung des eblaitischen Pantheons bleibt manches noch weithin im Bereich von Vermutungen. Das hängt nicht zuletzt damit zusammen, daß die meisten eblaitischen Götternamen als Bestandteil von Personennamen belegt sind. (Der häufigste semitische, auch der häufigste biblische Namenstyp besteht aus der Verbindung eines Gottesnamens mit einer hinzukommenden Aussage – so wie noch in unseren Namen wie «Gottfried» oder «Fürchtegott».) Gerade in den Personennamen wird die Bedeutung der Götter für die Familienfrömmigkeit ersichtlich, doch kann man in der Regel wenig Genaues über den Charakter und die Funktion der jeweiligen Götter erkennen. Der Vorrang der persönlichen Frömmigkeit in den eblaitischen Zeugnissen muß in jedem Fall berücksichtigt werden. Das im nächsten Abschnitt zu besprechende Beispiel Ugarits zeigt, daß die Aspekte der Familienfrömmigkeit, der Mythen, des offiziellen Kults und der archäologischen Zeugnisse wie Tempel oder Götterbilder je ihr eigenes Bild liefern und keiner dieser Bereiche mit *der* Religion einer Stadt oder eines Landes gleichgesetzt werden darf.

In Ebla wurde auch der Gott Reschef (in Ebla Rasap) verehrt, der in Ugarit, aber auch als «importierte» syrisch-palästinische Gottheit in Ägypten und in Spuren noch in der Bibel vorkommt. Reschef kann Kriegsgott sein, aber auch Pest- und Todesgott. Der eblaitische Gott Kaschalu könnte im Handwerkergott Koschar aus den ugaritischen Mythen und Epen wiederkehren. Beide zuletzt genannten Götter haben ihre Spuren auch in der griechischen Religion hinterlassen. Ist ersterer ein Vorbild des Apollon (wie Reschef Pest- und Todesgott und wie dieser zugleich der, der vor diesen Gefahren schützen kann), so ist letzterer das «Modell» des Schmiedegottes Hephaistos. Neben einer Reihe weiterer Gottheiten – so der auch außerhalb Eblas bekannte Wettergott Adad, der zum Hauptgott der Aramäer wurde, die hurritische Hepat, ferner Aschtar, der männliche Morgenstern und damit Pendant der Ischtar, schließlich der Gott Lim – kommt in den eblaitischen Namen auch der Bestandteil «El» vor. Dabei ist noch nicht ganz deutlich, ob El hier die Bezeichnung für «Gott» ist oder ob in Ebla mit dieser Anredeform bereits eine bestimmte Gottheit bezeichnet ist, so wie El in Ugarit zum Namen *eines* (höchsten) Gottes geworden ist.

Im ganzen zeigt die aus den eblaitischen Belegen zusammenzustellende Götterliste jene Weiträumigkeit und Vielschichtigkeit, die der politischen, ökonomischen und kulturellen Bedeutung der Stadt entspricht. Bereits in dieser frühen Zeit erweist sich der syrisch-palästinische Bereich als ein Feld, auf dem verschiedene religiöse Traditionen zusammenfließen und zu einer neuen unverwechselbaren Gestalt zusammentreten. Dieser Vorgang begegnet uns auch in der Kultur- und Religionsgeschichte Syriens im 2. Jahrtausend v. Chr. in der Stadt Ugarit.

Ugarit – internationaler Hafen und multikulturelle Religion

Elf Kilometer nördlich der heutigen syrischen Stadt Lattaqija, gegenüber der Insel Zypern, liegt Ras Schamra, das «Fenchelkap», der Ort des 1928 entdeckten und seitdem in zahlreichen und bis heute nicht beendeten Ausgrabungskampagnen freigelegten Ugarit. Keine Ausgrabung in Syrien-Palästina hat so reiche Funde und so umfassende Nachrichten über die altsyrische Kultur des 2. Jahrtausends v. Chr. geliefert wie die von Ugarit. Manche der Ergebnisse dürften nur für diese Hafenstadt mit ihren besonderen interkulturellen Bedingungen Gültigkeit haben, nicht alles darf man auf die kanaanäische Kultur und Religion im ganzen übertragen, und doch geben die ugaritischen Zeugnisse einen tiefen Einblick in die Kultur- und Religionsgeschichte der Zeit und des Raumes, in die und in den hinein Israel Gestalt gewann.

Wie Hafenstädte aller Zeiten, so war auch Ugarit im 2. Jahrtausend ein Ort, an dem verschiedene Kulturen zusammenkamen, eine Stadt, in deren Straßen man Menschen verschiedener Völker sehen, unterschiedlichste Sprachen hören, verschiedenste Im- und Exportwaren betrachten konnte. Da wurde vor allem das Kupfer aus Zypern, das auf Schiffen eintraf, auf Eselskarren umgeladen, um den Weg nach Mari am Euphrat und weiter in die mesopotamischen Zentren anzutreten; da gab es aber auch die Kupfergießereien, die an Ort und Stelle aus dem Rohstoff fertige Produkte herstellten. Da gab es die Purpurmanufakturen, die die Farben produzierten, die dem ganzen Land seinen Namen gaben. Kupfer und Purpurstoffe waren zuzeiten Teile der Tribute, die die Stadt Ugarit an die Könige von Hatti zahlte, um wenigstens im Inneren ihre Unabhängigkeit zu erhalten. Seit etwa 1700 v. Chr. gab es im Hafen von Ugarit eine kretische Handelsniederlassung, kretische Keramik verweist über lange Zeit hinweg auf engere Wirtschaftsbeziehungen. In der Zeit ägyptischer Oberhoheit über Ugarit lag eine ägyptische Garnison in der Stadt. Kaufleute aus palästinischen, mesopotamischen, hethitischen (hier werden besonders die Händler aus Ura erwähnt) und ägyptischen Orten hatten ihre Kontore in Ugarit. Aber auch die eigene Flotte war nicht gering – ein hethitischer Text erwähnt 150 Schiffe aus Ugarit. Der Vielfalt der Handelsbeziehungen entspricht die Vielzahl der in Ugarit gesprochenen und geschriebenen Sprachen und Schriften. Hier fand man eine kleine Tontafel, die das älteste Alphabet enthält, das als Vorläufer des phönikischen und griechischen und damit auch unseres Alphabets anzusehen ist. Es bedient sich einer Schriftform, die aus der Keilschrift entwickelt ist, jedoch im Gegensatz zur sumerischen, babylonischen und hethitischen Keilschrift keine Silben-, sondern eine Buchstabenschrift ist. In dieser besonderen ugaritischen Schrift schrieb man die eigene Sprache, einen dem Hebräischen verwandten kanaanäischen Dialekt. Doch neben dem Ugaritischen verstand und sprach man in dieser Stadt auch Hurritisch, Hethitisch, Babylonisch – viele Texte in diesen Sprachen und Schriften fand man in den in Ugarit ausgegrabenen Archiven –, ja auch Texte im längst zur Gelehrtensprache gewordenen Sumerischen zeigen, daß diese «tote» Sprache in Ugarit noch lebendig war. Täfelchen in der noch immer nicht ausreichend entzifferten kyprominoischen Schrift belegen auch auf dieser Ebene die Kontakte zum Westen. Von Westen her kam dann, nachdem sich Ugarit im Wechsel zwischen ägyptischer und hethitischer Patronage über Jahrhunderte hinweg eine gewisse Unabhängigkeit erhalten konnte, das Ende der Stadt. Um 1200 v. Chr. fiel Ugarit jenem Sturm der «Seevölker» zum Opfer, der auch ein Grund für den Untergang des Hethiterreichs war. Die letzten Tage der Stadt sind durch einen aufregenden Textfund festgehalten. Ein Brief, in dem die schon von ferne sichtbare Flotte der Feinde gemeldet wird, wurde zwar geschrieben, die Tontafel mit dem Text wurde auch in den Brennofen geschoben, um sie zu härten und versandfähig zu machen, doch der fertige Brief konnte nicht mehr aus dem Ofen gezogen werden, da inzwischen die ganze Stadt brannte. So fand man diesen Brief – nicht mehr abgeschickt, doch gebrannt und konserviert bis heute.[46]

Die Grabungen in Ugarit (Ras Schamra) haben zwei Tempel freigelegt. Sie waren den Göttern Baᶜal und Dagan geweiht. Beide Gottheiten gehören zum Typus der Wettergötter. In Ebla war Dagan selbst Baᶜal *(bel)*, der Herr. In Ugarit steht der Tempel des Baᶜal neben dem des älteren Dagan. In den ugaritischen Mythen ist Baᶜal der Sohn Dagans. Hier spiegelt sich der Prozeß der Ablösung des älteren durch den jüngeren Wettergott wider, doch zeigen die Tempel, daß beide Kulte nebeneinander bestehen konnten. Dagan, der Gott, dem der eine der beiden Tempel geweiht ist, spielt in den mythologischen Texten aus Ugarit keine eigenständige Rolle. Umgekehrt scheint es für den Gott El, der in den mythischen Texten zwar nicht als aktivster, wohl aber als höchster Gott fungiert, in Ugarit keinen Tempel gegeben zu haben. Hier zeigt sich, daß Kult und Mythos verschiedene Aspekte einer Religion darstellen. Einen wiederum anderen Eindruck gewinnen wir aus den ugaritischen Götterlisten. Hier steht ein Gott an der Spitze, dessen Name wohl «Ilib» oder «Ilab» gelesen werden muß (wie die althebräische ist auch die ugaritische Buchstabenschrift eine Konsonantenschrift, die die Vokale nur annähernd erschließen läßt). In diesem Namen stecken die Bestandteile *Il/El* (Gott) und *ab* (Vater) – «Ilib» ist der Vater-Gott, der vergöttlichte Vater bzw. Ahnherr. Man hat diese Gottheit mit dem aus der Bibel bekannten «Gott der Väter» verglichen. Jedenfalls zeigt sich bei diesem Aspekt der ugaritischen Religion der Vorrang der Familienfrömmigkeit, die uns bereits im Ebla des 3. Jahrtausends als dominanter Zug der Religion begegnete. Spielt dieser «Vater-Gott» in den mythologischen Texten als handelnde Gottheit keine Rolle, so wird er doch an einer bezeichnenden Stelle erwähnt. Im Mythos (oder Epos – die Gattungszuweisungen schwanken in der Forschung) von Danel und seinem (nach der Art biblischer Verheißungsgeschichten lange ersehnten und dann von den Göttern verheißenen) Sohn Aqhat werden an einer Stelle die Sohnespflichten gegenüber seinem Vater aufgezählt. Da heißt es, ein guter Sohn sei der,

> der aufstellt die Stele seines Vater-Gotts im Heiligtum,
> der ihn ‹den Vater› auf der Erde schützt,
> der sein Rauchopfer aufsteigen läßt vom Erdboden,
> der hinter ihm wacht
> ...
> der die vertreibt, die sein Haus angreifen,
> der seine Hand im Rausch hält,
> der ihn trägt, wenn er vom Wein voll ist,
> der sein Opfermahl verzehrt im Heiligtum des Baᶜal
> und seinen Anteil im Heiligtum des El,
> der abdichtet sein Dach am Tag des Regens,
> der sein Kleid wäscht am Tag des Schmutzes.[47]

Diese Passage zeigt in ihrem Katalog der Sohnespflichten, wie auf der Ebene der Familienfrömmigkeit Alltagspflichten (Instandhalten von Haus und besonders Dach; Fürsorge für den betrunkenen Vater) und Ahnenkult (Aufstellen einer Ahnenstatue, Opfer, Kultmahlzeiten) eine Einheit darstellen. Gegenüber dieser Frömmigkeit bilden die Epen und Mythen eine ganz andere religiöse Form, indem sie reflektierte Theologie auf eine literarisch stilisierten Ebene tradieren.

Auf «Ilib», den Vater-Gott, folgt «El». Wie auch sonst in den semitischen Sprachen meint das Wort im Ugaritischen «Gott», ist aber auch hier Name bzw. Appellativ (Anredeform) eines bestimmten Gottes. Dieser El begegnet uns in den Mythen als höchster Gott, als Vater der Götter, als Erschaffer des Erschaffenen, als der Alte. Weitere Beinamen charakterisieren ihn als den «Freundlichen», «Gütigen». Er ist das Oberhaupt des Pantheon. Auch wenn andere Gottheiten aktiver in das Weltgeschehen eingreifen, so obliegt ihm doch die Leitung. Ihn muß man um Erlaubnis fragen, wo Besonderes geschehen soll. Er ist der Gott, der den mythischen Helden (wie dem erwähnten Danel) Kinder verheißt, er ist es, der Streit unter den Göttern schlichtet. So trifft die bisweilen in der religionswissenschaftlichen Charakterisierung gebrauchte Bezeichnung *deus otiosus* (etwa: ein Gott, der sich zur Ruhe gesetzt hat) nicht ganz zu. Das unterschiedliche Bild der religiösen Texte, die El bald als alten, stützungsbedürftigen Gott, bald als Gott mit gewaltiger Mannes- und Zeugungskraft – so im Text über die Zeugung der Götter Schachar und Schalim – zeichnen, dürfte verschiedene Rollen Els in Ugarit, vielleicht geradezu kontroverse Rollenzuweisungen durch verschiedene ethnische oder gesellschaftliche Gruppen wiedergeben. Viel spricht dafür, daß sich Ba^{c}al und El (bzw. ihre jeweiligen Verehrergruppen) in einem Konkurrenzverhältnis mit wechselnder Dominanz befanden. Einer ältesten Stufe mit einer Ba^{c}al-Dominanz könnte eine Einwanderungsgruppe gefolgt sein, die als höchsten Gott El mitbrachte. In der letzten Phase der ugaritischen Religion und Theologie, die vor allem in den Mythen repräsentiert ist, setzt sich wiederum Ba^{c}al gegenüber El durch.

Wenn wir in diesem Zusammenhang von Ba^{c}al sprechen, so dürfen wir – jedenfalls für die frühe Zeit – noch nicht an einen universalen kanaanäischen Wettergott denken. Der Ba^{c}al von Ugarit ist zunächst der «Herr» (das bedeutet ja das Wort *ba^{c}al* im Ugaritischen wie auch im Hebräischen) eines bestimmten Bezirks: der Ba^{c}al des im Norden der Stadt gelegenen Berges Zapanu bzw. Zafon. Dieser Berg, der in der mesopotamischen Keilschrift «Berg Chazzi» und in der späteren griechischen und römischen Antike «Kasion»/«Kasios», schließlich heute Dschebel el-Aqra^c heißt, ist ein seit ältesten Zeiten mit religiöser Bedeutung verbundenes, weithin sichtbares, den frühen Seefahrern als Orientierungsmarke dienendes Kap. Der Herr dieses Berges wurde zum ugaritischen Stadtgott, wie andere kanaanäische Städte und Landschaften je ihren «Ba^{c}al» hatten. Erst im Laufe des 2. Jahrtausends wurde (nicht zuletzt unter dem Einfluß der Keilschrift, in der man jeden dieser Ba^{c}ale mit ein und demselben Schriftzeichen ^{d}IM – «Wettergott» wiedergab) aus diesen verschiedenen «Herren» der eine Ba^{c}al. So taucht er in der ugaritischen Götterliste hinter dem an dritter Stelle genannten Dagan an vierter Stelle als «Ba^{c}al Zafon» auf, als «Herr des Zafon-Berges».

Erst viel später werden in der Götterliste die weiblichen Hauptgottheiten genannt, die in den Mythen mit ebenso großer Aktivität versehen sind wie die männlichen. Zuerst erscheint Aschera (ugaritisch: Aṯirat). Im Pantheon ist sie die Gemahlin Els, die Mutter der Götter. Sie hat Züge einer Fruchtbarkeitsgöttin, ist aber nicht auf die Mutterrolle festgelegt. So spielt sie unter den in Ägypten verehrten syrisch-palästinischen Gottheiten unter ihrer Bezeichnung Qadschu (etwa: «ihre Heiligkeit») eine Rolle als aggressiv-sexuelle Göttin. Eine ähnliche Rolle spielt in ugaritischen Texten die Göttin Anat. Ist Aschera El zugeordnet, so Anat dem Ba^{c}al. Dabei ist es bemerkenswert, daß sich in den jeweiligen Zuordnungsformen verschiedene gesellschaftliche Strukturen abbilden. Bei der Verbindung von El und Aschera steht das Modell der Ehe Pate; dagegen gilt Anat als die Schwester des Ba^{c}al. Da die Bruder-Schwester-Beziehung in den Mythen um Ba^{c}al und Anat die sexuelle Verbindung keineswegs ausschließt, kann man in dieser Zuordnung eine gesellschaftliche Struktur erkennen, die keine Ehe kennt und die sexuellen Partner als Bruder und Schwester bezeichnet.[48] Bei Anat sind die aggressiven, kriegerischen Züge hervorstechend. Die Mythen lassen sie bis zu den Knien im Blut der erschlagenen Gegner waten. Wie ihre spätere «Nachfahrin» Artemis bzw. Diana trägt sie den Kriegs- und Jagdbogen als Kennzeichen, wie ihre andere religionsgeschichtliche «Schwester», Athene, ist sie die ewig jugendliche «Jungfrau», abermals ein Epitheton, das die sexuelle Aktivität nicht ausschließt, also die jugendliche Blüte, nicht die Unberührtheit meint.

Das ugaritische Pantheon kennt eine dritte Göttin dieses Typs: Astarte (ugaritisch: ^{c}Aṯtart). Sie ähnelt sprachlich und sachlich der Ischtar und verkörpert wie sie den weiblichen Abendstern, während die morgendliche Erscheinungsweise desselben Gestirns sich im männlichen Pendant Astar (ugaritisch: ^{c}Aṯtar) manifestiert. Neben diesen ugaritischen Hauptgottheiten erwähnen die Listen und die weiteren Texte noch eine Vielzahl anderer Götter.

In den mythologischen Texten aus Ugarit agieren die Götter teils mit- und gegeneinander, werden aber auch in ihrem Verhalten gegenüber den Menschen gezeigt.

Erwähnt wurde bereits, daß sich in den Konflikten der Götter untereinander Konflikte verschiedener Bevölkerungsgruppen in Ugarit spiegeln. Die Konflikt*lösungen* des Mythos sollen zugleich Vorbild der Konfliktlösungen auf der Erde sein. In dieser Weise reflektieren die Mythen die Realität und versuchen die Frömmigkeit zu ordnen.

Der in den mythologischen Texten aus Ugarit[49] vor allem handelnde Gott ist Ba^{c}al. In dem Mythenkreis, den man deshalb als Ba^{c}al- oder als Ba^{c}al-Anat-Mythos bezeichnet, setzt er sich gegen konkurrierende Gottheiten durch. Dabei sind es vor allem zwei Feinde, gegen die er sich behaupten muß. In einem Konflikt, der sich im Anspruch auf einen Palast ausdrückt, kommt es erst zu einem Kampf zwischen Ba^{c}al und dem Meeresgott Jamm. Jamm verkörpert offenbar die Urflut, das lebenbedrohende Wasser. Der Kampf Ba^{c}als gegen Jamm ist deshalb dem Kampf Marduks gegen Tiamat in den babylonischen Mythen (s. o. S. 74f) ebenso vergleichbar wie dem Schöpfungshandeln Gottes in 1. Mose 1, der (hier freilich nicht im Kampf, sondern in freihandelnder Souveränität des Schöpfers) die Welt durch die Umgestaltung und Begrenzung einer anfänglich herrschenden dunklen Urflut erschafft. Im ugaritischen Mythos besiegt Ba^{c}al den Jamm und setzt nun seinerseits den Anspruch auf einen Palast durch. Hier wird ein Gott tätig, der möglicherweise dem «Kaschalu» aus Ebla entspricht (s. o. S. 83), dem ugaritischen Koschar. Im Ugaritischen trägt er den Doppelnamen Koṯar-wa-chasis (etwa: kunstfertig und weise). Dieser Koschar tritt immer dann in Erscheinung, wenn etwas besonders Kunstfertiges und Schwieriges herzustellen ist. Er ist der Erbauer des Ba^{c}al-Palastes, er verfertigt besonders wirksame magische Keulen für Ba^{c}al, er stellt für den Helden Aqhat einen unvergleichlichen Bogen her, der den Neid und den Zorn der Göttin Anat auf sich zieht. Gerade bei diesem Gott kann man die Nachwirkung in einer griechischen Göttergestalt besonders gut beobachten: Er ist Vorbild des Hephaistos, des kunstfertigen Schmiedegottes der griechischen Mythen.

Mit dem Sieg über Jamm hat Ba^{c}al seinen Herrschaftsanspruch noch nicht gesichert. Denn nun muß er sich mit dem Gott Mot auseinandersetzen, dem Gott, dessen Namen «Tod» bedeutet. Tatsächlich wird Ba^{c}al vom «Tod» getötet. In diesem Aspekt des Mythos wird das Sterben der Vegetation zum Ausdruck gebracht, die der Fruchtbarkeitsgott Ba^{c}al verkörpert. Stellt Ba^{c}al die Belebung der Vegetation, den fruchtbaren Winterregen dar, so repräsentiert Mot die sengende, verdorrende Hitze des Som-

mers. Wie die Vegetation muß auch Baᶜal sterben, doch ist dieser Sieg des Todes nicht endgültig.
Zunächst aber läßt Baᶜals Tod den Thron in seinem Palast verwaisen. In einer geradezu satirischen Szene schildert der Text, wie der Gott Astar versucht, seinen Platz einzunehmen. Er ist jedoch buchstäblich eine Nummer zu klein für diese Rolle: oben reicht sein Kopf nicht an die Lehne, unten erreichen die Füße den Boden nicht.
Anat macht sich auf die Suche nach ihrem verschwundenen Bruder. Sie findet Mot, kämpft mit ihm und tötet ihn. In der Schilderung wird eine zweite Ebene besonders deutlich, denn Anat geht mit Mot um, wie man mit dem reifen Getreide umgeht:

> Sie ergriff den Sohn Els, Mot,
> sie spaltete ihn mit dem Messer,
> sie worfelte ihn mit der Schaufel,
> sie brannte ihn im Feuer,
> sie mahlte ihn mit der Mühle,
> sie warf ihn auf's Feld,
> seine Reste fraßen die Vögel,
> was von ihm blieb die Geflügelten.[50]

So geht auch die Zeit Mots vorbei, und Baᶜal erwacht wieder zum Leben. In einer weiteren Szene des Mythos tötet Baᶜal den Mot ein zweites Mal. In diesem Teil des Mythos wird die Ebene des stetigen Wechsels der Jahres- und Vegetationszeiten überschritten. Im Auf und Ab, im Leben und Sterben der Vegetation kommt zuletzt dem Leben der Sieg zu. So herrschen Baᶜal und Mot nicht einfach abwechselnd. Zwar wird die Herrschaft Baᶜals durch Mot unterbrochen, aber der endgültige Sieger ist Baᶜal. Im Anat-Baᶜal-Zyklus wird das dadurch zum Ausdruck gebracht, daß am Ende El dem Mot seine Huld entzieht und verfügt, daß Baᶜal auf dem königlichen Thron sitzen solle.
Die Komplexität des Baᶜal-Mythos bzw. des Mythenkreises um Baᶜal, kann hier nur andeutungsweise dargestellt werden. Es geht dabei um mehrere Ebenen, deren wichtigste der Vegetationszyklus und die Option für das Leben auf der einen und die legitimatorische Durchsetzung des Herrschaftsanspruchs Baᶜals gegenüber konkurrierenden Göttern auf der anderen Seite sind. In der zuletzt genannten Hinsicht steht das Paar Baᶜal – Anat auf der einen, das Elternpaar El und Aschera mit ihren Kindern, zu denen u. a. Jamm, Mot, Astar gehören, auf der anderen Seite. Im Verhältnis zu El bezeichnet der Mythos Konflikt und Lösung zugleich; El ist es, der Baᶜal zuletzt zum Herrscher erklärt.
Geht es im Baᶜal-Zyklus um Konflikte der Götter untereinander, so thematisieren zwei andere der großen literarischen Texte aus Ugarit eine Welt, in der Götter und Menschen in engem Kontakt vorkommen. Im Epos von Keret (die Vokale des Namens sind allenfalls zu erraten) geht es um die Geschichte eines Königs Keret, dessen ganze Familie umkommt und der eine Verheißung Els erhält, die ihm eine neue Frau und neue Kinder zusagt. Keret folgt den im Traum erhaltenen Anweisungen Els. Er belagert eine Stadt und fordert als Preis für den Verzicht auf die Eroberung die Tochter des Königs. Er erhält sie, feiert ein großes Fest, zu dem auch die Götter eingeladen sind, bekommt Kinder – und alles könnte zu einem glücklichen Ende gelangen, hätte Keret nicht (wie aus dem hier lückenhaften Text mit einiger Sicherheit zu erschließen ist) die Einlösung eines Gelübdes unterlassen, das er für den Fall des guten Ausgangs seiner «Brautwerbung» abgelegt hatte. So wird der König krank, woraufhin in seinem Lande nicht nur das Recht, sondern auch das Gedeihen auf den Feldern im argen liegt. Schließlich hat die Klage und Bitte der «guten» Kinder Erfolg: Die Götter erschaffen eigens zur Heilung des Königs ein Wesen (so wie Enkidu eigens zum Gefährten des Gilgamesch erschaffen wurde), Keret wird gesund.
Auch in diesem Text gibt es einen selbsternannten Nachfolger. Einer der Söhne Kerets will die Herrschaft an sich reißen, wird aber daran gehindert und verflucht. Das wiederholte Vorkommen dieses Motivs zeigt an, daß die religiösen Texte immer auch eine erzieherische Funktion haben – anders gewertet könnte man auch sagen: eine systemstabilisierende Absicht.
In der mythisch-epischen Form dem Keret-Epos verwandt, doch stärker noch die Götter selbst als Akteure darstellend, berichtet der Text um Danel und Aqhat in seinem Hauptteil von der Rache der Göttin Anat an Aqhat, der ihr seinen von ihr begehrten Bogen verweigert. Die Göttin läßt Aqhat töten, nach sieben Jahren bricht Aqhats Schwester auf, um sich ihrerseits am ihr unbekannten Mörder zu rächen. Die Tafel, auf der der Text aufgezeichnet ist, ist zerstört, so daß wir den Fortgang der Geschichte nicht kennen. Einiges spricht dafür, daß auch hier am Ende eine Art Wiederherstellung des Getöteten stand.
Andere religiöse Texte aus Ugarit geben Zeugnis von weiteren Gottheiten. Da sind die Gebete an den Heilgott Rapiu. Sie ähneln in besonderem Maße den alttestamentlichen Psalmen, wie überhaupt die wichtigsten Formmerkmale ugaritischer und hebräischer Poesie übereinstimmen. Ein hymnischer Text preist die Mondgöttin Nikkal (die ugaritische Variante der sumerischen Nin.gal, der «großen Herrin») und erzählt von ihrer Hochzeit mit dem Mondgott Jarich. Vielleicht war diese Hymne ein Begleittext für Hochzeiten. Der oben bereits erwähnte Text, der von der Zeugung der beiden Götter Schachar und Schalim (Morgenröte und Abendröte) erzählt und dabei vor allem Els Manneskraft rühmt, ist für den Alttestamentler nicht zuletzt deshalb von Interesse, weil der Gott Schalim der namengebende Stadtgott von Jeru*salem* sein dürfte. Unter den zahlreichen weiteren ugaritischen Gottheiten sei noch auf den Kriegs- und Seuchengott Reschef verwiesen, der uns bereits in Ebla begegnete, zuletzt auf die Sonnengöttin Schapasch, die in den mythologischen Texten eine Rolle spielt, jedoch an Bedeutung weder die der weiblichen Hauptgöttinnen Ugarits (Aschera, Anat und Astarte) noch etwa des mesopotamischen Sonnengotts Schamasch erreicht.

Phönikien – die Kaufleute Baᶜals

Nach der erheblichen Erschütterung der östlichen Mittelmeerwelt durch den Ansturm der Seevölker um 1200 v. Chr. änderten sich die Machtverhältnisse in Syrien-Palästina. Die Pharaonen hatten sich zwar gegen die Seevölker behaupten können, doch ging ihr Einfluß in Kanaan für mehrere Jahrhunderte zurück. Das Hethiterreich war im Gefolge des Seevölkersturms zusammengebrochen. So entstand in Syrien-Palästina eine Art Machtvakuum, das die Etablierung kleinerer Reiche zuließ. In dieser Situation am Ende des 2. und Beginn des 1. Jahrtausends bildeten sich das Reich Davids und das Reich der Aramäer mit dem

Mittelpunkt Damaskus. Aber auch die kanaanäischen Küstenstädte, die sich lange zwischen ägyptischer und hethitischer Dominanz nur mühsam behaupten konnten, gelangten – soweit sie nicht wie Ugarit dem Seevölkersturm selbst zum Opfer gefallen waren – allmählich zu größerer Eigenständigkeit und wirtschaftlicher Blüte. Diese Zeit währte, bis all jene Städte und Reiche im Zuge der assyrischen Expansion wiederum ihre politische Selbständigkeit verloren.

Für die Geschichte der phönikischen Küstenstädte waren jedoch die politischen Machtverhältnisse nicht von entscheidender Bedeutung. Denn die Geschichte der Phöniker ist in erster Linie Handels- und nur in dieser Hinsicht Machtgeschichte. Die Phönikier regierten mit ihren Schiffen, ihren Handelshäusern, ihren Wechselkontoren, ihren Bankgeschäften. Das phönikische Handelsimperium bedurfte keiner territorialen Großmachtentfaltung.[51]

Bereits im 3. und 2. Jahrtausend spielten phönikische Küstenstädte eine große Rolle im zwischenstaatlichen Handel. Im Laufe des 1. Jahrtausends v. Chr. errichteten die phönikischen Flotten aus Byblos, Berytos (Beirut), Sidon und Tyros jedoch fast ein Welthandelsmonopol. Der größte Teil des Fernhandels wurde mit Hilfe phönikischer Schiffe abgewickelt. Besonders beim Im- und Export der Luxusgüter waren sie beteiligt, bei der Einfuhr von Silber aus England, beim Import von Gold und Edelsteinen aus Afrika und Spanien, von Elfenbein aus Indien. Doch auch ein Teil der Luxusgüter*produktion* lag in phönikischer Hand. Seit alters gab es hier die Purpurmanufakturen, in phönikischer Zeit kam die Glasproduktion hinzu; eine große Rolle spielte auch die Bearbeitung von Elfenbein. «Silber, Blei, Gold, leuchtende Wollstoffgewänder und Elfenbein» nennt eine assyrische Inschrift als phönikische Tributleistung. Auch die Elfenbeinschnitzereien aus der israelitischen Metropole Samaria waren phönikische Arbeit; ihnen galt als besonders aufwendigem Luxusgut die harte Kritik des Propheten Amos.

Wichtigstes Ausfuhrgut aus Phönikien war seit ältesten Zeiten das Holz. Holz holten bereits im 3. Jahrtausend die Ägypter aus Kanaan; der Haupthafen war in dieser Zeit die Stadt Byblos im phönikischen Norden.

Nach der zunächst in Byblos (ein alter Name der Stadt ist Gubla, in der Bibel heißt sie Gebal) eigens entwickelten «gublitischen» Bilderschrift übernahm man auch hier im 2. Jahrtausend v. Chr. die in Kanaan entwickelte Alphabetschrift. Das phönikische Alphabet übernahmen wiederum die Griechen; die Stadt Byblos spielte bei der Überlieferung dieser Kulturtechnik eine so große Rolle, daß die Griechen das Schreibmaterial für die neue Schrift, den Papyrus, nach dieser Stadt *byblos* nannten. Das Wort für den Schriftträger wurde im Griechischen im Laufe der Zeit auf das fertige Schriftstück selbst übertragen: *byblos* – Buch. Dieses Wort *byblos* wurde in christlicher Zeit zum Namen eines besonderen Buches, des Buchs der Bücher. So stammt das Wort «Bibel» de facto von der phönikischen Stadt Byblos, von der aus das Alphabet seinen Weg in den europäischen Westen antrat.

War in der phönikischen Frühgeschichte Byblos die wichtigste Stadt, so waren es in späterer Zeit die weiter südlich gelegenen Orte Tyros und Sidon. Sie dominierten im 1. Jahrtausend v. Chr.; von ihnen gingen zahlreiche Koloniegründungen aus, deren bedeutsamste die tyrische Tochterstadt Karthago (phönikisch: *qrt chdscht* – «Neustadt») wurde. In der persischen Zeit überragte Sidon die Nachbarstadt Tyros; die Seemacht des persischen Reichs war eine phönikische Flotte, die ein sidonischer General befehligte. Wie das gesamte Perserreich, das seinerseits die Imperien der Assyrer und Neubabylonier beerbt hatte, fiel auch Phönikien an Alexander den Großen. Der geschichtsträchtige Ort Issos liegt im äußersten Norden der phönikischen Küste; nach dem Sieg ergaben sich die meisten phönikischen Orte Alexander kampflos, einige jedoch erst nach langer Belagerung. Aber auch in hellenistischer und römischer Zeit blieb die Bedeutung der phönikischen Handelsflotte erhalten.

Die Quellenlage für die phönikische Religion des 1. Jahrtausends ist in vieler Hinsicht weniger ergiebig als für das 2. Jahrtausend. So kennen wir kaum literarische Texte aus den phönikischen Zentren; Gegenstücke zu den großen mythologischen Dichtungen aus Ugarit fehlen ganz. Dennoch kann man aus einer Fülle von Inschriften, darunter zahlreichen Aufschriften auf Sarkophagen, und aus späteren griechischen Quellen einige Grundzüge der weiteren Entwicklung der kanaanäischen Religion recht gut erkennen.[52]

In nahezu allen phönikischen Städten und Stadtreligionen und weit über den phönikischen Raum hinaus finden wir an der Spitze der Götter eine Baᶜal-Gestalt. Ihm zugeordnet ist in der Regel eine weibliche Gottheit, in der Züge der Aschera, der Anat und der Astarte zusammenfließen.

In Byblos wurde eine «Herrin von Byblos» (Baᶜalat Gubla) verehrt, ihr steht ein Typ des Baᶜal zur Seite, der im 1. Jahrtausend im gesamten östlichen Mittelmeerbereich verbreitet ist: der Baᶜal Schamem («Himmelsherr»). Belege für diese Gottheit findet man u. a. auf Sardinien, auf Zypern, in Karthago, im gesamten phönikischen Raum, aber auch am Karatepe (in der Südtürkei) und in den ostsyrischen Wüstenstädten Palmyra und Dura Europos. Es ist dieser Baᶜal Schamem, der unter seiner griechischen Bezeichnung «Zeus Olympios» vom Seleukidenherrscher Antiochus IV. Epiphanes im Jahre 167 v. Chr. in der Form eines Götterbildes in den Jerusalemer Tempel gebracht wurde, in den Augen frommer Juden eine ungeheure Entweihung, die von der makkabäischen Widerstandsbewegung als Höhepunkt der Gottlosigkeit empfunden wurde. Das biblische Danielbuch handelt in einer verhüllend-enthüllenden Weise von diesem Religionsfrevel. Aber auch der in der römischen Kaiserzeit in Rom selbst verehrte «Sol Invictus» (die unbesiegte Sonne) ist eine späte Form des kanaanäischen Himmelsgottes, zu dem sich Baᶜal im Laufe des 1. Jahrtausends v. Chr. entwickelte.[53]

Unweit der Stadt Byblos mündet der Adonisfluß (heute Nahr Ibrahim) ins Mittelmeer. Mit diesem Fluß, der zu manchen Zeiten eine rote Farbe aufweist, und besonders mit dem Ort Afqa an seiner Quelle verbindet sich der Kult einer Gottheit, die nicht zu den kanaanäischen Hauptgöttern gehört, jedoch in der phönikischen und stärker noch der antiken Volksfrömmigkeit eine bedeutende Rolle spielte. Es ist der Kult des Gottes Adonis. In Byblos gab es jährliche Kultfeiern zu Ehren dieses Gottes, in dessen Leiden, Sterben und Wiederbelebtwerden sich abermals der Rhythmus der Vegetation abbildet. Im Gegensatz zu den Baᶜalmythen Ugarits ist Adonis (obwohl der Name «Herr» bedeutet) nicht mit dem Königtum verbunden. Weniger die Herrschaft als das Leiden dieses Gottes steht im Mittelpunkt des Kultes, der vielleicht deshalb besonders die gesellschaftlich

Unterprivilegierten ansprach. Über die Adonismythen sind wir nur durch spätere griechische Quellen informiert. Einer präzisen Rekonstruktion der ursprünglichen Adonismythe steht zudem die Tatsache im Wege, daß die Kultlegenden um diesen Gott bald mit denen verwandter Gottheiten (Dumuzi, Tammuz, aber auch des ägyptischen Osiris) verbunden wurden. Nach den griechischen Mythographen war Adonis der Sohn eines Königs aus Zypern, hinter dessen (unterschiedlich überliefertem) Namen der ugaritische Gott Chusor noch erkennbar ist. Adonis war ein jugendlicher Jäger, in den sich die Göttin Aphrodite (der griechische Name steht für die kanaanäische Astarte) verliebte. Der eifersüchtige Mann der Aphrodite/Astarte, der Gott Ares (ein kanaanäischer Reschef oder Mot?), tötet Adonis in Gestalt eines wilden Ebers. Vom Blut des getöteten Gottes färbt sich der Fluß bei Afqa. Aphrodite trauert um den toten Geliebten, geht in die Unterwelt und erreicht von der Unterweltsherrin, daß Adonis wenigstens für je ein halbes Jahr auf der Erde leben darf, während er die andere Jahreshälfte in der Unterwelt verbringen muß.

Die Beziehung zur Vegetation und ihrem Rhythmus ist im Adonismythos offenkundig. Zugleich liefert die Legende eine Erklärung für die zeitweilige Rotfärbung des Flusses. In den Volksbräuchen der antiken (und z. T. noch der neuzeitlichen) Mittelmeerwelt haben sich Elemente des Adoniskultes erhalten, so in den «Adonisgärtchen» (kleinen Gefäßen mit rasch wachsenden Pflanzen – etwa unseren «Kressetieren» vergleichbar).

Südlich von Byblos liegt eine weitere phönikische Metropole, das antike Berytos, das heutige Beirut. Eine Besonderheit der Religionsgeschichte dieser Stadt ist die dominierende Stellung des Heilgottes Eschmun. Er wurde von den Griechen mit Asklepios gleichgesetzt.

In Sidon (dem heutigen Saida) finden wir wiederum die für das 1. Jahrtausend typische Konstellation. An der Spitze des Pantheons steht ein Ba^{c}al, ihm zugeordnet, ist eine Göttin, die die Bezeichnung «Astarte, Name des Ba^{c}al» trägt. In diesem eigentümlichen Namen drückt sich die Vorstellung aus, daß die Göttin ihrerseits eine Erscheinungsform des Ba^{c}al ist.

Der Stadtgott von Tyros ist ein Gott mit dem Namen Melqart. Dieser Gottesname ist ein Titel mit der Bedeutung «König der Stadt» *(mlk qrt)*; auch diese Gottheit ist eine Form des Ba^{c}al. Der tyrische Ba^{c}al ist ein alter Seefahrergott; die griechische Überlieferung identifizierte ihn mit dem jugendlichen Herakles. Heraklessagen, die vom Tod des Helden durch das Ungeheuer Typhon und seine Wiederbelebung erzählen, sind in Verbindung mit Nachrichten über eine Kultfeier zur Wiederbelebung Melqarts in Tyros als Hinweis darauf zu deuten, daß auch hier ein Vegetationsmythos im Hintergrund steht.

Phönikische Gottheiten, u. a. Astarte, Melqart und Eschmun, finden sich auch in der Religion der tyrischen Tochterstadt Karthago. Als lokale Besonderheiten kommen dort ein «Ba^{c}al Chammon» (der Name ist nicht eindeutig zu erklären, es könnte sich um einen Ba^{c}al des Amanusgebirges handeln, aber auch die Deutung «Ba^{c}al der Räucherpfannen» wird erwogen) und die Göttin Tinnit hinzu. Auch diese karthagische Ausprägung läßt die Grundstruktur erkennen, die einen Ba^{c}al und eine Göttin an der Spitze aufweist, in der sich Züge der Aschera, der Anat und der Astarte vereinigen.

Eine solche «mischgestaltige» Göttin finden wir schließlich in Askalon, weit im Süden der kanaanäischen Küste. Sie heißt dort Atargatis und Derketo, griechisch «Aphrodite Urania» (die himmlische Aphrodite).

So zeigt sich, daß die «Ba^{c}ale und Astarten», unter die die hebräische Bibel all jene kanaanäischen Gottheiten subsumiert, ihre je verschiedenen Gestalten haben und doch eine gemeinsame Struktur aufweisen. Ein Moment der Kontinuität liegt in der Verbindung mit der Vegetation, der Natur. Gerade in dieser Hinsicht muß man die Gottesvorstellung und Theologie Israels als Gegenentwurf verstehen. Manche Polemik und auch manche Überzeichnung[54], geradezu Schroffheit in der Aussage über die Aufgabe des Menschen, die Natur zu beherrschen und sich die Erde zu unterwerfen, erklären sich nicht zuletzt auf dem hohen Reiz, den gerade die Vegetationskulte auf die Menschen des Altertums ausübten. In Israel ging es darum, die eigene Identität, die Geschichte der Befreiung auch als Geschichte der Befreiung von Naturzwängen zu bewahren. Dennoch wird man sich dem Eindruck nicht entziehen können, daß die Religions- und Kultformen der Kanaanäer ihre eigenen reflektierten Gestaltungen von Lebenserfahrungen zeigen – und in jeder Hinsicht alles andere als Zeugnisse einer primitiven Religion sind. Gerade diese phönikische Kultur und Religion haben auch eine einzigartige Vermittlerrolle zwischen Orient und Okzident, den Religionen und Kulturen des Alten Orients und der griechisch-römischen Antike gespielt.

Philo von Byblos – Kanaan als Brücke zwischen Orient und Okzident

Der christliche Kirchenvater des 3. und 4. Jahrhunderts und Zeitgenosse des christlich gewordenen römischen Kaisers Konstantin, Euseb von Caesarea, stellte in einem seiner großen Werke, der «Praeparatio Evangelica», eine Reihe von religionsgeschichtlichen und philosophischen Texten des Altertums zusammen, um zu zeigen, daß das, was an ihnen richtig sei, bereits von christlicher Wahrheit durchdrungen, das, was an ihnen nicht christlich sei, von Irrtum beherrscht werde. Im Rahmen der Exzerpte und längeren Zitate der vorchristlichen Literatur überliefert Euseb auch Teile einer «Phönikischen Geschichte» des Herennius Philo von Byblos. Dieser Philo (der nicht mit seinem noch berühmteren Namensvetter Philo von Alexandrien zu verwechseln ist) stammte aus der phönikischen Hafenstadt Byblos und verfaßte um das Jahr 100 n. Chr. in griechischer Sprache sein Werk, das die kanaanäische Religion tradiert. Es stellt jedoch seinen eigenen Angaben zufolge eine Übersetzung und Bearbeitung eines sehr viel älteren Werkes dar, das von einem gewissen Sanchunjaton, Priester aus Beirut, verfaßt wurde, der vor dem Trojanischen Krieg gelebt habe. Diese Zeitangabe soll wohl nur das sehr hohe Alter der Überlieferung anzeigen.

Tatsächlich ergibt eine genauere Untersuchung des Werks Philos, daß es eine Fülle von religiösen Zeugnissen der phönikischen Kultur enthält, die auf den Anfang des 1. Jahrtausends v. Chr. zurückgehen und zum Teil noch älter sind. Dabei bedeutet der Hinweis auf die phönikische Kultur und Religion zugleich, daß die von Philo weitergegebenen Überlieferungen ihrerseits ein Kompendium all der Kulturen und Religionen darstellen, die im

Laufe der Jahrhunderte im kanaanäischen, syrisch-palästinischen Raum zusammenflossen. Die komplizierte Überlieferungskette läßt sich etwa so skizzieren: Ägyptische und mesopotamische, aber auch hurritische und hethitische Überlieferungen fließen im kanaanäischen Raum zusammen und bilden gemeinsam mit einheimischen Traditionen die phönikische Religion – ein (vielleicht realer, vielleicht als Person fiktiver) Priester vereinigt in den ersten Jahrhunderten des 1. Jahrtausends v. Chr. jene Überlieferungen, der griechisch schreibende phönikische Autor Philo sammelt und bearbeitet seinerseits diese alten Traditionen, der christliche Kirchenvater Euseb überliefert Teile des Philonischen Werks. In dieser Kette wird die phönikische Mittlerstellung zwischen Orient und Okzident deutlich. Sie zeigt sich aber vor allem in den von Philo tradierten Inhalten. Im ersten Teil seines Werks behandelt Philo die phönikische Weltentstehungslehre (Kosmogonie), im zweiten Teil schildert er die Entstehung der Kultur und Zivilisation in der Form einer Genealogie (Abstammungsgeschichte) von Erfindern und Kulturstiftern, der dritte Teil seines Werks besteht schließlich aus einer Fassung des Sukzessionsmythos, der Geschichte von der Abfolge des Königtums im Himmel, ein Thema, das uns bereits beim babylonischen «Enuma elisch», aber auch bei den hurritisch-hethitischen Mythen um Kumarbi begegnete. In allen drei Teilen steht Philos Werk bzw. seine Vorlage(n) zwischen den altorientalischen Religionen und der griechischen Religions- und Philosophiegeschichte. Das wird an der Schilderung der Weltentstehung ganz deutlich. Dort heißt es im Referat des Kirchenvaters, der Philo zitiert:

> Als Anfang von allem nimmt er dunkle und wehende Luft an oder einen Hauch dunkler Luft und ein schmutziges, finsteres Chaos. Dieser Zustand sei unbegrenzt und habe lange Zeit hindurch kein Ende. Als aber, so sagt er, der Wind sich selbst (= seine eigene Substanz) liebte und eine Vermischung stattfand, da wurde diese Verflechtung Pothos (Erregung, Begehren) genannt. Sie war der Anfang der Schöpfung von allem. Er erkannte aber seine Schöpfung nicht, und aus seiner, des Windes, Vermischung entstand Mot.
> Das nennen einige Schlamm, andere Fäulnis wäßriger Mischung. Und aus ihr (der Fäulnis) entstand jeder Same der Schöpfung und die Entstehung von allem ...[55]

Dieser Text Philos steht in seiner Gattung zwischen altorientalischer Mythologie und griechischer Naturphilosophie. Anklänge an alte ägyptische Weltentstehungsmythen sind offenkundig. Da ist der Wind, der sich selbst begattet; da ist der Schlamm, aus dem alles Leben entsteht. Liest man aber den griechischen Text, so erkennt man zugleich zentrale Begriffe der frühen jonischen Philosophie: der Anfang *(arche)*, unbegrenzt *(apeiron)*. Hier zeigt sich, daß die griechische Philosophie in den religiösen Traditionen des Alten Orients wurzelt und daß den Phönikern eine Vermittlerfunktion in der Überlieferungsgeschichte zukommt. Aber noch eine andere Querverbindung wird an diesem und an anderen Philonischen Abschnitten sichtbar. Denn auch eine Beziehung zur biblischen Schöpfungsgeschichte von 1. Mose 1 ist erkennbar, die mit einem Zustand von Dunkel und Wasserflut (Vers 2) einsetzt und den Geistwind Gottes als dynamische Kraft des Anfangs beschreibt. Philos Text steht deshalb mit guten Gründen hier am Ende, zeigt er doch die vielfältigen Verflechtungen zwischen Orient, Bibel und Antike.

Nach der Kosmogonie (Weltentstehung) folgt bei Philo die Zoogonie (Entstehung der Lebewesen). Dann setzt ein neuer Abschnitt mit der Kulturheroen-Genealogie ein. Beginnend mit einem Paar, das abermals Wind und Nacht verkörpert, schildert Philo die Abfolge von Paaren, die mit Errungenschaften der Kultur und der Zivilisation verbunden sind:

> Dann, sagt er, seien aus dem Winde Kolpia und seinem Weibe Baau – das erklärt er als «Nacht» – Aion und Protogonos entstanden, sterbliche Männer, die so genannt wurden. Aion habe die von den Bäumen kommende Nahrung erfunden. Die von diesen Abstammenden seien Genos und Genea genannt worden; sie hätten Phönikien bewohnt. Als aber Dürren gekommen seien, hätten sie ihre Hände gen Himmel zur Sonne ausgestreckt. Diese hielten sie, sagt er, nämlich für den einzigen Gott, den Herrn des Himmels, den sie Baalsamen nennen; das ist beim Phöniker Herr des Himmels, bei den Griechen (heißt er) Zeus.

Wiederum ist die Beziehung der Überlieferung zu verschiedenen altorientalischen Traditionen zu erkennen. Vor allem zeigt sich, daß Philos Vorlage eine Zeit der kanaanäischen Religionsgeschichte repräsentiert, in der bereits Baᶜal Schamem, der Himmelsherr, zum höchsten und in gewisser Hinsicht einzigen Gott aufgestiegen ist. In der weiteren Darstellung kommen Motive vor, die wir aus der Bibel kennen, so z. B. der Konflikt zwischen den feindlichen Brüdern mit verschiedener Lebensweise (Kain und Abel, Jakob und Esau), die Flutgeschichte (in der der Flutheld, der an den biblischen Noah und den babylonischen Utnapischtim erinnert, für die phönikische Kulturgeschichte bezeichnenderweise zum kühnen Seefahrer geworden ist), aber auch Errungenschaften wie Metallbearbeitung, Häuser- und Mauerbau und vieles mehr.

In einem dritten Teil schildert Philo nach seiner Vorlage «seine» Fassung des Kampfs um das Königtum im Himmel. Hier steht der Text abermals zwischen altorientalischer (babylonischer und hethitisch-hurritischer) und griechischer Überlieferung, zwischen den Kumarbimythen und Hesiod. Wiederum wird erkennbar, auf welchem Weg die altorientalischen Traditionen in den europäischen Westen gelangten. Erneut wird deutlich – und das kann als ein Fazit formuliert werden –, daß sowohl die Bibel als auch die Kultur und Philosophie des klassischen Altertums in der Religionsgeschichte der altorientalischen Völker ihre Wurzeln haben. Die Griechen haben diese Wurzeln gekannt und dadurch zum Ausdruck gebracht, daß sie von den orientalischen Vorbildern ihrer eigenen Lehren erzählten. Die biblischen Autoren haben diese Wurzeln ebenso gekannt und nicht zuletzt dadurch zum Ausdruck gebracht, daß sie die biblische Geschichte als (orientalische) Weltgeschichte beginnen lassen, in der Israel selbst erst später in den Blick kommt. Erst das «christliche Abendland» hat diese Wurzeln weithin vergessen und sich selbst für den Ursprung von Kultur und wahrer Religion gehalten. Heute erschwert dieser «Eurozentrismus» den interkulturellen und interreligiösen Dialog. Auch deshalb hat die historische Erinnerung an die Geschichte und Religionsgeschichte des Alten Orients ihre gegenwärtige Bedeutung.

Erich Lessing

Gott und Götter der Nachbarvölker

Pharao Taharka und der Gott Hemen.

Oben: Der Schöpfergott Ptah.
Rechts: Die Erschaffung der Welt.

GERECHT IST PTAH, der Herr der Wahrheit, gegen mich, indem er mich bestraft hat. Sei mir fortan gnädig, blicke gnädiglich auf mich!

Du hast die Erde geschaffen
nach deinem Wunsche ... mit Menschen, allem Großvieh und Kleinvieh, allem was auf der Erde ist und auf seinen Füßen geht, was in der Höhe ist und mit seinen Flügeln fliegt, Du Einziger ... der das Kraut für die Herden schuf, und den Fruchtbaum für den Menschen; der hervorbringt, wovon die Fische leben im Strom und die Vögel am Himmel ...

Heil dir! sagt alles Getier, Heil dir, der alles Seiende schuf ...
Hymne aus der 18. Dynastie

Ich habe alles gehört,
was den Vorfahren geschehen ist... Ihre Häuser sind zerfallen. Ihre Plätze sind nicht mehr.
sie sind wie etwas, was nie entstanden ist, seit der Zeit des Gottes...
Gedenke nicht jenes Tages, des «Komm»! bis du zum Westen ziehst als ein Gelobter...
Feiere einen schönen Tag in der richtigen Art, vermehre das Gute durch deine Umsicht...
Niemand der fortging, kam wieder.
Harfnerlied aus einem thebanischen Grab

Der Tod steht heute vor mir
wie die Genesung eines Kranken, wie wenn man nach einem Leiden wieder ausgeht.
Der Tod steht heute vor mir, wie der Duft von Myrrhen, wie wenn man an windigem Tage unterm Sonnensegel sitzt.
Der Tod steht heute vor mir, wie der Duft von Lotosblumen, wie wenn man am Rande der Trunkenheit weilt.
Der Tod steht heute vor mir wie das Ende eines Unwetters, wie wenn man vom Kriege nach Hause kommt.
Der Tod steht heute vor mir wie eine Entwölkung des Himmels, wie wenn einer entdeckt, was ihm bisher verborgen war.
Der Tod steht heute vor mir, wie wenn jemand sein Haus wiedersieht, nachdem er viele Jahre in Gefangenschaft verbracht hat.
Lebenslehre des Ptahotep, Altes Reich

Oben: Totenbarke. *Unten:* Uschebti-Kiste, Holzkiste zur Verwahrung figürlicher Grabbeigaben.
Rechts: Der tote Osiris befruchtet die Welt.

Die Millionen und Abermillionen

die auf die Welt kommen, sie landen schließlich bei dir. Jene, die noch im Mutterleibe sind, deren Gesicht ist schon auf dich gerichtet.
Der einsame Osiris ist Gatte, Bruder, Gefährte. Wohin gehst du, Kind der Goldenen, das sich heute entfernt? Zu jenen, deren Land in Finsternis liegt, deren Felder Sand sind, deren Gräber dem Schweigen dienen, deren Rufe man nicht hört; die da liegen, ohne aufstehen zu können, deren Mumie mit Binden umwikkelt ist, deren Glieder nicht beweglich sind, denen ihr Land so tief liegt; denen ihr Wasser so fern ist, denen die Luft ausging – wann kommt sie wieder? An deren Schreinen die Schlösser mit Erz gesichert sind, deren Schritte in Schweigen ersterben.

Aus einem altägyptischen Liebeslied

Osiris kommt als Auferstandener

um sich mit seiner Gestalt im Heiligtum zu vereinigen . . .
Er sieht seine geheime Gestalt an ihren Platz gemalt und seine geheime Figur auf die Mauer graviert; da tritt er ein in seine geheime Gestalt und läßt sich nieder auf seinem Abbild.

Text im Tempel von Dendera

Schön ist dein Erscheinen im Lichtort des Himmels, du lebender Aton, der von Anbeginn lebte. Dein leuchtendes Aufgehn im östlichen Lichtort erfüllt alle Lande mit deiner Schönheit; du bist gütig und groß, glanzvoll und hoch über allen Landen, deine Strahlen umfassen die Länder bis zum Rand deiner Schöpfung! Deine Liebe bezwingt sie für deinen Sohn; du bist fern, und doch ist dein Strahlen auf Erden – wir haben dich vor Augen und begreifen doch nicht deinen Gang!

Gehst du unter im westlichen Lichtort, liegt die Erde im Dunkel, als sei sie erstorben. Wenn du morgens im Horizonte aufsteigst, als Aton am Tage erglänzend, so weicht dir die Finsternis, sobald du deine Strahlen spendest...

Wie unermeßlich sind deine Werke! Sie sind den menschlichen Blicken verborgen, du einziger Gott, der nicht seinesgleichen hat! Du hast die Erde geschaffen nach deinem Herzen, du einzig und allein, mit Menschen, Herden und allem anderen Getier: Was auf der Erde weilt, gehend auf Füßen, was in der Höhe schwebt, fliegend mit Flügeln, die bergigen Länder Syrien und Nubien und das Flachland Ägypten.

Du schaffst den Nil in der Unterwelt, du führst ihn herauf nach deinem Belieben, um das Volk am Leben zu erhalten, wie du es dir geschaffen hast, du, ihrer aller Herr, der sich abmüht an ihnen, du Herr aller Lande, der für sie aufleuchtet, du Aton des Tages, Allkräftiger!

Seit du die Erde gegründet hast, hast du sie aufgerichtet für deinen Sohn, der aus dir selber hervorging, den König von Ober- und Unterägypten, der von der Wahrheit lebt, den Herrn der Kronen, Echnaton, dessen Leben lang sei, und für die große königliche Gemahlin, die von ihm geliebte, die Herrin der beiden Länder, Nefer-Nefru-Aton, Nofretete, die lebe und jung sei immer und ewiglich.

Echnatons Hymnus an Aton

Links oben: Opfer an den Sonnengott Aton.
Links unten: Goldring mit dem Namen Tutanchamuns.
Rechts oben: Betende Frau.
Rechts unten: Zaubermesser aus Elfenbein mit mythischen Tieren und dem Gott Bes.

HALTE DICH FERN
von diesem Geburtsplatz des Re,
du in deinem Zittern. Ich bin Re,
du Erbärmliche, die du zitterst
vor ihm.
Zauberspruch gegen Rerek, die Schlange, bei der Geburt eines Kindes

O IHR AUF ERDEN LEBENDEN,
die zu dieser Nekropole kommen! Jeder, der kommt, um in dieser Nekropole zu opfern: Ach, nennt meinen Namen beim Wasserspenden! Thot wird euch deswegen gnädig sein. Denn er belohnt den, der für einen, der nicht mehr handeln kann, handelt. Thot ist es, der es einem vergelten wird, der für mich etwas tut. Wer mir opfert, dem wird sein Ka gnädig sein ...
Wenn ihr im Leben dauern wollt, wenn ihr Sokaris folgen und das Antlitz des Re sehen wollt, am morgen des Neujahrstages, wenn er im großen Haus des Tempels von Hermopolis erscheint, wenn ihr Thot folgen wollt, an jenem schönen Tag des Monats Thot, wenn ihr die Stimme des Jubels hören wollt, im Tempel von Hermopolis, wenn die goldene Hator erscheint, um ihre Liebenswürdigkeit zu zeigen, dann sprecht zu jeder Zeit, wenn man zu dieser Nekropole gelangt: Für deinen Ka von allen guten Dingen ...
Text aus dem Grab des Petosiris in Tuna-el-Gebel

Der Gott Thot als Schutzgott der Schreiber.

Dein Scheitel ist Re,
du gesundes Kind, dein Hinterkopf ist Osiris, deine Stirn ist Satis, die Herrin von Elefantine, deine Schläfe ist Neith, deine Augenbrauen sind der Herr des Ostens, deine Augen sind der Herr der Menschheit, deine Nase ist der Götter Ernährer, deine Ohren sind die beiden Königsschlangen. Deine Schultern sind lebende Sperber, dein Arm ist Horus . . .
Dein Nabel ist der Morgenstern, dein eines Bein ist Isis, das andere ist Neftis . . .
Kein Glied an dir ist ohne Gotteskraft.
Jeder Gott wird deinen Namen schützen, jede Milch, von der du saugst, jeden Schoß, auf den du genommen wirst, jedes Bein, auf dem du dich breit machst, jedes Gewand in das du gekleidet wirst . . .
Jedes Amulett das an deinen Hals gehängt wird. Er schütze dich durch sie, er erhalte dich heil durch sie, er mache dir jeden Gott und jede Göttin geneigt durch sie.
Zauberspruch für ein Neugeborenes

Isis mit dem Horuskind.

Herr, Götterheld,
der im Himmel und auf Erden hocherhaben ist, Vater Nanna, Herr Anschar, Götterheld . . .
Frucht, die sich aus sich selbst bildet, von hoher Gestalt, schön anzusehen, deren Pracht man nie überdrüssig wird, Schoß, der alle gebiert, über den Menschen, auf hohem Sitz thronend,
Huldreicher Vater, der das Leben des ganzen Landes schützend in der Hand hält!
Herr, Deine Göttlichkeit ist gleich dem fernen Himmel, gleich dem weiten Meere des Schreckens voll!
Der das Land geschaffen, die Heiligtümer gegründet und mit Namen benannt hat.
Vater, der Götter und Menschen gezeugt hat, auf hohem Sitz thront, die Opfergaben bestimmt,
Der Könige beruft, Zepter verleiht und das Geschick für ferne Tage festsetzt,
Der allem vorausgeht, der Mächtige, geheimen Willens, den kein Gott durchschaut,
Der hurtige Läufer ohne Ermüdung, der seinen göttlichen Brüdern den Weg öffnet,
Der vom Rande des Himmels bis zu seiner Höhe einherzieht, das Himmelstor auftut und allen Menschen das Licht schenkt.
Mein Vater, alle Geschöpfe jubeln, wenn sie Dich sehen, suchen Dein Licht!
Herr, der im Himmel und auf Erden die Entscheidungen trifft, dessen Spruch niemand zu ändern vermag,
Der Wasser und Feuer in Händen hält, die Geschaffenen lenkt – wer unter den Göttern ist wie Du?
Wer im Himmel ist erhaben? Du allein bist erhaben.
Sumerisches «Handerhebungsgebet» an den Mondgott Nanna Suen (Sin)

Links: «Die Beter von Tell Asmar».
Rechts: Stehende weibliche Figur.

Die grosse Himmelsherrin
will ich grüßen,
die Gottgeweihte, die vom Himmel kommt, will ich grüßen,
die große Himmelsherrin Innana will ich grüßen,
das heilige Licht, das den Himmel erfüllt, will ich grüßen.
Innana, die weithin wie die Sonne leuchtet,
die große Himmelsherrin Innana will ich grüßen,
die Gottgeweihte, die Herrin, die unter den Annuna-Göttern mit Schrecken angetan ist,
Die Heldin des Himmels, die volles Licht ausgießt,
die große Tochter Su'ens,
Innana, will ich grüßen!
Wenn sie in ihrer Hoheit, ihrer Größe, ihrer Heldenkraft, ihrer Stärke
am Abend leuchtend aufgeht,
wenn sie den Himmel mit reinem Licht erfüllt,
wenn sie wie Mond und Sonne an den Himmel tritt,
kennen sie alle Länder von unten bis oben.
Von der Größe der Gottgeweihten des Himmels will ich der Himmelsherrin im Liede künden . . .
Sie tritt an den Himmel, ist die gute Wildkuh des Himmels,
sie kämpft auf Erden, ist die Herrin aller Länder,
im Abzu, im Eridu, hat sie die göttlichen Kräfte erlangt,
ihr Vater Enki hat sie ihr zum Geschenk gegeben.
Herrschaft und Königtum hat sie in die Hand genommen,
sitzt mit An auf hohem Sitz,
bestimmt mit Enlil ihrem Land das Geschick.
Wenn sie allmonatlich am Neulichttag die göttliche Ordnung vollendet,
versammeln sich bei ihr die Götter des Landes,
beugen sich vor ihr die großen Annuna-Götter,
kommen mit Opfern und Gebeten, sprechen zu ihr Bitten für alle Länder.
Das heilige Algar-Instrument schlagen sie ihr –
treten vor die heilige Innana. Die große Himmelsherrin Innana will ich grüßen!
Lied auf Innana (sumerisch).

Mein Vater hat mir den Himmel
gegeben, hat mir die Erde gegeben: Die Himmelsherrin bin ich.
Mißt sich einer, ein Gott, mit mir?
Mullil hat mir den Himmel gegeben, hat mir die Erde gegeben:
Die Himmelsherrin bin ich.
Die Herrenschaft hat er mir gegeben, die Herrinnenschaft hat er mir gegeben,
die Schlacht hat er mir gegeben,
das Kampfgetümmel hat er mir gegeben,
den Orkan hat er mir gegeben,
den Wirbelwind hat er mir gegeben.
Den Himmel hat er mir als Krone aufs Haupt gesetzt,
die Erde als Sandale an meinen Fuß gelegt,
den leuchtenden Göttermantel hat er mir umgetan,
das strahlende Zepter in die Hand gegeben.
Die Götter sind wie ängstliche Vögel – ich aber bin die Herrin.
Lied der Göttin Innana (sumerisch).

Links: Kultvase aus Uruk. *Rechts:* Göttin mit Gefäß.

Oben: Fragment eines Freskos; ein Priester führt einen Opferstier. *Rechts:* Stele König Naramsins von Akkad. *Folgende Doppelseite, links:* Betender (König Hammurapi?). *Rechts:* König Gudea von Lagasch auf seinem Thron.

Zu allen Zeiten seit der Erschaffung der Menschen hat kein König unter Königen das Land von Armanum und Ebla zerstört. Der Gott Nergal hat dem großen Naramsin den Weg eröffnet, hat Armanum und Ebla in seine Hand gegeben und hat ihm auch den Amanus, Berg der Zedern und des Oberen Meers zum Geschenk gemacht. So geschah es, daß durch die Hand Dagans, der sein Königtum verewigte, der mächtige Naramsin Armanum und Ebla eroberte. Von den Ufern des Euphrat bis Ulisum hat er alle Völker unterworfen, die ihm Dagan zum Geschenk gemacht hat. Jetzt müssen sie zu seinem Gott Aba beten. Er hat auch den Amanus, Berg der Zedern, erobert. Als Dagan sich für den mächtigen Naramsin entschied und Risch-Adat, den König von Armanum in seine Hände gab, und Naramsin ihn an die Pfosten des Eingangstores binden ließ, machte er für sich selbst eine Statue und hat sie dem Sin mit diesen Worten geweiht: So spricht der mächtige Naramsin, König der vier Himmelsrichtungen: Als Dagan Armanum und Ebla in meine Hände gegeben hat, habe ich Risch-Adat, den König von Armanum binden lassen, dann habe ich dieses mein Bild anfertigen lassen.

Babylonische Kopie des Berichts von Naramsins Eroberungen

Ein geschädigter Bürger,

der eine Rechtssache bekommt, möge vor meine Statue namens «König der Gerechtigkeit» treten, meine beschriftete Stele möge er lesen, meine Stele möge die Rechtssache ihm klären, seinen Richterspruch möge er ersehen, sein Herz möge er aufatmen lassen und sagen: «Hammurapi, der Herr, der wie ein leiblicher Vater für die Leute da ist, hat auf das Wort seines Herrn Marduk sich bemüht, den Wunsch Marduks oben und unten erreicht, das Herz seines Herrn Marduk erfreut und Wohlergehen für die Leute auf ewig bestimmt und dem Lande zu seinem Recht verholfen.» . . .
In der Zukunft, auf immer möge ein König, der im Lande erstehen wird, die Worte der Gerechtigkeit, die ich auf meine Stele geschrieben habe, beachten das Recht, das ich dem Land geschaffen habe, die Entscheidung für das Land, die ich gefällt habe, nicht ändern, meine Aufzeichnungen nicht beseitigen.
. . . Wenn dieser Mann auf meine Worte, die ich auf meine Stele geschrieben habe, nicht achtet, meine Flüche mißachtet, die Flüche der Götter nicht fürchtet, das Recht, das ich geschaffen habe, austilgt, meine Worte verdreht, meine Aufzeichnungen ändert, meine Namensschrift löscht und seinen eigenen Namen hinschreibt, oder im Hinblick auf diese Flüche einen anderen dazu anstiftet, dieser Mann, sei er König, Fürst, Stadtfürst oder eine beliebige Person –
Der große Anu, der Vater der Götter, der mich zur Regierung berufen hat, möge ihm den Glanz des Königtums wegnehmen, sein Zepter zerbrechen, seine Geschicke verfluchen.
Text der Hammurapi-Stele

Links: Die Hammurapi-Stele. *Oben:* Tontafel mit dem Gesetz des Hammurapi.

Wenn ein Bürger

gegenüber einem anderen Bürger eine Forderung auf Getreide oder Geld hat und ohne Erlaubnis des Eigentümers des Getreides aus einem Speicher oder von einer Tenne Getreide holt, so soll man diesem Bürger nachweisen, daß er ohne Erlaubnis des Eigentümers des Getreides Getreide aus dem Speicher oder aus der Tenne geholt hat; alles Getreide, das er geholt hat, soll er zurückgeben, und all dessen, was er gegeben hat, geht er verlustig . . .
§ 116: Wenn eine gepfändete Person im Haus ihres Pfandgläubigers infolge von Schlägen oder durch Mißhandlung stirbt, so soll der Eigentümer der gepfändeten Person seinen Kaufmann überführen; wenn es sich um einen Sohn eines Bürgers handelt, so soll man seinen eigenen Sohn töten, wenn es sich um einen Sklaven handelt, so soll er ein drittel Mine Silber zahlen; und all dessen, was er gegeben hat, geht er verlustig.
§ 122: Wenn ein Bürger einem anderen Bürger Silber, Gold oder irgendetwas zur Aufbewahrung geben will, so soll er alles, was er hingeben will, Zeugen zeigen, einen Vertrag abschließen und erst dann zur Aufbewahrung geben.
§ 124: Wenn ein Bürger einem anderen Bürger Silber, Gold oder irgendwas ihm Gehöriges zur Aufbewahrung gibt und dieser ihm das ableugnet, so soll man diesen Bürger überführen, und alles, was er abgeleugnet hat, soll er doppelt geben.
Aus dem Gesetz des Hammurapi.

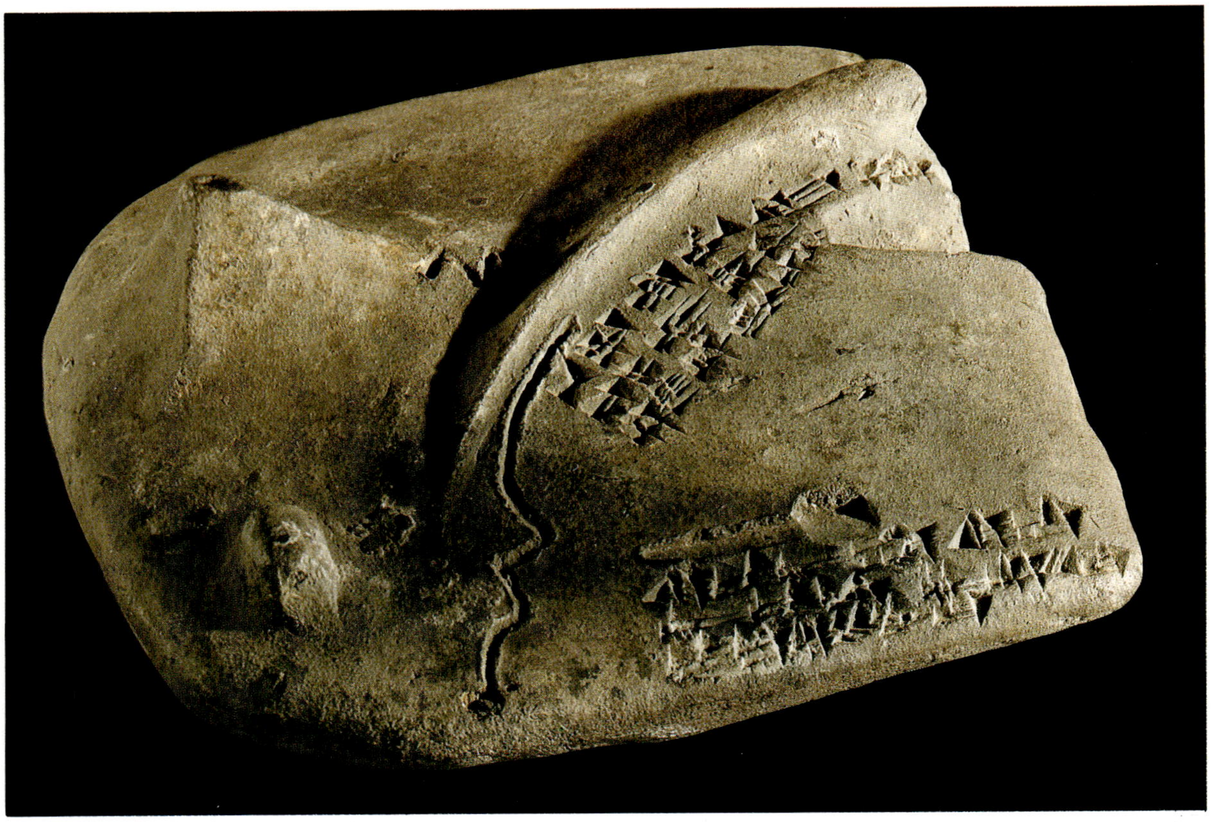

Oben: Terrakottamodell einer Schafsleber zum Wahrsagen. *Unten:* Rollsiegel mit Zikkurat. *Rechts:* Kudurru des kassitischen Königs Melisipak.

ZU ALLEN ZEITEN seit der Erschaffung der Menschen hat kein König unter Königen das Land von Armanum und Ebla zerstört. Der Gott Nergal hat dem großen Naramsin den Weg eröffnet, hat Armanum und Ebla in seine Hand gegeben und hat ihm auch den Amanus, Berg der Zedern und des Oberen Meers zum Geschenk gemacht. So geschah es, daß durch die Hand Dagans, der sein Königtum verewigte, der mächtige Naramsin Armanum und Ebla eroberte. Von den Ufern des Euphrat bis Ulisum hat er alle Völker unterworfen, die ihm Dagan zum Geschenk gemacht hat. Jetzt müssen sie zu seinem Gott Aba beten. Er hat auch den Amanus, Berg der Zedern, erobert. Als Dagan sich für den mächtigen Naramsin entschied und Risch-Adat, den König von Armanum in seine Hände gab, und Naramsin ihn an die Pfosten des Eingangstores binden ließ, machte er für sich selbst eine Statue und hat sie dem Sin mit diesen Worten geweiht: So spricht der mächtige Naramsin, König der vier Himmelsrichtungen: Als Dagan Armanum und Ebla in meine Hände gegeben hat, habe ich Risch-Adat, den König von Armanum, binden lassen, dann habe ich dieses mein Bild anfertigen lassen.

Babylonische Kopie des Berichts Naramsins über seine Eroberungen.

WENN DIE PALASTPFORTE [ein Teil der Leber] zweifach vorhanden ist und diese beiden aufeinander reiten und die obere und die untere von einem Häutchen überdeckt ist, hält den Fürsten Zauberei gepackt. Wenn die Palastpforte zweifach vorhanden ist und die eine die andere beiseite drängt, wird der Feind die Schiffe aus dem Hafen wegholen. Wenn das Palasttor zweifach vorhanden ist und die «Scheuklappe» sich dem Pfad zweimal nähert, wird ein Feind die Stadt einschließen, doch die Stadt wird einen Ausfall machen und den Feind fortjagen. Wenn die Palastpforte zweifach und drei Nieren vorhanden und auf der rechten Seite der Galle zwei Breschen hindurchgehen und andauern: das ist das Leberomen des Fürsten von Apisal, den Naramsin durch eine Bresche gefangennahm. Wenn drei Palastpforten vorhanden sind, werden die Götter des Landes den Palast beanspruchen. Wenn vier Palastpforten vorhanden sind: Auftreten eines Rebellenkönigs. Wenn eine Palastpforte normal liegt und eine zweite rechts liegt, wird irgendwer sterben und seine Anhängerschaft in den Palast eintreten. Wenn eine Palastpforte normal liegt, eine zweite rechts liegt und dunkel ist, wird deinen Palast ein Feind beanspruchen. Wenn eine Palastpforte normal liegt, eine zweite links liegt, wird das Einkommen, das beim König eintrat, bei dessen Sklaven eintreten. Wenn die Palastpforte normal liegt, eine zweite links liegt und dunkel ist, wirst du den Palast deines Feindes beanspruchen. Wenn eine Palastpforte normal liegt, eine zweite aufsteigt und oben liegt, wird der Besitz des Landes deines Feindes in dein Land eintreten.

Aus einer Leberomen-Sammlung aus altbabylonischer Zeit.

Obwohl ich jünger war als meine Brüder, hat auf Befehl des Assur, Sin, Schamasch, Bel und Nebo, der Ischtar von Ninive und der Ischtar von Arbela mein Vater, der mich erzeugt hat, in der Versammlung meiner Brüder mein Haupt fest erhöht, mit den Worten: «Dieser ist mein Erbprinz.» Da die Götter meine Brüder verließen, vertrauten sie auf ihre hoffärtigen Taten, indem sie Böses ersannen. Böse Zunge, Verleumdung und Haß streuten sie gegen den Willen der Götter über mich aus, Lügen und Unheilvolles sprachen sie hinter meinem Rücken, sowie Gehässigkeiten. Das mir wohlgesinnte Herz meines Vaters verfeindeten sie gegen den Willen der Götter mit mir. Insgeheim empfand jedoch sein Herz Mitleid und sein Augenmerk blieb darauf gerichtet, daß ich die Königsherrschaft ausübe.
Zu Assur, dem König der Götter und dem barmherzigen Marduk, denen Freveltaten ein Greuel sind, betete ich mit Gebet, Flehen und demütiger Gebärde und sie erhörten meine Worte. Gemäß dem Willen der großen Götter, meiner Herren, ließen diese mich, den bösen Taten entrückt, an einem geheimen Orte wohnen, breiteten ihren guten Schirm über mich aus und bewahrten mich zur Königsherrschaft.
Nachher wurden meine Brüder verrückt, verübten alles, was Göttern und Menschen mißfällt und planten Böses, während sie die Waffen angürteten, und sie stießen sich, inmitten Ninives in gottloser Weise wegen der Ausübung der Königsherrschaft, gegenseitig wie Ziegenböckchen. Assur, Sin, Schamasch, Bel, Nebo, die Ischtar von Ninive und die Ischtar von Arbela schauten die Taten der Thronräuber böse an und stellten sich nicht auf ihre Seite. Ihre Kraft verwandelten sie in Ohnmacht und ließen sie zu meinen Füßen liegen . . .
Wie ein fliegender Adler breitete ich meine Schwingen aus zur Niederwerfung meiner Feinde. Den Weg nach Ninive marschierte ich trotz der Schwierigkeiten in großer Eile. Da verlegten vor mir im Lande Chanigalbat alle ihre ausgezeichneten Krieger den Weg, während sie ihre Waffen schärften . . .

Links: Stele des assyrischen Königs Asarhaddon. *Oben:* Zwei assyrische Hofbeamte.

Ischtar, die Herrin des Kampfes und der Schlacht, die mein Priestertum liebt, trat auf meine Seite, zerbrach ihre Bogen und löste ihre festgefügte Schlachtordnung auf. In ihrer Versammlung sagten sie: «Dieser ist unser König.»
Die Einwohner Assyriens, die einen Vertrag bei den großen Göttern zu meinen Gunsten geschworen hatten, kamen mir entgegen und küßten meine Füße. Jene Thronräuber jedoch, die Aufruhr und Rebellion angezettelt hatten, ließen, als sie meinen Anmarsch erfuhren, die Truppen, auf die sie sich verlassen hatten, im Stich und flohen in ein unbekanntes Land.
König Asarhaddons eigener Bericht über seine Thronbesteigung, Prisma Ninive A, 673 v. Chr.

Oben: Votivbett. Opfergabe mit Gebet um Fruchtbarkeit. *Rechts:* Geflügelte Sphinx.

DASS SIE DAS SCHICKSAL
der Länder entscheide,
daß sie am guten ersten
Tag aufleuchte,
am Schwarzmondtag die
göttliche Ordnung
vollende,
bereitete man am
Neujahrstag,
dem Tag der Kultfeiern,
meiner Herrin das Lager,
reinigt es mit Zweigen von
Zedern,
macht es meiner Herrin
zum Lager,
legt ihr als Geschenk
ein Kleid hin
Daß sie sich in dem Kleid
von Herzen freue,
das Lager genieße,
badet man meine Herrin
für den heiligen Schoß,
badet sie für den Schoß
des Königs,
badet sie für den Schoß
Iddindagans,
wäscht man die
heilige Innana,
besprengt den Boden mit
duftendem Zedernharz.
Der König geht stolz
erhobenen Hauptes zum
heiligen Schoß,
geht stolz erhobenen
Hauptes zum Schoß
Innanas,
Ama'uschumgalanna
liegt bei ihr,
kost ihren heiligen Leib.
Nachdem die Herrin sich
im Schoß des Lagers
gesättigt, nachdem die
heilige Innana sich
im heiligen Schoß
des Lagers gesättigt,
spricht sie an der Stätte
des Lagers zu ihm:
Des Helden Iddindagan
. . . bin ich.
Beste Opfergaben
aufzuschütten,
die Reinigungsriten
zu vollführen,
Weihrauch aufzuschütten,
Wacholderscheite
zu verbrennen,
reichliche Speiseopfer zu
bringen, die Schüsseln zu
füllen, tritt man zu ihr in
den «Hohen Palast».
Sumerischer Text
zur Heiligen Hochzeit.

Oben: Prozession hethitischer Götter in Yazilikaya (Ausschnitt). *Rechts:* Hethitischer König vor dem Wettergott.

SONNENGOTT IM HIMMEL,
Herr, Hirte der Menschheit, du erhebst dich, himmlischer Sonnengott, und steigst gen Himmel. Sonnengott im Himmel, o, mein Herr, täglich sitzest du und richtest den Menschen, den Hund, das Schwein und die wilden Tiere in den Feldern.
Hethitische Hymne

BEVOR ICH MICH AUF DEN THRON
meines Vaters setzte, hatten die umliegenden Feindesländer alle Krieg mit mir angefangen. Sobald nun mein Vater Gott geworden war, setzte sich Arnuwanda, mein Bruder, auf den Thron seines Vaters. Hernach aber erkrankte er ebenfalls. Als nun die Feinde hörten, daß Arnuwanda, mein Bruder, erkrankt war, da fingen die Feindesländer erst recht Krieg an. Als aber Arnuwanda, mein Bruder, Gott geworden war, da begannen auch die Feindesländer, die bisher keinen Krieg angefangen hatten, offene Feindseligkeit . . .
Hattischer Wettergott, mein Herr, und ihr meine Götter, meine Herren: es ist so – man sündigt. Und auch mein Vater sündigte und übertrat das Wort des hattischen Wettergottes, meines Herrn, ich aber habe nicht gesündigt. Es ist so: die Sünde des Vaters kommt über den Sohn. Auch über mich kam die Sünde meines Vaters. Ich habe sie nun dem hattischen Wettergott, meinem Herrn, und den Göttern, meinen Herren gestanden: es ist so – wir haben es getan.
Und weil ich nun meines Vaters Sünde gestanden habe, soll sich dem hattischen Wettergott und den Göttern der Sinn wieder besänftigen. Seid mir wieder freundlich gesinnt und jagt die Pest wieder aus dem Lande Hatti hinaus.
«Pestgebet» des Königs Murschili II. (um 1345 v. Chr.)

WAS O GÖTTER,
habt ihr getan?
Ihr habt eine Seuche über das Land kommen lassen und das Land der Hethiter, alles, um und um, stirbt und so kann niemand die Speise- und Trankopfer darbringen. Und dann kommt ihr zu uns, ihr Götter, und gebt uns dafür die Schuld. Nichts können wir in euren Augen recht machen.
Gebet des Königs Mursili

Linke Seite, oben links: Zwei Männer bei einem Festmahl. *Oben rechts:* Der hethitische Wettergott Teschup.
Unten links: Dämon. *Unten rechts:* Atlasgott mit Flügeln. *Unten:* Säulenbasis mit Doppel-Sphingen.

Sargon, der König von Kish

war siegreich in 34 Kriegszügen und zerstörte alle Städte bis zum Ufer des Meeres. Sargon der König warf sich betend vor den Gott Dagan in Tutul. Er gab ihm das Obere Land – Mari, Jarmuti und Ebla, bis zum Zedernwald und dem Silberberg. Enlil ließ niemanden in Sargons Weg stehen.

Die ersten Zeilen des Enuma Elisch

O göttlicher Naramsin,

König der vier Himmelsrichtungen, der du Arman, Ebla und Elam erobert hast.

Inschrift auf einem Steinbeil

Bräutigam, teurer meines Herzens

Göttlich ist deine Schönheit, du Honigsüßer, du Löwe, teuer meinem Herzen. Göttlich ist deine Schönheit, du Honigsüßer. Bräutigam, du hast deine Lust an mir gehabt, sag es meiner Mutter, sie wird dir Leckerbissen reichen, mein Vater wird dich beschenken.

Ich weiß, wie ich deinen Sinn erheitern kann. Bräutigam, schlaf in unserem Haus bis zum Morgen. Ich weiß, wie ich dein Herz erfreuen kann, Löwe, schlaf in unserem Haus bis zum Morgen. Da du mich liebst, schenk mir Zärtlichkeit, mein Herr und Gott, mein Beschützer, mein Schu-Sin, der Enlils Herz erfreut, schenk mir Zärtlichkeit.

Gedicht einer Priesterin an Schu-Sin

Links: Goldanhänger mit nackter Göttin. *Unten:* Wisent mit Menschengesicht.

Vorderseite eines Kultbassins aus Ebla. Drei Paare von Kriegern umarmen einander, um einen Friedensvertrag zu besiegeln.

BAAL, DER HERR DER ERDE, LEBT
«Oh! siehe!, es lebt Aliian Baal,
Oh! siehe!, vorhanden ist der Fürst,
der Herr der Erde;
Im Traum, oh gütiger El, gemütvoller!
Im Nachtgesicht, oh Schöpfer der Schöpfung!
Regnete der Himmel Fette,
Sprudelten die Bäche Honig,
Und ich erfuhr daraus, daß Aliian Baal lebt,
Daß der Fürst, der Herr der Erde,
vorhanden ist!
Im Traum, oh Gütiger, El, Gemütvoller!
Im Nachtgesicht, oh Schöpfer der Schöpfung!
Regnete der Himmel Fette,
Sprudelten die Bäche Honig!»
Es freute sich der Gütige, El, der Gemütvolle;
Er rückte seinen Fuß am Schemel zurecht,
Er ließ ab vom Ernste und lachte.
Er erhob seine Stimme und rief:
«Setzen will ich mich nun und ausruhen
Und ruhig aufatmen,
Da ja lebt 'Aliian Baal,
Da ja vorhanden ist der Fürst,
der Herr der Erde!»
Aus den Ras-Schamra-Texten

Links: Blitze schleudernder Baal.
Rechts oben: König Ahiram von Byblos auf seinem Thron.
Rechts unten: Darstellung eines Kindes, die dem Gott der Heilkunst, Eschmun, geweiht ist.
Folgende Doppelseite: Statuetten aus dem Tempel der Obelisken in Byblos.

Ach, Baal hat kein Haus wie die übrigen Götter, keine Wohnstätte, wie die Kinder Atrts, noch immer ist die Wohnung Els die Unterkunft für seinen Sohn ...
Da erwiderte der Gütige, El, der Gemütvolle: Bin ich denn ein Arbeiter, ein Sachwalter Atrts, ein Knecht, der den Lehm anpackt? Wenn Atrt eine Magd ist, möge sie Ziegel streichen, dann wird erstehen ein Haus für Baal, wie für die übrigen Götter und eine Wohnstätte, wie die Söhne Atrts haben.
Da entgegnete die Herrin, Atrt: «Groß bist du, El, du bist wirklich weise; das Grau deines Bartes hat dich wahrlich gewitzigt. Du mögest Ruhe gewähren, oh El, Deiner Brust. Von nun an möge Baal die Zeit seines Regens festsetzen, die Zeit des Erstarrens zu Eis, und des Ertönens seiner Stimme aus der Wolke und des Schleuderns der Blitze zur Erde. Er wird selbst zustande bringen ein Zedernhaus, ja, fertigstellen ein Ziegelhaus. Es gehe Botschaft ab an Eljon Baal: Bestelle Erdarbeiter für dein Prachthaus, Bauleute für deinen Palast. Man wird dir Berge bringen, viel Silber, Hügel: begehrenswertes Gold; Kamele werden dir Steine bringen. Dann baue ein Prachthaus aus Silber und Gold, einen Prachtbau aus Edelsteinen, aus Lasurstein ...
Er schickte zum Libanon und dessen Gehölz, zum Srin, dessen Zedern begehrenswert sind. Man goß das Silber zu Platten, das Gold wurde zu Ziegeln gegossen. Es freute sich Eljon Baal ...
Text aus Ras Schamra

Links: Bronzeplastiken des kanaanäischen Gottes Baal und einer weiblichen Gestalt. *Rechte Seite, oben links:* Männliche Bronzefigur mit ausgebreiteten Armen. *Oben rechts:* Bronzene Büste eines kanaanäischen Gottes. *Unten links:* Der Gott Reschef mit Streitkolben und Schild. *Unten rechts:* Kanaanäischer Gott auf seinem Thron.

Der Götterkönig El.

Frank Crüsemann

Geschichte Israels als Geschichte der Bibel

Wozu «Geschichte Israels»?

In Kirche und Synagoge wird die Bibel seit ihrer Entstehung nicht aus rückwärts gerichtetem Interesse an der Vergangenheit gelesen, sondern weil man mit ihrer Hilfe die Gegenwart deuten und die Zukunft bestehen will. Aber die Bibel selbst enthält weithin Geschichte. Sie ist kein systematisches Lehrbuch über Gott und die Welt, sondern erzählt von der Geschichte Gottes mit seinem Volk Israel und verfolgt sie über viele Jahrhunderte. «Geschichte der Bibel» – das ist zunächst die Geschichte, die die Bibel selbst erzählt. Und auch was in ihr nicht direkt von Geschichte berichtet – Lehre, Recht, Kultordnung, Gebet –, ist weithin am geschichtlichen Kern orientiert und vielfach darauf bezogen. Nur für wenige weisheitliche Texte gilt das nicht. Und im Neuen Testament mit Jesus von Nazareth als der zentralen Gestalt ist das nicht anders.

Aber mit der modernen Geschichtswissenschaft und ihrer Bibelkritik kam etwas Neues und Anderes hinzu. Das überlieferte Geschichtsbild der Bibel und die Erkenntnisse der Wissenschaft begannen auseinanderzutreten. Am Beginn dieses Prozesses wies etwa Hermann Samuel Reimarus im 18. Jahrhundert auf eine noch heute lesenswerte Weise nach, daß der Durchzug der Israeliten durchs Rote Meer in der in der Bibel berichteten Manier unmöglich stattgefunden haben kann; die inneren Widersprüche seien zu groß.[1] Die Wissenschaft zerlegte den Text in ältere und jüngere Schichten, und am Anfang standen für die ältere Zeit meist «Sagen», deren historischer Kern kaum sicher zu fassen war. Dazu wird immer mehr an außerbiblischem Quellenmaterial bekannt, vor allem Texte aus den Nachbarkulturen in Ägypten und dem Zweistromland, nicht zuletzt die Ergebnisse der Archäologie Palästinas. Wo sich die Wissenschaft an überprüfbare Quellen hielt, entstand ein Bild der Geschichte Israels, das in teilweise großer Spannung zu dem der Bibel stand. Freilich wurden viele Angaben der Bibel auch bestätigt oder ergänzt; daraus aber die Behauptung abzuleiten, die Bibel habe eben «doch recht», entsprang oft mehr der Angst und Unsicherheit als wissenschaftlicher Erkenntnis.

Nun ist ein solches Auseinandertreten von biblischer Erzählung und wissenschaftlichen Ergebnissen nicht nur absolut unvermeidlich, es enthält auch große Chancen. Die größte ist vielleicht die, daß es auf diese Weise möglich wird, die Texte der Bibel in ihren eigenen historischen Zusammenhängen zu lesen und zu verstehen. «Geschichte der Bibel» – das ist dann die Geschichte, in der und für die die Bibel entstand. Ob eine Geschichte über Abraham Informationen über den historischen Abraham und seine Zeit enthält, sie also als Geschichtsquelle heranzuziehen ist, ist *ein* Problem; etwas über die Zeit zu wissen, in der diese Geschichte für bestimmte Menschen erzählt wurde, um ihnen für ihre Gegenwart und Zukunft etwas zu sagen, ein anderes. Und jede Erzählung ist zunächst eben Quelle für die Zeit, *in* der sie entstand und *für* die sie formuliert wurde, erst danach und nur vielleicht dann auch für die, *von* der sie erzählt. Wie in der weiteren Geschichte von Synagoge und Kirche wurden schon in biblischer Zeit Geschichten zunächst nicht um der Vergangenheit, sondern um der Gegenwart und Zukunft willen erzählt und dann auch aufgeschrieben. Von da aus hat eine historisch-kritische Geschichte Israels die Chance und Aufgabe, die Entstehungsgeschichte der biblischen Texte zu rekonstruieren, geschichtliche und soziale Hintergründe, Anlässe und Zusammenhänge zu erhellen, in denen und für die biblische Texte entstanden.

Geschichte Israels als Rekonstruktion der Entstehung der Bibel, insbesondere natürlich des Alten Testaments: An einer derartigen Definition lassen sich sofort einige wichtige Aspekte ablesen. Zum einen ist eine solche historische Arbeit gerade als wissenschaftliche und historische durchaus ein Beitrag zu dem am Anfang genannten Bemühen um die Gegenwarts- und Zukunftsdeutung der biblischen Texte. Denn deren Aussagen sind in ihrem ursprünglichen Sinne besser und klarer zu erfassen, wenn man etwas um die Umstände ihrer Entstehung und über die Anlässe ihrer Formulierung, über ihre Autoren wie ihre Adressaten weiß. Zum anderen läßt vor allem der Begriff «Rekonstruktion» erkennen, daß immer und notwendig unsere Fragen und Perspektiven, Erfahrungen und Methoden im Spiel sind, also die von Menschen des 20. Jahrhunderts. Die Auffassung, bei «Geschichte» gehe es schlicht darum, festzustellen, «wie es einmal wirklich gewesen» sei, ist naiv und angesichts der realen Fragen nicht durchzuhalten. Es geht im Idealfall darum, wie das, was gewesen ist, denn von heute aus aussieht. Doch sind diesem Aspekt, der durchaus auch individuelle und subjektive Züge hat, sofort andere entgegenzuhalten. Das Wissenschaftliche eines solchen Unternehmens liegt darin, daß die Rekonstruktion von historisch gesicherten, nachprüfbaren Quellen ausgeht. Dort aber, wo eine Beschränkung darauf nicht möglich ist – und das ist vielfach der Fall –, müssen Hypothesen und Annahmen als solche gekennzeichnet, also die Grenzen unserer Erkenntnis immer mit im Blick sein.

Nun können in einem begrenzten Essay nicht alle für die genannte Aufgabe wichtigen Gesichtspunkte gründlich und ausführlich zur Sprache kommen. Für manche, wie Religions- und Theologiegeschichte, muß auf den Beitrag von R. Albertz ver-

wiesen werden, andere, wie Kult- und Rechtsgeschichte, können nur am Rande gestreift werden. Ich nenne im folgenden drei für die Darstellung besonders zentrale Aspekte. Indem ich sie begründe, ergibt sich zugleich ein erster grober Überblick über die Geschichte Israels in biblischer Zeit.

Sozialgeschichte: Israel selbst hat seine Geschichte als eine Folge von sehr verschiedenen sozialen Gestalten beschrieben. Am Anfang stehen einzelne Familien umherziehender *Nomaden*. Daraus wird ein Volk, welches das Land einnimmt und darin seßhaft wird (um 1200 v. Chr.) – ein *Bauernvolk*, das keinen eigenen König, keinen Staat besitzt. Mit der Errichtung des *Königtums* unter Saul und David (um 1000 v. Chr.) setzt eine neue Phase ein, die mit dem Beginn des Exils (587 v. Chr.) endet, um dann in der Zeit der Hasmonäischen Könige (2. und 1. Jahrhundert v. Chr.) noch einmal zu erscheinen. Anschließend war Israel dann ein in Palästina und der Diaspora lebendes Volk, das ohne eigenen Staat, aber mit starken Organen der Selbstverwaltung, unter Fremdherrschaften lebte und schließlich nach 70 n. Chr. mit dem Tempel auch noch sein kultisches Zentrum und zeitweise sogar allen Landbesitz in Palästina verlor. Diese Kette unterschiedlicher sozialer Gestalten kann als Grundgerüst der Geschichte Israels in biblischer Zeit aufgefaßt werden. Und die Differenzen lassen sich sachgemäß nur mit soziologischen resp. sozialgeschichtlichen Kategorien umschreiben.

Israel und die Grossmächte: Schon die geopolitische Lage Palästinas läßt das Verhältnis Israels zu den Großreichen der Region als einen entscheidenden Faktor dieser Geschichte erkennen. In den meisten Zeitabschnitten lagen die Machtzentren nördlich oder südlich von Palästina, und sie beherrschten, beeinflußten oder umkämpften dieses schmale Mittelstück des sogenannten fruchtbaren Halbmondes. In Ägypten oder im Zweistromland, gelegentlich auch in der Türkei oder sonst nördlich von Palästina, lagen die Machtzentren – damals bis heute. Israel entstand in einer der seltenen Phasen eines Machtvakuums in dieser Region, und das ermöglichte die ersten Jahrhunderte seiner Existenz. Die jahrhundertelange Vorherrschaft Ägyptens über Palästina brach in der ersten Hälfte des 12. Jahrhunderts v. Chr. zusammen, schon vorher waren das Hethiterreich und andere Staaten im Norden zerstört worden. Abgesehen von gelegentlichen Kriegszügen wie unter Pharao Schoschenk (926 v. Chr., vgl. 1. Könige 14,25 ff.), kam erst mit der Erstarkung der Assyrer ab 745 v. Chr. wieder eine Großmacht ins Spiel. In diesem Machtvakuum konnte unter David und Salomo (ca. 1000-926 v. Chr.) sogar ein einziges Mal eine Großreichsbildung von Palästina als Zentrum ausgehen. Dann aber folgte eine ununterbrochene Kette von einander ablösenden Fremdherrschaften: Assyrer (738-612), Ägypter (609-605), Neubabylonier (605-539), Perser (539-333), die griechischen Reiche der Ptolemäer (ca. 320-198) und Seleukiden (ab 198), schließlich Rom, dessen Herrschaft über Palästina ab 63 v. Chr. der kurzen Phase relativer Selbständigkeit unter den Hasmonäerkönigen ein Ende bereitete. Und das waren nicht einfach wechselnde Herrschaftsformen, sondern für Israel Katastrophen schlimmster Art. Kein anderes Volk hat derartiges erlebt und dabei seine eigene Identität bewahren können. Allein Israel gelang es, seine Identität durch diese Katastrophen nicht nur zu retten, sondern eigentlich erst zu gewinnen. Wenn Heinrich Heine den Kanon der hebräischen Bibel das «portative Vaterland» nennt[2], wir würden heute vielleicht von der tragbaren Identität sprechen, so ist damit festgehalten, daß sich die Entstehung des Alten Testamentes in diese Katastrophengeschichte einzeichnen läßt: Es ist Respons auf sie und Voraussetzung des Überlebens.

Literatur- und Kanongeschichte: Das «portative Vaterland» wurde erst ausgebildet, als die traditionelle Identität in Frage gestellt war, als es um Leben und Tod ging. Und damit ist zugleich das Problem vor allem der älteren Geschichte Israels genannt. Der Untergang des Nordreichs durch die Assyrer 722 v. Chr. war der erste tiefe Schock; die Sammlungen von Prophetenworten, insbesondere aber der große Verfassungsentwurf des Deuteronomiums (5. Mose) als die eine Thora, die eine Weisung Gottes zum Leben an Israel, waren die Antwort. Und damit war die entscheidende Voraussetzung gegeben, das ab 587 v. Chr. folgende Exil zu überstehen. Das sogenannte deuteronomistische, d. h. in der Nachfolge des Deuteronomiums stehende Geschichtswerk, das vom 5. Buch Mose an die in der Bibel nacheinanderfolgenden Bücher Josua, Richter, 1./2. Samuel und 1./2. Könige umfaßt, entstand in der Exilszeit. Der Pentateuch als Ganzer (1.-5. Mose) ist seine Frucht und fand seine Endgestalt nicht vor dem 4. Jahrhundert v. Chr. Erst und nur von der deuteronomischen Thora her als dem Kern des Kanons wird die eigene Geschichte geschrieben und bewertet. Alle diese Texte sind zunächst und vor allem als Wort an die Generationen des Exils und der Zeit danach zu lesen. Natürlich haben die Autoren mit älteren Quellen und älterem Material gearbeitet, zum Teil sogar sehr alten und auf sehr sorgfältige Weise, aber sie waren doch auch immer Kind ihrer Zeit. Ähnliches gilt für die Bearbeitung der Prophetenbücher, auch sie sind nur durch spätere Hände bewahrt, überliefert und gestaltet worden – beides ist nicht zu trennen. Keine einzige vorexilische Schrift hat ohne eine spätere Bearbeitung und Umprägung Eingang in den Kanon und damit bis zu uns gefunden. Die Bibel als Quelle für ältere Zeiten zu benutzen heißt also immer: das Ältere aus dem Späteren aussondern, somit literarische Quellenforschung und Rekonstruktion; das wiederum heißt: nie zu unumstrittenen, über alle Zweifel erhabenen Ergebnissen zu gelangen; das heißt schließlich, daß die Quellenlage für die Geschichte Israels immer umstritten ist. Zwar bleibt die Bibel trotz dieser Situation immer noch unsere bei weitem wichtigste Quelle für die Geschichte Israels. Alle anderen Quellen sind demgegenüber zweitrangig und werden es wohl bleiben, bekommen aber, darunter vor allem die Archäologie, angesichts dieses Befundes eine äußerst wichtige Rolle. Denn das Problem besteht nicht so sehr darin, daß wir kein Material über die älteren Phasen der Geschichte Israels hätten, als vielmehr darin, daß alles auf die Kriterien ankommt, älteres und jüngeres zu trennen. Und dabei sind von der literarischen Analyse ganz unabhängige Zugangswege von entscheidender Bedeutung. Im folgenden sollen auch für die älteren Zeiten die jeweiligen dort entstandenen Texte bzw. Überlieferungen genannt werden, auch wenn natürlich eine wirkliche Literaturgeschichte hier nicht neu geschrieben werden kann. Unmöglich aber ist es, die vorausgesetzten Entscheidungen über literarische Schichtungs- und Datierungsfragen zu entfalten; dafür muß auf die einschlägige Literatur verwiesen werden.[3]

Die Entstehung Israels

Israel hat gewußt, daß es zu einem bestimmten Zeitpunkt in der Geschichte entstand. Es hat sich nicht, wie andere Völker, auf die Schöpfung zurückgeführt oder gemeint, «ewig» auf seinem Land zu sitzen. Nach der Erzählung des Alten Testaments ist das Volk aus den Nachkommen des Stammvaters Jakob, der ebenfalls schon den Namen Israel trug (Gen 32,28), in Ägypten entstanden (Ex 1,7). Alle weiteren Berichte gelten diesem Volk. Für die moderne Geschichtsschreibung sind die Anfänge Israels trotz aller Probleme und Quellenlücken auch für spätere Zeiten das dunkelste Kapitel, da direkte Zeugnisse fehlen. Immerhin lassen eine ganze Reihe von inner- und außerbiblischen Quellen unabhängig voneinander doch eine ganz bestimmte Zeit und exakt beschreibbare Umstände erkennen, in denen die Größe Israels entstanden sein muß.

Die älteste Quelle ist die sogenannte Israel-Stele des ägyptischen Pharao Merenptah (1224-1211 v. Chr.). Sie wurde im Jahre 1219 v. Chr. verfaßt[4] und berichtet über seine ruhmvollen Taten, insbesondere seine Siege über die Libyer, und führt gegen Ende Ereignisse aus Palästina auf:

> Die Häuptlinge werfen sich nieder und rufen «Schalom».
> Keiner von den neun Bögen erhebt sein Haupt.
> Tjehenu (Libyen) ist erobert, Cheta (Hethiterland)
> ist befriedet. Kanaan ist mit allem Übel erbeutet.
> Askalon ist fortgeführt. Gezer ist gepackt.
> Inuam ist zunichte gemacht.
> Israel ist verwüstet; es hat kein Saatkorn.
> Charu (die Hurriter) ist zur Witwe geworden für Ägypten.
> Alle Länder insgesamt sind in Frieden.
> (TUAT I 551 f; TGI 39 f)[5]

Im letzten Drittel des 13. Jahrhunderts v. Chr. gibt es also in Palästina eine Größe namens Israel. Das erste aber, was wir in einer historischen Quelle davon hören, ist seine Vernichtung, was nicht ohne Ironie zu lesen ist, da dieses Volk bis heute lebt. Die im Zusammenhang genannten palästinischen Städte – Askalon, Gezer, Jenoam – lassen erkennen, daß dieses Israel sich wie später im Bereich des westjordanischen Gebirgslandes befindet. Der im Ägyptischen verwendete Determinativ «Menschen» läßt am ehesten an eine volks- oder stammesmäßige Größe denken. In welchem Zusammenhang dieses Israel mit dem biblischen Volk steht, wissen wir nicht; Fragen wie die, ob es schon seßhaft ist, einen Gott JHWH verehrt, und viele andere sind nicht zu beantworten.

In die gleiche Zeit, das ausgehende 13. Jahrhundert, führen auch andere noch zu nennende Quellen wie die Exodustradition und die archäologisch faßbare Ansiedlung. Somit entsteht Israel oder wird zum ersten Mal erkennbar am Ende der Spätbronzezeit Palästinas, mitten in einer Phase großer Umbrüche und Verschiebungen. Um sie zu verstehen, muß mit dem vorausgehenden Zeitalter eingesetzt werden.

Palästina in der Spätbronzezeit

Als eine Größe Israel am Ende des 13. Jahrhunderts in Palästina auftaucht, hatte das Land bereits eine lange und große Geschichte hinter sich. Israel ist ein Spätling. Um 3000 v. Chr. waren in Ägypten und in Sumer die ersten Hochkulturen entstanden mit den zentralen Elementen von Staat und Schrift. In Palästina setzt um diese Zeit die sogenannte frühe Bronzezeit ein (3000-2200 v. Chr.), parallel zum Alten Reich in Ägypten und in Kontakt mit ihm. Das war eine ausgesprochene Stadtkultur mit wenigen, zum Teil sehr großen Städten. Sie wird am Beginn der Mittelbronzezeit (MB I, ca. 2200-2000 v. Chr.) von Nomaden überrannt und zerstört. Erst allmählich entsteht daraus wieder eine neue Stadtkultur. Die Mittelbronzezeit, etwa parallel dem Mittleren Reich in Ägypten, markiert den Beginn ununterbrochener kultureller Kontinuität in Palästina, wenigstens in den Grundzügen. Die Namen der wichtigsten Orte sind von da an belegt und verfolgbar; stets handelt es sich um semitisch sprechende Völker. In dieser Zeit (MB IIB, parallel der sogenannten Hyksoszeit in Ägypten) werden Pferde und Streitwagen eingeführt, entstehen Städte mit großen wallartigen Befestigungen. Ab etwa 1550 v. Chr. spricht man dann von der Spätbronzezeit (1550-1200 v. Chr.), die parallel zum ägyptischen Neuen Reich verläuft.

Die Spätbronzezeit ist uns vor allem bekannt aus großen Textfunden, von denen die in Ägypten entdeckten Amarnabriefe und die Texte aus der nordsyrischen Hafenstadt Ugarit die wichtigsten sind. Dazu kommen zahlreiche Ausgrabungsfunde in Palästina. Es handelt sich um eine ausgesprochene Stadtkultur, in der es – abgesehen von der ägyptischen Oberherrschaft – keinen Gesamtstaat, nur einzelne Stadtstaaten gibt. Die Städte liegen vor allem in den Ebenen – dicht an dicht im Abstand von etwa zehn Kilometern voneinander, jede hat ihr Ackerland um sich herum –; dagegen nur vereinzelt und in größerem Abstand auf den Gebirgen. Damit ist zugleich ein entscheidender und die Geschichte des Landes stets mitbestimmender Zug der Geographie Palästinas genannt: der Gegensatz zwischen den großen fruchtbaren Ebenen, der Küstenebene im Westen und der Jesreelebene im Norden, und den Gebirgen in Mittelpalästina und in Galiläa. Die Gesellschaft ist sehr stark geschichtet. An der Spitze steht oft ein König, dominierend aber ist immer eine kriegerische Adelskaste, die die steuer- und vor allem fronpflichtige Bevölkerung beherrscht. Es bestehen enge Beziehungen zur Ägäis, das heißt den mykenischen Staaten, und anderen angrenzenden Völkern. Verbreitet ist die babylonische Keilschrift für die internationalen Kontakte, in Ugarit ist eine eigene Alphabetkeilschrift entwickelt worden, auch sonst läßt sich in dieser Zeit die Entwicklung der Alphabetschrift verfolgen. Tausende von ugaritischen Texten lassen uns in viele Bereiche von Verwaltung und Organisation, besonders aber in Mythologie und Religion hineinschauen.

Diese kanaanäische Welt der späten Bronzezeit wurde von den Pharaonen der 18. Dynastie, insbesondere von Thutmosis III. (1490-1436 v. Chr.) erobert und unterworfen. Kanaan wird von da an von Ägypten aus verwaltet und kann in gewisser Hinsicht geradezu als ägyptische Provinz angesehen werden. In Palästina wurden zahlreiche Spuren dieser Herrschaft, zum Beispiel Häuser im ägyptischen Stil, entdeckt. Vor allem der Regierungsapparat wurde dadurch geprägt, das gilt auch und gerade für Jerusalem und hat hier später auf die judäische Königsideologie und Verwaltungsstruktur eingewirkt. Außenpolitisch gab es ein Gleichgewicht zwischen Ägypten und den Großmächten im Norden, dem Mitannireich und insbesondere dem Hethiterreich. Eine Unterbrechung erfuhr diese ägyptische Herrschaft über Palästina während der sogenannten Amarnazeit. Pharao Amenophis IV. Echnaton (1368-1351 v. Chr.) stellt bekanntlich eine ganz eigene Episode in der Geschichte Ägyptens dar. Er bricht in jeder Hinsicht mit dem Bisherigen, verwirft die alten Götter zugunsten der Sonne, die er als einzigen Gott verehrt, und zieht sich in eine eigene Residenzstadt zurück. Die kanaanäische Provinz wird mehr oder weniger sich selbst überlassen. Aus dieser Zeit haben wir zahlreiche Briefe der kanaanäischen Stadtkönige an den ägyptischen Oberherrn, in denen dieser meist um Hilfe gegen die *Chapiru*/*ʿapiru* genannten Feinde gebeten wird. So schreibt der König Abdi-Cheba von Jerusalem gegen 1360 v. Chr.:

> Zum König, meinem Herrn, sprich: Also spricht Abdi-Cheba, dein Diener. Zu den Füßen meines Herrn des Königs falle ich siebenmal und abermal siebenmal nieder.
> Was habe ich dem König, meinem Herrn, angetan? Man verleumdet mich vor dem König, meinem Herrn: Abdi-Cheba ist dem König, seinem Herrn, abtrünnig geworden. Siehe, mich hat weder mein Vater noch meine Mutter eingesetzt an diesem Ort; der mächtige Arm des Königs hat mich eingesetzt in das Haus meines Vaters. Warum sollte ich Frevel gegen den König, meinen Herrn, begehen? . . .
> Das Land des Königs (meines Herrn) geht verloren. Ihr hört nicht auf mich. Verloren gehen alle Ortsvorsteher, kein Ortsvorsteher bleibt dem König, meinem Herrn . . . Dem König bleibt (bald) kein Land mehr übrig. Der Chapiru raubt das ganze Land des Königs . . . (TGI 25 f.)

Ob diese *Chapiru* um die Mitte des 14. Jahrhunderts v. Chr. etwas mit den Hebräern *(ʿibrî)* des Alten Testamentes und damit auch mit den Israeliten zu tun haben, ist eine vieldiskutierte und sehr komplexe Frage. Jedenfalls sind solche *Chapiru* im Vorderen Orient an zeitlich und räumlich so entfernten Stellen bezeugt, daß sicher nicht ein einzelnes Volk gemeint ist. Man muß eher annehmen, daß damit Outlaws bezeichnet werden, Leute, die außerhalb der geordneten Gesellschaft leben. In der Amarnazeit meint das Wort im Grunde nicht viel anderes als die Rebellen gegen die ägyptische Oberherrschaft.

Nach dem Zwischenspiel der Amarnazeit wird die ägyptische Herrschaft über Palästina unter den Pharaonen Haremheb, Ramses I., Setos I. und Ramses II., dem Pharao des Exodus, wieder aufgerichtet. Aber die gesamte Völkerwelt des östlichen Mittelmeers und die Verhältnisse, die hier für mehrere Jahrhunderte herrschend waren, geraten um die Wende vom 13. zum 12. Jahrhundert v. Chr. in einen tiefgreifenden Wandel. Das Entstehen und Seßhaftwerden der Israeliten und anderer verwandter Völker ist ein Teil davon. Viel sichtbarer und dramatischer ist das Auftauchen der sogenannten Seevölker. Sie werden zunächst eher als eine Art Seeräuber unter Pharao Ramses II. (1290-1224) erwähnt. Der Zusammenbruch der mykenischen Kultur und des Hethiterreiches sowie der Untergang der nordsyrischen Stadt Ugarit, all das gehört in diesen Zusammenhang. Die Namen dieser neu auftauchenden Völkerschaften sind zweifellos mit anderen und späteren Namen der Mittelmeerwelt verwandt. So spricht – um nur ein einziges Beispiel zu nennen – eine Inschrift des Pharao Merenptah von *sardin*, *sakalus* und *aqajawa*[6] – die Ähnlichkeit mit Namen wie Sardinien, Sizilien und den Achäern ist unübersehbar. Unter Pharao Ramses III. (1190-1153) kommt es um 1180 zu einer großen Entscheidungsschlacht, die in einem monumentalen ägyptischen Relief dargestellt worden ist. Es gelingt den Ägyptern, die Seevölker von ihrem eigenen Land fernzuhalten. Aber der ägyptische Besitz in Palästina fällt mehr oder weniger dahin. Hier wird ein Teil der Seevölker, die aus der Bibel bekannten Philister, in der südlichen Küstenebene ansässig. Sie sind bleibender Nachbar Israels geworden, und die Auseinandersetzung mit ihnen ist ein wichtiger Faktor der Geschichte Israels. Nicht zuletzt stammt von ihnen die seit der römischen Zeit zunächst als Provinzname geläufige Bezeichnung «Palästina» ab. Noch in Amos 9,7 wird als Herkunft der Philister Kaphtor, das heißt wohl Zypern, genannt. Auf die Ankunft der Seevölker und die Auseinandersetzung mit den kanaanäischen Städten und den Ägyptern geht mit Sicherheit auch eine Reihe von Zerstörungen kanaanäischer Städte am Ende der Spätbronzezeit zurück, ohne daß das aber im einzelnen nachzuweisen wäre. All das zeigt schon die Kompliziertheit des Übergangs von der Bronze- zur Eisenzeit in Palästina. Ob die Philister sich mit mehr oder weniger offener Billigung Ägyptens hier niederließen und ob die ägyptische Oberhoheit so wenigstens nominell noch aufrechterhalten blieb, ist umstritten und vielleicht nicht pauschal zu sagen. In Megiddo jedenfalls sind immerhin noch Statuen Ramses' IV. (1159-1152) und Ramses' VI. gefunden worden, was bedeuten kann, aber nicht muß, daß noch bis in die Mitte des 12. Jahrhunderts ägyptische Herrschaft präsent war.

Die Seßhaftwerdung Israels

Nach der Darstellung des Josuabuches zieht das Volk Israel als geschlossene Größe unter der Führung Josuas in das Westjordanland ein. In einem großen kriegerischen Unternehmen werden zunächst die Schlüsselstädte Jericho (Jos 2-6) und Ai (Jos 7f.) erobert und zerstört, dann in einem Kriegszug zuerst der Süden (Jos 10), sodann der Norden des Landes erobert (Jos 11). Dieses eroberte Land wird danach an die israelitischen Stämme durch Los verteilt (Jos 13 ff.). Nun haben sich die Ereignisse ganz sicher nicht (nur) in der hier geschilderten Weise abgespielt. Andere Quellen lassen deutlich ganz anderes erkennen. So sind schon nach der Liste der uneroberten Städte in Ri 1,27ff. die wichtigsten und größten Städte des Landes gerade nicht eingenommen worden. Hier gibt es deutliche innerbiblische Widersprüche. Dazu kommt, daß ein solcher Kriegszug in den Dokumenten der Umwelt keinerlei Spuren hinterlassen hat und daß das Bild, das sich aus den archäologischen Funden ergibt völlig anders aussieht, sowohl in den Grundzügen als auch vor allem im Detail, was etwa Jericho und Ai betrifft. Quellenlage wie Detailbefund sind überaus komplex; bisher ist es keiner Theorie gelungen, alle Befunde und alle Quellen überzeugend zu erklären. Es gibt derzeit drei Haupttheorien für das Seßhaftwerden Israels – und damit zugleich für die Entstehung dieses Volkes, denn beides kann kaum voneinander getrennt werden.[7]

Nach der ersten ist trotz abweichender Zeugnisse im wesentlichen dem biblischen Bericht recht zu geben. Die Zerstörungen vieler Städte der Spätbronzezeit lassen sich entsprechend dem Bericht des Josuabuches deuten, anderes, zum Beispiel die friedlichen Züge, ist späteren Phasen zuzuschreiben. Demgegenüber hat insbesondere der deutsche Forscher Albrecht Alt[8] die Landnahme als einen hauptsächlich friedlichen und langsamen Prozeß des Einsickerns und Seßhaftwerdens von ehemaligen Kleinviehnomaden verstanden, die im Laufe des typischen Weidewechsels zwischen Steppe und Kulturland mit letzterem immer stärker in Berührung kommen. Kriegerische Auseinandersetzungen treten später auf, die Erzähltraditionen im Josuabuch haben im wesentlichen ätiologische Züge, das heißt, sie erklären das Vorhandensein von Trümmern früherer Kulturen auf sagenhafte Weise. Das dritte Modell stammt aus der jungen amerikanischen Schule.[9] Es rechnet mit einer revolutionären Bewegung in der kanaanäischen Stadtkultur, die deren Ende mitverursachte. Elemente der Unterschicht ziehen aus den Städten aus und lassen sich auf dem Gebirge nieder, werden zu freien Stämmen. Der befreiende Gott des Exodus, an den sie glauben, ist vor allem aus dem Gegensatz zur kanaanäischen Sklavenkultur zu verstehen.

Nun hat in den letzten Jahren *eine* Quelle für den Vorgang der Seßhaftwerdung immer deutlicher zu sprechen begonnen und immer mehr und klarere Ergebnisse gebracht, das ist die Archäologie Palästinas. Während die Datierung und Deutung der schriftlichen Quellen, was ihren historischen Gehalt angeht, wohl immer umstritten bleiben wird, da sie oft erst Jahrhunderte nach den Ereignissen formuliert wurden, gibt es hier eine Möglichkeit, den Vorgang unbeeinflußt davon zu studieren. Es ergibt sich ein jedenfalls in den Grundzügen sehr eindeutiges Bild: Das ganze Gebirgsland Palästinas von Galiläa bis in den Negeb wird am Ende des 13. und im Verlauf des 12. Jahrhunderts v. Chr. von einer großen Anzahl neuer Siedlungen überzogen. Eine Fülle von ihnen ist erst durch Oberflächenuntersuchungen festgestellt, relativ viele aber auch bereits ausgegraben worden. Es handelt sich meist um recht kleine, nur in wenigen Fällen größere dörfliche Siedlungen, also ohne schützende Stadtmauern. Sie liegen meist auf völlig neuem, das heißt vorher unbebautem Grund. Nur in wenigen Fällen sind diese Siedlungen auf den Resten früherer Städte gebaut worden, so in Ai auf den Trümmern einer großen Frühbronzestadt, in Hazor oder Bethel auf denen einer Spätbronzestadt. Besonders typisch sind neben den genannten die Siedlungen Ḫirbet el-Mšāš und Tel Isdar im Negeb, Ḫirbet Raddane und Gilo bei Jerusalem und Izbet Sarta. Es ist nicht möglich, die vielen Funde der letzten Jahre insgesamt aufzuzählen.[10]

Nun ist das Bild, das diese Siedlungen bieten, im einzelnen wiederum recht differenziert. Es handelt sich zweifellos um eine für das Gebirgsland Palästinas ganz neue Erscheinung. Waren vorher hier nur wenige größere Städte zu finden, so gibt es jetzt eine dichte Kette dörflicher Siedlungen. In einigen Fällen konnte mit Sicherheit festgestellt werden, daß die ersten Phasen dieser Niederlassungen noch keine festen Häuser kannte, das heißt, die neuen Bewohner lebten offensichtlich längere Zeit an der Stelle der späteren Siedlung; man konnte Aschen- und Vorratsgruben feststellen, Keramik und andere Reste, sie bauten aber keine Häuser – vielleicht lebten sie noch in Zelten. Die Kultur dieser neuen Siedler ist die der beginnenden Eisenzeit. In vieler Hinsicht steht sie in unmittelbarer Kontinuität zur kanaanäischen Kultur der Spätbronzezeit. So zeigen die Formen der Keramik und der Metallgegenstände in den meisten Fällen nur geringfügige Veränderungen gegenüber den spätbronzezeitlichen Funden. Das heißt, daß es sich sicher nicht um völlig neue, von außerhalb des Landes eingedrungene Gruppen handeln kann. Sie sind offenbar bereits längere Zeit in engem Kontakt mit der kanaanäischen Bevölkerung gewesen. In anderer Hinsicht allerdings finden sich durchaus sehr eigenständige kulturelle Züge. Das gilt für manche typischen Schmuck- und Siegelformen, betrifft aber vor allem die Architektur. Diese Neusiedler entwikkeln schon in den frühesten Schichten einen ganz eigenen Haustyp, der sich deutlich von dem der Spätbronzezeit abhebt. Man hat ihn Vierraumhaus genannt. Das Typische und Auffallende sind die steinernen Pfeiler, bestehend aus zugehauenen Steinen oder errichtet aus mehreren aufeinandergesetzten Blöcken. Diese Pfeilerarchitektur trennt einen offenen Raum von dem kleinen Hof ab. Dieses Haus steht in eindeutiger Kontinuität zur typischen israelitischen Hausform auch noch der späteren Königszeit. Man hat mit gewichtigen, allerdings nicht hundertprozentig beweiskräftigen Argumenten versucht, diese Hausform von der Form des Beduinenzeltes abzuleiten.

Insgesamt stellt sich also der Übergang von der kanaanäischen Spätbronzezeit zur anschließenden Eisenzeit I als überaus vielschichtig dar. Was etwa das Verhältnis der neuen Siedler zu den kanaanäischen Städten angeht, so wird man mit einer Fülle verschiedener Möglichkeiten rechnen müssen. Manche Städte wie Bethel und Hazor sind schon im 13. Jahrhundert zerstört worden; ob von den Seevölkern, den israelitischen Siedlern oder auf noch andere Weise, ist archäologisch nicht festzustellen. Andere, wie Megiddo, sind erst im Verlauf des 12. Jahrhunderts übernommen worden, haben also längere Zeit daneben bestanden. Von Jerusalem ist bekannt, daß es erst von David für Israel erobert worden ist – und das dürfte nicht der einzige Fall gewesen sein. Entsprechend komplex sind die späteren israelitischen Erzählungen zu beurteilen. Manche mögen einen historischen Kern haben; andere, wie die von der Eroberung von Ai (Jos 7 f.), sind nur als Ätiologie eines von den Israeliten vorgefundenen Zustands zu erklären. Nach dem archäologischen Befund wurde die Stadt schon um 2400 v. Chr. zerstört. Nur ein recht kleiner Teil der neuen Siedlungen aber hat unmittelbaren Kontakt mit den kanaanäischen Städten, die meisten sind auf vorher nicht besiedeltem Land gegründet worden.

Die nomadische Vorzeit und die Vätertraditionen

Ist somit der Prozeß der Besiedlung des Landes archäologisch recht gut zu beschreiben und ist auch gar nicht zu bezweifeln, daß sich das, was Israel heißt, im Zusammenhang damit gebildet hat, so muß, bevor wir nach der sozialen Organisation dieses Volkes fragen, das Problem der Herkunft aufgerollt werden. Woher kamen diese Menschen, die sich in den vielen Neugründungen auf dem Gebirgsland Palästinas niederließen? Archäologisch kann man im Grunde nur zwei Dinge sagen: Sie müssen bereits einen längeren Kontakt mit der spätbronzezeitlichen kanaanäischen Kultur gehabt haben, und sie haben jedenfalls an einigen Orten längere Zeit gelebt, ohne schon feste Häuser zu bauen. Nach dem Selbstzeugnis des Alten Testamentes freilich waren die Vorfahren Israels Nomaden. Sehr viele Texte und Traditionen bezeugen dieses Wissen. Da ist etwa das im jetzigen Text recht junge, aber im Kern sicher alte, sogenannte historische Credo besonders von Dtn 26,5 bff., wonach jeder Israelit beim Erntedank vor Gott bezeugt: «Mein Vater war ein umherziehender Aramäer...» Da ist die vielfach in Genealogien bezeugte Verwandtschaft zu nomadischen Wüstenstämmen (z. B. Gen 10,25 ff.; 25,1 ff. 13 ff.). Da sind die vielen Erzählungen von Israel in der Wüste (Ex 15-18; Nu 11 ff.). Und da ist – in erster Linie und vor allem – die breite Tradition von den nomadischen Vorvätern Israels, ausführlich in der Genesis (12-50) und an vielen anderen Stellen als kurze Reminiszenz.

Nun hat die Forschung naturgemäß viele Anstrengungen unternommen, um das historische Problem dieser Erzväter zu klären – und ist dabei zu total unterschiedlichen Ansätzen und Beurteilungen gelangt. Da man sich streng historisch betrachtet dabei in jedem Fall, selbst wenn man zu etwas anderen Ergebnissen zu gelangen glaubt, auf sehr unsicherem Territorium bewegt, soll es hier mit einigen kurzen und grundsätzlichen Bemerkungen sein Bewenden haben. Zunächst steht fest, daß die Texte, die in Genesis 12-50 vorliegen, zu ganz unterschiedlichen Zeiten formuliert wurden. Viele sind recht spät, exilisch oder nachexilisch, nur ein schmaler Kern schon recht früh, das heißt aber etwa im 10. Jahrhundert v. Chr., fixiert worden. Nun sagt das noch nichts über das Alter der dabei zugrundegelegten, etwa aus mündlicher Tradition stammenden Überlieferungen aus. Gerade für die älteren Texte fällt aber auf, daß sie zum Beispiel alle im Kulturland Palästina spielen und kaum Erzählerisches über eine außerisraelitische Herkunft der Väter enthalten. Nur wenige verbindende Notizen sprechen von einer Herkunft aus Ur in Chaldäa (Gen 11,28.31) oder aus Haran in Mesopotamien (Gen 11,31 f.; 12,4 f.). Man wird auf diese wenigen Notizen, die nach Sprache und Herkunft kaum zum ältesten Kern gehören, kein zu großes Gewicht legen dürfen. Die meisten Vätererzählungen dagegen spielen an und bei Orten, die in der späteren Geschichte Israels wichtig geworden sind, wie Beerscheba, Hebron, Sichem. Im ganzen wird man dem Urteil einer der neueren und gründlicheren Arbeiten folgen müssen, daß in den Vätergeschichten keine Nachrichten über die Vorgeschichte Israels, also über die Zeit vor der Entstehung eines solchen Volkes in Palästina zu finden sind.[11]

Denn die positive Hauptbedeutung dieser Geschichten liegt ganz woanders. Indem Israel von dem Vater erzählt, von dem es abstammt, erzählt es von sich selbst. Das genealogische Denken, das uns als für das ältere Israel konstitutiv noch mehrfach begegnen wird, hat gerade hier seinen wohl wichtigsten, insbesondere auch theologisch bedeutendsten Ausdruck gefunden. Jakob, der in den älteren Erzählungen die zentrale Vatergestalt ist, und später Abraham verkörpern als Vater des Volkes dieses selbst. Jakobs Beziehungen zu anderen Gestalten, die andere Völker repräsentieren, wie Esau die nahe verwandten Edomiter, spiegeln die Beziehungen Israels zu seinen Nachbarvölkern (und solche Probleme nehmen einen nicht unbeträchtlichen Teil der Erzählungen ein), seine Beziehungen zu Gott die Israels zu seinem Gott – man denke nur an eine so zentrale Geschichte wie die von der Opferung Isaaks in Genesis 22. Gerade die Tatsache, daß Israel in den Erzählungen über die Väter sich selbst so konzentriert dargestellt hat wie sonst kaum irgendwo, macht das große Gewicht dieser Texte aus – und erklärt zugleich die Schwierigkeiten, sie historisch auszuwerten.

Nach meinem Urteil wird man, auch vom archäologischen Befund her, kaum bezweifeln können, daß hinter dem vielfältig bezeugten Wissen Israels um seine nomadische Vorgeschichte eine echte Erinnerung steckt. Städtische, aus den kanaanäischen Staaten entkommene Angehörige der Unterschicht dürften höchstens einen kleineren Teil der neuen Siedler ausgemacht haben. Aber ein historisches Wissen über die Zeiten vor dem Aufenthalt im Land, also um die ursprüngliche Herkunft, ist im Alten Testament nicht zu finden. Die Beziehungen zu Mesopotamien zum Beispiel spiegeln viel eher die Probleme einer späteren Zeit, nicht zuletzt des Exils und der Zeit danach, als es in der Tat sehr enge und dauerhafte Beziehungen zu diesen Ländern gab.

Der Exodus und der JHWH-Glaube

Im Gegensatz zu den Erzvätern ist an einer anderen Stelle mit großer Wahrscheinlichkeit etwas über die Vorgeschichte Israels zuverlässig überliefert. Im Bereich der Texte über den Aufenthalt Israels in Ägypten und den Auszug, den Exodus von dort, trifft man in mehrfacher Hinsicht auf historisches Urgestein, obwohl natürlich die Erzählungen insgesamt ihre Form erst in sehr viel späterer Zeit – und also auch von dieser mitgeprägt – gefunden haben. Zuvor aber ist auf die grundlegende Bedeutung des Exodus für Geschichte und Selbstverständnis Israels zu verweisen. Man hat den Satz, daß JHWH Israel aus Ägypten herausgeführt hat, der in vielen Varianten überaus häufig im

Alten Testament vorkommt, das «Urbekenntnis Israels» genannt.[12] In der Tat gehören das Volk Israel und der Gott JHWH schon in den ältesten Texten zusammen. Israel ist das Volk JHWHs, JHWH der Gott Israels – diese gelegentlich Bundesformel genannte Wendung prägt das Alte Testament weithin. Nur wenige Spuren, vor allem im Namen «Israel» selbst, wo die Gottesbezeichnung El und damit der oberste kanaanäische Gott vorkommt, könnten die Vermutung rechtfertigen, daß ursprünglich das Volk Israel und der Gott JHWH noch nicht zusammengehörten. Der Gott JHWH aber wiederum ist durch nichts so geprägt wie durch das Exodusereignis, seine Eigenschaften und der spezifische Glaube an ihn finden darin Ursprung und Zentrum.

Nun geht es hier weniger um die theologisch-religionsgeschichtliche als um die historische Frage. Dafür sind uns zunächst das Milieu und die Umstände des Aufenthaltes von semitischen Nomaden in ägyptischen Diensten, und zwar an bestimmten Orten im Bereich des Nildeltas aus einer Reihe von ägyptischen Dokumenten recht gut bekannt. Diese Texte bezeugen nicht den Aufenthalt speziell der (späteren) israelitischen Gruppen, aber sie zeigen, daß es sich dabei offenbar um typische Vorgänge handelt, und vor allem führen sie wiederum in die Zeit um das Ende des 13. Jahrhunderts v. Chr. Das deutlichste Dokument ist ein Brief eines ägyptischen Grenzbeamten an seinen Vorgesetzten aus der Zeit des Pharaos Setos II. (1200-1194), eines Nachfolgers des Merenptah. Dort heißt es:

> Wir sind damit fertig geworden, die Š'sw-Stämme von Edom durch die Festung des Merenptah in Ṯkw passieren zu lassen bis zu den Teichen von Pitom des Merneptah in Ṯkw, um sie und ihr Vieh durch den guten Willen des Pharao, der guten Sonne eines jeden Landes, am Leben zu erhalten, im Jahre 8 . . . Ich habe sie auf einem Schriftstück bringen lassen zu dem Orte, wo sich mein Herr befindet, zusammen mit den Namen der anderen Tage, an denen die Festung des Merenptah in Ṯkw von Š'sw-Stämmen passiert wurde
> (TGI 40f.).

Nicht nur die Umstände sind offenbar sehr ähnlich wie das, was die Bibel vom Aufenthalt in Ägypten später erzählt, vor allem stimmen einige Einzelheiten auffallend überein. Da werden in Ex 1,11 die Orte Pitom und Ramses erwähnt, an denen die Israeliten Fronarbeit geleistet haben. Mit dem Ort Pitom ist vielleicht der Atumtempel der Stadt Ṯkw gemeint, in dessen Bereich die erwähnten Teiche liegen. Mit Ramses als Ortsname kann nur die Deltaresidenz der Ramessiden gemeint sein, die vor allem unter Ramses II. (1290-1224) gebaut wurde und die inzwischen auch archäologisch erschlossen worden ist. Hinter diesen beiden Ortsnamen steckt also historische Erinnerung. Und so sieht man heute mit recht großer Zuversicht Ramses II. als den Pharao des Auszugs an.

Nun ist wahrscheinlich nur eine recht kleine Gruppe des späteren Israel hier in Ägypten gewesen und hat das Schlüsselerlebnis des Exodus gehabt, das dann auf uns unbekannten Wegen zum zentralen Glauben des ganzen Volkes wurde. Schon die aus den ägyptischen Dokumenten bekannten Umstände verbieten, an große, gar ethnische Einheiten zu denken. Wiederum unter vergleichbaren regionalen und zeitlichen Umständen ist auch der Name des alttestamentlichen Gottes in ägyptischen Quellen belegt. War in dem zitierten Dokument von «Š'sw-Stämmen von Edom», also Israels Zwillingsbrudervolk, die Rede, so kennen andere ägyptische Dokumente ein «Land der Schasu-Yhw», bringen also diese Nomaden mit einer Größe zusammen, die fast wie der biblische Gott heißt. Nur ist aus den Texten nicht zu erkennen, ob mit «Yhw» eine Gottheit oder zum Beispiel ein Berg gemeint ist. Immerhin dürfte aber der Name des späteren Gottes Israels mit diesen «Schasu» (Š3św) genannten Nomaden zusammenhängen. Und nach Israels späteren Erzählungen hat sich dieser Gott ja gerade im Zusammenhang mit dem Ägyptenaufenthalt zu erkennen gegeben und seinen Namen bezeugt (Ex 3f.; vgl. 6). Zum Gott Israels wurde er dadurch, daß man ihm die Rettung vor der ägyptischen Militäreinheit im Wunder am Schilfmeer (Ex 14f.) zuschrieb. Zwar besingt schon eines der ältesten Lieder im Alten Testament diese Rettungserfahrung (Ex 15,21), aber streng historisch zugänglich ist ein solches Ereignis im Grunde natürlich nicht.

Mose und der Gottesberg

Im Alten Testament werden zu diesen zentralen Ursprungsereignissen zwei weitere Elemente gezählt: Mose und der Gottesberg. Beide sind wiederum von späterer Überlieferung so ungeheuer ausgestaltet worden, daß es in der Forschung immer neue Anläufe gegeben hat und weiter geben wird, ihren historischen Kern zu erhellen. Immerhin ist das für den Mann Mose insofern möglich, als es sich dabei eindeutig um einen ägyptischen Namen handelt. Das Element «Mose» ist dasselbe, das uns etwa als Bestandteil des Pharaonennamens Tuthmosis oder Ramses (= Ramose) bekannt ist. Einerseits ist belegt, daß Semiten in ägyptischen Diensten gelegentlich ägyptische Namen erhielten, andererseits ist es ganz und gar unwahrscheinlich, daß das spätere Israel dieser für seine Geschichte und sein Selbstverständnis so wichtigen Gestalt einen fremden, einen ägyptischen Namen gegeben haben sollte. So wird man Mose eben mit dem Ägyptenaufenthalt und dem Exodus ursprünglich in Verbindung bringen müssen.

Noch dunkler ist die Überlieferung um den Gottesberg, den Sinai oder Horeb, der später zum zentralen Element für den Erlaß der Thora wurde. Immerhin lassen sehr alte Lieder im Alten Testament erkennen, daß dieser Berg als Wohn- und Begegnungsort des israelitischen Gottes verstanden wurde. Von dort kommt er nach Dtn 33,2 und Ri 5,4f. Israel zu Hilfe. Auch eine kritische Analyse der Sinaiperikope selbst (vor allem Ex 19,24 bzw. 32-34) wird die Begegnung mit Gott als den ältesten Kern ausmachen.[13] Von Recht und Gesetz ist in den älteren Überlieferungen nicht die Rede, aber weil Recht und Gesetz von dem Gott Israels und von keinem anderen stammen, hat Israel sie später hier verankert.

Ich möchte diesen überaus knappen Überblick über die Traditionen Israels von seiner Herkunft vor seiner Niederlassung im Lande nicht ohne einige grundsätzliche Überlegungen beenden. Was ich hier angedeutet habe, ist das Ergebnis langer historischer Forschungen sowie bestimmter Entscheidungen in wissenschaftlichen Kontroversen. Man wird sich gerade auch bei negativen Ergebnissen der grundsätzlichen Unsicherheit bewußt bleiben müssen, die nur durch zukünftige weitere Quellenfunde überwunden werden kann. Skepsis gegen bestimmte Überlieferungen als historische Quellen heißt zunächst nur, daß ihre Aussagen nicht ohne andere und unabhängige Quellen historisch ausgewertet werden können. Anderes aber ist wichtiger: Die Unsicherheit in historischer Hinsicht, gerade was die Anfänge und die Vorgeschichte Israels betrifft, ist im Grunde mehr als selbstverständlich. Bei anderen Völkern, selbst zum Beispiel den Griechen, wissen wir über die Vorgeschichte, den Prozeß vor und bei der Bildung des Volkes noch sehr viel weniger, und die Überlieferungen sind noch viel weiter von der historischen Realität entfernt. Israels Geschichtsbewußtsein hält in einigen Grundzügen selbst strengster Kritik stand. Und schließlich: Das spätere Israel hat sein Selbstbewußtsein und seine Gottesbeziehung immer stärker mit dem Ursprung, mit den Vätern, dem Exodus und dem Sinai verknüpft. Von daher scheint es, als fiele viel Unentbehrliches weg, wenn dieser Ursprung historisch unsicher ist. Das ist jedoch nicht der Fall. Wir wissen zwar, beschränkt man sich auf streng historisch Wißbares, recht wenig über die Anfänge. Aber wie immer sie ausgesehen haben, zwei Dinge sind entscheidend: Sie waren so, daß sich die weitere Geschichte Israels daraus entfalten konnte. Und sie waren zum anderen eben nicht bereits das, was später daraus wurde. Das eigentliche Wunder Israels und der Bibel liegt nicht allein und nicht einmal vor allem in seinem Anfang, es liegt darin, daß das, was am Anfang vielleicht schon war, immer deutlicher und immer stärker und auch mit immer wieder ganz neuen Zügen und Begriffen im Laufe der weiteren Geschichte ausgestaltet wurde – in allen Katastrophen und ihnen zum Trotz.

Israel als vorstaatliche Stammesgesellschaft

Das Volk Israel ist also im Laufe des 13. und 12. Jahrhunderts in Verbindung mit der Seßhaftwerdung auf dem Gebirge Palästinas entstanden. Was aber war dieses Israel? Welche Gestalt, welche soziale Form hatte dieses Volk? Wie verstand es sich selbst? Es geht darum zu begreifen, was dieses Israel in der Zeit von seinem Entstehen bis zur Transformation durch die Staatenbildung gewesen ist, also in den etwa zwei Jahrhunderten vor dem Jahre 1000. Biblisch gesprochen ist das die Richterzeit, die Traditionen darüber sind vor allem im Buch der Richter gesammelt, das aber seine Gestalt eben erst als Teil des deuteronomistischen Geschichtswerkes Jahrhunderte später gewonnen hat.

Amphiktyonie und Bund?

Die Diskussion über das vorstaatliche Israel wird seit etwa 1930 durch eine These des Alttestamentlers Martin Noth beherrscht. Danach ist das Israel dieser Zeit als ein Zwölfstämmebund zu verstehen, der um ein gemeinsames zentrales Heiligtum herum organisiert war.[14] Diese These eines sakralen Stämmebundes hat lange Zeit die Fachwissenschaft und weit darüber hinaus die Theologie geprägt und beeinflußt. Sie und die inzwischen vorgetragene Kritik daran sind deshalb hier kurz darzustellen. Ausgangspunkt ist das im Alten Testament überaus häufige Element der Liste der zwölf Stämme Israels (zuerst in Gen 30;31). Noth verknüpft dies mit den Erzählungen über die Lade, jenes nach der alttestamentlichen Erzählung am Sinai gebaute tragbare Heiligtum, das nach der Landnahme in verschiedenen Heiligtümern erwähnt wird, um dann nach Jerusalem in den salomonischen Tempel gebracht zu werden. Diese Lade versteht Noth als zentrales Heiligtum Israels. Und er interpretiert dann dieses Israel nach Analogie von griechischen und italischen Entsprechungen als «Amphiktyonie». In beiden Ländern hatten sich Sechser- bzw. Zwölferverbände um ein gemeinsames Heiligtum herum organisiert.

Noth hat dann – und andere sind ihm darin gefolgt – eine ganze Fülle von Elementen der alttestamentlichen Überlieferung mit dieser Hypothese in Verbindung gebracht und so zu verstehen versucht. So soll die Entstehung dieses Stämmebundes in Josua 24 belegt sein. Zentrales Interpretament ist vor allem der Begriff «Bund»! Der «Bund» der Stämme untereinander und der mit dem Gott der Amphiktyonie, JHWH, wird am zentralen Heiligtum gefeiert, bei dem es also um den Bundeskult geht. Institutionen der Amphiktyonie sind dann vor allem die Sprecher der Stämme und die hier ansässigen «Richter». Die eigentlichen Kerntraditionen Israels, also zum Beispiel die Überlieferungen von Exodus und Sinai, sollen an diesem zentralen Heiligtum tradiert worden sein.

Bedeutung und Folgen dieser These können kaum überschätzt werden. Nicht nur steht damit der Versuch, das ganze Alte Testament bzw. seine Theologie vom Bundesbegriff aus zu entwickeln, zur Debatte. Insbesondere ist es dadurch gelungen, gegenüber älteren Abwertungen der Epoche vor Königtum und Staat, etwa durch Wellhausen, überhaupt zum ersten Mal ein positives Verständnis für diese uns so ferne Periode zu entwikkeln. Allerdings ist dann im Anschluß an Noth weithin vergessen worden, daß es sich um eine reine Hypothese handelt, mit der versucht worden war, eine Reihe alttestamentlicher Traditionen zu verstehen. Statt dessen ist von dieser Hypothese aus eine Fülle weiterer Hypothesen entwickelt worden, bei denen insbesondere der Bundesbegriff zu einer nahezu universalen Schablone für alles und jedes im Alten Testament geworden ist.

Nun ist ungefähr seit der Mitte der sechziger Jahre zunehmend heftigere Kritik an dieser These vorgetragen worden. Und man wird heute sehr eindeutig sagen müssen, daß sie nicht länger haltbar ist und sich in ihren Grundzügen nach dem gegenwärtigen Stand unseres Wissens nicht mehr bewährt. Hier muß es genügen, die wichtigsten kritischen Anfragen aufzuführen. Alle zentralen Elemente dieser Vorstellung sind in sich und erst recht zusammen historisch nicht haltbar. Zwar kann nicht bestritten werden, daß sich Israel als ein in zwölf Stämme gegliedertes Volk verstand, aber dahinter steht eben gerade kein «Bund», kein «Verband». Das hebräische Wort *b^e^rīt* zum Beispiel ist auf den Zusammenhang der Stämme nicht angewandt worden und kann seiner Bedeutung nach darauf nicht angewendet werden. Der Zusammenhalt der Stämme ist, wie die Vorstellung vom Vater Jakob mit seinen zwölf Söhnen eindeutig zeigt, ganz anders, nämlich verwandtschaftlich-genealogisch zu verstehen. Dem wird nachzugehen sein. Der älteste einschlägige Text, Richter 5, kennt nur zehn Stämme. Entscheidend ist dann, daß ein zentrales Heiligtum für die Frühzeit eindeutig fehlt. Die ältesten Texte, etwa das Deboralied (Ri 5) und die alten Stammessprüche in Gen 49 und Dtn 33, kennen eine Vielzahl von Heiligtümern, ebenso alte Erzähltraditionen: Sichem, Bethel, Gilgal, Silo, Beerscheba, Hebron usw. Manche davon haben sicher überlokale und überregionale Bedeutung. Aber keines von ihnen kann als zentrales, alle Stämme vereinendes Heiligtum angesehen werden. Auch der Lade kann eine wirklich zentrale Bedeutung vor David nicht zugeschrieben werden. Fragen, wie sich etwa das zentrale Heiligtum – wohin immer man es legen will – zu den anderen Heiligtümern verhalten habe, sind nicht zu beantworten. Im Grunde ist damit eine Konzeption, die Jahrhunderte später, nämlich am Ende der Königszeit auftaucht, die Idee eines einzigen JHWH-Heiligtums in Israel, in die Frühzeit zurückprojiziert worden. Nicht zuletzt ist darüber hinaus der Begriff «Bund» nicht in dieser Weise und nicht für die Frühzeit in Anspruch zu nehmen. Belege für eine so frühe Verwendung gibt es nicht. Das Wort kann nur mißverständlich mit «Bund» übersetzt werden und heißt eher so etwas wie «Verpflichtung».[15] Zudem wird es zum theologisch bestimmenden Begriff erst sehr viel später im Deuteronomium – bzw. bei seinem Vorläufer Hosea – gemacht.

Nur wenige der vielen und detaillierten Gegenargumente gegen ein Verständnis von Israel als einer Amphiktyonie können und sollen hier angedeutet werden. Es ist nicht zuletzt darauf zu verweisen, daß die Hypothese im Grunde genommen das nicht leistet, was sie nach Meinung ihres Urhebers leisten sollte, nämlich ein Modell für eine Gesellschaft ohne einen Staat zu liefern.

Israel als «segmentäre Gesellschaft

Bauernvölker, bei denen kein politisches Herrschaftszentrum – und auch kein kultisch-religiöses Zentrum – den Zusammenhalt gewährleistet, sind nun aber für die Ethnologie nichts Seltenes und Außergewöhnliches. Insbesondere in Afrika hat man zahlreiche derartige «segmentäre Gesellschaften» beschrieben, die teilweise noch bis in die Kolonialzeit hinein und in Resten bis heute überlebt haben. Es handelt sich um Völker, die allein durch verwandtschaftliche Gliederungen organisiert sind und in denen es keine dauerhaften Herrschaftsorgane außerfamiliärer Art gibt. Da alle ihre Teile gleichartige und gleichrangige Segmente darstellen, hat man sie segmentäre Gesellschaften genannt. Hier liegt ein Modell für stabile, nichtherrschaftliche Organisation von Bauernvölkern vor. Man braucht nicht auf nomadische Strukturen zurückzugreifen, um ein solches «Gemeinwesen ohne Obrigkeit» zu verstehen.

Alles, was wir mit einiger Sicherheit über dieses vorstaatliche Israel erkennen können, entspricht in den Grundzügen einer solchen segmentären Gesellschaft.[16] An mehreren Stellen im Alten Testament wird die Grundgliederung des Volkes sichtbar (bes. Jos 7,14ff.; 1. Sam 10,19ff.). Da ist zunächst das Vaterhaus (hebr. *bēt-'āb*), dann die Sippe oder der Clan *(mišpāḥā)*: Eine große Verwandtschaftseinheit, die nach manchen Texten militärisch eine Tausendschaft stellen soll, was ihre Größe erkennen läßt. Dann gibt es darüber die entscheidende Einheit des Stammes *(šäbät)*. Mit der allein auf verwandtschaftlicher Struktur beruhenden Gesellschaft hängt es zusammen, daß die Welt überhaupt weithin als Verwandtschaft erfahren und beschrieben wird. Das gilt auch für die Stellung des eigenen Volkes in der Menschheit (z. B. Gen 10 u. ö.), und das reicht bis hinein in die Gottesbezeichnungen: Israel, das Volk JHWHs *('m jhwh)*, wörtlich «Verwandtschaft Gottes» (vgl. z. B. Nu 21,29).

Die Familienstruktur ist patrilinear und durchaus auch patriarchalisch. Dabei ist das *bēt-'āb*, die um einen Mann und seine Frau beziehungsweise Frauen und Kinder herum organisierte Familie, vor allem als die entscheidende Produktionseinheit anzusehen. Im Rahmen der Familie und für diese Familie wird aus dem bäuerlichen Grund- und Viehbesitz alles zum Leben Notwendige produziert. Nur für wenige Dinge wie Keramik und Metallgegenstände ist man auf ökonomische Verbindungen nach außen angewiesen. Die *mišpāḥā* (Sippe oder Clan), die sich wie in allen sozialen Einheiten als von einem gemeinsamen Vater abstammend sah, ist vor allem als soziale Solidargemeinschaft anzusehen, die etwa bei in Not geratenen Angehörigen Rechte und Pflichten in bezug auf Loskauf von Land und Personen besaß. Im Rahmen der *mišpāḥā* wurde im allgemeinen auch geheiratet, sie war endogam.

Der Stamm ist als die entscheidende politische Einheit anzusehen. Man spricht zu Recht von einer Stammesgesellschaft. Die meisten israelitischen Stämme haben sich wohl ebenso wie das Gesamtvolk erst im Zusammenhang der Seßhaftwerdung gebildet. Das geht vor allem daraus hervor, daß eine ganze Reihe ihrer Namen offensichtlich ursprüngliche Landschaftsnamen in Palästina sind, zum Beispiel Efraim. Andere wie Issachar («Lohnarbeiter») haben ihren Namen von einer bestimmten Beziehung zu kanaanäischen Städten (Gen 49,14f.). Die Liste der zwölf Stämme ist nach dem, was aus vielen Quellen zu entnehmen ist, bereits eine sehr starke Reduzierung der komplexen Vorgänge der Stammesgeschichte. Wir kennen sehr viel mehr Stammesnamen, einige wie Machir (Ri 5,14) haben wahrscheinlich eine nicht unbedeutende Rolle gespielt. Andere, vor allem im Negeb beheimatete Stämme wie Otniel, Kaleb oder Jerachmeel sind später in Großjuda aufgegangen. Insbesondere die Geschichte des Stammes Dan zeigt, wie ausgeprägt das Eigenleben der Stämme in dieser Zeit war. Der Stamm hatte zunächst Niederlassungen im Hügelland westlich von Jerusalem eingenommen. Hier spielen etwa die Simsongeschichten (Ri 14ff.). Er ist dann aber von dort weggezogen und in den äußersten Norden umgesiedelt. Davon berichtet Ri 17f. Manche Stämme wie Ruben, der stets an der Spitze der Zwölferliste steht, tritt nur in unseren ältesten Quellen als lebendiger Stamm hervor (Ri 5,15f.), ähnliches gilt für Simeon, dessen Territorium ganz in dem Judas aufgeht (Jos 19,1ff., vgl. 15,21ff.). Ein besonderes Rätsel stellt der Stamm Levi dar, bei dem, da die Leviten später nur als eine Art Kultpersonal hervortreten, umstritten ist, ob es sich jemals um einen eigenen «weltlichen» Stamm gehandelt haben kann. Es muß bei diesen wenigen Andeutungen darauf bleiben, daß wir mit einem sehr bewegten Eigenleben der israelitischen Stämme in dieser Zeit rechnen müssen.

Auf der Ebene des Stammes sind nun auch die entscheidenden kollektiven Führungsorgane angesiedelt. Das sind insbesondere die Ältesten, die sich wohl aus den Häuptern der einzelnen Sippen zusammensetzen. Das Deboralied (Ri 5), eines der ältesten Dokumente des Alten Testamentes aus der Richterzeit und im Grunde neben den Stammessprüchen von Gen 49 und Dtn 33 unsere wichtigste Quelle für diese Periode, läßt zum Beispiel in V. 14ff. erkennen, daß die einzelnen Stämme autonom über ihre Beteiligung an Kriegszügen entschieden, selbst in einer für Israel so lebensbedrohenden Situation, wie es der Kampf gegen die kanaanäischen Stadtstaaten war.

Schon diese Passage läßt verstehen, daß das Gesamtvolk Israels vor dem Schritt zum Königtum wohl nur im Ausnahmefall, wenn überhaupt einmal, als politische Größe in Erscheinung getreten ist. «In normalen Zeiten scheint Israel nur ein ganz lockeres, dezentrales Bündnis einer schwankenden Anzahl von Stämmen gewesen zu sein, das nicht auf Institutionen, sondern auf gemeinsamer Lebensweise in den Gebirgsregionen, gemeinsamer Sitte und Rechtsanschauung, gemeinsamen Freiheitsidealen in Abgrenzung von den kanaanäischen Stadtstaaten und gemeinsamer Verehrung des Gottes Jahwe beruhte, was nicht Konflikte zwischen ihnen ausschloß.»[17] In dieser Beschreibung ist im Grunde nur das Wort «Bündnis» in Frage zu stellen, da es eine Art freiwilligen Zusammenschluß voraussetzt. Auch hier aber ist die Kategorie der Verwandtschaft entscheidend: Israel versteht sich nicht als «Föderation», sondern als Nachfahren eines einzigen Ahnen, Jakobs. Nur in schweren Krisenzeiten trat Israel als Ganzes in politische Aktion bzw. wurde dazu gerufen. Das Richterbuch läßt eine ganze Reihe kritischer Situationen erkennen, in denen jeweils charismatische Führergestalten auftraten und Israel zur Aktion zusammenriefen. Freiheit und Existenz Israels wurden wohl in besonderer Weise durch die Koalition kanaanäischer Städte bedroht, von der Ri 4 und 5 berichten. Die rettende Tat der Debora, einer «Mutter in Israel», wird durch das uralte große Siegeslied in Ri 5 besungen. Das Kommen JHWHs vom Sinai (V. 4f.), die Freiwilligkeit des Volkes (V. 2.9) bzw. wichtiger Stämme (V. 14ff.) und das Wirken der Debora (V. 7.12.15) werden als zusammengehörige Aspekte des wichtigen Sieges beschrieben. Andere Rettergestalten sind Gideon, Jefta und Simson. Sie werden als große Richter bezeichnet, traten nur in Notzeiten auf, und von ihnen ging keine kontinuierliche Herrschaftsbildung aus. Jedenfalls konnten die Stämme Israels in dem Zeitraum zwischen Seßhaftwerdung und Staatenbildung ihre Freiheit nach außen und innen wahren und sich gegenüber militärisch-technisch überlegenen Gegnern bewähren. Dabei hat, nach dem Deboralied zu urteilen, der Glaube an den gemeinsamen Gott JHWH eine nicht zu unterschätzende Rolle gespielt.

Staatenbildung und frühe Königszeit

In der erstaunlich kurzen Zeit von etwa einem halben Jahrhundert (ca. 1000 bis 950 v. Chr.) vollzieht sich in Israel ein tiefgreifender Wandel, der alle Gebiete des Lebens mitumfaßt. Aus einer Stammesgesellschaft, die im wesentlichen aus gleichartigen und gleichrangigen Segmenten von Stämmen und Clans bestand und in denen alle Entscheidungen von den freien Männern und Ältesten autonom getroffen wurden, wird ein zentraler Staat, in dem von einer Hauptstadt aus ein stehendes Heer unterhalten, Steuern und Fronarbeit der Bevölkerung auferlegt werden. Aus den israelitischen Dörfern und den verbliebenen kanaanäischen Städten wird ein gemeinsamer Flächenstaat gebildet. An jedem einzelnen Ort ist dieser Wandel archäologisch zu verfolgen. In Hazor etwa wird aus dem offenen, auf einem Teil der Ruinen der spätbronzezeitlichen Stadt errichteten Dorf eine stark befestigte kleine Stadt, die durch Palastbauten und öffentliche Gebäude geprägt ist.

Zugleich ändern sich die Voraussetzungen für eine Darstellung der Geschichte Israels in dieser Zeit wesentlich, und das hat etwas mit diesem Wandlungsprozeß selbst zu tun. Der Wandel Israels und vor allem der folgenreiche Vorgang der Entstehung eines Königtums ist in Israel in einem nicht zu großen Abstand von dem Beginn einer eigenen Geschichtsschreibung begleitet worden. In den in ihrer jetzigen Form deuteronomistischen Samuelbüchern sind mehrere ältere Werke erhalten und verarbeitet worden. Und wenn auch der Umfang der frühen, auf das 10. Jahrhundert zurückgehenden Bestandteile darin nicht völlig unumstritten ist, so gibt es doch einen recht breiten Konsens dafür, daß größere Passagen auf Werke der frühen Königszeit zurückgehen. Ich gehe davon aus, daß insbesondere die Erzählung über den Aufstieg Davids, die sogenannte Aufstiegsgeschichte in 1. Sam 16 – 2. Sam 5, sowie das erzählerische Meisterwerk der Geschichte von der Thronnachfolge Davids in 2. Sam 9,20 – 1. Kön 1;2, von kleineren Zusätzen abgesehen, im wesentlichen als geschlossene Werke des 10. Jahrhunderts angesehen werden können. Eine andere Quelle der Samuelbücher ist die sogenannte Ladegeschichte in 1. Sam 4-6 und 2. Sam 6; dazu kommen alte Sagen vom Königtum Sauls. Im ganzen läßt sich an diesen Texten der sich in Israel vollziehende Übergang von der Heldensage zur reflektierten Geschichtserzählung recht genau verfolgen. Deswegen kann, mit David einsetzend, der historische Ablauf mit ganz anderer Detailkenntnis geschildert werden als die früheren Epochen. Von dieser Voraussetzung aus soll nun nach den historischen und sozialen Kräften gefragt werden, die einen so raschen Wandel herbeiführten.

Die Philister und das Königtum Sauls

Den Anstoß zur israelitischen Staatenbildung gab die Auseinandersetzung mit den Philistern. Diese hatten sich, wie erwähnt, als Teil der Seevölkerbewegung in der ersten Hälfte des 12. Jahrhunderts v. Chr. in der südlichen Küstenebene niedergelassen und dort eine sehr eigenständige Kultur ausgebildet.[18] Sie waren in fünf Stadtkönigtümern organisiert, Gaza, Askalon, Aschdod, Ekron und Gat. Nördlich davon hatten sich, wie vor allem die ägyptische Wen-Amun-Erzählung aus dem 11. Jahrhundert bezeugt (TGI 41 ff.), andere Seevölker in der Gegend der Hafenstadt Dor niedergelassen. Lokale Konflikte mit den Philistern werden schon in den Simsonerzählungen erwähnt (Ri 13-16). Über den großen Konflikt mit den Philistern berichtet dann vor allem 1. Sam 4, der Auftakt der Ladegeschichte. Denn auch diese Lade, das bis dahin in Silo stationierte Heiligtum, geriet durch verlorene Schlachten in die Hände der Philister. Diese haben dann zentrale Teile Israels beherrscht, ja – obwohl das bisher archäologisch nicht eindeutig bestätigt werden konnte – größere Teile des judäischen und benjaminitischen Berglandes geradezu besetzt. Das läßt die Erwähnung von Besatzungsoffizieren in Geba (1. Sam 13,3) und in Gibea (10,5), Orten nördlich von Jerusalem, erkennen; und ähnlich scheinen die Dinge auch im Negeb gewesen zu sein. Besonders aufschlußreich ist die Notiz in 1. Sam 13,19f.:

> Damals gab es keinen Schmied im ganzen Land Israel. Die Philister hatten sich nämlich gesagt: «Wenn nur die Hebräer keine Schwerter und Lanzen herstellen können!» So mußte ganz Israel zu den Philistern gehen, damit man seine Pflugscharen, seinen Karst, seine Axt oder seine Sichel schmieden lassen konnte![19]

Man hat daraus gelegentlich auf ein Eisenmonopol der Philister schließen wollen, jenes Metalls, das in der frühen Eisenzeit noch zögernd, dann aber bald zunehmend benutzt wurde und eine entscheidende technische Neuerung bedeutete. Aber davon wird kein Wort gesagt. Es handelt sich wohl um den naheliegenden Versuch, die Metallherstellung und -verarbeitung in Israel zu unterbinden und zu monopolisieren, was sowohl militärisch wie ökonomisch – und V. 21 berichtet dann von den entsprechenden Preisen – die Oberhoheit sichern sollte. Jedenfalls war es den Philistern in einer nicht genau bestimmbaren Zeit gegen Ende des 11. Jahrhunderts gelungen, große Teile zumindest Mittelpalästinas und Judäas einzunehmen.

Gegen die bisherigen Gegner Israels hatte das Auftreten zeitweiliger charismatischer Führergestalten ausgereicht. Vielleicht war die Bedrohung jetzt grundsätzlicher, vielleicht hatten sich auch die Verhältnisse in Israel selbst verändert. Denn diese Philisterherrschaft wurde der Anlaß zur Staatenbildung, die in zwei Etappen erfolgte, zunächst unter Saul und dann unter David.

Die Darstellung der Herrschaft des ersten Königs Israels, Saul, ist von der Quellenlage her noch mit übergroßen Problemen belastet, da über ihn selbst nur sehr verschiedenartige, ja widersprüchliche Sagen vorliegen. Allein die Länge seiner Regierungszeit ist ein unlösbares Grundproblem, da im hebräischen Text von 1. Sam 13,1 die Zahl von zwei Jahren steht, was eventuell nur wenige Monate bedeuten kann, da auch eine nur kurze Zeit vor oder nach einem Jahreswechsel als volles Jahr zählt. Die Zahl wird meist geändert, zum Beispiel in zwanzig oder zwölf, doch hat das keinerlei Anhalt am Text. Zwar gibt es keine Angaben, die die Richtigkeit der zwei Jahre völlig ausschließen würden, doch ist die Fülle der Erzählungen allein im Zusammenhang mit dem Aufstieg Davids wiederum nur schwer damit in Übereinstimmung zu bringen, erst recht eine Angabe wie die, daß die Lade zwanzig Jahre in Kirjat-Jearim herumstand, bis David sie nach Jerusalem brachte (1. Sam 7,2). So bleibt hier vieles ungeklärt. Ähnliches gilt für die meisten Einzelheiten der Regierung Sauls. Denn allein darüber, wie er König wurde, liegen drei sehr unterschiedliche und kaum in Übereinstimmung zu bringende Erzählungen vor (1. Sam 9,1-10,1; 10,17 ff.; 11). Da aber derartige Sagen eher das Typische verdichten, als daß sie in historischen Einzelheiten zuverlässig sind, können Art und Weise dieses ersten Königtums recht gut in den Umrissen erfaßt werden. Saul ist offenbar eine Art Heerkönig gewesen, das heißt ein auf Dauer bestimmter und anerkannter Heerführer und als solcher König. Er ist damit letztlich vom Konsens aller und besonders des Heeres abhängig geblieben. Alle Sagen über Saul schildern dieses Milieu und spielen im Heerlager. Eine eigene, nur ihm unterstehende Machtgruppierung, soziologisch gesprochen einen eigenen «Erzwingungsstab», konnte Saul offenkundig nicht erreichen. Gefolgschaft ist der richtige Begriff für seine Anhängerschaft (z. B. 1. Sam 14,52). Typisch scheint eine Szene wie die von 1. Sam 22,7 f. zu sein: Um ihn ist seine Verwandtschaft, insbesondere die Benjaminiten, das entspricht ganz der Struktur der alten Gesellschaft. Und ebenso typisch ist der Gegensatz zu David, der ganz anders als er Landbesitz als Lehen zu vergeben hat. Seine wichtigsten Heerführer sind nahe Verwandte (14,50). Immerhin hat er in Gibea/Tell el-Fūl, nur wenige Kilometer nördlich von Jerusalem, eine Art Hauptstadt mit einem eigenen Palast gegründet. Wie weit allerdings die Herrschaft Sauls sich erstreckte, ob zum Beispiel auch der Bereich des Stammes Juda dazugehörte, ist nicht mehr mit Sicherheit aufzuklären.

Saul und sein Sohn Jonatan haben offenbar überraschende Anfangserfolge gegen die Philister gehabt. Der Vogt in Geba wird erschlagen (13,3). Es folgen Siege über die Philister (13 f.) und die Amalekiter (15). Im Verlauf dieser vielleicht auf Überraschung beruhenden Erfolge werden die Philister vom Gebirge vertrieben. Wenn die Notiz von der zweijährigen Regierungsdauer richtig sein sollte, dann ist es bereits im folgenden Jahr zur großen Entscheidungsschlacht zwischen Israel unter Saul und den Philistern auf dem Gebirge Gilboa südlich der Jesreelebene gekommen (1. Sam 31), in der Saul und Jonatan den Tod fanden und Israel eine vernichtende Niederlage erlitt. Die Herrschaft der Philister drohte erneut und verstärkt aufgerichtet zu werden. Inzwischen aber war mit David eine neue Gestalt aufgetreten. Er wurde der eigentliche Staatsgründer Israels.

David – Aufstieg und Machtgrundlage

Eine volkstümliche Sage wie die von David und Goliat (1. Sam 17) bringt auf eindringliche Weise die Größe Davids zum Ausdruck: Er ist es, und nicht Saul, der aus kleinsten Anfängen heraus die tödliche Gefahr der Philister beseitigt und Israel befreit hat. David gehört zu den ganz Großen der Geschichte Israels, ja der Weltgeschichte. Ohne eine andere Vorgabe als die eigenen Fähigkeiten wird er der eigentliche Gründer des israelitischen Staates und schafft darüber hinaus ein Großreich, wie es vor und nach ihm in dieser Region keines gegeben hat und das sich mit anderen Großreichsbildungen des Vorderen Orients in jeder Hinsicht messen kann.

David ist Judäer, kommt als junger Mann an den Hof Sauls und wird eine Art Schildknappe bei ihm (1. Sam 16,14 ff.). Ein sicher altes, mehrfach überliefertes Lied besingt seine Heldentaten:

> Saul hat seine Tausende erschlagen
> David aber seine Zehntausende (1. Sam 18,7)

Er tut sich als strahlender Held in Sauls Philisterkriegen hervor, wird Sauls Schwiegersohn (18,17 ff.) und schließt engste Freundschaft mit dessen Sohn Jonatan (18,1 ff.). All dies hat offenbar sehr rasch zu einem tiefen Konflikt mit Saul geführt, der David als Bedrohung empfand.

Aufgrund dieses Konfliktes muß David vom Hof Sauls fliehen. Und das ist die Voraussetzung für seinen selbständigen Weg zur Macht. Bereits der erste Schritt auf diesem Weg bringt etwas ganz Neues und gegenüber Saul und seiner Art der Herrschaft sehr Verschiedenes. David schafft sich die alles weitere bestimmende Grundlage seiner Macht durch den Aufbau einer eigenen Privattruppe. «Es sammelten sich bei ihm alle möglichen Leute, die geächtet, verschuldet oder verbittert waren, und er wurde ihr Anführer; um die vierhundert Mann stießen zu ihm» (22,2). Leute also, die aus Überschuldung oder anderen Gründen als *dropouts* der damaligen Gesellschaft angesehen wurden, sammelt er und bindet sie an sich. Bereits die reine Existenz einer solchen Größe ist gegenüber der bisherigen Stammesgesellschaft ein Novum. Ähnliche Versuche werden bereits von Jefta (Ri 11,3) und Abimelech (Ri 9) überliefert. Die hier für den Anfang genannte Zahl von vierhundert wird später immer mit sechshundert angegeben (23,23; 25,13; 27,2 u. a.). Als militärische Macht war das damals eine beträchtliche Größe, zumal sie als Berufskriegertruppe im Gegensatz zum erst umständlich einzuberufenden Volksheer immer und jederzeit verfügbar war und keinem anderen Willen als dem Davids unterstand. Alle wichtigen Erfolge verdankt er dieser Truppe. Mit ihr geht er zu den Philistern über (27,2), mit ihr nimmt er Hebron und dessen Umgebung ein und wird so König über Juda (2. Sam 2,3), mit ihr erobert er Jerusalem (5,6 ff.), schlägt die Philister (5,17 ff.) und rettet Israel, und schließlich schlägt er mit ihr beim Aufstand seines Sohnes Absalom sogar Israel selbst und seinen Heerbann (18,7).

Diese Truppe stellte durch ihr bloßes Vorhandensein sofort ein neues und unabweisbares Problem: Sie mußte versorgt werden, und deswegen war David auf regelmäßige Einkünfte nicht unbeträchtlicher Größenordnung angewiesen. Und genau an dieser Stelle liegen die Grundlagen für das spätere Steuer- und Abgabensystem des davidisch-salomonischen Staates, während wir bei Saul nichts von regelmäßigen Staatssteuern hören. Die Erzählung 1. Sam 25 läßt uns in die Anfänge hineinblicken. Hier erpreßt David vom reichen Viehzüchter Nabal Abgaben für sich und seine Leute mit der alleinigen Begründung, daß seine Leute denen von Nabal *nichts* getan haben (bes. V. 7f.). Die Parallele zu bekannten Mafiamethoden liegt auf der Hand. Der Übergang von der organisierten Räuberbande zur heiligen Institution des Staates ist an diesem Kapitel wie sonst kaum irgendwo in der Weltgeschichte unmittelbar abzulesen. Und wie die Forderung Davids ein erster Ansatzpunkt der späteren Staatssteuer ist, so die Weigerung Nabals die erste Äußerung grundsätzlicher Königs- und Staatsfeindschaft in Israel.

Saul aber verfolgt David, und die Aufstiegsgeschichte enthält mehrere Erzählungen über diese Auseinandersetzung (bes. 1. Sam 24; 26). David sieht sich schließlich gezwungen, mit seiner Söldnertruppe zu den Todfeinden Israels, den Philistern, überzugehen (27,1ff.), er geht «anderen Göttern dienen» (26,19). Die Philister geben ihm für sich und seine Truppe eine eigene Stadt als «Lehen», Ziklag (27,6f.). Von hier aus treibt David, soweit es die Quellen erkennen lassen, eine doppelbödige Politik. Er führt Krieg gegen Israel feindlich gesinnte Stämme im Negeb, steht aber nach außen hin im Kampf gegen Israel (27,8ff.). Mit Hilfe von Beutegeschenken baut er sich eine Hausmacht in Juda auf (1. Sam 30,26ff.). Natürlich ist es weitgehend der Darstellungskunst der «Aufstiegsgeschichte» zu verdanken, welchen Eindruck wir von diesem Weg Davids zur Herrschaft in Israel gewinnen. Aber trotz aller zu beobachtenden prodavidischen Tendenz dieses Werkes steht es den Ereignissen doch recht nahe. In der großen Entscheidungsschlacht, die Sauls Leben und Königtum besiegelt (1. Sam 31), wird David durch den gleichzeitigen Kampf gegen einen anderen Todfeind Israels, gegen Amalek, ein glänzendes Alibi erstellt (1. Sam 30). Die späteren Worte des Sauliden Simei in 2. Sam 16,7ff. zeigen, daß man David im Kreise der Anhänger Sauls eine Mitschuld am Tode Sauls zugeschrieben hat (vgl. auch 2. Sam 21). Deutlich ist in jedem Fall, auch wenn sich Einzelheiten über den Streit aus den frühen Quellen historisch kaum mit ausreichender Sicherheit erkennen lassen, daß der Abstieg Sauls parallel zum Aufstieg Davids verläuft, Sauls Tod und Scheitern Davids Chance und Stunde ist. Und wenn man ihm nach Sauls Tod dessen Krone bringt (2. Sam 1,10), so kann die prodavidische Erzählung auch dadurch nicht alle Verdachtsmomente beseitigen, daß sie David den Überbringer töten und ihn selbst ein ehrendes Leichenlied auf Saul und Jonatan singen läßt.

Nach dem Tode Sauls und der Niederlage des Heerbanns in der Entscheidungsschlacht gegen die Philister spricht jedenfalls alles für David. Er als einziger hat die Mittel, Israel vor einer Dauerherrschaft durch die überlegenen Philister zu retten. Und er ergreift von sich aus die Initiative. 2. Sam 2,1ff. berichtet, daß David mit seiner Familie und seiner Truppe den zentralen Ort des südlichen Juda, Hebron, und alle Orte in dessen Umgebung besetzt. Damit war mit Ziklag im Süden oder Südwesten – die genaue Lage ist umstritten –, Hebron im Zentrum und seiner Heimatstadt Bethlehem im Norden ganz Juda mehr oder weniger in Davids Hand. Es ist nur konsequent, daß in dieser Lage die Männer von Juda David in Hebron zum König über Juda ausriefen und salbten (2,4).

Bei diesem Vorgang wird zum ersten Mal die die weitere Geschichte so weitgehend bestimmende Dichotomie Israels in einen Süd- und einen Nordstaat sichtbar. David jedenfalls wird zunächst König von Juda bzw. Großjuda und erst später und ganz unabhängig davon König über den Nordstaat Israel. Leider ist die Vorgeschichte dieses Gegensatzes dunkel, da etwa die Zugehörigkeit Judas zum Reich Sauls kaum zu klären ist, ebensowenig wie die Hintergründe für das Fehlen Judas zum Beispiel im Deboralied. Sicher mögen hier ältere Gegebenheiten eine Rolle spielen, so gab es auf der Höhe Jerusalems eine Art Sperriegel kanaanäischer Städte, der vielleicht die südlichen und die nördlichen Stämme zu einer gewissen Distanz zwang. Spätestens von der Salbung Davids an aber ist diese Spaltung historisch genau verfolgbar.

Im Norden hat Sauls Sohn Ischbaal versucht, das Erbe seines Vaters anzutreten, wobei aber anscheinend nicht er selbst, sondern Sauls Feldherr Abner die bestimmende Figur ist (2. Sam 2,8). Das ist der erste Versuch einer Dynastiebildung. Offenbar gab es längere Phasen intrigenreicher Auseinandersetzungen zwischen den beiden israelitischen Machtbildungen, wobei Ischbaal nur vom Ostjordanland aus operieren kann; der Westen ist in philistäischer Hand. Einzelheiten brauchen hier nicht behandelt zu werden, entscheidend ist nur der Tod der Hauptpersonen Ischbaal und Abner (2. Sam 2-4).

Danach salben alle Stämme Israels David unter Berufung auf die wechselseitige Verwandtschaft in Hebron zum König (2. Sam 5,1-3). David hat damit in zwei verschiedenen Königtümern in Personalunion ganz Israel als König in seiner Hand. Es muß nun zum entscheidenden Konflikt mit den Philistern kommen. In 2. Sam 5,17ff. wird berichtet, daß er die Philister mit «seinen Männern» (V. 21) zweimal vernichtend schlagen kann; von einer Beteiligung des Heerbanns ist nicht die Rede. Dieser Sieg bannt die Philistergefahr ein für allemal. Was die Sage von David und Goliat plastisch erzählt, spiegelt die Realität: Es war David und nicht Saul, der die Philister endgültig besiegt hat und die drohende Gefahr abwehren konnte. Israel war wieder frei. Aber war es wirklich frei? Jetzt stand an der Spitze der aus den tiefsten Kräften der segmentären Gesellschaft kommenden Freiheitsbewegung gegen die Philister ein Mann, der bereits eine eigene Macht hinter sich hatte. Die drohende Fremdherrschaft war nur um den Preis innerer Herrschaft abzuwehren gewesen; die Folgen konnten nicht ausbleiben.

David – Großreichsbildung und Widerstand

Über die Art und Weise, wie David regierte und seinen Staat ausbildete, wissen wir nur wenig. Anders als später bei Salomo sind die Quellen wenig daran interessiert. So wird man nur vermuten können, daß vieles, was dann bei Salomo erkennbar wird, seine Wurzeln bereits in der Regierung Davids hatte. Einige herausragende Züge aber sind überliefert.

Da ist zuerst Davids Eroberung von Jerusalem (2. Sam 5,6ff.). Diese alte, seit der Mittelbronzezeit bestehende Stadt war bisher von keinem der Stämme Israels eingenommen worden. Die gesamte Geschichte und bis heute bestehende Bedeutung Jerusalems gehen im Grunde auf diesen Schritt Davids zurück. Von der Lage her, in der er sich befand, wirkte sein Vorgehen äußerst konsequent und ist einer der Punkte, an dem man die erfolgreiche Politik Davids beobachten kann. David hatte mit dem Königtum über Juda und dem über das weitaus größere Israel zwei verschiedene Herrschaften in Personalunion in sich vereinigt. Er residierte zunächst in Hebron, dem Zentralort Judas, was natürlich keine Dauerlösung war. Jerusalem aber lag auf der Grenze der beiden Staatsgebilde. Noch wichtiger, er schuf sich neben seiner Privatarmee damit eine weitere, von der Stammesorganisation ganz unabhängige Machtbasis. Denn Jerusalem war bis dahin nicht in den Stämmeverband integriert – und wurde es auch nicht. In vieler Hinsicht ist Jerusalem immer eine Besonderheit geblieben, mit ganz eigenen Ausprägungen auch auf theologischem Gebiet. David jedenfalls, so steht zu vermuten, hat in der Stadt die Nachfolge des alten jebusitischen Königs angetreten.

Jerusalem wird von David vor allem kultisch mit den israelitischen Stämmen verbunden und zu einem wichtigen Heiligtum ausgebaut, indem er das alte Heiligtum der Lade, das seit den Philisterkriegen unbeachtet in dem kleinen Ort Kirjat-Jearim stand, hierher brachte (2. Sam 6).

David hat dann aus den bis dahin zum Teil neben Israel existierenden alten Stadtstaaten und dem Siedlungsgebiet Israels einen Flächenstaat geschaffen. Eine ganze Reihe ehemaliger unabhängiger Stadtstaaten, wie sie Ri 1,27ff. aufzählt, sind erst von David integriert worden. Das war der Ausgangspunkt für manche spätere Krise in Israel, wie der religiösen des 9. und in gewisser Weise auch der sozialen des 8. Jahrhunderts. Vor allem aber wird in recht zuverlässigen Quellen – dem Annalenmaterial von 2. Sam 8 und dazu c. 10 und 11,26f. – überliefert, daß David Schritt für Schritt sämtliche Nachbarvölker und -staaten besiegt und unterworfen hat. So bezwang er im Ostjordanland die Moabiter und legte ihnen Tribute auf (8,2). Dann folgten die Aramäer um Zoba und Damaskus, die durch Statthalter regiert wurden (V. 3ff.). Im Norden dehnt sich seine Macht schließlich bis Hamat (V. 9), das heißt bis an den Euphrat aus. V. 12 nennt als weitere unterworfene Völker Edom, Ammon und Amalek. Nach 12,30 macht er sich selbst zum König über Ammon.

Faßt man diese zuverlässigen, wenn auch sehr knappen Notizen zusammen, dann beherrscht David ein Großreich von der Grenze zu Ägypten bis an den Euphrat. Er war König über Juda, Israel und Ammon und beherrschte direkt durch Statthalter die meisten der unmittelbaren Nachbarn vor allem im Osten. In dieser Zeit war Ägypten ausgesprochen schwach, die anderen potentiellen Großreichsregionen Babylonien und Assur ebenfalls. So stellt sein Reich die größte Macht der Zeit dar und, wie erwähnt, die größte, die jemals von Palästina ausgegangen ist. Wenn in den Königspsalmen des Alten Testamentes die Weltherrschaft des Jerusalemer Königs (Ps 2), die Grenze seiner Herrschaft von Meer zu Meer, vom Euphrat bis an die Enden der Erde (Ps 72,8) besungen wird, dann ist das zwar altorientalischer Stil und recht formelhaft formuliert, hat aber im davidischen Großreich durchaus Anhalt an der Realität.

Was aber bedeutete die Herrschaft Davids und seine Großreichsbildung für Israel selbst und die Israeliten? Einerseits müssen nicht unbeträchtliche Reichtümer aus Abgaben und Tributen in die Hauptstadt geströmt sein, andererseits blieb aber auch die ununterbrochene Kriegführung nicht ohne Folgen. Wir hören in zwei Zusammenhängen von deutlichem und grundsätzlichem Widerstand gegen David, der sich unter seinem Nachfolger Salomo fortsetzt.

Kaum hatte David für Israel die großen Gefahren beseitigt, wird von einem sehr weitgehenden Aufstand gegen ihn unter seinem Sohn Absalom berichtet (2. Sam 15-19). Die Schilderung in 15,2-6 läßt einige der Ursachen erkennen. Absalom versuchte, die Männer, die offenbar in größeren Scharen zum König «zu Gericht» kamen, für sich zu gewinnen. Er sprach sie persönlich an (V. 2), gab ihnen in der Sache grundsätzlich recht (V. 3a), kritisierte die gegenwärtige Praxis seines Vaters (V. 3b) und versprach ein besseres Regime (V. 4). Es ist anzunehmen, daß diese Leute nicht wegen normaler Gerichtssachen, etwa Auseinandersetzungen in ihren Heimatorten, zur Hauptstadt kamen – dann hätte es auch wenig Sinn ergeben, wenn der präsumtive König ihnen allen grundsätzlich recht gegeben hätte. Dahinter werden Konflikte zwischen dem Königtum und den freien Grundbesitzern gestanden haben, wahrscheinlich ging es um Heerbannfolge, Steuern und Abgaben. Was Absalom versuchte und versprach, war offensichtlich der Versuch einer Reform des Königtums, was einer Erleichterung der auferlegten Lasten gleichkam. Dafür spricht nicht zuletzt, daß sich auch Sauliden wie Simei (16,5ff.) Absalom anschließen. Angestrebt wurde wahrscheinlich ein Regime wie einst das von Saul und damit eine teilweise Wiederherstellung der vorstaatlichen Zustände.

Jedenfalls gelingt es Absalom mehr oder weniger, das ganze Volk hinter sich zu bringen, auch den Heerbann. David sieht sich, das wird aus der Erzählung, deren Einzelheiten wir übergehen können, deutlich, auf seine Söldnertruppen zurückgeworfen und muß mit ihnen aus der Hauptstadt fliehen. Mit diesen Söldnerstreitkräften aber gelingt es ihm, den vereinten Heerbann Israels zu schlagen: «Das Heer Israels wurde dort geschlagen von den Knechten Davids» (2. Sam 18,7). Nach dem Aufstand wird in 19,12-14 von einer Art Teilungspolitik Davids berichtet. Er erreicht es, das ebenfalls abgefallene Juda, seine ältere politische Heimat, durch besondere Angebote zu gewinnen, während er den Norden stärkerer Bestrafung unterzieht. Damit hat er die eine Reichshälfte erneut an sich gebunden und die gegen ihn vereinigte Front gespalten.

Nach der Darstellung der Thronfolgegeschichte folgt im Norden unmittelbar auf den ersten ein zweiter Aufstand mit anderen Zügen. Er geht von einem Benjaminiten Scheba aus, der das Motto ausruft:

> Wir haben keinen Anteil an David
> und kein Erbe am Sohn Isais.
> Ein jeder zu seinen Zelten, Israel! (20,1)

Von einem politischen Ziel Schebas wird außer diesem Satz nichts übermittelt, nicht einmal ein eigener Thronanspruch dieses Mannes. Sein Motto ist eine grundsätzliche Aufhebung der Beziehung zum Davidhaus, eine Rücknahme des «Königsvertrags» von 2. Sam 5. Deshalb wird der Heerbann zum Nachhausegehen aufgerufen. Hier kämpft man nicht mehr für ein wie auch immer geartetes Reformkönigtum. Hinter dem Aufruf steht die Auffassung, daß von der Auflösung des Heerbanns auch die Institution des Königtums betroffen wird, steht die Hoffnung, ein Rückzug jedes Beteiligten auf seinen eigenen Grund und Boden werde der Herrschaft Davids ein Ende bereiten. Das ist der Rückgriff auf die Vorstellungen einer nicht so sehr weit zurückliegenden Zeit, in der ein Heerführer oder König in der Tat vom Konsens Israels abhängig war. Schebas Aufstand entspricht einer grundsätzlichen Königsfeindschaft, ist der Versuch, zu vorstaatlichen Zuständen zurückzukehren, die Macht, die man gerufen hatte, wieder loszuwerden. Die Machtbildung Davids wird damit freilich erheblich unterschätzt. Sie war ja völlig unabhängig von der stammes- und sippenmäßigen Gliederung des Heerbanns und hatte sich Gesamtisrael im Absalomaufstand endgültig als überlegen erwiesen. Der weitere Verlauf des Schebaaufstandes entspricht seinem Schlachtruf. Es kommt zu keinem geschlossenen Widerstand. David setzt alles daran, den Gegner zu fassen, bevor es zu größeren Aktionen der Aufständischen kommt. Scheba hat anscheinend nur eine einzige Stadt für sein Vorhaben gewonnen und wird schließlich von dieser auch noch an David ausgeliefert.

Schebas Versuch einer Rückkehr zu vorstaatlichen Verhältnissen war an der Stärke der davidischen Position gescheitert. Davids Staat war nicht vom Konsens aller abhängig, sondern eine eigene Macht und wurde mit Gewalt aufrechterhalten. Die Vorstellungen der grundsätzlichen Gegner von Königtum und Staat haben sich an mehreren Stellen im Alten Testament im Rahmen des deuteronomistischen Geschichtswerkes erhalten. So wird im Gideonspruch (Ri 8,27f.) einer irdischen Dynastiebildung das Königtum Gottes gegenübergestellt, in der Jotamfabel (Ri 9,8-15) die Institution des Königtums prinzipiell als nutzlos und gefährlich verspottet, werden in der Polemik von 1. Sam 8,11-17 die sozial negativen Folgen des Königtums scharf herausgearbeitet.

Die Herrschaft Salomos

Für Davids Nachfolger, seinen Sohn Salomo, sieht die Quellenlage völlig anders aus als für den Vater. In 1. Kön 3-11 sind, wenn man in einer kritischen Analyse von der späteren Übermalung durch das Bild des großen Weisen absieht, zwar wichtige Einzelnotizen zu bestimmten Aspekten seiner Regierung und zum Aufbau der Staatsverwaltung erhalten, aber kaum Nachrichten, die dem geschichtlichen Verlauf gelten. Das wird allerdings nicht nur ein Zufall der Überlieferung sein. Anders als der Staats- und Reichsgründer, der Krieger David, trieb Salomo den inneren Ausbau des Reiches voran. Chronologisch ist sein Tod im Jahre 926 v. Chr. das erste einigermaßen sicher datierbare Ereignis der Geschichte Israels. David und Salomo werden jeweils vierzig Regierungsjahre zugeschrieben (1. Kön 2,11; 12,42). Das ist eine runde, geschätzte Zahl, an deren Größenordnung zu zweifeln aber kein Anlaß vorliegt. So dürfte David um das Jahr 1000 v. Chr., Salomo um 965 v. Chr. an die Macht gekommen sein.

Salomo kann, wie die Thronnachfolgegeschichte ausführlich darstellt, den Thron seines Vaters David übernehmen, weil eine ganze Reihe älterer Brüder aus verschiedenen Gründen ausscheiden und er schließlich durch eine komplizierte Hofintrige an die Macht gelangt. Dabei haben seine Mutter Batseba und der Prophet Natan eine zentrale Rolle gespielt. Salomo beginnt seine Herrschaft mit einer Serie politischer Morde (1. Kön 2), denen neben seinem Bruder und Rivalen Adonija auch einige alte Kampfgefährten Davids zum Opfer fallen.

Die überlieferten Leistungen Salomos liegen weitgehend auf innenpolitischem Gebiet. Außenpolitisch ist im Grunde nur bekannt, daß das Reich an den Rändern zu bröckeln begann und sich eine Reihe unterworfener Staaten wieder selbständig machen konnte. So vor allem die Aramäer unter Rezon (11,23-25), die um Damaskus ein eigenes Reich gründeten und später in langanhaltende Kriege mit Israel verwickelt waren. Mindestens ein Abfallversuch wird auch von Edom berichtet (11,14ff.). Aber die Kernteile des davidischen Reiches konnte Salomo zusammenhalten und in jeder Hinsicht zu größtem Glanz führen. Seine außenpolitischen Beziehungen wurden in erster Linie durch mehrere Heiraten gefestigt (11,1ff.; 14,21), wobei die mit einer ägyptischen Prinzessin sicher die wichtigste war (3,1; 7,8 u.ö.). Ansonsten spielte der Handel, der in dieser Zeit wohl weitgehend von dem jungen Staat ausging, eine außerordentliche Rolle. Wichtig war das Handelsabkommen mit Tyros (5,24f.), bei dem Salomo einen ganzen Landstrich opferte (1. Kön 9,11ff.). Weiter werden ein Zwischenhandel mit Pferden für Ägypten und Handelsschiffahrtsverbindungen bis ins sagenhafte Goldland Ofir genannt (9,26f.; 10,11f.22). Die spätere Legende hat Salomos außenpolitische Beziehungen in der Erzählung vom Besuch der Königin von Saba verdichtet.

Eine Reihe von Dokumenten vermittelt einen Eindruck vom inneren Aufbau des salomonischen Staates. Da ist eine «Ministerliste» (1. Kön 4,2-6), die im Vergleich mit den entsprechenden davidischen (2. Sam 8,16-18; 20,23-26) Veränderungen sichtbar werden läßt, die sich vollzogen haben. Die Titel der obersten Beamten deuten auf ägyptische, über Jerusalem vermittelte Einflüsse hin. An der Spitze steht der oberste Priester. Bei David waren es zwei, offensichtlich ein Versuch, die religiösen Spannungen zwischen alten israelitischen und neuen kanaanäisch-jerusalemischen Traditionen auszugleichen. Der Schreiber *(sōfēr)* hatte wohl die zivile Verwaltung unter sich, während dem obersten Militär, anders als bei David, jetzt Heerbann *und* Berufskrieger unterstehen. Es gibt eine Art Kanzleichef oder Kanzleramtsminister *(mazkīr)*, und ein Palastvorsteher verwaltet das sich allmählich anhäufende Krongut. Außerdem existiert mit dem «Freund des Königs» so etwas wie ein persönlicher Berater. Die Eigenart des Staates lassen insbesondere die letzten beiden Minister erkennen. Da ist der Frondienstminister, den es schon unter David gab (2. Sam 20,24). Wie in den meisten altorientalischen Staaten hat es also auch in Israel eine Fronarbeitsverpflichtung der Bevölkerung gegeben, eine der stärksten Lasten, die zu den Aufständen und schließlich zum Zerbrechen des einheitlichen Reiches beigetragen haben. Die Texte äußern sich aber widersprüchlich darüber, ob auch die freie israelitische Bevölkerung dieser Last unterworfen war: Während 5,27ff. dies bejaht, wird es in 9,15ff. ausdrücklich verneint. Immerhin wird auch hier in V. 22 gesagt, daß die Israeliten nicht nur zu Kriegsleistungen gezwungen, sondern auch zu Bediensteten gemacht wurden. Man muß auch die polemischen Vorwürfe von 1. Sam 8,11ff. erwähnen, da dieser Angriff auf das Königtum wohl gerade unter Salomo formuliert worden ist und sogar eine Dienstverpflichtung der Frauen kennt. Eine mögliche Lösung des Problems ist die, daß für die Arbeit an den vielfältigen Bauvorhaben nicht die freien israelitischen Grundbesitzer selbst, wohl aber deren unverheiratete Söhne herangezogen wurden. Fronarbeit hat es einigen Hinweisen, zum Beispiel eines Siegelfundes zufolge[20] wahrscheinlich auch später, wenn auch nicht in dem Ausmaß wie zur Zeit Salomos gegeben.

Schließlich nennt die Kabinettsliste einen, «der über die Gouverneure» gesetzt ist, also den für die in 4,7-19 aufgezählten Steuerdistrikte Verantwortlichen. An der Spitze jedes dieser zwölf Distrikte stand ein Gouverneur. Die Distrikte deckten das Gebiet des späteren Reiches Israel ab; Juda, der Süden, ist ausgespart. Den Grund kennen wir nicht, es ist aber immerhin möglich, daß Juda steuerlich und das heißt hinsichtlich der großen Belastungen anders, vielleicht vorteilhafter behandelt wurde, was sich aus dem Absalomaufstand erklären könnte und manche späteren Ereignisse besser verständlich macht. Diese Distrikteinteilung soll offenkundig alte israelitische Stammesgebiete und neu eingegliederte kanaanäische im wesentlichen getrennt für sich behandeln, verweist doch aber zugleich auf Konsequenzen aus der Entstehung des Flächenstaates: Eine Anzahl der Gouverneure ist wahrscheinlich spezifisch kanaanäischer Herkunft. Die Gaue dienen nach 5,2f. vor allem der Versorgung des Hofes, was man trotz übertriebener Angaben nicht bestreiten wird. Aufgrund der Verhältnisse in Ugarit und nach Ausweis besonders von 1. Sam 8,11.15 hat Salomo eine regelmäßige Steuer, am ehesten einen Zehnten, von allen Produzenten erhoben.

Die großen Einkünfte Salomos ermöglichten sicher jene prunkvolle Hofhaltung, die sich noch in den späteren legendären Überlieferungen spiegelt. Sie haben aber hauptsächlich die Grundlage für die überaus intensive Bautätigkeit geliefert. Von den am Eingang dieses Kapitels genannten baulichen Veränderungen fast jeder einzelnen israelitischen Ortschaft ist sicher das meiste Salomo zu verdanken, auch wenn wir vielleicht nur durch Zufall über Davids Bautätigkeit nahezu nichts hören. Gerade darin kommen die tiefen sozialen Veränderungen besonders offen zum Ausdruck. Wie kein anderer vor ihm und nach ihm erst wieder Herodes der Große hat Salomo durch seine Bauten den Charakter des Landes geprägt. In den Texten ist die Rede von Vorratsstädten (1. Kön 9,19), die wohl im Zusammenhang mit der Speicherung der Naturalsteuern nötig waren und zur Unterhaltung von Heer und Bauarbeitern dienten. Archäologisch zeugen von ihnen vielleicht die als Vorratshäuser verstandenen sogenannten Pfeilerhäuser. Sodann hat Salomo eine ganze Reihe von Festungsbauten errichtet (9,15-18): Hazor, Megiddo, Gezer und Bet Horon, die alten Kanaanäerstädte, werden aufgrund ihrer strategischen Lage neu gebaut. Die Archäologie hat in den drei zuerst genannten nahezu identische Torbauten der salomonischen Zeit aufgedeckt. Auch im Süden, im Negeb, werden gegen räuberische Nomaden entsprechende Bauten errichtet.

Von besonderer Bedeutung aber ist natürlich der Ausbau Jerusalems. Was David erobert hatte, war eine kleine kanaanäische Stadt von ungefähr sechs Hektar und nicht mehr als fünftausend – vielleicht sogar sehr viel weniger – Einwohnern. Schon unter Salomo wurde die Stadt erheblich erweitert. Im Norden der alten Stadt, wo heute innerhalb der Umfassungsmauer des herodianischen Tempels der Felsendom und die Omarmoschee stehen, wuchs das neue Viertel, das die Palastgebäude und den Tempel umfaßte. Schon diese Zusammengehörigkeit läßt erkennen, daß jetzt Tempel und Palast wie weithin im Alten Orient als Einheit verstanden werden und der König der eigentliche Bauherr und Unterhalter des Tempels sowie des entsprechenden offiziellen Kultes war. Der Tempel – vielleicht hat Salomo einen älteren, ursprünglich kanaanäischen Tempel erneuert und ausgebaut[21] – ist dabei von herausragender und für die gesamte weitere Geschichte Israels zentraler Bedeutung. Salomo zieht dafür nach 1. Kön 5,15ff.; 9,11ff. phönikische Bauhandwerker und Architekten heran. Und der architektonische Aufriß mit Vorhalle, Langhaus und kleinem quadratischem Allerheiligsten hat seine engsten Entsprechungen in syrischen Tempelbauten. Trotz allen Glanzes, den dieser Bau offensichtlich hatte und in den Augen Israels zumal, ist es wichtig, sich die recht bescheidenen Ausmaße zu vergegenwärtigen. «Der Tempel Salomos entsprach nicht dem Kölner Dom, der Kathedrale von Chartres oder Westminster Abbey.» Der zentrale Raum des Langhauses ist nur 30 x 10 x 15 Meter groß – «kleiner als die meisten unserer Dorfkirchen».[22] In diesen Tempel und sein Allerheiligstes wird nach 1. Kön 8,1ff. das alte Heiligtum der Lade gebracht – ein endgültiger Ausdruck der unter David begonnenen Verbindung israelitischer mit kanaanäischer Symbolik. Übrigens wird von der Lade mit Ausnahme weniger, nicht ganz sicherer Spuren in Form von kultischen Ladeprozessionen nie wieder etwas gehört, sie geht mit diesem ersten Tempel unter.

Damit wird unter Salomo nicht nur in sozialer, sondern auch in kultisch-religiöser, theologischer und geistesgeschichtlicher Hinsicht das Ausmaß des Umbruchs durch die Staatenbildung sichtbar. Gerhard von Rad hat früher von salomonischer Aufklärung gesprochen, ein sicher sehr problematischer Begriff, der aber immerhin ausdrückt, in welche Richtung man nach Analogien suchen muß.[23] Während wir aus der vorstaatlichen Zeit Israels an Texten wohl nur wenige poetische und eben deshalb im Wortlaut erhaltene Lieder haben, so gibt es in der alttestamentlichen Wissenschaft zwar keinen Konsens, aber doch eine gut begründete Auffassung darüber, daß in dieser frühen Königszeit bereits eine rege schriftstellerische Tätigkeit einsetzte, wovon äußerst wichtige Reste ihren Weg durch die weitere Überlieferung in die großen Werke der späten Königszeit gefunden haben. Von den Meisterwerken der Aufstiegs- und der Thronnachfolgegeschichte Davids war bereits die Rede. In vieler Hinsicht ähnlich sind aber auch die älteren Schichten der Jakobs- und Abrahamsgeschichte sowie die eine der beiden Schichten der Urgeschichte (Gen 2-11) und die Josefsgeschichte (Gen 37;39-50). Dazu kommen zahlreiche Fragmente aus den Sauls- und Samuelserzählungen, vielleicht erste Anfänge der Weisheitsliteratur und vom Hof stammendes Annalen- und Listenmaterial. Sicher hat ein so großer und in so weiten internationalen Verbindungen stehender Hof wie der Salomos auch eine Pflege von Bildung, Sprachen u. a. gebraucht und hervorgebracht, mit starker Anlehnung gerade an ägyptische Verhältnisse.

Wohl die Bedeutung dieser Anfänge und der in Israel nie übertroffene Glanz führten zu der Vorstellung von Salomo als dem exemplarischen Weisen (1. Kön 3,4-28; 5,9ff.; 10), die sich mit der historischen Entfernung immer mehr verstärkte, man denke an nachkanonische Texte wie die sogenannten Psalmen Salomos, die Weisheit Salomos und die Oden Salomos.

Die Königszeit

Der Abfall des Nordens – die sogenannte Reichstrennung

Unmittelbar nach dem Tode Salomos treten die Folgen der salomonischen Politik offen zutage. Der bis dahin einheitliche Staat bricht durch einen Aufstand des Nordens auseinander, und dies steht in unmittelbarem Zusammenhang mit den Schattenseiten der prunkvollen salomonischen Regierung. Darüber liegt in 1. Kön 12 eine Quelle vor, von der vor allem V. 1-19 als eine den Ereignissen verhältnismäßig nahestehende Geschichtserzählung anzusehen ist.

Rehabeam, der Sohn Salomos, der offenbar in Juda und in Jerusalem ohne Probleme die Nachfolge des Vaters antreten kann, zieht nach Sichem, dem alten Zentrum der mittelpalästinischen Stämme, um sich dort zum König ausrufen zu lassen. Die Nordstämme aber sehen in diesem Akt keine Routine, sondern treten in Verhandlungen ein und warten mit Forderungen nach Erleichterung der auferlegten Lasten auf (V. 4). Leider spricht die Erzählung nur in bildlicher Sprache von Lasten und Erleichterung und nennt keine präzisen Einzelheiten. Zudem arbeitet sie mit recht stilisierten sozialen Größen, hinter denen aber wohl konkrete Gruppen stehen. Die «Alten» raten zum Nachgeben; wahrscheinlich beabsichtigen sie eine Täuschung (V. 7). Die «Jungen» dagegen raten zu konsequenter Härte gegenüber dem Mob und benutzen dazu ein wahrscheinlich obszönes Bild (V. 10). Die Folge jedenfalls ist, daß der alte Ruf des Scheba mit seiner Aufkündigung der Verbindung mit der davidischen Dynastie und seinen antimonarchischen Tönen in Israel neu erklingt (V. 16). Das zeigt die Kontinuität des Widerstandes gegen den Staat seit den Zeiten Absaloms und Schebas. Und Israel, das heißt die Nordstämme, befolgen den Ruf. Ein kleines Licht auf die Lage wirft die nun erfolgende Entsendung ausgerechnet des Chefs der Fronarbeit (V. 18). Bei den Fronarbeitern lag wohl der Kernpunkt des Konfliktes, und der für sie Zuständige, der vielleicht einfach für die Wiederaufnahme der darniederliegenden Arbeit sorgen sollte, wurde gesteinigt. V. 19 stellt dann den «bis auf den heutigen Tag» vollzogenen Abfall des Nordens fest.

Im Norden bildet sich offenbar sehr rasch ein eigenes Königtum heraus. Erster König wird der alte erprobte Rebell Jerobeam, der nach 1. Kön 11,26ff. im Zusammenhang mit den salomonischen Bauten bereits einen Aufstands- oder vielleicht besser Attentatsversuch auf Salomo unternommen hatte und der deshalb ins ägyptische Exil fliehen mußte (V. 40). Sollte es auch jetzt noch grundsätzliche Staatsgegner gegeben haben, was die Wiederaufnahme des Scheba-Mottos andeuten könnte, so konnten sie sich in der jetzigen Situation erst recht nicht mehr durchsetzen. Der Norden mußte ja mit gewaltsamen Versuchen der Davididen rechnen, ihren Erbbesitz wieder zu erobern, und brauchte eine dementsprechend starke Führung. Der Süden aber war offenbar gar nicht in der Lage, diesem Abfall des weitaus größeren Nordteils energisch zu widerstehen, denn wir hören von keinerlei erfolgversprechenden Versuchen.

Nicht nur lagen viele der größeren Garnisons- und Festungsstädte auf dem Territorium des neuen Staates, auch die Bevölkerung stand offensichtlich sehr geschlossen hinter diesem Aufstand Jerobeams. Das Gotteswort des Propheten Schemaja in V. 22ff. ist dann auch nur eine durchsichtige Legitimierung eigener Unfähigkeit.

Dagegen wird man annehmen dürfen, daß Jerobeam als erster König des Nordens nicht einfach die Traditionen des bisherigen Regimes fortsetzen konnte. Die Quellen berichten im Grunde nur über seine kultpolitischen Maßnahmen, aber diese haben doch interessante soziale Aspekte. Nach V. 25ff. hat er dem kultischen Zentrum Jerusalem mit den Heiligtümern in Bet-El und Dan zwei eigene entgegengesetzt. Beide waren alte israelitische, auf kanaanäische Zeiten zurückgehende, sicher nicht erst von Jerobeam gegründete Orte. Bet-El zum Beispiel wird nach Gen 28,10ff. ätiologisch auf den Stammvater Jakob zurückgeführt. Die hier aufgestellten goldenen Kälber, d.h. Stierbilder, die von den deuteronomistischen Verfassern als Prototyp des Abfalls von JHWH angesehen werden, waren sicher keine Symbole, die vom Gott Israels fortführen sollten. Sie werden im Gegenteil ausdrücklich mit dem Urbekenntnis Israels, der Exodustradition, verbunden. Während der Plural in V. 28 («deine Götter») sowie vor allem die Gleichsetzung von Gott und Stier sicher deuteronomistische Polemik ist, liegt in der Aufnahme der Befreiungstradition des Exodus zwingend etwas Historisches.

Die Exodustradition, d.h. die Befreiung Israels aus ägyptischer Fronarbeit, mußte unter einem eigenen israelitischen Fronkönig, wie Salomo es gewesen war, eine neue Bedeutung gewonnen haben. Die erzählerische Ausgestaltung im Exodusbuch wird nicht zuletzt auf diese Zeit zurückgehen. Der Exodusglaube war offensichtlich eines der religiös-ideologischen Momente, die im Widerstand gegen den Fronstaat und dann auch für den erfolgreichen Aufstand bestimmend gewesen waren.

Noch viel später, etwa beim Propheten Jesaja, ist dann deutlich zu erkennen, daß die Exodustradition in Jerusalem und in der typischen Jerusalemer Theologie lange Zeit überhaupt keine Rolle gespielt hat.

Juda und Israel bis zum Eingreifen Assurs

Vor der Darstellung der eigentlichen Königszeit nach dem Zerfall des Reiches soll ein kurzer Blick auf die Quellenlage geworfen werden. Hauptquelle sind die Königsbücher, die ab 1. Kön 14,21 nach einem bestimmten Schema aufgebaut sind. Charakteristisch sind die sogenannten Rahmenformeln (z. B. 15,1-3.7-8; 15,9-11.23f.), die für jeden König die Regierungszeit und eine theologische Beurteilung enthalten, bei den judäischen Königen auch den Namen der Mutter und den Begräbnisort. Hinzu kommt der Verweis auf den Nachfolger. Zwischen Eingangs- und Schlußformel sind mehr oder weniger ausführliche Nachrichten über die Regierungszeit angeordnet. Die Königsbücher entstammen der Exilszeit, und insbesondere in den religiösen Bewertungen kommen die im Grunde ungeschichtlichen deuteronomistischen Kategorien zum Ausdruck, die die Könige nach ihrer Einstellung zum Ideal einer einheitlichen und einzigen Kultstätte messen. Es besteht Übereinstimmung in der Wissenschaft darüber, daß hingegen das Namens- und Zahlenmaterial, von kleineren Fehlern und Problemen abgesehen, historisch zuverlässige Daten enthält und wohl letztlich aus den Annalen der Könige von Israel und Juda stammt, man vergleiche die entsprechenden Quellenverweise. Damit ist von jetzt an ein im wesentlichen zuverlässiges chronologisches Gerüst gegeben. Dazu tragen auch, nicht zuletzt was die Zuordnung zur absoluten Chronologie betrifft, die vor allem ab dem 8. Jahrhundert wieder reichhaltiger zur Verfügung stehenden außerisraelitischen, insbesondere assyrischen Quellen bei, aber auch die vielfach sehr präzisen und präzis datierbaren Texte der Prophetenbücher.

Aus dem Zerfall des einheitlichen Staates des 10. Jahrhunderts waren nun zwei selbständige Staaten entstanden, von denen der nördliche den Namen des Gesamtvolkes – Israel – trug, der südliche den seines wichtigsten Stammes, Juda. Sie existierten unterschiedlich lange. Israel bis 722 v. Chr., Juda bis 587 v. Chr., und sie hatten vor allem auch innenpolitisch eine unterschiedliche Struktur. Das zeigt sofort ein Blick auf eine Liste der Könige. Während in Juda vom Anfang bis zum Ende eine einzige Dynastie, die der Davididen, herrschte und die einzige Ausnahme, die zugleich die einzige Frau auf dem Jerusalemer Thron war, Atalja (2. Kön 11), nur eine kurze Sonderrolle spielt, ist das im Norden ganz anders. Hier ist zwar auch immer wieder der Ansatz zur Dynastiebildung gemacht worden, doch haben in der viel kürzeren Geschichte dieses Staates zehn verschiedene Geschlechter regiert, teilweise nur sehr kurz, selbst die Jehudynastie hat nur für etwa ein Jahrhundert über vier Generationen hinweg auf dem Thron gesessen. Während im Süden eine offenbar recht stabile Beziehung zwischen Königtum und den führenden Familien der freien Bauernschaft, dem sogenannten «Volk des Landes» bestand und letzteres mehrfach in kritischen Situationen eingriff, um erneut einem Davididen zur Macht zu verhelfen (vgl. etwa 2. Kön 11,14.18.20; 2. Kön 21,24), sind im Norden eine Reihe erkennbarer Faktoren an der inneren Instabilität beteiligt. Die religiösen Spannungen zwischen israelitischem und kanaanäischem Bevölkerungsteil waren hier sehr viel größer und brisanter, das gleiche gilt für die sozialen Gegensätze, aber auch für die frühere und massivere außenpolitische Bedrohung sowohl durch die Kämpfe mit den Aramäern als auch dann durch Assur. Die putschistischen Bestrebungen im Norden kamen immer wieder aus dem starken militärischen Bereich. Mehr als ein «charismatisches Ideal» für das Königtum werden solche erkennbaren Faktoren die Instabilität bewirkt haben.

Nach dem Abfall des Nordens hat es, wie schon gesagt, offenbar keinen größeren und gewichtigeren Versuch Jerusalems gegeben, die verlorene Einheit wiederherzustellen. Statt dessen hören wir in den nächsten Jahrzehnten mehrfach von kleineren Grenzkriegen, wahrscheinlich lag der genaue Verlauf der innerisraelitischen Grenze zunächst nicht fest. So hat nach 1. Kön 15 Baesa, der durch den Sturz Jerobeams an die Macht gekommen war, versucht, die Grenze weiter nach Süden vorzuschieben, und die Stadt Rama nördlich von Jerusalem eingenommen. Dagegen rief Asa die Aramäer zu Hilfe, die im Norden Israels einfielen und zum Abbruch des Krieges im Süden zwangen. In der Folge wird dann Mizpa (Tell en-Naṣbe) als Grenzfestung des Südens ausgebaut. In dieser Gegend, also mitten durch das Stammesgebiet Benjamins hindurchlaufend, hat sich dann die Grenze stabilisiert. Im Norden scheint zu den Versuchen, die innere Lage zu stabilisieren, auch die Suche nach einer eigenen Hauptstadt gehört zu haben. So wird zunächst von Jerobeam berichtet, er habe Sichem, das sich eigentlich als Zentrum anbot, ausgebaut, dann aber, daß er von dort wegging und im Ostjordanland Pnuel befestigte (1. Kön 12,25). Für längere Zeit scheint dann Tirza (Tell el-Fār ʿah/N) das Zentrum gebildet zu haben (1. Kön 15,21.33). Aber ein nicht fertiggewordener Palastbau, den man dort ausgegraben hat, sowie der spätere Wechsel nach Samaria zeigen die Vorläufigkeit. Die Nennung des ostjordanischen Pnuel dürfte vermutlich damit zusammenhängen, daß nur wenige Jahre nach dem Tode Salomos 922 v. Chr. der Pharao Schoschenk einen Einfall nach Palästina machte und dabei zahlreiche Städte zerstörte (1. Kön 14,25 ff.). Seit vielen Jahrhunderten, seit dem Zusammenbruch der ägyptischen Vorherrschaft im 12. Jahrhundert v. Chr., war also zum ersten Mal wieder ein fremdes Heer im Lande, und bereits 853 v. Chr. wird dann vom Nordreichskönig die Teilnahme an einer Schlacht gegen Assur berichtet (TGI 49f.).

Nach einer Zeit bürgerkriegsähnlicher Auseinandersetzungen kommt 878 v. Chr. in Israel Omri an die Macht, dessen Nachfolgern es erstmalig gelingt, eine über vier Generationen dauernde Dynastiebildung zustande zu bringen, die mehr als dreißig Jahre regierte (878-845). Diese Omriden werden von den Deuteronomisten sehr negativ beurteilt, deren kritische Einstellung auf die in die Zeit dieser Könige verlegten älteren prophetischen Traditionen über Elia und Elisa zurückgeht. Aber so gewichtig diese Gründe sein mögen, man wird die Politik der Omriden in mancher Hinsicht doch als den durchaus respektablen Versuch ansehen müssen, die divergenten Kräfte und Spannungen im Lande zu einem Ausgleich zu bringen. Das gilt auch für ihre Außenpolitik. Hier ist es ihnen gelungen, ein friedliches Nebeneinander der verfeindeten Bruderstaaten von Israel und Juda zu erreichen, mit zeitweise sogar sehr engen Beziehungen. Immer wieder wird von gemeinsamen Kriegszügen berichtet, und Jehu, der die Omridendynastie schließlich beseitigt, tötet nicht nur Joram, den nordisraelitischen König, sondern auch den judäischen König Ahasja. Dieser wiederum ist der Sohn der Atalja, einer Tochter Ahabs, die mit Joram von Israel verheiratet war.

Durch Heiratspolitik wurden auch die Beziehungen mit den nördlichen Nachbarn, den phönizischen Städten, stabilisiert. So heiratet Ahab die sidonische Prinzessin Isebel. Und wie schon bei Salomo brachten solche Verbindungen auch den Einzug fremder Götter mit sich oder beförderten sie.

War die Außenpolitik auf Ausgleich und Abbau der Spannungen aus, so gilt das wahrscheinlich auch für die innere Politik. Obwohl die Quellen gerade in dieser Hinsicht alles andere als klar sind, scheint doch auch hier der – mißlungene – Versuch gemacht worden zu sein, zwischen den beiden gegensätzlichen Religionen und den mit ihnen verbundenen Gruppen ausgleichend zu wirken, was allerdings nur um so stärkere Reaktionen hervorrief. Zunächst hat Omri einen für die weitere Geschichte des Nordstaates entscheidenden Schritt getan, indem er seine neue Residenz Samaria auf einem dazu eigens erworbenen Territorium errichtete (1. Kön 16,23f.). Sie lag zwar nicht auf vorher völlig unbebautem Boden, es wurde aber doch im Grunde eine ganz neue Stadt geschaffen. Dabei liegt die Analogie zu Jerusalem gewiß nahe. Jedenfalls scheint auch Samaria als Privatbesitz des Königs gedacht gewesen zu sein. Grabungen haben Reste des prunkvollen Palastbaus unter Ahab aufgedeckt, auch Elfenbeinarbeiten und eine Reihe von Ostraka, die den offenbar sehr weit verstreuten Latifundienbesitz des Königs erkennen lassen. In dieser neuen Hauptstadt wurde ein Tempel für den kanaanäischen Hauptgott Baal errichtet (1. Kön 16,32; 2. Kön 10,21ff.). Daneben scheint es eine Art zweite Residenzstadt Jesreel mit ebenfalls einem Königspalast gegeben zu haben (vgl. bes. 1. Kön 21) und wahrscheinlich auch kultische, auf JHWH bezogene Einrichtungen.

Leider ist aus den Quellen kein ganz eindeutiges Bild zu gewinnen, was hinter diesen politischen Schritten stand. Oft wird angenommen, daß die Omriden eine quasi dualistische Politik anstrebten, um so beiden Bevölkerungsgruppen gerecht zu werden. Oder ist es letztlich doch der Versuch, Baal als eigentlichen Staatsgott einzuführen, während dann für JHWH die Rolle eines der vielen Götter innerhalb eines Pantheons blieb? Hier bleiben Unklarheiten. Um so deutlicher aber ist, daß diese Politik erheblichen Widerstand hervorgerufen hat und letztlich gescheitert ist. Als die zentrale Figur muß der Prophet Elia von Tisbe – einem unbekannten Ort im Ostjordanland – angesehen werden. Über ihn sind nur volkstümliche, legendenartige Erzählungen und, anders als bei den Schriftpropheten des 8. Jahrhunderts, keine authentischen Überlieferungen bekannt. Elia hat sicher eine bedeutende Rolle in dem Bestreben um eine exklusive Verehrung JHWHs gespielt und Israel als Reaktion auf die omridische Religionspolitik so scharf wie keiner vor ihm vor die Alternative JHWH *oder* Baal gestellt. Auch verknüpfen sich in den Überlieferungen von ihm auf eine neue Weise die religiösen mit den sozialen Auseinandersetzungen. Die Frucht dieser streng jahwistischen Reaktion bleibt dann dem Propheten Elisa überlassen, der in den meisten Erzählungen zunächst nur als Wundertäter hervortritt.

Durch einen Jünger Elisas wird nach der plastischen Geschichtserzählung von 2. Kön 9 und 10 der künftige König Jehu aus dem Heer heraus zum König gesalbt. Das zeigt den intensiven Einfluß prophetischer Kreise, die in dieser Zeit die Politik unmittelbar mitbestimmten. Neben Elisa und seinen Anhängern scheint nach 2. Kön 10,15ff. auch eine Sekte der Rekabiter eine Rolle gespielt zu haben, von denen wir vor allem aus Jer 35,6ff. wissen, daß sie im Kulturland an alten nomadischen Idealen festhielten, in Zelten wohnten und keinen Wein tranken. In Verbindung mit solchen jahwetreuen Kreisen kommt es dann im Jahr 845 v. Chr. zur Revolution des Jehu, der mit ungeheurer Konsequenz und Grausamkeit vorgeht. Er zieht mit seinen Truppen nach Jesreel, antwortet auf keine Fragen und tötet sofort bei der Begegnung König Joram von Israel und den zu Besuch weilenden Ahasja von Juda, aber auch die Königin Isebel und die meisten Angehörigen der königlichen Familie. In Samaria, der anderen Residenz, ruft er ein großes Fest für Baal im offiziellen Baaltempel aus. Er läßt dann die gesamte versammelte Gemeinde abschlachten, den Tempel zerstören und Latrinen daraus machen (10,25ff.). Die Alternative des Elia, «JHWH oder Baal», war hier unmittelbar in politische Morde an Andersgläubigen umgesetzt worden, wofür die Legitimation durch Elisa und die Rekabiten beansprucht wurde, ohne daß wir wissen, inwieweit sie diese Folgen gewollt haben. Hundert Jahre später allerdings hat der nicht minder radikale Anhänger JHWHs, der Prophet Hosea, diese Bluttat entschieden verurteilt und darin sogar bereits das Ende der Dynastie Jehus begründet gesehen (Hos 1,4f.).

In Jerusalem schließt sich das Zwischenspiel der Regierung der Omridenfrau Atalja an (2. Kön 11), die – gestützt vielleicht auf die in Juda traditionelle Rolle und Würde der Königinmutter (*g^ebîrā*) – die Macht ergreift und versucht, alle Angehörigen des Davidhauses zu töten. Nur ein wenige Monate altes Baby wird gerettet und später von den herrschenden Kreisen der judäischen Landbevölkerung als siebenjähriges Kind auf den Thron gebracht (2. Kön 12,1).

Was die Revolution Jehus eigentlich bewirkt hat und wie sein Regierungskonzept aussah, bleibt zunächst weithin im dunkeln. Die engen Beziehungen zu Juda und den phönizischen Städten werden abgebrochen. Israel scheint recht bald in schwierige kriegerische Auseinandersetzungen mit den Aramäern um Damaskus geraten zu sein; das wird jedenfalls von den Nachfolgern Joahas und Joas berichtet. Größere Teile des Staatsgebietes gehen verloren. Von diesen Kriegen berichten die Kriegserzählungen in 2. Kön 20 und 22 sowie ein Teil der Elisaerzählungen.

Anders wird die Lage erst unter Jerobeam II. (787-747 v. Chr.), der vierzig Jahre und damit so lange wie kein anderer König im Norden und kaum einer in Juda regiert. Unter ihm gab es die größte Phase außenpolitischer Ruhe und einer gewissen inneren Stabilität. Es ist eine Zeit, in der die Aramäerkriege beendet waren und Assur noch nicht konsequent nach Palästina übergriff, sondern durch Auseinandersetzungen mit dem Staat Urartu geschwächt war. Es scheint in dieser Zeit einen nicht unbeträchtlichen wirtschaftlichen Aufschwung gegeben zu haben, aber auch entsprechende Folgen. Zwar hatte auf dem Feld der Religionspolitik JHWH über Baal gesiegt, daraus resultierte jedoch, so sah es etwa Hosea, daß JHWH selbst verbaalisiert wurde und zum Beispiel der typische Sexualkult in den JHWH-Kult eindrang.

Um 760 v. Chr., zur Zeit Jerobeams II. also, trat als ältester Schriftprophet Amos im Nordreich auf. Seine Botschaft läßt sich weitgehend in seinem schärfsten Wort zusammenfassen: «Das Ende ist gekommen für mein Volk Israel» (8,2). Während alle anderen Propheten des 8. Jahrhunderts bereits Assur nennen und damit eine konkrete Gerichtsmacht, ist das bei Amos noch nicht der Fall. Seine radikale Gerichtsbotschaft, die nicht zuletzt wegen dieser Radikalität und Neuheit zur ersten Aufzeichnung prophetischer Worte führte, wird nahezu ausschließlich mit der sozialen Ungerechtigkeit in Israel begründet. Greift noch Elia, nicht anders als etwa Natan im 10. Jahrhundert (2. Sam 12), aufgrund konkreter einzelner Fälle sozialer Ungerechtigkeit ein (1. Kön 21; 2. Kön 4,1 ff.), so sind es seit Amos immer viele anonyme, also typische Vorgänge. Daß Unschuldige in Schuldsklaverei verkauft werden (Am 2,6), die Rechtspflege korrumpiert ist (5,10), die Oberschicht auf Kosten der Armen lebt (4,1; 6,4), daß Profitstreben und Handelsgewinne der Oberschicht die Beziehungen im Volk bestimmen (8,4 ff.), sind typische Vorgänge, und dagegen kündet Amos das Ende Israels an. Es wird hier klar, was zum Beispiel auch archäologisch innerhalb der israelitischen Siedlungen anhand der Viertel Wohlhabender und denen Ärmerer, etwa in Tirza (Tell el-Fārʿah/N), beobachtet werden kann, daß in Israel selbst starke soziale Gegensätze entstanden waren und daß die Front der aktuellen Klassengegensätze mitten durch die bis dahin relativ gleichartige Schicht der freien Landbesitzer hindurch verläuft. Ärmere müssen sich zunehmend verschulden und geraten durch hohe Zinsen und personale Pfandhaftung immer weiter in Abhängigkeit; Reichere können auf diese Weise mehr Land (Jes 5,8) und Menschen als Schuldsklaven an sich binden. Auch der Unterschied der reichen Hauptstädte zum flachen Land spielt, etwa beim Propheten Micha, eine gewichtige Rolle. Was die Propheten anklagen und unter kommende Strafen stellen, ist wahrscheinlich in derselben Zeit auch in den älteren Rechtsbüchern bekämpft worden. So hat schon das älteste Rechtsbuch des Alten Testamentes, das sogenannte Bundesbuch (Ex 20,24-23,33), ein Verbot der Zinsnahme und wohl auch der personalen Pfandhaftung (22,24) sowie genaue Rechtsregeln für den Umgang mit Sklaven entwickelt (21,2 ff.).

Das Vordringen Assurs und der Untergang des Nordreichs

Im Jahre 745 v. Chr. tritt in Assur Tiglat-Pileser III. die Herrschaft an. Er ist ein Usurpator, der die vorangehende Dynastie stürzt und mittels des Heeres an die Macht kommt. Er überwindet die zeitweilige Schwäche Assurs, und mit ihm beginnt eine systematisch betriebene Großreichspolitik; der Aufstieg Assurs zur stärksten Macht der damaligen Welt führt schließlich auch zur Eroberung des letzten denkbaren Gegners, Ägypten. In wenigen Jahrzehnten geraten beide israelitischen Staaten in die Mühle dieser Großmacht. Und dieser Weg wird in allen wichtigen Etappen von Prophetenworten begleitet, die die Ereignisse theologisch deuten.

Die assyrische Großreichspolitik hat wie jede Art von Imperialismus den Zweck, die unterworfenen Völker wirtschaftlich zu beherrschen und auszupressen. Seit Tiglat-Pileser III. gehen die Assyrer dabei nach einem festen Schema vor, das später die Neubabylonier übernehmen. Es handelt sich stets um drei Schritte. Der erste führte zur politischen Abhängigkeit und regelmäßigen Tributzahlungen der Vasallenstaaten. Bei einem Versuch, diese Macht abzuschütteln, erfolgte eine Verkleinerung des Staatsgebietes, also eine Abtrennung von Regionen, und die Einsetzung eines Königs von Assurs Gnaden im Reststaat. Trat auch dagegen Widerstand auf, wurde der Staat als eigenständige Größe ganz liquidiert, die Oberschicht deportiert und das Gebiet unmittelbar in das assyrische Provinzialsystem einbezogen. Zudem wurden in dieser Provinz Deportierte aus anderen Teilen des Riesenreiches angesiedelt. Letzteres ist übrigens der einzige Punkt, an dem die Neubabylonier dem Vorbild Assurs nicht folgten, was für die weitere Geschichte Judas von entscheidender Bedeutung wurde.

Die von Assur ausgehende Bedrohung ist daran zu ermessen, daß sein Heer in diesen Jahrzehnten praktisch unschlagbar war. Zudem ging es gegen Feinde mit unvorstellbarer Grausamkeit und Brutalität vor. Das Bewußtsein von der unaufhaltsamen Macht Assurs spricht besonders eindrücklich aus den Worten Jesajas:

10,5 Wehe Assur, meinem Stecken des Zorns ...

6 Gegen ein ruchloses Volk laß ich es los
und wider die Nation, der ich zürnen muß, entbiete ich es.
Beute zu erbeuten und Raub zu rauben
und es zu zertreten wie Kot in den Gassen.

7 Aber es denkt nicht so
und sein Sinn meint es nicht so,
sondern zu vertilgen hat es im Sinn
und Völker auszurotten in nicht geringer Zahl.

8 Denn es spricht:
«Ist nicht jeder meiner Fürsten ein König? ...

13 ... Ich beseitige die Grenzen der Völker
und ihre Vorräte plündere ich.
Ich stoße nieder in den Staub ‹die Städte› ...

14 Und wie in ein Nest griff meine Hand
nach dem Reichtum der Völker.
Und wie man verlassene Eier zusammenrafft
habe ich zusammengerafft die ganze Erde.
Und keiner war da, der mit Flügeln schlug,
der den Schnabel aufsperrte und piepte!» [24]

Schon einige Jahre nach seinem Regierungsantritt erschien Tiglat-Pileser III. mit seinen Truppen in Palästina. In Israel hatte nach Wirren am Ende der Jehudynastie Menahem (746-737 v. Chr.) die Regierung angetreten. Im Jahre 738 v. Chr. wurde er und mit ihm Israel von Assur abhängig (2. Kön 15,19), er wird auch in einer Tributliste Tiglat-Pilesers III. angeführt (TGI 55). Die genannte Stelle in 2. Kön 15 bietet übrigens eine der ganz wenigen Möglichkeiten, etwas über die quantitativen Bevölkerungsverhältnisse zu erfahren. Da ist die Rede von einem Tribut von tausend Talenten Silber, die auf die freien Landbesitzer umgelegt werden, von denen jeder fünfzig Schekel zahlen muß. Daraus läßt sich eine Menge von sechzigtausend landbesitzenden Familienvätern errechnen, dazu müssen Frauen, Kinder, Alte und alle Leute unfreier oder sonst nichtlandbesitzender Herkunft gezählt werden. Man hat daraus auf eine Bevölkerung des Nordreiches von achthunderttausend Personen geschlossen. Ab 738 v. Chr. also ist das Nordreich in die erste Stufe der Abhängigkeit von Assur eingetreten. Im Jahre 734 unternimmt dann der Assyrerkönig den ersten eigentlichen Feldzug nach Palästina, dringt dabei an der Küstenebene bis Gaza vor und erobert diese strategisch so wichtige Stadt. Es ist nicht ganz sicher, aber doch wahrscheinlich, daß bereits zu diesem Zeitpunkt die assyrische Provinz Dor in der nördlichen Küstenebene errichtet worden ist. Diese Situation bildet Hintergrund und Anlaß zum sogenannten syrisch-efraimitischen Krieg im Jahre 733 v. Chr. Dabei ist mit «syrisch» in der Sprache Luthers der Aramäerstaat um Damaskus und mit «Efraim» das Nordreich Israel gemeint. Sowohl 2. Kön 16 als auch Texte bei Jesaja (7 u. 8) und Hosea (5,8 ff.) spiegeln diese Ereignisse wider. Um eine schlagkräftige Koalition gegen Assur aufzubauen, will man unter Führung von Damaskus auch Juda in diese Koalition zwingen und dazu dort einen geeigneten König einsetzen. Jedenfalls zieht ein gemeinsames Heer vor Jerusalem auf und versucht, es zu erobern. Vielleicht ist der Hintergrund in speziellen Interessen an den Erzvorkommen in der Araba zu suchen. Damit wird nun erstmalig auch Juda in den Konflikt mit Assur einbezogen, das bis dahin wegen seiner abseitigen Gebirgslage unberührt geblieben war. Der Konflikt endet damit, daß sich der Davidide Ahas durch einen Hilferuf an Assur mehr oder weniger freiwillig in das erste Stadium der Abhängigkeit begibt. Für Jesaja freilich ist genau das ein eklatanter Akt des Unglaubens, wäre doch hier das so viel besungene Vertrauen auf den auf dem Zion thronenden Gott am Platz gewesen. «Glaubt ihr nicht, so bleibt ihr nicht», mit diesem Satz prägt Jesaja zum ersten Mal den theologischen Glaubensbegriff (7,9; vgl. 8,5-8). Das Nordreich aber geriet als Folge des Aufstandsversuches in die zweite Stufe der Abhängigkeit. «Die Gesamtheit seiner Leute ... brachte ich nach Assyrien. Ihren König Pekah stürzten sie, Hosea setzte ich (zur Königsherrschaft) über sie. 10 Talente Gold und 100 Talente Silber empfing ich von ihnen als ihre jährliche Abgabe«, schreibt der assyrische König (TGI 59; vgl. 2. Kön 15,29). Aus den abgetrennten Teilen des Nordstaates werden die assyrischen Provinzen Megiddo und Gilead errichtet. Israel ist auf einen recht kleinen Rumpfstaat auf dem mittelpalästinischen Gebirge reduziert. Dagegen wird bereits jetzt Damaskus und damit der Aramäerstaat endgültig beseitigt und durch eine assyrische Provinz ersetzt (TGI 57).

Hosea, der von Assur eingesetzte König im Norden, aber blieb seinem Oberherrn nicht treu. Im Todesjahr des großen Königs Tilglat-Pileser 727 v. Chr. unternimmt er einen weiteren Aufstandsversuch. In 2. Kön 17,4 wird von dem Versuch einer Verbindung mit Ägypten berichtet. Dabei sind der Anlaß, der Tod eines Großkönigs, der oft das Reich bis in den Kern erschütterte, und die Methode, der Hilferuf an die potentiell einzig denkbare Gegenmacht Ägypten, überaus typisch. Der Nachfolger Salmanassar V. (727-723) belagert die Stadt Samaria drei Jahre lang. Die schließliche Einnahme der Stadt wird bereits vom Nachfolger Sargon II. (722-705) für sich reklamiert:

> Die Samarier, die aus Haß gegen meinen königlichen (Vorgänger) die Untertänigkeitsbezeugung und das Senden von Tribut ... eingestellt hatten und Krieg führten – in der Kraft der großen Götter, meiner Herren, kämpfte ich mit ihnen: 27 280 Leute samt ihren Kriegswagen und den Göttern, auf die sie vertrauten, erbeutete ich. 200 Wagen nahm ich in meine königliche Garde auf. Die übrigen siedelte ich in Assyrien an ... Generäle stellte ich als Statthalter über sie ein und gliederte sie dem Lande Assyrien ein. (TGI 60)

Damit war die Katastrophe, die vierzig Jahre zuvor ein Amos, dann aber auch Propheten wie Micha, Jesaja und Hosea angekündigt hatten, eingetreten. Der größte Teil des Volkes Israel hatte im Sinne einer eigenen, mit sich identischen Existenz aufgehört zu bestehen. Die Deportierten gingen im assyrischen Riesenreich mehr oder weniger spurlos unter. In den vielen Keilschriftdokumenten späterer Zeit mit jüdischen Namen hat man kaum irgendwo den geringsten Anlaß zu der Vermutung, einen ehemaligen Nordreichsbewohner vor sich zu haben. Ein Überstehen einer solchen Exilierung, wie es dann später dem Süden gelang, war unmöglich; die Voraussetzungen dazu sind überhaupt erst durch den ungeheuer tiefen Schock des Untergangs des Nordreichs ausgelöst und geschaffen worden. Dazu gehört etwa, daß die bis dahin völlig isolierten Propheten aus ihrer Außenseiterrolle hervortraten und breiter rezipiert wurden. Ihre Ankündigung der Katastrophe und die Art ihrer Begründung mit dem sozialen, kultischen und außenpolitischen Verhalten des Volkes und seiner Führer wurden zum Grundstein für eine Metamorphose Israels.

Juda unter der Vorherrschaft Assurs

In Juda regiert zu dieser Zeit König Hiskia (725-697 v. Chr.). Er erhält in den Königsbüchern von den deuteronomistischen Verfassern eine der besten Bewertungen (2. Kön 18,3 ff.); man schreibt ihm eine Kultreform zu, die der späteren Reform Josias Wesentliches vorausnimmt. Vor allem die Entfernung des Mose zugeschriebenen Schlangensymbols aus dem Jerusalemer Tempel wird auf historische Vorgänge zurückgehen (18,4). Nachweislich ist jedenfalls der Altar im Tempel von Arad in dieser Zeit außer Benutzung genommen worden und ebenso der große Altar mit dem Schlangensymbol (!) in Beerscheba. So dürften unter Hiskia vielleicht doch Vorläufer der deuteronomisch-deuteronomistischen Bewegung am Werk gewesen sein. Das könnte mit dem Einfluß der offenbar in starker Anzahl in das Südreich eingeströmten Flüchtlinge zusammenhängen, durch die sich das Stadtgebiet Jerusalems erheblich ausweitet. Sie bringen auch Traditionen aus dem Nordreich mit, etwa die Überlieferungen des einzigen Schriftpropheten aus dem Norden, Hosea, der das Ende Samarias begleitet hat und dessen Worte später eine judäische Überarbeitung und Deutung erfahren. Man hat auch mit einiger Wahrscheinlichkeit hinter dem später entstandenen Deuteronomium Einflüsse aus dem Norden sehen wollen.

Hiskia wird mehrfach in Aufstände gegen Assur einbezogen, und seine Kultreform mag auch damit zusammenhängen. Immer wieder hören wir aus assyrischen Dokumenten von Rebellionen und Aufständen, es gärt in diesem Bereich weiterhin. 720 v. Chr. spielt Gaza eine zentrale Rolle, 716 ist von einem Konflikt zwischen Assur und Ägypten die Rede, 713-711 gibt es eine große Koalition unter Führung von Aschdod, der sich zeitweise auch Hiskia anschließt, doch hat er sich anscheinend rechtzeitig wieder davon freigemacht. Eine Reihe von Prophetenworten Jesajas kann man mit diesen Ereignissen verknüpfen (Jes 14, 28-32; bes. 20,1-6). Nach dem Tode Sargons (705 v. Chr.) aber kommt es zu einer großangelegten Erhebung, diesmal unter Führung Hiskias (2. Kön 18,7). Außer mit den Kleinstaaten

Syriens und Palästinas nimmt man Kontakt mit Ägypten und diesmal sogar mit Babylonien auf (2. Kön 20,12ff.). Der neue Assyrerkönig Sanherib (704-681 v. Chr.) kann erst 701 in Palästina eingreifen. Über mehrere Jahre konnte also der Eindruck eines Erfolgs der Erhebung entstehen. Jesaja allerdings hat immer wieder eindringlich gewarnt. Eine Gruppe seiner Worte stammt wahrscheinlich aus diesen Jahren (Jes 28,7b-30,17; vgl. bes. 30,8). Seine Theologie gewinnt darin neue grundlegende Züge und Einsichten (bes. 30,1-2.15-17; 31,1-3). Zu Hiskias kriegsvorbereitenden Maßnahmen gehört der Bau des sogenannten Hiskiatunnels in Jerusalem (2. Kön 20,20), durch den das Wasser der kleinen Gichonquelle ins Innere der Stadt geleitet wird, was im Belagerungsfall von Nutzen war.

701 schließlich kommt es zum Kriegszug Assurs. Die alttestamentlichen und assyrischen Quellen sind, was Details und insbesondere das Schicksal Jerusalems angeht, so widersprüchlich wie sonst selten. In der Küstenebene, etwa auf der Höhe Jerusalems bei Elteke, kommt es zur Entscheidungsschlacht, die für Juda und seine Verbündeten negativ ausgeht. Sanherib zieht dann ins judäische Bergland und erobert Stadt für Stadt. Er selbst spricht von 46 eroberten Städten (TGI 67ff.). Besonders eindrucksvoll wird dieser Zug wie auch die assyrische Kriegstechnik überhaupt durch Reliefdarstellungen der Eroberung der Stadt Lachisch belegt. Zuletzt wird Jerusalem belagert. Sanherib benutzt dafür das Bild: Hiskia «schloß ich wie einen Käfigvogel» ein (TGI 69), Jesaja ein sehr verwandtes von der einsamen «Hütte im Gurkenfeld» (Jes 1,8). Endlich aber zieht das assyrische Heer ab, ohne daß die Stadt erobert wurde. Hiskia wird durch einen riesigen Tribut gerettet. Er muß zwar eine erhebliche Verkleinerung seines Landes auf ein Restgebiet um Jerusalem herum hinnehmen, bleibt selbst aber – und das ist ungewöhnlich – an der Macht. Wodurch diese Rettung erfolgte, wird widersprüchlich dargestellt, einerseits wird ein göttliches Wunder vermeldet (2. Kön 19,35ff. = Jes 37,36ff.), andererseits sieht Jesaja selbst darin den endgültigen Entzug der göttlichen Zuwendung (Jes 22,1-14). Damit ist Juda in das zweite Stadium der Vasallität eingetreten.

Nach dieser Katastrophe kam ein erneuter Aufstandsversuch nicht mehr in Frage, er hätte auch für Juda das endgültige Ende bedeutet. Der Sohn Hiskias, Manasse, regierte länger als irgendein anderer alttestamentlicher König, mehr als ein halbes Jahrhundert lang war er der treueste Vasall Assurs (696-642). Nur wenige Verse geben Nachricht über diese lange Geschichtsphase (2. Kön 21,1-18), und das meiste davon ist eine äußerst negative Beurteilung der Deuteronomisten. Wahrscheinlich hat sich äußerlich wirklich nicht allzu viel ereignet. Assur erlebte in dieser Zeit die größte Ausdehnung seiner Macht, so wurde unter Asarhaddon 671 auch Ägypten erobert, 663 sogar Theben in Oberägypten. Unter der Decke aber hat sich in dieser Zeit Entscheidendes vorbereitet. Wir können kaum einen alttestamentlichen Text mit Sicherheit in die Zeit Manasses datieren, vermutlich sind aber sogar sehr wichtige hier entstanden. Kurz danach tritt uns mit dem Deuteronomium und der Prophetie Jeremias ein in Inhalt und Sprache anderes und viel weiter entwickeltes theologisches Denken entgegen. Gewichtige Texte, die man als Früh- oder Vorformen deuteronomischen Denkens ansehen muß, dürften damals ihre Gestalt erhalten haben, so vielleicht der Dekalog oder Jos 24, von den Propheten wahrscheinlich Nahum. Es entsteht aus der Verarbeitung des tiefen Schocks, den das Ende des Staates Israel und die Bestätigung der Unheilsprophetie gebracht hat, ein neues theologisches Denken, das wichtige Momente der Prophetie und der älteren Rechtsgeschichte aufnimmt und verwandelt.

Josia und das Deuteronomium

Nach dem Tod des Manasse kommt sein Sohn Amon an die Regierung (2. Kön 21,19ff.), dem aber nur eine Zeit von zwei Jahren zugeschrieben wird. Er wird dann durch seine eigenen «Diener», also eine Palastrevolte, umgebracht (2. Kön 21,23). Wiederum greift die judäische Bauernschaft wie in so manchen Krisen der davidischen Dynastie ein und erhebt den Davididen Josia auf den Thron (639-603). Josia aber war damals ein achtjähriges Kind. Damit liegt für einige Zeit, wie schon nach dem Sturz der Atalja, die eigentliche Macht bei den führenden Kräften der judäischen Bauernschaft und den Priestern in Jerusalem. Es dürfte mehr als ein Zufall sein, daß fast dreißig Jahre später nach dem Tod Josias die gleiche Größe, das judäische «Landvolk», erneut die Geschicke Judas in die Hand nimmt und den jüngeren Sohn Josias, unter Umgehung des älteren Sohns Jojakim, Joahas zum König macht (2. Kön 23,30). Das zeigt, daß es auch in der Zwischenzeit wohl die bestimmende Größe geblieben ist.

Als das Kind Josia König wird, ist die Macht Assurs noch ungebrochen, aber etwa ab 625 v. Chr. ändert sich das. Das assyrische Reich war bereits in diesen Jahren in den entfernten Provinzen wie Palästina faktisch nicht mehr präsent. Die letzten Könige, wie vor allem Assurbanipal (669-627), hatten kein Interesse mehr an aktiver Außenpolitik. Auf den gelehrten König Assurbanipal geht die Einrichtung einer riesigen Tontafelbibliothek in Ninive zurück. Aufstandsversuche erschütterten das Riesenreich. In Babylon machte sich Nabupolassar selbständig; sein Sohn Nebukadnezar wird später das Ende Judas herbeiführen. Einzelheiten des Endes Assurs brauchen hier nicht verfolgt zu werden. Als Ninive 612 fiel, gehörte das assyrische Weltreich der Vergangenheit an. Schon ab etwa der Mitte der zwanziger Jahre aber begann mit der Schwäche Assurs für Palästina eine wenn auch sehr kurze Periode, in der keine Großmacht mehr präsent war – schon ab 609 sind es dann wieder die Ägypter, ab 605 die Neubabylonier. Diese kurze Phase bot den Raum für die Politik Josias und damit auch für Ereignisse, die für die Entwicklung der Bibel wichtig waren. Außenpolitisch scheint Josia versucht zu haben, und das teilweise mit Erfolg, das alte Großreich Davids wiederherzustellen. Er hat jedenfalls Teile des ehemaligen Nordreichs wie das alte Heiligtum Bet-El an sich gebracht. Er starb, als er bei Megiddo dem Pharao Necho entgegentreten wollte. Einige der Texte des Alten Testamentes, die Hoffnung auf Wiederherstellung und Befreiung des Nordreichs ausdrücken, könnten mit dieser Restitutionspolitik zusammenhängen (z. B. Jes 9; Jer 2-4, evtl. 30f.).

Nach 2. Kön 22,3f. war es das achtzehnte Jahr Josias, also das Jahr 622 v. Chr., in dem das Ereignis stattfand, das man als das wichtigste mit der Regierung Josias verbinden muß: der Fund eines «Gesetzbuches» im Jerusalemer Tempel aus Anlaß von Renovierungsarbeiten. Dieses Buch wird seit dem Beginn des 19. Jahrhunderts weithin mit dem 5. Buch Mose, dem Deuteronomium oder dessen literarischem Kern gleichgesetzt. Und trotz einer ganzen Reihe von Problemen und Einwänden, die gegen eine solche Identifizierung bis heute erhoben werden und aufgrund derer das Deuteronomium noch erheblich später in exilischer oder gar nachexilischer Zeit entstanden sein soll, sprechen nach meiner Meinung und nach der vieler Alttestamentler doch die besseren Argumente für eine solche Gleichsetzung. Der Hauptgrund ist nach wie vor der, daß nur und allein im Deuteronomium eine göttliche Forderung zu finden ist, die die Abschaffung sämtlicher Heiligtümer im Lande außer dem einen Tempel in Jerusalem gebietet. Genau eine solche Liquidierung wird aber Josia in 2. Kön 23 aufgrund der Lektüre des Gesetzbuches zugeschrieben, und das glaubhaft. Auch etliche Einzelheiten wie die Gestalt des Passafestes oder der Gebrauch des Begriffs «Bund» bestätigen das. Ist aber das Deuteronomium jenes Buch, nach dem Josia seine Reform vollzieht, so wird er wohl nicht nur in der Kultpolitik, sondern auch in sozialer oder außenpolitischer Hinsicht nach den Vorstellungen der deuteronomischen Kreise gehandelt haben.

Mit dem Deuteronomium beginnt der Wandel zur Buchreligion, beginnt genauer gesagt der Prozeß, der aus einer Nationalliteratur die Heilige Schrift machte, also der Kanonisierungsprozeß. Theologisch ist dieses Buch der umfassendste Gesamtentwurf, den die Bibel enthält. Es versteht sich selbst als die eine Thora, die eine Weisung Gottes, die in Israel schriftlich vorliegt. Sie formuliert den Willen Gottes für alle Lebensbereiche, enthält demgemäß juristische, kultische, ethische, religiöse Bestimmungen, formuliert Ordnungen für alle Institutionen und Gruppen im Volk, für König und Priester, Richter und Propheten (bes. 16,18-18,22). Aus den grundlegenden Sozialgesetzen mag die Nennung eines regelmäßigen Schuldenerlasses (15,1-11) und die Gewährung von Asyl für alle entlaufenen Sklaven (23,16f.) genügen. Im Zentrum steht die Vorstellung, daß das befreite Volk den einen Gott an einem einzigen Heiligtum verehren soll (bes. 12). Die Begriffe, mit denen es die Gottesbeziehung Israels formuliert, sind bis heute theologische Zentralbegriffe: Bund und Erwählung, Name und Thora Gottes. Indem es den Opferkult auf ein einziges Heiligtum reduziert, wurde zum ersten Mal der unkultische Fleischgenuß, die profane Schlachtung ermöglicht. Mit all dem verarbeitet das Deuteronomium die Katastrophe des Nordreichs und setzt die Verkündigung der Propheten in Recht und Weisung um. Damit ist es in besonderer Weise das Grundgesetz Israels geworden, das Grundzüge jüdischen und biblischen Glaubens prägt und bestimmt, der Kern des Kanons und die Voraussetzung für das Überleben im Exil.

Das Ende des Staates Juda

Als 609 v. Chr. der Pharao Necho durch Palästina zieht, um das restliche Assyrerreich zu unterstützen und die Entstehung eines neuen Weltreiches im Norden zu verhindern, und er dabei Josia bei Megiddo tötet, war die kurze, aber wichtige Phase der Selbständigkeit Judas und der mit ihr verbundenen Hoffnungen vorbei. Der vom judäischen Landvolk zunächst auf den Thron gebrachte jüngere Sohn Joahas wird bereits nach drei Monaten bei der Rückkehr Nechos von diesem abgesetzt und nach Ägypten verschleppt (2. Kön 23,31 ff.). Juda muß einen hohen Tribut zahlen, und Jojakim wird König von Ägyptens Gnaden. Er legt den Tribut auf die Bevölkerung um (23,35). Jojakim konnte die Politik Josias nicht fortsetzen und wollte es offenkundig auch nicht (Jer 22,13 ff.). Was aus der deuteronomischen Reform unmittelbar geworden ist, entzieht sich unserer Kenntnis, klarer sind nur ihre Langzeitfolgen. In Jerusalem herrscht eine trügerische Sicherheit im Vertrauen auf den Tempel und die Anwesenheit Gottes, die vom Propheten Jeremia immer wieder angegriffen wird (Jer 7; 26). Jeremia wird nach 1,1 ff. bereits 627/26 zum Propheten berufen, sicher datierbare Worte haben wir aber erst ab 609.

In der außenpolitischen Szene haben sich die Sieger über Assur, die Meder und die Neubabylonier, verständigt und ihre Einflußsphären abgegrenzt. Ägypten hat wenig Erfolg damit gehabt, sich hier einzumischen. 605 erleidet es eine endgültige Niederlage bei Karkemisch. In den babylonischen Chroniken liest sich das so:

> Im 21. Jahr (= 605) blieb der König von Akkad in seinem Land. Sein ältester Sohn Nebukadnezar, der Kronprinz von der Reichskanzlei, bot die Truppen von Akkad auf. Er trat an die Spitze seiner Truppen und zog nach Karkemisch am Ufer des Euphrat. (Gegen die) ägyptischen (Truppen), die in Karkemisch lagen, überquerte er den Fluß. (In einer Feldschlacht) griffen sie einander an. Die ägyptischen Truppen zogen sich vor ihm zurück. Er brachte ihnen eine Niederlage bei und vernichtete sie ... kein einziger Mann (kehrte) in sein Land (zurück). Damals eroberte Nebukadnezar das ganze Land Ḫattu ... (TGI 73 f., vgl. Jer 46,2)

Damit hatte Nebukadnezar (605-562) noch als Kronprinz eine neue Lage geschaffen. Unmittelbar danach wird er König, und bereits im nächsten Jahr (604) sind auch Jojakim und Juda von ihm abhängig und somit wiederum im ersten Stadium der Vasallität. Die assyrischen Provinzen übernehmen die Neubabylonier, so auch Samaria.

Nach drei Jahren fällt Jojakim ab (2. Kön 24,1 b), was wohl auf das Auftauchen ägyptischer Truppen in Palästina zurückzuführen war (TGI 74). Nebukadnezar vermag erst später effektiv einzugreifen:

> Im 7. Jahr (= 598), im Monat Kislew, bot der König von Akkad seine Truppen auf und zog nach Ḫattu. Die Stadt von Juda griff er an. Am 2. Adar eroberte er die Stadt. Den König nahm er gefangen. Einen König nach seinem Herzen setzte er über sie. Schweren Tribut nahm er mit und brachte (ihn) nach Babel. (TGI 74)

Als nach diesem 16. März 597 v. Chr., einem der ganz wenigen Daten, die auf den Tag genau zu bestimmen sind, ein König den Weg in die Verbannung antreten muß, ist es bereits nicht mehr Jojakim, der offenbar kurz vorher gestorben war, sondern sein Sohn Jojachin (2. Kön 24,6.8). Der Achtzehnjährige zieht mit den Deportierten nach Babylon. Er hat dort lange am Hofe gelebt, und noch später nach der endgültigen Zerstörung Jerusalems waren viele Hoffnungen auf ihn gerichtet. Sein Name taucht um 593 v. Chr. in babylonischen Proviantlisten auf (TGI 78f.), und auf ihn zielt die Bemerkung am Ende des 2. Königsbuches (25,27 ff.) um 560 v. Chr. Im Buch des Priesterpropheten Ezechiel, der bereits zu den Deportierten des Jahres

598/97 gehört, wird nach Jojachin datiert (z. B. Ez 1,2; vgl. Jer 22,24-27.30)!
Der von Nebukadnezar eingesetzte König ist ein weiterer Sohn Josias, ein Onkel Jojachins, der Mattanja hieß und den Thronnamen Zedekia bekommt. Er wird der letzte judäische König sein. Zudem ist sein Staat wahrscheinlich erheblich verkleinert worden, insbesondere um Teile im Negeb, die in die Hände der Edomiter fallen (Jer 13,19). Zedekia war ein schwacher König, vermutlich von seinem Charakter, sicher aber von der politischen Position her. Viele setzten nach wie vor auf die Rückkehr der Deportierten und damit Jojachins, man denke an die nationalen Heilspropheten vom Schlage eines Chananja, eines Gegners von Jeremia (Jer 27f.). Zedekias entscheidender Fehler aber ist es, daß er auf Druck der nationalen Partei wiederum mit Babylon bricht und einen Befreiungsversuch unternimmt (2. Kön 24,20b). Leider fehlen anders als 598 für die endgültige Einnahme und Zerstörung der Stadt babylonische Quellen. Im Gefolge der Strafexpedition wird Jerusalem lange Zeit, ungefähr drei Jahre lang, belagert (2. Kön 25,2ff.) und schließlich im August 587 v. Chr. eingenommen. Vor allem die sogenannten Klagelieder Jeremias (Threni) geben ein eindrucksvolles Bild der katastrophalen Ereignisse. Die Stadt wird erobert und geplündert, der König gefangen und vor Nebukadnezar gebracht (25,6f.). Erst einen Monat nach der Einnahme Jerusalems werden der Palast und der salomonische Tempel vernichtet, auf dem die großen Hoffnungen etwa der Zionspsalmen geruht hatten. Für den Priesterpropheten Ezechiel war vorher die «Herrlichkeit Gottes» aus der Stadt ausgezogen (Ez 11,22ff.). Wiederum wird ein großer Teil der Oberschicht deportiert (Jer 52,30). Juda wird zur babylonischen Provinz.
Als babylonischer Statthalter aber wird zunächst ein Judäer eingesetzt, Gedalja (2. Kön 25,22ff.), Sproß einer der großen Beamtenfamilien. Sein Großvater war jener Schafan, der mit dem «Fund» des Gesetzbuches unter Josia zu tun hatte. Gedalja residiert in Mizpa (wahrscheinlich Tell en-Naṣbe, nördlich von Jerusalem). Zu ihm kommt auch Jeremia. Aber die Chance, die in diesem Rest von politischer Selbstverwaltung liegt, wird verspielt. Gedalja wird von einem Prinzen aus königlichem Geschlecht ermordet. Eine größere Gruppe flieht daraufhin aus dem Lande nach Ägypten, und sie nehmen den Propheten Jeremia mit, dessen Spur sich damit für uns verliert. Für die Deuteronomisten war das im Grunde eine Aufhebung jenes Ereignisses, das am Anfang der Geschichte Israels gestanden hatte: die Aufhebung des Exodus (2. Kön 22,26).

Die Exilszeit

Das Exil bedeutet zunächst den Verlust nahezu all dessen, was nationale Identität damals ausmachen konnte. Politische Selbständigkeit und eigenes Königtum gehen verloren, Hauptstadt und Tempel werden zerstört, die Oberschicht, Träger von Intelligenz und Tradition, wird deportiert. Viele Völker und Staaten waren seit dem Aufstieg des Assyrerreiches in eine solche Lage geraten, nicht zuletzt der Nordstaat Israel. Und kein anderes Volk hat ein solches Geschick überlebt, seine eigene Identität bewahren, seine Götter und Traditionen behalten können. Juda aber, und mit ihm Israel, überlebte nicht nur, es ging verwandelt, gestärkt, erneuert daraus hervor. Der JHWH-Glaube und die Theologie erhielten neue Impulse und Gestalten, die die Folgezeit und die Bibel bis heute bestimmen. Ein erstaunlich großer Teil des Alten Testamentes und wesentliche Züge der alttestamentlichen Theologie sind gerade der Exilszeit zu verdanken. Ich schätze, daß mindestens fünfzig Prozent seiner Schriftensammlung direkt oder indirekt – als Umgestaltung und Überformung älteren Gutes – in dieser Zeit entstanden sind oder hier ihre eigentliche Form bekommen haben. Nach der frühen Königszeit, dem Aufbruch der Prophetie im 8. Jahrhundert und dem Deuteronomium im 7. ist das eine neue und sie sogar übertreffende Zeit der literarischen und theologischen Fruchtbarkeit.

Die äußere Situation

Vom Zeitpunkt des Exils an hat Israel niemals wieder geschlossen im Lande Palästina gelebt. Auch nach der Rückkehr eines beträchtlichen Teils der Exilierten bleibt eine beständige Diaspora in Babylonien und Ägypten bestehen, und ihre Geschichte ist stets mit im Auge zu behalten.

Das Land Palästina selbst war keineswegs menschenleer geworden, wie es einige Texte, insbesondere das chronistische Geschichtswerk, erscheinen lassen (2. Chron 36,20). So unterschiedlich auch die Zahlen über die Deportierten sind und so wenig Exaktes wir wissen, es handelt sich keineswegs um die gesamte Bevölkerung. Nach 2. Kön 25,12; Jer 39,10 (vgl. 2. Kön 24,14) haben Leute ohne Grundbesitz die Äcker der Vertriebenen übernommen. Dagegen sind, anders als bei den Assyrern, keine Fremden neu angesiedelt worden. So konnte, wie zum Beispiel Jer 41,4 ff. zeigt, auch auf den Trümmern des Tempels eine Art Kult weitergehen, vor allem Klage- und Trauerfeiern. Klagepsalmen, wie Ps 74 und 79 und insbesondere die Threni, werden damit in Verbindung gebracht, aber auch ein Prophet wie Obadja. Manches spricht dafür, daß eines der ganz großen Werke der Exilszeit, das deuteronomistische Geschichtswerk, im wesentlichen hier in Palästina entstanden ist.

Nach 2. Kön 25,26 und Jer 42 ff. zieht eine größere Gruppe nach Ägypten. Jer 44 schreibt ihr geradezu die Wiederaufnahme von heidnischen Kulten zu, die der Himmelskönigin gelten. Es gibt kaum zuverlässige Nachrichten über diese ägyptische Golah. Später aber, im 5. Jahrhundert v. Chr., wird durch Papyri von der Nilinsel Elephantine ihr reiches Leben ein Stück weit sichtbar.

Zunächst aber ist die babylonische Golah ganz zweifellos von viel größerer Bedeutung. Dort lebte ja mit Jojachin an der Spitze schon die erste Gruppe seit 598. Aus dem Buch Ezechiel geht manches über die Lebensumstände hervor, denen die Exilierten unterworfen waren, was später durch zahlreiche babylonische Quellen bestätigt wird. Man lebte in eigenen Siedlungen zusammen in relativer Unabhängigkeit. So wird in Ez 1,1 eine Siedlung am Fluß Kebar in der Nähe von Babylonien erwähnt; in 3,15 ein Ort Tel Abib, also ein nach dem Frühjahrsmonat Abib benannter Ruinenhügel. Verbindungen in die Heimat blieben vor und nach 587 möglich. Über die Stimmung und die auch hier vorherrschenden Klagefeiern gibt besonders eindrucksvoll Ps 137 Kenntnis: «An den Wassern Babylons saßen wir und weinten...« Klage, Trauer, Resignation, Hoffnungslosigkeit sind offenbar die vorherrschenden Momente gewesen. Die großen Hoffnungen und die nationalen Traditionen von Exodus, Landnahme und davidischem Königtum waren zerstört (vgl. bes. Ps 89,39 ff.).

Die theologische Verarbeitung

Der Sieg Babylons war nach dessen eigenen Verständnis der Sieg seiner Götter. Für jede nationale Religion, und das war eine Vorstellung, die auch die sogenannten Naturreligionen immer begleitete, mußte das das Ende bedeuten. Für Israel und sein Überleben war die wichtigste Voraussetzung, daß nach dem Zeugnis der Prophetie wie des Deuteronomiums die Katastrophe als vom eigenen Gott herbeigeführt verstanden werden konnte und mußte. Nicht andere Götter, JHWH selbst hatte das alles bewirkt. Die Bestätigung der großen Unheilspropheten von Amos bis Jeremia und Ezechiel war erfolgt. Ihre Bücher wurden in dieser Zeit gesammelt und bearbeitet, kommentiert und neu gedeutet. Drei weitere Aspekte der theologischen und literarischen Arbeit im Exil sollen genannt werden.

In dieser Zeit entsteht das große Geschichtswerk, das die Bücher Josua bis 2. Kön umfaßt und das man das deuteronomistische nennt; ob stärker aus einem Guß oder in mehreren Schichten nacheinander, kann hier unentschieden bleiben. Es verarbeitet eine Fülle älterer Quellen von vorstaatlichen Liedern und Sagen angefangen über literarische Werke der frühen Königszeit und Prophetenerzählungen bis hin zu offiziellen Hofannalen. Es versucht, wenn man die Tendenz eines Riesenwerkes so knapp zusammenfassen darf, zunächst auf die Frage nach dem Warum Antwort zu geben. Wie konnte es zu dieser Katastrophe kommen? Seine Antwort wird mit den theologischen Grundkategorien des Deuteronomiums gefunden, stärker als dort allerdings auf die kultisch-theologischen Momente konzentriert. Das Opfern auf den «Höhen», also die Nichtbeachtung der Verbindung des einen Gottes mit dem einzigen legitimen Heiligtum, wird als Hauptgrund für die Katastrophe gesehen. Schwieriger ist die Frage zu beantworten, ob es einen Weg in die Zukunft für Israel erkennt und wie dieser aussieht. Sicher ist das noch nicht entschieden. Zwar steht am Ende des Werkes der knappe Hinweis auf die Begnadigung des fortgeführten Königs Jojachin (2. Kön 25,27 ff.) – zugleich der Nachweis, daß jedenfalls dieser Schluß nach dem Jahre 562 v. Chr. geschrieben worden sein muß. Aber mehr als daß wenigstens jetzt in der Katastrophe die Thora zu halten und deshalb – vielleicht – «Umkehr» das entscheidende theologische Stichwort ist, haben die wissenschaftlichen Analysen nicht erbracht.

Ein Blick in eine neue Zukunft des eigenen Gottes und des eigenen Volkes bahnt sich sicher aber in einer Reihe von prophetischen Worten an, die ich als «neue Heilsprophetie» bezeichnen möchte. Im Gegenteil zur alten, mit dem Exil endgültig desavouierten, gegen die ein Jeremia seinen lang anhaltenden Kampf geführt hat, taucht etwa beim Propheten Ezechiel in 37,1-14 oder in den Traditionen des Jeremiabuches, besonders Jer 31,31 ff., eine gegen alle sichtbaren oder auch nur wahrscheinlichen Erwartungen gerichtete neue Heilszusage auf: Das tote Israel wird wieder lebendig, sein Verhältnis zur Thora völlig anders werden. Es ist eine neue, eine eschatologische Hoffnung, die hier in der Nacht des Exils aufblitzt.

Schließlich seien als dritter Bereich die priesterlichen Texte des Pentateuch genannt, insbesondere die Passagen, die man als Priesterschrift bezeichnet. Während die erwähnten Prophetenworte auf eine ganz neue und zum Teil direkt als «neue Schöpfung» bezeichnete Tat Gottes hoffen, werden in den priesterlichen Kreisen die alten Traditionen neu interpretiert. Hier bekommt etwa der «Bund» mit Abraham eine völlig neue Bedeutung als ein ewiger, nicht gelöster Bund (Gen 17), der genau wie der mit Noah (Gen 9) auf einer unverbrüchlichen Zusage Gottes beruht, die durch menschliche Schuld welcher Art auch immer gar nicht in Frage gestellt werden kann. Sitten, wie die Beschneidung und der Sabbat, die in Israel uralt waren, aber in der ganz anderen Lage des Exulantenlebens neue und konstitutive Bedeutung gewannen, werden in diesen Texten theologisch neu gedeutet (z. B. Gen 2,1-3).

Die Wende: Kyros und Deuterojesaja

War lange Zeit nur Hoffnung gegen alle Wahrscheinlichkeit möglich, so bahnte sich ab etwa 550 v. Chr. eine weltgeschichtliche Änderung im gesamten Bereich des Vorderen Orients an. Es ist der schrittweise Aufstieg der Perser unter ihrem Reichsgründer Kyros, der 550 v. Chr. seinen damaligen Oberherrn, den Mederkönig Astyages, schlägt und zum Herrn über die iranische Hochfläche wird. 547 bzw. 545 besiegt er in mehreren schnellen Schlägen und in glanzvoller Weise das kleinasiatische Lyderreich mit seinem König Kroisos. Nun blieb im Grunde nur Babylon als letzter ernsthafter Gegner übrig. Babylon aber war unter seinem letzten König Nabonid durch interne Auseinandersetzungen geschwächt. Nabonid als Anhänger des Mondgottes war gegen alle religiöse Tradition jahrelang nicht in seiner Hauptstadt gewesen und hatte die mächtige Mardukpriesterschaft gegen sich. Die innenpolitischen Gegner konnten darum Kyros als Befreier unterstützen. Und so kann Kyros denn im Oktober 539 v. Chr., jubelnd begrüßt, in die Hauptstadt Babylon Einzug halten.

Wiederum war eines der größten Weltreiche in erstaunlich kurzer Zeit vollkommen zusammengebrochen und eine völlige Veränderung der Situation eingetreten. Der Aufstieg des Kyros von einem kleinen Provinzfürsten zum Herrn eines Weltreiches ist zugleich der Hintergrund der Verkündigung des Propheten, den die alttestamentliche Wissenschaft Deuterojesaja nennt und dessen Überlieferungen in Jes 40-55 gesammelt sind. Sie entstammen etwa der Zeit von 550 bis 539 v. Chr. Deuterojesaja sieht in Kyros den vom Gott Israels Gesandten, ja Gesalbten (45,1-7), der durch Israels Gott von Sieg zu Sieg geführt wird (45,13). Deuterojesaja ist in jeder Hinsicht der Prophet der Exilswende. Er sieht die Schuld Israels als verbüßt und erledigt an (40,2) und eine neue umfassende Zukunft im Anbruch, die alles Alte übertrifft, wie der neue Exodus aus Babylon den alten aus Ägypten (43,16-21), eine Zukunft, die sich weit über Israel hinaus auch für die anderen Völker öffnet und sie zu Verehrern des eigenen Gottes machen wird (bes. 45,21 ff.).

Die persische Zeit

Kyrosedikt und Tempelbau

Mit dem Einzug des Kyros in Babylon beginnt das persische Zeitalter, das durch den Alexanderzug beendet wird, also nahezu zwei Jahrhunderte währt. Zwar haben sich die weitgespannten glühenden Hoffnungen eines Deuterojesaja und anderer Exilspropheten nicht direkt erfüllt. Kyros versteht sich nicht als vom Gott Israels, sondern vom babylonischen Gott Marduk beauftragt und tritt voll in die Rolle der babylonischen Könige ein (TGI 82 ff.). Und doch beginnt eine einzigartige Epoche, in der Israel neue Formen und Gestalten ausbilden konnte, die ein Leben und Überleben unter fremder Herrschaft ermöglicht hat. Bei allen Problemen nicht zuletzt ökonomischer Art hat Israel insgesamt diese Zeit überaus positiv beurteilt, «kein einziges Unheilsorakel gegen die Perser weist das Alte Testament auf».[25] Der Grund liegt vor allem in der sogenannten Toleranzpolitik der Perser. Im Gegensatz zu Assur und Babylonien, aber auch zu den späteren hellenistischen Reichen, haben sie eine Religionspolitik verfolgt, die auf Anerkennung und Festigung der Religionen der unterworfenen Völker zielte. Sie nahmen keine Deportationen vor, sondern ließen den Völkern ihre je eigene Religion, ihre Traditionen, ja ihre Rechtspflege. Diese Unterstützung war Teil der Reichspolitik und ein Aspekt der eigenen Religion und Weltsicht. Natürlich war auch das persische Großreich auf die Ausbeutung der Völker angelegt, es verlangte hohe Tribute, Steuern und Abgaben. Dennoch kann man zum ersten Mal in der Weltgeschichte – und ganz entgegen dem Bild, das etwa die Griechen von den Persern hatten – so etwas wie eine religiöse Toleranz und damit in gewisser Weise eine Trennung von Staat und Religion beobachten, und bei aller Distanz zu den Vorgängen der europäischen Aufklärung, der diese Begriffe entstammen, ist es nicht unhistorisch, sie zu verwenden.

Einen ersten Ausdruck fand diese Haltung im sogenannten Kyrosedikt. Im Buch Esra findet sich an zwei Stellen ein Erlaß, den Kyros in seinem ersten Jahr, also bald nach der Eroberung Babylons angeordnet haben soll. Davon ist die hebräische Fassung in Esr 1,2-5, in der außer dem Tempelbau auch die Rückkehr der gesamten Golah gestattet wird, in dieser Form kaum historisch, sondern in späterer Zeit frei formuliert worden. Das zeigt ein Vergleich mit der aramäischen Fassung in Esr 6,3-5, worin man heute in der Forschung meist das Originaledikt sieht:

> Im ersten Jahr des Königs Cyrus ordnete König Cyrus an hinsichtlich des Gotteshauses in Jerusalem: «Das Haus ist an der Stätte wieder aufzubauen, wo man die Opfer schlachtet und ‹die Feueropfer› darbringt: Seine Höhe soll ‹dreißig Ellen, seine Länge sechzig Ellen und seine Breite zwanzig Ellen sein›. Drei Schichten Quadersteine und eine Schicht Holz. Und die Kosten soll die königliche Kasse tragen. Und auch die goldenen und silbernen Geräte des Gotteshauses, die Nebukadnezar aus dem Tempel in Jerusalem weggenommen und nach Babel gebracht hat, sind zurückzugeben . . .»[26]

So dürfte schon kurz nach 539 ein erster Anstoß zum Tempelbau erfolgt sein. Wahrscheinlich ist der in Esr 1,8.11 genannte Scheschbazzar mit den Tempelgeräten nach Jerusalem gekommen. Historisch genaue Nachrichten aber haben wir zunächst außer den genannten nicht. Der Tempelbau ist jedenfalls erst fast zwanzig Jahre später (520 v. Chr.) in Gang gekommen. Erst in dieser Zeit kann auch mit der Rückkehr größerer Gruppen von Exulanten gerechnet werden. Denn Kyros hatte die Peripherie des neubabylonischen Reiches zunächst keineswegs fest in der Hand. Er ist nicht nach Syrien-Palästina gezogen, und es ist unwahrscheinlich, daß das für die Exulanten möglich war. Erst im Jahre 526/25 v. Chr. zieht sein Sohn und Nachfolger Kambyses (529-522) nach Ägypten und erobert es. Von da an ist auch Syrien fest in persischer Hand.

522 muß Kambyses dann wegen eines Aufstandes nach Persien zurückeilen und findet dabei den Tod. Sein Nachfolger Darius I. (521-485) kommt aus einer Nebenlinie des Achämenidenhauses und setzte sich gegen viele Aufstände rasch durch. Durch ihn ist eine gewisse Stabilisierung des Riesenreiches eingetreten – es reicht von Ägypten bis nach Indien und übertrifft alle seine Vorgänger. Die Frage des Tempelbaus wird jetzt wieder akut. Die große Anzahl von etwa vierzigtausend Rückwanderern, die in der Liste Esr 2 = Neh 7 genannt wird, hat wohl frühestens kurz vor 520 v. Chr. ihr Land erreicht. Es ist zudem fraglich, ob es sich dabei um eigentliche Rückkehrer oder die gesamten Bewohner der Provinz handelt.

Erst im Jahre 520 also kommt der Wiederaufbau des Tempels in Gang. Daran haben neben den geschilderten Zeitumständen auch konkrete Behinderungsversuche Samarias (Esr 5) und nicht zuletzt die bedrückenden sozialen und ökonomischen Bedingungen mitgewirkt. Von letzteren ist beispielsweise bei Haggai die Rede (Hag 1,5 ff.). Dieser Prophet hat zusammen mit dem gleichzeitig wirkenden Sacharja den entscheidenden Anstoß gegeben, der Serubabel, den Statthalter von Juda – oder war er nur so etwas wie ein Tempelbaukommissar? –, und Josua, den Hohenpriester, zum aktuellen Baubeginn veranlaßte (1,12-14). Haggais genau datierte Worte stammen aus dem Zeitraum

August bis Dezember 520 v. Chr. Und sie lassen erkennen, daß für ihn die gesamten eschatologischen Hoffnungen der Exilszeit mit dem Tempelbau ihrer Erfüllung entgegengingen: Die Not wird sich zum Segen wenden (2,15 ff.), die Herrschaft der Völker wird stürzen (2,6 ff., 22), und Serubabel wird gar – gewissermaßen als Aufhebung des jeremianischen Verwerfungsurteils über Jojachin (Jer 22,24) – zum Siegelring Gottes, zum neuen David und eschatologischen Hoffnungsträger ausgerufen (2,23). Ähnlich ist in den visionären Nachtgeschichten Sacharjas (Sach 1-6), die man mit einem gewissen Recht die erste Apokalypse genannt hat[27], der Tempelbau in engstem Zusammenhang mit der Erfüllung der großen Verheißungen der Exilspropheten gesehen (z. B. Sach 2,4 f.; vgl. Jes 54 u. Ez 43). Die gleiche glühende Naherwartung hat übrigens genauso in Kreisen gelebt, die dem Tempelbau ablehnend gegenüberstanden, wie etwa Tritojesaja (Jes 56-66): «Der Himmel ist mein Thron, und die Erde der Schemel meiner Füße; wo ist denn so ein Haus, das ihr mir bauen könntet?» (Jes 66,1)

Begleitet also von großen Hoffnungen und Naherwartungen beginnt der Tempelbau und wird nach Esr 6,15 im Jahre 515 v. Chr. fertiggestellt. Damit steht in Jerusalem wieder ein Tempel, der der Mittelpunkt des verstreuten Judentums war und mit dem das seit 587 v. Chr. bestehende Exil zeichenhaft beendet ist. Dieser Serubabeltempel hat bis zur Neugestaltung des Tempels durch Herodes den Großen existiert. Zur Reorganisation des Lebens nach dem Exil aber war das nur ein erster Schritt. Leider wissen wir gar nichts darüber, was aus den Anfängen, was insbesondere aus der Person Serubabels geworden ist. Daß mit dem Tempelbau die Probleme nicht beseitigt sind, weder im sozialen noch im kultischen Bereich, zeigt eindrucksvoll das Maleachibuch, dessen Worte zwischen Tempelbau und dem Wirken Esras und Nehemias anzusetzen sind.

Esra und Nehemia

Aus der Zeit zwischen der Fertigstellung des Tempels und dem Beginn des hellenistischen Zeitalters sind uns nur wenige Ereignisse aus zuverlässigen Quellen bekannt, und noch weniger sind exakt datierbar. Es handelt sich um eine recht dunkle Phase der Geschichte Israels. In ihr aber vollziehen sich Entwicklungen, deren Tragweite kaum zu überschätzen ist. Dazu gehört die Ausbildung von Organen für Autonomie und Selbstverwaltung genauso wie die Herausbildung des Pentateuchs, also der entscheidende Schritt zur Kanonbildung. Das Gottesvolk gewann eine in vieler Hinsicht neue Gestalt. Von der Quellenlage her geht es dabei vor allem um die Bücher Esra und Nehemia, einen Teil des sogenannten chronistischen Geschichtswerkes. Zwar liegt hier mit den sogenannten Memoiren Nehemias (wohl Neh 1,1-7,5 a; 12*.13)[28] ein im gesamten Alten Testament einzigartiges Dokument vor: der Selbstbericht Nehemias, eines an den Ereignissen maßgeblich Beteiligten. Seine Authentizität ist im Kern unumstritten, und der Text muß auch methodisch zur Hauptquelle der Zeit gemacht werden. Leider gibt es nichts Vergleichbares für den wohl noch wichtigeren Esra; die über ihn berichtenden Texte sind in der Forschung überaus umstritten und bestenfalls in einem kleinen Teil, besonders Esr 7 betreffend, wirklich authentisch. Unklar ist bereits das zeitliche und damit auch das sachliche Verhältnis dieser beiden Hauptpersonen. Nach dem jetzigen Text sind sie mehr oder weniger gleichzeitig aufgetreten, doch reden die konkreten Einzeltexte immer nur von einem von ihnen. Und während die Ankunft Nehemias in Jerusalem sicher auf das Jahr 445 v. Chr. datierbar ist, stehen für Esra nach der Angabe von Esr 7,7 f. mindestens die Jahre 458, das 7. Jahr Artaxerxes' I., und 398 v. Chr., das 7. Jahr Artaxerxes' II., zur Auswahl. Einige allerdings nicht wirklich zwingende Indizien (z. B. Esr 9,9) und allgemeine Überlegungen machen für mich die Spätdatierung Esras wahrscheinlicher.

Nach Neh 1,1 ff. hört Nehemia als hoher Beamter am persischen Hof im Jahre 445 v. Chr. davon, daß Jerusalems Mauer zerstört ist. Dabei kann es nicht oder nicht allein um die alte, seit 587 v. Chr. bekannte Zerstörung gehen. Aus Notizen in Esr 4 ist zu schließen, daß von seiten der Provinzhauptstadt Samaria zumindest drei Versuche gemacht worden sind, mit administrativen und zum Teil sogar gewaltsamen Maßnahmen einen Mauerbau zu verhindern: V. 6 erwähnt eine Eingabe unter Xerxes (485-465), V. 7 und 8 zwei offenkundig verschiedene unter Artaxerxes I. (464-424). Letztere handelt vom Wiederaufbau der Stadt (V. 12) und endet nach V. 23 mit einem gewaltsamen Eingriff. Bei all dem kann es nicht um den Tempelbau gehen, wie der jetzige Kontext des Esrabuches suggeriert, sondern um die Stadtmauer, die Verteidigungsfähigkeit Jerusalems und damit in der Hauptsache um die Selbständigkeit der Stadt und der Provinz Juda gegenüber Samaria, der alten Rivalin. Im Hintergrund dürfte auch der große Aufstand gestanden haben, der 448 v. Chr. von Megabyzos, dem Satrapen von Syrien, ausgegangen war. In dieser Zeit vermochte Samaria offenkundig erfolgreich eine Autonomie der kleineren Provinz zu verhindern, wobei aus den vorhandenen Quellen nicht einwandfrei hervorgeht, ob Juda schon vor Nehemia eine eigenständige Provinz mit einem eigenen Statthalter gewesen ist oder nicht. Spätestens aber mit Nehemia ist sie es sicher geworden. Er versteht es nach seinem eigenen Bericht, den Großkönig für sich zu gewinnen und sich von ihm persönlich mit Rechten und Geldern zum Wiederaufbau der Mauern Jerusalems versehen zu lassen (2,7 f.); zu seiner Ausstattung gehören nach 2,9 sogar persische Truppen.

Auch Nehemia muß aber angesichts der Gegnerschaft Samarias mit List vorgehen. Am Beginn steht nach seiner Ankunft in Jerusalem eine nächtliche Inspektion der Stadt (2,11 ff.). Es folgt ein offenbar überraschend schneller Baubeginn. Die Organisation des Mauerbaus zeigt die große Liste in Kapitel 3: Vom Hohenpriester angefangen sind alle Bewohner von Stadt und Provinz daran beteiligt, an allen Bauabschnitten wird gleichzeitig gebaut, so daß das Werk in der kurzen Zeit von 52 Tagen vollendet werden kann (6,15). Die Mauerbauliste läßt übrigens auch den ungefähren Umfang der Provinz «Jehud», wie sie offiziell heißt, erkennen: Ein kleines Gebiet, das in der Nord-Süd-Erstreckung von Bet-El bis Bet-Zur nur ungefähr fünfzig Kilometer umfaßt.

Während des Mauerbaus tritt die in Neh 5 geschilderte soziale Krise ein. Durch die Beteiligung der verschuldeten Kleinbauern gemeinsam mit ihren aristokratischen Gläubigern am Mauerbau ist die Lage der ersteren verschärft worden, und in einer Art Streik werden Forderungen nach Schuldenerlaß erhoben. Nehemia, nicht zuletzt unter dem Zwang, sein Werk zu vollenden, bringt mit Hilfe von Priestern und der intensiven Erinnerung an den Willen Gottes so viel Druck auf die reichen Aristokraten zustande, daß diese in einen Schuldenerlaß einwilligen. Dieses wichtige Kapitel läßt sowohl die sozialen Probleme des nachexilischen Juda als auch die Koalition erkennen, die sich hier durchzusetzen vermag: Kleinere freie Bauern mit den typischen Nöten von Überschuldung und drohender Versklavung zusammen mit der traditionellen Religion Israels und der Priesterschaft können gemeinsam mit Nehemia als persischem Statthalter und der hinter ihm stehenden persischen Macht, aber auch der ihn entsendenden Diaspora die eigene Aristokratie zum Einhalten sozialer Gesetze zwingen. Diese Aristokratie, insbesondere auch die hohepriesterliche Familie, steht – nach manchen Passagen der Nehemiamemoiren zu schließen – in engstem Kontakt mit den feindlich gesinnten Samaritanern und anderen Nachbarn. Und Neh 13,28f. berichtet von einem offenbar heftigen Konflikt, bei dem Nehemia den Sohn des Hohenpriesters aus Jerusalem vertrieb – vielleicht der Anlaß für die Aufzeichnung der Nehemiaschrift.

Wenn man eine Spätdatierung Esras bevorzugt (vgl. o.), könnte seine Entsendung nach Jerusalem im Jahr 398 v. Chr. eine Reaktion der Perser auf den Abfall des Nildeltas im Jahre 404 und Oberägyptens im Jahre 402 gewesen sein, wodurch Ägypten noch einmal eine etwa sechzigjährige Periode der Selbständigkeit erfuhr. Die Maßnahme sollte dann zur Konsolidierung der in der Nähe der Grenze gelegenen Provinz dienen. Von Esra ist wohl vor allem der Kern des aramäisch überlieferten Auftrags in Esr 7,11ff. als historisch anzusehen. Danach wird er als «Schreiber des Gesetzes des Himmelsgottes» bezeichnet (7,12.21). Darin steckt eine persische Beamtenbezeichnung; er war also Beamter bzw. Kommissar für das «Gesetz des Himmelsgottes». Dieses Gesetz ist «in seiner Hand» (7,14), und er wird beauftragt, es für die Juden in der Satrapie Transeuphrat – und also besonders auch in der Provinz Juda – in Kraft zu setzen, das heißt durch die Einsetzung von Richtern (7,25f.) zum geltenden Recht zu machen. Die Hauptfrage ist natürlich, um welches Gesetz es sich dabei handelt, sie aber ist nicht mit Sicherheit zu beantworten. Man muß davon ausgehen, daß nicht ein neues, den Juden bis dahin unbekanntes Gesetz gemeint sein kann. Das Neue liegt vielmehr darin, daß traditionelles israelitisches Recht zum von der persischen Reichsregierung anerkannten Recht für die jüdische Bevölkerungsgruppe gemacht wird – ein Vorgang, der ganz im Sinne der persischen «Toleranzpolitik» liegt und für den es zum Beispiel in Ägypten Parallelen gibt. Weiter muß man meines Erachtens davon ausgehen, daß das Esragesetz nicht total vom sonstigen Recht, wie es im Pentateuch versammelt worden ist, getrennt werden kann. Zwar werden terminologisch das aramäisch als *dat* bezeichnete Esragesetz und die Thora, von deren Verlesung in Neh 8 ganz in der Art des (späteren) synagogalen Gottesdienstes die Rede ist, auseinandergehalten und können nicht einfach gleichgesetzt werden[29], aber keinesfalls handelt es sich um zwei völlig verschiedene Größen. Die Versuche der alttestamentlichen Wissenschaft, das Esragesetz mit dem Pentateuch im Ganzen oder seinen wichtigsten rechtlichen Teilen, also zum Beispiel dem Priestergesetz, dem Heiligkeitsgesetz (Lev 17-26) oder dem Deuteronomium zu identifizieren, haben mit keiner überzeugenden Lösung geendet. Nach meinem Urteil kann man allerdings das Esragesetz keinesfalls von der Entwicklung hin zum fertigen Pentateuch trennen. Ein – mehr oder weniger großer – Teil der traditionellen rechtlichen Überlieferung Israels war durch Esra, und das ist der entscheidende Punkt, faktisch geltendes Recht geworden, insbesondere in der Provinz Juda. Die Art der politischen Autonomie, die durch Nehemia gewonnen worden war, erhielt durch die Rechtsautonomie ihre wichtigste inhaltliche Ausfüllung, was übrigens auch für eine Ansetzung Nehemias vor Esra spricht. Nun ist der Pentateuch, wenn nicht alle Anzeichen trügen, zur Zeit des beginnenden Hellenismus in seiner Endgestalt fertig gewesen, also nur etwa siebzig Jahre nach Esra. Dafür sprechen manche Gründe wie die Tatsache, daß die Samaritaner nur den Pentateuch als Heilige Schrift kennen, der Beginn der griechischen Übersetzung im 3. Jahrhundert v. Chr., die mangelnden Spuren von Auseinandersetzung mit dem Hellenismus in ihm etc. Bei dieser Sachlage kann, ja muß man sagen: Aus dem Esragesetz – wie immer es genau ausgesehen haben mag – ist bis zur Alexanderzeit der fertige Pentateuch geworden. Esra als der, der das Gesetz des Mose, also den Pentateuch, neu zur Geltung bringt – dieses Bild der chronistischen Esraerzählung dürfte bei aller Vergröberung von der historischen Realität nicht allzuweit entfernt sein.

Die neue Gestalt, die Israel nach dem Exil besonders durch das Wirken von Nehemia und Esra annahm, wird nun in Wissenschaft und Kirche traditionellerweise mit Begriffen, Kategorien und Wertungen versehen, auf die hier kurz einzugehen ist, da sie nach meinem Urteil einen sachgemäßen Zugang geradezu verhindern.[30] Irreführend ist zum Beispiel der immer wieder verwendete Begriff der «Restauration». Da die neue Gestalt in den kennzeichnenden Zügen mit dem Israel bzw. Juda vor dem Exil vollkommen unvergleichlich ist, ist ein solcher Begriff unzulässig. Es wird hier ganz offenkundig der im persischen Reich gegebene Spielraum zur Gestaltung der eigenen Angelegenheiten konsequent genutzt. Mit der Provinz Juda wird eine eigene Gebietsgrundlage geschaffen, die spätestens seit Nehemia eine gewisse Autonomie im Rahmen des persischen Großreichs ermöglicht bis hin zur militärischen Verteidigung, wie die Bewaffnung der am Mauerbau Beteiligten in Neh 4,10ff. zeigt. Die Prägung eigener Münzen mit der Legende «Jehud» ist ein weiterer Ausdruck dafür. Innerhalb dieser Autonomie wird ein eigenes jüdisches Abgabewesen zum Unterhalt von Kult und Kultpersonal geschaffen – ganz unabhängig von der von den Persern verlangten Silbersteuer. Der vielleicht wichtigste Punkt ist die eigene Rechtshoheit, der der werdende Pentateuch als geltendes Recht zugrunde liegt. Dabei hat das Priestertum sicher einen beträchtlichen Einfluß, es ist aber unsachgemäß, von einer «Theokratie» oder ähnlichem zu reden. Selbst später, als der Hohepriester stärker als zu dieser Zeit im Zentrum steht, ist er niemals die allein ausschlaggebende Kraft gewesen. Noch problematischer, wenn auch weit verbreitet, ist es, von «Gemeinde» oder «Kultgemeinde» zu sprechen. Neben dem Tempelkult steht der beginnende synagogale, auf die Schrift bezogene Gottesdienst, und er steht, wie besonders Neh 8,1ff. zeigt, auch räumlich wirklich daneben. Aber in allen Maßnahmen geht es um das Volk, nie um so etwas wie Gemeinde. Die Zugehörigkeit zum Gottesvolk regelt sich weiter allein über die Abstammung, nie über den freiwilligen Entschluß bzw. das Halten des Gesetzes. Das zeigt nichts eindrucksvoller als der mehrfach belegte

Kampf gegen die Mischehen (Neh 13,23ff.; Esr 9f.; Neh 10,31; Mal 2,10ff.): Nirgends wird auch nur die Möglichkeit erwogen, die fremden Partner könnten für den Gottesglauben Israels gewonnen und das Problem auf diese Weise beseitigt werden. Nicht Gesetzestreue, sondern ethnische Zugehörigkeit ist entscheidend. Noch weniger sind andere Vorstellungen geeignet, das Israel dieser Zeit zu beschreiben, etwa die seit dem vorigen Jahrhundert verbreitete Ansicht, hier beginne die Herrschaft eines absoluten Gesetzes (dazu vergleiche man die Art, wie Nehemia besonders in c. 13 mit dem Gesetz umgeht, bzw. ein Dokument wie Neh 10), oder die These, hier bleibe die Heilsgeschichte stehen[31] oder beginne gar das «Ende Israels»[32]. Terminologisch tritt zwar in dieser Zeit der Begriff *jehūd* als Bezeichnung der Provinz und ihrer Bewohner stärker in den Vordergrund, und es ist deshalb sachgemäß, jetzt auch den Begriff Judentum zu verwenden. Aber diese Größe selbst benutzt nach wie vor den alten Namen Israel für sich, und das Judentum hat diese Kontinuität seinem Selbstverständnis nach niemals aufgegeben. Der Einschnitt durch das Exil ist tief, aber doch nicht tiefer als andere in der Geschichte dieses Volkes. Die Gestalt, die Israel im persischen Zeitalter annimmt, enthält fundamental Neues gegenüber früheren Perioden. Aber das Eigenartige tritt gerade nicht zutage, wenn man es wie in der geläufigen Rede von der «israelitischen und jüdischen Geschichte»[33] oder der «Geburtsstunde des Judentums»[34] mit späteren Ausformungen etwa der Zeit nach 70 n. Chr. geradezu gleichsetzt. Damit das Judentum der neutestamentlichen, erst recht späterer Zeiten entstehen konnte, sind noch viele und einschneidende historische Schritte nötig gewesen.

Die Diaspora

Spätestens von der Zeit des Exils an ist die Geschichte Israels immer auch die Geschichte der Diaspora und ihrer Beziehungen zum Land Israel und zu Jerusalem. Das Wichtigste, was wir über die babylonische Diaspora wissen, ist im Vorangehenden bereits mitgeteilt worden: Von hier gingen die Anstöße zur Neugestaltung nach dem Exil aus, nicht nur Scheschbazzar und Serubabel stammen von hier und mit ihnen die große Gruppe der Rückkehrer, sondern auch Esra und Nehemia, die beiden wichtigsten Persönlichkeiten.

Über das Leben der östlichen Diaspora wissen wir aus sehr vielen keilschriftlichen Dokumenten[35], in denen meist am Namen erkennbare Israeliten auftauchen, nicht zuletzt als Kunden und Partner des bedeutenden babylonischen Bankhauses Muraschu & Söhne. Juden lebten hier zumeist von Landwirtschaft und hatten Land als Lehen zugeteilt bekommen, einige waren aber auch Fischer und Hirten. Viele waren relativ wohlhabend, wie aus den Rückkehrerlisten hervorgeht, trotzdem dürfte ein hoher Beamter wie Nehemia eine Ausnahme gewesen sein.

Sehr viel weniger ist über die später so bedeutende ägyptische Diaspora bekannt. Wir haben nahezu nur eine einzige Quelle dafür, die sogenannten Elephantine-Papyri, die nach ihrem Fundort, der Nilinsel Elephantine, benannt wurden. Sie bezeugen, daß es hier einen JHWH-Tempel gab – trotz der Forderung des Deuteronomiums nach der Einheit der Kultstätte –, in dem zugleich auch noch weibliche Gottheiten wie Anat-Bet-El und Anat-Jahu verehrt wurden. Anscheinend hat die in Jer 44 bewahrte Tradition, daß die nach Ägypten gezogene Gruppe die Himmelskönigin verehrte und die Alleinverehrung JHWHs geradezu für die Katastrophe des Exils verantwortlich machte, doch eine historische Erinnerung aufbewahrt. Jedenfalls wird dieser Tempel um 410 v. Chr. zerstört, und zwar im Zusammenhang lokaler Auseinandersetzungen, bei denen Priester des Widdergottes Chnum gegen das Opfern der ihnen heiligen Tiere im jüdischen Tempel einschritten. Die Führer der Kolonie wandten sich um Unterstützung für den Wiederaufbau an den Statthalter von Juda, zugleich aber auch an Samaria (TGI 84ff.). Die Antwort auf das heikle Problem trägt diplomatische Züge: Es wird gestattet, daß man das Heiligtum «wieder aufbaue an seiner Stätte, wie es früher war, und daß man Speisopfer und Weihrauchopfer darbringen darf auf jenem Altar» (TGI 88). Dabei bleiben aber die tierischen Opfer, Stein des Anstoßes für die ägyptischen Priester wie für die Orthodoxie in Jerusalem, ausgespart. Das Ende der jüdischen Militärkolonie ist wohl schon relativ kurz danach im Zusammenhang mit den erwähnten Aufständen Ägyptens gegen die Perser erfolgt. Leider sind diese Dokumente das einzige kleine Licht in der langen und uns sonst weithin unbekannten Geschichte der ägyptischen Diaspora.

Die hellenistische Periode

Der Alexanderzug und der Tempel der Samaritaner

Das persische Weltreich, das über zweihundert Jahre bestanden hatte, fand sein Ende durch die Kriegszüge Alexanders des Großen. Wie seine Vorgängerreiche bricht es in wenigen Jahren vollkommen zusammen. Alexander schlägt im Jahre 333 v. Chr. die Perser bei Issos. Danach zieht er die syrisch-palästinische Küste entlang, um Ägypten zu erobern. Nur wenige Orte setzen ihm Widerstand entgegen, dazu gehört vor allem Tyros, die bedeutende phönizische Hafenstadt. Auf einer Insel gelegen, kann sie erst nach siebenmonatiger Belagerung durch Aufschüttung eines Dammes vom Festland her eingenommen werden. Dann ist es vor allem Samaria, das zerstört und in eine makedonische Militärkolonie verwandelt wird. Nach Josephus, dem jüdischen Historiker der Zeit um 70 n. Chr., der von jetzt an eine der wichtigsten historischen Quellen wird, da die biblische Geschichtserzählung über Esra und Nehemia hinaus nicht fortgeführt wird, ist Alexander selbst nach Jerusalem gekommen und dort vom Hohenpriester begrüßt worden (Ant XI, 313 ff.), doch dürfte das eher auf eine Legende zurückgehen. Im Alten Testament spiegelt sich der Alexanderzug wahrscheinlich aber in dem Text Sach 9, 1-8, wo von der Zerstörung von Tyros die Rede ist (V. 3 f.), und in einer Glosse von dem, «der hin und herzieht» (V. 8). Denn Alexander zieht nach dem Ägyptenaufenthalt wieder nach Norden, wo er in Gaugamela, in der Nähe des alten Ninive, die Perser endgültig besiegt.

323 v. Chr. stirbt Alexander. Es folgen die Diadochenkämpfe, durch die sein riesiges Erbe schließlich in eine Reihe selbständiger Einheiten zerfällt. Neben Makedonien, zu dem auch ein Teil Kleinasiens gehört, sind das vor allem das ptolemäische Reich mit dem Zentrum in Ägypten und das seleukidische, das von Kleinasien über Mesopotamien bis weit nach Osten reicht. Palästina, und damit auch Juda, werden in diese Kämpfe intensiv einbezogen, mehrfach von feindlichen Heeren durchzogen und verwüstet. Zu einer gewissen Stabilisierung kommt es im Jahre 301 v. Chr., Palästina und mit ihm Juda fällt an die Ptolemäer. Mehr als ein Jahrhundert lang bis 198 v. Chr. wird die Herrschaft dann wieder einmal von Süden, von Ägypten, ausgeübt.

Durch diese Ereignisse war in sehr kurzer Zeit ein grundlegender und sehr langfristiger Wechsel der Situation eingetreten. «Seit dem Ende des 4. Jahrhunderts bis zum Sieg des Islam im 7. Jahrhundert n. Chr. zählte Palästina, wie seine Nachbarländer, zu jenen Staaten, deren Kultur unter dem Einfluß der griechischen und später der römischen Welt stand.»[36] Obwohl es schon vorher Beziehungen und Begegnungen zwischen der griechischen und der vorderorientalischen Kultur gab, setzt doch mit dem Hellenismus etwas ganz Neues ein. Er stellt nicht einfach nur die Verbindung oder Vermischung beider Kulturen dar, sondern daraus entsteht etwas Neues und Andersartiges. Wichtig ist, daß das Phänomen Hellenismus sich auf alle Gebiete erstreckt, politische, wirtschaftlich-soziale, geistes- und religionsgeschichtliche. Die volle Bedeutung des Neuen tritt für Israel erst allmählich in Erscheinung, in seiner ganzen Schärfe erst in den Konflikten des 2. Jahrhunderts. Hier kann und soll die Auseinandersetzung von Judentum und Hellenismus nur so weit beschrieben werden, als sie für die späteren biblischen Bücher und die Formation des alttestamentlichen Kanons von Bedeutung war. Zunächst aber soll ein kurzer Blick auf die Samaritaner geworfen werden.

Denn in der langen Geschichte, in der aus der alten Gegnerschaft zwischen Juda und dem samaritanischen Norden, wie er schon vor dem Exil bestand und sich dann bei der Neuformation Judas nach dem Exil zuspitzte, der Haß und die Feindschaft wurde, die wir aus dem Neuen Testament und seiner Zeit kennen, hat die Alexanderzeit wohl eine besondere Bedeutung gehabt. Die alte Stadt Sichem wird gegen Ende des 4. Jahrhunderts v. Chr. neu besiedelt. Man wird damit wohl Nachrichten in Zusammenhang bringen, die bei Josephus erhalten sind (Ant XI § 302-347) und die von einer Übersiedlung bestimmter priesterlicher Gruppen aus Jerusalem nach Sichem sprechen.[37] Der Bau eines samaritanischen Tempels auf dem Garizim, also eines Gegentempels zu Jerusalem, hängt wahrscheinlich mit diesen Ereignissen zusammen. Mit der Entstehung einer eigenen Kultgemeinde hat jedenfalls der alte Gegensatz eine neue Qualität erhalten, und es spricht manches dafür, daß die Samaritaner den Pentateuch, den sie ja als einzigen Teil des Alten Testaments als Heilige Schrift besitzen, bereits in dieser Phase aus Jerusalem mitbrachten. Eine völlige Trennung ist damit aber noch nicht erreicht. Man muß dann vorausgreifend vor allem auf die Zerstörung dieses Tempels durch den Hasmonäerherrscher Johannes Hyrkan im Jahre 129 v. Chr. hinweisen. Samaritaner aber gibt es, wenn auch in kleinen Gruppen, bis heute, und sie feiern nach wie vor ihr jährliches Passa auf dem Garizim.

Die Zeit der ptolemäischen Herrschaft

In der Ptolemäerzeit war die relative Autonomie, in der die eigenen Angelegenheiten nach den Gesetzen der Thora selbständig geregelt werden konnten, zunächst weiter gewährleistet. Die persische Provinz Juda wird als eigene Verwaltungseinheit, jetzt Hyparchie genannt, beibehalten. An die Spitze tritt zunehmend der Hohepriester, wie das schon vorher seit der Zeit der Fall war, als keine Juden, sondern Perser als Statthalter in Juda wirkten. An der Seite des Hohepriesters steht die Gerusia, ein Ältestenrat, aus dem sich das spätere Synhedrion entwickelt. In ihm ist natürlich weithin die Aristokratie vorherrschend, aber auch Priestergeschlechter gehören ihm an.

Dieses Juda und erst recht die Diaspora waren einer intensiven Beeinflussung durch den Hellenismus ausgesetzt, von der wir meist nur indirekte Zeugnisse haben. Neben dem Vordringen griechischer Kultur und Sprache, von der vor allem die Oberschicht erfaßt wird, zahlreichen Städteneugründungen etc. sind die intensivsten Veränderungen auf ökonomischem Gebiet zu beobachten. Die sogenannten Zenonpapyri übermitteln «das Bild eines sehr aktiven, fast hektischen wirtschaftlichen Lebens, dessen Urheber jenes Heer von griechischen Beamten, Agenten und Kaufleuten war, die das Land im wahrsten Sinne des Wortes überschwemmten und ‹bis ins letzte Dorf des Landes drangen›...»[38] Der Ptolemäerstaat war im Gegensatz zum persischen Reich auf intensive Steigerung der Staatseinkünfte aus. Der Staat kontrollierte und beherrschte praktisch die gesamte Wirtschaft, und die Klassengegensätze stiegen unter diesen Umständen auch in Israel beträchtlich. Einschneidend war das Steuersystem der sogenannten Staatspacht. Die staatlichen Einkünfte, Steuern, Abgaben und Zölle wurden an lokale Aristokraten verpachtet. Diese finanzierten die Einkünfte vor und trieben sie dann wieder ein, mit Gewinn natürlich. Die Höhe der Einkünfte läßt sich, wenn auch nicht mit letzter Sicherheit, wohl aus 1. Makk 10,29ff. erschließen: ein Drittel der Getreideernte und die Hälfte der Baumfrüchte – das lag bei weitem höher als etwa der traditionelle Zehnte. Es ist verständlich, daß das System zur fortschreitenden Trennung der eigenen Aristokratie und Oberschicht vom übrigen Volk beitrug.[39]

Dieses 3. Jahrhundert v. Chr. hat ganz sicher auch für die Geschichte der Bibelentstehung eine entscheidende Rolle gespielt, obwohl wir, da die biblische Geschichtserzählung abbricht und wir auch sonst nur unzureichende Quellen haben, nur wenige Texte mit letzter Sicherheit in diese Zeit datieren können. Kurz danach aber, um 190 v. Chr., bezeugt Jesus Sirach in seinem «Preis der Väter» (46-49), daß es neben dem Pentateuch bereits einen Prophetenkanon gab, das heißt, daß die Sammlung und Redaktion der prophetischen Bücher – im hebräischen Kanon die Bücher Josua, Richter, 1. und 2. Samuelis, 1. und 2. Könige + Jesaja, Jeremia, Ezechiel und das Zwölfprophetenbuch – weitgehend abgeschlossen war. Für diese Entwicklung ist wichtig, daß nach Haggai und Sacharja nur noch ein einziger Prophet, nämlich Joel, uns dem Namen nach bekannt ist; er wirkte wahrscheinlich in der ersten Hälfte des 4. Jahrhunderts. Sonst setzt sich das fort, was schon im Exil begann: Große und gewichtige Texte sind anonym bzw. unter dem Namen älterer Prophetengestalten entstanden und vor allem tradiert worden. Die Entstehung des Prophetenkanons vollzieht sich also in kleineren und größeren Zusätzen und Bearbeitungen älterer Bücher. Dieser Prozeß spiegelt zugleich das allmähliche «Ende der Prophetie». Schon seit dem Exil (Ps 74,9) werden die Stimmen immer unüberhörbarer, die von dem Aufhören der Prophetie reden. Prophetie wird mehr und mehr, und das ist schon bei Joel zu beobachten, zur Auslegung älterer Schriften und zu einem eschatologischen, für die Zukunft erwarteten Phänomen (z. B. Jl 3,1; Mal 3,23). Dabei sind sehr gewichtige theologische Entwicklungen vollzogen worden, wovon nur die in der sogenannten Jesaja-Apokalypse (Jes 24-27) zuerst belegte Hoffnung auf ein Handeln Gottes auch an den Toten genannt sei (Jes 25,8; 26,19). Es war wohl nicht zuletzt das Neue des Hellenismus, das zum Beginn des 2. Jahrhunderts v. Chr. den Prophetenkanon zu einem Abschluß brachte. Sowohl sein Anfang (Jos 1,7f.) wie sein Ende (Mal 3,22ff.) sind dabei deutlich auf den grundlegenden ersten Teil des Kanons, die Thora, bezogen.

Die Bedeutung der Thora spiegelt sich auch in manchen Schriften, die zum dritten Kanonteil gehören, wie dem Chronistischen Geschichtswerk und den sogenannten Thorapsalmen (Ps 1; 19; 119), die mit ihrer «Freude an der Thora» eine intensive Thorafrömmigkeit erkennen lassen. Gewichtige Entwicklungen vollziehen sich in der Weisheitsliteratur. Während das Hiobbuch, das wohl noch der vorhellenistischen Zeit angehören dürfte, sich mit dem Zusammenbruch des in der Weisheitsliteratur so lange vorherrschenden Gefühls, in einer gerechten Welt zu leben und es mit einem gerecht und berechenbar handelnden Gott zu tun zu haben, auseinandersetzt, wird im Buch Kohelet (Prediger Salomos) daraus mit einer überaus skeptischen Weltsicht die Konsequenz gezogen: «Es ist alles nichtig» (1,2 u.ö.). Der Einfluß griechischen Denkens ist an dieser Stelle nicht zu verleugnen, wenn man auch über sein Maß streiten kann. Bis auf das Danielbuch haben wohl, so sieht es im allgemeinen die heutige Forschung, die Bücher auch des dritten Kanonteils, der «Schriften», ihre Gestalt vor dem so tiefgreifenden makkabäischen Konflikt gewonnen. Ihrem Selbstverständnis nach gehen sie alle sogar auf die Zeit bis Esra zurück. Dennoch ist der Kanon keineswegs bereits abgeschlossen, das geschieht erst sehr viel später.

Antiochus IV. und der Makkabäeraufstand

Das Seleukidenreich unter Antiochus III. (223-187) unternimmt seit 219 v. Chr. mehrere Versuche, Palästina dem ptolemäischen Machtbereich zu entreißen, was schließlich 198 v. Chr. gelingt. Von da an wird Juda wieder von Norden her beherrscht. Antiochus III. hat zunächst den Wiederaufbau der Stadt Jerusalem, vor allem aber eine Erneuerung der alten Privilegien garantiert: «Alle Angehörigen des Volkes sollen nach den väterlichen Gesetzen leben»; den Angehörigen der Gerusie wie dem Tempelpersonal wird Steuerfreiheit gewährt (Ant XII, § 138ff., TGI 89f.). Auch unter seinem Sohn Seleukos IV. (187-175) kommt es noch zu keiner grundlegenden Änderung der Situation. Mit dem Regierungsantritt Antiochus' IV. (175-164) erfolgt sie aber sehr rasch. Unter ihm, der den Beinamen Epiphanes, der erscheinende Gott, trägt, kommt es zu dem Versuch einer totalen Hellenisierung des Judentums und der Reaktion darauf im Makkabäeraufstand. Von dem schrittweise eskalierenden Konflikt können hier nur die gröbsten Umrisse dargestellt werden. Quellen sind neben Josephus jetzt vor allem die beiden Makkabäerbücher.[40] Der Anlaß erwächst aus der verbreiteten Sitte der Verpachtung von Steuern und Ämtern sowie der großen Geldbedürftigkeit des Herrschers. Schon bald nach seinem Regierungsantritt bemächtigt sich der Bruder des regierenden Hohenpriesters Onias III., mit dem für die Oberschicht jetzt typischen Namen Jason, des hohenpriesterlichen Amtes, indem er dem König eine erhebliche Erhöhung des Tributes auf 330 Talente jährlich sowie eine Sonderzahlung von 80 Talenten anbietet. Onias zieht sich in das Asyl des Apollon- und Artemisheiligtums von Daphne zurück(!). Sein Sohn Onias IV. geht später nach Ägypten und gründet dort einen eigenen schismatischen Tempel in Leontopolis (2. Makk 4,33). Das alles zeigt die Zustände in der priesterlichen Oberschicht nach einem Jahrhundert der Hellenisierung. Die Machtergreifung Jasons ist offenbar Teil des Versuches der aristokratischen Oberschicht, Jerusalem völlig zu hellenisieren und die auf die Thora gegründete Sonderstellung aufzuheben. So wird hier ein Gymnasium errichtet, dem der neue Hohepriester vorsteht.

Aber bereits 171 v. Chr. überbietet ein Mann namens Menelaos das Steuerangebot Jasons um weitere 300 Talente jährlichen Tributs, was dem mit Zahlungen an Rom in Verzug befindlichen König gelegen kommt. Dieser Menelaos aber war kein Zadokide, das heißt kein Angehöriger des seit David amtierenden Hohenpriestergeschlechts am Jerusalemer Heiligtum, und er war wahrscheinlich überhaupt kein Priester. Die Folge dieses Sakrilegs ist eine Spaltung der prohellenistischen Oberschicht in Jerusalem in zwei Lager und der Beginn von Unruhen. Menelaos mußte für seine Zahlungen auf den Tempelschatz zurückgreifen. Als dann bei Unruhen in Jerusalem sein Stellvertreter ermordet wird, betritt bei der Rückkehr von einem Kriegszug Antiochus selbst das Heiligtum und plündert den Tempel gründlich aus. Bürgerkriegsähnliche Zustände mit Auseinandersetzungen zwischen den beiden Hohenpriestern sind die Folge. Antiochus greift ein, erobert die Stadt, läßt die Stadtmauern schleifen und errichtet nahe dem Tempel eine große Zwingburg, die sogenannte Akra, mit einer festen seleukidischen Besatzung (1. Makk 1,29ff.; 2. Makk 5,24ff.). Jerusalem hatte damit seinen rein jüdischen Charakter verloren. Doch die Eskalation ging weiter. Die Inbesitznahme des Tempels durch die neue Bevölkerung führte wohl zur Einstellung des täglichen Tamid-Opfers (vgl. Dan 11,31). Es folgten Edikte und Erlasse des Königs, die praktisch alle Vorstellungen der radikalen Hellenisten verwirklichten und auf ein totales Religionsverbot für den jüdischen Glauben hinausliefen: «Da erließ der König ein Dekret für sein ganzes Reich, daß alle ein Volk bilden sollten, und ein jeder seine (besonderen) Gebräuche aufgeben sollte» (1. Makk 1,41 ff.). Er ordnete an, daß «Brandopfer, Schlachtopfer und Trankopfer im Heiligtum unterlassen, Sabbate und Feste» entweiht werden sollten. Die Juden sollten «Schweine und (andere) unreine Tiere opfern, ihre Söhne sollten sie unbeschnitten lassen ... so daß sie das Gesetz vergäßen und alle Gebote abschafften. Wer aber nicht nach der Weisung des Königs handelte, sollte sterben» (1,44-50). Nicht mehr die Thora des Mose, sondern die hellenistische Ordnung des Antiochus sollte gelten. Der Tempel wurde, und das ist nur konsequent, dem Zeus Olympios geweiht.

Gegen diese Maßnahmen erhob sich der Widerstand eines großen Teils der Bevölkerung, vor allem der freien Bauernschaft und niederer priesterlicher Ränge. Es kam zu einer Art Guerillakrieg, weil sich viele Thoratreue in die Berge zurückzogen und von hier aus den Kampf aufnahmen. 1. Makk 2,15 ff. erzählt eindrucksvoll, wie ein Priester Mattatias aus dem Geschlecht der Hasmonäer in der Stadt Modin auf eine Aufforderung hin, heidnische Opfer darzubringen, einen jüdischen Überläufer und den Beauftragten des Königs erschlägt. Das ist das Signal zum Aufstand, bei dem sein Sohn Judas rasch zum Führer wird. Er trägt den Beinamen Makkabi, der Hammer. Einzelheiten der wechselvollen Kämpfe brauchen hier nicht verfolgt zu werden. Es gelingt den Makkabäern bis zum Jahre 164 v. Chr., Jerusalem (bis auf die Akra) und den Tempel zurückzuerobern. Drei Jahre nach der Entweihung kann der Tempel neu geweiht werden, daran erinnert bis heute das jüdische Chanukkafest (1. Makk 4,36ff.).

Aus der Zeit zwischen dem Religionsverbot und der Wiedereinweihung des Tempels stammt die letzte und jüngste Schrift des Alten Testamentes, das Danielbuch, dabei kann von der Frage, inwieweit es ältere Traditionen verarbeitet, abgesehen werden. Daniel ist das erste eigentlich apokalyptische Buch, mit ihm beginnt eine Literaturgattung, die für die nächsten nahezu dreihundert Jahre im Judentum heimisch wird. Das Buch steht offensichtlich in Zusammenhang mit einer die «Frommen» *(asidaioi, Chasidim)* genannten Gruppe (1. Makk 2,42; 7,13), die sich in der ersten Zeit den Makkabäern anschließt, in ihnen aber lediglich eine «kleine Hilfe» sieht (Dan 11,34). Man hat mit Recht in diesen Frommen die Kreise gesehen, in denen eine intensive eschatologisch-apokalyptische Naherwartung vorherrschend war. Nach den großen eindrucksvollen Visionen des Danielbuches, wie dem Traum von der Statue in Dan 2 und der Gerichtsvision mit den apokalyptischen Tieren und dem kommenden Menschensohn in Dan 7, steht mit diesen Greueln das endgültige Eingreifen Gottes unmittelbar bevor. Besonders typisch für die Apokalypsen sind sowohl die Pseudonymität – Daniel wird ja als Weiser der exilischen Zeit, also einer längst vergangenen Epoche, eingeführt – wie der auslegende Bezug auf die bereits Schrift gewordenen Prophetenbücher (z. B. Dan 9: die 70 Jahre des Jeremia).

Das Reich der Hasmonäer

Aus dem Aufstand der Makkabäer erwächst noch einmal ein eigener jüdischer Staat, ein unabhängiges Königreich, das erst der Macht der Römer weichen muß. Das Jahr der Wiedereinweihung des Tempels ist auch das Todesjahr des ärgsten Gegners, Antiochus' IV. Auf Jahre hin aber bleibt die syrische Akra mitten in Jerusalem in der Hand seleukidischer Truppen und zeigt die Offenheit der Situation an. Zunächst wird wieder ein zadokidischer Hoherpriester eingesetzt (162 v. Chr.). Von da an haben offenbar Teile Israels wie die genannten «Frommen» sich nicht mehr am Kampf beteiligt, da für sie das Entscheidende erreicht war. Für Judas und die Seinen aber ging der Kampf weiter mit dem Ziel der politischen Selbständigkeit. 160 v. Chr. fällt Judas, und sein jüngerer Bruder Jonatan (160-143) setzt den Kampf fort. Vorzeichen für manches Kommende ist die Tatsache, daß er sich selbst durch den herrschenden Seleukidenkönig 152 v. Chr. zum Hohenpriester machen läßt. Das Amt ist von da an bis auf Herodes den Großen in den Händen der Hasmonäerfamilie. Dieser Schritt bedeutet den Bruch mit der Gruppe der Pharisäer, die in dieser Zeit zum ersten Mal erwähnt und wahrscheinlich in einem gewissen Zusammenhang mit den «Frommen» der Anfangszeit gestanden haben werden. Erst unter dem älteren Bruder Simon (143-134) wird im Jahr 142 v. Chr. ein entscheidendes Ziel erreicht: Juda wird ein faktisch selbständiger Staat. Die Seleukiden müssen völlige Steuerfreiheit gewähren, die Akra wird geräumt (1. Makk 13,41 f. 49ff.). Damit beginnt eine etwa neunzigjährige Zeit der politischen Selbständigkeit, denn besonders ab 128 v. Chr. waren die Seleukiden nicht mehr präsent, und in Palästina war wiederum eine kurze Phase eines Machtvakuums eingetreten. Nachdem schon Jonatan und Simon das ehemalige Gebiet Judäas bis an das Mittelmeer und ins Ostjordanland erweitern konnten, treibt jetzt der Sohn Simons, Johannes Hyrkan (134-104), eine systematische Eroberungspolitik, mit der er Idumäa, Samaria und Galiläa einnehmen kann und damit das alte israelitische Siedlungsgebiet im wesentlichen wieder in der Hand hat. Die Bewohner werden zum Judentum bekehrt. Sein Sohn Aristobul I. (104-103) nimmt den Königstitel zusätzlich zu dem des Hohenpriesters an, ein deutliches Zeichen der völligen politischen Selbständigkeit. In dieser Zeit beginnen auch die internen Auseinandersetzungen und Morde innerhalb der hasmonäischen Familie. Alexander Jannäus (103-76) vermag das Gebiet des jüdischen Staates noch einmal erheblich zu vergrößern. Doch wachsen auch die inneren Widerstände, besonders der Pharisäer. Als dann zum zweiten Mal in der Geschichte Israels nach Atalja mit Salome Alexandra (76-67) eine Frau den Thron besteigt, wird ihr Sohn Hyrkan II. neben ihr Hoherpriester. In dieser Zeit beginnt der Aufstieg der Familie, aus der Herodes der Große stammt. Sein Großvater Antipatros war Statthalter von Idumäa, sein gleichnamiger Vater mischt sich in der gleichen Rolle in den Streit der feindlichen Brüder Hyrkan und Aristobul um die Macht ein. Inzwischen ist Rom auf dem Plan, und beide Brüder tragen ihren Streit im Jahre 63 v. Chr. vor Pompeius, der sich nach dem endgültigen Sieg über das Seleukidenreich bereits in Damaskus aufhält. Das ist das Ende des Hasmonäerstaates.

Während der Zeit der hasmonäischen Herrscher bilden sich jene Strömungen und Gruppen heraus – und sind in den Quellen zum ersten Mal bezeugt –, die das Judentum der neutestamentlichen Zeit und bis in den Aufstand von 70 n. Chr. hinein prägen. Man kann im Anschluß an Josephus im wesentlichen drei Gruppen, er sagt Sekten, unterscheiden (Bell II 119-166; Ant XIII 171-173; XVIII 11-24), wobei es aber bis heute nicht in jeder Hinsicht gelungen ist, die große Fülle von Schriften dieser Zeit, die in den sogenannten Apokryphen und Pseudepigraphen vorliegen, zum Teil aber auch nur durch archäologische Funde bekannt sind, diesen Gruppen zuzuordnen. Zentrale Frage ist die Stellung zur Thora einerseits, zur apokalyptischen Erwartung andererseits. Dabei ist zwar das Gesetz allen gemeinsam, aber die Art und Weise der Auslegung verschieden. Da sind einmal die *Sadduzäer*, deren Name wahrscheinlich mit dem alten hohenpriesterlichen Geschlecht der Zadokiden zusammenhängt. Hierbei handelt es sich um den Priesteradel und überhaupt um die Partei der gesellschaftlichen Oberschicht in Jerusalem. Sie sind in jeder Hinsicht konservativ und lehnen auch die Neuerung des apokalyptischen Glaubens an die Totenauferstehung ab. In der Thora bleiben sie insbesondere der Kultordnung verhaftet, lehnen aber den Versuch der anderen Gruppen ab, alle Aspekte des Lebens vom Willen Gottes regeln zu lassen. Mit dem Verlust des Tempels verlieren sie die Grundlage ihrer Macht. Da sind zum anderen die *Pharisäer*. Der Name scheint ihnen von außen beigelegt worden zu sein und vielleicht soviel wie Dissident zu bedeuten *(parūš)*. Sie kommen aus der Gruppe der schriftgelehrten Laien, die besonders im praktischen Rechtsleben verwurzelt sind, ihre Gesetzesauslegung zielt auf den Willen Gottes im Alltag der Menschen. Dabei spielen dann natürlich etwa die Reinheitsgesetze eine besondere Rolle. Typisch für sie ist die Lehre von der mündlichen Thora, die es neben dem schriftlichen Sinaigesetz gab und die dieses in vieler Hinsicht ergänzte und konkretisierte. Die wesentlichen Quellen über sie liegen in den späteren rabbinischen Schriften vor, denn diese Gruppe ist es, die sich nach der Katastrophe von 70 n. Chr. nahezu allein durchsetzt und die Geschichte des weiteren Judentums prägt. Gerade darum ist es in vieler Hinsicht umstritten, wie ihr Erscheinungsbild vor 70 n. Chr. ausgesehen hat, zu sehr sind in den Quellen die älteren Züge übermalt. Jedenfalls darf man sie weder nach der Polemik des Neuen Testamentes noch nach dem – nahezu 600 Jahre jüngeren – Talmud beurteilen.

Schließlich gibt es drittens die eschatologisch-apokalyptischen Strömungen, zu denen auch die Essener des Josephus gehören. Die Kenntnis über sie ist vor allem durch die Funde von Qumran erheblich gewachsen. Denn die Gruppe, die sich nach Qumran in der Wüste Juda zurückgezogen und dort eine Art Kloster errichtet hat, das bis nach 70 n. Chr. bestand und von dessen Bibliothek große Teile in den umliegenden Höhlen verborgen die Zeiten überdauern konnten, gehört offenbar mit den Essenern zusammen. Sie erheben den Anspruch, das «wahre Israel» der Endzeit zu sein und sehen den Jerusalemer Tempel und alle, die sich zu ihm halten, als im Abfall und in Unreinheit begriffen an. Hier herrscht eine starke Naherwartung, wie wir sie auch für die vielen hinter den apokalyptischen Schriften der Zeit stehenden Kreise annehmen müssen. Mit diesen wiederum hängen die Zeloten und Sikarier zusammen, deren Hoffnungen auf ein Gottesreich unmittelbar in politischen Aktionen und Attentaten münden. Aber auch den Zusammenhang mit den Bewegungen um Johannes den Täufer und Jesus von Nazareth muß man sehen.

Die römische Herrschaft bis 70 n. Chr.

Nachdem die verfeindeten Brüder Hyrkan und Aristobul im Jahre 63 v. Chr. ihren Streit vor die Römer getragen hatten, zog Pompeius nach Jerusalem, das sich ihm nach kurzer Belagerung öffnet. Damit wird Juda Teil des Römischen Reiches und das heißt vor allem: Es wird tributpflichtig. Im übrigen bleibt mit dem Hohenpriesteramt, das Hyrkan II. übernimmt, und der inneren Gerichtshoheit zunächst ein Rest von Autonomie bestehen. In den Grundzügen bleibt es bei diesem Zustand, bis es 40 v. Chr. zu einem großen Parthereinfall in Palästina kommt. Die Parther waren der gefährliche Gegner Roms an der Ostgrenze des Reiches. Unter ihnen gelingt es zum letzten Mal einem Hasmonäer, Antigonus (40-37), mit dem Hohenpriesteramt an die Spitze Judäas zu gelangen. Dagegen wird inzwischen in Rom Herodes, dem die Flucht aus Palästina gelungen ist, im Jahre 40 v. Chr. zum König von Judäa ernannt. Er muß sich zwar sein Reich von den Parthern zurückerobern, aber dies gelingt ihm mit Hilfe der römischen Truppen Schritt für Schritt. 37 v. Chr. wird Jerusalem belagert und erobert.

Die Herrschaft Herodes' des Großen (37-4 v. Chr.) stellt einen tiefen Einschnitt dar. Hier wird zum ersten Mal eine traditionsfreie, das heißt nicht auf die jüdische Tradition und die Thora gegründete Herrschaft in Judäa eingeführt. Herodes als ein den Römern verbündeter und von ihnen abhängiger König, der selbst nur ein halber Jude ist, regiert aus eigener Willkür. Bekannt ist seine ungeheure Serie von Bluttaten, mit denen er die Familie seiner zweiten Frau, der Hasmonäerin Mariamne, aber auch seine sonstige Familie verfolgen ließ. Im Recht wurde «die Thora als Grundlage ... durch das römische Rechtssystem ersetzt»[41] und damit auch das Synhedrion entmachtet. Von besonderer Bedeutung sind seine Bauten. Er überzieht das gesamte Land, aber auch Teile des östlichen Mittelmeers, mit einer Kette von Bauten, die das Land zum Teil bis heute prägen. Caesarea baut er zum zeitweise größten Hafen des östlichen Mittelmeers aus; wichtig sind die Bauten in Samaria, Mamre, Hebron, bekannt die Burgen, unter ihnen besonders das Herodeion bei Bethlehem und Masada am südlichen Toten Meer. Vor allem aber hat er natürlich in Jerusalem gebaut. Die äußere Ummauerung der Tempelplattform prägt die Stadt bis heute. Dort, wo der herodianische Tempel errichtet wurde, der den alten Serubabeltempel ersetzt, stehen heute die arabischen Heiligtümer Felsendom und El-Aksa-Moschee. Von den starken Stadtbefestigungen, zu denen die Antonia nördlich des Tempels und sein riesiger Palast gehören, ist heute nur der Unterbau des sogenannten Davidturmes der Zitadelle erhalten.

Nach Herodes' Tod wird das Reich unter seine drei Söhne aufgeteilt. Dabei wird Judäa dem Archelaos zugeschlagen (4 v.-6 n. Chr.), doch verwandeln es die Römer schon nach etwa zehnjähriger Herrschaft in eine Prokuratur. Immerhin bis 39 n. Chr. herrscht in Galiläa Herodes Antipas, der aus den Evangelien bekannt ist. Das gesamte große Reich des Herodes kommt dann in den Jahren 41-44 n. Chr. noch einmal für kurze Zeit in die Hände seines Enkels Agrippa I. Dessen Tod wird in Apg 12,21-23 drastisch beschrieben. Danach herrschen allein römische Prokuratoren. Und sie beuten das Land nicht nur in massivster Weise aus, sie gehen auch zu teilweise provokatorischem Verhalten über. Die Spannungen steigern sich. Ein Eingriff des Prokurators Gessius Florus in den Tempelschatz ist schließlich das Signal zum Aufstand. Zwar waren die verschiedenen jüdischen Gruppen untereinander auf das heftigste zerstritten, dennoch gelang es ihnen, die Burgen in Jerusalem zu erobern und für kurze Zeit sogar das ganze Land in ihre Hand zu bekommen.

Die Römer greifen von Norden her an. Vespasian erobert systematisch Schritt für Schritt das ganze Land. Innerjüdische Auseinandersetzungen kommen ihm zu Hilfe. Im Frühjahr des Jahres 70 n. Chr. beginnt die Belagerung Jerusalems, Ende August wird der Tempel erobert, schließlich im September auch die letzten Reste der Stadt. Jerusalem wird vollkommen zerstört. Eine letzte Gruppe aufständischer Zeloten vermag sich auf der nahezu uneinnehmbaren Festung Masada noch bis 74 n. Chr. zu halten.

Die Folgen von Aufstand und Niederlage für die Geschichte Israels können kaum überschätzt werden. Es ist einer der tiefsten Einschnitte in der Geschichte des Volkes. Die Bevölkerung ist erheblich reduziert, viele Orte sind total zerstört. Wahrscheinlich wurde der gesamte jüdische Grundbesitz eingezogen (Bell VII § 216f.). Damit war in gewisser Weise das Ende dessen erreicht, was mit der Seßhaftwerdung Israels begonnen hatte.

Doch war das nicht das Ende Israels oder des Judentums. Vielmehr erfolgte ein weitreichender und tiefgreifender Neuansatz. In dieser Hinsicht sind die Vorgänge durchaus mit denen des babylonischen Exils zu vergleichen. Schon während der Belagerung konnte der Rabbi Jochanan Ben Zakkai aus der Stadt Jerusalem entkommen und mit Genehmigung der Römer in der Ortschaft Javneh/Jamnia ein Lehrhaus gründen. Zwar ist es unangemessen, von einer «Synode» von Jamnia zu sprechen, dennoch ergingen von hier aus entscheidende Anstöße zur neuen Grundlegung. Die ersten Entscheidungen für ein jüdisches

Leben nach der Thora ohne den Tempel sind hier gefallen. Auch für die Entstehung der hebräischen Bibel werden letzte wichtige Schritte getan. Von einem autoritativen Abschluß des Kanons oder ähnlichem kann freilich nicht gesprochen werden. Daß hier über die Kanonizität bestimmter Schriften wie Kohelet und das Hohe Lied diskutiert wird, setzt sich im rabbinischen Judentum noch lange fort. Aber gegenüber einem sehr viel weiteren Kanon, wie dem der griechischen Septuaginta, den dann vor allem die alte Kirche übernimmt, setzt sich offenbar wie selbstverständlich der engere der pharisäischen Tradition durch. Hier wie in anderen Zügen kann die Entwicklung in und nach Jamnia auf Entwicklungen der Zeit vorher zurückgreifen. Wichtig sind die Wandlungen im Verständnis und im Umgang mit der Schrift.[42] Aus dem heiligen Buch wird der heilige Text, aus der Vielfalt handschriftlicher Überlieferungen wird ein normativer Wortlaut festgelegt und von da an bis ans Ende des Mittelalters nahezu ohne Veränderungen bewahrt. Dem entsprechen neue Auslegungsregeln, wie sie uns dann in den rabbinischen Schriften entgegentreten. Es geht nicht mehr um Neuformulierung kanonischer Texte und damit Deutung im Zusammenhang, sondern um freie Kombination beliebiger Schriftstellen unter Zerreißung des Zusammenhangs.

All das zeigt, daß die Bibel nach der letzten großen Katastrophe noch mehr als zuvor zum «portativen Vaterland» geworden ist. Geschichte Israels als Geschichte der Bibel nimmt eine dritte Bedeutung an: nicht mehr die Geschichte, die die Bibel erzählt, auch nicht mehr die, in der die Bibel entsteht, sondern die Geschichte der Bibel als ihre Auslegung und ihre Deutung. Auch diese Geschichte freilich war längst im Gange. Doch ist sie nicht mehr einfach mit der Geschichte Israels identisch. Diese Geschichte der Bibel findet zweifach statt, als Geschichte der Kirche und der Synagoge, des Christentums wie des Judentums.

Erich Lessing

Von Abraham bis Bar Kochbar

Die Geschichte Israels in Bildern erzählt

Kopf eines Semiten aus der Zeit Ramses' III.

Die Verheissung an Abraham

Der Herr sprach zu Abram: Zieh weg aus deinem Land, von deiner Verwandtschaft und aus deinem Vaterhaus in das Land, das ich dir zeigen werde. Ich werde dich zu einem großen Volk machen, dich segnen und deinen Namen groß machen. Ein Segen sollst du sein. Ich will segnen, die dich segnen; wer dich verwünscht, den will ich verfluchen …
Da zog Abram weg, wie der Herr ihm gesagt hatte … Abram war fünfundsiebzig Jahre alt, als er aus Haran fortzog. Abram nahm seine Frau Sarai mit, seinen Neffen Lot und all ihre Habe, die sie erworben hatten, und die Knechte und Mägde, die sie in Haran gewonnen hatten. Sie wanderten nach Kanaan aus und kamen dort an.
Genesis 12: 1-5

Links: Das Heiligtum von Mamre, wo die Abraham-Tradition angesiedelt ist. *Oben:* Beerscheba; hier, an der Grenze zwischen Kulturland und Wüste, siedelt die Überlieferung das Weideland Isaaks an.

Abraham in Mamre

Der Herr sprach zu Abram: Blick auf und schau von der Stelle, an der du stehst, nach Norden und Süden, nach Osten und Westen. Das ganze Land nämlich, das du siehst, will ich dir und deinen Nachkommen für immer geben... Da zog Abram mit seinen Zelten weiter und ließ sich bei den Eichen von Mamre in Hebron nieder. Dort baute er dem Herrn einen Altar.
Genesis 13: 14, 15, 18

Isaak in Beerscheba

Isaak säte in diesem Land und er erntete in diesem Jahr hundertfältig... Die Brunnen, die man zur Zeit seines Vaters Abraham gegraben hatte und die die Philister nach dem Tode Abrams zugeschüttet hatten, ließ Isaak wieder aufgraben und gab ihnen dieselben Namen, die ihnen sein Vater gegeben hatte... Von dort zog er nach Beerscheba hinauf. In jener Nacht erschien ihm der Herr und sprach: Ich bin der Gott deines Vaters Abraham. Fürchte dich nicht, denn ich bin mit dir. Ich segne dich und mache deine Nachfolger zahlreich wegen meines Knechtes Abraham.
Genesis 26: 12, 18, 23, 24

Jakobs Kampf mit Gott

In derselben Nacht stand er auf, nahm seine beiden Frauen, seine beiden Mägde sowie seine elf Söhne und durchschritt die Furt des Jabbok... Als nur noch er allein zurückgeblieben war, rang mit ihm ein Mann, bis die Morgenröte aufstieg. Als der Mann sah, daß er ihm nicht beikommen konnte, schlug er ihn aufs Hüftgelenk. Jakobs Hüftgelenk renkte sich aus, als er mit ihm rang. Der Mann sagte: Laß mich los; denn die Morgenröte ist aufgestiegen. Jakob aber entgegnete: Ich lasse dich nicht los, wenn du mich nicht segnest... Da sprach der Mann: nicht mehr Jakob wird man dich nennen, sondern Israel, Gottesstreiter.
Genesis 32: 23, 25-27, 29

Josefs Macht über Ägypten

Die sieben Jahre des Überflusses in Ägypten gingen zu Ende, und es begannen die sieben Jahre der Hungersnot, wie es Josef vorausgesagt hatte. Eine Hungersnot brach über alle Länder herein, in ganz Ägypten aber gab es Brot . . . Als die Hungersnot über das ganze Land gekommen war, öffnete Josef alle Speicher und verkaufte Getreide an die Ägypter . . . Auch alle Welt kam nach Ägypten, um bei Josef Getreide zu kaufen; denn der Hunger wurde immer drückender auf der ganzen Erde . . . Als Jakob erfuhr, daß es in Ägypten Getreide zu kaufen gab, sagte er zu seinen Söhnen: . . . zieht hin und kauft dort für uns Getreide, damit wir am Leben bleiben und nicht sterben müssen.

Genesis 41: 53, 56, 57. 42: 1, 2

Jakobs Familie in Ägypten

Israel brach auf mit allem was ihm gehörte. Er kam nach Beerscheba und brachte dem Gott seines Vaters Isaak Schlachtopfer dar. Da sprach Gott in einer nächtlichen Vision zu Israel: Jakob! Jakob! Hier bin ich! antwortete er. Gott sprach: Ich bin Gott, der Gott deines Vaters. Fürchte dich nicht, nach Ägypten hinabzuziehen; denn zu einem großen Volk mache ich dich dort.

Genesis 46: 1-3

Josefs Verwaltung in Ägypten

Im ganzen Land gab es kein Brot und der Hunger war sehr drükkend. Ägypten und Kanaan waren vor Hunger erschöpft. Josef hatte alles Geld, das in Ägypten und in Kanaan im Umlauf war, für das Getreide, das sie kaufen mußten, eingezogen und in den Palast des Pharao gebracht. So war das Geld in Ägypten und Kanaan ausgegangen. Alle Ägypter kamen nun zu Josef und sagten: Gib uns Brot! Warum sollen wir vor deinen Augen umkommen? Das Geld ist nämlich zu Ende. Liefert euer Vieh ab, sagte Josef, dann gebe ich euch dafür Brot, wenn das Geld zu Ende ist. So brachten sie ihr Vieh zu Josef, und Josef verkauft ihnen Brot um den Preis der Pferde, ihrer Bestände an Schafen und Ziegen, an Rindern und Eseln. Er versorgte die Leute also in jenem Jahr gegen ihren ganzen Viehbestand mit Brot. Das Jahr ging indes zu Ende, und im nächsten Jahr kamen sie und sagten zu ihm: Wir können unserm Herrn nicht verhehlen, daß das Geld zu Ende und unser Viehbestand in den Besitz unseres Herrn übergegangen ist. Wie unser Herr sieht, haben wir nichts mehr als unsere Leiber und unser Ackerland. Warum sollen wir vor deinen Augen umkommen, wir selbst und auch unser Ackerland? Kauf uns und unsere Äcker um Brot! Wir und unser Ackerland wollen dem Pharao dienstbar sein. Stell Saatgut zur Verfügung, so werden wir am Leben bleiben, wir müssen dann nicht sterben und das Ackerland braucht nicht zu verkommen. Josef kaufte also das ganze Ackerland der Ägypter für den Pharao auf; denn die Ägypter verkauften alle ihr Feld, weil sie der Hunger dazu zwang. So wurde das Land Eigentum des Pharao.

Genesis 47: 13-20

Semitischer Hirte.

Jakobs Nachkommen in Ägypten

In Ägypten kam ein neuer König an die Macht, der Josef nicht gekannt hatte. Er sagte zu seinem Volk: Seht nur, das Volk der Israeliten ist größer und stärker als wir . . . Da setzte man Fronvögte über sie ein, um sie durch schwere Arbeit unter Druck zu setzen. Sie mußten für den Pharao die Städte Pitom und Ramses als Vorratslager bauen. Je mehr man sie aber unter Druck hielt, um so stärker vermehrten sie sich und breiteten sie sich aus, so daß die Ägypter vor ihnen das Grauen packte. Daher gingen sie hart gegen die Israeliten vor und machten sie zu Sklaven.

Exodus 1: 8-9, 11-13

Die Berufung des Mose

Mose weidete die Schafe und Ziegen seines Schwiegervaters Jitro, des Priesters von Midian. Eines Tages trieb er das Vieh über die Steppe hinaus und kam zum Gottesberg Horeb. Dort erschien ihm der Engel des Herrn in einer

Flamme, die aus einem Dornbusch emporschlug ... Als der Herr sah, daß Mose näherkam, um sich das anzusehen, rief Gott ihm aus dem Dornbusch zu: Mose, Mose! Er antwortete: Hier bin ich ... Der Herr sprach: Ich habe das Elend meines Volkes in Ägypten gesehen, und ihre laute Klage über ihre Antreiber habe ich gehört. Ich kenne ihr Leid. Ich bin herabgestiegen, um sie der Hand der Ägypter zu entreißen und aus jenem Land hinaufzuführen in ein schönes, weites Land, in ein Land, in dem Milch und Honig fließen, in das Gebiet der Kanaaniter, Hetiter, Amoriter, Peresiter, Hiwiter und Jebusiter.
Exodus 3: 1-2, 4, 7, 8

Der Auszug aus Ägypten

Als der Pharao das Volk ziehen ließ, führte sie Gott nicht den Weg ins Philisterland, obwohl er der kürzere war. Denn Gott sagte: Die Leute könnten es sonst, wenn sie Krieg erleben, bereuen und nach Ägypten zurückkehren wollen ... Der Herr sprach zu Mose: Was schreist du zu mir? Sag den Israeliten, sie sollen aufbrechen. Und du heb deinen Stab hoch, streck deine Hand über das Meer und spalte es, damit die Israeliten auf trockenem Boden in das Meer hineinziehen können ... Darauf sprach der Herr zu Mose: Streck deine Hand über das Meer, damit das Wasser zurückflutet und den Ägypter, seine Wagen und Reiter zudeckt ... Als Israel sah, daß der Herr mit mächtiger Hand an den Ägyptern gehandelt hatte, fürchtete das Volk den Herrn. Sie glaubten an den Herrn und an Mose, seinen Knecht.
Exodus 13: 17. 14: 15-16, 26, 31

Die zehn Gebote

Mose rief ganz Israel zusammen. Er sagte zu ihnen: Höre, Israel, die Gesetze und Rechtsvorschriften, die ich euch heute vortrage. Ihr solltet sie lernen, auf sie achten und sie halten.
Ich bin Jahwe, dein Gott, der dich aus Ägypten geführt hat, aus dem Sklavenhaus. Du sollst neben mir keine anderen Götter haben. Du sollst dir kein Gottesbildnis machen, das irgendetwas

Hungernde Ägypter.

Oben: Bauarbeiter mit Sklavenaufseher in Ägypten. *Rechts:* Opfernder Semite.
Folgende Doppelseite: Die Oase von Kadesch Barnea, wo vor der Landnahme «das Volk lagerte».

darstellt am Himmel droben, auf der Erde unten oder im Wasser unter der Erde. Du sollst dich nicht vor anderen Göttern niederwerfen und dich nicht verpflichten, ihnen zu dienen. Denn ich, der Herr, dein Gott, bin ein eifersüchtiger Gott: Bei denen, die mir feind sind, verfolge ich die Schuld der Väter an den Söhnen und an der dritten und vierten Generation; bei denen, die mich lieben und auf meine Gebote achten, erweise ich Tausenden meine Huld. Du sollst den Namen des Herrn, deines Gottes, nicht mißbrauchen; denn der Herr läßt den nicht ungestraft, der seinen Namen mißbraucht. Achte auf den Sabbath, halte ihn heilig, wie es dir der Herr, dein Gott, zur Pflicht gemacht hat. Sechs Tage darfst du schaffen und jede Arbeit tun. Der siebte Tag ist ein Ruhetag, dem Herrn, deinem Gott, geweiht. An ihm darfst du keine Arbeit tun: du, dein Sohn und deine Tochter, dein Sklave und deine Sklavin, dein Rind, dein Esel und dein ganzes Vieh und der Fremde, der in deinen Stadtbereichen Wohnrecht hat. Dein Sklave und deine Sklavin sollen sich ausruhen wie du. Denk daran: als du in Ägypten Sklave warst, hat dich der Herr, dein Gott, mit starker Hand und hocherhobenem Arm dort herausgeführt. Darum hat es dir der Herr, dein Gott, zur Pflicht gemacht, den Sabbath zu halten. Ehre deinen Vater und deine Mutter, wie es dir der Herr, dein Gott, zur Pflicht gemacht hat, damit du lange lebst und es dir gut geht in dem Land, das der Herr, dein Gott, dir gibt. Du sollst nicht morden, du sollst nicht ehebrechen, du sollst nicht stehlen, du sollst nichts Falsches gegen deinen Nächsten aussagen, du sollst nicht nach der Frau deines Nächsten verlangen, und du sollst nicht das Haus deines Nächsten begehren, nicht sein Feld, seine Sklaven oder seine Sklavin, sein Rind oder seinen Esel, nichts, was deinem Nächsten gehört.
Exodus 20: 1-17

Menschengestaltige Tonsarkophage aus Deir al-Balah bei Gaza.

Oben: Drei Tonsarkophage aus Deir al-Balah. *Rechts:* Die Reste der Mauern von Jericho.

Der Bericht der Kundschafter

Der Herr sprach zu Mose: Schick einige Männer aus, die das Land Kanaan erkunden, das ich den Israeliten geben will ... Als Mose sie ausschickte, um Kanaan erkunden zu lassen, sagte er zu ihnen: Zieht von hier durch den Negeb und steigt hinauf ins Gebirge! ... Seht wie das Land beschaffen ist, in dem das Volk wohnt, ob es gut ist oder schlecht, und wie die Städte angelegt sind, in denen es wohnt, ob sie offen oder befestigt sind und ob das Land fett oder mager ist, ob es dort Bäume gibt oder nicht. Habt Mut und bringt Früchte des Landes mit! Es war gerade die Zeit der ersten Trauben ... Vierzig Tage nachdem er sie zur Erkundung des Landes ausgeschickt hatte, machten sie sich auf den Rückweg. Sie kamen zu Mose und Aaron und zu der ganzen Gemeinde der Israeliten in die Wüste Paran nach Kadesch ... Sie erzählten Mose: Wir kamen in das Land, in das du uns geschickt hast: es ist wirklich ein Land, in dem Milch und Honig fließen; das hier sind seine Früchte. Aber das Volk, das im Land wohnt, ist stark, und die Städte sind befestigt und sehr groß ... Sogar die Riesen haben wir dort gesehen ... Da erhob die ganze Gemeinde ein lautes Geschrei, und das Volk weinte die ganze Nacht.
Numeri 13: 1, 2, 17, 19-20, 25-28, 33. 14: 1

Der Befehl zur Besetzung des Westjordanlandes

Nachdem Mose, der Knecht des Herrn, gestorben war, sagte der Herr zu Josua, dem Sohn Nuns, dem Diener des Mose: Mein Knecht Mose ist gestorben. Mach dich also auf den Weg, und zieh über den Jordan her mit diesem ganzen Volk in das Land, das ich ihnen, den Israeliten, geben werde. Euer Gebiet soll von der Steppe und vom Libanon an bis zum großen Strom reichen – das ist das ganze Land der Hetiter – und bis hin zum großen Meer, wo die Sonne untergeht.
Josua 1: 1-2, 4

Die Eroberung Jerichos

Da sagte der Herr zu Josua: Sieh her, ich gebe Jericho und seinen König, samt seinen Kriegern in deine Gewalt. Ihr sollt mit allen Kriegern um die Stadt herumziehen und sie einmal umkreisen. Das sollst du sechs Tage lang tun. Sieben Priester sollen sieben Widderhörner vor der Lade hertragen. Am siebten Tag sollt ihr siebenmal um die Stadt herumziehen, und die Priester sollen die Hörner blasen. Wenn das Widderhorn geblasen wird und ihr den Hörnerschall hört, soll das ganze Volk in lautes Kriegsgeschrei ausbrechen. Darauf wird die Mauer der Stadt in sich zusammenstürzen; dann soll das Volk hinübersteigen.
Josua 6: 2-5

Die Vernichtung von Ai

Dann sagte der Herr zu Josua: Fürchte dich nicht und hab keine Angst! Nimm alle kriegstüchtigen Männer, brich auf und zieh nach Ai! Siehe, ich habe den König von Ai und sein Volk, seine Stadt und sein Land in deine Gewalt gegeben . . . doch ihren Besitz und das Volk in der Stadt dürft ihr erbeuten . . . Dann brannte Josua Ai nieder und machte es für immer zu einem Trümmerhaufen und zu einem öden Platz, das ist es geblieben bis zum heutigen Tag.

Josua 8: 1-2, 28

Der Krieg mit den Kanaaniterkönigen

Damals, als der Herr die Amoriter den Israeliten preisgab, redete Josua mit dem Herrn; dann sagte er in Gegenwart der Israeliten: Sonne bleib, steh über Gibeon und du, Mond, über dem Tal von Ajalon! – und die Sonne blieb stehen, und der Mond stand still, bis das Volk an seinen Feinden Rache genommen hatte . . . Danach kehrte Josua und mit ihm ganz Israel in das Lager nach Gilgal zurück.

Josua 10: 12-13, 15

Links oben: Die Ruinen des Palastes von Ai. *Links unten:* Das Tor von Sichem. *Oben:* Tierplastiken aus Elfenbein, Stein und Terrakotta aus der Späten Bronzezeit.

Die Versammlung des Volkes in Sichem

Josua versammelte alle Stämme Israels in Sichem; er rief die Ältesten Israels, seine Oberhäupter, Richter und Listenführer zusammen, und sie traten vor Gott hin . . . So schloß Josua an jenem Tag einen Bund für das Volk und gab dem Volk Gesetz und Recht in Sichem. Josua schrieb alle diese Worte in das Buch des Gesetzes Gottes, und er nahm einen großen Stein und stellte ihn in Sichem unter der Eiche auf, die im Heiligtum des Herrn steht . . . Dann entließ Josua das Volk, einen jeden in seinen Erbbesitz.

Josua 24: 1, 25-26, 28

Oben: Porträts von Frauen aus Elfenbein, Stein und Terrakotta. *Rechts:* Frauenkopf aus Elfenbein.

Rut

Zu der Zeit, als die Richter regierten, kam eine Hungersnot über das Land. Da zog ein Mann mit seiner Frau und seinen beiden Söhnen aus Bethlehem in Juda fort, um sich als Fremder im Grünland Moabs niederzulassen . . . Eli Melach, der Mann Noomis, starb, und sie blieb mit ihren beiden Söhnen zurück. Diese nahmen sich moabitische Frauen, Orpa und Rut, und so wohnten sie dort etwa zehn Jahre lang. Dann starben auch Machlon und Kiljon, und Noomi blieb allein, ohne ihren Mann und ohne ihre beiden Söhne. Da brach sie mit ihren Schwiegertöchtern auf . . . Als sie nun auf dem Heimweg in das Land Juda waren, sagte Noomi zu ihren Schwiegertöchtern: Kehrt doch beide heim zu euren Müttern! . . . Der Herr lasse jede von euch Geborgenheit finden bei einem Gatten . . . Rut antwortete: Dränge mich nicht dich zu verlassen und umzukehren. Wohin du gehst, dahin gehe auch ich, und wo du bleibst, da bleibe auch ich. Dein Volk ist mein Volk, und dein Gott ist mein Gott . . . Eines Tages sagte die Moabiterin Rut zu Noomi: ich möchte aufs Feld gehen und Ähren lesen, wo es mir jemand erlaubt . . . Rut ging hin und las auf dem Feld hinter den Schnittern her. Dabei war sie auf ein Grundstück des Boas aus dem Geschlecht Eli Melachs geraten . . . Boas sagte zu Rut: Höre wohl meine Tochter, geh auf kein anderes Feld um zu lesen; entfern dich nicht von hier, sondern halte dich an meine Mägde . . . Der Herr, der Gott Israels, zu dem du gekommen bist, um dich unter seinen Flügeln zu bergen, möge dir dein Tun vergelten und dich reich belohnen . . . Als Boas gegessen und getrunken hatte, und es ihm wohl zumute wurde, ging er hin, um sich neben dem Getreidehaufen schlafen zu legen. Nun trat sie leise heran, deckte den Platz zu seinen Füßen auf und legte sich nieder. Um Mitternacht schrak der Mann auf, beugte sich vor und fand eine Frau zu seinen Füßen liegen. Er fragte: Wer bist du? Sie antwortete: ich bin Rut, deine Magd . . . Da sagte er: Gesegnet bist du vom Herrn, meine Tochter. So zeigst du deine Zuneigung doch schöner als zuvor, denn du bist nicht den jungen Männern, ob arm oder reich, nachgelaufen . . . So nahm Boas Rut zur Frau und ging zu ihr. Der Herr ließ sie schwanger werden und sie gebar einen Sohn . . . und sie gaben ihm den Namen Obed. Er ist der Vater Isais, des Vaters Davids.
Rut 1: 1, 3-9, 16. 2: 2-3, 8, 12. 3: 7-10. 4: 13, 17

Links: Die Quelle von Harod. *Oben:* Bärtiger Kanaanäer. *Folgende Doppelseite:* Die Hügel zwischen Beit Schemesch und Jerusalem, wo Simson mit den Philistern kämpfte.

Die Richter

Am frühen Morgen brach Jerubbal – das ist Gideon – mit allen Leuten, die er bei sich hatte, auf und sie errichteten bei der Harod-Quelle ihr Lager . . . Der Herr sagte zu Gideon: Die Leute, die du bei dir hast, sind zu zahlreich, als daß ich Midian in deine Gewalt geben könnte. Sonst könnte sich Israel mir gegenüber rühmen und sagen: Meine eigene Hand hat mich gerettet. Ruf daher so laut, daß die Leute es hören: Wer sich fürchtet und Angt hat, soll umkehren . . . Doch der Herr sagte zu Gideon: Die Leute sind immer noch zu zahlreich. Führ sie hinab ans Wasser; dort will ich sie für dich mustern . . . Gideon führte die Leute zum Wasser hinab, und der Herr sagte zu ihm: Stell alle, die das Wasser mit der Zunge aufleken, wie es ein Hund tut, auf einen besonderen Platz, und ebenso alle, die sich zum Trinken hinknien. Die Zahl derer, die das Wasser aufleckten, betrug dreihundert Mann. Alle übrigen aber knieten sich hin, um das Wasser zu trinken, indem sie es mit der Hand zum Mund führten. Der Herr sagte zu Gideon: Durch die dreihundert Mann, die aufgeleckt haben, will ich euch retten; ich werde Midian in deine Gewalt geben. Alle übrigen Leute sollen nach Hause gehen.
Richter 7: 1-7

Oben: Gefangene Philister. *Unten:* Die Zisterne in Silo. *Rechts:* Beit Schemesch, die Heimat Simsons. *Folgende Doppelseite:* Kirjat-Jearim. Hier stand die Bundeslade, nachdem sie von den Philistern zurückerobert worden war.

Simson in Gaza

Die Fürsten der Philister versammelten sich, um ihrem Gott Dagon ein großes Opfer darzubringen und ein Freudenfest zu feiern. Sie sagten: Unser Gott hat unseren Feind Simson in unsere Gewalt gegeben . . . Und sie ließen Simson aus dem Gefängnis holen, damit er ihr Spaßmacher sei. Sie stellten ihn zwischen die Säulen. Simson aber sagte zu dem Jungen, der ihn an der Hand führte: Laß mich los, ich will die Säulen betasten, von denen das Haus getragen wird, und mich daran lehnen. Das Haus war voll von Männern und Frauen; alle Fürsten der Philister waren da, und auf dem Flachdach saßen etwa dreitausend Männer und Frauen . . . Simson aber rief zum Herrn und sagte: Herr und Gott, denk doch an mich, und gib mir nur noch dieses eine Mal die Kraft, mein Gott, damit ich an den Philistern Rache nehmen kann, wenigstens für eines von meinen beiden Augen. Dann packte Simson die beiden Mittelsäulen, von denen das Haus getragen wurde, und stemmte sich gegen sie, gegen die eine mit der rechten Hand und gegen die andere mit der linken. Er sagte: So mag ich denn zusammen mit den Philistern sterben. Er streckte sich mit aller Kraft und das Haus stürzte über den Fürsten und allen Leuten, die darin waren, zusammen . . . Simson war zwanzig Jahre lang Richter in Israel.

Richter 16: 23, 25-31

Die Bundeslade bei den Philistern

Das Wort Samuels erging an ganz Israel. Israel zog gegen die Philister in den Krieg . . . Israel wurde von den Philistern besiegt . . . Als das Volk ins Lager zurückkam, sagten die Ältesten Israels: Warum hat der Herr heute die Philister über uns siegen lassen? Wir wollen die Bundeslade des Herrn aus Schilo zu uns holen; er soll in unsere Mitte kommen und uns aus der Gewalt unserer Feinde retten. Das Volk schickte also Männer nach Schilo, und sie holten von dort die Bundeslade des Herrn der Heere, der über den Cherubim thront.

1 Samuel 4: 1-4

Warnung vor den Göttern der Nachbarn

Und wenn der Herr, dein Gott, dich in das Land führt, von dem du weißt: er hat deinen Vätern Abraham, Isaak und Jakob geschworen, es dir zu geben – große und schöne Städte, die du nicht gebaut hast, mit Gütern gefüllte Häuser, die du nicht gefüllt hast, in den Felsen gehauene Zisternen, die du nicht gehauen hast, Weinberge und Ölbäume, die du nicht gepflanzt hast –, wenn du dann ißt und satt wirst: nimm dich in acht, daß du nicht den Herrn vergißt, der dich aus Ägypten, dem Sklavenhaus, geführt hat. Den Herrn, deinen Gott, sollst du fürchten; ihm sollst du dienen, bei seinem Namen sollst du schwören. Ihr sollt nicht anderen Göttern nachfolgen, keinem Gott eines Volkes, das in eurer Nachbarschaft wohnt. Denn der Herr, dein Gott, ist als eifersüchtiger Gott in deiner Mitte. Der Zorn des Herrn, deines Gottes, könnte gegen dich entbrennen, er könnte dich im ganzen Land vernichten.
Deuteronomium 6: 10-15

Linke Seite oben: Zwei Goldanhänger.
Unten links: Bronzefigurine, einen König oder Gott darstellend.
Unten rechts: Astarte.
Rechte Seite: Statuette einer sitzenden Gottheit.

Links: Endor, wo die weise Frau Sauls Niederlage und Tod voraussagte: *Oben:* Kopf eines Philisters.

Saul bei der Totenbeschwörerin von En Dor

Als Saul das Lager der Philister sah, bekam er große Angst, und sein Herz begann zu zittern ... Daher sagte Saul zu seinen Dienern: Sucht mir eine Frau, die Gewalt über einen Totengeist hat; ich will zu ihr gehen und sie befragen. Seine Diener antworteten ihm: In En Dor gibt es eine Frau, die über einen Totengeist Gewalt hat ... Sie kamen in der Nacht bei der Frau an, und er sagte zu ihr: Wahrsage mir durch den Totengeist! ... Die Frau sagte: Wen soll ich für dich heraufsteigen lassen? Er antwortete: Laß Samuel für mich heraufsteigen! ... Der König sagte zu ihr: Hab keine Angst! Was siehst du denn? Die Frau antwortete Saul: Ich sehe einen Geist aus der Erde heraufsteigen. Er fragte sie: Wie sieht er aus? Sie antwortete: Ein alter Mann steigt herauf, er ist in einen Mantel gehüllt ... Und Samuel sagte zu Saul: Warum hast du mich aufgestört und her-

aufsteigen lassen? Saul antwortete: Ich bin in großer Bedrängnis. Die Philister führen Krieg gegen mich und Gott ist von mir gewichen . . . Darum hab ich dich gerufen, damit du mir sagst, was ich tun soll. Samuel erwiderte ihm: Was fragst du mich? Der Herr ist doch von dir gewichen und dein Feind geworden.
1 Samuel 28: 5, 7-8, 11, 13-16

Kein Schwert und Speer in Israel

Damals war im ganzen Land kein Schmied zu finden. Denn die Philister hatten sich gesagt: Die Hebräer sollen sich keine Schwerter und Lanzen machen können. Alle Israeliten mußten zu den Philistern hinabgehen, wenn jemand sich eine Pflugschar, eine Hacke, eine Axt oder eine Sichel schmieden lassen wollte . . . Als es nun zum Krieg kam, fand sich im ganzen Volk, das bei Saul und Jonathan war, weder ein Schwert noch ein Speer. Nur Saul und sein Sohn Jonathan hatten solche Waffen.
1 Samuel 13: 19-20, 22

Sauls Ende

Als die Philister gegen Israel kämpften, flohen die Israeliten vor ihnen; viele waren gefallen und lagen erschlagen auf dem Gebirge von Gilboa . . . Da sagte Saul zu seinen Waffenträgern: Zieh dein Schwert und durchbohre mich damit! Sonst kommen diese Unbeschnittenen, durchbohren mich und treiben ihren Mutwillen mit mir. Der Waffenträger wollte es nicht tun, denn er hatte große Angst. Da nahm Saul selbst das Schwert und stürzte sich hinein . . . Als am nächsten Tag die Philister kamen, um die Erschlagenen auszuplündern, fanden sie Saul und seine drei Söhne, die auf dem Gebirge gefallen waren. Sie schlugen ihm den Kopf ab, zogen ihm die Rüstung aus und schickten beides im Land der Philister umher, um ihrem Götzentempel und dem Volk die Siegesnachricht zu übermitteln. Die Rüstung Sauls legten sie im Astartetempel nieder; seinen Leichnam aber hefteten sie an die Mauer von Bet-Schan.
1 Samuel 31: 1, 4, 8-10

Oben: Axt und Speerspitze aus der Zeit König Sauls. *Rechts:* Das Tor von Beit Schean, im Hintergrund das Gilboa-Gebirge. *Folgende Doppelseite:* Die Jesreel-Ebene und das Gilboa-Gebirge, wo Saul und seine Söhne den Tod fanden.

Oben: Köpfe von Kriegern. *Rechts:* Kopf einer israelitischen Frau mit zwei langen Locken, Perlendiadem und Perlenkette.

Die Anerkennung Davids als König von ganz Israel

Alle Ältesten Israels kamen zum König nach Hebron; der König David schloß mit ihnen in Hebron einen Vertrag vor dem Herrn, und sie salbten David zum König von Israel . . . Der König zog mit seinen Männern nach Jerusalem gegen die Jebusiter, die in dieser Gegend wohnten . . . David ließ sich in der Burg nieder und nannte sie die Stadt Davids.

2 Samuel 5: 3, 6, 9

David und Batsheba

Als David einmal zur Abendzeit von seinem Lager aufstand und auf dem Flachdach des Königspalastes hin- und herging, sah er von dort aus eine Frau, die badete. Die Frau war sehr schön anzusehen. David schickte jemand hin und erkundigte sich nach ihr. Man sagte ihm: Das ist Batsheba, die Tochter Amiels, die Frau des Hetiters Urija. Darauf schickte David Boten zu ihr und ließ sie holen. Sie kam zu ihm und er schlief mit ihr – sie hatte sich gerade von ihrer Unreinheit gereinigt. Dann kehrte sie in ihr Haus zurück. Die Frau war aber schwanger geworden und schickte deshalb zu David und ließ ihm mitteilen: Ich bin schwanger . . . Am anderen Morgen schrieb David einen Brief an Joab und ließ ihn durch Urija überbringen. Er schrieb in dem Brief: Stellt Urija nach vorn, wo der Kampf am heftigsten ist, dann zieht euch von ihm zurück, so daß er getroffen wird und den Tod findet . . . Als die Frau Urijas hörte, daß ihr Mann Urija tot war, hielt sie für ihren Gemahl die Totenklage. Sobald die Trauerzeit vorüber war, ließ David sie zu sich in sein Haus holen. Sie wurde seine Frau und gebar ihm einen Sohn. Dem Herrn aber mißfiel, was David getan hatte.

2 Samuel 11: 2-5, 14-15, 26-27

Der Kampf um die Nachfolge Davids

König David war alt und hochbetagt; auch wenn man ihn in Dekken hüllte, wurde ihm nicht mehr warm . . . Man suchte nun im ganzen Land Israel nach einem schönen Mädchen, fand Abischag aus Schunem und brachte sie zum König. Das Mädchen war überaus schön. Sie pflegte den König und diente ihm; doch der König erkannte sie nicht. Adonija, der Sohn der Haggit, trat anmaßend auf und sagte: Ich werde König sein . . . Adonija schlachtete nun am Stein Sohelet bei der Rogelquelle Schafe, Rinder und Mastkälber zum Opfermahl. Er lud dazu alle seine Brüder, die Königssöhne, sowie alle Männer von Juda ein, die im Dienst des Königs standen. Den Propheten Nathan jedoch, und Benaja, sowie die Helden und seinen Bruder Salomo lud er nicht ein.

1 König 1: 1, 3-5, 9-10

Die Thronbesteigung Salomos

Der Priester Zadok, der Prophet Nathan und Benaja, der Sohn Jojadas, zogen mit den Keretern und den Peletern hinab. Sie setzten Salomo auf das Maultier des Königs David und führten ihn zum Gihon. Der Priester Zadok hatte das Salbhorn aus dem Zelt mitgenommen und salbte Salomo. Hierauf blies man das Widderhorn, und alles Volk rief: Es lebe König Salomo! . . . Da erschraken alle Geladenen, die bei Adonija waren, und brachen auf; jeder ging seines Weges. Adonija fürchtete sich vor Salomo. Man meldete Salomo: Adonija hat aus Furcht vor König Salomo die Hörner des Altars ergriffen und gesagt: König Salomo schwöre mir zuerst, daß er seinen Knecht nicht mit dem Schwert hinrichten läßt . . . Darauf ließ ihn König Salomo vom Altar wegholen. Als er kam und vor König Salomo niederfiel, befahl ihm dieser: Geh in dein Haus!

1 Könige 1: 38-39, 49-51, 53

Salomos Bundesbruch

König Salomo liebte neben der Tochter des Pharao noch viele andere ausländische Frauen . . . Als Salomo älter wurde, verführten ihn seine Frauen zur Verehrung anderer Götter, so daß er dem Herrn, seinem Gott, nicht mehr ungeteilt ergeben war, wie sein Vater David. Er verehrte Astarte, die Göttin der Sidonier, und Milkom, den Götzen der Amoniter . . . Damals baute Salomo auf dem Berg östlich von Jerusalem eine Kulthöhe für Kemosch, den Götzen der Moabiter, und für Milkom, den Götzen der Amoniter. Dasselbe tat er für alle seine ausländischen Frauen, die ihren Göttern Rauch- und Schlachtopfer darbrachten . . . Daher sprach der Herr zu ihm: Weil es so mit dir steht, weil du meinen Bund gebrochen und die Gebote nicht befolgt hast, die ich dir gegeben habe, werde ich dir das Königreich entreißen und es deinem Knecht geben.

1 Könige 11: 1, 4-5, 7-8, 11

Die Ansprache des Königs

Dann wandte sich der König um und segnete die ganze Versammlung Israels. Alle standen, und er betete: Gepriesen sei der Herr, der Gott Israels. Seine Hand hat ausgeführt, was sein Mund meinem Vater David verheißen hat . . . Herr, Gott Israels, möge sich jetzt dein Wort, das du deinem Knecht David gegeben hast, als wahr erweisen. Wohnt denn Gott wirklich bei den Menschen auf der Erde? Siehe, selbst der Himmel und die Himmel der Himmel fassen dich nicht. Wieviel weniger dieses Haus, das ich gebaut habe . . . Auch Fremde, die nicht zu deinem Volk Israel gehören, werden wegen deines großen Namens, deiner starken Hand und deines hocherhobenen Armes aus fernem Land kommen. Sie werden kommen und in diesem Haus beten. Höre sie dann im Himmel, dem Ort, wo du wohnst, und tu alles, weswegen der Fremde zu dir ruft. Dann werden alle Völker der Erde deinen Namen erkennen. Sie werden dich fürchten, wie dein Volk Israel dich fürchtet, und erfahren, daß dein Name ausgerufen ist über diesem Haus, das ich gebaut habe.

2 Chronik 6: 3-4, 17-18, 32-33

Linke Seite, oben links: Weihrauchbehälter in Form eines zweistöckigen Hauses.
Unten links: Gehörnter Altar aus Sandstein. *Oben:* Männlicher Kopf und Kopf einer Astarte.
Unten: Zwei Stiere.

Der Kalender von Gezer

Zwei Monate Frucht einbringen,
Zwei Monate späte Aussaat,
Einen Monat Flachs hecheln,
Ein Monat Gerstenernte,
Ein Monat, in dem geruht wird,
Zwei Monate Reben stutzen,
Ein Monat Sommerfrucht.

Die Verwaltung des Reiches

König Salomo war König von ganz Israel . . . Salomo hatte zwölf Statthalter für ganz Israel, die den König und sein Haus versorgten. Je einen Monat im Jahr hatte ihn jeder zu versorgen . . . Salomo war Herrscher über alle Reiche, vom Euphrat bis zum Land der Philister und bis an die Grenze Ägyptens. Sie entrichteten Abgaben und waren Salomo untertan, solange er lebte. Der tägliche Unterhalt Salomos belief sich auf dreißig Kor, sechzig Kor gewöhnliches Mehl, zehn Mastrinder, zwanzig Weiderinder, hundert Schafe, nicht gerechnet die Hirsche, Gazellen, Rehe und das gemästete Geflügel . . . Juda und Israel lebten in Sicherheit von Dan bis Beerscheba, ein jeder saß unter seinem Weinstock und seinem Feigenbaum, solange Salomo lebte.
1 Könige 4: 1, 7. 5: 1-3, 5

Die befestigten Städte, die Wagen, Pferde und Ställe

Zwanzig Jahre hatte Salomo an den beiden Häusern, dem Tempel des Herrn und dem königlichen Palast gebaut. Der König Hiram von Tyrus hatte ihn dabei mit Zedern und Zypressenholz sowie mit Gold in der gewünschten Menge unterstützt. Damals trat König Salomo zwanzig Städte in der Landschaft Galiläa an Hiram ab. Als aber Hiram aus Tyrus herüberkam, um die Städte anzusehen, die Salomo ihm gegeben hatte, gefielen sie ihm nicht. Er meinte: Was sind das für Städte, die du mir gegeben hast, mein Bruder? . . . So verhielt es sich mit dem Frondienst: König Salomo hatte Fronarbeiter ausgehoben zum Bau des Tempels, seines Palastes, des Millo und der Mauer von Jerusalem, Hazor, Megiddo und Gezer. Der Pharao, der König von Ägypten, war nämlich heraufgezogen, hatte Gezer erobert und eingeäschert, die Kanaaniter, die darin wohnten, getötet und die Stadt als Brautgeschenk seiner Tochter, der Frau Salomos, gegeben. Salomo baute nun Gezer wieder auf. Ferner baute er das untere Bet-Horon aus, sowie Baala und Tamar in der Steppe im Land Juda, dazu alle Vorratsstädte, die ihm gehörten, die Städte für die Wagen und ihre Mannschaft und was er sonst in Jerusalem, auf dem Libanon und im ganzen Bereich seiner Herrschaft zu bauen wünschte . . .
Von den Israeliten aber machte Salomo niemanden zum Sklaven, sie waren seine Krieger und Beamten, seine Krieger und Hauptleute, die Befehlshaber über seine Wagen und deren Mannschaft.
Salomo hatte viertausend Stallplätze für seine Wagenpferde und zwölftausend Mann als Besatzung für die Wagen.
1 Könige 9: 10-13, 15-19, 22. 5: 6

Oben: Der Kalender von Gezer. *Rechts:* Getreidesilos an der Außenmauer der befestigten Stadt Kadesch.

Oben: Die Mauern von Arad und die salomonische Festung. *Rechts:* Die Stallungen der Könige Salomo und Ahab in Megiddo. *Folgende Doppelseite:* Die Pfosten der Lagerhallen in der Stadt Hazor, einer der Vorratsstädte Salomos.

Der Tempelbau

Salomo beschloß, einen Tempel für den Namen des Herrn und eine königliche Residenz für sich zu bauen ... Dann sandte er Boten zu Hiram, dem König von Tyrus, und ließ ihm sagen: Du hast meinem Vater David geholfen und ihm Zedern geliefert, damit er sich ein Haus als Wohnung bauen konnte. Ich möchte jetzt dem Namen des Herrn, meines Gottes, ein Haus bauen und es ihm weihen ... Das Haus das ich bauen will soll groß werden, denn unser Gott ist größer als alle Götter. Wer aber besitzt die Kraft, ihm ein Haus zu bauen? Der Himmel und die Himmel der Himmel fassen ihn nicht. Und wer bin ich, daß ich ihm ein Haus baue, wenn auch nur, um Rauchopfer vor ihm darzubringen? Schick mir nun einen fähigen Mann, der Arbeiten in Gold, Silber, Bronze, Eisen, rotem Purpur, Karmesin und blauem Purpur ausführen kann und sich aufs Gravieren versteht! Er soll mit den Künstlern zusammenarbeiten, die bei mir in Juda und Jerusalem sind und die mein Vater David bestellt hat ... Hiram, der König von Tyrus, antwortete Salomo in einem Schreiben, das er ihm sandte: Weil der Herr sein Volk liebt, hat der dich ihm als König gegeben ... Ich schicke dir einen fähigen, klugen Mann, Hiram-Abi, den Sohn einer danitischen Frau. Sein Vater stammt aus Tyrus.

2 Chron. 1: 18. 2: 2-6, 10, 12-13

Oben: Terrakottageschirr. *Rechts oben:* Bronzesieb und Weinkrug. *Rechts unten:* Bronzeschüsseln.

Reine und unreine Tiere

Der Herr sprach zu Mose und Aaron: Sagt den Israeliten: Das sind die Tiere, die ihr von allem Vieh auf der Erde essen dürft: Alle Tiere, die gespaltene Klauen haben, Paarzeher sind und wiederkäuen, dürft ihr essen ... Von allen Tieren, die im Wasser leben, dürft ihr essen; alle Tiere mit Flossen und Schuppen, die im Wasser, in Meeren und Flüssen leben, dürft ihr essen.

Leviticus 11: 1-3, 9

Opfervorschriften

Beim Schlachten sollst du das Blut meines Opfers nicht über gesäuertes Brot fließen lassen. Das Fett meines Festopfers darf nicht bis zum Morgen liegen bleiben. Von den Erstlingsfrüchten deines Ackers sollst du die besten in das Haus des Herrn, deines Gottes, bringen. Das Junge einer Ziege sollst du nicht in der Milch seiner Mutter kochen.

Exodus 23: 18-19

Oben: Zwei Halsketten aus Karneol, Achat und Gold. *Rechts:* Zwei nackte Frauen.

Die Königin von Saba

Die Königin von Saba hörte vom Ruf Salomos und kam, um ihn mit Rätselfragen auf die Probe zu stellen. Sie kam nach Jerusalem mit sehr großem Gefolge, mit Kamelen, die Balsam, eine gewaltige Menge Gold und Edelsteine trugen, trat bei Salomo ein und redete mit ihm über alles, was sie sich vorgenommen hatte. Salomo gab ihr Antwort auf alle Fragen. Es gab nichts, was dem König verborgen war, und was er ihr nicht hätte sagen können. Als nun die Königin von Saba die ganze Weisheit Salomos erkannte, als sie den Palast sah, den er gebaut hatte, die Speisen auf seiner Tafel, die Sitzplätze seiner Beamten, das Aufwarten der Diener und ihre Gewänder, seine Getränke und sein Opfer, das er im Haus des Herrn darbrachte, da stockte ihr der Atem. Sie sagte zum König: Was ich in meinem Land über dich und deine Weisheit gehört habe, ist wirklich wahr. Ich wollte es nicht glauben, bis ich nun selbst gekommen bin und es mit eigenen Augen gesehen habe.
1 Könige 10: 1-7

Der Abfall der zehn Nordstämme und die religiöse Trennung

Rehabeam begab sich nach Sichem; denn dorthin war ganz Israel gekommen, um ihn zum König zu machen. Jerobeam, der Sohn Nebats, hörte davon, während er noch in Ägypten war, wohin er vor dem König Salomo hatte fliehen müssen. Er kehrte jetzt aus Ägypten zurück . . . Als die Israeliten erfuhren, daß Jerobeam zurückgekehrt war, ließen sie ihn zur Versammlung rufen und machten ihn zum König über ganz Israel. Der Stamm Juda allein hielt noch zum Haus David . . . Jerobeam dachte bei sich: Das Königtum könnte wieder an das Haus David fallen. Wenn dieses Volk hinaufgeht, um im Haus des Herrn in Jerusalem Opfer darzubringen, wird sich sein Herz wieder seinem Herrn, dem König Rehabeam von Juda, zuwenden. Mich werden sie töten und zu Rehabeam, dem König von Juda, zurückkehren. So ging er mit sich zu Rate, ließ zwei goldene Kälber anfertigen und sagte zum Volk: Ihr seid schon zuviel nach Jerusalem hinaufgezogen. Hier ist dein Gott, Israel, der dich aus Ägypten heraufgeführt hat. Er stellte das eine Kalb in Bet-El auf, das andere brachte er nach Dan. Dies wurde Anlaß zur Sünde. Das Volk zog sogar bis nach Dan, vor das eine Kalb . . . Das aber wurde dem Haus Jerobeam als Sünde angerechnet, so daß es vernichtet und vom Erdboden vertilgt wurde.

1 Könige 12: 1-2, 20, 26-30. 13: 34

Salomos Gegner und Tod

Der Herr ließ Salomo einen Widersacher erstehen, den Edomiter Hadad, aus der königlichen Familie von Edom . . . Auch Jerobeam, der Sohn Nebats, ein Beamter Salomos, erhob sich gegen den König . . . Als in jener Zeit Jerobeam einmal aus Jerusalem herauskam, begegnete ihm auf dem Weg der Prophet Ahija aus Schilo. Dieser war mit einem neuen Mantel bekleidet. Während nun beide allein auf freiem Feld waren, faßte Ahija den neuen Mantel, den er an hatte, zerriß ihn in zwölf Stücke und sagte zu Jerobeam: Nimm dir zehn Stücke, denn so spricht der Herr, der Gott Israels: Ich nehme Salomo das Königtum weg und gebe dir zehn Stämme. Nur ein Stamm soll ihm verbleiben, wegen meines Knechtes David und wegen Jerusalem, der Stadt, die ich aus allen Stämmen Israels erwählt habe. Denn er hat mich verlassen und Astarte, die Göttin der Sidonier, Kemosch, den Gott der Moabiter, und Milkom, den Gott der Amoniter, angebetet . . . Dich aber will ich nehmen, damit du ganz nach deinem Begehren herrschen kannst; du sollst König von Israel sein . . . Salomo suchte nun Jerobeam zu töten. Doch dieser machte sich auf und floh nach Ägypten, zu Schischak, dem König von Ägypten. Dort blieb er bis zum Tod Salomos . . .
Die Zeit, in der Salomo in Jerusalem über ganz Israel König war, betrug vierzig Jahre . . .

1 Könige 11: 14, 26, 29-33, 37, 40, 42-43

Oben: «Das goldene Kalb». *Rechts:* Die «Tausendjährige Eiche» im Heiligtum von Dan.

Die Kriege Judas und Israels mit Ägypten und Moab

Rehabeam herrschte über Juda und Benjamin ... Als aber seine Herrschaft gefestigt und er stark geworden war, fiel er mit ganz Israel vom Gesetz des Herrn ab. Im fünften Jahr des Königs Rehabeam zog Schischak, der König von Ägypten, gegen Jerusalem, da sie dem Herrn untreu geworden waren ... Er eroberte die Festungen in Juda und rückte vor Jerusalem. Damals kam der Prophet Schemaja zu Rehabeam und zu den führenden Leuten Judas, die sich vor Schischak nach Jerusalem zurückgezogen hatten, und sagte zu ihnen: So spricht der Herr: Ihr habt mich verlassen, darum verlasse auch ich euch und übergebe euch der Hand Schischaks.

2 Chronik 11: 12. 12: 1-2, 4-5

Mescha, der König von Moab, betrieb Schafzucht und mußte dem König von Israel hunderttausend Lämmer und die Wolle von hunderttausend Widdern liefern. Nach dem Tod Ahabs aber fiel der König von Moab vom König von Israel ab. König Joram rückte daher zu dieser Zeit von Samaria aus und musterte ganz Israel. Auch ließ er Joschafat, dem König von Juda, sagen: Der König von Moab ist von mir abgefallen. Willst du mit mir gegen Moab in den Krieg ziehen? ... Der König von Israel, der König von Juda und der König von Edom rückten nun aus ... Als ganz Moab erfuhr, daß die Könige zum Krieg gegen das Land anrückten, wurden alle aufgeboten, die Waffen tragen konnten; sie stellten sich an der Grenze auf. Früh morgens aber, als die Sonne über dem Wasser aufging, erschien ihnen das Wasser drüben rot wie Blut. Sie sagten: Das ist Blut, die Könige haben sich selbst umgebracht; einer hat den anderen erschlagen. Auf jetzt, zur Beute, ihr Moabiter! Doch als sie sich dem Lager der Israeliten näherten, erhoben sich diese und schlugen die Moabiter in die Flucht ... Als der König von Moab sah, daß er dem Angriff nicht mehr standhalten konnte, sammelte er siebenhundert mit dem Schwert bewaffnete

Linke Seite oben: Israelitische Gefangene. *Unten:* Namenstafeln der von Pharao Schoschenk eroberten israelitischen Städte im Tempel von Karnak. *Oben:* Moabitischer Krieger.

Männer um sich und versuchte beim König von Edom durchzubrechen. Doch es gelang ihnen nicht. Nun nahm er seinen erstgeborenen Sohn, der nach ihm König werden sollte, und brachte ihn auf der Mauer als Brandopfer dar. Da kam ein gewaltiger Zorn über Israel. Sie zogen von Moab ab und kehrten in ihr Land zurück.
2 Könige 3: 4-7, 9, 21-24, 26-27

Im sechsundzwanzigsten Jahr des Königs Asa von Juda wurde Ela, der Sohn Baschas, König von Israel. Er regierte in Tirza zwei Jahre. Gegen ihn zettelte sein Knecht Simri, der Befehlshaber der einen Hälfte der Kriegswagen, eine Verschwörung an. Ela war in Tirza und hatte sich im Haus Arzas, des Palastvorstehers in Tirza, völlig betrunken. Simri drang ein und erschlug ihn im siebenundzwanzigsten Jahr des Königs Asa von Juda und wurde König an seiner Stelle ... Im einunddreißigsten Jahr des Königs Asa von Juda wurde Omri König von Israel. Er regierte zwölf Jahre, davon sechs in Tirza. Dann kaufte er von Schemer für zwei Talente Silber den Berg Samaria, errichtete Bauten auf ihm und nannte die Stadt, die er baute, Samaria ...
Ahab, der Sohn Omris, wurde König von Israel im achtunddreißigsten Jahr des Königs Asa von Juda ... Er nahm Isebel, die Tochter Edbals, des Königs der Sidonier, zur Frau, ging hin, diente dem Baal und betete ihn an. Im Baalstempel, den er in Samaria baute, errichtete er einen Altar für den Baal. Auch stellte er einen Kultpfahl auf und tat noch vieles andere, womit er den Herrn, den Gott Israels, mehr erzürnte als alle anderen Könige Israels vor ihm.
1 Könige 16: 8-10, 23-24, 29, 31-33

Links: Stele König Meschas von Moab.
Rechts: Tirza, die erste Hauptstadt des Nordreiches.

Die Hohen Plätze

Das Wort des Herrn erging an mich: Menschensohn, richte dein Gesicht auf die Berge Israels; sprich als Prophet zu ihnen, und sag: Ihr Berge Israels, hört das Wort Gottes, des Herrn! So spricht Gott, der Herr, zu den Bergen und Hügeln, zu den Schluchten und Tälern: Ich selbst werde das Schwert über euch bringen und eure Kulthöhen zerstören. Eure Opferaltäre werden vernichtet und eure Räuchertische zerbrochen. Eure Erschlagenen werfe ich vor eure Götzen hin. Die Leichen der Israeliten lege ich ihren Götzen zu Füßen. Eure Gebeine verstreue ich rings um eure Altäre. Überall wo ihr wohnt, werden die Städte verwüstet und die Kulthöhen veröden; denn eure Altäre sollen verwüstet und öde sein, eure Götzen zerbrochen und verschwunden, eure Räuchertische zerschlagen, eure Machwerke vernichtet.
Ezechiel 6: 1-6

Der Opferwein raubt meinem Volk den Verstand. Es befragt sein Götzenbild aus Holz, von seinem Stock erwartet es Auskunft. Ja, der Geist der Unzucht führt es irre. Es hat seinen Gott verlassen und ist zur Dirne geworden. Sie feiern Schlachtopfer auf den Höhen der Berge, auf den Hügeln bringen sie Rauchopfer dar, unter Eichen, Storaxbäumen und Terebinthen, deren Schatten so angenehm ist. So werden eure Töchter zu Dirnen und eure Schwiegertöchter brechen die Ehe. Aber ich strafe nicht eure Töchter dafür, daß sie zu Dirnen werden, und nicht eure Schwiegertöchter dafür, daß sie die Ehe brechen; denn die Priester selbst gehen mit den Dirnen beiseite, mit den Weihedirnen feiern sie Schlachtopfer. So kommt das unwissende Volk zu Fall.
Hosea 4: 11-14

Links: Schwangere.
Rechts: Die Ruinen von Megiddo und sein Hoher Platz.

Astarte-Figurinen.

Links außen: Der Sturmgott Hadad. *Mitte:* Baal, auf einem Löwen stehend. *Oben:* Die Ausläufer des Karmelgebirges, wo die Überlieferung das Gottesurteil über die Baalpriester ansiedelt.

Das Gottesurteil auf dem Karmel

Nach langer Zeit – es war im dritten Jahr – erging das Wort des Herrn an Elija: Geh und zeig dich dem Ahab! . . . Ahab ging Elija entgegen. Sobald er ihn sah, rief er aus: Bist du es, Verderber Israels? Elija entgegnete: Nicht ich habe Israel ins Verderben gestürzt, sondern du und das Haus deines Vaters, weil ihr die Gebote des Herrn übertreten habt und den Baalen nachgelaufen seid. Doch schick jetzt Boten aus und versammle mir ganz Israel auf dem Karmel, auch die vierhundertfünfzig Propheten des Baal und die vierhundert Propheten der Aschera, die vom Tisch Isebels essen. Ahab schickte in ganz Israel umher und ließ die Propheten auf dem Karmel zusammenkommen. Und Elija trat vor das ganze Volk und rief: Wie lange noch schwankt ihr nach zwei Seiten? Wenn Jahwe der wahre Gott ist, dann folgt ihm! Wenn aber Baal es ist, dann folgt diesem. Doch das Volk gab ihm keine Antwort. Da sagte Elija zum Volk: Ich allein bin als Prophet des Herrn übriggeblieben. Die Propheten des Baal aber sind vierhundertfünfzig. Man gebe uns zwei Stiere, sie sollen sich einen auswählen, ihn zerteilen und auf das Holz legen, aber kein Feuer anzünden. Ich werde den anderen zubereiten, auf das Holz legen und kein Feuer anzünden. Dann sollt ihr den Namen eures Gottes anrufen, und ich werde den Namen des Herrn anrufen. Der Gott, der mit Feuer antwortet, ist der wahre Gott. Da rief das ganze Volk: Der Vorschlag ist gut . . .

Sie nahmen den Stier, den er ihnen überließ, und bereiteten ihn zu. Dann riefen sie vom Morgen bis zum Mittag den Namen des Baal an und schrien: Baal, erhöre uns! Doch es kam kein Laut und niemand gab Antwort . . . Zu der Zeit nun, da man das Speiseopfer darzubringen pflegt, trat der Prophet Elija an den Altar und rief: Herr, Gott Abrahams, Isaaks und Israels, heute soll man erkennen, daß du Gott bist in Israel, daß ich dein Knecht bin und all das in deinem Auftrag tue . . . Da kam das Feuer des Herrn herab und verzehrte das Brandopfer, das Holz, die Steine und die Erde. Auch das Wasser im Graben leckte es auf. Das ganze Volk sah es, warf sich auf das Angesicht nieder und rief: Jahwe ist Gott, Jahwe ist Gott!

1 Könige 18: 1, 16-24, 26, 36, 38-39

Oben: Die «Frau im Fenster». *Rechts:* Die Mauern von Samaria, der Hauptstadt König Ahabs und der Isebel.

Der Aufstand Jehus und Isebels Tod

Der Prophet Elischa rief einen von den Prophetenjüngern und trug ihm auf: Gürte dich, nimm diesen Ölkrug und geh nach Ramot-Gilead! Wenn du dorthin kommst, such Jehu, den Sohn Joschafats, des Sohnes Nimschis! ... Dann nimm den Ölkrug, gieß ihn über seinem Haupt aus und sag: So spricht der Herr: Ich salbe dich zum König über Israel ... Sogleich nahmen alle ihre Kleider, legten sie ihm zu Füßen auf die bloßen Stufen, stießen in das Horn und riefen: Jehu ist König ... Jehu sagte nun: Wenn ihr einverstanden seid, lassen wir keinen aus der Stadt entkommen, der nach Jesreel gehen und dort Meldung machen könnte. Dann bestieg er seinen Wagen, um selbst nach Jesreel zu fahren, denn dort lag Joram darnieder. Auch Ahasija, der König von Juda, war dorthin gekommen, um Joram zu besuchen ... Als Joram Jehu sah, fragte er: Kommst du in friedlicher Absicht, Jehu? Doch dieser erwiderte: Wie soll ich in friedlicher Absicht kommen, solange die Unzucht deiner Mutter Isebel und ihre vielen Zaubereien andauern? Da lenkte Joram um und wollte fliehen, während er Ahasija zurief: Verrat, Ahasija! Doch Jehu ergriff den Bogen und traf Joram zwischen die Schultern, so daß der Pfeil sein Herz durchbohrte und er in seinem Wagen niedersank.
Als Jehu nach Jesreel kam und Isebel dies erfuhr, legte sie Schminke auf ihre Augen, schmückte ihr Haupt und schaute durch das Fenster hinab. Während dann Jehu an das Tor trat, rief sie ihm zu: Geht es Simri, dem Mörder seines Herrn, gut? Jehu schaute zum Fenster empor und fragte: Ist jemand da, der zu mir hält? Zwei oder drei Hofleute sahen zu ihm herab, und er befahl ihnen: Werft sie herunter! Sie warfen sie herunter und Isebels Blut bespritzte die Wand und die Pferde, die sie zertraten. Dann ging Jehu hinein um zu essen und zu trinken. Schließlich befahl er: Seht nach dieser Verfluchten und begrabt sie, denn sie ist eine Königstochter. Doch als sie hinkamen, um sie zu begraben, fanden sie von ihr nur noch den Schädel, die Füße und die Hände.
2 Könige 9: 1-3, 13, 15-16, 22-24, 30-35

Oben: Lotusfries aus Elfenbein. *Rechts:* Palmbaum aus Elfenbein.

Jerobeam II. von Israel

Im fünfzehnten Jahr Amazias, des Sohnes des Joasch, des Königs von Juda, wurde Jerobeam, der Sohn des Joasch, König von Israel. Er regierte einundvierzig Jahre in Samaria und tat, was dem Herrn mißfiel ... Der Herr sah die bittere Not Israels: daß bis zum letzten Mann alle dahinschwanden und daß es für Israel keinen Retter gab. Er hatte nicht im Sinn, den Namen Israels unter dem Himmel auszutilgen. Darum half er ihnen durch Jerobeam, den Sohn des Joasch.
2 Könige 14: 23-24, 26-27

Das Gericht über Samaria

Ruft es aus über den Palästen von Aschdod und über den Palästen in Ägypten!
Sagt: Versammelt euch auf den Bergen rings um Samaria, seht euch das wilde Treiben in der Stadt an und die Unterdrückung, die dort herrscht.
Sie kennen die Rechtschaffenheit nicht – Spruch des Herrn –, sie sammeln Schätze in ihren Palästen mit Gewalt und Unterdrückung.
Darum – so spricht Gott, der Herr: Ein Feind wird das Land umzingeln; wird deine Macht niederreißen, und deine Paläste werden geplündert.
So spricht der Herr:
Wie ein Hirt aus dem Rachen des Löwen (von einem Schaf) nur zwei Wadenknochen rettet oder den Zipfel eines Ohres,
so werden Israels Söhne gerettet, die in Samaria auf ihrem Diwan sitzen
und auf ihren Polstern
aus Damaskus.
Hört und bezeugt es dem Haus Jakob – Spruch des Herrn, des Gottes der Heere:
Ja, an dem Tag, an dem ich Israel für seine Verbrechen zur Rechenschaft ziehe, werde ich an den Altären von Bet-El die Strafe vollziehen;
die Hörner des Altars werden abgehauen und fallen
zu Boden.
Ich zerschlage den Winterpalast
und den Sommerpalast,
die Elfenbeinhäuser werden verschwinden,
und mit den vielen Häusern ist es zu Ende – Spruch des Herrn.
Amos 3: 9-15

Oben: Tributpflichtige vor dem assyrischen König. *Unten:* Träger bringen dem assyrischen König Gaben.

König Jehu wirft sich vor Salmanassar III. nieder.

Vorangehende Doppelseite: Befestigungsturm der Stadt Samaria, die 723 von Salmanassar zerstört wurde. *Oben:* Siegel König Jerobeams II. *Rechts:* Das Tor der Zitadelle von Hazor.

Die Eroberung von Samaria

Im zwölften Jahr des Königs Ahas von Juda wurde Hoschea, der Sohn Elas, in Samaria König von Israel ... Gegen ihn zog Salmanassar, der König von Assur. Hoschea mußte sich ihm unterwerfen und Abgaben entrichten. Dann aber erfuhr der König von Assur, daß Hoschea an einer Verschwörung beteiligt war. Er hatte nämlich Boten zu So, dem König von Ägypten gesandt und die jährliche Abgabe an den König von Assur nicht mehr geleistet. Daher ließ ihn dieser festnehmen und ins Gefängnis werfen. Der König von Assur fiel über das ganze Land her, rückte gegen Samaria vor und belagerte es drei Jahre lang. Im neunten Jahr Hoscheas eroberte er die Stadt, verschleppte die Israeliten nach Assur und siedelte sie in Halach, am Habor, einem Fluß von Gosan, und in den Städten der Meder an ... Schließlich verstieß der Herr Israel von sich, wie er es durch seine Knechte, die Propheten, angedroht hatte. So wanderte Israel aus seinem Land weg in die Verbannung nach Assur und blieb dort bis zum heutigen Tag.

2 Könige 17: 1, 3-6, 23

Sanheribs Feldzug gegen Jerusalem

Im vierzehnten Jahr des Königs Hiskija zog Sanherib, der König von Assur, gegen alle befestigten Städte Judas und nahm sie ein. Hiskija aber, der König von Juda, schickte Boten an den König von Assur nach Lachisch und ließ ihm sagen: Ich habe gefehlt. Laß ab von mir! Alles was du mir auferlegst, will ich tragen. Der König von Assur verlangte von Hiskija, dem König von Juda, dreihundert Talente Silber und dreißig Talente Gold ... Doch der König von Assur sandte den Tartan, den Rabsaris und den Rabschake (seinen Oberfeldherrn, Oberkämmerer und Obermundschenk) mit einer großen Streitmacht von Lachisch aus gegen König Hiskija. Sie zogen nach Jerusalem hinauf, stellten sich an der Wasserleitung des oberen Teiches auf, der an der Walkerfeldstraße liegt, und ließen den König rufen. Der Palastvorsteher Eljakim, der Sohn Hilkijas, der Staatsschreiber Schebna und Joach, der Sohn Asafs, der Sprecher des Königs, gingen zu ihnen hinaus.
Der Rabschake sagte zu ihnen:
Sagt zu Hiskija:
So spricht der Großkönig, der König von Assur: Worauf vertraust du denn, daß du dich so sicher fühlst? Du glaubst wohl, bloßes Gerede sei im Krieg schon

Rat und Stärke? Auf wen vertraust du also, daß du von mir abgefallen bist? Du vertraust gewiß auf Ägypten, dieses geknickte Schilfrohr, das jeden, der sich darauf stützt, in die Hand sticht und sie durchbohrt. Denn so macht es der Pharao, der König von Ägypten, mit allen, die ihm vertrauen . . . Da sagte Eljakim, der Sohn Hilkijas, sowie Schebna und Joach zu dem Rabschake: sprich doch aramäisch mit deinen Knechten, wir verstehen es. Sprich vor den Ohren des Volkes, das auf der Mauer steht, nicht judäisch mit uns. Der Rabschake antwortete ihnen: Hat mich mein Herr etwa beauftragt, das alles nur zu deinem Herrn und zu dir zu sagen, und nicht vielmehr zu all den Männern, die auf der Mauer sitzen und ihren eigenen Kot essen und ihren Harn trinken wie ihr? Dann trat der Rabschake vor und rief laut auf judäisch: Hört die Worte des Großkönigs, des Königs von Assur! So spricht der König: Laßt euch nicht von Hiskija betören; denn er kann euch nicht aus meiner Hand retten. Er soll euch nicht verleiten, auf Jahwe zu vertrauen, und sagen: Jahwe wird uns sicher retten und diese Stadt wird dem König von Assur nicht in die Hände fallen . . . Hat denn einer von den Göttern der anderen Völker sein Land vor dem König von Assur gerettet? . . . Das Volk aber schwieg und gab ihm keine Antwort; denn der König hatte befohlen: Ihr dürft ihm nicht antworten.
Der Rabschake trat den Rückweg an und fand den König von Assur im Kampf gegen die Stadt Libna, Sanherib war inzwischen, wie der Rabschake gehört hatte, von Lachisch abgezogen. Dann erfuhr Sanherib, daß Tirhaka, der König von Kusch, zum Kampf gegen ihn heranzog. Er schickte wiederum Boten zu Hiskija, mit dem Auftrag: So sollt ihr zu Hiskija, dem König von Juda sagen: Laß dir nicht von deinem Gott, auf den du vertraust, einreden, Jerusalem werde dem König von Assur nicht in die Hände fallen . . . Hiskija nahm das Schrei-

König Sanherib auf seinem Thron im Lager von Lachisch.

ben von den Boten in Empfang und las es . . . und betete vor dem Herrn: Er sagte . . . wende mir dein Ohr zu, Herr, und höre! Hör alles, was Sanherib sagt, der seinen Boten hergesandt hat, um den lebendigen Gott zu verhöhnen. Es ist wahr, Herr, die Könige von Assur haben die Völker vernichtet, ihre Länder verwüstet und ihre Götter ins Feuer geworfen. Aber das waren keine Götter, sondern Werke von Menschenhand, aus Holz und Stein; darum konnte man sie vernichten. Nun aber, Herr, unser Gott, rette uns aus seiner Hand, damit alle Reiche der Erde erkennen, daß du, Jahwe, Gott bist, du allein. Jesaia, der Sohn des Amoz, schickte zu Hiskija und ließ ihm sagen: So spricht der Herr, der Gott Israels: Ich habe gehört, wie du wegen des Königs Sanherib von Assur zu mir gebetet hast. Das ist das Wort des Herrn gegen ihn: Dich verachtet, dich verspottet die Jungfrau, die Tochter Zion. Die Tochter Jerusalem schüttelt spöttisch den Kopf über dich. Wen hast du beschimpft und verhöhnt, gegen wen die Stimme erhoben, auf wen voll Hochmut herabgeblickt? Auf den Heiligen Israels. Durch deinen Gesandten hast du den Herrn verhöhnt; du hast gesagt: Mit meinen zahlreichen Wagen fuhr ich auf die Höhen der Berge, in die fernsten Winkel des Libanon. Ich fällte seine hohen Zedern, seine schönsten Zypressen, kam bis zu seinen entlegensten Hütten, in das Dickicht seiner Wälder. Ich habe Brunnen gegraben und fremdes Wasser getrunken. Ich ließ unter dem Schritt meiner Füße alle Ströme Ägyptens vertrocknen. Hast du nicht gehört: schon vor langer Zeit habe ich es so gefügt, seit den Tagen der Vorzeit habe ich es so gehalten, jetzt ließ ich es kommen. So konntest du befe-

Links oben: Sanheribs Prisma mit der Beschreibung seines dritten Feldzuges, um die assyrische Herrschaft über Syrien und Israel zu festigen.
Unten: Ostrakon von Lachisch.
Rechts: Die von Sanherib zerstörten Festungsmauern von Lachisch.

Oben: Inschrift König Hiskias am Eingang des Tunnels von Siloa. *Rechts:* Eingang zur unterirdischen Wasserleitung zwischen der Gichonquelle und dem Teich Siloa.

stigte Städte zerstören und in Trümmer verwandeln. Ihre Bewohner waren machtlos, in Schrecken und Schande gestoßen. Sie glichen den Pflanzen auf dem Feld und dem frischen Grün, dem Gras auf den Dächern, das im Ostwind verdorrt. Ich weiß, ob du ruhst, ob du gehst oder kommst, ob du dich gegen mich auflehnst. Weil du gegen mich wütest, und dein Lärm meine Ohren erreicht hat, ziehe ich dir einen Ring durch die Nase und lege dir einen Zaum in das Maul. Auf dem Weg, auf dem du herankamst, treibe ich dich wieder zurück ... Spruch des Herrn: Ich werde diese Stadt beschützen und retten, um meinetwillen und um meines Knechtes David willen. In jener Nacht zog der Engel des Herrn aus und erschlug im Lager der Assyrer hundertfünfundachtzigtausend Mann. Als man am nächsten Morgen aufstand, fand man sie alle als Leichen. Da brach Sanherib, der König von Assur auf und kehrte in sein Land zurück. Er blieb in Ninive. Als er eines Tages im Tempel seines Gottes Nisroch betete, erschlugen ihn seine Söhne Adrammelech und Sanezer mit dem Schwert. Darauf mußten sie in das Land Ararat fliehen, und Sanheribs Sohn Asarhaddon wurde König an seiner Stelle ... Die übrige Geschichte Hiskias und alle seine Erfolge, wie er den Teich und die Wasserleitung angelegt und das Wasser in die Stadt geleitet hat, das alles ist aufgezeichnet in der Chronik der Könige von Juda.

2 Könige 18: 13-14, 17-21, 26-30, 33, 36. 19: 8-10, 14-28, 33-37. 20: 20

Die Auffindung des Gesetzbuches und die Beseitigung von Misständen

Joschija war acht Jahre alt, als er König wurde und regierte einunddreißig Jahre in Jerusalem ... Damals teilte der Hohepriester Hilkija dem Staatsschreiber Schafan mit: Ich habe im Haus des Herrn das Gesetzbuch gefunden. Hilkija übergab Schafan das Buch, und dieser las es ... Dann sagte der Staatsschreiber Schafan zum König: Der Priester Hilkija hat mir ein Buch gegeben. Schafan las es dem König vor. Als der König die Worte des Gesetzbuches hörte, zerriß er seine Kleider ...

Nun befahl der König dem ganzen Volk: Feiert das Paschafest zur Ehre des Herrn, eures Gottes, wie es in diesem Bundesbuch vorgeschrieben ist. Ein solches Pascha war nämlich nicht mehr gefeiert worden seit den Tagen der Richter, die Israel regierten, auch nicht in der ganzen Zeit der Könige von Israel und Juda ... Auch die Totenbeschwörer und Zeichendeuter, die Hausgötter, Götzen und alle Greuel, die im Land Juda und in Jerusalem zu sehen waren, fegte Joschija hinweg ... Doch der Herr ließ von der gewaltigen Glut seines Zornes nicht ab ... In seinen (Joschijas) Tagen unternahm der Pharao Necho, der König von Ägypten, einen Kriegszug gegen den König von Assur an den Euphrat. König Joschija stellte sich ihm entgegen. Doch der Pharao tötete ihn bei Megiddo, sobald er ihn sah.

2 Könige 22: 1, 8, 10-11. 23: 21-22, 24, 26, 29

Das Wort des Herrn erging an mich:
Menschensohn, mach Jerusalem seine Greueltaten bewußt . . .

Du hast deine bunten Gewänder genommen und dir an den Kulthöhen ein Lager bereitet und darauf Unzucht getrieben . . .
Nach all diesen schändlichen Taten – wehe, weh dir! Spruch Gottes, des Herrn – hast du dir auf jedem freien Platz ein Bett und eine Kulthöhe errichtet. An jeder Straßenecke hast du deine Kulthöhen errichtet, du hast deine Schönheit schändlich mißbraucht, hast dich jedem angeboten, der vorbeiging und hast unaufhörlich Unzucht getrieben. Du hast dich den Ägyptern, deinen Nachbarn, mit dem großen Glied hingegeben und mit ihnen unaufhörlich Unzucht getrieben, um mich zu erzürnen. Da streckte ich meine Hand aus und nahm dir weg, was dir zustand. Ich lieferte dich deinen rachgierigen Feindinnen aus, den Philisterinnen; sogar sie schämten sich wegen deines schändlichen Treibens. Dann hast du dich mit den Assyrern eingelassen, weil du noch nicht genug hattest. Du hast dich mit ihnen eingelassen, doch auch dann hattest du noch nicht genug. Immer mehr Unzucht hast du getrieben und bist sogar den chaldäischen Krämern nachgelaufen; doch auch dann hattest du noch nicht genug. Wie fiebert dein Herz – Spruch Gottes, des Herrn – weil du all das getan hast, du selbstherrliche Dirne. Du hast dir an jeder Straßenecke ein Bett und auf jedem freien Platz eine Kulthöhe errichtet. Du warst keine gewöhnliche Dirne, denn du hast es verschmäht, dich bezahlen zu lassen . . . Jede Dirne bezahlt man, du aber hast deinen Liebhabern Geschenke gegeben und sie bestochen, damit sie von überall kamen, um mit dir Unzucht zu treiben.
Ezechiel 16: 1-2, 16, 23-31, 33

Bronzedarstellung eines «Hohen Platzes» mit zwei Männern, die die aufgehende Sonne anbeten.

Die Verwerfung Jerusalems und Judas

Darum – so spricht der Herr: Ich gebe diese Stadt in die Hand der Chaldäer und in die Hand Nebukadnezars, des Königs von Babel und er wird sie einnehmen. Die Chaldäer, die gegen diese Stadt ankämpfen, werden eindringen, die Stadt in Brand stecken und einäschern, samt den Häusern, auf deren Dächern man dem Baal Rauchopfer und fremden Göttern Trankopfer dargebracht hat, um mich zu erzürnen. Denn die Leute von Israel und Juda haben von Jugend an immer nur das getan, was mir mißfiel ... Sie haben mir den Rücken zugewandt und nicht das Gesicht. Ich habe sie unermüdlich belehrt, aber sie hörten nicht darauf und besserten sich nicht.

Jeremia 32: 28-30, 33

Das Ende des Reiches Juda und Exil

In jener Zeit zogen die Truppen Nebukadnezzars, des Königs von Babel, gegen Jerusalem und belagerten die Stadt. Als dann König Nebukadnezzar von Babel selbst vor der Stadt erschien, während seine Krieger sie belagerten, ging Jojachin, der König von Juda mit seiner Mutter, seinen Dienern, Fürsten und Kämmerern zum König von Babel hinaus, und dieser nahm ihn im achten Jahr seiner Regierung fest. Wie der Herr angedroht hatte, nahm Nebukadnezzar auch alle Schätze des Hauses des Herrn und die Schätze des königlichen Palastes weg ... Von ganz Jerusalem verschleppte er alle Vornehmen und alle wehrfähigen Männer, insgesamt zehntausend Mann ... Von den Bürgern des Landes blieben nur die geringen Leute zurück. Jojachin verschleppte er nach Babel.

2 Könige 24: 10-15

Das neue Heil für Jerusalem und Juda

So spricht der Herr, der die Erde erschaffen, sie geformt und fest gegründet hat, Jahwe ist sein Name: Rufe zu mir, so will ich dir antworten und dir große, unfaßbare Dinge mitteilen, die du nicht kennst ... Ich wende das Geschick Judas und Jerusalems und baue sie auf wie ehedem ... Seht, es werden Tage kommen – Spruch des Herrn – da erfülle ich das Heilswort, das ich über das Haus Israel und das Haus Juda gesprochen habe. In jenen Tagen und zu jener Zeit werde ich für David einen gerechten Sproß aufsprießen lassen, er wird für Recht und Gerechtigkeit sorgen im Land. In jenen Tagen wird Juda gerettet werden, Jerusalem kann in Sicherheit wohnen.

Jeremia 33: 2-3, 7, 14-16

Linke Seite, oben links: Die Wasserzufuhr einer belagerten Stadt wird unterbrochen. *Oben rechts:* Sturm auf einen Befestigungsturm mit Verteidigern. *Unten links:* Gefangene Feinde werden gepfählt. *Unten rechts:* Die siegreichen Soldaten schleppen ihre Beute fort. *Unten:* Der Weg in die Gefangenschaft.

Tiere vom Ischtar-Tor in Babylon.

An den Strömen von Babel,
da saßen wir und weinten, wenn wir an Zion dachten. Wir hängten unsere Harfen an die Weiden in jenem Land. Dort verlangten von uns die Zwingherrn Lieder, unsere Peiniger forderten Jubel: «Singt uns Lieder von Zion!» Wie könnten wir singen die Lieder des Herrn, fern, auf fremder Erde? Wenn ich dich je vergesse, Jerusalem, dann soll mir die rechte Hand verdorren. Die Zunge soll mir am Gaumen kleben, wenn ich an dich nicht mehr denke, wenn ich Jerusalem nicht zu meiner höchsten Freude erhebe. Herr, vergiß den Söhnen Edoms nicht den Tag von Jerusalem; sie sagten: «Reißt nieder, bis auf den Grund reißt es nieder!» Tochter Babel, du Zerstörerin! Wohl dem, der dir heimzahlt, was du uns getan hast! Wohl dem, der deine Kinder packt und sie am Felsen zerschmettert!
Psalm 137

Berufung und Aufgabe des Kyrus
So spricht der Herr, dein Erlöser, der dich im Mutterleib geformt hat; ich bin der Herr, der alles bewirkt, der ganz allein den Himmel ausgespannt hat, der die Erde gegründet hat aus eigener Kraft, der das Wirken der Zauberer vereitelt und die Wahrsager zu Narren macht, der die Weisen zum Rückzug zwingt und ihre Klugheit als Dummheit entlarvt, der das Wort seiner Knechte erfüllt und den Plan ausführt, den seine Boten verkünden, der zu Jerusalem sagt: Du wirst wieder bewohnt! Und zu den Städten Judas: Ihr werdet wieder aufgebaut werden, ich baue eure Ruinen wieder auf! Der zum tiefen Meer sagt: Trockne aus, ich lasse deine Fluten versiegen! Der zu Kyrus sagt: Mein Hirt, alles, was ich will, wird er vollenden! Der zu Jerusalem sagt: Du wirst wieder aufgebaut werden! Und zum Tempel: Du wirst wieder dastehen!
Jesaia 44: 24-28

Zwei persische Bogenschützen.

Die Erlaubnis zur Heimkehr und zum Tempelbau

Im ersten Jahr des Königs Kyrus von Persien sollte sich erfüllen, was der Herr durch Jeremia gesprochen hatte . . . So spricht der König Kyrus von Persien: Der Herr, der Gott des Himmels, hat mir alle Reiche der Erde verliehen. Er selbst hat mir aufgetragen ihm in Jerusalem in Juda ein Haus zu bauen. Jeder unter Euch, der zu seinem Volk gehört – sein Gott sei mit ihm – der soll nach Jerusalem in Juda hinaufziehen und das Haus des Herrn, des Gottes Israels, aufbauen; denn er ist der Gott, der in Jerusalem wohnt.

Ezra 1: 1-3

Der Wiederaufbau durch Nehemia

Bericht des Nehemia, des Sohnes Nachaljas . . . Im Monat Nissan, im zwanzigsten Jahr des Königs Artaxerxes, nahm ich den Wein und reichte ihn dem König – mein Amt war es nämlich, für den Wein zu sorgen. Nie zuvor hatte der König mein Aussehen schlecht gefunden; jetzt aber fragte er mich: Warum siehst du so schlecht aus? Du bist doch nicht etwa krank? Nein, du hast gewiß Kummer. Ich erschrak sehr, dann sagte ich zum König: Der König möge ewig leben. Wie sollte ich nicht schlecht aussehen? Die Stadt, in der die Gräber meiner Väter sind, liegt in Trümmern und ihre Tore sind vom Feuer verzehrt. Der König erwiderte: Was möchtest du also? Da betete ich zum Gott des Himmels; dann sagte ich zum König: Wenn du, König, es für gut findest und wenn du deinem Knecht vertraust, so sende mich nach Juda, damit ich die Stadt wieder aufbaue, in der die Gräber meiner Väter sind . . . So kam ich nach Jerusalem . . . Seit jenem Tag arbeitete nur die Hälfte meiner Leute am Bau; die andere Hälfte hielt Lanzen, Schilde und Bogen und Panzer bereit . . . Die Lastträger arbeiteten so: Mit der einen Hand taten sie ihre Arbeit, in der anderen hielten sie den Wurfspieß. Von den Bauleuten hatte jeder sein Schwert um die Hüften gegürtet, und so bauten sie.

Nehemia 1: 1. 2: 1-5, 11. 4: 10-12

Links: Figur eines mit einem Bogen bewaffneten Mannes. *Oben:* Zwei persische Reiter.

Oben: Hellenistischer Kopf mit Lorbeerkranz. *Rechts:* Siegesgöttin.

Der Aufstand der Makkabäer

Zwölf Jahre hatte Alexander regiert, als er starb. Seine Offiziere übernahmen die Regierung, jeder in seinem Bereich. Nach seinem Tod setzten sich alle die Königskrone auf, ebenso hielten es ihre Nachkommen lange Zeit hindurch. Sie brachten großes Unglück über die Erde. Aus ihnen ging ein besonders gottloser Sproß hervor, Antiochus Epiphanes, der Sohn des Antiochus . . . Zu dieser Zeit traten Verräter am Gesetz in Israel auf, die viele zum Abfall überredeten. Sie sagten: Wir wollen einen Bund mit den fremden Völkern schließen, die rings um uns herum leben; denn seit wir uns von ihnen abgesondert haben, geht es uns schlecht. Dieser Vorschlag gefiel ihnen und einige aus dem Volk fanden sich bereit, zum König zu gehen. Der König gab ihnen die Erlaubnis, nach den Gesetzen der frem-

den Völker zu leben . . . Damals schrieb der König seinem ganzen Reich vor, alle sollen zu einem einzigen Volk werden, und jeder solle seine Eigenart aufgeben. Alle Völker fügten sich dem Erlaß des Königs. Auch vielen Männern aus Israel gefiel der Gottesdienst, den er angeordnet hatte; sie opferten den Götterbildern und entweihten den Sabbat . . . Dennoch blieben viele aus Israel fest und stark, sie aßen nichts was unrein war . . . Damals trat ein Priester auf aus dem Geschlecht des Jojarib, namens Mattatias . . . Er hatte fünf Söhne . . . Da kamen die Beamten, die vom König den Auftrag hatten, die Einwohner zum Abfall von Gott zu zwingen, in die Stadt Modein, um die Opfer durchzuführen . . . Mattatias aber antwortete mit lauter Stimme: Auch wenn alle Völker im Reich des Königs ihm gehorchen und jedes von der Religion seiner Väter abfällt und sich für seine Anordnungen entscheidet – ich, meine Söhne und meine Verwandten bleiben beim Bund unserer Väter . . . Damals gingen viele, die Recht und Gerechtigkeit suchten, in die Wüste hinunter, um dort zu leben . . . Mattatias und sein Anhänger zogen durch das ganze Land und rissen die Altäre nieder, alle unbeschnittenen Kinder, die sie in dem Gebiet Israels fanden, beschnitten sie gewaltsam. Sie verfolgten die frechen Frevler; mit allem was sie taten, hatten sie Glück. Sie entrissen das Gesetz der Gewalt fremder Völker und der Hand der Könige. Dem Sünder ließen sie keine Macht.
1 Makkabäer 1: 7-10, 11-13, 41-42, 62. 2: 1-2, 15, 19-20, 29, 45-48

Die Verfolgung der jüdischen Religion

Nicht lange darauf schickte der König einen alten Athener; der sollte die Juden zwingen, die Gesetze ihrer Väter aufzugeben und ihr Leben nicht mehr durch Gottes Gesetze lenken zu lassen. Auch sollte er den Tempel zu Jerusalem schänden und ihn Zeus, dem Herrscher des Olymp, weihen; kaum zu ertragen und allen zuwider ... Denn die Heiden erfüllten das Heiligtum mit wüstem Treiben und mit Gelagen. Sie gaben sich mit Dirnen ab und ließen sich in den heiligen Vorhöfen mit Frauen ein. Auch brachten sie vieles hinein, was nicht hineingehörte. Auf den Brandopferaltar häuften sie unerlaubte und vom Gesetz verbotene Dinge. Man konnte weder den Sabbat halten, noch die alten Feste begehen, ja, man durfte sich überhaupt nicht mehr als Jude bekennen. Zu ihrer Erbitterung mußten die Einwohner sich jeden Monat am Geburtstag des Königs zum Opfermahl führen lassen und am Fest der Dionysien zwang man sie, zu Ehren des Dionysos, mit Efeu bekränzt in der Prozession mitzugehen. Auf Vorschlag der Einwohner von Ptolemais wurde in den benachbarten griechischen Städten ein Beschluß bekanntgegeben, sie sollten mit den Juden ebenso verfahren und Opfermahlzeiten veranstalten. Wer sich aber nicht entschließen wolle, zur griechischen Lebensweise überzugehen, sei hinzurichten. Da konnte man nun das Elend sehen, das hereinbrach.

2 Makkabäer 6: 1-2, 3-9

Links: Weiblicher Akt.
Rechts: Zwei Ringkämpfer.

Die Einführung heidnischer Sitten in Jerusalem

Seleukus starb und Antiochus mit dem Beinamen Epiphanes übernahm die Herrschaft. Da erschlich sich Jason, der Bruder des Onias, das Hohepriesteramt. Bei einer Unterredung versprach er dem König nämlich dreihundertsechzig Talente Silber, dazu noch aus anderen Einkünften achtzig Talente. Außerdem wollte er sich schriftlich verpflichten weitere hundertfünfzig Talente zu zahlen, wenn er die Vollmacht erhalte, eine Sportschule und einen Übungsplatz für junge Leute zu errichten – denn daran sei ihm sehr gelegen – sowie den Einwohnern Jerusalems das antiochenische Bürgerrecht zu verleihen. Der König war einverstanden. Sobald Jason das Amt an sich gebracht hatte, führte er unter seinen Landsleuten die griechische Lebensart ein ... Absichtlich ließ er unmittelbar unterhalb der Burg eine Sportschule errichten, und die Söhne der besten Familien brachte er dazu, den griechischen Hut aufzusetzen. So kam das Griechentum in Mode; man fiel ab zu der fremden Art. Schuld daran war die maßlose Schlechtigkeit des ruchlosen Jason, der den Namen des Hohepriesters zu Unrecht trug. Schließlich kümmerten sich die Priester nicht mehr um den Dienst am Altar; der Tempel galt in ihren Augen nichts, und für die Opfer hatten sie kaum mehr Zeit. Dafür gingen sie eilig auf den Sportplatz, sobald die Aufforderung zum Diskuswerfen erging, um an dem Spiel, das vom Gesetz verboten war, teilzunehmen. Die Ehren ihres Vaterlandes achteten sie gering, auf griechische Auszeichnungen dagegen waren sie ganz versessen. Darum sollten sie auch in große Not geraten. Gerade die, denen sie alles nachmachten und denen sie ganz gleich werden wollten, wurden ihre Feinde und Peiniger.

2 Makkabäer 4: 7-10, 12-16

Vermächtnis und Tod des Mattatias

Schließlich kam für Mattatias die Zeit, daß er sterben mußte. Da sagte er zu seinen Söhnen: Nun sind über uns Hochmut und Strafe gekommen, die Zeit des Zusammenbruchs und lodernder Zorn. Jetzt ereifert euch für das Gesetz, meine Söhne, setzt euer Leben ein für den Bund unserer Väter! Denkt an die Taten, die unsere Väter zu ihren Zeiten vollbrachten; erwerbt euch großen Ruhm und einen ewigen Namen! Wurde Abraham nicht für treu befunden in der Erprobung und wurde ihm das nicht als Gerechtigkeit angerechnet? Josef hielt das Gebot, als man ihn bedrängte, und wurde Herr über Ägypten. Pinhas, unser Ahnherr, ereiferte sich für Gottes Sache und empfing den Bund ewigen Priestertums. Weil Josua seinen Auftrag erfüllte, wurde er Richter in Israel. Kaleb sprach als Zeuge vor dem Volk die Wahrheit; darum bekam er ein Erbteil im Land. David hielt die Treue, darum erhielt er den Königsthron als ewiges Erbe. Elija kämpfte mit leidenschaftlichem Eifer für das Gesetz und wurde in den Himmel aufgenommen. Hananja, Asarja und Mischael hatten Vertrauen; darum wurden sie aus den Flammen gerettet. Weil Daniel unschuldig war, wurde er dem Rachen der Löwen entrissen. Überdenkt unsere ganze Vergangenheit: Keiner der ihm vertraut, kommt zu Fall.

1 Makkabäer 2: 49-61

Oben: Brotstempel mit hebräischer Inschrift.
Mitte: Oliven, Trauben und Feigen. Terrakottarelief mit drei der sieben biblischen Früchte. *Unten:* Weinsiegel aus Bronze mit griechischer Inschrift. *Rechte Seite:* Der «Alexanderhort».

Oben: Antiochus III., der Große. *Rechts:* Nackter griechischer Krieger.

Der Krieg gegen Antiochus Epiphanes

Als König Antiochus von diesen Ereignissen hörte wurde er sehr zornig. Er schickte Boten aus und zog alle Streitkräfte seines Reiches zusammen: Ein gewaltig großes Heer. Dann öffnete er seine Schatzkammer, gab seinen Truppen Sold für ein Jahr und befahl ihnen, sich für jeden Fall bereit zu halten. Doch merkte er, daß das Geld im Staatsschatz ausging. Auch kamen nur noch wenig Steuern aus dem Land ein, weil er Streit und Unglück über das Land gebracht hatte, als er die uralten Bräuche aufhob ... Als Judas und seine Brüder sahen, daß großes Unheil drohte und die feindlichen Truppen schon auf ihrem Gebiet ihr Lager aufschlugen, und als sie erfuhren, welche Befehle der König gegeben hatte, um das Volk völlig zu vernichten, sagten sie zueinander: Wir wollen die Trümmer unseres Volkes wieder aufbauen und für unser Volk und das Heiligtum kämpfen. Und sie kamen zusammen, um sich zum Kampf zu rüsten, aber auch, um zu beten und Gnade und Mitleid zu erflehen. Jerusalem war menschenleer wie eine Wüste, von den Kindern der Stadt ging keines mehr ein oder aus. Die heilige Stätte war entweiht. Ausländer wohnten in der Burg, sie war ein Gasthaus für fremde Völker. Die Freude war aus Jakob verschwunden, Flöte und Harfe waren verstummt ... Danach setzte Judas Heerführer ein, jeweils über tausend, hundert, fünfzig und zehn. Alle, die kurz zuvor ein Haus gebaut, eine Frau geheiratet oder Weinberge angelegt hatten, oder die Angst hatten, ließ er nach Hause zurückkehren, wie es das Gesetz vorschreibt. Danach brach das Heer auf und schlug südlich von Emmaus sein Lager auf ... Als die fremden Soldaten aufblickten sahen sie die Juden heranrücken. Da kamen sie aus ihrem Lager heraus, um zu kämpfen; die Männer des Judas aber bliesen die Widderhörner. Die beiden Heere stießen aufeinander und die fremden Völker wurden vernichtend geschlagen ...

1 Makkabäer 3: 27-29, 42-46, 55-57. 4: 12-14

Der zweite Angriff des königlichen Heeres

Als der König das hörte, wurde er zornig. Er ließ alle seine Freunde zu sich kommen, sowohl die Anführer des Fußvolks als auch die der Reiterei. Auch aus anderen Reichen und von den Inseln kamen Söldnertruppen zu ihm ... Sie zogen durch Idumäa und belagerten Bet-Zur. Der Kampf zog sich lange hin. Sie bauten auch Belagerungsmaschinen; die Belagerten machten jedoch einen Ausfall, verbrannten sie und schlugen sich tapfer. Da zog Judas von der Burg in Jerusalem ab und schlug dem königlichen Heer gegenüber bei Bet-Sacharia sein Lager auf. Am nächsten Morgen ließ der König das Heer in aller Früh aufbrechen und in einem Eilmarsch nach Bet-Sacharia marschieren. Die Truppen schwärmten aus und man stieß in die Trompeten. Den Elefanten hielt man den Saft von Trauben und Maulbeeren vor, um sie zum Kampf zu reizen. Darauf verteilte man die Tiere auf die einzelnen Abteilungen ... Jedes Tier trug einen befestigten, gut gesicherten Turm aus Holz, der kunstfertig angeschnallt war, dazu vier Soldaten, die von dem Turm aus kämpften, sowie seinen indischen Lenker ... Judas rückte mit seinen Truppen ebenfalls vor und es kam zum Kampf. Dabei fielen vom Heer des Königs sechshundert Mann. Eleazar Awaran sah einen Elefanten, dessen Panzer königlichen Schmuck trug und der alle anderen Tiere überragte. Da er glaubte, darauf sitze der König, opferte er sich, um sein Volk zu retten und sich ewigen Ruhm zu erwerben. Er lief mutig auf ihn zu, mitten in die feindliche Schlachtreihe hinein, teilte nach links und rechts tödliche Hiebe aus und schlug sich eine Bresche durch die Reihen. So drang er bis zu dem Elefanten vor, stellte sich unter ihn und durchbohrte ihn. Das Tier brach zusammen und fiel auf ihn, so daß er erdrückt wurde ... Der König ließ Bet-Zur besetzen und legte eine Garnison hinein, um es zu sichern.

1 Makkabäer 6: 28-29, 31-35, 37, 42-46, 50

Oben: Kriegselefant, einen feindlichen Krieger zertrampelnd. *Rechts oben:* Krieger mit Helmen und Schilden. *Rechts unten:* Beladenes Kamel.

Der Religionsfriede des Lysias

Da hörte Lysias, Philippus ... sei aus Persien und Medien zurückgekehrt ... er versuche, die Regierung an sich zu bringen. Daher entschloß sich Lysias, möglichst rasch abzuziehen; er sagte zum König, zu den Offizieren und den Soldaten: Unsere Lage wird von Tag zu Tag schwieriger ... reichen wir darum diesen Leuten die Hand und schließen wir Frieden mit ihnen und ihrem ganzen Volk. Wir wollen ihnen zugestehen, daß sie wie früher nach ihren Gesetzen leben können. Denn weil wir ihre Gesetze abschaffen wollten, haben sie sich gegen uns aufgelehnt und all das getan. Der König und die Heerführer waren mit diesem Vorschlag einverstanden; er ließ den Juden Frieden anbieten und sie nahmen ihn an.

1 Makkabäer 6: 55-60

Die Weihe des Tempels

Am Fünfundzwanzigsten des neunten Monats – das ist der Monat Kislew – (im Jahr 148) standen sie früh am Morgen auf und brachten auf dem neuen Brandopferaltar, den sie errichtet hatten, Opfer dar, wie sie das Gesetz vorschreibt. Zur gleichen Zeit und am selben Tag, an dem ihn die fremden Völker entweiht hatten wurde (der Tempel) neu geweiht, unter Liedern, Zither- und Harfenspiel und dem Klang der Zimbeln. Das ganze Volk warf sich nieder auf das Gesicht, sie beteten an und priesen den Himmel, der ihnen Erfolg geschenkt hatte. Acht Tage lang feierten sie die Altarweihe, brachten mit Freuden Brandopfer dar und schlachteten Heils- und Dankopfer ... Im Volk herrschte sehr große Freude, denn die Schande, die ihnen die fremden Völker zugefügt hatten, war beseitigt.

Das Hanukkah-Fest

Judas faßte mit seinen Brüdern und mit der ganzen Gemeinde Israels den Beschluß, Jahr für Jahr zur selben Zeit mit festlichem Jubel die Tage der Altarweihe zu begehen und zwar acht Tage lang, vom fünfundzwanzigsten Kislew an.

1 Makkabäer 4: 52-56, 58-59

Die letzte Schlacht und der Tod des Judas

Demetrius erfuhr, daß Nikonor und sein Heer im Kampf gefallen waren. Da schickte er Bacchides und Alkimus zum zweiten Mal nach Judäa und gab ihnen die im Süden stehende Armee mit ... Als die Juden die Übermacht der feindlichen Truppen sahen, bekamen sie große Angst. Viele liefen aus dem Lager fort, so daß am Ende nur noch achthundert Mann übrig waren ... Es entwikkelte sich ein erbitterter Kampf, in dem beide Seiten schwere Verluste erlitten. Auch Judas fiel; die übrigen flohen. Jonathan und Dimeon töteten ihren Bruder und bestatteten ihn im Grab seiner Väter in Modein.

1 Makkabäer 9: 1, 6, 17-19

Unten: Die Gräber der Makkabäer in Modin.
Rechts: Die Ruinen von Beit-Zur, einer Befestigung der Makkabäerzeit.

Herodes der Grosse

Im fünfzehnten Jahr seiner Regierung baute er (Herodes) das Heiligtum wieder auf und zog die neuen Tempelmauern um ein Areal, das doppelt so groß war, wie vorher.

Er achtete nicht auf die Kosten und baute mit unvergleichlicher Pracht. Das konnte man vor allem an den großen Kolonnaden sehen, die um den ganzen Tempelkomplex liefen, und an der Festung, die ihn im Norden überragte. Die Kolonnaden wurden neu erbaut, die Festung mit viel Geld wieder hergestellt, prächtig wie ein Palast. Er nannte die Festung Antonia, nach Marc Anton. Sein eigener Palast, in der Oberstadt, bestand aus zwei großen und wunderschönen Gebäuden, die selbst den Tempel unbedeutend erscheinen ließen. Die beiden Flügel seines Palastes nannte er, nach seinen beiden Freunden, Caesareum und Agrippeum. Aber nicht mit Gebäuden allein gedachte er seiner Freunde; seine Großzügigkeit ließ ganze Städte erstehen. Im Bezirk Samaria baute er eine Stadt mit herrlichen, zwei Meilen langen Mauern, brachte sechstausend Siedler hin, denen er vorzügliches Land zuteilte und errichtete im Zentrum der Stadt ein ausgedehntes Heiligtum, etwa hundert Meter lang, das er dem Caesar weihte. Er nannte die Stadt Sebaste und verlieh ihren Bürgern ein besonderes Stadtrecht . . . Es fällt mir tatsächlich kein geeigneter Platz im ganzen Land ein, an dem er seiner Verehrung für Caesar nicht Tribut gezollt hätte . . . An der Küste bemerkte er eine Siedlung, die Stratos' Turm hieß. sie war ziemlich verfallen, aber ihre großartige Lage forderte Herodes' Großzügigkeit heraus. Er baute sie ganz aus Kalkstein wieder auf und schmückte sie mit einem herrlichen Palast. Nirgends anders zeigte er die Lebhaftigkeit seiner Erfindung stärker. Die Stadt (heute Caesarea) liegt zwischen Dora und Joppa und bis zu diesem Zeitpunkt war die ganze Küste ohne einen einzigen Hafen gewesen. Wenn man die phönizische Küste entlang nach Ägypten segelte und der Südwestwind blies, mußte man auf offenem Meer ausharren und selbst wenn der Wind nicht sehr stark war, schlugen die Wogen so gewaltsam gegen die Felsküste, daß das Meer noch bis weit hinaus aufgewühlt wurde. Aber der König besiegte die Natur durch große Summen Geldes und einen unbeugsamen Willen und baute schließlich einen Hafen, noch größer als in Piräus.

Da er nun seine Familie und seine Freunde so geehrt hatte, vergaß er auch seinen eigenen Nachruhm nicht. In den Hügeln Arabien gegenüber baute er eine Festung, die er nach seinem eigenen Namen Herodion nannte, und sieben Meilen von Jerusalem entfernt gab er denselben Namen einem Hügel, künstlich wie eine Frauenbrust geformt, und schmückte diesen noch schöner aus als die Festung. Er umschloß den Gipfel des Hügels mit einem Kreis aus runden Türmen und baute einen Palast im Inneren dieser Umwallung, bei dem nicht nur die Zimmerfluchten, sondern auch die Außenmauern, Dächer und Mauerkrönungen aufs reichlichste und ohne Rücksicht auf Kosten, ausgestattet waren. Für viel Geld ließ er von weither fast unbegrenzte Wasservorräte zu dem Hügel bringen; der Zugang bestand aus zweihundert Stufen aus weißestem Marmor; der Hügel war ziemlich hoch, obwohl künstlich aufgeschüttet. Am Fuß des Hügels baute er noch andere königliche Unterkünfte für seine Freunde und um seine Möbel unterzubringen, so daß die Festung schließlich eine ganze Stadt in Form eines einzigen Palastes schien . . .

Flavius Josephus, Der jüdische Krieg

Die Westwand des von Herodes erbauten Tempelplatzes in Jerusalem.
Folgende Doppelseite: Das herodianische Tor der Stadt Samaria.

Der Tod des Herodes

Als er auf dem Rückweg nach Jericho kam, war er dem Wahnsinn nahe. In einer Art Herausforderung seines eigenen Todes faßte er einen verbrecherischen Plan: Er trieb die hervorragendsten Männer aus jedem Dorf in Judäa zusammen und sperrte sie ins Hippodrom. Dann ließ er seine Schwester Salome und ihren Gatten Alexas rufen und sagte: «Ich weiß, daß die Juden meinen Tod mit Freudengeheul begrüßen werden; aber ich kann dennoch um anderer Menschen willen betrauert werden und ein großartiges Begräbnis haben, wenn ihr nur tut, was ich euch sage. Wenn ich tot bin, laßt alle diese Leute umbringen – laßt die Soldaten auf sie los; dann wird jede Familie in Juda weinen – sie werden gar nicht anders können.» . . . Aber dann quälten ihn die Unfähigkeit, Nahrung zu sich zu nehmen und ein furchtbarer Husten so sehr, daß er sein Ende selbst herbeiführen wollte. Er nahm einen Apfel und bat um ein Messer; er hatte die Gewohnheit, die Äpfel, die er aß, in Stücke zu schneiden. Dann sah er sich um, um sich zu versichern, daß niemand da sei, der seine erhobene Hand hindern konnte, sich zu erstechen. Aber sein Vetter Achiab sprang auf und faßte sein Handgelenk . . .

Bevor die Armee noch wußte, daß Herodes tot war, gingen Salome und ihr Mann hinunter und befreiten die Gefangenen, die Herodes hatte ermorden lassen wollen . . .

Dann erbrach und verlas er (Ptolemäus) das Testament, das Philip zum Erben von Trachonitis und den umliegenden Bezirken machte, Antipas zum Tetrarchen und Archelaus zum König ernannte . . . Archelaus wurde mit lauten Glückwünschen gefeiert; die Soldaten und die Zivilisten strömten nach vorne, um ihre Treue zu beschwören und Gottes Segen zu erflehen. Dann wandte man sich den Begräbnisfeierlichkeiten für den toten König zu. Archelaus tat sein Möglichstes, um alles aufs Prächtigste zu ordnen: Er brachte alle königlichen Geschmeide heraus, die zu Ehren des Toten im Trauerzug mitgetragen werden sollten. Die Bahre war aus reinem Gold, mit Edelsteinen besetzt und mit reichem Purpur verhangen. Die Leiche, in ein karmesinrotes Gewand gehüllt, trug ein Diadem und eine Krone. Das Szepter lag zur Rechten des Toten. Neben und direkt hinter der Bahre gingen Herodes' Söhne und alle Verwandten, gefolgt von seinen Speerträgern und der thrakischen Kompanie, Germanen und Gallier, alle in voller Schlachtreihe. Dann kam die übrige Armee in Marschordnung, angeführt von ihren Kommandanten und allen Offizieren, gefolgt von fünfhundert Sklaven des königlichen Hauses und Freien, die Gewürze trugen. Die Leiche wurde vierundzwanzig Meilen nach Herodion getragen, wo der König nach seinem eigenen Befehl bestattet wurde. Und so endet die Geschichte des Herodes.

Flavius Josephus, Der jüdische Krieg

Oben: Knochenkiste aus Sandstein. *Rechts:* Das Grab des Herodes in Jerusalem.

Die Zerstörung des Tempels

Am 8. August befahl Augustus die Rammböcke gegenüber der westlichen Kolonnade des Äußeren Tempels aufzustellen … Dann gingen die Soldaten mit Feuerbränden gegen die Tore vor. Das Silber schmolz rasch und legte das darunterliegende Holz bloß, über das die Flammenwand auf die Kolonnaden übergriff …
Titus zog sich in die Festung Antonia zurück; am nächsten Tag wollte er das Heiligtum mit voller Kraft angreifen und es völlig einschließen. Aber Gott hatte es schon lange den Flammen geweiht: Das Rad der Zeit hatte sich wieder zu jenem 10. August gedreht, an dem, vor vielen Jahrhunderten, der Tempel schon einmal vom König von Babel angezündet worden war … Plötzlich ergriff einer der römischen Soldaten, ohne auf einen Befehl zu warten und ohne einen einzigen Gedanken an die schrecklichen Folgen seines Handelns, ein brennendes Holzscheit, stieg auf den Rücken eines anderen Soldaten und schleuderte diese Fackel durch eine der goldenen Öffnungen, die zu den direkt um das Heiligtum liegenden Räumen führte. Als die Flammen plötzlich in die Höhe schossen, stießen die Juden einen Schrei aus, so gewaltig wie das Unglück, das nun hereinbrach. Ohne auch nur daran zu denken, ihr Leben zu retten oder ihre Kräfte für den Kampf zu schonen, stürzten sie auf das innerste Heiligtum zu.
Flavius Josephus, Der jüdische Krieg.

Links: Das Herodeion.
Oben und Mitte: Griechische und hebräische Inschriften am Tempel.
Unten: Ziegel der Legio X Fretensis.

Qumran und die Essener

Unter den Juden gibt es drei Gruppen mit unterschiedlichen religiösen Auffassungen: die Pharisäer, die Sadduzäer und die Essener. Die Essener unterwerfen sich einer sehr strengen Disziplin ... Sie halten alles Vergnügen für Sünde, Enthaltsamkeit und Beherrschung der Leidenschaften aber für Tugend ... Sie verachten den Reichtum und sind echte Kommunisten, keiner will es besser haben als ein anderer: Nach ihren Regeln muß ein Novize sein Vermögen dem Orden übertragen, so daß man unter ihnen weder beschämende Armut noch übermäßigen Reichtum finden kann, sondern daß aller Besitz geteilt wird, wie unter Brüdern, denen alles gemeinsam gehört.

Sie beweisen ihre Frömmigkeit auf ihre Weise. Bevor die Sonne aufgeht, sprechen sie kein Wort über weltliche Angelegenheiten, sondern beten zu Gott mit überlieferten Gebeten, als wollten sie Sein Kommen heraufbeschwören. Danach schickt ein Aufseher jedermann an die Arbeit, die er am besten versteht und sie arbeiten fleißig bis zur Stunde vor dem Mittagmahl. Dann teilt der Bäkker die Brote aus, und der Koch stellt vor jeden einen Teller mit einer einzigen Speise. Der Priester spricht ein Gebet und keiner darf vorher von der Speise kosten ... Kein lautes Wort noch andere Unruhe entweiht das Haus: Wenn sie miteinander sprechen, läßt jeder den anderen ausreden und wartet, bis er dran ist. Außenstehenden muß ihre Ruhe und Stille wie ein unheimliches Mysterium vorkommen; in Wirklichkeit ist es nur die Folge ihrer Nüchternheit und der Beschränkung von Essen und Trinken auf das Einfachste und Lebensnotwendige.

Menschen, die der Sekte beitreten wollen, werden nicht sofort aufgenommen. Ein ganzes Jahr lang muß sich der Anwärter den Lebensregeln der Mitglieder unterwerfen. Hat er in diesem einen Jahr seine Mäßigkeit bewiesen, wird er weiter in die Regel eingeweiht und darf an rituellen Waschungen teilnehmen, obwohl er noch nicht in die Gemeinschaft aufgenommen ist.

Er hat dann zwar seinen festen Entschluß bewiesen, wird aber noch weitere zwei Jahre auf die Probe gestellt, damit die Mitglieder sehen können, ob er wert ist, ganz aufgenommen zu werden ... Mitglieder, die sich größere Verstöße zuschulden kommen lassen, werden aus dem Orden ausgestoßen ...

Flavius Josephus, Der jüdische Krieg

Die Belagerung und der Fall von Massada

Gegen Eleasar also und die Sikarier, die gemeinsam mit ihm Massada besetzt hielten, zog der römische Feldherr (Flavius Silva) mit seiner Streitmacht. Rasch hatte er das ganze Land in seiner Gewalt ... Die Festung umgab er mit einer Ringmauer, damit es keinem der Belagerten so leicht wäre, zu entfliehen ... Er selbst wählte einen zur Belagerung möglichst geeigneten Platz aus und schlug ein Lager auf ...

Nachdem nun Silva diese Vorbereitungen getroffen hatte, wandte er sich der eigentlichen Belagerung zu ...

Er fand nur eine einzige Stelle, die das Aufwerfen von Erdwällen gestattete. Hinter dem Turm, der den Weg versperrte, der vom Westen herauf zunächst zum Palast und dann zum Gipfel führte, war ein Felsvorsprung ... Zu diesem Felsen stieg Silva also hinauf, besetzte ihn und befahl dem Heer, Schutterde herbeizuschaffen. Da mit großer Bereitschaft und mit aller Kraft gearbeitet wurde, war der massive Wall bald auf 200 Ellen erhöht ... Silva befahl auch, einen Rammbock aufzustellen ... Als es endlich nach großer Anstrengung gelang, ein Stück aus der Mauer zu brechen, ließ er sie niederreißen ...

Eleasar zog eine Flucht weder für sich selbst noch für irgendeinen anderen in Erwägung. Er sah, wie die Mauer vom Feuer aufgezehrt wurde und wußte keine Rettung oder Hilfe mehr. Als er sich zudem noch vor Augen führte, was die Römer im Augenblick ihres Sieges ihnen, den Frauen und Kindern antun würden, beschloß er für alle den Tod ... «Ganz deutlich wurden wir von Gott selbst aller Hoffnung beraubt (sagte Eleasar). Die Strafe wollen wir nicht von unseren erbittertsten Feinden, den Römern erleiden, sondern von Gott, und zwar durch unsere eigene Hand ... denn die Frauen sollen ungeschändet sterben und die Kinder ohne die Knechtschaft kennengelernt zu haben. Und nach ihnen wollen wir selbst einander den edlen Dienst erweisen, wobei wir die Freiheit als schönstes Sterbekleid bewahren werden. Doch laßt uns vorher die Festung und die Schätze mit Feuer zerstören ... Einzig die Lebensmittel wollen wir unversehrt lassen, denn sie sollen nach unserem Tode Zeuge dafür sein, daß wir nicht durch Hunger bezwungen wurden, sondern den Tod der Knechtschaft vorzogen.»

Bei Tagesanbruch setzten die Römer sich in Bereitschaft. Nachdem sie die Zugänge von den Wällen aus durch Brücken mit Sturmleitern verbunden hatten, gingen sie zum Angriff über. Sie erblickten aber nicht einen einzigen Feind, sondern überall schaurige Öde und im Innern nur Feuer und Schweigen ... Als sie aber auf die Masse der Ermordeten trafen, freuten sie sich keineswegs wie über den Tod von Feinden; vielmehr bewunderten sie den Edelmut des Entschlusses und die Todesverachtung ...

Flavius Josephus, Der jüdische Krieg

Tintenfaß aus herodianischer oder hasmonäischer Zeit.
Rechts: Qumran, im Vordergrund die Höhle der Schriftrollen.
Folgende Doppelseite, links: Eines der drei Lager, die der römische Feldherr Silva am Fuße der Festung Massada errichten ließ.
Rechts oben: Die Mauern von Massada mit Blick auf das Tote Meer.
Rechts unten: Das römische Fort «A» am Fuß der Skorpionensteige.

Die Münze «Judaea capta», die Vespasian nach der Zerstörung Jerusalems im Jahr 70 n. Chr. prägen ließ.

Der Aufstand des Bar Kochba

80 000 Trompeter belagerten Bet-Ter, wo Bar Kochba sich mit 200 000 Mann festgesetzt hatte, die alle einen amputierten Finger hatten. Die Weisen sandten ihm diese Botschaft: «Wie lange willst du fortfahren, die Männer Israels zu verstümmeln?» Er antwortete ihnen: «Wie sonst soll ich sie prüfen?» Sie antworteten: «Verweigere jedem, der keine Zeder vom Libanon mit den Wurzeln ausreißen kann, die Aufnahme in dein Heer.» Daraufhin hatte er 200 000 Mann beider Arten bei sich und wenn sie in die Schlacht stürmten, schrieen sie: «Herr, hilf nur unseren Feinden nicht: Uns brauchst du nicht zu helfen!» Und was pflegte Bar Kochba zu tun? Er fing die Geschosse von den Katapulten der Feinde mit einem seiner Knie auf und schleuderte sie zurück und so tötete er viele Feinde ... Dreieinhalb Jahre schloß Kaiser Hadrian Bet-Ter ein ... Alsbald wurde Bet-Ter um der Sünden des Volkes willen erobert, Bar Kochba wurde erschlagen und sein Kopf zu Hadrian

Bronzemünze mit Leier aus der Zeit des Bar-Kochba-Aufstandes. *Nächste Seite:* Menorah mit Weihrauchschaufel und Salbhorn.

gebracht . . . der rief: «Wenn sein Gott ihn nicht erschlagen hätte, wer hätte ihn überwinden können?»
Mischna Taanit, Gittin (aus dem Talmud)

Die Verheissung künftigen Heils

An jenem Tag richte ich die zerfallene Hütte Davids wieder auf und bessere ihre Risse aus. Ich richte ihre Trümmer auf und stelle alles wieder her wie in den Tagen der Vorzeit, damit sie den Rest von Edom unterwerfen und alle Völker, über denen mein Name ausgerufen ist – Spruch des Herrn, der das alles bewirkt.
Seht, es kommen Tage – Spruch des Herrn – da pflügt der Pflüger dem Schnitter auf dem Fuß und der Keltertreter dem Sämann; da triefen die Berge von Wein, und alle Hügel fließen über.
Dann wende ich das Geschick meines Volkes Israel. Sie bauen die verwüsteten Städte wieder auf und wohnen darin; sie pflanzen Weinberge und trinken den Wein, sie legen Gärten an und essen die Früchte.
Und ich pflanze sie ein in ihrem Land, und nie mehr werden sie ausgerissen aus ihrem Land, das ich ihnen gegeben habe, spricht der Herr, dein Gott.
Amos 9: 11-15

Rainer Albertz

Die Religionsgeschichte Israels in vorexilischer Zeit

Einleitung

Die Religionsgeschichte Israels, soweit sie uns in den Schriften des Alten Testaments bezeugt ist, erstreckt sich über eine Zeitspanne von rund tausend Jahren, vom ausgehenden 2. Jahrtausend v. Chr. (ca. 1250) bis in die Mitte des 2. vorchristlichen Jahrhunderts. Die tiefgreifenden Umbrüche, die Israel während dieses langen Zeitraumes in seiner bewegten politischen Geschichte durchgemacht hat, die Staatenbildung unter David (um 1000), der Verlust der Eigenstaatlichkeit mit dem Exil (586) und die Bildung einer Tempelgemeinde in Jerusalem unter zuerst persischer und dann griechischer Oberhoheit (ab 538), bilden sich auch markant in der Geschichte seiner Religion ab. Eine Religionsgeschichte, die das Werden der israelitischen Religion nachzeichnen will, wird darum erst einmal zeitlich zu gliedern sein in eine vorstaatliche, staatliche, exilische und nachexilische Epoche. Im Rahmen dieses Bildbandes können allerdings angesichts der Fülle des Stoffes nur die ersten beiden großen Epochen dieser Religionsgeschichte dargestellt werden.

Doch eine zeitliche Gliederung der Religionsgeschichte Israels reicht noch nicht aus. Schon die Vielfalt der von den alttestamentlichen Schriften bezeugten Glaubensvorstellungen, die nicht selten in ein und derselben Epoche miteinander konkurrieren, macht es unmöglich, eine Religionsgeschichte als eine – und noch dazu einlinige – Geschichte religiöser Gedanken und Vorstellungen zu entwerfen. Wir werden vielmehr unweigerlich auf die Frage nach den Trägern so unterschiedlicher Glaubensvorstellungen stoßen: Welche Gruppen waren es, die sich auf bestimmte religiöse Erfahrungen beriefen und bestimmte theologische Konzeptionen entwickelten? Auf welche anderen Vorstellungen reagierten sie, und welche Interessen verfolgten sie damit? Die Religionsgeschichte Israels ist keine blutleere Ideengeschichte, sondern ein lebendiger Prozeß ständiger Auseinandersetzung, ein andauerndes Streitgespräch unterschiedlicher Gruppen der israelitischen Gesellschaft. Erst im Verlauf dieses nicht enden wollenden Diskurses bildet sich – nach vielen Irrungen und Fehlschlägen unter Abstoßung und Adaption möglicher Vorstellungs- und Handlungsalternativen – ein Bündel gesellschaftlich breiter akzeptierter religiöser Traditionen heraus, die wir als «die» Religion Israels bezeichnen können.
Ein religionsgeschichtlicher Entwurf, der wie der hier vorgelegte sich nicht darauf beschränken will, das Werden der Religion Israels als Ideengeschichte quasi aus der Vogelperspektive zu beschreiben, sondern der versucht, soweit dies aus den Quellen erhebbar ist, sie als soziale und theologische Auseinandersetzung unterschiedlicher Gruppen an seiner realen gesellschaftlichen Basis zu verfolgen, wird deswegen weitere Gliederungsmerkmale einführen müssen: regionale und vor allem soziologische.
Daß die Religion Israels regional differenziert betrachtet werden muß, ist in der Forschung weitgehend akzeptiert: Zu deutlich sind die Unterschiede zwischen den religiösen Traditionen des Nordens und des Südens, zu markant heben sich die kultischen und theologischen Konzeptionen bestimmter Heiligtümer, etwa Jerusalems oder Bethels, voneinander ab. Zumindest für die vorexilische Zeit werden wir darum mit regional recht unterschiedlichen Ausformungen der Jahwereligion durch die Priesterschaften der verschiedenen Heiligtümer zu rechnen haben, auch wenn diese Unterschiede in den Texten aus theologischem Interesse exilischer Reformgruppen weitgehend eingeebnet und aus der Perspektive des Südens polemisch verzerrt worden sind.

Weniger akzeptiert ist die Einführung soziologischer Differenzierungskriterien in die Darstellung der Religionsgeschichte Israels. Das hat mehrfache Gründe: Zum einen steckt die Erforschung der Sozialgeschichte Israels und damit unsere Kenntnis innerisraelitischer Gruppierungen und Auseinandersetzungen noch immer in den Anfängen, zum anderen kamen religionssoziologische Modelle in der religionsgeschichtlichen Erforschung des alten Israel bisher nur selten zum Zuge.[1] Dazu muß man berücksichtigen, daß die allgemeine religionssoziologische Theoriebildung in der Vergangenheit weitgehend nur an der gesamtgesellschaftlichen Funktion von Religion interessiert war[2] und sich darum nur bedingt als soziologischer Schlüssel für die beobachtete Vielfalt religiöser Traditionen im Alten Testament eignete. Immerhin sind auch hier in neuester Zeit Ansatzpunkte für eine innergesellschaftliche Differenzierung von Religion aufgetaucht: so etwa wenn Th. Luckmann zwischen einer tief im Anthropologischen verankerten *invisible religion* und der geschichtlich gewachsenen institutionalisierten Religion unterscheidet[3] oder wenn H. Mol erkennt, daß beim religiösen Prozeß der Schaffung und Sicherung von Identität durch Sakralisierung zwischen verschiedenen *foci of identity* – er nennt: Individuum, Gruppe, Gesellschaft – differenziert werden muß, die durchaus in Spannung zueinander treten können.[4]
Auch im alten Israel lassen sich zumindest zwei «Brennpunkte der Identität» erkennen: die Familie (das von der Familie abgelöste Individuum gab es noch nicht) und das Volk (die Gesamtgesellschaft). Wie ich an anderer Stelle gezeigt habe[5], lassen sich diesen «Brennpunkten» zwei unterschiedliche Schichten der

israelitischen Religion zuordnen: das Hauptstratum der «offiziellen Religion», funktional bezogen auf die Großgruppe des Volkes, und das Substratum der «persönlichen Frömmigkeit», bezogen auf den einzelnen in der Kleingruppe der Familie. Beide Schichten stehen durchaus in einer geschichtlich sich wandelnden Beziehung zueinander, unterscheiden sich aber hinsichtlich ihres Inhalts, ihrer Funktion und des Ausmaßes ihrer Institutionalisierung. Im einzelnen wird dies im folgenden darzustellen sein. Ganz allgemein soll hier nur angedeutet werden: Die religiöse Symbolwelt der persönlichen Frömmigkeit orientiert sich an familiären Erfahrungen, insbesondere der Vater/Mutter-Kind-Beziehung, während für die offizielle Jahwereligion vor allem politische Erfahrungen, z. B. die Erfahrung der politischen Befreiung, symbolbildend sind.[6] Funktional ist die persönliche Frömmigkeit primär stabilisierend und integrierend, während der offiziellen Jahwereligion immer auch ein stark dynamisches und dysfunktionales Element innewohnt. Und die offizielle Jahwereligion ist in weit höherem Ausmaß ritualisiert und institutionalisiert als die in den Familien lebendige Frömmigkeit.

Wir werden also in der religionsgeschichtlichen Darstellung grundsätzlich diese beiden Ebenen der israelitischen Religion zu berücksichtigen haben. Möglicherweise kann man noch eine dritte Ebene unterscheiden, die Ortsebene, die zwischen Familien- und Volksebene angesiedelt ist. An dieser Stelle verbinden sich regionale und soziologische Differenzierungsmerkmale.

Das Hauptstratum der auf das Volk bezogenen «offiziellen Religion» ist nun aber wiederum keine monolithische Einheit, genausowenig wie die israelitische Gesellschaft eine solche Einheit bildete. Neben die Funktionsträger der religiösen und politischen Institutionen, die Priesterschaften der verschiedenen Heiligtümer, die Ältesten und das Königshaus, die ihrerseits schon recht unterschiedliche Konzeptionen dessen entwickelten, was als «offizielle Religion» zu gelten habe, traten religiöse und politische Oppositions- und Reformgruppen wie die Propheten oder Deuteronomiker, die den vorgefundenen Ausprägungen der offiziellen Jahwereligion die Legitimation absprachen und ganz neue theologische und kultpolitische Konzeptionen entwikkelten. Das heißt aber: Es war unter den verschiedenen gesellschaftlichen Gruppen in Israel durchaus strittig, welche Ausprägung der symbolischen Sinnwelt geeignet war, die Identität und das Überleben des Volkes als ganzes zu sichern. Die gesellschaftlichen Auseinandersetzungen spiegeln sich im Streit um die angemessene «offizielle Religion», und die Etablierung und Durchsetzung neuer religionspolitischer und theologischer Konzeptionen setzt gesellschaftliche Änderungen in Gang. Im Verlauf dieser Auseinandersetzungen kann es zu erheblichen Verschiebungen innerhalb der offiziellen Religion kommen: Was einmal die Alternativkonzeption weniger Außenseiter war, wie die Verkündigung der Gerichtspropheten, kann später, wie dann seit dem Exil, zu einem der Grundpfeiler der Gesamtgemeinschaft werden, während eine zuvor so beherrschende offizielle Tradition wie die Königstheologie mit dem Untergang dieser Institution fast ganz abbricht.

Die Religionsgeschichte Israels hat solche Veränderungen und Verschiebungen aufzudecken und in Korrelation mit Veränderungen in der israelitischen Gesellschaft zu setzen.

Zur geschichtlichen und sozialgeschichtlichen Ausrichtung dieses Entwurfs einer Religionsgeschichte Israels kommt schließlich noch die religionsvergleichende Perspektive: Israel, das als ein Spätling die Bühne des Vorderen Orients betrat, fand kein religiöses Vakuum vor, in dem es die religiöse Symbolwelt von Grund auf neu hätte schaffen müssen, sondern traf auf einen Raum, in dem alle Lebensvorgänge längst von religiösen Deutungsmustern besetzt waren. Israel hat am religiösen Erbe der sehr viel älteren Kulturen, Völker und Staaten des Vorderen Orients Anteil, es gibt nur ganz wenige Einzelelemente, die einzigartig sind, zu fast allen lassen sich Parallelen aus der Umwelt beibringen, sei es nun zu den Gebeten, den Opferbräuchen oder zur Königstheologie. Nicht die einzelnen Elemente, sondern das Gesamtgefüge machen die Besonderheit der Religion Israels aus. Das heißt aber, der Prozeß der Auseinandersetzung zwischen konkurrierenden religiösen Konzeptionen läuft nicht nur innerisraelitisch, sondern bezieht auch viele der religiösen Konzeptionen der Nachbarvölker mit ein, ohne daß die Grenze zwischen innen und außen klar gezogen werden kann. In dem Prozeß von Aufnahme, Adaption und Ausgrenzung kommt es vielmehr immer wieder vor, daß Elemente, die jahrhundertelang als zur eigenen Religion gehörig betrachtet wurden, plötzlich von einer Gruppe als außerisraelitisch denunziert, bekämpft und schließlich ausgeschieden werden. Es wird sich zeigen, daß auf der Ebene der persönlichen Frömmigkeit die Gemeinsamkeiten mit der vorderorientalischen Umwelt sehr viel größer sind als auf der Ebene der offiziellen Religion.

Eine Religionsgeschichte Israels wird diese Verbindungen und Abgrenzungen zur vorderorientalischen Umwelt aufzudecken versuchen, aber auch aufzeigen, wo unabhängige parallele Entwicklungen vorliegen oder aber in den benachbarten Religionen alternative Möglichkeiten realisiert worden sind. Sie wird dabei die Frage zu stellen haben, wieweit dieser Adaptions- und Ausscheidungsprozeß rein zufällig ist oder wieweit darin eine Tendenz erkennbar wird, die in der besonderen Geschichte, Sozial- und Religionsgeschichte Israels gründet.

Damit deutet sich das Problem der Beurteilungsmaßstäbe an, die der Verfasser einer Religionsgeschichte Israels seiner Darstellung zugrunde legt. Auch wenn dieser Theologe ist und nicht davon absehen kann, daß die Religion Israels der Vorläufer zweier bestehender Weltreligionen ist, des Judentums und des Christentums, so hat er doch kein unmittelbares normatives Interesse. Eine Religionsgeschichte Israels soll und kann den Wahrheitsanspruch der Bibel weder beweisen noch die Überlegenheit und Unvergleichlichkeit «des Glaubens Israels» nachweisen. Dennoch kommt auch der Religionshistoriker nicht ganz ohne Beurteilungsmaßstäbe aus, soll seine Rekonstruktion nicht völlig diffus bleiben. Aber er wird versuchen müssen, diese Maßstäbe aus dem religiösen Diskurs, den er darzustellen hat, selbst zu gewinnen. Ich betrachte die Religionsgeschichte Israels als ein historisches Modell, wie einzelne und Gruppen von ihren religiösen Erfahrungen, symbolischen Deutungsmustern und Traditionen her den Herausforderungen ihrer Geschichte gerecht geworden sind. Ich nehme mit viel Verständnis und kritischer Sympathie an den damaligen Auseinandersetzungen um die angemessene Antwort teil, ohne aber jede Position entschuldigen zu wollen. Offensichtliche Fehlentwicklungen müssen als solche benannt werden. Nur so kann die Ernsthaftigkeit des religiösen Erlebens und theologischen Ringens der damaligen israelitischen Menschen heute wieder lebendig werden.

Die Religionsgeschichte der vorstaatlichen Zeit

Keine Phase der israelitischen Religionsgeschichte ist mit so vielen Unsicherheiten belastet wie die vorstaatliche Epoche (von ca. 1250 bis 1000 v. Chr.). Das liegt nicht etwa daran, daß für diese Zeit keine Quellen zur Verfügung stünden, eher das Gegenteil ist der Fall: Die Tradenten des Alten Testaments haben für diese Epoche einen so gewaltigen Berg von Überlieferungsmaterial angehäuft wie für keine andere Epoche der Geschichte Israels. Die Frage ist nur, welcher religionsgeschichtliche Quellenwert ihm zukommt.

Die Sicht, die das monumentale Werk des Pentateuch (5 Bücher Mose) über die Anfänge der Religion Israels vermitteln will, ist grob folgende: Die Religion Israels begann mit einer Verheißung Jahwes an Mose, Israel aus der Fron Ägyptens zu befreien und nach Palästina zu führen. Sie wurde konsolidiert durch eine Offenbarung Jahwes am Sinai, in der er Israel alle Gebote und Gesetze gab, den Kult installierte und einen Bund mit Israel schloß. Und sie kam zum Ziel, indem Jahwe seinem Volk das verheißene Land schenkte. Bei allen Differenzen im einzelnen waren sich die Theologengruppen, welche dieses großangelegte Kompromißwerk des Pentateuch gestalteten, darüber einig, daß alle wesentlichen Elemente der Religion Israels schon in der Frühzeit vor der Einwanderung Israels nach Palästina ausgebildet worden seien.

Was ist von dieser Sicht zu halten? Sie hat in der Vergangenheit häufig die religionsgeschichtlichen Darstellungen beeinflußt, etwa wenn man die Religion Israels als Stifterreligion beschrieb[7] – wegen der prominenten Rolle, die Mose in der jetzigen Tradition zukommt – oder wenn man – trotz aller kritischen Distanzierung – die Religionsgeschichte Israels als Dreischritt von mosaischer Religion, kanaanäischem Synkretismus und gereinigter prophetischer Religion darstellte.[8]

Neue Einsichten der Pentateuchkritik machen jedoch deutlich: Die im Pentateuch propagierte Konzeption der Frühzeit Israels stammt in der vorliegenden Form erst aus der frühen nachexilischen Zeit, d. h. zwischen ihr und den realen religionsgeschichtlichen Abläufen liegt ein Zeitraum von gut 800 Jahren. Sie beruht auf der theologischen Konzeption, daß die Heilszeit Israels die Wüstenzeit gewesen sei, während mit der Seßhaftwerdung in Kanaan der Abfall von Jahwe begonnen habe, der schließlich zum Exil führte.

Diese Konzeption ist aber einigermaßen sicher überhaupt erst seit dem Propheten Hosea, d. h. seit dem ausgehenden 8. Jahrhundert belegt und wird dann von den deuteronomischen Reformtheologen des 7. Jahrhunderts breit ausgearbeitet. Ihr Interesse war eindeutig: Sie wollten mit der Konstruktion einer idealen Frühzeit vor Seßhaftwerdung und Staatenbildung den gegenwärtigen kultischen, kulturellen und politischen Zuständen ihre religiöse Legitimation entziehen, sie als Fehlentwicklung aufdecken und die Basis für eine neue religiöse Identität in Abgrenzung von der kulturellen und politischen Umwelt Israels schaffen. Erst aufgrund dieser Konzeption wurde alles, was spätvorexilische, exilische und nachexilische Reformgruppen als unverzichtbar für die religiöse Identität Israels hielten, in der Frühzeit Israels verankert. Dies ist der Grund für die vorliegende Akkumulation des Traditionsmaterials im Pentateuch, die in dieser Form ganz sicher kein zutreffendes Bild der religionsgeschichtlichen Entwicklung vermittelt.

Dennoch ist es kaum möglich, die im Pentateuch projektierte Sicht der Anfänge der Religion Israels insgesamt als eine theologische Fiktion späterer Utopisten anzusehen. Wenn der Prophet Hosea seinen Zeitgenossen Jahwe als «ihren Gott von Ägypten her» (12,10; 13,4) entfremdet, ihre gesamte gegenwärtige kultische und kulturelle Existenz als Abfall von der «wahren» Jahwereligion brandmarkt und nach 250 Jahren staatlicher Geschichte die Einrichtung des Königtums als Ausdruck des Zorns Gottes desavouiert, um statt dessen die anarchische Wüstenexistenz als die Idealzeit der Religionsgeschichte Israels zu propagieren, in die seine Zeitgenossen wieder zurück müßten, um ihre Identität wiederzufinden, dann kann eine solche provozierende Sicht nicht völlig aus der Luft gegriffen sein. Sie muß einen Anhalt in den religiösen Traditionen des Volkes haben, die zuvor vielleicht nicht diese Bedeutung hatten, aber doch zumindest untergründig vorhanden waren. Vor allem das erhebliche antiherrschaftliche Potential, das der Jahwereligion innewohnt und das schon in der Gesellschaftsordnung der vorstaatlichen Zeit und den Oppositionsbewegungen der frühen Königszeit gesellschaftlich wirksam wird, verlangt nach einer Erklärung aus dem Verlauf der Religionsgeschichte Israels. Sie scheint mir in der Besonderheit gegeben, daß Israel, anders als die übrigen Kulturvölker des Vorderen Orients, seine Religion zu einem wesentlichen Teil nicht unter den Bedingungen der Staatlichkeit und der Ackerbaukultur ausgebildet hat, sondern in der Ausnahmesituation eines revolutionären Befreiungsprozesses und unter den extremen Lebensbedingungen der Wüste. Die immer wieder hervorbrechenden gesellschaftlich dysfunktionalen Elemente der israelitischen Religion haben in den besonderen Entwicklungen der vorstaatlichen Epoche ihren Grund.

Damit hängt auch die Besonderheit zusammen, daß im Alten

Testament überhaupt ein geschichtlicher Anfang der Religion Israels festgehalten wird. Während nach sumerischer Tradition das Königtum gleich nach der Menschenschöpfung vom Himmel herabsteigt und die Städte Mesopotamiens noch vor der Flut gegründet und ihren Stadtgöttern übergeben werden und nach babylonischer Tradition die Weltschöpfung direkt auf die Gründung des Marduktempels Esagila zuläuft, hat die israelitische Tradition nicht den Versuch gemacht, den Beginn der eigenen Religion in die Urzeit zurückzuverlegen und die politischen, kulturellen und kultischen Institutionen mythologisch zu verankern. In dieser im Rahmen der vorderorientalischen Religionsgeschichte überraschenden geschichtlichen Fixierung der «heiligen Gründungsgeschichte» wird nochmals die Distanz sichtbar, in welcher die späteren Tradenten ihre eigene Religion zur festgefügten staatlichen und kulturellen Ordnung sahen.

Unter religionsgeschichtlicher Perspektive ist ein solcher behaupteter Anfang ein Problem. Geschichtlich gibt es keine absoluten Anfänge; keine der uns bekannten Religionen fand eine religiöse tabula rasa vor, sondern baute auf älteren Religionsgeschichten auf. Das gilt für das Christentum, für den Buddhismus und den Islam, und das gilt natürlich auch für die israelitische Religion. Von den noch erkennbaren Vorstufen der Jahweverehrung soll später noch die Rede sein. Hier gilt es, sich erst einmal mit der Sicht der Tradenten des Pentateuch auseinanderzusetzen, daß die Religion Israels in der Religion der Erzväter eine Vorstufe gehabt habe.

Die Religion nomadischer Kleingruppen («Väterreligion»)

In der Erzählung von der Berufung des Mose (Ex 3 f.) wird betont, daß der Gott Jahwe, der sich Mose im Dornbusch offenbart, kein anderer gewesen ist als der Gott, den schon die Väter Abraham, Isaak und Jakob verehrt haben (3,6.13.15). Nach dieser Version wird die Jahwereligion einfach nach vorne hin verlängert, Jahwe ist der Gott der Väter, wie es ja auch die Texte in Gen 12-50 weithin voraussetzen. Die Religion Israels beginnt somit eigentlich schon mit dem Befehl Jahwes an Abraham, seine mesopotamische Heimat zu verlassen. Dessen Vorväter, so fügt Jos 24,2, diese Sicht ergänzend, hinzu, dienten in Mesopotamien noch anderen Göttern.

Etwas anders stellt es die priesterliche Bearbeitungsschicht in Ex 6 dar: Danach erfolgt die Offenbarung des Jahwenamens erst an Mose; den Vätern hat sich Jahwe noch unter dem Namen El-Schaddaj offenbart (Ex 6,1 f.; Gen 17,1), der erst im nachhinein mit Jahwe identifiziert wird. Hier erscheint die Religion der Väter als eine Art Vorstufe zur «vollen» Jahwereligion Israels.

Angeregt durch diese theologischen Konzeptionen im Alten Testament selbst, hat die alttestamentliche Wissenschaft in den letzten 50 Jahren aus den Texten der Genesis eine religionsgeschichtliche Vorstufe zur Jahwereligion zu rekonstruieren versucht. Dabei meinte A. Alt u. a., diese «Väterreligion» als spezifisch nomadischen Religionstyp bestimmen zu können; er schließt z. B. aus der in den Genesistexten begegnenden Gottesbezeichnung «Gott Abrahams» bzw. «Schrecken Isaaks» oder «Gott meines/deines/seines Vaters» mit ihrem charakteristischen Bezug auf eine Menschengruppe bzw. deren Ahnherrn auf die Ortsungebundenheit dieser Götter im Unterschied zu den kanaanäischen Lokalnumina (*'elīm*).[9] Diese Hypothese A. Alts, die von anderen z. T. modifiziert und z. T. noch erheblich ausgebaut wurde[10], hat dazu geführt, daß sich in den neueren Religionsgeschichten Israels Abschnitte über die «Väterreligion» als nomadische Vorstufe der Jahwereligion finden, die einer wie auch immer zu datierenden «Väterzeit» vor dem Prozeß der Ansiedlung Israels in Palästina zugerechnet wird.[11]

Doch läßt sich diese Sicht aus mancherlei Gründen so nicht mehr halten: Die Vätergottbezeichnung verweist mitnichten auf einen nomadischen Religionstyp, sondern ist auch aus seßhaften Kulturen belegt.[12] Die Vorväter werden uns in der Genesis zwar – wenn auch nicht konsequent – als Kleinviehzucht treibende Nomaden vorgestellt, doch sind spezifisch nomadische religiöse Vorgänge aus den Texten kaum noch zu erkennen. Schließlich ist durch die neuesten Entwicklungen in der Pentateuchkritik generell fraglich geworden, ob die Vätertraditionen der Genesis überhaupt in eine so frühe Vorzeit zurückreichen und die in ihnen enthaltenen religiösen Elemente mehr sind als eine Rückprojektion späterer Zeiten.[13]

Es läßt sich heute mit einiger Sicherheit aufgrund unserer archäologischen Kenntnisse sagen, daß das kulturgeschichtliche Milieu Palästinas, das die Vätererzählungen Gen 12-50 voraussetzen, nicht über die Verhältnisse der Eisen-I-Zeit (ab 1200 v. Chr.) zurückreicht, d. h. frühestens in eine Zeit weist, in der auch die israelitischen Stämme im Lande siedelten. Die Einordnung der Väter in eine «Zeit» vor dem Exodus ist Folge einer nachträglichen Systematisierung unterschiedlicher Gründungstraditionen. Es läßt sich weiter aufgrund ethnologischen Vergleichsmaterials sagen, daß die Konzeption, die Herkunft der eigenen Gruppe genealogisch auf Ahnväter zurückzuführen, tribalen Gesellschaften entspringt; das bereits relativ entwickelte genealogische System der Vätergeschichte setzt dabei schon die stammesgeschichtlichen Verhältnisse Israels der späten vorstaatlichen Zeit bzw. der frühen Königszeit voraus. Und schließlich läßt sich aufgrund überlieferungsgeschichtlicher Analysen sagen, daß die ersten Erzählkompositionen in Gen 12-50 aus der frühen Königszeit stammen, was nicht ausschließt, daß einzelne Erzählungen und Erzählmotive in die vorstaatliche Zeit zurückreichen.

Doch gerade wenn man erkennt, daß selbst die frühen Vätererzählungen schon aus einer Zeit stammen, in der es eine entwikkelte Jahwereligion Israels gab, verlangt der Tatbestand, daß sich die religiöse Sinnwelt, welche die Tradenten der Genesis für ihre Ahnväter entwarfen, deutlich von der Symbolwelt der Jahwereligion unterscheidet, eine religionswissenschaftliche Erklärung.

Wie ich an anderer Stelle ausgeführt habe, hängt dieser Unterschied mit einer soziologischen Differenz zusammen: Die Jahwereligion ist von Hause aus funktional auf die Großgruppe des Stammes, des Stammesverbandes oder dann des Volkes bezogen, während die Tradenten der Genesis entsprechend der genealogischen Fiktion, daß das Volk aus den Familien der Ahnväter herausgewachsen sei, von der Kleingruppe der Familie und der auf sie bezogenen Religiosität erzählen wollen. Die Vätergeschichte Gen 12-50 erzählt von den Anfängen des Volkes

Israel unter dem Aspekt der Familiengeschichte, und so kommen hier gehäuft solche religiösen Erlebnismuster und Deutungsschemata zum Tragen, die in der Familie üblich und heimisch waren. Die «Väterreligion» läßt sich somit weithin als eine Form der persönlichen Frömmigkeit verstehen, als eine typisch familiäre Frömmigkeit, wie sie sich auch aus anderen Texten nachweisen läßt. Dabei wird man vermuten dürfen, daß sich die Tradenten bei dem, was sie von religiösen Vorgängen und Inhalten in den Familien ihrer Ahnväter erzählen, zunächst einmal an dem orientierten, was sie an familiärer Frömmigkeit aus ihrer Zeit kannten und für wichtig erachteten, es ist aber durchaus anzunehmen, daß sie auch noch über zutreffende Kenntnisse darüber verfügten, was für die Familien der vorstaatlichen Zeit typisch war. Die «Väterreligion» ist somit nicht als Vorstufe, sondern als Substratum der Jahwereligion zu bestimmen. Vorstufe ist diese Schicht familiärer Religiosität nur insofern, als sie sich in erstaunlicher Ähnlichkeit auch in anderen vorderorientalischen Religionen nachweisen läßt, in der sumerisch-babylonischen Religion hinab bis spätestens in das beginnende 2. Jahrtausend. Typologisch ist dies familiäre religiöse Stratum sehr viel älter als die spezielle israelitische Religionsgeschichte; es ist die Basis, auf der auch die Jahwereligion Israels aufbaut.

Familiäre Gottesbezeichnung und familiäre Gottesvorstellung

Die Ahnväter Israels werden in Gen 12-50 als patriarchalisch organisierte Familienverbände (*bēt 'āb* «Vaterhaus») vorgestellt, die im palästinischen Bergland und dessen südlichen ariden Randzonen zum Teil nomadische Viehzucht (Gen 26,19ff.; 37,12ff.), zum Teil aber auch stationären Ackerbau betreiben (Gen 26,12f.). Sie wirtschaften weitgehend eigenständig und sind nur locker in ein übergreifendes Verwandtschaftssystem (*mišpāḥā* «Sippe») einbezogen. Mag auch die Isolierung, in der sich die Väterfamilien durch Palästina bewegen, teilweise der fiktionalen genealogischen Ursprungskonzeption entspringen, so vermittelt sie doch insofern ein durchaus zutreffendes Bild der sozialen Realität dieser Epoche, als familienübergreifende politische Strukturen zumindest in der frühen vorstaatlichen Zeit erst schwach entwickelt waren. Die Familie ist in dieser Frühzeit, stärker noch als in den späteren Epochen, die tragende Wirtschafts- und Lebenseinheit unter der Hirten- und Bauernbevölkerung des Berglandes.

So darf man es ebenfalls als ein zutreffendes Bild ansehen, wenn die Familie in der frühen vorstaatlichen Zeit auch als der bestimmende Träger der Religion geschildert wird: Der Vater ist noch Priester (Gen 13,18; 35,7), der Kult ist noch weitgehend Familienkult, und die religiösen Erfahrungen und Vorstellungen sind primär vom Horizont und den Bedürfnissen familiären Lebens bestimmt.

Dies zeigt sich schon an der Gottesvorstellung: Der in der Familie verehrte Gott gilt als Gott des Vaters bzw. des Vorvaters. Es tauchen in der älteren Genesisüberlieferung gehäuft drei verschiedene Typen diesbezüglicher Gottesbezeichnungen auf: «Gott meines/deines/eures Vaters» (Gen 31,5.42.29; 49,25; 50,17), «Gott Abrahams/Nahors» (Gen 31,42.53) und die altertümlich klingende «*paḥad* seines Vaters» bzw. «*paḥad* Isaaks» (Gen 31,53.42), wobei *paḥad* nicht sicher deutbar ist und vielleicht Gott als «numinosen Schrecken» bezeichnet. Hinzu kommen Belege aus späteren redaktionellen Schichten (Gen 26,24; 28,13; 32,10; 46,1.3). A. Alt hatte von diesen Gottesbezeichnungen auf einen nomadischen Religionstyp schließen wollen, doch weisen die inzwischen angewachsenen Parallelen aus der vorderorientalischen Umwelt eindeutig auf seßhafte Kulturen; es handelt sich vielmehr um eine typisch familiäre Gottesvorstellung, die im Vorderen Orient seit Mitte des 3. Jahrtausends (Ebla) bezeugt ist. Auch wenn diese Gottesvorstellung in Israel später noch begegnet (Ex 15,2; 18,4) und besonders in der davidischen Königsfamilie eine Rolle gespielt zu haben scheint (2. Kön 20,5; 1. Chr 28,9; 2. Chr 17,4; 32,17; 34,3), so ist sie doch so fest in der älteren, spätestens aus der frühen bzw. mittleren Königszeit stammenden Überlieferung verankert, daß sie als ein typischer Ausdruck familiärer Religiosität der vorstaatlichen Zeit angesehen werden kann. Am besten bezeugt und am ursprünglichsten ist dabei der persönliche Bezeichnungstyp «Gott meines Vaters» o. ä., während vom unpersönlichen Typ «Gott des NN» in der älteren Überlieferung nur da die Rede ist, wo der Gott der einen Familie von dem einer anderen unterschieden wird (Gen 31,53a, abhängig davon V.42). Damit gehört aber der Vatergott zum Typ des persönlichen Gottes («mein Gott» u. ä.), der späterhin für die Frömmigkeit in den israelitischen Familien charakteristisch ist. Nur läuft der persönliche Bezug beim «Gott meines Vaters» ausdrücklich über den Vater bzw. den Vorvater der Familie, er wurde von der gegenwärtig lebenden Generation vom Vater oder den Generationen der Vorväter übernommen wie viele Kenntnisse und Fertigkeiten auch, seine bzw. ihre religiösen Erfahrungen mit ihm stiften auch für die Nachfahren die Vertrauensbeziehung zu ihm. Die Gottesbeziehung selbst ist somit Teil des innerfamiliären Traditionsprozesses.

Aus den religionsgeschichtlichen Vergleichstexten zeigt sich, daß die Vatergottbezeichnung Appellativ ist und die Familiengötter durchaus Namen tragen (Amurru oder Ilabrat in den altassyrischen Briefen). In den jetzigen Genesistexten wird Jahwe als Vatergott angesehen. Es gibt aber einige Hinweise darauf, daß dies in der frühen vorstaatlichen Zeit noch nicht der Fall war: Die Ahnväter werden mit einer Reihe von El-Gottheiten in Verbindung gebracht, so mit El-Eljon in Jerusalem (Gen 14,19.22), El-Bethel in Bethel (Gen 31,13; 35,7 vgl. 29,10ff.), El, der Gott Israels in Sichem (Gen 33,20), El-Olam in Beerscheba (Gen 21,33) und einem El-Ro'i im Negeb (Gen 16,13), die sich zumindest teilweise – El-Eljon, El-Bethel, El-Olam – als lokale Ausprägung des großen Himmelsgottes El verstehen lassen, der in Ugarit an der Spitze des Pantheons steht. In der Konzeption der Priesterschrift haben die Väter Jahwe unter dem Namen El-Schaddaj verehrt (Gen 17,1; 28,3; 35,11; 48,3; Ex 6,3), und es begegnen in der Vätergeschichte keine Jahwe-, wohl aber elhaltige Eigennamen (z. B. *Jišma''el*). Die einzelnen Tatbestände sind recht unterschiedlich zu bewerten. So weisen z. B. der El-Bethel und der El, der Gott Israels, sehr wahrscheinlich, der El-Eljon mit Sicherheit auf spätere religionsgeschichtliche Entwicklungen (s. u. S. 304ff, 325ff). Dennoch machen sie – besonders die doch wohl kaum völlig frei erfundene Sicht der Priesterschrift – es wahrscheinlich, daß in den frühen vorstaatlichen israelitischen Familien verschiedene regionale

Ausformungen des Gottes El als Familiengötter verehrt worden sind. Darauf weist auch die Parallelisierung von Vatergott und ‹El›-Šaddaj in Gen 49,25. Besonders Šaddaj, der auch als theophores Element in drei alten Eigennamen begegnet (*Ṣūri-Šaddaj*, *ʿAmmi-Šaddaj*, *Šedē-ʾŪr* Nu 1,5-16; vgl. auch Nu 24,4.16), könnte ein Name dieser frühen Familiengötter gewesen sein. Seine Bedeutung ist umstritten; da *šadu* in verschiedenen vorderorientalischen Onomastika als theophores Element auftaucht, sollte man vielleicht doch trotz entgegenstehender etymologischer Schwierigkeiten erwägen, ob Schaddaj nicht als erstarrtes Appellativum im Sinne von «(mein) Berg», d. h. «(mein) Schutz» aufgefaßt werden sollte. Aber ganz abgesehen von dieser Detailfrage, wichtiger ist, daß man in Israel auf der Ebene der Familie durchaus seine eigenen Götter hatte und haben konnte. Und dies ist nicht etwa nur in der frühen vorstaatlichen Zeit der Fall, als sich die Jahweverehrung auf der Ebene der Stämme noch nicht durchgesetzt hatte, sondern bleibt auch die ganze staatliche Epoche hindurch möglich (Jer 2,27). Noch in der frühen Königszeit ist es keineswegs üblich, seine Kinder mit jahwehaltigen Namen zu benennen, dies wird erst in der späten Königszeit anders (s. u. S. 313). Schon an dieser Stelle wird deutlich, die eigenständige Wirtschafts- und Lebenseinheit Familie besaß ihre eigene religiöse Symbolwelt, die keineswegs mit der der Gesamtgesellschaft identisch zu sein brauchte.

Doch wie auch immer die Götter hießen, die sich die Familien zu ihren Göttern erkoren, sie verloren auf der Ebene der familiären Frömmigkeit jede Spezifizierung. Ob die frühisraelitischen Familien El-Schaddaj oder El-Olam oder einen anderen El verehrten, dieser hatte als Familiengott mit dem großen Himmelsgott des ugaritischen Pantheons nicht viel mehr als den Namen gemein. Die kultischen, lokalen, geschichtlichen und funktionalen Differenzierungen der Götterwelt, die ein Spiegelbild der politischen und gesellschaftlichen Differenzierung sind, spielen auf der Ebene der Familie mit ihrer relativ einfachen Sozialstruktur kaum eine Rolle: Wie der Familiengott auch heißen mag, in der Familie ist er funktional auf die zentralen Lebensbedürfnisse der Kleingruppe bezogen, und die bleiben in einem hohen Ausmaß konstant. Dies Phänomen zeigt sich am deutlichsten in der familiären Personennamengebung: Die theophoren Elemente können in den Namen wechseln – hier paßt sich die Familie den sich wandelnden religionsgeschichtlichen Gegebenheiten ihrer Umgebung an –, die Prädikate jedoch, die aussagen, was man von Gott erfuhr, bleiben weitgehend konstant. Dies zeigt sich auf andere Weise an einer Besonderheit der Vätergeschichte: Es fehlt ihr fast jede religiöse Abgrenzung und Polemik. Nur in dem späten deuteronomistischen Text Gen 35,2ff. fordert Jakob seine Familie auf, die fremden, aus Mesopotamien mitgebrachten Götter zu beseitigen.

Angesichts dieser sonst für die spätere Jahwereligion so typischen Tendenz zur Unduldsamkeit ist aber der Tatbestand fast noch auffälliger, daß die Tradenten der Vätergeschichte die verschiedenen, ihnen überkommenen Gottesbezeichnungen ohne jede Polemik stehenlassen und sich ansonsten darauf beschränken, sie mit Jahwe zu identifizieren. Hier zeigt sich noch ein Wissen darum, daß auf der Ebene familiärer Frömmigkeit religiöse Abgrenzung kaum eine Rolle spielt, weil das, was hier von verschiedenen Göttern erwartet und erfahren wird, sowieso mehr oder weniger identisch ist. Der stark funktional bestimmte Gottesbegriff auf dieser Ebene verhindert eine tiefgreifende religiöse Differenzierung. Soweit erkennbar ist, war in den frühisraelitischen Familien die Verehrung ihres Familiengottes mehr oder minder monolatrisch, aber dieser praktischen Ein-Gott-Verehrung fehlten noch völlig die Ausschließlichkeit und Unduldsamkeit, die für die Jahwereligion später so charakteristisch werden sollten.

Die auf die Familie bezogenen religiösen Vorgänge

Obgleich wir nicht damit rechnen können, daß uns die späteren Tradenten ein vollständiges Bild der frühisraelitischen Familienreligion überliefert haben, können wir doch noch eine ganze Reihe religiöser Vorgänge und Vorstellungen erkennen, die sich auf die zentralen Überlebensfragen der damaligen Familien beziehen. Ein typischer religiöser Vorgang war ganz offensichtlich die Verheißung eines Sohnes, der in den Abrahamerzählungen gleich mehrfach belegt ist (Gen 18,1-16; 16; vgl. 15,1-6; 17,15ff.). Für die Wirtschaftseinheit Familie war es von entscheidender Bedeutung, daß Kinder – und d. h. bei der patriarchalischen Rechtsform der Familie vor allem Söhne – geboren wurden. Sie waren nicht nur nötig als Arbeitskräfte, um den familiären Wirtschaftsbetrieb in Gang zu halten, sondern Sicherer des Überlebens der Gruppe, die die Altersversorgung und das geordnete Begräbnis der Eltern zu übernehmen und den Betrieb in der nächsten Generation fortzuführen hatten. Bekam eine Frau keine Kinder, war damit die Identität der Familie aufs äußerste bedroht. Das antike vorderorientalische Eherecht versuchte, für diese Zwangslage Abhilfe zu schaffen, indem es verschiedene Formen der Polygamie und der stellvertretenden Geburt zuließ, was aber offensichtlich nicht selten zu schweren Familienkonflikten unter den Frauen führte (Gen 16,1-6; 21,5ff.; 29,31ff.; 1. Sam 1,2-8). Diese typisch familiäre Notsituation war zwar keineswegs auf die vorstaatliche Zeit beschränkt, auch in späteren Epochen sind noch die Klage der kinderlosen Frau (1. Sam 1; Jes 54,1-6) und die Sohnesverheißung belegt (Ri 13; 1. Sam 1; 2. Kön 4,8-17), aber sie war in dieser Zeit ganz besonders virulent, weil hier die familienübergreifenden gesellschaftlichen Strukturen nur schwach ausgebildet waren. So verwundert es nicht, daß in den frühisraelitischen Familien besonders an diesem neuralgischen Punkt das rettende Eingreifen ihres Gottes erwartet und erfahren wurde.

Am Vorgang «Verheißung eines Sohnes» läßt sich nun gleich eine ganze Reihe von Eigentümlichkeiten der familiären Frömmigkeit erkennen: Die Verheißung ist häufig mit einer spezifischen Form der Gotteserscheinung verbunden: sie ergeht durch einen Boten Gottes (*malʾak jhwh* vgl. Gen 16,7.11; Ri 13,3ff.); gemeint sind damit Menschen, häufig Fremde, die sich erst im nachhinein dadurch, daß das, was sie gesagt haben, Bedeutung gewinnt, als Beauftragte Gottes erweisen. Es handelt sich um eine außerkultische Gotteserscheinung, die sich von den exzeptionellen kultischen Theophanien deutlich unterscheidet (Gen 28,10ff.; Ex 19). Typisch für die familiäre Frömmigkeit ist die Ansicht, daß man Gott in der alltäglichen menschlichen Begegnung treffen kann. Damit hängt zusammen, daß die Sohnesverheißung nicht an einen institutionalisierten Mittler gebunden ist.

Anders als die an das Volk gerichteten Verheißungen ist der zeitliche Bogen, den die Sohnesverheißung überspannt, sehr klein; er reicht gerade über ein Jahr (Gen 18,10.14; 2. Kön 4,16) und ist damit direkt auf einen Lebenszyklus in der Familie, die Schwangerschaftsperiode der Frau, bezogen. Die Frau ist auch der ursprüngliche Adressat der Verheißung (Gen 16,11; 18,9f.; Ri 13,3f.; 2. Kön 4,16), d. h., es handelt sich bei der Sohnesverheißung um eine typisch weibliche religiöse Erfahrung. Wenn man bedenkt, daß die Frau in Israel vom offiziellen Kult weitgehend ausgeschlossen war, dann ist um so erstaunlicher, welche zentrale Rolle ihrer religiösen Erlebniswelt in der Familienreligion zukam.

Schließlich zeichnet sich die Sohnesverheißung dadurch aus, daß sie ohne jede Bedingung ergeht. Wichtig ist allein, daß ein Nachkomme geboren wird, die moralische Qualität der Frau ist demgegenüber völlig gleichgültig (vgl. Gen 16,7ff.). An dieser Stelle wird eine Besonderheit der familiären Frömmigkeit sichtbar, die sich auch anderswo zeigt: Der Familiengott sorgt für das Überleben der Familien ganz unabhängig von dem moralischen Verhalten ihrer Mitglieder (vgl. Gen 12,10-20). Die Unbedingtheit göttlichen Handelns korrespondiert mit der hochgradigen Gefährdung, der die Familien – vor allem in der Frühzeit – ausgeliefert waren.

Neben dem wichtigen Komplex Sohnesverheißung zeigt sich die unbedingte Fürsorge, die der Familiengott seiner Gruppe angedeihen ließ, weniger deutlich noch an einigen anderen Stellen: Er rettet kleine Kinder aus verschiedenen Bedrohungen: so vor der Bedrohung des Verdurstens (Gen 21,16ff.) oder vor der Bedrohung durch den Brauch des Kinderopfers (Gen 22), er steht ihnen in den Gefahren der Kindersterblichkeit bei (Gen 21,20). Er rettet die Frau vor den sexuellen Übergriffen fremder Machthaber (Gen 12,10-20). Auch wenn nicht in jedem Fall sicher ist, wieweit hier typische Gefährdungssituationen der frühisraelitischen Familien vorliegen, so wird doch deutlich, wie stark in dieser Religiosität das göttliche Handeln auf Nöte und Bedürfnisse der Familie bezogen wird.

Die auf die nomadische Lebensform bezogenen religiösen Vorgänge

In der Vergangenheit ist die «Väterreligion» durchweg als nomadischer Religionstyp bestimmt worden (A. Alt), und im Anschluß daran meinte sogar eine Reihe von Forschern, in der Auseinandersetzung zwischen der Religion der Nomaden und der Religion der Seßhaften ein strukturelles Grundmuster der Religionsgeschichte Israels greifen zu können (z. B. V. Maag).[14] Doch beides läßt sich nicht halten. Neuere Forschungen zu gegenwärtigen und antiken Kleinviehnomaden haben gezeigt, daß diese in enger Symbiose mit der Bauernbevölkerung leben und lebten und zahlreiche Übergänge zwischen beiden Lebens- und Wirtschaftsformen möglich sind. Aus den Texten des antiken Mari (ca. 1800 v. Chr.) ist z. B. belegt, daß ein und dieselbe Sippe z. T. Ackerbau und z. T. nomadische Viehzucht betrieb. So ist schon aus ethnologischer und soziologischer Sicht eine kulturelle und religiöse Opposition von Nomaden und Seßhaften ganz unwahrscheinlich. Für das vorstaatliche Israel läßt sich eine Opposition zwischen der Bauern- und Hirtenbevölkerung der Gebirgsregionen auf der einen Seite und den Stadtstaaten der Ebene auf der anderen Seite nachweisen, aber keine zwischen Bauern und Nomaden. Dem entspricht es, daß die Tradenten der Vätergeschichte die Ahnväter Israels zwar überwiegend als Kleinviehnomaden darstellen, aber in sich keineswegs stimmig und keineswegs konsequent: Die Väter besaßen ihrer Meinung nach auch Großvieh *(bāqār)*, das eindeutig zur bäuerlichen Wirtschaftsform gehört (Gen 12,16; 13,5; 18,7; 26,14), und der Ahnvater Isaak betrieb nach ihrer Meinung sogar mit großem Erfolg Ackerbau (Gen 26,12f.), bevor er wieder in eine nomadische Lebensform abgedrängt wurde. Das heißt aber: Beide Wirtschaftsformen lagen für die Tradenten eng beieinander, und es gibt keinen Anlaß, dies als Anachronismus anzuzweifeln.

Ja, man muß sagen, daß die Tradenten nomadischen Lebensbedingungen offenbar schon relativ fern standen. Sieht man genauer hin, dann werden in Gen 12-50 nur relativ selten echte nomadische Lebensverhältnisse geschildert (Gen 13,5ff.; 26,19ff.; 37,12ff.). Und das gleiche gilt auch für die Religion. Spezifische religiöse Vorgänge, die sich auf die nomadische Lebens- und Wirtschaftsform frühisraelitischer Familien beziehen, haben sich in Gen 12-50 kaum erhalten.

Vor allem fehlen in Gen 12-50 sichere Belege für den den nomadischen Lebensrhythmus so bestimmenden Weidewechsel (Transhumanz) und die damit ganz sicher verbundenen religiösen Begehungen. Texte, die bisher teilweise dafür in Anspruch genommen wurden (Gen 12,1ff.; 26,2f.; 46,2f.), sind redaktionelle Bildungen und haben mit Weidewechsel nichts zu tun. Nun hat allerdings L. Rost die These aufgestellt, daß das Passafest, das uns jetzt innerhalb der Exodustradition überliefert ist (Ex 12), ursprünglich eine solche religiöse Begehung des Wechsels von den Winter- auf die Sommerweiden gewesen ist.[15] Verschiedene Züge des Passaritus, der Termin im Frühjahr, das Essen in hastiger Eile, das Verbot, etwas vom geschlachteten Lamm übrigzulassen und der Blutritus zur Abwehr des Verderbers, könnten in der Tat in diese Richtung weisen. Dazu paßt, daß das Passafest trotz der späteren Verbindung mit dem bäuerlichen Fest der Gerstenernte *(maṣṣōt)*, trotz der Beziehung auf die religiösen Befreiungsstraditionen des Volkes (Ex 12) und trotz zeitweiliger Umorganisation zu einem Wallfahrtsfest in der deuteronomischen Reform (Dtn 16) ein familiäres Fest geblieben ist. Seine Funktion war ursprünglich die Abwehr dämonischer Mächte, die beim Weidewechsel Mensch und Tier gefährden konnten. Daß man sich in der Tat besonders auf der Wanderung dem Überfall von Dämonen ausgesetzt sah, zeigen Texte wie Gen 32,23-33 und Ex 4,24-26.

Ebenfalls auf die Gefahren des Weges bezogen ist in der Vätergeschichte die Vorstellung vom Mit-Sein Gottes, die sowohl in der älteren Erzählüberlieferung (Gen 28,20; 26,2.28; 31,5.42) als auch in späteren Überarbeitungen belegt ist (Gen 26,24; 28,15; 31,3; 48,21). Hier handelt es sich zwar nicht um eine speziell nomadische religiöse Erfahrung – die gleiche Vorstellung ist in Gen 21,20 in bezug auf die Gefahr der Kindersterblichkeit belegt und findet sich in späteren Texten auch in bezug auf Krankheit und andere Gefährdungen –, aber doch eine, die bei wandernden Gruppen, die sich häufig in einsamen Regionen oder in der Fremde befanden, eine besondere Rolle spielte. Nach dieser Vorstellung wird Gott als einer erfahren, der ganz nah bei einem Menschen ist, ihn begleitet auf dem Weg, ihm beisteht in Gefahr und seine Unternehmungen glücken läßt. Gott wird als eine schützende Hülle angesehen, die alle Gefahren abprallen läßt und unter der das ihm anvertraute Leben gedeiht. Typisch an diesem urtümlichen Ausdruck persönlicher Frömmigkeit ist wiederum, daß diese Nähe Gottes stets positiv erfahren und von keinerlei Bedingung abhängig gemacht wird. Sie ist einfach da oder wird unbedingt zugesagt (26,2; 28,15; 31,3). Und es fehlt ihr die numinose Gefährlichkeit kultischer Gottesnähe (Gen 28,16f.). Wieder wird hier die massiv stabilisierende Funktion sichtbar, die der Religion auf der Ebene familiärer Frömmigkeit für den einzelnen zukommt; sie ist ein Spiegelbild der hochgradigen Gefährdung, der sich die Menschen damals – auch und gerade in den nomadischen Familien – ausgesetzt sahen.

Eine typische Erfahrung gerade nomadischer Familien in der vorstaatlichen Zeit scheint es zu sein, daß ihr Gott sie vor den Übergriffen anderer, überlegener Gruppen beschützt. Das gilt einmal im Gegenüber zu anderen Nomaden (Gen 30f.), vor allem aber im Gegenüber der staatlich organisierten Kulturlandbewohner, in deren Machtbereich sie bei Dürrenot ausweichen müssen (Gen 12,10-20; Gen 26). Doch so wie die nomadischen Familien zu klein sind, um sich militärisch verteidigen zu können, so ist auch das Eingreifen ihres Gottes völlig unkriegerisch. Typisch scheint hier das in Gen 26,19ff. gezeichnete Bild zu sein: Im Streit um Brunnenrechte mit den Hirten des Stadtkönigs von Gerar muß die Isaakfamilie immer wieder ausweichen. In diesen Streit greift ihr Gott nicht ein, er sichert das Leben seiner Gruppe nur dadurch, daß er sie neue Brunnen entdecken läßt (26,22). Der Beistand Gottes wirkt sich schließlich darin aus, daß es zu einem Vertrag mit dem Stadtkönig kommt (26,28). Im Streit zwischen den Nomadengruppen Jakobs und Labans haben deren Familiengötter allein die Funktion, den Vertrag zwischen beiden zu schützen (Gen 31,53). Das heißt aber: So wie die familiären nomadischen Gruppen militärisch viel zu verwundbar sind, um sich kriegerische Auseinandersetzungen leisten zu können, so wird auch das Handeln ihres Gottes nicht in kriegerischen Aktionen erfahren, wie dies beim Stammesgott Jahwe der Fall ist. Im deutlichen Kontrast zur vorstaatlichen Jahwereligion der israelitischen Stämme ist die familiäre Frömmigkeit dieser Zeit auffallend unkriegerisch.

Auf die Wanderungen der Ahnväter ist in der Vätergeschichte schließlich auch eine Reihe kultischer Verrichtungen bezogen: Mehrfach wird von Altarbauten der Väter berichtet, nachdem sie sich an einem neuen Ort niedergelassen haben (Gen 13,18; 33,7 vgl. 12,8; 13,4; 26,24f.), daneben errichten sie Kultsteine (*maṣṣebā* Gen 28,18; 33 20 [cj]; 39,14) und pflanzen heilige Bäume (Gen 21,33). Zum Teil wird es so dargestellt, daß sie heilige Orte entdecken und somit spätere Kulte begründen (Gen 28,10-22; 33,2f.), zum Teil so, daß sie schon bestehende Kultorte aufsuchen (12,6; 21,33). Wegen des sich an dieser Stelle stark in den Vordergrund schiebenden ätiologischen Interesses der Tradenten ist der Realitätsgehalt dieser Angaben nur schwer abzuschätzen. Grundsätzlich wird man wohl mit beiden Möglichkeiten rechnen: daß sowohl die bäuerlichen als auch die nomadischen frühisraelitischen Familien in ihren Häusern bzw. bei ihren Zelten verschiedene Opferhandlungen vollzogen und daß sie heilige Stätten ihrer Region aufsuchten und dort ihre familiären Opfer darbrachten (z. B. Gelübdeopfer Gen 28,20ff.). Über Anlaß und Art dieser familiären Kultfeiern sind wir – abgesehen vom Passaritus – für die frühe vorstaatliche Zeit nicht informiert; sehr wahrscheinlich ist das Tieropfer vorauszusetzen, vielleicht in extremen Notlagen auch das Kinderopfer (Gen 22). Möglicherweise spielen auch Götterbilder darin eine Rolle (vgl. die Gen 31,19.33.35 genannten *tĕrāfīm*). Deutlich ist immerhin, daß dieser familiäre Kult noch fest auf den Lebensrhythmus der Gruppe bezogen ist und sich noch nicht zu einem eigenen, vom Alltag abgehobenen stetigen Geschehen verselbständigt hat. Es gibt in ihm noch kein spezialisiertes Kultpersonal, der Vater selber übte noch die priesterlichen Funktionen aus (vgl. noch die Vateranrede für den Priester Ri 17,10). Der Gottesdienst der frühisraelitischen Familie war noch nicht generell an heilige Orte, heilige Zeiten und an institutionelle Mittler des Heiligen gebunden.

Es ist damit zu rechnen, daß längst nicht alle Vorgänge und Vorstellungen, welche die Religion der frühisraelitischen Familien bestimmten, überliefert sind, doch selbst die wenigen erkennbaren weisen eine eigentümliche, in sich konsistente Symbolwelt auf, die sie an vielen Stellen deutlich von der entstehenden Jahwereligion der israelitischen Stämme unterscheidet. Sie ist auf die zentralen Überlebensprobleme der bäuerlichen und nomadischen Familie bezogen und von deren Gruppenstrukturen inhaltlich bestimmt. Die engen persönlichen Beziehungen in der Familie sind auch für die Gottesbeziehung maßgebend. Kennzeichnend ist die große Direktheit und Unbedingtheit der Beziehung zum persönlichen Gott der Familie, der wie ein Vater die ihm anvertraute Kleingruppe vor allen Gefahren schützt. Dagegen fehlen wesentliche Elemente, die für die Jahwereligion der israelitischen Stämme so wichtig werden sollten: die kämpferische Ausschließlichkeit der Gottesbeziehung, ihre hochgradige ethische Durchdringung, die Einbeziehung des politischen Geschehensbereichs, die ausdifferenzierten kultischen Institutionen und jede Art von theologischer Reflexion. Die in den frühisraelitischen Familien lebendige Frömmigkeit war, wenn man so will, eine vorkultische, vorpolitische und vormoralische Religion. Für den weiteren Verlauf der israelitischen Religionsgeschichte ist es wichtig, sich immer wieder zu vergegenwärtigen, daß nicht alle religiösen Beziehungen, die es in Israel gab, erst durch die Jahwereligion entstanden und geprägt worden sind. Es gab in ihr vielmehr ein Beziehungsfeld familiärer Religiosität, das schon vor ihr bestand, auf das sie aufbaute und das erst im Laufe der Geschichte fester in sie integriert wurde.

Die Religion der befreiten Großgruppe (Exodusgruppe)

In der auf die Ahnväter projizierten Frömmigkeit frühisraelitischer Familien liegt nun aber noch nicht der eigentliche Beginn der Religionsgeschichte Israels. Vielmehr sind sich die Tradenten darüber einig, daß der entscheidende Impuls, der die Religionsgeschichte Israels in Gang brachte, von ganz spezifischen religiösen Erfahrungen ausgegangen sei, die Israel noch fernab von seinem späteren Siedlungsraum in Ägypten und den südpalästinischen Wüstengebieten gemacht hat: Aus Ägypten, wo die Israeliten durch Fronarbeit unterdrückt wurden, seien sie von Jahwe unter Leitung des Mose herausgeführt worden, hätten die rettende Macht dieses Gottes gegenüber einer ägyptischen Streitwageneinheit am Schilfmeer erfahren und seien am Sinai einer gewaltigen Theophanie Jahwes ansichtig geworden, die das besondere Verhältnis Israels zu diesem Gott begründete und in seiner kultischen und ethischen Ausgestaltung für alle Zeit bestimmte.

Es war schon davon die Rede, daß diese Konzeption von den Anfängen der israelitischen Religion der Sicht sehr viel späterer Theologengruppen entspringt, die den realen religionsgeschichtlichen Vorgängen ganz sicher nicht in allen Einzelheiten entspricht. Schon die zahlreichen Sprünge und Divergenzen in den Texten der Bücher Exodus bis Deuteronomium machen wahrscheinlich, daß hier verschiedene religiöse Traditionen der Frühzeit kompiliert und aus unterschiedlichsten Interessen konkurrierender Gruppen ausgestaltet worden sind.

Mancherlei Beobachtungen sprechen z. B. durchaus dagegen, daß die im Pentateuch konzipierten Anfänge der Religion Israels zu allen Zeiten, in allen Regionen und in allen Gruppen des späteren Israels die zentrale Rolle spielten, die ihnen jetzt zugeschrieben wird. So scheint etwa der Prophet Jesaja im 8. Jahrhundert in seiner theologischen Argumentation völlig ohne die im Pentateuch so prominente Exodustradition auszukommen, und die dort so gewaltig ausgebaute Sinaitheophanie wird von keinem einzigen der vorexilischen Propheten erwähnt (erst Mal 3,22; vgl. Neh 9,13).

So wird man an der vom Pentateuch präsentierten Konzeption der Anfänge Israels ganz erhebliche Einschränkungen zu machen haben. Grundsätzlich ist sie jedoch nicht zu bezweifeln, lassen sich doch eine ganze Reihe von Besonderheiten, die die Jahwereligion auszeichnen, nur aus den hier festgehaltenen außergewöhnlichen gesellschaftlichen Bedingungen erklären, unter denen sie entstanden ist.

Die soziale Organisation der Exodusgruppe

Nach Meinung der Überlieferung ist die Jakobfamilie mit siebzig Personen nach Ägypten gekommen, hat sich dort unwahrscheinlich zum Volk (*ʿam*) Israel gemehrt (1,7), und dieses soll mit 600000 Mann Ägypten verlassen haben (12,37). Diese Darstellung entspricht ganz sicher nicht den historischen Verhältnissen, sondern entstammt späterer theologischer Konzeption, nach der die Exodusereignisse solche zentrale Bedeutung für Israel bekamen, daß auch ganz Israel in Ägypten gewesen sein mußte. Nach heutiger Sicht spricht viel dafür, daß nur eine Gruppe des späteren Israel in Ägypten war und ihre religiösen Erfahrungen in den Stammesverband einbrachte.

Dennoch ist die Überlieferung insofern im Recht, als sie zwischen den Ahnväterfamilien und der Exodusgruppe einen deutlichen Sprung in der Gruppengröße markiert. Die Exodusgruppe hat nicht mehr die soziale Organisationsform der Familie, sondern ist eine wie auch immer zu definierende Großgruppe. Diese Einsicht hat ganz erhebliche religionssoziologische Konsequenzen: Gegen die in der Forschung immer wieder anzutreffende Tendenz, «Väterreligion» und «Jahwereligion» miteinander zu parallelisieren (A. Alt, V. Maag, G. Fohrer), ist hier festzuhalten, daß die gesellschaftliche Bezugsgröße der Jahwereligion eine völlig andere als die der Religiosität ist, die wir in der Vätergeschichte bezeugt fanden. Die Jahwereligion ist von ihrem Ursprung her eine Großgruppenreligion. Damit aber unterscheidet sie sich strukturell und inhaltlich tiefgreifend von der auf die familiäre Kleingruppe bezogenen Frömmigkeit. Weil die Bedürfnisse einer Großgruppe politischer Natur sind, hat auch die Jahwereligion von vornherein eine stark politische Ausrichtung.

Leider haben wir in der Überlieferung nur noch wenige authentische Nachrichten über die Struktur, die Zusammensetzung und die Lebensbedingungen der Exodusgruppe erhalten. Von späteren Stadien der israelitischen Sozialgeschichte her würde man am ehesten an die Organisationsform des Stammes denken. Doch tribale Strukturen sind kaum zu erkennen, und die gelegentliche Erwähnung von Ältesten (Ex 3,16.18) wirkt schematisch. Die Überlieferung setzt noch nicht einmal einen ethnischen Zusammenhalt voraus (Ex 12,38; Nu 11,4).

Glaubwürdig ist jedoch die Nachricht, daß die Gruppe von den Ägyptern zum Bau der «Magazinstädte Pitom und Ramses» eingesetzt worden sei (Ex 1,11), die wahrscheinlich zu der neuen Residenz im Ostdelta gehörten, welche die Ramesiden Mitte des 13. Jahrhunderts anlegten. Die gerade in der älteren Exodusüberlieferung dominierende Sicht, daß es sich um eine zu staatlicher Zwangsarbeit gepreßte Arbeitsgruppe gehandelt habe (Ex 2,11-15; 5,4-19), ist nicht zu bestreiten[16], auch wenn die detaillierten Schilderungen der damit gegebenen sozialen Konflikte mehr typischer Natur sind und wahrscheinlich Erfahrungen entspringen, die israelitische Gruppen mit eigener Fronarbeit unter Salomo gemacht haben.

Man hat vermutet, daß es sich bei der Exodusgruppe um ehemalige Nomaden handelt, die aufgrund einer Notlage mit ihren Herden im Nildelta Schutz gesucht hätten, wie das von zeitgenössischen ägyptischen Quellen bezeugt wird (TGI² 40f.). Doch läßt die Überlieferung keinerlei Kenntnis nomadischer Lebensgewohnheiten der Exodusgruppe erkennen; im Gegenteil, sie rechnet damit, daß die Gruppe fest im Nildelta wohnt (Ex 9,26) und nach dem Auszug in der Wüste so wenig mit nomadischen Überlebensstrategien vertraut ist, daß sie fortlaufend in Not gerät und auf die Hilfe von Nomaden angewiesen bleibt (Nu 10,29-33). Daß Mose einen ägyptischen Namen trägt (*msj* «gebären» vgl. Thutmose, Ramses) und von den Midianitern als Ägypter angesehen wird, spricht eher dafür, daß sich die Gruppe, auch wenn es sich wahrscheinlich um semitische Bevölkerungselemente gehandelt hat, wirtschaftlich weitgehend ägyptischer Lebensart angepaßt hatte. Das heißt aber: Die Jahwereligion ist von Hause aus keine nomadische Religion, wie immer wieder behauptet wird.

Eher könnte man erwägen, ob die Exodusgruppe nicht der Klasse der gesellschaftlich Entwurzelten (outlaws) zuzurechnen ist, die in keilschriftlichen Quellen *ḫap/bīru* und in ägyptischen *ʿpr.w* genannt werden und die zum Teil als marodierende Banden den Vorderen Orient unsicher machten. Der Einsatz solcher Bevölkerungselemente bei staatlichen Baumaßnahmen wird in zeitgenössischen ägyptischen Quellen erwähnt. So heißt es in einem Musterbrief Ramses' II.: «Gib Getreideproviant ... den *ʿpr*, welche für den großen Pylon von ‹[...] Ramses Mianum› Steine ziehen» (TGI² 35). Und wenn die Israeliten (Ex 1-12), solange sie in Ägypten sind, auffällig häufig als «Hebräer» (*ʿibrī* vgl. Ex 1,15f. 19; 2,6f.; 11.13) und Jahwe nur hier im Alten Testament ausdrücklich als «Gott der Hebräer» (Ex 3,18; 5,3;

7,16; 9,1.13; 10,3) bezeichnet werden, dann mag dabei eine Erinnerung an die ursprüngliche Zugehörigkeit der Exodusgruppe zu dieser Klasse mitschwingen.
Nicht als historische Nachrichten im strengen Sinn, aber doch als soziologisch typisch haben die verschiedentlichen Bemerkungen in den Exoduserzählungen zu gelten, die von einem Mangel an Solidarität in der Exodusgruppe berichten (Ex 2,11-15; vgl. 5,20f.; 6,9). Die mangelnde Solidarisierung der Gruppe wird dabei als bewußt eingesetztes Herrschaftsinstrument der Ägypter beschrieben (Ex 5,14ff.).
Es handelt sich somit um eine wirtschaftlich angepaßte, aber sozial deklassierte und durch staatliche Maßnahmen entsolidarisierte Großgruppe fremdländischer Fronarbeiter der ramesidischen ägyptischen Gesellschaft, auf die die Jahwereligion bei ihrer Entstehung bezogen ist.

Das religiöse Schlüsselerlebnis der politischen Befreiung

Die Entstehung der Jahwereligion ist unlöslich mit dem Prozeß der politischen Befreiung der Exodusgruppe verbunden. Sie ist der Funke, der einem langanhaltenden, schwelenden sozialen Konflikt zum Ausbruch verhilft. Das Buch Exodus berichtet auf verschiedene Weise, wie diese angepaßte, unsolidarische und zum politischen Handeln unfähige unterdrückte Gruppe fremdländischer Fronarbeiter durch die Initiative des Gottes Jahwe zu einem politischen Führer und zu einer neuen politischen Zukunftshoffnung gelangt, die es ihr ermöglichen, sich nach innen zu solidarisieren und nach außen aus ihren gesellschaftlichen Verflechtungen zu lösen, und sie so zu einer gemeinsamen politischen Befreiungsaktion befähigen.
In der ältesten, noch rudimentär erkennbaren Schicht der Überlieferung scheitert ein erster Aufstandsversuch, den Mose unternimmt: Er erschlägt einen der verhaßten ägyptischen Aufseher, um Streit in der Gruppe zu schlichten. Doch anstatt sich mit ihm zu solidarisieren und die Aggressionen gegen ihre Unterdrücker zu richten, erkennen die Hebräer seinen Führungsanspruch nicht an und drohen ihm mit Denunziation (Ex 2,11-14; vgl. 1. Kön 11,27; 12,18; Act 7,24f.). Mose muß ins Ausland fliehen und findet bei einem midianitischen Priester Aufnahme (Ex 2,15-22). Hier, außerhalb des ägyptischen Machtbereichs, lernt er den Gott Jahwe kennen. Aufgrund eines Orakels Jahwes kehrt er in einem günstigen Augenblick zu seinen Leuten zurück (Ex 2,23aα + 4,19f.) und kann die Fronarbeiter zu einer gemeinsamen Fluchtaktion mobilisieren (Ex 14,5a). Eine den Flüchtlingen nachsetzende ägyptische Streitwagentruppe fährt sich im Morast des «Schilfmeeres» fest. Das Ereignis wird von der Gruppe als Sieg Jahwes über die Ägypter gefeiert (Ex 15,21).
Nach dieser – rekonstruierten – ältesten Schicht der Überlieferung wird Jahwe von der Fronarbeitergruppe als ein Gott erfahren, der ihr im entscheidenden Moment den politischen Führer verschafft, der sie zu ihrer Befreiung motiviert und befähigt. Er ist darüber hinaus der Gott, der eingreift, da die Befreiungsaktion zu scheitern droht, und sie vor der militärischen Übermacht ihrer Bedrücker rettet.
In der späteren Überlieferung werden diese religiösen Erfahrungen ausgestaltet und theologisch akzentuiert: In Ex 3f. und 6 wird Mose einer expliziten Gotteserscheinung gewürdigt. Jahwe setzt die politische Befreiung durch ein ausdrückliches Verheißungswort in Gang, sich der klagenden Fronarbeiter zu erbarmen, sie aus dem Machtbereich der Ägypter herauszuführen und ihnen einen neuen Lebensraum zu schenken (Ex 3,7f.). Mose erhält einen förmlichen Auftrag, das Befreiungswerk zu vollziehen, wobei dieser Auftrag einmal mehr im Sinne der späteren Propheten als Wortauftrag, dem Volk die Befreiungsbotschaft auszurichten (Ex 3,16-18a), verstanden wird, ein andermal mehr im Sinne der späteren Charismatiker als Tatauftrag interpretiert wird, Verhandlungen mit dem Pharao zu führen (Ex 3,9-10). Der entscheidende Beitrag der Gruppe besteht nach dieser Konzeption darin, daß sie dem göttlichen Verheißungswort glaubt (Ex 4,29-31), d. h. die religiöse Utopie antizipiert und sich auf sie einläßt. Die weitgespannte Zukunftsperspektive, die dem von Jahwe in Gang gesetzten politischen Befreiungsvorgang innewohnt, wird in dieser Darstellung deutlich herausgearbeitet.
Die spätere Ausgestaltung der Schilfmeerüberlieferung (Ex 14f.) kehrt an der dort beheimateten Rettungserfahrung den Aspekt der göttlichen Macht über die die Gruppe bedrohende feindliche Militärmacht weiter hervor: Jahwe «schüttelt (nicht nur) die Ägypter mitten ins Meer» (14,27), sondern er wird auch regelrecht als «Kriegsheld» besungen (*'îš milḥamā* Ex 15,2). Die in der späteren vorstaatlichen Zeit so typische Erfahrung Jahwes im Befreiungskrieg ist schon von diesem anfänglichen Befreiungserlebnis her angelegt.
Auch wenn die uns überlieferten Texte das religiöse Schlüsselerlebnis der Exodusgruppe unter Zuhilfenahme späterer Deutungsmuster darstellen, lassen sich aus ihnen doch schon einige wichtige Strukturmerkmale der entstehenden Jahwereligion Israels erkennen:
Die Jahwereligion Israels entsteht im Befreiungsprozeß einer unterdrückten Außenseitergruppe der ägyptischen Gesellschaft, ihre religiöse Symbolwelt ist darum direkt auf den Prozeß geschichtlich politischer Befreiung bezogen. Das gibt ihr von ihrem Ursprung her eine geschichtlich politische Ausrichtung und einen deutlichen Zug zum Sozialen, der für die Religion Israels kennzeichnend bleiben sollte. Anders als die altorientalischen Staatsreligionen, die sich aus mythischer Urzeit herleiten, ist die Jahwereligion geschichtlich begründet und hat von Hause aus nicht die Funktion, Herrschaft zu legitimieren und die bestehende gesellschaftliche Ordnung zu stabilisieren. Als Symbolwelt einer um ihr Lebensrecht kämpfenden gesellschaftlichen Außenseitergruppe dient sie vielmehr der Solidarisierung dieser Gruppe nach innen und ihrer Desintegration aus einer als ungerecht empfundenen Gesellschaftsordnung in Richtung auf eine zukünftige gesellschaftliche Integration, die ein freies und gerechteres Zusammenleben ermöglicht. Von diesem Ausgangspunkt her erklärt sich die antiherrschaftliche, gegenwärtige gesellschaftliche Zustände transzendierende desintegrative Tendenz, die sich immer wieder in der Religionsgeschichte Israels Geltung verschaffen wird.
Die Strukturmerkmale der entstehenden Jahwereligion lassen sich nach dieser grundsätzlichen religionssoziologischen Charakteristik im einzelnen verdeutlichen, wenn man sie noch einmal mit der familiären Frömmigkeit in den Vätergeschichten vergleicht:
Hier ergibt sich erst einmal eine Reihe von Analogien: Wie das

Handeln der Vätergötter ist auch das Handeln Jahwes auf die zentrale Notsituation der Gruppe bezogen; wie der Familiengott bindet sich auch Jahwe direkt an eine Menschengruppe, eröffnet ihr durch sein Wort eine neue Zukunft und sorgt für ihr Überleben. Das rettende Handeln Gottes und die personale Bindung an ihn spielen somit auf beiden Ebenen der israelitischen Religion eine wesentliche Rolle.

Doch damit enden auch schon die Gemeinsamkeiten: Da die Gruppe, auf die das Handeln Jahwes bezogen ist, eine Großgruppe ist und ihre Not eine politische Not, wird auch das rettende Handeln Gottes, das sie erfährt, komplexer: Das rettende Eingreifen Gottes ist hier nicht punktuell, sondern setzt einen ganzen Befreiungsprozeß in Gang, der aus einer ganzen Kette von Einzelaktionen besteht: Solidarisierung der Gruppe, Entkommen aus dem ägyptischen Machtbereich, Rettung aus militärischer Bedrohung, Finden eines neuen Lebensraumes etc. Damit hängt zusammen, daß sich der Bogen zwischen dem göttlichen Verheißungswort, das der Gruppe von Fronarbeitern eine neue Zukunft eröffnet, und seiner Realisierung enorm ausweitet. Umfaßte er in der Sohnesverheißung auf der Ebene der Kleingruppenreligion nur ein Jahr, so umgreift er auf der Ebene der Großgruppenreligion einen langandauernden politisch-geschichtlichen Prozeß, der nach späterer Überlieferung sogar die Lebensdauer einer Generation übersteigt (40 Jahre). Anders als das Handeln der Vätergötter in den Familien wird das Handeln Jahwes von der Exodusgruppe im weiten Raum der Geschichte erfahren. Und noch ein weiterer Unterschied kommt hinzu: Die Verheißung Jahwes ergeht nicht mehr wie die der Familiengötter unmittelbar an die Betroffenen, sondern an einen Mittler. Es ist Mose, der das den Befreiungsprozeß in Gang setzende entscheidende Jahweorakel erhält, er muß es der Exodusgruppe erst ausrichten. Hier wird ein grundlegendes Strukturmerkmal religiöser Motivation von Großgruppen sichtbar, das wahrscheinlich mit den hochkomplizierten Kommunikationsprozessen in solchen Gruppen zusammenhängt: Wie hier eine Entscheidungsfindung nicht möglich ist, ohne daß einzelne für die Gruppe eine konsensfähige Meinung formulieren, so beschränkt sich im Alten Testament die Wortoffenbarung immer auf einzelne Menschen bzw. kleine Gruppen, die der Großgruppe das sie betreffende göttliche Orakel weitersagen und auslegen müssen. Die religiöse Repräsentation ist für die Gottesbeziehung der Großgruppe konstitutiv, es gibt für sie nicht die Unmittelbarkeit des Gottesverhältnisses, das für einzelne und kleine Gruppen typisch ist. Von diesen Überlegungen her ist auch die Rolle des Mose für die Anfänge der Religion Israels, die in der jüngeren Vergangenheit immer wieder in Frage gestellt wurde[17], absolut notwendig. Er ist zwar nicht Stifter der israelitischen Religion, wie Buddha und Mohammed Religionsstifter waren, aber er ist doch der nicht wegzudenkende Mittler des Jahweorakels, ohne das die Religion Israels nicht in Gang gekommen wäre.

Schließlich muß noch ein letzter Unterschied genannt werden. Wohl ist die anfängliche Zuwendung Jahwes zur Exodusgruppe ähnlich elementar und unbedingt wie die der Vätergötter zu ihren Familien, dennoch ist sie anders als diese in sehr viel höherem Ausmaß an die Initiative und Entscheidung der betroffenen Menschen gebunden. Mose erhält neben dem Verheißungswort den politischen Auftrag, das Befreiungswerk durchzuführen: Er muß Überzeugungsarbeit leisten, die Gruppe solidarisieren und mobilisieren und die Aktion gegen Widerstände durchsetzen. Und auch die Fronarbeitergruppe muß ihren Beitrag zu ihrer Befreiung leisten: Sie muß sich entscheiden, ob sie sich auf das ungesicherte Gotteswort einlassen und den risikoreichen Weg zu ihrer Befreiung einschlagen will und damit all das an gesellschaftlicher Sicherung aufgibt, was sie immerhin noch hat. Diese Entscheidung wird in Ex 4,31 mit dem Stichwort «Glauben» bezeichnet; damit ist in diesem Zusammenhang nicht nur eine religiöse, sondern auch eine aktive politische Option gemeint. Ohne diesen «Glauben», das betont die spätere Überlieferung sehr stark (Ex 4,1 ff.; 14,11 ff. 31), droht das ganze Befreiungsunternehmen immer wieder zu scheitern. Das heißt aber: Die geschichtlich fundierte Gottesbeziehung der Exodusgruppe ist in ihrem Bestand sehr viel stärker von menschlicher Entscheidung und Teilnahme tangiert als das urtümliche Vertrauensverhältnis zu Gott in der familiären Kleingruppe. Die Jahwereligion ist von Hause aus stärker auf ein Korrespondenzverhältnis zwischen göttlichem und menschlichem Verhalten hin angelegt. Von ihrer besonderen Entstehungssituation her ist für sie der Anspruch auf gruppeninterne Loyalität und die Tendenz zu gruppenexterner Abgrenzung charakteristisch.

Jahwe, der Gott der Befreiung

Die Überlieferung läßt noch erkennen, daß die Exodusgruppe erst im Zusammenhang ihrer Befreiung durch Mose den Gott Jahwe kennengelernt hat (Ex 3,13 f. 15; 6,2). Das bedeutet sicher nicht, daß die Gruppe zuvor religionslos gewesen wäre; auch wenn wir über die vorjahwistische Religion dieser Gruppe nichts wissen, können wir davon ausgehen, daß sie auch ihre Familiengötter hatte und sich an der Verehrung ägyptischer oder semitischer Götter der Region beteiligte. Nicht die Gottesbeziehung als solche, sondern die spezielle Bindung an den Gott Jahwe kam durch die Befreiung aus Ägypten zustande. Wer war dieser Jahwe und woher kam er?

Immer wieder ist der Versuch gemacht worden, etwas über das Wesen Jahwes aus der Erklärung seines Names zu erfahren. Der Gottesname begegnet in verschiedenen Formen im Alten Testament meist in der Langform (Tetragramm) JHWH (6828mal), deren Aussprache infolge der in nachexilischer Zeit einsetzenden Scheu, den Gottesnamen zu nennen, nicht völlig gesichert ist. Als im frühen Mittelalter die Masoreten die Aussprache des hebräischen Konsonantentextes festlegten, vokalisierten sie das Tetragramm nach den statt dessen zu lesenden Wörtern *'ădōnāj* («Herr») bzw. *'ălohīm* («Gott»), woraus die falsche Lesung «Jehova» entstand. Aufgrund spätantiker Umschriften Ιωε bzw. Ιαουε ist die Aussprache Jahwē am wahrscheinlichsten. Daneben sind verschiedene Kurzformen belegt: JHW bzw. JHH (wahrscheinlich «Jaho» zu lesen) war die gängige Namensform bei den Juden der ägyptischen Militärkolonie in Elephantine (5. Jh.), JHW ist jetzt auch auf einer Steinschale aus Kuntillet-Ajrud, einem judäischen Außenposten im Sinaigebiet, für das 9. Jahrhundert bezeugt. Daneben begegnen in poetischen, besonders liturgischen Texten des Alten Testaments die Form «Jah» (vgl. Ex 15,2 und «Halleluja») und in Personennamen die

Formen *Jěhō-/Jō-* (z. B. «Josua») und *-jahū/-jā* (z. B. «Adonja»). Die immer wieder vorgetragene Vermutung, daß die Langform erst nachträglich aus der Kurzform heraus gebildet worden sei[18], ist aufgrund inschriftlicher Zeugnisse eher unwahrscheinlich; das Tetragramm wird durch die Stele des moabitischen Königs Mescha und durch die Inschriften aus Kuntillet-Ajrud schon im 9. Jahrhundert als die gängige Schreibung des israelitischen Gottesnamens belegt, ganz zu schweigen von den Belegen aus dem 8. und 7. Jahrhundert (Hirbet el-Qôm, Arad, Lachisch).

Morphologisch erklärt sich der Jahwename am einfachsten als substantivierte Verbform der 3. Person Imperfekt, wobei sich Lang- und Kurzform zueinander wie «Langimperfekt» und «Kurzimperfekt» verhalten. Formale Parallelen für eine solche Gottesnamenbildung lassen sich vereinzelt aus Mesopotamien und bei den vorislamischen Arabern beibringen. Die etymologische Erklärung hat von einer Verbalwurzel HWI auszugehen. Früher griff man gerne auf arabische Wurzeln zurück, z. B. auf *hawā* «fallen» oder *hawā* «wehen». Nach der ersten Ableitung wäre Jahwe «der (mit seinem Blitz) Fällende» (B. Stade), also ein Gewittergott, nach der zweiten einer, der weht und durch die Lüfte fährt (J. Wellhausen), somit ein Sturmgott. Heute geht man meist auf die hebräisch/aramäische Wurzel HJI/HWI «sein, werden» zurück, auf der auch das schriftgelehrte Wortspiel Ex 3,14 fußt. Mose erhält hier auf seine Frage nach dem Namen des ihm erschienenen Gottes die geheimnisvolle Antwort: *'ähjä 'ăšär 'ähjä* «ich bin, der bin» o. ä. (1. Person infolge der Gottesrede). Falls hiermit wirklich mehr gemeint ist als eine abweisende Tautologie, dann ist ein möglicher Sinn am ehesten in Richtung auf die Zusage «Ich werde mit dir sein» V. 12 zu suchen: Jahwe ist der Gott, der bei seinem Volk und für es wirksam ist (vgl. W. H. Schmidt). Die wissenschaftlichen Erklärungen gehen entweder vom Kausalstamm aus: Jahwe ist der, der ins Dasein ruft, der schafft (F. M. Cross u. a.), oder aber vom Grundstamm: Jahwe ist der, der ist, der sich als Gott gegenwärtig, mächtig und helfend erweist (W. v. Soden u. a.). Eine sichere Entscheidung zwischen beiden Erklärungen ist nicht möglich. Zur Stützung der letzteren kann man auf die amurritischen Personennamen vom Typ *Ja(h)wi-GN* – «*GN* erweist sich (als hilfreich u. ä.)» verweisen, der in Mari und jetzt wahrscheinlich auch in Ebla bezeugt ist (vgl. akkad. *Ibašši-GN*). Eine dem Jahwenamen entsprechende Verbalform begegnet hier als Prädikat des Gotteslobes. Es ist durchaus möglich, daß sich im Jahwenamen ein solches lobendes Prädikat verselbständigt hat.

Grundsätzlich ist gegen alle die Erklärungsversuche einzuwenden, daß die Etymologie nur in den seltensten Fällen geeignet ist, Aussagen über die aktuelle Bedeutung eines Gottes zu machen. Gottesnamen sind häufig sehr viel älter als die aktuellen Religionen, und die Gottesvorstellungen wandeln sich unter der Hülse des gleichen Namens. Es ist relativ unwahrscheinlich, daß sich Israel der Bedeutung des Jahwenamens noch bewußt gewesen ist, die spekulative Anspielung Ex 3,14 steht völlig isoliert da.

Weiter führt demgegenüber die Frage nach der Herkunft Jahwes. Zwar lassen sich für ihn keine sicheren Belege aus der Umwelt beibringen, aber die alttestamentliche Überlieferung bezeugt selbst, daß Mose seine entscheidende Begegnung mit diesem Gott außerhalb Ägyptens, aber auch außerhalb des späteren israelitischen Siedlungsgebietes in der Gebirgswüste südlich von Palästina gemacht habe (Ex 3,1-6). Hinzu kommt, daß noch eine Reihe zum Teil alter poetischer Texte eine ursprüngliche lokale Bindung Jahwes an diese Region erkennen lassen, die hier Sinai, *śeʿīr*, Edoms Gefilde oder Gebirge Pharan genannt wird. Von dort zieht Jahwe aus, um seinem Volk in Palästina zu Hilfe zu kommen (Ri 5,4 f.; Ps 68,8 f.; Dtn 33,2; Hab 3,3). In einem altertümlichen Epitheton wird Jahwe geradezu als «der vom Sinai» bezeichnet (Ri 5,5; Ps 68,9 f.). Auch die Überlieferung, daß Elia eine Wallfahrt zu Jahwe auf dem Horeb unternommen haben soll (1. Kön 19), der 41 Tagereisen südlich von Beerscheba vermutet wird, spricht dafür, daß der Gott Jahwe an einem Berg der südpalästinischen Wüstenregion angesiedelt war, auch wenn es über dessen genaue Lage im Alten Testament nur noch verschwommene Vorstellungen gibt.

Der Gott, den die Exodusgruppe durch Mose kennenlernte, stammt somit aus einer Gegend, die nicht zum Territorium des späteren Israel gehörte. Diese lokale Bindung kann deshalb auch kaum aus der israelitischen Jahweverehrung erklärt werden, es spricht vielmehr einiges dafür, daß Jahwe schon in der Gebirgsregion südlich von Palästina beheimatet war und verehrt wurde, bevor er zum Gott Israels wurde.

Da sind einmal die ägyptischen Listen aus der Zeit Amenophis' III. (1. Hälfte 14. Jh.) und Ramses' II. (13. Jh.), die im *š3św*-Land, d. h. in derselben südpalästinischen Region, *J-h-w3* als eine geographische und/oder ethnische Bezeichnung belegen. Daß dies mit der Verehrung eines gleichnamigen Gottes in dieser Region zu tun haben könnte, ist nicht von der Hand zu weisen.

Da sind zum anderen die Nachrichten aus dem Alten Testament über die Verbindungen Moses zu den Midianitern (Ex 2,15 ff.; 3,1; 18), deren Siedlungsgebiete östlich des Golfs von Akaba zu suchen sind und die damit durchaus noch in den Umkreis der oben genannten Region gehören. Nach seiner Flucht aus Ägypten soll Mose eine midianitische Frau geheiratet haben, deren Vater midianitischer Priester gewesen ist (Ex 2,16; 3,1; 18,1). Wohl schwankt die Überlieferung ein wenig: mal heißt der Schwiegervater Jetro (3,1; 18,1 ff.), mal Jeter (4,18), mal Reguel (2,28) und mal Hobab (Ri 1,16; 4,11; Ausgleich Nu 10,29), wobei letzterer als Keniter bezeichnet wird, die aber als Untergruppe der Midianiter gelten können. Doch kann diese Nachricht angesichts des später ausgesprochenen feindlichen Verhältnisses zu den Midianitern nicht erfunden worden sein und darf deshalb als historisch gelten. Zwar wird nirgends direkt ausgesprochen, daß Jetro Jahwepriester gewesen ist, doch wenn er nach Ex 18,12 es ist, der die Israeliten zu einem Opfermahl für Jahwe auf den Gottesberg einlädt, dann läßt sich doch vermuten, daß die Midianiter bzw. Keniter schon Jahweverehrer waren, bevor die Exodusgruppe dazustieß. Ein weiteres Indiz dafür ist, daß die Keniter auch noch später als glühende Jahweverehrer galten (Gen 4,16; Ri 1,16; 4,17 ff.), denen wohl deswegen ein Siedlungsgebiet innerhalb Judas eingeräumt wurde. Wohl trennt die Überlieferung den Gottesberg, auf dem Jahwe verehrt wird, geographisch ein Stück weit von den Midianitern (Ex 3,1; 18,1 ff. 27), so daß man nicht mit Sicherheit sagen kann, daß Jahwe speziell ein midianitischer Gott gewesen ist. Aber sie läßt doch noch soviel erkennen, daß der in der wilden, zerklüfteten Bergwelt Südpalästinas beheimatete Gott Jahwe unter anderem auch von den nomadischen Midianitern bzw. Kenitern verehrt wurde. Es ist durchaus wahrscheinlich, daß Mose diesen Gott erst durch

Vermittlung seines midianitischen Schwiegervaters kennenlernte, bevor er das Orakel von ihm erhielt, das ihn nach Ägypten zurückschickte und zum Befreier seiner Gruppe machte.

Der Gott Jahwe ist somit älter als Israel, er war ein südpalästinischer Berggott, bevor er zum Gott der Befreiung für die Mosegruppe wurde. Wichtig dabei war wohl, daß er ein Gott war, der von außen kam, ein fremder Gott, der noch nicht in das Gefüge des ägyptischen Pantheons eingebaut und damit in der Lage war, dieses gesellschaftsstabilisierende religiöse System aufzubrechen. Als Berggott einer wilden und einsamen Region, die politisch kaum organisiert war, verehrt nur von freiheitsliebenden nomadischen Stämmen, war er noch so wenig Symbol staatlicher Herrschaft geworden, daß er für Mose und dann für seine Leute zum Symbol der Befreiung werden konnte. Nicht zufällig wird Jahwe in Ex 1-12 mehrmals als «Gott der Hebräer» bezeichnet (Ex 3,18; 5,3; 7,16; 9,1.13; 10,3), d. h. als ein Gott, der im aufbrechenden Sozialkonflikt einseitig an der Seite der gesellschaftlichen Außenseiter steht. Wir wissen kaum, welche Charakteristika Jahwe zugeschrieben wurden, bevor er zum Gott der Mosegruppe wurde. Aus den Epiphanieschilderungen (Ri 5,4f.; Ps 68,8f.; Dtn 33,2; Hab 3,3), in denen Jahwe unter gewaltigen Wettererscheinungen vom südlichen Gebirge aufbricht, wird man am ehesten schließen dürfen, daß Jahwe dem Hadad-Typ (Sturm- und Gewittergott) zuzurechnen ist. Und manche Eigenschaften, die Jahwe etwa in dieser Hinsicht mit dem ugaritischen Baal teilt («Wolkenreiter» vgl. Ps 68,5; Jes 19,1 u. a. m.), können aus dieser vorisraelitischen Typenübereinstimmung stammen. Das Besondere der israelitischen Geschichte Jahwes ist es, daß die dynamischen Eigenschaften dieses ehemaligen Sturmgottes umgebogen werden in den politisch-geschichtlichen Raum hinein. Der Gott vom Sinai, der die Natur in Aufruhr versetzt, kommt den israelitischen Stämmen im Befreiungskampf zu Hilfe (Ri 5), der Gott, der Mose im wilden Bergland Südpalästinas erscheint, mobilisiert eine ganze Kolonne von Fronarbeitern, ihre Befreiung zu wagen.

Theophanie und Wüstenexistenz

Neben den Exodusereignissen nennt die Überlieferung noch ein zweites Schlüsselerlebnis, das die Religion Israels begründete: die Gottesbegegnung am Sinai. Wie sich beide Traditionen verhalten, wird in der Forschung überaus kontrovers diskutiert, wirkt doch die gewaltige Traditionsbildung der Sinaiperikope (Ex 19; Nu 10) wie ein Fremdkörper innerhalb der Exodus-Landnahmeüberlieferung des Pentateuch und werden die Sinaiereignisse in den sonstigen Zusammenfassungen der Frühgeschichte Israels doch meist übergangen (vgl. Dtn 26,5-10; Jos 24; Ri 11,16-28 u. a.; erwähnt erst in dem nachexilischen Gebet Neh 9). So hat man den geschichtlichen Hintergrund der Sinaitradition überhaupt in Frage gestellt und sie als historisierte Kultlegende zu verstehen versucht, oder man hat sie einer anderen Gruppe aus der Frühzeit Israels zuschreiben wollen.

Doch schaffen solche Differenzierungen mehr Probleme, als sie zu lösen vermögen. Warum sollte eine Kultlegende in eine Region projiziert worden sein, in der Jahwe später nachweislich nicht mehr verehrt wurde? Wie fände bei der Annahme unterschiedlicher Gruppen die Tatsache eine Erklärung, daß Exodus- und Sinaiereignisse durch Jahwe und Mose miteinander verbunden sind? Zudem gibt es im Text durchaus Hinweise darauf, daß beide einmal enger aufeinander bezogen waren, als es jetzt den Anschein hat: Der Gottesberg, auf dem Mose die befreiende Verheißung Jahwes erhalten hat (Ex 3,1 ff.), soll nach Ex 3,12 der Berg sein, auf dem die aus Ägypten Befreiten Jahwe verehren werden; und auch in den Verhandlungen mit dem Pharao taucht stereotyp das Motiv von einer Verehrung des «Gottes der Hebräer» außerhalb des ägyptischen Territoriums auf (3,18; 5,3 vgl. 4,23; 7,16.26; 8,16; 9,1.23). Wenn diese Motive in der jetzigen Fassung der Sinaitexte nicht eingelöst werden und es Ex 19ff. so aussieht, als sei Mose mit seiner Gruppe an einen bis dahin völlig unbekannten Ort gelangt, dann liegt das daran, daß die spätere Überlieferung peinlich darum bemüht war, die Verbindung des Gottesberges zu den Midianitern und damit zu jeglicher vorisraelitischer Jahweverehrung zu vertuschen.[19] Die Isoliertheit der Sinaiereignisse ist damit zumindest teilweise Folge späterer dogmatischer Korrektur. Und man könnte zumindest fragen, ob nicht auch die vagen Vorstellungen, die im Alten Testament von der Lage des Berges bestehen, aus dem Anliegen zu erklären sind, diesen für die Konstituierung des iraelitischen Gottesverhältnisses so gewichtigen Ort in ein möglichst unbestimmtes «religionsgeschichtliches Niemandsland» zu verlegen: Während einige Texte den Berg durchaus noch in der Nähe der ägyptischen Grenze im Umkreis der belebten Oase Kadesch auf der nördlichen Sinaihalbinsel vermuten (Ex 17,6; 18,5), wo sich die Exodusgruppe wahrscheinlich längere Zeit aufgehalten hat (Ex 17; Nu 13,26; 20; Dtn 1,19.46; Jos 14,16), wird er Dtn 1,2.19 tiefer in die Einsamkeit der südlichen Sinaihalbinsel verlegt, wodurch die Wanderung zum Sinai jetzt wie ein Abstecher erscheint, den die Israeliten von Kadesch aus unternommen hätten. Ähnliches ist bei den verschiedenen Bezeichnungen für den Berg festzustellen: Während der «Gottesberg» (*har hā' ălohîm* Ex 3,1; 4,27; 18,5; 24,18) und die in der deuteronomisch-deuteronomistischen Tradition übliche Bezeichnung «Horeb» sich immerhin noch auf einen konkreten Berg beziehen, so bleibt der Ortsname «Sinai», der ursprünglich ein Gebiet (Dtn 33,2) bzw. eine Wüste (Ex 19,1.2) meinte und nur in Ex 19 – Nu 10 und Neh 9,13 für den Gottesberg verwendet wird, stärker in der Schwebe. Überall ist eine deutliche Tendenz zu spüren, den Ort der entscheidenden Jahweoffenbarung aus der Lebenswelt anderer Stämme der südpalästinischen Region herauszuhalten.[20]

Stellt man diese Tendenz in Rechnung, die bestehende religionsgeschichtliche Zusammenhänge bewußt verdunkelt, dann spricht doch viel dafür, daß auch hinter der Sinaiüberlieferung geschichtliche Erfahrungen der Exodusgruppe stehen. Nach geglückter Flucht aus Ägypten suchten sie unter Führung des Mose das Bergheiligtum Jahwes auf, der sich so wunderbar als Gott ihrer Befreiung bewährt hatte. Mose kehrte damit an den Ort zurück, an dem er das entscheidende Jahweorakel erhalten hatte (Ex 3,1 ff.). Und wie Mose durch Vermittlung seines midianitischen Schwiegervaters den Gott Jahwe kennengelernt hatte, so waren es wiederum die Midianiter, die die Exodusgruppe in den Jahwekult auf dem Gottesberg einführten (Ex 18,12). Es ist möglich, daß der «Sinai» einmal ein Bergheiligtum in der Nähe von Kadesch war, das von nomadischen Stämmen der Region, u. a. von den Midianitern, aufgesucht wurde und an dessen Kult sich nun auch die Exodusgruppe beteiligte.

Aus der Sicht der späteren Überlieferung hat sich am Sinai folgendes ereignet: Theophanie, Kultgründung, Gebotsverkündigung und Bundesschluß. Wohl läßt sich kein einziger Text, den verschiedene Theologengruppen hierzu im Laufe einer langen Überlieferungsgeschichte zusammengetragen haben, auch nur mit einem gewissen Grad der Wahrscheinlichkeit direkt den Erfahrungen der Exodusgruppe zuordnen, dennoch scheinen damit wesentliche Elemente der entstehenden Jahwereligion grundsätzlich zutreffend angesprochen zu sein.

Am festesten verankert ist das Element der Theophanie; gleich fünf verschiedene Theophanieerzählungen sind dem Sinaigeschehen zugeordnet (Ex 19f.; 24,1.9-11; 24,15b-18; 33; 34). In der Beschreibung der Art und Weise der Gotteserscheinung durchaus unterschiedlich, stimmen sie doch darin überein, daß Israel am Sinai mit der Majestät Jahwes konfrontiert worden ist. Wir können somit davon ausgehen, daß die Exodusgruppe am Gottesberg – wahrscheinlich im Zusammenhang ihrer dortigen Gottesdienste (vgl. Ex 24,9-11) – die bezwingende numinose Macht ihres Gottes Jahwe erfahren hat.

Damit aber kam ein neues Element in ihre Gottesbeziehung hinein: In ihrer Befreiung aus der ägyptischen Fronknechtschaft hatte sie Jahwe in einem geschichtlichen Prozeß erfahren. Am Gottesberg wird sie mit dem Einbruch seiner göttlichen Machtsphäre in ihre Wirklichkeit konfrontiert, der den Ablauf der Geschichte sprengt. Auf seinem Berg, der allein schon durch seine Massigkeit und seine Höhe den Eindruck von Macht und Transzendenz vermittelt, begegnet Jahwe der durch ihre dramatischen Befreiungserfahrungen aufgeschlossenen und durch die Strapazen der Wanderung und die Einsamkeit der Wüste sensibilisierten Flüchtlingsgruppe in seiner bezwingenden Mächtigkeit und in seiner unmittelbaren Gegenwart. Neben die geschichtliche Gotteserfahrung tritt somit die Erfahrung kultischer Gottesnähe. Erst durch sie gewann die geschichtliche Gotteserfahrung der Gruppe, die trotz aller Zeichen und Wunder, die sie erlebt hatte, im Kern doch uneindeutig und gefährdet blieb, ihre Bestätigung und Eindeutigkeit. Erst durch sie mündet die geschichtlich begründete Gottesbeziehung ein in ein stetiges Gottesverhältnis. Durch die Erfahrung der Theophanie wird Jahwe, der Gott einer geschichtlichen Befreiung, zu einem umfassenden sakralen Integrationssymbol der Großgruppe.

Die Art und Weise, wie hier geschichtliche und kultische Gotteserfahrung zusammengeordnet wurden, ist nun wiederum ein Spezifikum der israelitischen Religion. Grundsätzlich gibt es beide Typen der Gotteserfahrung in allen Religionen. Aber während in den anderen vorderorientalischen Religionen die kultische Gotteserfahrung dominiert und die geschichtlichen Erfahrungen von der theophanen Gegenwärtigkeit der Götter im Kult absorbiert werden, hat die israelitische Religion trotz allen Schwergewichts, das der Kult auch in ihr bekam, an der Vorordnung der geschichtlichen Gotteserfahrung festgehalten. Nicht die Sinaitheophanie begründet das israelitische Gottesverhältnis, sondern der Exodus. Die Theophanie bestätigte und verstetigte nur, was zuvor schon geschichtlich begründet war.

Nach einem Strang der Überlieferung zielt die Theophanie auf die Begründung des Gottesdienstes (Ex 24,4bf..9-11.15bff.). Am klarsten ist die Konzeption in der Priesterschrift durchgeführt: Aus der Erscheinung der Herrlichkeit Gottes *(kĕbōd jhwh)* heraus ergeht an Mose der Befehl zum Bau des Heiligtums, das von P als transportable Kopie des Jerusalemer Tempels vorgestellt wird (Ex 24,15b-18; 25,4ff.). Nachdem das Heiligtum gebaut ist (Ex 35ff.), die Opfergesetze erlassen und die Priester eingesetzt worden sind (Lev 1-8), wird Lev 9 der erste Opfergottesdienst vollzogen, der durch ein nochmaliges Erscheinen der Herrlichkeit Jahwes sanktioniert wird: Jahwe ist beim Gottesdienst gegenwärtig, die uranfängliche Begegnung Jahwes in seiner Herrlichkeit setzt sich fort in seiner kultischen Gegenwart für alle Zeiten.

Diese Sicht setzt eindeutig spätere kultgeschichtliche Stadien voraus, die in die Frühzeit projiziert werden. Dennoch ist der Zusammenhang von Theophanie und Kult religionsgeschichtlich so breit gesichert, daß wir annehmen dürfen, daß die Jahwetheophanie, die die Exodusgruppe am Gottesberg erlebte, zwar nicht den Jahwekult an diesem Ort überhaupt begründete, wohl aber die ständige Jahweverehrung durch die Gruppe. Die Merkmale seines Kults sind, soweit wir erkennen können, auch wenig spezifisch, sondern typisch für den antiken Großgruppenkult überhaupt: Er wird vollzogen an einem heiligen Ort, der in diesem Fall noch ein Naturheiligtum, ein Berg, ist mit nur wenigen kultischen Installationen; überall in der Religionsgeschichte gehen die natürlichen heiligen Orte (Berge, Haine, Quellen) den erbauten Heiligtümern voraus. Er ist gebunden an eine heilige Zeit, die das Kultgeschehen aus dem Fluß des Alltagsgeschehens heraushebt (Ex 24,16a.18b) und auf die sich die Kultteilnehmer durch spezielle Riten vorbereiten müssen (vgl. Ex 19,10.14: Waschen der Kleider, sexuelle Enthaltsamkeit). Und er erfordert eine kultische Repräsentation, einen oder mehrere Mittler des Heiligen, die allein den heiligen Ort betreten dürfen und für die Großgruppe die heiligen Handlungen vollziehen. Diese werden auch schon in der Frühzeit vor allem aus Opferhandlungen bestanden haben (Ex 19,12; 24,5.11), selbst wenn das spätere Theologen bestreiten (Am 5,25; Jer 7,22). Auch wenn man sich den frühen Jahwekult in der Wüste noch relativ einfach vorstellen muß, er besaß damit schon alle Ansätze zum späteren institutionalisierten Kultbetrieb. Darin unterscheidet sich der Jahwekult als Großgruppenkult grundlegend von dem familiären Kleinkult.

Wieweit schon in der Wüste heilige Geräte eine Rolle spielten, ist nicht so sicher; erwähnt wird ein «Zelt der Begegnung» (*'ohel mō'ed* vgl. Ex 33,7-11; Nu 11,16f.24; 12,4ff.; Dtn 31,4 und bei P), das in die Wüstenzeit zurückgehen könnte. Es erinnert an die *qubbah* der vorislamischen Araber, ein kleines Zelt aus rotem Leder, in dem das Gottesbild des Stammes mitgeführt wurde.[21] Es stand zwar nach Ansicht der Überlieferung nicht im Zentrum des stetigen Großkults, sondern hatte nur kasuelle Orakelfunktion, aber immerhin ist damit ein transportables Heiligtum bezeugt, an dem Mose, der Führer der Gruppe, und Jahwe einander begegnen konnten. Dagegen ist die «Lade» *('ărōn)* ursprünglich wohl kein Kultgerät, sondern eine Art Führungs- oder Feldzeichen, das im Kampf die Gegenwart Gottes verbürgte (Nu 10,35f.; vgl. 1. Sam 4; 2. Sam 11). Zum Kultgerät wurde sie erst im Heiligtum von Silo, wo sie aufbewahrt wurde, und noch später dann im Jerusalemer Tempel, wo sie als Teil des Gottesthrones im Allerheiligsten galt (2. Sam 6; 1. Kön 8,6ff.; Ps 99,5; 132,7), bis sie von den deuteronomischen Theologen zu einem Behälter für die Bundesurkunde des Dekalogs umfunktioniert wurde (Dtn 10,1-5 deswegen «Bundeslade»).

Ebenso unsicher ist es, ob es in der Frühzeit des Jahwekults schon eine spezielle Priesterschaft gab. Am ehesten kommen hierfür die Leviten in Betracht, die Dtn 33,8-11 mit der Oase Kadesch in Verbindung gebracht werden, wo sich die Exodusgruppe wahrscheinlich längere Zeit aufhielt, und auch später noch werden levitische Priester mit Mose in Zusammenhang gebracht (Ri 18,20 vgl. Ex 2,1). So wird erwogen, daß es sich bei den Leviten um eine wandernde Priestergenossenschaft gehandelt habe, die die Exodusgruppe in Kadesch kennenlernte und für ihren Jahwekult verpflichtete.

Die Funktion des frühen Jahwekults war wahrscheinlich eine doppelte: Er verstärkte die geschichtlich gewachsene Verbindung zwischen Jahwe und dieser speziellen Menschengruppe, und er verstärkte den sozialen Zusammenhalt der Gruppe selber. Man darf vermuten, daß erst durch ihn aus dem heterogenen Flüchtlingshaufen ein festorganisierter Stamm wurde.

Auch wenn unsere Kenntnisse über die Details des frühen Jahwekults spärlich sind, so ist es doch grundsätzlich von Bedeutung, daß er sich in wesentlichen Ansätzen in den südlichen Wüstenregionen ausgebildet hat, bevor die Exodusgruppe in das palästinische Kulturland einwanderte. Dieser Kult war von Hause aus nicht an eines der berühmten Heiligtümer des Kulturlandes gebunden, in seinem Zentrum stand nicht die Bindung Jahwes an einen bestimmten Ort, sondern an eine bestimmte Menschengruppe. Die Erinnerung an diese Herkunft hat später nicht nur immer wieder Oppositionsgruppen zu einer erstaunlich radikalen Distanzierung vom bestehenden Kultbetrieb befähigt, sondern auch die Fortsetzung der Jahweverehrung nach dem Zusammenbruch des Staatskultes 586 in exilischer Zeit ermöglicht.

Nach einem zweiten Strang der Überlieferung zielt die Theophanie auf die Vermittlung von Geboten und Gesetzen. Aus diesem Grunde ist eine ganze Anzahl von Gebots- und Gesetzessammlungen unterschiedlichen Alters in die Sinaiperikope eingefügt worden, der Dekalog (Ex 20,1-17), das «Bundesbuch» (Ex 20,22-23,19), das «Heiligkeitsgesetz» (Lev 17-26) und diverse Priestergesetze. In allen Fällen ist der Zusammenhang erst nachträglich literarisch hergestellt; klar durchgeführt findet sich die Konzeption nur in der deuteronomisch-deuteronomistischen Parallelüberlieferung der Sinaiereignisse Dtn 5 und in Ex 34 (Theophanie und kultischer Dekalog). So ist es durchaus fraglich, ob sie wesentlich älter ist als die frühdeuteronomische Zeit (frühestens ausgehendes 8. Jh.). Auch der Dekalog, der immer wieder gerne der mosaischen Frühzeit zugeordnet wurde, erweist sich bei näherem Zusehen als Bestandteil der deuteronomischen Reformkonzeption.

Nun wird man sicher auch bei der Exodusgruppe grundlegende Rechtsnormen und einfache Formen der Rechtsprechung voraussetzen, mit denen gruppeninterne Konflikte geregelt wurden. Nur ist fraglich, ob diese schon religiös abgeleitet und abgestützt waren; eher wird man an altes Sippenrecht (vgl. Lev 18) und Gewohnheitsrecht zu denken haben.

Davon unbenommen bleibt allerdings das religionsgeschichtlich gewichtige Problem der Herkunft der grundlegenden Normen der Jahweverehrung: ihrer Ausschließlichkeit und ihrer Bilderlosigkeit, wie sie sich u. a. in den ersten beiden Dekaloggeboten niedergeschlagen haben. Hierbei handelt es sich um so auffällige Besonderheiten der späteren Religion Israels gegenüber der gesamten vorderorientalischen Antike, daß viele Forscher zumindest Fremdgötterverbot und Bilderverbot in der Frühzeit der Jahwereligion verankern möchten.

Nun erweisen sich allerdings die überlieferten Formen der beiden Gebote als relativ jung. Das umfassend formulierte Fremdgötterverbot des Dekaloges («Du sollst keine anderen Götter haben mir ins Angesicht» Ex 20,2; Dtn 5,6) ist kaum viel älter als die deuteronomische Reform (622); einen älteren Eindruck machen Ex 34,14 und 22,19, die konkret die kultische Verehrung anderer Götter verbieten. Aber auch sie setzen schon die Konkurrenzsituation des Kulturlandes voraus. So ist es durchaus fraglich, ob schon in der Frühzeit mit einem explizit formulierten Fremdgötterverbot gerechnet werden kann.

Dennoch muß es etwas in der Jahwereligion gegeben haben, das zur Ausformulierung dieses Gebots gedrängt hat. Wohl kann – wie sich zeigen wird – von einem Monotheismus oder auch nur von einer Monolatrie im strengen Sinn zumindest in vorexilischer Zeit nicht gesprochen werden, doch läßt sich der spätestens seit der mittleren Königszeit erhobene Anspruch auf Alleinverehrung Jahwes nicht voll aus der Opposition zu staatlichem Synkretismus und Polytheismus dieser relativ späten Zeit erklären (Elia, Hosea); er muß einen Anhalt in den Strukturen der Jahwereligion haben, die älter sind. Der Prophet Hosea (13,4) sah ihn in dem religiösen Schlüsselerlebnis der Frühzeit begründet:

> Aber ich bin Jahwe, dein Gott von Ägypten her,
> einen Gott außer mir kennst du nicht,
> einen Helfer außer mir gibt es nicht.

Ihm wird darin zuzustimmen sein, die Gründe für die eigentümliche, der Religion Israels innewohnende Tendenz zur Exklusivität in ihrer außergewöhnlichen sozial- und religionsgeschichtlichen Ausgangskonstellation zu suchen: Unter den extremen Lebensbedingungen der politischen Befreiung und einer längeren Wüstenexistenz bildete sich ein enges personales Verhältnis zwischen der Exodusgruppe und Jahwe heraus. Die anderen vorderorientalischen Religionen kennen ein solches personales Gottesverhältnis nur in bezug auf Kleingruppen und einzelne Personen («persönlicher Gott», «Schutzgott»). Die personale Bindung eines Gottes an eine Großgruppe ist eine Besonderheit der israelitischen Religion. Dagegen sind etwa die babylonischen Götter auf bestimmte Städte bzw. auf das Land «Sumer und Akkad» bezogen. Es gibt im Akkadischen gar kein Wort für «Volk», statt dessen meint *nīšu* die «Bevölkerung des Landes», die im Laufe der Geschichte wechseln konnte, ohne daß die Götterwelt sich tiefgreifend veränderte. Nur über das Land, die Stadt mit ihren Tempeln und über die politische Institution des Königtums steht die babylonische Bevölkerung in Beziehung zu den Göttern. Auf der politischen Ebene ist allein die Beziehung der Götter zum König personal bestimmt, gegenüber ihrem Land besteht ein Sachbezug: Die Götter sind Besitzer des Landes und halten diesen Besitz in Ordnung, indem sie die Herrschaft darüber an einen König delegieren und ihre Entscheidungen über einen göttlich-königlichen Instanzenweg durchsetzen. Von den besonderen Anfangsbedingungen der israelitischen Religion her ist Jahwe nicht primär Besitzer eines Landes, sondern der Gott einer Großgruppe («Gott der Hebräer», später «Gott Israels»), die ihm ihre Freiheit, ja ihre Existenz in allen Gefährdun-

gen verdankt. Dieser Umstand gibt der Bindung an ihn – jedenfalls auf Großgruppenebene – eine gewisse Exklusivität.
Der Einzelstellung Jahwes als Großgruppengott entspricht die relativ einfache Sozialstruktur der Exodusgruppe. Es gibt in dieser Flüchtlingsgruppe unter den Extrembedingungen der Wüste noch keine tiefgreifende soziale Differenzierung, Arbeitsteilung und institutionelle Aufgliederung der Gesellschaft. Auf eine solche reich gegliederte Gesellschaftsordnung ist nun aber der Polytheismus der übrigen vorderorientalischen Religionen bezogen. Die Vielfalt der Götterwelt spiegelt die vielfältigen widerstreitenden Interessen und die komplizierten gesellschaftlichen Verhältnisse der vorderorientalischen Hochkulturen wider.[22] Und wie diese in der monarchischen Hierarchie ihren Ausgleich finden, so findet auch das Pantheon nur in der monarchischen Spitze («König der Götter») eine spannungsreiche Einheit. Solange die Exodusgruppe um ihr Überleben kämpfte, d. h. ihre Sozialstruktur undifferenziert und ihre Interessenlage eindeutig war, war die Bindung an einen einzigen Gott das Gegebene, reichte ihr ein einziges religiöses Symbol aus. Jahwe hatte unter diesen Extrembedingungen nur eine einzige Aufgabe: das Überleben der Gruppe in der gewonnenen Freiheit zu sichern. Dazu war kein komplizierter Instanzenweg innerhalb eines Pantheons nötig. Jahwe handelte an der Gruppe direkt und unmittelbar, nicht wie ein König des Landes, sondern wie der Führer eines Stammes. Darauf, daß die Distanz Jahwes zum polytheistischen System der ägyptischen Religion es der Exodusgruppe überhaupt erst möglich machte, in ihm den Garanten ihrer Befreiung aus der ägyptischen Gesellschaft zu sehen, wurde schon hingewiesen.
So findet die Anlage zur alleinigen Jahweverehrung in der israelitischen Religion aus den sozialgeschichtlichen Bedingungen der Exodusgruppe eine durchaus plausible Erklärung. Damit ist jedoch der Weg zur Monolatrie oder gar zum Monotheismus keineswegs automatisch vorgezeichnet. Es wird sich zeigen, daß unter gewandelten sozialgeschichtlichen Bedingungen, besonders seitdem die Errichtung des Königtums zu einer differenzierten und komplexen israelitischen Gesellschaft führte, auch in Israel die Zeichen ganz auf Synkretismus und Polytheismus gestellt waren, d. h., was die unter den Extrembedingungen der Frühzeit «normale» Alleinverehrung Jahwes in gewandelten gesellschaftlichen und politischen Verhältnissen bedeuten konnte, war keineswegs von vornherein klar, sondern mußte erst entdeckt werden. Für die meisten war sie einfach durch die gesellschaftlichen Entwicklungen überholt. Es waren nur einige Oppositionsgruppen, die auch unter den gewandelten gesellschaftlichen Verhältnissen auf die exklusive Gottesbeziehung der Frühzeit zurückgriffen und die alleinige Jahweverehrung auf ihr Banner schrieben (Elia, Hosea). Dieser prophetische Kampf um die Ausschließlichkeit der Gottesbeziehung Israels war zugleich ein Kampf gegen die sozialen und politischen Entwicklungen der mittleren und späten Königszeit: gegen ein Auseinanderfallen der israelitischen Gesellschaft in sich bekämpfende Klassen und gegen ihre politische Einbindung und Überfremdung nach außen. Erst im Zuge dieser Auseinandersetzung sind die Fremdgötterverbote formuliert worden (Bundesbuch, Deuteronomium). Und es bedurfte noch einmal einer längeren Überzeugungsarbeit, bis sie in ihrer ganzen Tragweite von allen gesellschaftlichen Gruppen akzeptiert wurden. Es ist sicher kein Zufall, daß sich die monotheistische Tendenz der Jahwereligion erst im Exil, nach dem Zusammenbruch der Gesellschaft und jenseits der Ebene einer politischen Nationalreligion, voll verwirklichen konnte.
Ähnlich wie beim Fremdgötterverbot scheint die religionsgeschichtliche Entwicklung auch hinsichtlich des Bilderverbots verlaufen zu sein. Die expliziten Gebotsformulierungen (Ex 20,4-6; Dtn 5,7-10; Ex 20,22 f.; 34,17 f.; Lev 19,4; 21,6 vgl. Dtn 27,5) sind auch hier relativ spät entstanden; noch der Prophet Hosea (um 730) scheint in seinem Kampf gegen den Bilderkult keine davon gekannt zu haben, sonst hätte er sich sicher darauf berufen. Dennoch wohnt dem Jahwekult schon in älterer Zeit eine gewisse Tendenz zur Bilderlosigkeit inne, z. B. war der Gottesthron im Jerusalemer Tempel leer. Dies läßt sich am ehesten damit erklären, daß auch der frühe Jahwekult der Exodusgruppe kein Gottesbild kannte[23]. Dafür fehlten unter den extremen Lebensbedingungen der Wüste wohl nicht nur die materiellen und kultischen Voraussetzungen, sondern wahrscheinlich auch jedes Bedürfnis, solange Jahwe als Symbol der Distanzierung von der ägyptischen Kultur mit ihrer ausgeprägten Gottesbildtheologie angesehen wurde. Das schloß aber nun nicht aus, daß nach erfolgter Etablierung im palästinischen Kulturland Jahwe unter Verwendung der hier üblichen Gottessymbole und Gottesbilder verehrt werden konnte. Als sinnfällige Symbole göttlicher Anwesenheit werden in den älteren Texten häufig – ohne jede Kritik – Kultsteine (Masseben) erwähnt (z. B. Gen 28,18). Sie sind inzwischen auch archäologisch bezeugt: drei Masseben befanden sich z. B. im Allerheiligsten des Jahwetempels von Arad. Erst vom Deuteronomium werden sie verboten (Dtn 16,21 f.). Ein kostbares Jahwesymbol war wohl auch der Ephod, den Gideon nach Ri 8,22-28 herstellen ließ. Menschen- und tiergestaltige Gottesbilder sind im Jahwekult von Dan (Ri 17 f.) und Jerusalem bezeugt (2. Kön 18,4; Nehustan, eine schlangenartige Heilgottheit?). Das Stierbild von Bethel war zwar ursprünglich nur als Podest gemeint, auf dem Jahwe unsichtbar stehend vorgestellt wurde, es wurde aber in der populären Anschauung direkt mit Jahwe identifiziert (vgl. Ex 32,1-6; Hos 8,6). Eine Götterstatuette, die möglicherweise Jahwe darstellen soll, wurde in Hazor gefunden, eine bronzene Stierplastik im nördlichen samaritanischen Bergland. So konnte Jahwe bis tief in die Königszeit hinein durchaus auch mit Kultsymbolen und Gottesbildern verehrt werden, ohne daß dies auf Kritik stieß. Der Kampf gegen die Gottesbilder beginnt erst mit dem Propheten Hosea; sie sind für ihn der deutlichste Ausdruck einer «kanaanäischen» Überfremdung der Jahwereligion (Hos 4,17; 8,4 f.; 6; 10,5; 11,2; 13,2; 14,4.9). Im Gefolge dieser Auseinandersetzung wird nicht nur die Herstellung gegossener und geschnitzter Gottesbilder verboten (Ex 34,17; 20,4a), sondern schließlich jede Art von bildlicher Darstellung im Zusammenhang des Gottesdienstes (Ex 20,4b-6; 4,15-17). Für die Deuteronomisten ist die Verehrung eines Kultbildes, auch wenn es Jahwe repräsentieren soll, in jedem Fall Götzendienst.
In diesem erst relativ spät anlaufenden Klärungsprozeß haben zuerst wieder Oppositionsgruppen erkannt, daß die statisch-materiale Repräsentanz Gottes im Bild, wie sie im antiken Vorderen Orient überall üblich war, Jahwe etwas Wesentliches nimmt, was ihm seit der Frühzeit der israelitischen Religion eignete: seine Transzendenz und Distanz zur eingerichteten

Welt mit ihren scheinbar festen Seins- und Herrschaftsstrukturen und seine geschichtliche Dynamik. Jahwe ist von Hause aus kein Gott, den man im Bild als Garant der bestehenden Gesellschaftsordnung in die Welt hineinziehen könnte, sondern einer, der mit seiner Verheißung der Befreiung die bestehende Welt auf eine neue Welt und bessere Ordnung hin transzendiert. Nicht in der statischen Anschauung eines Bildes kann Israel seinen Gott begreifen, sondern dadurch, daß es Gott auf dem Weg, den sein Wort weist, folgt (Ex 4,12 ff.).

Schließlich sind die Sinaiereignisse von der Tradition als grundlegender Bundesschluß zwischen Jahwe und Israel aufgefaßt worden. Doch während man früher häufig geneigt war, den «Bundesschluß am Sinai» für das Urgestein der Überlieferung zu halten und zum «mosaischen» Ausgangspunkt der weiteren religionsgeschichtlichen Entwicklung zu machen (vgl. z. B. H. Ringgren), wird in neuerer Zeit immer deutlicher, daß es sich um nachträgliches, in der Sinaiperikope nur locker eingesetztes Interpretament handelt, das erst auf die deuteronomisch/deuteronomistischen Theologen zurückgeht (Ex 19,3b-10; 24,3f.7f.; Ex 34). Von einem Bund im theologisch und rechtlich durchstrukturierten Sinn wird man in der Frühzeit sicher noch nicht sprechen können, wohl aber von einem besonderen personalen Verhältnis zwischen Jahwe und der Exodusgruppe, das aus der Befreiungserfahrung erwachsen war und durch Theophanie und Gottesdienst verfestigt wurde. Auch ohne förmlichen Bundesschluß (Ex 24,3f.7f.) förderte dieses Gottesverhältnis schon die soziale Integration der Gruppe, auch ohne explizite Gebotsverkündigung beinhaltete es elementare Verhaltensnormen innerhalb der Gruppe, vor allem die, trotz aller Schwierigkeiten, die sich der Vollendung der Befreiungsaktion in den Weg stellten, nicht aufzugeben, sondern weiter bei dem Gott der Befreiung zu bleiben. Nur waren diese Normen noch nicht im einzelnen ausdifferenziert.

Die Überlieferung von der Wüstenwanderung weiß von zahlreichen Gefährdungen zu berichten, denen die Flüchtlingsgruppe aus Ägypten unter den Bedingungen der südpalästinischen Wüstenregion ausgeliefert war; sie spricht von der Not des Verhungerns (Ex 16; Nu 11,4-35) und Verdurstens (Ex 15,22-27; 17,1-7; Nu 20,1-13), von der Bedrohung durch Feinde (Ex 17,8-16) und wilde Tiere (Nu 21,4b-9) und von schweren Mißerfolgen, im Kulturland Fuß zu fassen (Nu 13f.). Solche Schilderungen sind kaum im strengen Sinn als historisch zu betrachten, dennoch malen sie auf typische Weise durchaus realistisch das Wagnis aus, auf das sich die Mosegruppe eingelassen hatte. Die Befreiungsaktion drohte immer wieder zu scheitern; die Gruppe blieb in ihrem Kampf um das Überleben dauernd auf ihren Gott Jahwe angewiesen. Wenn die Überlieferung in diesem Zusammenhang nicht nur von einem leitenden (Jahwe zieht der Gruppe wie ein Heerführer voran, ***hālak lifnē*** Ex 13,21 31,1. 32; Nu 14,14 vgl. Nu 10,33 und akk. *ālik pāni* = «Heerführer») und rettenden Handeln Jahwes (Ex 15-17), sondern auch von seinem Zorn spricht (Nu 11; 13f.; 20f.), dann ist das bei aller späteren theologischen Projektion doch sicher nicht völlig ohne Anhalt: Zur geschichtlich-politisch fundierten Gottesbeziehung einer Großgruppe, deren Befreiungsprozeß immer wieder gefährdet ist, gehört die Erfahrung des Zorns Gottes notwendig hinzu.

Doch wie immer man die Wüstentradition im einzelnen beurteilen mag, sie bezeugt wohl zutreffend, daß es der Exodusgruppe nicht auf Anhieb gelang, von einer Desintegration aus der ägyptischen Gesellschaft zu einer Integration im palästinischen Kulturland zu finden. Religionsgeschichtlich ist daran vor allem bedeutsam, daß sich die Anfänge der Jahwereligion noch vor der geglückten Integration der Gruppe unter den extremen Lebensbedingungen außerhalb des Kulturlandes ausbildeten. Von daher wohnte ihr ein kritisches Potential inne, das von späteren Oppositionsgruppen immer wieder gegen gesellschaftliche Herrschaftsstrukturen aktiviert werden konnte.

Die Religion des vorstaatlichen Großgruppenverbandes

Als es der Exodusgruppe unter Führung Josuas endlich gelang, in Palästina Fuß zu fassen, befand sich das Land in einem tiefgreifenden politischen, sozialen und kulturellen Umwälzungsprozeß. Der Seevölkersturm hatte um die Wende vom 13. zum 12. Jahrhundert zur Zerstörung einer großen Anzahl spätbronzezeitlicher Städte, einer nachhaltigen Schwächung der ägyptischen Oberherrschaft und der von ihr abhängigen kanaanäischen Stadtstaaten geführt. Der damit einhergehende Zusammenbruch des internationalen Fernhandels hatte einen weitgehenden Abbruch der hochentwickelten spätbronzezeitlichen Stadtkultur zur Folge, die sich nur noch in der Küstenebene behaupten konnte. Statt dessen kam es abseits der alten städtischen Zentren, im west- und ostjordanischen Gebirgsland und im nördlichen Negeb zu vielen neuen dörflichen Siedlungen. Deren Bewohner rodeten die mit Maccia überwucherten Kuppen, legten Terrassen und wasserdichte Zisternen an und machten mit diesen neuen Techniken eine bäuerliche Existenz in der Gebirgsregion überhaupt erst möglich. Die materielle Kultur dieser früheisenzeitlichen Siedlungen führt auf der einen Seite – wenn auch auf deutlich primitiverem Standard – spätbronzezeitliche Traditionen fort, läßt aber auch neue Siedlungs- und Gestaltungsformen erkennen (Vier-Raum-Haus, Vorratskrüge mit Halswulst).[24]

Wie dieser archäologisch erhebbare, tiefgreifende Deurbanisierungsprozeß geschichtlich und soziologisch zu deuten ist, ist heute noch nicht völlig sicher. Gegen die alttestamentliche Vorstellung von einer geballten Einwanderung der israelitischen Stämme und einer planmäßigen militärischen Eroberung des Landes (Jos 1-12) spricht die Tatsache, daß die neuen Siedlungen abseits der alten politischen Zentren auftauchen und zudem meist unbefestigt sind. Gegen die von A. Alt und M. Noth entwickelte Landnahmetheorie[25] einer Infiltration und Ansiedlung von außen kommender nomadischer Gruppen spricht, abgesehen von der ungeklärten Frage, wo denn solche Nomaden hergekommen sein sollen, der Befund, daß die materielle Kultur dieser neuen Siedlungen durchaus auch eine Kontinuität zur spätbronzezeitlichen Tradition Palästinas aufweist. Das deutet eher darauf hin, daß deren Bevölkerung schon in einer länger andauernden Symbiose mit der kanaanäischen Stadtkultur gelebt hat, bevor sie zu Neusiedlungen überging. Wir müssen damit rechnen, daß ein Großteil der Gruppen, die sich dann zu «Israel» zählten, schon zuvor Teil der palästinischen Gesellschaft gewesen sind. Nur gehörten sie wahrscheinlich zu deren Unterschichts- und Randgruppen, die in offiziellen politischen Texten nicht auftauchen, oder aber (wie in der Amarna-Korrespondenz des 14. Jh.s) als *ḫapīru*, d. h. Outlaws, gebrandmarkt werden. Von diesen Überlegungen her bietet sich als wahrscheinlichste Lösung ein soziologisches Erklärungsmodell in der Richtung an, wie es C. H. J. de Geus und N. K. Gottwald vorgetragen haben[26]: Die Deurbanisierung ist Folge einer Verschiebung der Kräfteverhältnisse innerhalb der palästinischen Gesellschaft, die durch Zuwanderungen von außen zwar verstärkt, aber nicht hervorgerufen worden ist. Die Destabilisierung der ägyptischen Macht in Palästina und die damit einhergehende Schwächung der kanaanäischen Stadtstaaten ermöglichte es bisherigen Unterschichts- und Randgruppen der palästinischen Gesellschaft, sich von den städtischen Zentren abzusetzen und in den politisch kaum noch kontrollierten Berg- und Wüstenregionen eine eigene ökonomische Basis und eine selbständige politische Organisation aufzubauen. Es ist die Bauern- und Hirtenbevölkerung Palästinas, die sich aus ihrer Abhängigkeit von der städtischen Aristokratie befreit hat, die den Stammesverband «Israel» bildet.

In diesen gesellschaftlichen Umschichtungs- und Befreiungsprozeß stieß die Exodusgruppe mitten hinein. Die religiösen Befreiungstraditionen, die sie mitbrachte, trugen wesentlich dazu bei, diesen Prozeß zu stimulieren und zu kanalisieren und eine Gesellschaftsordnung zu schaffen, die der Bevölkerung der Gebirgsregion ein Leben in größtmöglicher Freiheit für mehr als ein Jahrhundert sicherte.

Die antiherrschaftliche Organisationsform des israelitischen Stämmeverbandes

Die Großgruppenorganisation, welche die sich emanzipierende Bauern- und Hirtenbevölkerung des palästinischen Berglandes ausbildete, läßt sich bis zu einem gewissen Grad geradezu als Gegenmodell zu den monarchisch organisierten kanaanäischen Stadtstaaten bestimmen: Typisch ist für sie eine auffallende Dezentralität und das Fehlen jeglicher politischer Zentralinstanz. Die außerhäusliche Autorität ist ausgesprochen schwach entwickelt; eine unbedingte Solidaritätsverpflichtung und spürbare gesellschaftliche Kontrolle gibt es für den einzelnen nur innerhalb seiner Familie und – in abgeschwächter Form – innerhalb seiner Sippe. Die ständigen politischen Institutionen enden auf der Ebene des Ortes oder spätestens auf der Ebene des Stammes. Alle darüber hinausgehenden Beziehungen sind institutionell ungeregelt und vom Prinzip der Freiwilligkeit bestimmt.

Das Grundmuster der Gesellschaftsorganisation ist tribal, d. h. die gesellschaftlichen Beziehungen werden nach einem gestaffelten System realer oder fiktiver patrilinearer Verwandtschaftsgruppen geregelt. Real sind jedoch nur die beiden untersten Stufen, die exogame Familie *(bēt 'āb)* und die endogame Sippe *(mišpāḥā)*. Beide bildeten, sofern die Sippe, wie im bäuerlichen Teil der Bevölkerung üblich, an einem Ort zusammenlebte (Ri 6,24), den eigentlichen Lebensraum für den einzelnen, in dem er Solidarität erwarten konnte und in dem von ihm Solidarität gefordert wurde. Dabei bildete die Familie die eigentliche Wirtschaftseinheit, die über einen eigenen, unveräußerlichen Erbbesitz verfügte *(naḥălā)*, während die Sippe nur in besonderen Fällen in Aktion trat: bei Heirat oder bei der Ausübung der Blutrache (2. Sam 14,7). Eine besondere Solidaritätsleistung wurde von den nächsten Verwandten gefordert, wenn eine Familie in wirtschaftliche Schwierigkeiten geriet (Loskaufverpflichtung Jer 32,6 ff.; Ru 4; Lev 25,25 ff. 47 ff.) oder aber ein Familienvater ohne männliche Nachkommen starb («Leviratsehe» Gen 38; Dtn 25,5-10; Ru 1-4). Hier ist das Bestreben zu erkennen, den Familienbesitz innerhalb der Sippe zu halten.

Weitgehend fiktiv ist dagegen die verwandtschaftliche Zusammengehörigkeit auf den beiden weiteren Stufen des Stammes *(šebäṭ, maṭṭā)* und des Stammesverbandes «Israel». Der Stamm ist ein politischer Zusammenschluß von Sippen einer Region zum Zwecke politischer Aktionsfähigkeit. Die Zugehörigkeit zu ihm war darum sehr viel lockerer; die Sippen konnten sich mal dem einen und mal einem anderen Stamm zurechnen (vgl. 1. Chron 7,37; 1. Sam 9,4). Und die Gruppenform war deutlich instabiler: Stämme konnten sich teilen (Efraim, Benjamin; Ost- und Westmanasse) oder ineinander aufgehen (Simeon in Juda). Die Stämme sind also mehr regionale Größen, wie eine ganze Anzahl von ihnen denn auch ursprüngliche Ortsnamen trägt (Efraim, Benjamin, Juda, Naftali). In ihrer Mehrzahl spiegelt sich zumindest teilweise die starke geographische Zerklüftung des palästinischen Berglandes wider, die kleinräumige politische Zusammenschlüsse begünstigte. Eine überregionale Koalition der Stämme zu einem Verband, der diese natürliche Grenze überwand, mußte darum noch lockerer ausfallen. Aber immerhin, daß es den Familien und Sippen der ehemals abhängigen Landbevölkerung überhaupt gelang, sich zu solchen größeren Verbänden zusammenzuschließen, war die Voraussetzung dafür, gegenüber den kanaanäischen Stadtstaaten Freiheit zu erwerben und zu sichern.

Die politischen Institutionen lehnen sich an diese tribal-regionale Gliederung der Gesellschaft an. Zwei Gremien lassen sich erkennen: Da sind einmal die Ältesten, d. h. die Familien- bzw. Sippenoberhäupter eines Ortes, einer Region oder eines Stammes (Ri 8,14; 11,5 ff.; 1. Sam 30,36), und da sind ein andermal die Männer einer Stadt, einer Region oder eines Stammes, d. h. die Versammlung der rechtlich freien, ökonomisch selbständigen und darum Waffen tragenden Männer (Ri 8,5 ff.; 1. Sam 11,1.3; Ri 11,11; 12,1). Beide Gremien agierten institutionell ungeregelt nebeneinander: Die Ältesten führten das politische Kleingeschäft aus, repräsentierten die Siedlung nach außen (1. Sam 16,4), regelten Konflikte unter den Sippen im Innern, waren in der Rechtsprechung tätig und führten die Verhandlungen (Ri 11). In allen wichtigen Fragen hatte die Versammlung der Männer die letzte Entscheidungsbefugnis, etwa wenn es um die Anwerbung eines Heerführers (Ri 11,11), die Aufnahme von Fremden (Ri 19,12), die Gewährung militärischer Unterstützung für andere Gruppen oder überhaupt um Krieg und Frieden ging (1. Sam 11,10). Es handelt sich somit um eine Form primitiver Demokratie, die letztlich auf die Zustimmung aller Betroffenen angewiesen ist. Das Erstaunliche ist nur, daß es neben diesen relativ schwerfälligen «demokratischen» Institutionen kaum politische Führungsämter gegeben hat: Die gelegentlich erwähnte Position eines ständigen «Hauptes» (*rōš* Ri 11,9.11) bleibt die Ausnahme, die Befehlsgewalt des Heerführers (*qāṣīn*

Ri 11,6. 11) ist auf die Krisenzeit beschränkt, und der meist mit «Fürst» übersetzte Titel *nāśī'* bezeichnet in Wirklichkeit den Sprecher einer Verwandtschaftsgruppe, d. h. eine aufgrund von Prestige erworbene Führerschaft, die aber keinerlei Kontrollfunktionen beinhaltet.

Der Zuständigkeitsbereich dieser politischen Institutionen ist normalerweise auf die einzelnen Ortschaften und d. h. auf eine oder wenige Sippen beschränkt. In ruhigen Zeiten agierten die israelitischen Städte und Dörfer völlig eigenständig und unabhängig voneinander. Nur in besonderen Situationen, vor allem in Krisenzeiten, weitete sich die Zuständigkeit auf Stammesebene aus. Dann hören wir von den Männern Efraims, Benjamins oder Judas, die als größere kollektive Einheit politisch, und d. h. meist militärisch, tätig werden (Ri 8,1; 20,21; 15,10ff.).

Diese Ausweitung war aber nicht automatisch gegeben, sondern mußte durch Überzeugungsarbeit, daß eine gemeinsame Aktion unumgänglich sei, immer wieder erst hergestellt werden. Die Beteiligung war freiwillig, keine Sippe oder Ortschaft konnte institutionell dazu gezwungen werden. Auffallend ist wiederum, daß die ständigen politischen Institutionen auf Stammesebene endeten, es gab die längste vorstaatliche Zeit keine entsprechenden Gremien auf der Ebene des Stammesverbandes. Erst an ihrem Ende, unter dem neu entstehenden Druck der Philister kam es zur Ausbildung der die einzelnen Stämme übergreifenden Institutionen der Ältesten bzw. Männer Israels (1. Sam 4,3; 13,6). Die Solidarität endete deshalb in den Zeiten davor häufig an der Stämmegrenze. Nicht selten wird im Richterbuch von Konflikten zwischen den Stämmen berichtet (Ri 8,1-3; 12,1-7; 19f.), die ihre Interessen eifersüchtig verfolgt zu haben scheinen. Nur in schweren Krisen, in denen die einzelnen Stämme nicht mehr in der Lage waren, der Bedrohung Herr zu werden, trat das Bündnis, wenn auch nie vollständig, in Aktion.

Ein weiteres Merkmal der israelitischen Gesellschaft dieser Zeit ist ihre geringe soziale Differenzierung. Es gab unter der Bauern- und Hirtenbevölkerung des Berglandes kaum eine berufliche Differenzierung; die in der patriarchalischen Hauswirtschaft anfallenden Arbeiten wurden mehr oder weniger von allen Familienmitgliedern verrichtet. Noch Saul pflügte seinen Acker selber (1. Sam 11,5). Die Familien waren weitgehend Selbstversorger, die familiäre Produktion auf den Eigenbedarf ausgerichtet; es gab keinen Markt, nur einen regionalen Tauschhandel. Dem entsprach eine geringe gesellschaftliche Schichtung. Wohl gab es einzelne reiche Leute (Ri 10,4f.; 12,8ff.) und Personen, die sich als Freie in einem Dienstverhältnis bei anderen verdingten (*naʿar* 1. Sam 9,7), aber die ganze Gruppe der Sklaven, Beisassen und Tagelöhner, die ab der mittleren Königszeit das Bild der israelitischen Gesellschaft prägen sollten, spielte noch keine Rolle. Die geringe Möglichkeit außerfamiliärer Berufstätigkeit führte allerdings dazu, daß eine ganze Anzahl von Menschen aus den Sippenverbänden herausfiel und als Outlaws, z. T. in Freischärlerbanden ihr Leben fristete (Ri 11,3; 9,3; 1. Sam 22,7).

Es fragt sich, nach welchem Modell eine solche dezentrale Gesellschaft zu beschreiben ist und wie sie bei einem so geringen Grad politischer Institutionalisierung funktionieren konnte. M. Noth hatte sie in Anlehnung an etruskische und griechische Vorbilder als Amphiktyonie, d. h. als sakralen Stämmeverband bestimmen wollen, doch fehlten ihr, wie wir noch sehen werden, jegliche zentralen kultischen Institutionen.[27] Statt dessen hat F. Crüsemann das an afrikanischen Stammesgesellschaften entwickelte Modell der «segmentären Gesellschaft» eingeführt[28], das sich besser bewährt: Hier wird ein Typ tribaler Gesellschaften greifbar, der sich gerade durch das Fehlen einer politischen Zentralinstanz auszeichnet und über ein Arsenal gesellschaftlicher Mechanismen verfügt, die Akkumulation politischer und wirtschaftlicher Macht wirksam zu verhindern. Der Erkenntnisgewinn dieses Modells liegt vor allem darin, das Fehlen zentraler politischer Institutionen nicht als Mangel politischer Gestaltungskraft, sondern als Ausdruck eines bewußten politischen Wollens zu begreifen. Der Stammesverband Israel entspringt einer antiherrschaftlichen politischen Option, die in bewußter Abgrenzung zu den monarchischen kanaanäischen Stadtstaaten die Institutionalisierung politischer Macht nur soweit zuläßt, wie es zur Sicherung des Überlebens der Familien und Sippen absolut notwendig ist. Ziel ist es, den dem Verband angehörenden Familien und Sippen ein Höchstmaß von Freiheit und Unabhängigkeit zu bewahren. Dafür, daß in der Tat eine solche bewußte politische Konzeption in der frühisraelitischen Gesellschaft wirksam gewesen ist, spricht eine Beobachtung, auf die C. Schäfer-Lichtenberger aufmerksam gemacht hat: Die kanaanäischen Städte, mit denen der junge israelitische Stämmeverband friedliche und zum Teil auch vertraglich geregelte Beziehungen pflegte, haben eine nichtmonarchische Verfassung; sie sind entweder oligarchisch oder «demokratisch» geprägt (z. B. Gibeon, Sichem u. a.); dagegen wurden die Städte, die erobert wurden, überwiegend monarchisch regiert (z. B. Hesbon, Taanach, Jerusalem).[29] Das heißt aber, eine Koexistenz war nur möglich, insofern sie den antiherrschaftlichen Zielvorstellungen des israelitischen Stammesverbandes entsprach.

Es sind keine Institutionen, sondern es ist vor allem dieses gemeinsame Freiheitsideal, welches das lockere Stämmebündnis «Israel» einte. Auf dieses Ideal ist, wie sich zeigen wird, auch die religiöse Symbolwelt zentral bezogen.

El und Jahwe als antiherrschaftliche Symbole

Der Stämmeverband, zu dem sich die Bauern- und Hirtenbevölkerung der Bergregionen Palästinas zusammengeschlossen hat, trägt den Namen «Israel». Der Name bedeutet aller Wahrscheinlichkeit nach «Gott bzw. El herrscht» oder «... möge sich als Herrscher erweisen». Ein solcher Name klingt in einer dezentralen Gesellschaft, in der die Mitglieder zugunsten ihrer Freiheitsrechte auf die Ausbildung einer politischen Zentralinstanz bewußt verzichten und sich darin von der monarchischen Herrschaftsstruktur der traditionellen kanaanäischen Stadtstaaten abgrenzen, fast wie ein Bekenntnis: Gott soll herrschen, d. h. kein menschlicher Herrscher, komme er nun von außen oder von innen. Die antiherrschaftliche Option dieser Gesellschaft findet in dem Namen, den sie sich gegeben hat, ihren religiösen Ausdruck.

Ein Problem besteht nun allerdings darin, daß dieser programmatische Name nicht mit dem Gottesnamen Jahwe gebildet ist. Statt dessen begegnet das Element *'el*, das im Nordwestsemitischen sowohl Gattungsbegriff bzw. Appellativum («Gott») als auch Gottesname («El») sein kann. Nun könnte man denken, «*'el*» sei hier einfach im Sinne eines Appellativums für Jahwe gemeint. Dagegen spricht jedoch eine altertümlich wirkende Prädikation, die im Rahmen der Vätergeschichte überliefert ist: In Gen 33,20 gibt der Ahnvater Jakob einem Altar oder besser einer Massebe, die er in der Nähe von Sichem errichtet, den Namen: *'el 'ălōhē jiśrā'ēl*. Das ist zu übersetzen: «El, der Gott Israels». Hier ist «El» eindeutig Gottesname, eine Übersetzung «Gott, der Gott Israels» gäbe keinen Sinn. Da die Prädikation bis auf den Gottesnamen mit der häufig im Alten Testament belegten Formel «Jahwe, der Gott Israels» (Ri 5,3.5 u. ö.) übereinstimmt, kann mit «Israel» hier nicht der Ahnvater, der gelegentlich so benannt wird, sondern muß der Stämmeverband gemeint sein. Dann ist aber der Schluß unausweichlich, daß auch das Element *«'el»* in Israel ursprünglich auf ein religionsgeschichtliches Stadium weist, in dem noch nicht Jahwe, sondern El der Gott des Stämmeverbandes Israel gewesen ist.

Nun wird die Existenz Israels in Kanaan auf der Siegesstele des Merenptah schon für das Jahr 1219 v. Chr. bezeugt; es muß sich also schon in den Jahren davor zu einer respektablen politischen Größe in Palästina ausgebildet haben. Damit geraten wir aber in eine Zeit, in der der Exodusgruppe gerade erst die Flucht aus Ägypten gelang und sie wahrscheinlich noch nicht in Palästina aufgetaucht war. Die ägyptische Erwähnung ist somit auf das noch vorjahwistische Israel zu beziehen. Wir haben uns den historischen Ablauf damit wahrscheinlich so vorzustellen, daß sich der Emanzipationsprozeß der ländlichen Unterschicht der kanaanäischen Gesellschaft in einer ersten Phase noch unter Berufung auf den Gott El vollzog und erst in einer zweiten Phase die Exodusgruppe von Osten her in das mittelpalästinische Bergland einströmte und dem Stämmeverband ihren Gott Jahwe vermittelte. Es spricht einiges dafür, daß es die später auf die Stammutter Rahel zurückgeführten Stämme sind (Manasse, Efraim, Benjamin), die auf die Exodusgruppe zurückgehen, während die Leastämme ältere Stadien des Verbandes repräsentieren.

Die Integration der neu hinzukommenden Gruppen und der damit verbundene Religionswechsel scheinen ohne größere Probleme abgelaufen zu sein. Dies erklärt sich hinreichend aus der gleichen Interessenlage, die zwischen den ehemaligen ägyptischen Fronarbeitern und den ehemaligen Rand- und Unterschichtsgruppen der kanaanäischen Gesellschaft bestand. Beide hatten sich aus ihrer Abhängigkeit befreit, beide waren auf der Suche nach einer Gesellschaftsform, die es ihnen ermöglichte, möglichst frei und unbeschwert zu leben. Wenn es in der Merenptah-Stele heißt: «Israel liegt brach und hat kein Saatkorn», d. h. keine Nachkommen, dann hat es sogar den Anschein, daß das gesellschaftliche Experiment, sich durch Kolonisierung der kargen Berg- und Wüstenregionen Palästinas eine neue und unabhängige Existenz zu schaffen, schon seine Attraktivität verloren hatte und der Zustrom weiterer palästinischer Bevölkerungselemente ausblieb. Die Ankunft der Exodusgruppe mag darum als willkommene Verstärkung begrüßt worden sein.

Ähnliches könnte auch auf religiösem Gebiet gelten. Der Gott El, der bis dahin der kanaanäischen Bauern- und Hirtenbevölkerung als Symbol ihrer Befreiungsbewegung gegolten hatte, war ein Gott des westsemitischen Pantheon. Wohl stand er als der «Götterkönig» an dessen Spitze, blieb aber dennoch in die Götterwelt eingebunden, die auch in den kanaanäischen Stadtstaaten verehrt wurde. Insofern war er nur bedingt geeignet, als antiherrschaftliches Symbol in Abgrenzung von eben diesen Staaten zu fungieren. Und eben dies war bei dem Gott Jahwe anders, den die Exodusgruppe von außen mitbrachte: Er war als Einzelgott der südlichen Wüstenregion nicht in das polytheistische System integriert. Er war zudem ein Gott, der seine Gottheit gerade in der Befreiung aus staatlicher Unterdrückung bewährt hatte. Und er war schließlich ein Gott, der sich einseitig und exklusiv an eine Unterschichtsgruppe gebunden hatte. Als solcher war er geradezu prädestiniert, zum Gott eines Stämmeverbandes zu werden, der eben solchen Gruppen ihre gewonnene Freiheit von staatlicher Abhängigkeit sicherte. Es ist darum zu vermuten, daß Jahwe von den übrigen Stämmen des Verbandes schnell als willkommene Stärkung ihrer religiösen Symbolwelt übernommen wurde. Jahwe wurde mit El verschmolzen und damit zum Gott Israels (so schon Ri 5,3.5). Mit ihm, einem Gott, der der syrisch-palästinischen Götterwelt fremd gegenübersteht und vom Stämmeverband exklusiv für sich in Anspruch genommen werden kann[30], verstärkte sich die Abgrenzung des Verbandes nach außen und sein Zusammenhalt nach innen.

Wir müssen also damit rechnen, daß es schon in vorstaatlicher Zeit zu einer ersten Verbindung von Jahwe- und El-Religion gekommen ist. Wohl muß man davon ausgehen, daß die El-Religion der frühen Stämme sicher nicht identisch gewesen ist mit den ausgebauten polytheistischen Systemen der kanaanäischen Stadtstaaten, die erst später wirksam wurden (z. B. in Jerusalem); aber immerhin, eine erste Brücke war geschlagen. Dieser frühe El-Synkretismus ist wahrscheinlich der Grund dafür, daß auch späterhin, nach der Übernahme großer El-Heiligtümer (Bethel, Jerusalem), die Integration von El- und Jahwereligion so auffallend problemlos vonstatten ging, daß sich im ganzen Alten Testament keine Polemik gegen den Gott El findet.

Die gemeinsame Jahweverehrung der Stämme, die sich dem Verband Israel zurechneten, war von nun an von hoher Bedeutung für die Struktur und das Funktionieren des Bündnisses. Sie war neben gemeinsamer Lebensweise, Sitten und Rechtsanschauungen, die sich herausbildeten, das einende Band, das die dezentralen Gruppen über alle Sonderinteressen hinweg miteinander vereinigte. Dabei ist es interessant zu sehen, wie die Jahwereligion wesentlich dazu beitrug, die kritische Balance zwischen Solidaritätsverpflichtung und Freiheitsideal in der frühisraelitischen Gesellschaft auszutarieren: Auf der einen Seite wurde Jahwe als der erfahren, der gesellschaftliche Solidarität über die Sippen- und Stammesgrenzen hinaus gerade dort schuf, wo die institutionelle Abstützung fehlte. Dies galt besonders für extreme Krisensituationen, in denen Jahwe – wie in den Befreiungskriegen – eine die Stämme übergreifende gemeinsame Aktion der Gruppe ermöglichte (Ri 5,2 f.). Auf der anderen Seite gab es so gut wie keine religiöse Legitimation politischer Herrschaft. Von den politischen Funktionsträgern wurde einzig der relativ schwache *naśi* («Sprecher») vor den Verwünschungen seiner Verwandtschaftsgruppe in Schutz genommen (Ex 22,27), die einflußreicheren Ältesten oder die Versammlung der Waffen tragenden Männer erfuhren dagegen keine religiöse Stütze. Im Gegenteil, indem Jahwe – der programmatischen Israelbezeichnung entsprechend – selber die Stelle des Herrschers besetzt hielt, verhinderte er, daß die solidarische Vereinigung aller politisch-militärischen Kräfte zur Etablierung einer politischen Zentralinstanz mißbraucht wurde. Wenn Gideon Ri 8,22f. die ihm nach erfolgreicher Schlacht angetragene Königswürde mit den Worten ablehnt:

> Nicht ich will über euch herrschen,
> und nicht mein Sohn soll über euch herrschen,
> Jahwe soll über euch herrschen!,

dann ist dieser Satz zwar schon auf die spätere Problematik eines israelitischen Königtums bezogen, doch deckt er den theologischen Zusammenhang, der auch schon im Stämmeverband zwischen göttlicher und menschlicher Herrschaftsausübung bestand, grundsätzlich zutreffend auf. Die auffällige Erscheinung, daß die meisten Heerführer der vorstaatlichen Zeit nach Bewältigung der Krise wieder zurück ins Glied traten und keine dauernde Herrschaft etablierten, wird nur so verständlich. Jahwe sorgte zwar im Bündnis für militärische Solidarität, aber er sorgte auch dafür, daß diese auf die Zeit der Not beschränkt blieb. Als der Gott, der herrscht (Israel!), ist Jahwe das antiherrschaftliche Symbol der frühisraelitischen Gesellschaft. Die Solidarisierung, die er schafft, ist außerinstitutionell, eine Solidarisierung von unten her, auf der Basis der Freiwilligkeit, keine Solidarisierung von oben her mit der Hilfe politischer Zwangsmittel.

In die Zeit des Stämmeverbandes reicht wahrscheinlich auch die Vorstellung zurück, daß Jahwe der eigentliche Eigentümer des Landes sei, auch wenn diese erst in frühnachexilischer Zeit explizit bezeugt ist (Lev 25,23). Die Vorstellung an sich ist im antiken Vorderen Orient weit verbreitet, und Jahwe mag sie von El geerbt haben. Typisch ist aber auch hier wieder die antiherrschaftliche Interpretation. Während die Vorstellung sonst dazu verwendet wurde, Staatskult und Tempelwirtschaft zu begründen, diente sie in der frühen Jahwereligion dazu, die Unverkäuflichkeit des familiären Erbbesitzes zu sichern (1. Kön 21,3f.; Mi 2,2). Indem so die Verfügungsgewalt über Grund und Boden religiös eingeschränkt wurde, wurde eine Akkumulation wirtschaftlicher Macht verhindert. Auch die egalisierende Tendenz der frühisraelitischen Gesellschaft findet in der Jahwereligion ihre symbolische Stütze.

Wenn Israel nicht wie die vergleichbaren Gesellschaften Moab und Ammon schon bald eine monarchische Zentralinstanz etablierte, sondern über zwei Jahrhunderte in seiner akephalen Gesellschaftsstruktur verharrte, dann hat dies ganz sicher mit der egalisierenden und antiherrschaftlichen Tendenz der frühen Jahwereligion zu tun.

Religiöse Befreiungskriege

Das Ideal einer möglichst freiheitlichen Gesellschaftsordnung ohne Abhängigkeit von einer politischen Zentralinstanz hatte allerdings seinen Preis: eine relative außenpolitische Schwäche und eine Schwerfälligkeit des Systems, auf Angriffe von außen zu reagieren. So hören wir immer wieder davon, daß die israelitischen Stämme militärischen Übergriffen ihrer Nachbarn ausgesetzt waren, die versuchten, sie unter ihre Kontrolle zu bringen und sich ihre ökonomischen Ressourcen anzueignen: Kriegerische midianitische Kamelnomaden fielen ein und zogen marodierend und brandschatzend durchs Land (Ri 6,2b-5), die jungen ostjordanischen Königreiche Moab und Ammon suchten die Benjaminiten (Ri 3,12ff.) und die gileaditischen Siedlungen (Ri 11f.; 1. Sam 11) in ihre Abhängigkeit zu zwingen, und eine Koalition kanaanäischer Stadtstaaten schnürte die galiläischen Stämme ab, um die Landbevölkerung wieder unter ihre Herrschaft zu bringen (Ri 5,6-8).

Die Kriege, die Israel zur Abwendung dieser ständig wiederkehrenden militärischen und ökonomischen Bedrückung führte, sind nun der Ort, an dem in dieser Zeit das Handeln Jahwes am direktesten erfahren wurde; sie werden regelrecht «Jahwekriege» genannt (1. Sam 18,17; 25,28). Das ist nicht zufällig so, handelte es sich doch wiederum um ein göttliches Wirken in dem für Jahwe so typischen geschichtlich-politischen Bereich und gehörte die Rettung aus militärischer Bedrohung am Schilfmeer doch schon zum religiösen Erfahrungsschatz der Exodusgruppe. In Analogie dazu wird nun auch der Sieg über die Feinde von den israelitischen Stämmen als Rettung durch Jahwe erlebt und gefeiert.

Allerdings gilt es einen graduellen Unterschied zu beachten: Während die Exodusgruppe gar keine Chance hatte, sich gegen die heranstürmende ägyptische Streitmacht zu wehren und darum deren Untergang allein Jahwes Eingreifen zuschrieb (Ex 15,21), verfügen die israelitischen Stämme über eine – wenn auch schlechte – Bewaffnung und eine rudimentäre militärische Organisation. So wirken nach ihrem Verständnis Jahwe und Israel bei der Rettung zusammen; die religiöse Kriegserfahrung dieser Zeit ist von einem starken göttlich-menschlichen Synergismus geprägt. Dieser zeigt sich zum Beispiel in dem alten Schlachtruf aus dem Kampf gegen die Midianiter: «Das Schwert für Jahwe und Gideon», und das Deboralied (Ri 5), das zugleich Gotteslob und Heldenepos ist, stellt es so dar, daß die israelitischen Truppen dem vom Himmel aus kämpfenden Jahwe zu Hilfe kommen (V. 21.23). Erst in späterer Zeit, als dieser Synergismus theologisch bedenklich wurde, hat man versucht, den menschlichen Anteil am Kampfgeschehen immer weiter zurückzudrängen (Ri 7,2-8; 2. Chr 20).

Diese enge Verquickung Jahwes mit dem Krieg und sein religiöses Verständnis als Rettungshandeln Gottes sind allerdings auf die Jahwekriege der vorstaatlichen Zeit beschränkt, die sich in wesentlichen Punkten von den späteren staatlichen Kriegen unterscheiden. Zentral ist das Fehlen jeder Möglichkeit zur Zwangsrekrutierung; nur innerhalb der Sippe gab es eine gewisse Verpflichtung zur bewaffneten Unterstützung (Ri 6,34), aber sie beschränkte sich auf Blutracheaktionen (Ri 8,5ff.) und gab höchstens die Basis für kleine Scharmützel. Dagegen kannte das frühe Israel keinerlei Wehrpflicht auf der Ebene des Stammes und des Stämmeverbandes. Auf Orts- und Stammesebene hatte die Versammlung der Waffen tragenden Männer die Entscheidung über Krieg und Frieden, d. h., die Betroffenen selber mußten einer militärischen Aktion zustimmen, die Heerfolge war somit freiwillig, eine Mobilisierung konnte nicht von oben, sondern nur von unten erfolgen. Dies begrenzte aber Kriegsanlaß und Kriegsziel erheblich: Der Kriegsanlaß mußte so gewichtig sein, daß sich eine größere Anzahl der Betroffenen von der Notwendigkeit zu einer militärischen Auseinandersetzung überzeugen ließ; Voraussetzung für den Jahwekrieg ist damit meist eine schwere oder langanhaltende politische oder ökonomische Notlage. Und das Kriegsziel beschränkte sich darauf, diese Notlage zu beenden und wieder ein ungestörtes Alltagsleben zu ermöglichen. Für weitergehende Ziele war ein Konsens in der Mannschaft nicht zu erreichen. Die Jahwekriege der Frühzeit waren keine weiträumigen Eroberungsfeldzüge. Es handelte sich vielmehr um relativ kleinräumige, milizionäre Befreiungskriege.

Der Eigenart dieser Kriege entspricht nun auch die Art und Weise, in der Jahwe in ihnen wirksam gesehen wurde. Gerade weil die institutionelle Möglichkeit einer zentralen Mobilisierung von oben fehlte, bestand sein wichtigstes Wirken darin, daß er die Stämme solidarisierte und zur gemeinsamen Heerfolge motivierte (Ri 5,2.9). Dies geschah dadurch, daß er der Gruppe zu einem Heerführer verhalf, der die charismatische Fähigkeit besaß, die notorischen Gruppenegoismen zu überwinden und mehrere Stämme von der Notwendigkeit und Möglichkeit einer gemeinsamen militärischen Aktion zu überzeugen. Die Überlieferung stellt das meist – schon schematisierend – so dar, daß der Geist Jahwes *(rûăḥ jhwh)* auf eine solche Person fällt (Ri 3,10; 6,34; 11,29; 1. Sam 11,6), sie zur militärischen Führung aktiviert und ihr eine bezwingende Überzeugungskraft verleiht. Es konnte aber auch eine mit charismatisch-magischen Fähigkeiten ausgestattete Sängerin wie Debora sein (Ri 5,12; Ri 4,4 wird sie als «Prophetin» charakterisiert), die einen Heerführer anstachelte und die Mannschaften mitriß. Akzeptiert wurde aber auch ein von den zuständigen Gremien angeheuerter ehemaliger Freischärlerführer (Jefta), der charismatische Fähigkeiten entfaltete (Ri 11,1ff. 29). Allen diesen charismatischen Heerführern, die man als die sogenannten «Großen Richter» bezeichnet, ist es gemeinsam, daß sie in der Regel nicht durch vornehme Abstammung oder vorherige politische Ämter für ihre Führungsfunktion ausgewiesen sind; es handelt sich vielmehr um politische «Nobodies» oder sogar, wie im Fall von Jefta, um gesellschaftliche Außenseiter. Und daß sogar eine Frau wie Debora in einer patriarchalischen Gesellschaft eine solche Karriere machen konnte, daß man ihr den Ehrentitel «Mutter in Israel» verlieh (Ri 5,7), ist für den außerinstitutionellen Charakter dieser Führungsposition bezeichnend. Allein darin, daß es solchen Personen gelang, die Bevölkerung zum gemeinsamen bewaffneten Aufstand gegen ihre Unterdrücker zu mobilisieren, lag ihre göttliche Legitimation, damit erwiesen sie sich als Retter, die Jahwe Israel gesandt hatte.

Die Überlieferung läßt noch deutlich erkennen, wie schwierig eine solche Mobilisierung von unten her ganz offensichtlich war. Wir hören von keinem einzigen Jahwekrieg, an dem alle Stämme Israels teilgenommen hätten; meist sind allein die unmittelbar von der militärischen Aktion Betroffenen dabei, die nur von den benachbarten Stämmen Unterstützung erhalten. Das Deboralied (Ri 5), das Lob und Tadel über die sich beteiligenden und die abwesenden Stämme bei der wichtigen Schlacht gegen die kanaanäischen Könige austeilt, läßt erkennen, daß man bei den Betroffenen wohl grundsätzlich von allen zehn Stämmen des Verbandes Waffenhilfe erwartete, doch daß es unmöglich war, sie in die Tat umzusetzen. Das zeigt noch einmal, wie locker der Stammesverband Israel gefügt war. Die Dezentralität des Bündnisses und das gehütete Prinzip der Freiwilligkeit verhinderten, alle militärischen Kräfte zusammenzufassen. Schon die teilweise Realisierung einer die Sippen- und Stammesgrenzen übersteigenden Solidarität galt als ein göttliches Wunder, das überschwenglich gefeiert wurde (Ri 5,2.7.9.11). Darum ist das Solidarität schaffende Handeln Jahwes durch die charismatischen Rettergestalten in dieser Zeit von so überragender Bedeutung.

Die Mannschaften der Stämme, die sich trotz allem zur gemeinsamen Heerfolge bewegen ließen, wurden mit dem Ehrentitel «Volk Jahwes» *(ʿam jhwh)* ausgezeichnet (Ri 5,11.13cj). *ʿam* ist eigentlich ein Verwandtschaftsbegriff und bezeichnet den Bereich, in dem die durch Blutsverwandtschaft begründete Solidarität zu gelten hat. Mit der Begriffsbildung *ʿam jhwh* wird diese partikulare natürliche Sippensolidarität in Richtung auf eine religiös fundierte Solidarität für das Ganze erweitert. Auch dieser Ehrentitel hatte sicher eine motivierende Funktion: Nur wer bereit war, die familiären Solidaritätsverpflichtungen hintanzustellen und das Risiko des Befreiungskampfes für und mit Jahwe auf sich zu nehmen, trat damit in ein enges Verwandtschaftsverhältnis zu Jahwe ein.

Ein weiterer Punkt, an dem das Handeln Jahwes im Kampfablauf erfahren wurde, war das Kriegsorakel. Es bestand zumeist aus einem Befehl zum Angriff, einem Trostzuspruch für den Heerführer und einer Siegeszusage (Ri 7,9.14; vgl. Nu 21,34; Jos 8,1; 10,8; 11,6 u.ö.), konnte aber auch negativ sein (1. Kön 22,17; Jes 7,4). Solche Orakelpraxis im Kriege war im Vorderen Orient weit verbreitet und auch in Israel nicht auf die Befreiungskriege der vorstaatlichen Zeit beschränkt; durch sie ließen sich die Heerführer von Gott ihr taktisches Vorgehen in der Schlacht bestimmen.

Typischer ist dagegen wieder die Art und Weise, wie Jahwes Beteiligung am Kampfgeschehen in der Frühzeit gesehen wurde. Da die israelitischen Volksmilizen ihren Gegnern waffentechnisch meist hoffnungslos unterlegen waren (vgl. Ri 4,3.13), mußten sie mit Überraschungseffekten und taktischen Winkelzügen arbeiten, um gegen sie erfolgreich zu sein. Gideon etwa überfiel mit mächtigem Getöse und Geschrei in der Nacht das Midianiterlager (Ri 7,19ff.), oder Debora und Barak lenkten die kanaanäische Streitwagentruppe in den Sumpf der Jesreelebene. Jahwes Eingreifen in den Kampf wird deshalb vor allem darin gesehen, daß diese taktischen Maßnahmen gelangen, sich etwa Verwirrung und Panik im Lager der Midianiter ausbreitete (Ri 7,22) oder durch einen Platzregen der Kischonbach über seine Ufer trat (Ri 5,4.21). In der preisenden Schilderung des Deboraliedes wird dieses göttliche Eingreifen schon in gewaltige kosmologische Dimensionen überhöht: Die Sterne treten aus ihren Bahnen und bekämpfen die Feinde vom Himmel aus (V.20). In die gleiche Richtung geht auch die Epiphanieschilderung (V.4f.; vgl. Ps 68,8-11): Unter gewaltigen Wetter- und Naturerscheinungen zieht Jahwe von seinem ursprünglichen Wohnsitz in der südlichen Bergwüste Palästinas aus, um seinem Volk zu Hilfe zu kommen. Die Dynamik im Bereich der Natur, die dem alten vorisraelitischen Wettergott zu eigen ist, wird hier nun umgebogen in den Bereich politisch-militärischen Geschehens. Im dramatischen Kriegsgeschehen erweist Jahwe für die israelitischen Stämme seine bezwingende Macht, im unverhofften Sieg über den überlegenen Gegner sein rettendes Eingreifen zugunsten Israels.

Jahwe sichert somit in der frühisraelischen Gesellschaft auch den Freiheitsanspruch der Stämme nach außen.

Die Ausbildung des Großkults

So wichtig der gemeinsame Bezug auf Jahwe für den politischen Zusammenhalt des Stämmeverbandes war, so entsprach ihm doch keine zentrale kultische Institution. Ein Zentralheiligtum, das die gemeinsame kultische Mitte aller Israel zugehörigen Stämme gebildet hätte, läßt sich nicht nachweisen, vielmehr belegen die Texte eine Vielzahl von Heiligtümern, die ganz offensichtlich nebeneinander bestanden haben, und die These von M. Noth, der von seinem Amphiktyoniemodell her annehmen mußte, daß das Zentralheiligtum gewandert sei[31], ist eine Verlegenheitsauskunft. Erst in spätvorstaatlicher Zeit scheint das Heiligtum von Silo eine überregionale Bedeutung bekommen zu haben (1. Sam 1-3), in der Zeit davor jedoch war das Einzugsgebiet der verschiedenen Heiligtümer auf einen Stamm (z. B. Dan Ri 17f.) bzw. wenige benachbarte Stämme (z. B. Tabor Dtn 33,19; Ri 4,6) oder eine Region beschränkt. Typisch für die Zeit scheinen die Verhältnisse zu sein, die noch hinter Jos 22 durchschimmern: Als manassitische Stammesteile das ostjordanische Gilead kolonisieren, errichten sie sich dort ihr eigenes Heiligtum. Das wird von dem westjordanischen Stammesteil zwar mit Argwohn betrachtet, aber von den Betroffenen als einzige Möglichkeit angesehen, der mit der Abwanderung gegebenen Gefahr eines kultischen Ausschlusses zu begegnen (V. 24-26a); d. h., zur politischen Verselbständigung gehörte die kultische Autonomie dazu, der eigene Jahwekult sicherte einer Stammesgruppe ihre Selbständigkeit bei gleichzeitiger lockerer Zugehörigkeit zum Gesamtverband. Der politischen Dezentralisierung entspricht somit in dieser Zeit auch eine kultische.

Mit der Dezentralität des Großkultes Israels, in den Jahwe, vermittelt durch die Exodusgruppe, einrückte, ist eine religionsgeschichtliche Entwicklung eingeleitet, die H. Donner «Polyjahwismus» genannt hat[32] und die später von den deuteronomischen Erneuerern heftig bekämpft werden wird; eine lokale Differenzierung Jahwes, die ihm entsprechend der verschieden aufgenommenen und entwickelten lokalen Kulttraditionen an den einzelnen Heiligtümern eine unterschiedliche Gestalt verleiht. So wie auch die Götter El und Baal an verschiedenen Orten in unterschiedlicher Ausprägung verehrt wurden (vgl. El-Bethel, El-Olam in Beerscheba, Baal-Berit in Sichem, Baal-Hermon etc.), so gewann auch Jahwe als «Jahwe Zebaoth in Silo» (1. Sam 1,3), «Jahwe in Hebron» (2. Sam 15,7) oder, wenn auch etwas später, als «Jahwe-Samaria» (in einer Inschrift aus Kuntillet-Ajrud) lokal unterschiedliche Gestalt. Neben seiner übergreifenden Funktion als «Nationalgott» (Gott Israels) nahm Jahwe Züge eines Ortsgottes an, der an bestimmten Heiligtümern durchaus unterschiedlich verehrt wurde und für bestimmte Regionen auf besondere Weise zuständig war. Damit war regionalen Sonderentwicklungen der Jahwereligion das Tor geöffnet, die später schwerwiegende Folgen zeitigen sollten.

Wir sind allerdings weit davon entfernt, die Entwicklung des Kults an den verschiedenen Heiligtümern in der Frühzeit auch nur einigermaßen differenziert nachzeichnen zu können. Die Erwähnungen in den Texten sind zu sporadisch und mit Unsicherheiten belastet; weiterhelfen könnte uns hier nur die Archäologie, die aber bis auf das Heiligtum von Arad noch keinen einzigen Jahwetempel ans Licht gebracht hat. Doch läßt sie immerhin einige Grundzüge der Entwicklung erkennen, die für die Einschätzung des Jahwekults dieser Epoche von großer Wichtigkeit sind: Die bronzezeitliche Tradition großer Stadttempel bricht mit der Eisen-I-Zeit in den Siedlungsgebieten Israels völlig ab. Die israelitischen Neusiedlungen im Gebirge haben, soweit erkennbar, in dieser Epoche keine Tempel. Mag man dieses noch aus einem Fehlen entsprechender Kulttraditionen erklären, so fällt auf, daß selbst dort, wo die Möglichkeit bestanden hätte, etwa in Hazor, Sichem und Megiddo, die Stadttempeltradition nicht fortgesetzt wird.[33] In Sichem etwa, einer Stadt, die in Abhängigkeit von den israelitischen Stämmen geriet, stand noch in vorstaatlicher Zeit ein Tempel des Baal-Berit (Ri 9,4.27.46); doch dieser wurde später nicht von ihnen übernommen, das Jahweheiligtum von Sichem befand sich vielmehr außerhalb der Stadt (Jos 24,26; vgl. Ri 9,6). Das heißt aber: Die Bauern- und Hirtenbevölkerung Palästinas sah in der Tempeltradition der kanaanäischen Stadtkultur, von der sie sich emanzipiert hatte, offenbar keinen angemessenen Ausdruck ihrer eigenen kultischen Gottesverehrung mehr. Wahrscheinlich fehlten anfangs auch die wirtschaftlichen Ressourcen, um solche Tempel unterhalten zu können.

Der Heiligtumstyp, der sich unter den israelitischen Stämmen großer Beliebtheit erfreute, war die sog. Kulthöhe *(bāmā)*. Wohl ist es nicht ganz einfach, Art und Verbreitung dieses Typs genau abzugrenzen, weil in der späteren deuteronomisch-deuteronomistischen Polemik alle Heiligtümer, abgesehen vom Jerusalemer Tempel, unter den – inzwischen negativen – Begriff *bāmā* subsumiert wurden. Doch ist er ganz sicher nicht erst die Erfindung späterer Theologen; die Überlieferung ist wahrscheinlich insofern im Recht, daß die Kulthöhe das typische Heiligtum der vorstaatlichen Zeit gewesen ist (1. Sam 9f.; 2. Sam 21,6cj.9; 1. Kön 3,4), auch wenn wir bisher nur spärliche und z. T. unsichere archäologische Belege für sie beibringen können. Im Unterschied zu den geschlossenen Tempelgebäuden handelt es sich bei der *bāmā* um ein «Open-air»-Heiligtum, das meist außerhalb der Ortschaften auf einem Berg lag; die berühmte Kulthöhe von Gibeon etwa wird 2. Sam 21,9 «Berg Jahwes» genannt und ist wahrscheinlich mit der Kuppe Nebi Samwil zu identifizieren, die das Hügelland nördlich Jerusalems markant überragt. In Arad wurde auf der Spitze des Hügels unter dem Niveau der salomonischen Tempelanlage von Y. Aharoni eine gepflasterte Fläche von 30 × 30 Metern gefunden, die mit einer Temenos-Mauer umfriedet ist. Darauf befanden sich Reste eines Altars, vielleicht auch einer Massebe, und ein halbkreisförmiges Podest, das wahrscheinlich zum Aufstellen der Weihgeschenke diente; viele Löcher, mit Tierknochen gefüllt, zeugen von der kultischen Verwendung der Anlage. Das Dorf, zu dem sie gehörte, lag rundherum auf dem unteren Teil des Hanges.[34] Dies ist bis jetzt das beste archäologische Zeugnis für eine solche Kulthöhe; Anlagen in Ortschaften, die im gleichen Sinne gedeutet wurden (Hazor, Dan, Taanach, Lachisch), sind dagegen unsicher. Zur *bāmā* konnten auch Gebäude gehören; so wird 1. Sam 9,22 eine Halle erwähnt, in der die Versammelten das Opfermahl verzehrten; das ändert aber nichts daran, daß sich der Kultbetrieb bei dieser Form des Heiligtums unter freiem Himmel für alle sichtbar und zugänglich vollzog.

Dieser primitive Heiligtumstyp, der mit einem Minimum kultischer Ausstattung auskam, entsprach den kulturellen und wirtschaftlichen Gegebenheiten der israelitischen Bevölkerung weit eher als die massiven Tempelgebäude in den Städten. Er wurde der Jahwereligion in seinem dezentralen und volksnahen Charakter auch gerecht. Der heilige Ort war hier noch nicht durch hohe Mauern abgeschirmt, Gott noch nicht im Dunkel eines Tempelhauses eingeschlossen. Hier konnte die ganze Ortsgemeinde zu den großen Jahresfesten zusammenkommen oder einzelne Familien ihre Gemeinschaftsmahlopfer vollziehen (1. Sam 9f.), zwar unter Leitung eines Gottesmannes oder Priesters (1. Sam 9f.; Ri 17f.), aber doch noch selbständig kultisch handelnd und am kultischen Geschehen voll beteiligt. Der demokratische Grundzug der israelitischen Gesellschaft und der antiherrschaftliche Charakter ihrer Gottesbeziehung fanden in der populistischen Form des Großkults ihre angemessene Entsprechung.

Wenn dieser Höhenkult später dennoch in die Kritik geriet und von Hosea und den Deuteronomikern zum Zerrbild kultischer Verirrung hochstilisiert wurde, dann lag das an der religiösen Symbolik, die mit ihm verbunden war: Zumindest nach späterer Ansicht gehörte zur Grundausstattung einer *bāmā* ein Altar, ein Kultstein (Massebe) und ein Kultbaum bzw. Kultpfahl (*'ăšerā*) (vgl. Ri 6,25f.; Dtn 16,21f.; 1. Kön 14,23). Massebe und Aschera galten als Symbole der göttlichen Anwesenheit. Das Problem bestand darin, daß Jahwe damit in die traditionelle Kultsymbolik Palästinas einrückte, ohne daß man sich anfangs darüber Gedanken machte, ob sie in der Lage war, die besonderen geschichtlichen Befreiungserfahrungen mit Jahwe auf angemessene Weise auszudrücken. Massebe und Aschera waren von Hause aus Fruchtbarkeitssymbole, und sie repräsentierten das Göttliche in der für die vorderorientalischen Religionen so typischen männlich-weiblichen Zweiheit: der Stein (Phallus?) das männliche Element, der Baum das weibliche Element. Das Wort *'ăšerā* bezeichnet im Alten Testament auch eine Göttin (1. Kön 15,13; 2. Kön 2,17), die auch in den Texten aus Ugarit belegt ist (*'aṯrt* «Athirat») und als «Göttermutter» und Gemahlin Els gilt. So spricht durchaus einiges dafür, daß Jahwe, als er die Stellung Els im israelitischen Stammesverband übernahm, von ihm auch seine göttliche Begleiterin erbte. Mochte er sich auch auf nationaler Ebene, im geschichtlich-politischen Bereich als der überragende Gott erwiesen haben, so bestand hier, in den lokalen Kulten, in denen es vor allem um die Sicherung der Fruchtbarkeit des Ackers, des Viehs und des Leibes ging, das Bedürfnis, Jahwe um ein weibliches Element zu ergänzen. Inzwischen zutage gekommene Inschriften aus etwas späterer Zeit belegen, wie problemlos Jahwe und seine weibliche Begleiterin – zumindest in der Volksfrömmigkeit – verbunden werden konnten: So heißt es in zwei Inschriften aus Kuntillet-Ajrud aus dem 9. Jahrhundert:

> Ich segne euch durch Jahwe-Samaria und durch seine Aschera.

> Ich segne dich durch Jahwe [. . .] und durch seine Aschera, er möge dich segnen und beschützen und mit meinem Herrn sein . . .

Ganz ähnlich klingt eine Grabinschrift in Ḫirbet el-Qôm (8. Jh.):

> Gesegnet sei Uria durch Jahwe, denn von seinen Feinden hat er ihn durch seine Aschera gerettet.

In der suffigierten Form («seine Aschera»), die im Hebräischen für Eigennamen ungebräuchlich ist, meinen diese Texte mit Aschera erst einmal konkret den Kultbaum der Kulthöhen, dann doch aber wohl auch die durch ihn repräsentierte Göttin. Das beweist, daß diese Zeugnisse persönlicher Frömmigkeit von der Symbolik des Großkults auf den Kulthöhen herkommen. Jahwe nimmt dabei durchaus eine übergeordnete Funktion ein (vgl. «er möge dich segnen . . .»), aber er kommt offenbar gerade durch Vermittlung seiner weiblichen Begleiterin den Menschen mit seinem Segen und Schutz besonders nahe.

Die Popularität, welche die Verehrung einer Göttin an der Seite Jahwes die ganze vorexilische Zeit über hatte, ist kaum zu überschätzen. Erwähnt werden neben Aschera auch Aschtart (ugaritisch: «Athtart», akkadisch: «Ischtar»; vgl. Ri 2,13; 10,6 u. ö.) und die Himmelskönigin (Jer 7,18; 44,17-19), ohne daß wir die verschiedenen Gestalten klar voneinander scheiden können. Hinzu kommen die vielen, vielen sogenannten «Aschtarte»-Plaketten, -Figurinen und -Anhänger, welche die Ausgräber inzwischen ans Tageslicht gefördert haben. T. A. Holland zählte 1972 allein 958 Exemplare aus Ton im eisenzeitlichen Palästina.[35] Auch wenn noch nicht sicher ist, daß alle Typen dieser nackten Frauendarstellungen als Göttin gedeutet werden müssen, so ist doch zumindest für einen Teil von ihnen ein religiöser bzw. kultischer Kontext ganz offensichtlich. Wohl wissen wir nicht genau, wozu diese Göttinnenbildchen im einzelnen verwandt wurden, denken kann man etwa an Fruchtbarkeitsriten und apotropäische Handlungen, aber sicher ist, daß sich mit ihnen eine alte, in Syrien und Mesopotamien weit verbreitete religiöse Tradition völlig ungebrochen unter der israelitischen Bevölkerung fortsetzte. Und man kann diese Tradition auch nicht einfach als «Volksfrömmigkeit» abtun. Der Ascherakult ragte nachweislich sogar in die königliche Familie (1. Kön 15,13) und in das Jerusalemer Staatsheiligtum hinein (2. Kön 23,4). V.7 werden hier Frauen erwähnt, die sich der Aschera – wohl aufgrund eines Gelübdes – geweiht hatten (*qĕdešā*) und der Göttin Leinengewänder webten. Was immer damit gemeint sein mag, so ist doch die den Qedeschen vorgeworfene Tempelprostitution (vgl. Hos 4,14f.) sehr wahrscheinlich nicht im Sinne eines kultischen Aktes zu verstehen, sondern sollte offenbar mittellosen Frauen ein Auskommen sichern und gleichzeitig zu den Einnahmen des Tempels und damit zur Verehrung der Göttin beitragen (vgl. Dtn 23,18f.).

Wir wissen nicht, ob solche Kultbräuche schon an den Höhenheiligtümern der Frühzeit eine Rolle spielten. Es ist sicher nicht richtig, sie aufgrund späterer Polemik (wie etwa Hos 4,11-14; 7,13-16) zu Zentren orgiastischer Fruchtbarkeitsriten machen zu wollen. Die pauschale Charakterisierung der «kanaanäischen Religion», von der wir im einzelnen immer noch so wenig wissen, als «Fruchtbarkeitsreligion» ist zum großen Teil ein Zerrbild protestantischer Prüderie. Sicher sickerte in die dezentralen dörflichen Heiligtümer unkontrolliert mancher Brauch ein, der für den geschärften Blick späterer Theologen unerträglich war. Von den Betroffenen selbst wird die Einbeziehung eines weiblichen Elements und damit auch die religiöse Einbettung des geschlechtlichen Bereichs in die Jahwereligion, wie sie im Gottesdienst der Kulthöhen und anderswo vollzogen wurde, erst einmal als eine Bereicherung empfunden worden sein. Daß dieser ganze Bereich im mit Hosea einsetzenden Kampf gegen eine religiöse und kulturelle Überfremdung so radikal wieder ausgeschieden wurde, entbehrt aus heutiger Sicht angesichts von

Fehlentwicklungen, die nun wiederum in entgegengesetzter Richtung vor allem in der christlichen Religion abgelaufen sind, nicht einer gewissen Tragik. Nur insofern wird man der prophetischen und deuteronomisch-deuteronomistischen Polemik recht geben müssen, daß die Ergänzung Jahwes durch eine Göttin die Jahwereligion zweifellos ein Stück weit in die normale vorderorientalische Religiosität einordnete. Solche Synkretismen vollzogen sich, wie wir noch sehen werden, auch noch an anderer Stelle und gelangen dort! Synkretismus ist nicht per se etwas Schlechtes, sondern angesichts sich wandelnder gesellschaftlicher Verhältnisse und Bedürfnisse etwas Normales und sogar Notwendiges. Es ist ein – leider – gescheiterter Synkretismus im Gottesdienst der Kulthöhen, der diesem der Jahwereligion in anderen Punkten so angemessenen volksnahen dörflichen Heiligtumstyp den Garaus machte.

Die weitere Kultentwicklung lief dann auch in Israel in Richtung auf das geschlossene Tempelgebäude innerhalb der Siedlungen. Die großen Nationalheiligtümer gehörten diesem Tempeltyp (meist *bēt jhwh* = «Haus Jahwes») an, sicher das Jerusalemer Heiligtum, wahrscheinlich aber auch die Heiligtümer von Bethel und Samaria in der Königszeit. Aber auch an einem so abgelegenen Ort wie Arad wurde die Kulthöhe mit einem Breitraumtempel samt Vorhof überbaut, sobald auf dem Hügel eine königliche Festung errichtet wurde. Die Masseben wanderten nunmehr ins abgeschirmte und nur noch Priestern zugängliche Allerheiligste. Verstärkte politische und kultische Institutionalisierung gingen somit Hand in Hand. So ist es wohl auch kein Zufall, daß das einzige Heiligtum der vorstaatlichen Zeit, das gegen deren Ende (vor 1050) eine überregionale Bedeutung für den Stämmeverband bekam, nämlich Silo (vgl. 1. Sam 4,1 ff.), schon zum Typ des Tempelgebäudes gehört (1. Sam 1,9; 3,3 *hēkal jhwh* von sumerisch *é.gal* bzw. akkadisch *ekallu* = «großes Haus»). Hier gingen also eine durch den anhaltenden Druck der Philister hervorgerufene politische Konzentrationsbewegung und eine verstärkte kultische Institutionalisierung Hand in Hand. Das Heiligtum von Silo besaß auch schon eine fest etablierte Priesterschaft (Eli und seine Söhne), die sich infolge des vergrößerten Einzugsgebietes von den Opfergaben der Bevölkerung ernähren konnte. Daß in Silo die göttliche Anwesenheit durch die Lade, ein altes Kriegssymbol der vorstaatlichen Zeit, repräsentiert wurde, zeigt den spezifisch politischen Charakter des hier installierten Großkults, der für die Jahwereligion so typisch war. Ihre Verbindung mit dem Kerubenthron und die Vorstellung von Jahwe als «Kerubenthroner» (1. Sam 4,4; vgl. 1,3.11;'2. Sam 6,2) gehört wahrscheinlich erst in den Jerusalemer Kult. Aber selbst ohne diese Elemente weist der Großkult von Silo schon hinüber in den Staatskult der Königszeit.

Auch wenn wir uns den Großkult der vorstaatlichen Zeit angesichts der recht knappen wirtschaftlichen Ressourcen noch recht einfach vorstellen müssen, so sind doch die kultischen Funktionen der Heiligtümer schon vielgestaltig. Da gab es rechtliche und politische Funktionen auf örtlicher unf regionaler Ebene: Reinigungseide und Schwüre wurden hier abgelegt (Ex 22,6f. 10), Gottesurteile in schwierigen Rechtsfällen eingeholt, Heerführer wurden verpflichtet (Ri 11,4) und das regionale Stämmeaufgebot gesammelt (Ri 4,6). Die Gibeoniten pfählten sieben Sauliden auf der Kulthöhe von Gibeon (2. Sam 21,6.9), um vor Jahwe den Vollzug der Blutrache zu dokumentieren, deren Ausbleiben eine Seuche verursacht hatte. Hinzu kamen die kultischen Funktionen im engeren Sinn: so Formen der instrumentalen Mantik wie Gottesbefragung *(šā'al)* mit Hilfe von Orakelinstrumenten (Ri 20,18.27) Urim/Tummim (1. Sam 14,41) und Ephod (Ri 8,27; 1. Sam 23,6.9), die von den Priestern verwaltet wurden, oder kasuelle öffentliche Klagegottesdienste in Kriegsnot (Ri 20,26f.); auch familiäre Opfermahlfeiern fanden in der Regel am dörflichen Heiligtum statt (s. u. S. 315 f).

Das eigentliche Zentrum des Großkults lag jedoch in den drei großen Jahresfesten *(ḥag)*, die dem ackerbäuerlichen Produktionszyklus folgten; Das Massotfest (Fest der ungesäuerten Brote) im März/April (Abib) zu Beginn der Gerstenernte (Ex 23,15; 34,18-20), das Wochenfest *(šabuʿot* Ex 34,22; Ex 23,16 noch «Erntefest») sieben Wochen danach zum Abschluß der Weizenernte und das Laubhüttenfest *(sukkot* Dtn 16,13; Ex 23,16 noch «Lesefest») im September/Oktober nach der Obst-, Wein- und Olivenernte.

Explizit für die vorstaatliche Zeit bezeugt ist zwar nur das Herbstfest, das Ri 21,19 «Fest Jahwes» *(ḥag jhwh* vgl. Hos 9,5; Nu 29,17) genannt wird und somit als das wichtigste der Jahresfeste zu gelten hat, aber es besteht kein Zweifel darüber, daß die Festkalender (Ex 23,10-19; 34,18-26), die alle drei Feste nennen, in alte Zeit hinabreichen. Sehr wahrscheinlich ist dieser Festzyklus sogar älter als die Jahwereligion und auch außerhalb von ihr in Palästina gebräuchlich (vgl. Ri 9,27 Herbstfest des Baal-Berit in Sichem). Wie in so vieles rückte Jahwe nach der Einwanderung der Exodusgruppe in einen schon bestehenden Festkult einfach ein.

Die drei Feste waren von Hause aus reine Ackerbaufeste; sie waren rituelle Begehungen der Ernte und dienten primär dazu, die Segenskräfte des Landes zu sichern und der Freude und Dankbarkeit für die gewachsene und eingebrachte Frucht Ausdruck zu verleihen. Mit den besonderen geschichtlich-politischen Befreiungserfahrungen, die die Jahwereligion auszeichneten, hatten diese Feste somit erst einmal gar nichts zu tun. Es gibt aber keine Hinweise dafür, daß der Ausbau der Jahwereligion zur Ackerbaureligion irgendwelche Schwierigkeiten gemacht hätte. Aus dem viel später aufbrechenden Streit darüber, ob man Jahwe oder Baal die Segenskräfte des Landes verdanke (Elia, Hosea, Jeremia), zu folgern, der angeblich «nomadischen» Jahwereligion sei es über die Jahrhunderte nicht gelungen, diesen Bereich zu integrieren, ist angesichts der dauernden Kultpraxis dieser Ackerbaufeste absurd. Es hat in Israel keinen Jahwe-Großkult gegeben, der nicht Ackerbaukult gewesen wäre. In ihm rückte Jahwe nach Ausweis der alten Kultformeln Ex 23,17; 34,23 sehr wahrscheinlich früh in die Position des *'ādōn*, und das heißt doch wohl des Herrn des Landes, ein wie Baal oder El vor und neben ihm. Als solcher wurde er natürlich auch für dessen Fruchtbarkeit «zuständig», was um so leichter möglich war, als ihm von Hause aus ja durchaus Züge eines Wettergottes anhafteten (vgl. Ri 5,6-8). Wohl ist richtig, daß Israels besondere Erfahrungen mit Jahwe im Bereich des Politisch-Geschichtlichen lagen und daß seine Gottesbeziehungen primär durch einen Personalbezug konstituiert waren, das schloß aber daneben einen Bezug auf das Land nicht aus, wie er nach gemeinorientalischer Vorstellung üblich war (vgl. 1. Sam 26,19; 2. Sam 14,16). Nicht die Tatsache als solche war später strittig, sondern das Problem, in welcher Relation beide Bezüge zu sehen seien. Es war ein

Großkult, in dem der Bezug Jahwes auf das Land und dessen Fruchtbarkeit ein solches Schwergewicht erhalten hatte, daß darüber das geschichtlich-politisch begründete Gottesverhältnis Israels in Vergessenheit geriet, den Hosea als Abfall zum Baalskult geißelte. Doch darüber hat man in der Frühzeit wohl kaum schon reflektiert. Jahwes Wirkungsbereich wurde der kultischen Funktion der Ackerbaufeste entsprechend einfach erweitert.

Welche Bedeutung die geschichtlichen Befreiungserfahrungen für die Jahwereligion hatten, zeigt sich darin, daß sie sich im Festkult Geltung verschafften und den Ackerbaufesten eine neue Bedeutungsebene hinzufügten. Die Feste wurden sukzessive historisiert, d. h., sie erhielten neben der Segenssicherung die Funktion, der Gründungsgeschichte Israels zu gedenken und sie kultisch zu vergegenwärtigen. Wann dieser Prozeß einsetzt, ist nicht mit Sicherheit zu sagen, der explizite Bezug des Laubhüttenfestes auf die Wüstenwanderung (Lev 23,39) ist erst nachexilisch, der des Wochenfestes auf dem Sinai erst nachalttestamentlich bezeugt. Dagegen scheint der Bezug des Massotfestes auf den Exodus älter zu sein; er findet sich schon in den Festkalendern (Ex 23,14; 34,18) und geht damit wohl in die vorstaatliche Zeit zurück, als die religiösen Befreiungserfahrungen noch besonders virulent waren. Die Ausdeutung des Passafestes auf den Exodus ist dagegen wahrscheinlich erst deuteronomisch und geschah im Zuge der deuteronomischen Umwandlung dieses familiär-nomadischen Ritus zum Wallfahrtsfest im Rahmen des Massotfestes (Dtn 16,1-8).

Über Ablauf und Riten der Jahresfeste sind wir nur spärlich informiert. Das siebentägige Massotfest im Frühjahr leitete die Erntesaison ein, die – das muß man sich klarmachen – unter den damaligen wirtschaftlichen Verhältnissen häufig das Ende einer Hungersnot bedeutete. In Vorfreude auf die neue Ernte wurden die ersten Gerstengarben Jahwe dargebracht und das neue daraus gebackene Fladenbrot vor ihm genossen. Das Verbot, es mit Sauerteig zu versetzen, hob es von der alltäglichen Speise ab.

Das Massotfest leitete eine siebenwöchige Periode ein, während welcher die Familien ihre Erstlingsopfer darbrachten (s. u. S. 316). Sie wurde vom eintägigen Wochenfest abgeschlossen, das darum auch «Tag der Erstlinge» (*jōm habbikkūrīm* Nu 28,26) heißt. Die Erntefeste waren somit mit Opfergaben verbunden, die aber nach Abzug des für Gott verbrannten und des dem Priester zustehenden Anteils meist von den Spendern und ihren Familien selbst verzehrt wurden. Den festlichen Höhepunkt des Jahres bildete das Laubhüttenfest am Ende der Erntesaison, wenn die Arbeiten in der Kelter und auf der Tenne abgeschlossen waren (Dtn 16,18). Sein Name stammt von dem Brauch, Hütten aus Laub- und Palmwedeln am Heiligtum zu errichten, die mit Früchten geschmückt waren (Lev 23,40-43; Neh 8,15 ff.). Es handelt sich somit um ein regelrechtes Winzerfest, und wir haben viele Zeugnisse von der Ausgelassenheit und Freude, die in der siebentägigen Festperiode herrschten: So war es etwa beim Herbstfest von Silo Brauch, daß die jungen Mädchen in die Weinberge hinausliefen, um beim Fest Jahwes im Reigen zu tanzen, was für die jungen Männer als eine günstige Gelegenheit galt, zu einer Frau zu kommen (Ri 21,19 ff.). Man muß sich somit diesen Jahresfestkult sehr bunt vorstellen: Die ganze Bevölkerung eines Dorfes oder eines Landstrichs kam zusammen, um mit Musik, Gesang, Tanz, opulenten Opfermahlzeiten und einem gehörigen Weinrausch (vgl. 1. Sam 1,14) Jahwe zu feiern. Zu den eigentlichen Kulthandlungen waren zwar nur die erwachsenen Männer zugelassen (Ex 23,17 par), zu den daran anschließenden Opfermahlzeiten aber auch Frauen und Kinder (1. Sam 1; Dtn 16,11; 12,7).

Das gemeinschaftliche Feiern im stetigen Zyklus der Jahresfeste hat sicher wesentlich dazu beigetragen, die örtliche und regionale Solidarität im israelitischen Stämmeverband zu fördern. Wenn später die deuteronomischen Reformer gerade die Jahresfeste zum Kern einer Armenfürsorge machen wollen (vgl. Dtn 16,11.13), dann knüpfen sie damit an die Solidarisierungsfunktion an, die diesen Großkultveranstaltungen schon von jeher zukam.

Die Ausbildung des Rechts

Neben den religiös-politischen Befreiungserfahrungen und dem Kult bildet das Recht die gemeinsame Basis des israelitischen Stämmeverbandes. Formelhafte Wendungen wie «So etwas tut man nicht in Israel» (2. Sam 13,12) oder «Das ist eine Schandtat in Israel» (Gen 34,7; Ri 20,6.10.13; vgl. Dtn 17,4; 22,21) belegen eindrücklich, wie stark sich das Zusammengehörigkeitsgefühl innerhalb des Verbandes aus gemeinsamen sittlichen und rechtlichen Anschauungen speiste.

Allerdings ginge man fehl, wollte man aus diesem gemeinsamen Rechtsempfinden auf die Existenz einer zentralen rechtlichen Institution schließen. Es gab in Israel bis weit in die staatliche Zeit hinein keine weltliche oder religiöse Zentralinstanz, welche die für die Gesamtgesellschaft verbindlichen Rechtsentscheidungen treffen und Rechtsnormen hätte setzen können. Die sogenannten «Kleinen Richter» (Ri 10,1-5 + 12,8-14), die gern dafür in Anspruch genommen werden, hatten nachweislich nur regionale Bedeutung (vgl. Ri 10,4), und die im Alten Testament so eindrucksvoll vertretene Sicht einer umfassenden, auf Mose und damit letztlich auf Jahwe zurückgeführten Gesetzgebung entstammt sehr viel späteren rechtsgeschichtlichen Entwicklungen (s. u. S. 349). Nein, wie für die politischen und kultischen Institutionen der frühisraelitischen Gesellschaft, so sind auch für ihre Rechtsinstitutionen eine erstaunliche Dezentralität und Pluralität charakteristisch. Das gemeinsame israelitische Rechtsempfinden ist anfangs nicht von oben her gesetzt, sondern von unten gewachsen.

Es war schon davon die Rede, daß die Exodusgruppe ein eigenes Jahwerecht höchstens in Ansätzen ausgebildet hatte (s. o. S. 300). So konnte sie nach ihrer Einwanderung ohne Schwierigkeiten für die rechtliche Regelung der komplizierten Lebensbedingungen im Kulturland die rechtlichen Normen und Institutionen übernehmen, die unter der Bevölkerung des palästinischen Gebirgslandes üblich waren. Deshalb läßt gerade das älteste Recht im sogenannten «Bundesbuch» kaum eine jahwistische Prägung erkennen; von Jahwe ist hier bezeichnenderweise gar nicht die Rede, sondern noch allgemeiner von *'ælohīm* («Gott» oder «Götter»; vgl. Ex 21,6.12; 22,7.8.9; nur 22,10 wird ein Schwur bei Jahwe erwähnt); d. h., Jahwe übernahm auch an dieser Stelle anfangs weitgehend die Funktionen, die im Vorderen Orient die Götter im gerichtlichen Bereich schon lange innehatten.

Es lassen sich vier Ebenen erkennen, auf denen in der Frühzeit Israels Norm gesetzt und Recht gesprochen wurde. Davon haben zwei gar keinen direkten kultischen oder religiösen Hintergrund. Die unterste und erste Ebene war das Sippenethos, das die grundlegenden gesellschaftlichen Normen (soziale Prohibitive) tradierte und das familiäre Zusammenleben regelte. Oberste Rechtsautorität hatte hier der pater familias, der die Konflikte innerhalb der Familie schlichtete. Bezeichnenderweise wurde aber diese Autorität nicht religiös abgestützt, dazu war sie viel zu selbstverständlich. Das Elterngebot, das häufig in diesem Sinne interpretiert wurde, sicherte die Altersversorgung und würdige Behandlung der alt gewordenen Eltern durch ihre erwachsenen Söhne (Ex 20,12; Dtn 5,16; Lev 19,3).

Die zweite und wichtigste Ebene der Rechtsprechung war die Ortsgerichtsbarkeit. Ihre Träger waren die Ältesten. Sie traten im Konfliktfall ad hoc im Tor zusammen (deswegen «Torgericht») und machten aufgrund ihrer Untersuchungen den sich streitenden Familien bzw. Sippen einen Streitbeendigungsvorschlag. Das Gericht war somit ein reines Schiedsgericht, ihm fehlte – der akephalen Gesellschaftsstruktur entsprechend – die vollziehende Gewalt. Sein Urteil war, um vollstreckt zu werden, auf die Annahme durch die Parteien angewiesen. Das kasuistische Recht, das sich hier als Gewohnheitsrecht ausbildete, baute deshalb auf der Idee der gerechten Vergeltung, der Wiedergutmachung auf, sein Ziel war es, einen allseits akzeptierten Interessenausgleich zwischen den sich streitenden Familien her- und damit den dörflichen Frieden wiederherzustellen.

Diese wichtigste Form der frühisraelitischen Rechtsprechung zeichnete sich durch eine aufgeklärte Rationalität, ja Profanität aus. Direkt kam Gott hier überhaupt nur in Sonderfällen ins Spiel, wenn Beweisnot einen Reinigungseid bzw. ein Gottesurteil nötig machte (Ex 22,7f). Weder wurde das Urteil im Namen Gottes verkündet noch die Autorität des Gerichts religiös abgestützt. Die göttliche Wirksamkeit wurde in diesem Bereich sehr viel indirekter gesehen: Gott sichert den gerechten Interessenausgleich insgesamt (*ṣĕdāqā* = «Gerechtigkeit»), sorgt dafür, daß der Urteilsspruch (*mišpāṭ*) angenommen und der Friede (*šālōm*) in der Dorfgemeinschaft wiederhergestellt wird. Als Ortsgott garantiert Jahwe somit die moralische Einheit des Ortes und den Ortsfrieden. Er steht hinter der gelungenen Durchsetzung des Vergeltungsgrundsatzes, begrenzt diesen aber auch, wo er die Gemeinschaft zerstören könnte (vgl. Ex 23,4f.; Prov 20,22; 25,21).[36]

Allerdings war das Torgericht nur für Fälle der leichten und mittleren Kriminalität zuständig. Mordfälle wurden bis in die Königszeit hinein durch die Blutrache der geschädigten Sippe gerächt (2. Sam 3,27).

Neben der Ortsgerichtsbarkeit gab es in vorstaatlicher Zeit regional bekannte Persönlichkeiten, die offenbar in schwierigen Fällen, wo das normale Gewohnheitsrecht keine Schlichtung eines Rechtsstreits ermöglichte, angegangen wurden. Dazu gehören die sogenannten «Kleinen Richter», die wohl aufgrund ihres Wohlstandes als unbestechlich galten; aber auch erfolgreiche Heerführer wie Jefta (Ri 12,7) oder charismatisch Begabte wie Debora (Ri 4,5f.) konnten eine solche Position einnehmen. Bei Debora, vielleicht auch bei Samuel (vgl. 1. Sam 7,6) könnte man vermuten, daß es sich hier um eine charismatische, d. h. eine religiöse Form des Rechts gehandelt hat, doch sicher ist das nicht. Auffällig ist wiederum, daß das Nebeneinander von Torgericht und Einzelrichtern nicht institutionell geregelt war.

Als letzte ist schließlich die sakrale Gerichtsbarkeit zu nennen. Die Ältesten und die Versammlung der Männer eines Ortes konnten sich als Kultgemeinde zu einem sakralen Gericht konstituieren, um todeswürdige Verbrechen abzuurteilen und die Todesstrafe durch Steinigung zu vollziehen (vgl. 1. Kön 21,9ff.; apodiktisches Recht). Blutschuld war für die Menschen damals etwas Numinos-Gefährliches und bedurfte darum der kultischen Absicherung. Das galt besonders für ungesühnt vergossenes Blut, welches das Land verunreinigte (Nu 34,33.34) und durch kultische Aktivitäten gesühnt werden mußte (vgl. 1. Sam 21; Dtn 21,1-9). Andererseits stand Totschlägern im Unterschied zu Mördern das Heiligtum als Asylstätte offen, um sie vor ungerechtfertigter Blutrache zu schützen (Ex 21,13f.). Auffällig ist, wie stark in der vorexilischen Zeit noch die Rolle der Laien im Bereich der sakralen Gerichtsbarkeit ist. Eine spezielle priesterliche Rechtsprechung entwickelte sich erst langsam und betraf wohl zuerst nur kultische Vergehen im engeren Sinn (vgl. den Kern des «kultischen Dekalogs» Ex 34,18-26). Ihre Ausweitung auf den gesamten Bereich des religiösen und sakralen Lebens ist erst seit der mittleren Königszeit nachweisbar.

Die unterschiedlichen Rechtstraditionen liefen lange Zeit unausgeglichen nebeneinander her. Wie sie sich im einzelnen zu der Jahwereligion verhielten, blieb bis in die Königszeit hinein weitgehend unreflektiert. Dafür bestand auch keine Notwendigkeit, solange es diesen volksnahen und dezentralen Rechtsinstitutionen aufgrund der geringen sozialen Differenzierung der israelitischen Gesellschaft gelang, einen gerechten Interessenausgleich zwischen den in Konflikt geratenen Familien herzustellen. Nicht zufällig greifen dann ja auch die Propheten auf die Grundsätze von «Recht und Gerechtigkeit» (*mišpāṭ* und *ṣĕdāqā*) der egalitären Gesellschaft der vorstaatlichen Zeit zurück. Erst als in der Königszeit aufgrund zunehmender wirtschaftlicher Differenzierung die rechtlichen Institutionen, vor allem das Torgericht, immer weniger imstande waren, der sozialen Konflikte Herr zu werden, setzte ein theologischer Reflexionsprozeß ein, der die unterschiedlichen Rechtstraditionen von der Jahwereligion her zusammenfaßte und materiell veränderte. Und wenn dabei vor allem Schutzrechte für die Unterschichts- und Randgruppen formuliert und religiös motiviert wurden (vgl. den jüngeren Teil des Bundesbuches Ex 22,20ff.), dann verschafften sich damit wieder die religiösen Befreiungstraditionen der Frühzeit und das Ideal einer freien und egalitären Gesellschaftsordnung der vorstaatlichen Zeit Geltung. Gerade wenn man erkennt, daß die Einbindung des Rechts in die Jahwereligion nicht von Hause aus vorgegeben war, sondern aufgrund gesellschaftlicher Herausforderungen von verschiedenen Gruppen nach und nach durchgekämpft werden mußte, wird die sozialethische Kraft, die dieser Religion innewohnte, erst richtig deutlich.

Die familiäre Frömmigkeit der fortgeschrittenen vorstaatlichen Zeit

Während der gesamten Phase der Entstehung und Konsolidierung der Jahwereligion entwickelte sich natürlich auch die Frömmigkeit in den Familien weiter. Wenn wir von ihr in der Exodusgruppe nichts hören, dann hängt das zum Teil einfach mit der

Selektion der Überlieferung zusammen, zum Teil aber auch mit dem später noch zu beobachtenden Tatbestand, daß in gesellschaftlichen Ausnahmesituationen das politische Geschehen so sehr in den Lebensbereich der Familien durchschlug, daß die familiären Vorgänge ganz an den Rand gedrängt wurden. Das änderte sich aber, nachdem die Exodusgruppe in Palästina Fuß fassen und nach der Kolonisierung des mittelpalästinischen Berglandes wie die älteren Stämme des Verbandes für ihre Familien eine gesicherte bäuerliche Existenz aufbauen konnte. Damit erhielt der familiäre Lebensbereich auch für sie wieder sein eigenes Schwergewicht, und dies um so mehr, als die dezentrale und akephale Gesellschaftsstruktur den israelitischen Familien dieser Zeit erlaubte, im Kreis ihrer Sippe weitgehend eigenständig und unabhängig zu wirtschaften. So ist es wohl nicht zufällig, daß wir für die fortgeschrittene vorstaatliche Zeit wieder Zeugnisse für Religiosität der Familie besitzen (Ri), wobei es sich empfiehlt, auch die der frühen Königszeit hinzuzunehmen (1.-2. Sam), die noch einen ganz ähnlichen Geist atmen.

Religionsinterner Pluralismus

Überblickt man dieses Material, so stößt man auf einen merkwürdigen Tatbestand, der in der Forschung noch keine genügende Würdigung erfahren hat: Die Frömmigkeit, die in den Familien dieser Zeit lebendig war, zeigt sich von der neu entstandenen Jahwereligion weitgehend unbeeinflußt. Wohl lassen sich im Vergleich zur Religion früher vorstaatlicher Kleingruppen deutliche Unterschiede erkennen, z. B. ein höheres Maß kultischer Ausformung, aber diese haben kaum etwas mit den spezifischen religiösen Erfahrungen zu tun, die Israel mit seinem Gott Jahwe gemacht hatte. Das heißt, sosehr auch Jahwe als religiöses Befreiungssymbol besonders dem politischen Lebensbereich der Gesamtgesellschaft seinen unverwechselbaren Stempel aufdrückte, so wenig prägte er das religiöse Alltagsleben der Familien.

Der religionsinterne Pluralismus zeigt sich besonders deutlich in den Personennamen und den individuellen Klagegebeten. Zuerst zu den Personennamen: Die Namengebung war in Israel noch weit weniger konventionell als in modernen Zeiten. So bieten die zahlreichen theophoren Personennamen einen guten Zugang zur familiären religiösen Erlebniswelt, die bei dem für die Familie so zentralen Ereignis der Geburt zum Ausdruck kam. Das Erstaunliche ist, daß die prädikativen Elemente der theophoren Namen so gut wie keinen Bezug auf die für die Jahwereligion so konstitutiven Ereignisse wie Exodus, Sinai, «Landnahme» oder Befreiungskriege erkennen lassen. Wohl begegnen hier vielfach Verben der Rettung und Befreiung (*hōšîaʿ*, *pālaṭ*, *pādā*, in den Siegeln auch *hiṣṣîl*), da aber spezifische Verben, die gerne für den Exodus verwendet werden, wie *hôṣîʾ* «herausführen» oder *häʿălā* «heraufführen», sowohl in der Früh- wie in der Spätzeit fehlen, ist es relativ unwahrscheinlich, daß damit die religiösen Erfahrungen im Blick sind, die die Exodusgruppe mit Jahwe gemacht hat. Verben, die auf ihre Einwanderung hätten anspielen können, fehlen ganz; Ausdrücke, die auf eine Theophanie oder Epiphanie Jahwes hindeuten, sind selten (*Nôʿadjā* «Jahwe läßt sich treffen» ist ein spezieller Berufsname; vgl. Neh 6,14; Esr 8,33). Nun gibt es überhaupt nur ganz wenige Personennamen, die auf die Volksgeschichte Bezug nehmen: so in der Frühzeit Ikabod («Wo ist die Herrlichkeit?») nach dem Verlust der Lade (1. Sam 4,19-22 ursprünglich wohl auf den Tod des Vaters bezogen) und in der Spätzeit Schekanja («Jahwe hat Wohnung genommen») nach dem Wiederaufbau des Tempels (Neh 3,29); auch die späteren prophetischen Symbolnamen (Kinder Jesajas und Hoseas) sind hier zu nennen. Aber gerade wenn man sieht, daß solche Bezugnahmen grundsätzlich durchaus möglich waren, verwundert es doch, daß sie so selten auftauchen. Daraus kann man nur den Schluß ziehen, daß die zentralen religiösen Erfahrungen Israels für das religiöse Leben der israelitischen Familien lange Zeit keine entscheidende Bedeutung haben. Hier hatte man seinen eigenen Schatz religiöser Erfahrungen, Erfahrungen göttlichen Segens, göttlichen Schutzes und göttlicher Rettung, die man schon immer mit seinen Familiengöttern gemacht hatte; auch dort, wo Jahwe in die israelitischen Personennamen einrückte, fügte er dieser familiären Symbolwelt nichts wesentlich Neues hinzu.

Den gleichen Eindruck vermitteln die individuellen Klagepsalmen, die textlich viel später sind, aber in ihren Hauptelementen, wie nicht zuletzt die hohe Wortfeldübereinstimmung mit den prädikativen Elementen der Personennamen zeigt (über 50 Prozent), schon in die vorstaatliche Zeit zurückreichen. Auch hier kommt die Volksgeschichte nur ganz selten und meist nur nachträglich in den Blick (Ps 22,5-6; 143,5; 77), was um so auffälliger ist, als die entsprechenden Klagepsalmen des Volkes häufig auf die geschichtlichen Rettungstaten Jahwes Bezug nehmen (Ps 74,2; 80; Jes 51,9f.; 63f.). Eine scheinbar so naheliegende Argumentationsfigur wie «Du hast doch Israel aus Ägypten befreit, so rette auch mich aus meiner Not!» o. ä. kommt nicht vor. Statt dessen beruft sich der einzelne in seiner Not auf Erfahrungen göttlichen Beistands und Schutzes in seinem eigenen Leben. Seine Vertrauensbeziehung zu Gott beruht gar nicht auf der Geschichte Israels, sondern auf seiner Geburt, d. h. seiner Erschaffung durch Gott (Ps 22,10f.). Damit wird aber deutlich, warum in der familiären Frömmigkeit weitgehend auf Anleihen aus den spezifischen geschichtlichen Befreiungserfahrungen Israels verzichtet werden kann: Die Gottesbeziehung des einzelnen hat einen eigenen, davon unabhängigen Grund: Sie ist tief im Kreatürlichen, in der Schöpfung verankert und deshalb auf die geschichtlichen Gotteserfahrungen Israels gar nicht angewiesen.

So verwundert es auch nicht, daß Jahwe offenbar nur langsam explizit in die Rolle eines Familiengottes einrückte. So unbestritten seine Rolle als Nationalgott Israels war, so war es in den Familien der vorstaatlichen Zeit keineswegs üblich, seinen Kindern jahwehaltige Namen zu geben. In der frühen Namenliste Nu 1,5-15 begegnen nur El, Schaddaj und Zur, in den Erzählungen des Richterbuches Baal (6,32) und Anat (3,31; 5,6); der erste und einzige jahwehaltige Name, der uns für die vorstaatliche Zeit überliefert ist, ist Josua («Jahwe ist Rettung»), und damit ist wohl nicht zufällig der Führer benannt, unter dem die Exodusgruppe ins Land kam. Doch es dauerte bis in die frühe Königszeit, bis Jahwe mit El in der Namengebung gleichzog (je ein Fünftel), und erst in der späten Königszeit sind die Jahwe-Namen eindeutig in der Überzahl (etwa drei Viertel). Es hat somit gut vierhundert Jahre gedauert, bis sich Jahwe auch auf der Familienebene eindeutig durchsetzte.

Man hat dieses eigenartige Phänomen als Synkretismus verstehen wollen. Doch ist dies kaum sachgerecht, wie eine genauere Analyse der theophoren Elemente der israelitischen Namengebung zeigt. Fünf Gruppen lassen sich unterscheiden: 1. frühe nomadische Familiengötter wie Schaddaj und Zur, 2. vergöttlichte Verwandtschaftsbezeichnungen (*'āb* = «Vater», *'āḥ* = «Bruder», *ʿam* = «Onkel väterlicherseits» und *ḥam* «Schwiegervater» [nur in Siegeln belegt]); sie sind im Nordsemitischen seit alter Zeit weit verbreitet (im Hebräischen fehlt nur *'em* = «Mutter»), entstammten vielleicht ursprünglich dem Ahnenkult und bezeichnen Familiengötter unter dem Aspekt der engen, quasi blutsverwandten Zugehörigkeit, 3. der syrisch-kanaanäische Hochgott El, der allerdings auf Familienebene mehr die Funktion eines persönlichen Schutzgottes erhält, 4. alte kanaanäische Götterepitheta bzw. daraus entstehende Götter wie *mäläk* («König» vgl. Melqart von Tyros), *'ādōn* («Herr» vgl. später Adonis), *baʿal* («Herr» vgl. Baal von Sidon u. a.) und *gad* («Glück», ein Glücksgott Jes 65,4), 5. National- bzw. Territorialgötter: Hier ist neben Jahwe auch Baal zu nennen, der etwa in der phönizischen Namengebung eine ähnliche Rolle spielt wie Jahwe in der israelitischen.

Die theophoren Elemente der israelitischen Namen stehen aber keineswegs auf gleicher Ebene: Familiengottbezeichnungen stehen neben Hoch- und Nationalgöttern, Epitheta neben Gottesnamen, wobei selbst im Fall von El und Baal ein appellatives Verständnis («Gott», «Herr») möglich bleibt. Klar distinguierte Götterpersönlichkeiten, wie sie vom Synkretismus vorauszusetzen wären, fehlen auf der Familienebene offenbar gerade.

Zwischen den verschiedenen Gruppen lassen sich nun zwei Entwicklungen erkennen: eine zunehmende Gleichsetzung der theophoren Elemente und eine Bewegung von der Pluralität zur Konformität.

Für die vorstaatliche und frühe Königszeit ist die Pluralität charakteristisch. Typisch dafür ist z. B. die Familie Sauls: Beliebt war in ihr, wie generell in dieser Zeit, die Familiengottbezeichnung mit Verwandtschaftswörtern: Sauls Großvater hieß Abiel, sein Schwiegervater Aḥimaas, seine Frau Aḥinoam, sein Vetter Abner und sein dritter Sohn Abinadab. Mit seinen Söhnen trägt er jedoch der familienübergreifenden religionsgeschichtlichen Realität Rechnung; sein erster Sohn trägt einen jahwehaltigen Namen (*Jonatan* «Jahwe hat gegeben»), sein zweiter einen baalhaltigen (*'Ešbaʿal* «Mann Baals»), daneben benutzt er für seinen vierten Sohn noch einen kanaanäischen Namenstyp (*Malkišuaʿ*). Jonatan nannte seinen Sohn wiederum *Meribaʿal*. Vergleicht man diesen Befund mit dem in der Familie des Königs Josia am Ende der Königszeit, dann wird der Unterschied kraß deutlich: Bis auf einen El-Namen tragen alle Söhne Jahwe-Namen. Verwandtschaftsbezeichnungen kommen gar nicht mehr vor; Jahwe hat voll die Funktion eines Familiengottes übernommen. Das verhinderte aber nicht, daß selbst in diese fromme Familie im Exil babylonische Namen eindringen (*Šinuṣṣur* «Sin behüte»), wie dies auch anderweitig belegt ist.

Dies bedeutet doch aber: Die israelitischen Familien paßten sich in ihrer Namengebung einfach ihrer religiösen Umwelt an, sie übernahmen mit einer gewissen zeitlichen Verzögerung die Gottesbezeichnungen, die in ihrem Umkreis üblich waren, wobei nationale und religiöse Grenzen offenbar keine Rolle spielten. Gerade die Pluralität der theophoren Elemente in der frühen Zeit deutet darauf hin, daß die familiäre Religiosität viel offener war als die Jahwereligion auf Großgruppenebene; deren exklusive Tendenz konnte sich in den Familien nur langsam durchsetzen.

Das Fehlen religiöser Abgrenzung auf der Ebene der Familienreligion zeigt sich in einer Gruppe von Personennamen, in der die verschiedenen theophoren Elemente miteinander gleichgesetzt werden. Interessant ist vor allem die Gleichsetzung der vergöttlichten Verwandtschaftsbezeichnungen mit den anderen Gruppen. Die Identifizierung mit alten kanaanäischen Epitheta (z. B. *Aḥi=mäläk*) ist schon vorisraelitisch und läuft nur noch am Rande mit. Wichtig für die vorstaatliche Zeit war aber ganz offensichtlich die Gleichsetzung der Familiengötter mit El (*'Abi='el* 1. Sam 9,1; *['A]ḥi='el* 1. Kön 16,34; *ʿAmmi='el* 2. Sam 9,4; bzw. *'Eli='ab* 1. Sam 16,6); die Namen dieses Typs gehen ab der mittleren Königszeit stark zurück; dagegen laufen entsprechende Gleichsetzungen mit Jahwe (*'Abi-ja* 1. Sam 8,1 oder *Jo-'ab* 1. Sam 26,6) bis in die nachexilische Zeit weiter. Ich möchte diesen Tatbestand als einen Reflex des Umstandes deuten, daß zuerst El der Gott des israelitischen Stämmeverbandes gewesen ist, bevor Jahwe seine Stelle einnahm. In einer ersten Bewegung wurden die Familiengötter mit einer gewissen Verzögerung El angeglichen, und in einer zweiten Bewegung wurde dieser Prozeß durch die Identifikation mit Jahwe abgelöst. Schließlich gab es auch eine Gleichsetzung der Familiengötter mit Baal, der aber im Süden auf die frühe Königszeit beschränkt bleibt (*'Abi-baʿal* 2. Sam 23,31; *'Aḥi-baʿal* 2. Sam 15,12), im Norden aber – wohl unter Einfluß der phönizischen Religion – auch noch später bezeugt ist (Samaria-Ostraka).

Diese Namengruppe erklärt sich am ehesten aus religionsgeschichtlichen Übergangssituationen. Beim Wechsel der religionsgeschichtlichen Großwetterlage, dem Aufkommen und Einfluß neuer Götter in der Region, hielten die Familien vertrauend an der Identität der familiären Gottesbeziehung fest. Der Familiengott war der National- oder auch der Territorialgott, und egal, ob er El, Jahwe oder auch Baal hieß, das, was man von ihm in der Familie erwartete und auch erfuhr, blieb allemal dasselbe. Dieses Phänomen ist aber mit dem Begriff Synkretismus nur ungenau beschrieben. Es geht auf der Ebene familiärer Religiosität nicht um bewußte Mischung vormals getrennter Religionen, sondern um die unbewußte Angleichung konstanter elementarer Grundbedürfnisse an eine sich wandelnde religionsgeschichtliche Landschaft. Wenn überhaupt, dann ist hier von einem «unbewußten Synkretismus» bzw. «Synkretismus von unten» zu reden, der von dem bewußten und von oben gesteuerten Synkretismus unterschieden werden muß, den die offizielle Jahwereligion unter der Ägide des Königtums erleben sollte.

Der familiäre Kleinkult

Gegenüber den frühen nomadischen Gruppen hat sich die familiäre Religion der bäuerlichen Familien in der fortgeschrittenen vorstaatlichen Zeit weiter kultisch verfestigt und ausdifferenziert; ihre Riten lehnen sich auch schon stärker an die kultischen Institutionen des Ortes bzw. des Stammes an. Dennoch hat dieser familiäre Kleinkult gegenüber dem regionalen und überregionalen Großkult immer noch ein typisches, eigenes Gepräge.

Neben den öffentlichen Heiligtümern, die häufig außerhalb der Ortschaften lagen *(bāmā)*, hat es in den Siedlungen Hauskulte gegeben. Der deutlichste archäologische Beleg dafür stammt aus Megiddo, wo im Hof eines Privathauses aus der frühen Königszeit eine regelrechte kleine «Hauskapelle» noch weitgehend in situ gefunden wurde. Sie bestand aus zwei Räucheraltären, zwei Kultständern, mehreren Töpfen, Schalen und Krügen; ein flacher Stein bildete vielleicht den Tisch, auf dem Opfergaben dargebracht wurden. Da noch mehrere ähnliche Räucheraltäre in Megiddo gefunden wurden, spricht viel dafür, daß der Fund kein Einzelfall ist, sondern wir mit einer ganzen Anzahl solcher Hauskulte in einer Siedlung rechnen können.[37] Von einem schon recht luxuriösen Privatkult hören wir aus Ri 17 f., wo ein gewisser Micha seinen Hauskult sogar mit einem silbernen Götterbild und einem Orakelinstrument (Ephod) ausstattet. Zuerst übernimmt ein Sohn die Rolle des Priesters (V. 5), bis es Micha gelingt, einen Leviten einzustellen. Das geht sicher schon über den normalen Familienkult hinaus, wie das Orakel für die Daniten beweist (V. 18 f.), belegt aber nichtsdestoweniger auf plastische Weise die kultische Eigenverantwortung der Familie in der vorstaatlichen Zeit. Daß jeder israelitische Haushalt über Götterfiguren oder zumindest über eine Kultnische verfügte, setzt auch Ex 21,6 voraus. Die Familie besaß somit ihren eigenen kultischen Mittelpunkt, an dem sie der Verehrung ihres Familiengottes Ausdruck verleihen konnte. Wie die Riten, die hier vollzogen wurden, aussahen, wissen wir nicht genau. Die in Megiddo gefundenen Kultgeräte lassen an Räucheropfer, vegetabilische Opfer und Libationen denken, schließen aber Schlachtopfer *(zäbaḥ)* aus. So haben sehr wahrscheinlich nicht die familiären Mahlopferfeiern, wohl aber die kasuellen Bittzeremonien im Hauskult stattgefunden, wie sie von E. Gerstenberger im Anschluß an babylonische Analogien wahrscheinlich gemacht wurden.[38] Wenn ein Familienmitglied krank wurde oder anderweitig in Not geriet und informelle Alltagsgebete nichts mehr fruchteten, dann veranstaltete die Familie eine förmliche Klagezeremonie, die sehr wahrscheinlich wie in Babylon mit Räucheropfern und allerlei exorzistischen Handlungen verbunden war (vgl. Jes 38,21). Dazu konnte die Familie einen bekannten Seher, Gottesmann oder Propheten von außerhalb hinzuziehen, es ist aber auch möglich, daß ein rituell bewandertes Mitglied des Dorfes oder der Familie die liturgische Funktion übernahm. Höhepunkt des Ritus bildete der Klagepsalm, den der Liturg wohl zeilenweise vorsprach und der vom Kranken nachgebetet wurde. Darauf konnte der Liturg dem Kranken eine positive Gottesantwort, das Heilsorakel erteilen (vgl. Thr 3,53). Auch wenn sich die überlieferten individuellen Klagepsalmen und Heilsorakel schon ein gutes Stück weit von diesem ursprünglichen familiären Sitz im Leben entfernt haben, so atmen sie zum großen Teil noch immer den Geist, der für die persönliche Frömmigkeit charakteristisch ist, wie sie in den Familien zu Hause war: Der Gott, der in ihnen angesprochen ist bzw. zu Worte kommt, trägt die Züge eines persönlichen Schutzgottes («mein Gott»), zwischen ihm und dem Beter besteht ein weithin unbedingtes und weithin unverlierbares Vertrauensverhältnis wie zwischen einem kleinen Kind und seinen Eltern. So wie die Beziehung der Eltern zu ihrem Kind durch die Geburt konstituiert ist, so die persönliche Gottesbeziehung durch seine Erschaffung (Ps 22,10 f.), und so wie sich ein Kind, von seiner Mutter verlassen, bedroht fühlt und zu ihr flüchtet, so fühlt sich der Beter, verlassen von Gott, von dämonischen Mächten bedroht und birgt sich bei ihm (Ps 71,1.10 f.; 27,10). Die Symbolwelt von Klagegebet und Heilsorakel ist stark an den Familienbeziehungen orientiert. Dies hängt direkt damit zusammen, daß sie im innersten Kreis des familiären Hauskultes verankert sind.

Die übrigen überlieferten familiären rituellen Praktiken reichen schon ein Stück weit über diesen engsten Kreis des Hauskultes hinaus. In akuten Notfällen, etwa bei einer sich abzeichnenden schwierigen Geburt (Gen 25,22) oder wenn ein Kind schwer erkrankt war (1. Kön 14), konnten die Familien durch einen Gottesmann oder Propheten eine Gottesbefragung durchführen lassen, um eine Prognose zu erhalten. Diese Jahwebefragung *(dāraš)* war eine Form der intuitiven Mantik, in der ein Mensch als Medium fungierte; dieser wurde dafür bezahlt. Aber nicht nur Jahwe, auch andere Götter (Baal von Ekron 2. Kön 1) und selbst Totengeister konnten befragt werden (1. Sam 28), auch wenn das später offiziell verpönt war (Dtn 18,12 u. ö.). Wie auch in Babylonien, wo es ein sehr viel stärker entwickeltes und institutionalisiertes Vorzeichenwesen gab, wird die Einholung eines göttlichen Orakels häufig einer kasuellen Bittzeremonie vorausgegangen sein.

Wenn das kranke Familienmitglied genas, veranstaltete die Familie eine Dankesopferfeier *(zäbaḥ hattōdā* vgl. Ps 66,13 ff.; 116,14.18). Diese fand nicht in der Hauskapelle, sondern sehr wahrscheinlich am örtlichen Heiligtum statt (vgl. 1. Sam 9,12 ff.). Doch trotz dieses ausgeweiteten Rahmens handelte es sich um eine Form des familiären kasuellen Kleinkults: Der Gerettete lud dazu seine Angehörigen, Verwandten und Nachbarn aus dem Ort ein (1. Sam 9,22 nennt 30 Teilnehmer), ein Schaf wurde unter Assistenz eines Priesters oder Sehers geschlachtet und bis auf die Gott geweihten Teile von der Versammlung verzehrt. Dabei erzählte der Genesene vor den Versammelten von seiner Not, seiner Klage und seiner Rettung durch Gott («Danklied») und wurde durch das gemeinsame Festmahl wieder voll in die Dorfgemeinschaft aufgenommen.

Ähnliche Opfermahlfeiern fanden auch aufgrund eines Gelübdes *(nedär)* statt, das jemand in einer Notsituation abgelegt hatte (2. Sam 15,7 f.). Das Gelübdegebet ist eine dringliche Form des Alltagsgebets, das überall in Bedrängnis gesprochen werden konnte, dessen Einlösung aber meist auf eine Kulthandlung hinzielt. Daß Absalom auf der Flucht im fernen Syrien gerade dem Jahwe in Hebron ein Mahlopfer weiht, läßt erkennen, daß er sich zu dem Lokalkult des Ortes, in dem er geboren und aufgewachsen war, besonders hingezogen fühlte. Das heißt aber: Die familiären *zäbaḥ*-Feiern stifteten ein besonderes Verhältnis der Familien zu ganz bestimmten Heiligtümern, der familiäre Kleinkult erhielt dadurch eine regionale Färbung.

1. Sam 1 berichtet davon, daß die Familie Samuels jährlich einmal eine Wallfahrt zum Heiligtum von Silo unternahm, offensichtlich um ihre bis dahin angefallenen Gelübde zu bezahlen. Diese familiäre Opfermahlfeier, an der im Unterschied zum Jahresfestkult auch die Frauen und Kinder beteiligt waren, heißt *zäbaḥ hajjamīm* («jährliches Schlachtopfer», 1,21; 2,19). Die gleiche Bezeichnung trägt auch ein Opferfest, zu dem die ganze Sippe Davids einmal jährlich in Bethlehem an einem Neumondstag zusammenkommt (1. Sam 6,29). Hier ist somit der Kreis der

Teilnehmer über die Familie hinaus auf die Sippe *(mišpāḥā)* erweitert. Wir wissen nicht, was Anlaß dieses Sippenopferfestes gewesen ist; interessant ist jedoch, daß neben dem stetigen Großkult auch dieser größere Verwandtschaftsverband, der mit der Bevölkerung einer Ortschaft weitgehend identisch gewesen sein wird, seinen eigenen kasuellen Gottesdienst besaß, durch den sein Zusammenhalt gestärkt wurde.

Typisch ist, daß alle diese Familien- oder Sippenfeste Mahlopferfeiern waren. Während das Brandopfer *(ʿōlā)*, bei dem das Tier bis auf die Haut vollständig in Flammen aufging, eindeutig dem stetigen Großkult angehört (vgl. das allmorgendliche und allabendliche Tamid-Opfer), so ist das Schlachtopfer *(zäbaḥ)*, bei dem der überwiegende Teil verzehrt wurde, die typische Form des privaten Opfers.[39] Dazu muß man sich klarmachen, daß es bis in deuteronomische Zeit eine profane Schlachtung gar nicht gab; die normale Alltagsnahrung war vegetarisch; unter den beschränkten kleinbäuerlichen Wirtschaftsverhältnissen konnte man sich nur begrenzt leisten, ein Tier der Herde zu schlachten. So war das *zäbaḥ*-Opfer die einzige Gelegenheit für eine Fleischmahlzeit, die festlich und fröhlich begangen wurde. Seine wichtigste Funktion war es, die soziale Integration der Familie in sich selbst und in die Sippe und Dorfgemeinschaft zu stärken.

Zu den familiären Opfern, die von den Darbringenden teilweise verzehrt wurden, gehört auch das Erstlingsopfer. Die Erstlingsopfer nehmen aber schon eine Zwischenstellung zwischen Klein- und Großkult ein. Auf der einen Seite sind sie fest auf die bäuerliche Produktion der familiären Hauswirtschaft bezogen, auf der anderen Seite werden – zumindest die Pflanzenerstlinge – von den Familien im Zusammenhang mit den großen Jahresfesten dargebracht, so etwa die Getreideerstlinge in der Periode zwischen Massot- und Wochenfest.

Religionsgeschichtlich gehört das Erstlingsopfer zu den ältesten und am weitesten verbreiteten Opferarten. Es ist viel älter als die Jahwereligion, ja älter als die vorderorientalischen Hochreligionen, es geht bis in die Epoche der schriftlosen Kulturen zurück. In ihm drückt sich die menschliche Scheu vor der geheimnisvollen Kraft der Fruchtbarkeit aus. Das erste Tier, das den Mutterschoß durchbricht, das erst Korn, das reift, soll dem menschlichen Verzehr entzogen bleiben. Es wird Gott als dem Herrn der Segenskraft zurückgebracht. Ziel ist es, durch bewußten, religiös motivierten Verzicht auf die ersten Früchte der Segenskraft diese für künftige Geburten und Ernten zu sichern. Dahinter steht ein uraltes menschliches Wissen, daß eine kurzfristige totale Ausbeutung der Natur durch den Menschen langfristig ihre Selbstheilungskraft gefährdet. Eine ähnliche Funktion haben übrigens auch verschiedene Tabubräuche, die in Israel geübt wurden: so die Ackerbrache alle sieben Jahre (Ex 23,10f.), das Nachleseverbot und der Brauch, die Ränder der Felder nicht abzuernten (Lev 19,9f.) oder das Verbot, Fruchtbäume in den ersten drei Jahren zu ernten (Lev 19,23-25).

In Israel gab es zwei verschiedene Arten des Erstlingsopfers: Tiererstlinge und Pflanzenerstlinge. Theoretisch hatte Jahwe auch Anspruch auf die menschliche Erstgeburt (Ex 34,19f.), sie wurde aber, soweit wir erkennen können, immer schon durch ein Tieropfer ausgelöst (34,20b). Die Tiererstlinge *(päṭär, bĕkor)* bezogen sich auf die männlichen Exemplare von Schafen, Ziegen und Rindern. Sie wurden ursprünglich am 8. Tag nach ihrer Geburt dargebracht (Ex 22,28f.), erst später im Rahmen der Jahresfeste (Dtn 15,19), d. h. bis in deuteronomische Zeit, waren die Tiererstlingsopfer noch stärker kasuelle familiäre Gottesdienste. Die Pflanzenerstlinge bezogen sich auf Gerste, Weizen, Weintrauben, Feigen, Granatäpfel, Oliven und Honig (Dtn 8,8 vgl. Ex 34,22.26; 23,19), ihre Darbringung vollzog sich wohl immer im Rahmen einer größeren Festversammlung, auch wenn der Verzehr wiederum in der familiären Gruppe geschah (Dtn 26,11). Ein Teil der Erstlinge wurde dem Priester abgegeben und bildete neben anderen Opferanteilen den Grundstock der priesterlichen Versorgung.

So ist der familiäre Kleinkult durchaus auf den regionalen Großkult bezogen, dennoch hatte er zum Teil sein eigenes Zentrum, seine eigene Trägerschaft und seine eigenen Anlässe und Funktionen. Die ganze vorexilische Zeit hindurch hat die israelitische Familie ein hohes Maß an kultischer Eigenständigkeit bewahrt. Daß dem eine Eigenständigkeit der religiösen Symbolwelt entsprach, die sich deutlich von der der Jahwereligion der Stämme abhob, ist darum nicht verwunderlich. Als die deuteronomischen Reformtheologen in der späten Königszeit darangingen, die familiäre Religiosität stärker in die offizielle Jahwereligion einzubinden, haben sie nicht zufällig beim Erstlingsopfer angesetzt und bei seiner Darbringung die Rezitation des Bekenntnisses zu Jahwe als dem Befreier aus Ägypten und dem Geber des Landes zur Pflicht gemacht (Dtn 26,1-11).

Die Religionsgeschichte der Königszeit

Der Übergang von der vorstaatlichen zur staatlichen Epoche um die Wende zum 1. Jahrtausend markiert einen tiefgreifenden Einschnitt in der Religionsgeschichte Israels. Hielt man früher häufig die «Landnahme» der Stämme für den folgenschweren Einschnitt, von dem an die – wie man meinte – «nomadische Jahwereligion» in einen Jahrhunderte währenden Streit mit der – postulierten – «kanaanäischen Ackerbaureligion» geraten sei (vgl. z. B. G. Fohrer; V. Maag u. a.), so stellt sich heute immer deutlicher heraus, daß es die Etablierung des Königtums und die davon ausgehenden weitreichenden gesellschaftlichen Umwälzungen waren, welche die entscheidende Herausforderung für die junge Jahwereligion bildeten.[40] Eine Religion, die aus der Befreiung von staatlicher Unterdrückung heraus entstanden war und fast zwei Jahrhunderte die Freiheitsbestrebungen der Stämme gegen politische Hegemonieansprüche von innen und außen getragen hatte, mußte durch die Einrichtung eines zentralistischen Staates in der Tat vor ganz erhebliche Probleme gestellt werden. Die neuen gesellschaftlichen Verhältnisse führten zu religionsgeschichtlichen Entwicklungen, welche die Jahwereligion tiefgreifend, zum Teil bis zur Unkenntlichkeit veränderten, etwa im Bereich des königlichen Staatskultes. Das Erstaunliche ist aber, daß sie auch Gegenströmungen provozierten, die zum Teil im scharfen Protest zur vorherrschenden Entwicklung immer wieder Impulsen der vorstaatlichen Jahwereligion Geltung verschafften (vgl. etwa die Propheten). Der theologische Klärungsprozeß, der in dieser Auseinandersetzung in Gang kam, ermöglichte schließlich gegen Ende der Königszeit eine erste systematische Synthese der Jahwereligion, die den vorstaatlichen Jahwetraditionen eindeutig den Vorrang vor den staatlichen einräumte (Deuteronomium). Es hat somit über dreihundert Jahre gedauert, bis die Jahwereligion mit den Herausforderungen, die ihr durch den Übergang zur Staatlichkeit gestellt waren, fertig wurde.

Die Ausbildung eines monarchischen Territorialstaates

Die Ausbildung der Monarchie in Israel steht unter dem Zeichen der lang anhaltenden philistäischen Besetzung. Die Philister, um 1200 v. Chr. im Zuge der Seevölkerwanderung ins Land gekommen, konnten ab 1050 in der Nachfolge der Ägypter ihre Vorherrschaft bis tief in das israelitische Siedlungsgebiet ausdehnen (vgl. 1. Sam 10,5; 13,3f. 19-21). Dieser dauernde militärische Druck hatte schon zu einer Konzentration des dezentralen Stämmeverbandes geführt, ließ sich aber mit dessen traditionellen Mitteln nicht mehr abschütteln (1. Sam 4). So sind es politische Zwänge, keinesfalls religiöse Motive, welche die tribalen Entscheidungsträger veranlaßten, an ihrem antiherrschaftlichen Freiheitsideal Stück für Stück Abstriche zu machen und ihren Widerstand gegen eine zentrale politische Dauergewalt aufzugeben: Nach einem erfolgreichen Befreiungskampf gegen die Ammoniter wurde Saul, der seine charismatischen und militärischen Fähigkeiten erwiesen hatte, von der Truppe, d. h. den Männern Israels und Judas zum König erhoben (1. Sam 11).

Es hat durchaus den Anschein, daß die Stämme mit Saul das ernstzunehmende Experiment unternahmen, eine Form des Königtums zu schaffen, das noch mit den freiheitlichen religiösen und tribalen Traditionen Israels vereinbar war. Man wählte einen Mann zum König, der als Charismatiker religiös legitimiert war, man war bereit, sich zur permanenten Heerfolge zu verpflichten und ihm die Stammeskontingente zu unterstellen, aber man beschränkte seine ständige Machtbasis auf seine familiären Ressourcen: eine bescheidene Residenz im heimatlichen Gibea, eine kleine Berufstruppe, die weitgehend aus Angehörigen seiner Sippe bzw. seines Stammes bestand (1. Sam 10,26; 14,52) und nur freiwillige Abgaben (1. Sam 10,27; 16,20). Erst als dieses Experiment eines charismatisch-volksnahen Königtums fehlschlug und Saul im Kampf gegen die Philister fiel, war man – und auch dann erst nach längerem Zögern – bereit, eine weitergehende Lösung zu akzeptieren.

Das Königtum, das dagegen David schließlich den Stämmen aufdrängen sollte, war schon von ganz anderer Art. David stammte aus dem Kreis der Berufskrieger Sauls, ihm fehlte somit jede charismatische Legitimation. Er baute sich systematisch eine schlagkräftige private Söldnertruppe auf, die nicht nur aus Verwandten und Stammesangehörigen, sondern auch aus Gestrandeten verschiedenster Herkunft bestand (1. Sam 22,2f.). Damit schuf er sich eine eigene, von den Stämmen unabhängige Machtbasis, die ihn, der auf abenteuerliche Weise zum eigenen Nutzen zwischen den Fronten taktierte, zu einem Machtfaktor werden ließ, der von den Stämmen nicht mehr ignoriert werden konnte. Als zuerst die Männer von Juda und dann die Ältesten von Israel ihn zum König salbten (2. Sam 2,4; 5,3) und einen Vertrag mit ihm abschlossen, da mochten sie noch meinen, noch einmal ein Wahlkönigtum unter Wahrung ihrer tribalen Mitwirkungsrechte zu etablieren, faktisch aber fügten sie sich damit schon der politisch-militärischen Macht, die sich David durch Schaffung einer eigenen Klientel angeeignet hatte. Mit Hilfe seiner Berufstruppe eroberte David im Handstreich die Jebusiterstadt Jerusalem und schuf sich so eine von den Stämmen unabhängige Residenz. Damit legte er den Grundstein für den erstaunlich schnellen Ausbau der politischen Zentralgewalt in Israel. Das heißt, die politische Institution entwickelte schon schnell eine Eigendynamik, welche die Regulative des Stammesverbandes völlig auf die Seite schob. In den Aufstandsbewegungen unter David versuchten noch einmal die traditionellen Organe der tribalen Gesellschaft das Rad zurückzudrehen und mit dem jungen Königssohn Absalom eine Art konstitutionelle Monarchie zu verwirklichen (2. Sam 15ff.; 17,14ff.), doch mit dem Sieg der Söldner Davids über den Heerbann (2. Sam 18,7) fiel die Widerstandsbewegung auseinander; die Entwicklung eines absoluten dynastischen Königtums, das keiner Legitimation durch das Volk mehr bedurfte, war nicht mehr aufzuhalten. Die Thronerhebung Salomos war nur noch eine Sache der Hofparteien; Salomo war endgültig ein sakraler Monarch nach orientalischem Vorbild.

Die tiefgreifenden politischen, wirtschaftlichen, sozialen und kulturellen Veränderungen der israelitischen Gesellschaft, die das Königtum Davids und Salomos mit sich brachte, sind kaum zu überschätzen und können hier nur angedeutet werden[41]: Zuerst standen die außenpolitischen Erfolge im Vordergrund. Nach Abschüttelung der philistäischen Herrschaft (2. Sam 5,17-25) ging David sofort zu planmäßigen Eroberungsfeldzügen über; die noch bestehenden kanaanäischen Stadtstaaten wurden systematisch dem israelitischen Siedlungsgebiet einverleibt (1. Kön 9,16f.), und die ostjordanischen Nachbarstaaten wurden einer nach dem anderen unterworfen und dem Großreich angegliedert (2. Sam 8). Israel wurde unter David zum ersten Mal zu einem zusammenhängenden, großräumigen Territorialstaat mit einem Kranz von Vasallenstaaten um sich herum. Es verfügte damit auch über einen nicht unerheblichen nichtisraelitischen Bevölkerungsanteil, der nun gesellschaftlich, kulturell und religiös integriert werden mußte. Die Kontrolle über die vorderorientalischen Handelswege und die eingetriebenen Tribute ließen bis dahin unbekannte Reichtümer nach Jerusalem fließen, die den sprunghaften wirtschaftlichen und kulturellen Aufstieg Israels überhaupt erst möglich machten (1. Kön 10,15.25).

Hinzu kam der Aufbau einer staatlichen Administration im Innern: Schon die militärischen Erfolge gingen auf eine durchgreifende Umorganisation des Heerwesens zurück: Den Kern des davidischen Heeres bildeten eine schnell einsatzfähige Truppe königlicher Berufssoldaten («Knechte Davids») und die königliche Leibwache («Kreter und Pleter»); die traditionelle Volksmiliz trat dem nur noch hinzu. Doch auch sie stellte David auf eine neue Basis, indem er das Truppenkontingent der Stämme festlegte, eine Art von Wehrpflicht einführte (vgl. 2. Sam 24) und die Bewaffnung modernisierte. Salomo fügte den Fußtruppen noch eine königliche Streitwagentruppe hinzu, die eine umfängliche militärische Logistik benötigte (1. Kön 9,15.17-19 «Wagenstädte», Pferdehandel 1. Kön 10,26). Die Erfordernisse der militärischen und zivilen königlichen Zentralverwaltung führten schon relativ rasch zum Ausbau eines Beamtenapparats (2. Sam 8,15-18; 1. Chr 18,14-17; 2. Sam 20,23-26; 1. Kön 4,1-6), der die traditionellen tribalen Entscheidungsträger immer weiter entmachtete. Damit entstand eine neue gesellschaftliche Schicht, die ihren sozialen Status nicht mehr der Zugehörigkeit zu einer Familie oder Sippe verdankte, sondern allein ihrem Loyalitätsverhältnis gegenüber dem König. Wenn dabei David und Salomo notgedrungen häufig auf Fachleute aus dem Ausland bzw. den ehemaligen Kanaanäerstädten zurückgriffen (vgl. 2. Sam 23,24-35; 2. Sam 15,18ff.), die den Idealen der tribalen israelitischen Gesellschaft fremd gegenüberstanden, dann hat dies sicher noch einmal die Sonderstellung dieser Gruppe verstärkt. Es ist diese anwachsende, mit königlichen Privilegien versehene Schicht von Beamten, Militärs und Kaufleuten gewesen, welche je länger je mehr zu einer Aushöhlung der egalitären Gesellschaftsstruktur führte.

Die anschwellende königliche Verwaltung und Hofhaltung machten ein System von Abgaben und Steuern nötig. Salomo teilte Israel in zwölf Provinzen ein, von denen jede einen Monat lang die Versorgung des Hofes gewährleisten mußte. Hinzu kam die Versorgung der Elitetruppen in den Festungsstädten. Eine königliche Steuer war sehr wahrscheinlich auch der Zehnte an Getreide, Wein und Vieh (1. Sam 8,15.17).[42] Verdiente Beamte wurden mit Landschenkungen versorgt (1. Sam 8,14; 22,7); dabei wird es sich häufig um eroberte Gebiete gehandelt haben. Es scheint aber so zu sein, daß auch herrenloser israelitischer Grundbesitz der Krone zugefallen ist (1. Kön 21; 2. Kön 8,1-6) und von ihr als Lehen neu verteilt werden konnte (2. Sam 9,7ff.; 16,4; 19,30). Welche Bedrohung diese königlichen Landschenkungen für den kleinbäuerlichen Erbbesitz der israelitischen Familien und schließlich auch für die Krone bedeutet haben müssen, wird aus der Neuregelung Ez 46,16-18 sichtbar, die eine Akkumulation von Landbesitz in den Händen von Beamten unbedingt verhindern will. Eine ähnliche Bedrohung scheint von den sich ausweitenden königlichen Domänen ausgegangen zu sein (vgl. 1. Chron 27,25-30). Jedenfalls ist der mit dem Königtum aufkommende Großgrundbesitz ein ganz wesentlicher Faktor, der zu einer immer stärkeren Zerklüftung der israelitischen Gesellschaft beitrug, die ab dem 8. Jahrhundert in eine permanente soziale Krise führte.

Ihren deutlichsten Niederschlag fanden die gewandelten wirtschaftlichen und politischen Verhältnisse in einer extensiven staatlichen Bautätigkeit. Salomo baute nicht nur seine Residenz Jerusalem aus (1. Kön 3,1; 5,15ff.; 6f.), sondern überzog das ganze Land mit einem System von Magazin-, Wagen- und Festungsstädten für die Steuer- und Militärverwaltung (vgl. 9,15ff.). War für die vorstaatliche Zeit die Deurbanisierung kennzeichnend, so setzte mit der Königszeit eine neue Urbanisierungsphase ein; offene dörfliche Siedlungen wurden aufgegeben zugunsten befestigter Städte (z. B. im Negeb). Diese ehrgeizigen Baupläne waren nur durch die Einführung staatlicher Fronarbeit *(mas)* zu bewältigen (2. Sam 20,24). Wurden dazu unter David wohl noch meist ausländische Kriegsgefangene gepreßt (2. Sam 10,31f.), so dehnte spätestens Salomo die Fronarbeitsverpflichtung auf die israelitische Bevölkerung aus (1. Kön 5,27-31 gegen 9,21). Die hohe Belastung durch Frondienst war es denn auch, die zum Aufstand Jerobeams führte.

Schließlich ging die Staatsbildung mit einer breiten politischen, wirtschaftlichen und kulturellen Öffnung einher. Der junge Staat wurde einbezogen in den diplomatischen Verkehr der vorderorientalischen Reiche. Salomo heiratete z. B. eine Pharaonentochter (1. Kön 3,1 f.), die ihm die Stadt Gezer als Mitgift einbrachte (1. Kön 9,16.24), und unterhielt enge Beziehungen zu Tyros (1. Kön 5,25 ff.) und sogar zu Südarabien (1. Kön 10). Im Zusammenhang damit steht der Ausbau des staatlichen Fernhandels, der Baumaterialien, Pferde, Streitwagen und bis dahin unbekannte Luxusgüter nach Israel brachte (1. Kön 5,15 ff.; 9,26-28; 10,22.28). Diese ermöglichten, ausgehend vom Königshof, der städtischen Oberschicht einen Lebensstil, der sie weit von den kleinbäuerlichen Wertvorstellungen trennte. Mit dem Fernhandel strömten auch die Kunst und Literatur der vorderorientalischen Hochkulturen nach Israel ein. Tempel und Palast von Jerusalem erstrahlten im Glanz phönizischer Architektur, aus Ägypten und Arabien hielt die Weisheitsliteratur am Hof Einzug (1. Kön 5,9.13). Eine neue, aufgeklärte Geistigkeit machte sich in seinem Umkreis breit und führte zu den ersten israelitischen Literaturwerken (Thronnachfolgeerzählung 2. Sam 9–1. Kön 2; «jahwistische Urgeschichte» Gen 2-11 u. a.). Die Gefahr der kulturellen Überfremdung, die an dieser Stelle lauerte, sollte erst später bewußt werden.

Die Umwandlung Israels aus einer akephalen tribalen Gesellschaft in einen modernen monarchisch regierten Territorialstaat hat zweifellos auf vielen Gebieten große Fortschritte gebracht. Durch sie gelang es Israel nicht nur, sich aus der Abhängigkeit von den Philistern zu befreien, sondern binnen eines Menschenalters zu einem respektierten Machtfaktor im Konzert der vorderorientalischen Staaten zu werden. Gerade der Verbindung von Monarchie und tribaler Solidarität hatten die übrigen palästinischen Kleinstaaten anfangs wenig entgegenzusetzen. Die ungeahnte außenpolitische Sicherheit und der wirtschaftliche Aufschwung werden gewiß weite Kreise der israelitischen Gesellschaft veranlaßt haben, die Beschneidung ihrer Freiheitsrechte hinzunehmen und das ganze als eine notwendige Entwicklung zu betrachten (vgl. 2. Sam 19,10; 1. Kön 4,20; 5,5), natürlich vor allem die Gruppen, die wie die Beamten unmittelbar vom Königtum profitierten. Und die negativen Auswirkungen mancher Entwicklungen waren ja anfangs auch noch nicht in ihrer ganzen Tragweite absehbar.

Es spricht aber für die tiefe Verankerung der alten, vorstaatlichen Freiheitsideale, daß trotz der anfänglichen blendenden Erfolge der Monarchie keineswegs alle Gruppen der israelitischen Gesellschaft die Entwicklung akzeptierten. Der Widerstand gegen das Königtum machte sich in mehrfachen Aufstandsbewegungen Luft (Absalom-, Scheba-, Jerobeam-Aufstand); er wurde vor allem von den begüterten und damit einflußreichen Entscheidungsträgern der tribalen Gesellschaft getragen (Älteste Israels, Männer Israels und Judas; 2. Sam 15 ff.), die durch das Königtum materielle Einbußen (1. Sam 8,11-17) und eine weitgehende Beschneidung ihrer angestammten Rechte hinnehmen mußten. Die Institution des Königtums samt Beamtenherrschaft war demnach in der israelitischen Gesellschaft – vor allem während der Anfangszeit – stark umstritten. Mindestens drei Gruppen sind erkennbar: eine Gruppe, die von ihm profitierte (Beamte, Militärs, Priester) und es uneingeschränkt positiv propagierte, eine Mittelpartei, die es zu verteidigen und mit den traditionellen tribalen Wertvorstellungen in Einklang zu bringen suchte (Thronnachfolgeerzählung, Josefserzählung), und eine Gruppe, die es jedenfalls in der Form, wie es sich unter David und Salomo realisiert hatte, ablehnte und bekämpfte.

Das Zerbrechen des nationalen Konsenses über die Form und die letzten Werte der eigenen Gesellschaft hat nun aber unmittelbare Auswirkungen auf die Religionsgeschichte der Königszeit: Ihm entspricht ein Auseinanderfallen der Großgruppenreligion in verschiedene, zum Teil widerstreitende Positionen, die nicht mehr von der Gesellschaft als ganzer, sondern nur noch von Gruppen in ihr getragen werden. Da ist erstens die von den Hofbeamten und den Priestern des Staatsheiligtums propagierte offizielle Königs- und Tempeltheologie, und da ist zweitens eine von politischen und religiösen Oppositionsgruppen getragene Widerstandstheologie, die sich häufig an der Jahwereligion der vorstaatlichen Zeit orientiert. Zwischen diesen beiden Extremen gibt es eine ganze Reihe von Vermittlungstheologien, die versuchen, einen Ausgleich zwischen Königs- und Tempeltheologie auf der einen Seite und der traditionellen Jahwereligion auf der anderen Seite zu finden. Neben dem sozial bedingten religionsinternen Pluralismus zwischen Groß- und Kleingruppenreligion trat damit in der Königszeit ein politisch bedingter Pluralismus widerstreitender religiöser Richtungen innerhalb der Religion der Großgruppe, der sich am Königtum und den von ihm eingeleiteten soziokulturellen Umwälzungen entzündete.

Die Bedeutung dieser Differenzierung wird noch einmal am Ende der Epoche sichtbar: Mit dem Untergang des Königtums 586 v. Chr. brach die Linie der offiziellen Königstheologie ab, während das, was zuvor nur Widerstandstheologie einiger Außenseiter war, im Exil von der Großgruppe als ihre offizielle Theologie rezipiert wurde. Die Königstheologie lebte nur in eschatologischer Brechung weiter, und man kann sagen, daß es zu ihrer Integration in der Jahwereligion erst gekommen ist, als es das Königtum als politische Größe nicht mehr gab.

Der Streit um die religiöse Legitimation des Königtums

Eine Legitimation ständiger politischer Herrschaft war in der vorstaatlichen Jahwereligion nicht vorgesehen. So mußte die religiöse Legitimation des Königtums erhebliche theologische Probleme aufwerfen. War die Legitimation der Herrschaft Sauls noch auf der Basis des charismatischen Heerführertums im Befreiungskrieg möglich, so mußte dieses traditionelle Deutungsmodell gegenüber dem Königtum Davids und Salomos versagen. Mochten einige Hoftheologen auch behaupten, daß David anfangs noch Jahwekriege geführt habe (1. Sam 18,17; 25,28), spätestens seit seinem Sieg über die Philister waren diese Kriege beim besten Willen nicht mehr auf der Linie der vorstaatlichen Befreiungskämpfe vermittelbar, fehlte diesen weiträumigen Eroberungsfeldzügen doch so ziemlich alles, was jene gekennzeichnet hatte: die anhaltende Notsituation, die Freiwilligkeit der Beteiligung, die Solidarisierung durch einen Charismatiker und die Beschränkung des Kriegszieles auf die Abwendung der Not. David konnte seine Berufstruppe jederzeit und für jeden Zweck in Marsch setzen, er bedurfte des freiwilligen Konsenses der Bevölkerung nicht mehr, Ziel seiner Kriege war die dauerhafte Unterwerfung anderer Völker, die Kontrolle über Handelsstraßen und Rohstofflager und die Rekrutierung von Zwangsarbeitern (vgl. 2. Sam 8,1-15; 10,1-19; 12,26-31). Der

Krieg wurde unter ihm zum Mittel königlicher Machtpolitik; damit war es aber unmöglich, in ihm noch ein Rettungshandeln Jahwes für Israel wirksam zu sehen. Der König war nicht mehr als der von Gott gesandte Retter legitimierbar.
In das theologische Vakuum, das sich an dieser Stelle auftat, stießen die davidischen und salomonischen Hoftheologen – zu denken ist etwa an Hofpropheten wie Natan und Gat oder Priester des Staatskultes wie Zadok und Asarja – mit einer für die Jahwereligion neuartigen Legitimation monarchischer Herrschaft hinein, die sich ganz in den Bahnen der vorderorientalischen Königstheologie bewegte.

Die Königstheologie der Davididen

Die weit überwiegende Zahl unserer Zeugnisse für die israelitische Königstheologie stammt aus dem Umfeld des davidischen Königshauses (Königspsalmen); für das spätere Nordreichkönigtum gibt es kaum direkte Belege, es muß deswegen außerhalb der Betrachtung bleiben (s. aber unten S. 327f). Ich gehe davon aus, daß die davidische Königstheologie in ihren wesentlichen Zügen seit Salomo ausgebildet war, ohne daß behauptet werden soll, daß alle Königspsalmen schon aus dieser Zeit stammen.[43]
Als die Institution des Königtums von Israel übernommen wurde, war diese in der vorderorientalischen Umwelt schon seit Jahrhunderten stark religiös besetzt. Königtum, das bedeutete in der Antike sakrales Königtum mit zum Teil massiven theologischen und kultischen Implikationen. Der König galt im Vorderen Orient mit einigen Variationen mehr oder minder direkt als Repräsentant Gottes auf Erden, als Geschöpf Gottes, Abbild Gottes, Sohn Gottes oder sogar als Gott selber, der nach außen die göttliche Herrschaft durchsetzte und nach innen die göttliche Ordnung aufrichtete und damit den Bestand des Staates garantierte. Es ist deshalb kein Wunder, daß, kaum etabliert, auch in Israel die Institution des Königtums eine religionsgeschichtliche Eigendynamik entwickelte, welche die antiherrschaftlichen Jahwetraditionen beiseite drängte.
Die religiöse Legitimation der Monarchie, welche die davidischen Hoftheologen auf der Basis der vorderorientalischen Königstheologie formulierten, lief ebenfalls über ein enges persönliches, ja fast kreatürliches Verhältnis zwischen Jahwe und dem König, das letzteren aus allen Menschen heraushob und ganz in die Nähe Gottes rückte: Jahwe hat den König selber gezeugt (Ps 2,7; 110,3), zu seinem Sohn und Erstgeborenen erklärt (Ps 2,7; 89,28), ihn zum Mann zu seiner Rechten gemacht (Ps 80,18), ihn hoch erhoben (2. Sam 23,1) und auf den Thron zu seiner Rechten gesetzt (Ps 110,2); er konnte sogar als Gott bzw. Göttlicher tituliert werden (Ps 45,7).
Es ist immer wieder betont worden, daß im Unterschied etwa zu Ägypten Israel kein Gottkönigtum gekannt, der König vielmehr nur als Adoptivsohn Jahwes gegolten habe. Doch waren die Unterschiede eher fließend. Wohl ist in der israelitischen Königstheologie eine gewisse Scheu zu erkennen, den König völlig mit Jahwe zu identifizieren – wahrscheinlich wirkt hier die Transzendenz Jahwes nach, die ihm von der Frühzeit her eignete –, doch hatte die Gottessohnschaft auch in Israel eindeutig eine physische Komponente (Ps 110,3), galt auch hier der Gesalbte Jahwes als sakrosankt (1. Sam 24,7; 26,11). Doch wie immer man die Art und Weise der Zuordnung von Gott und König im einzelnen beurteilen mag, wesentlicher ist, daß hier eine exzeptionelle Beziehung des Königs zu Jahwe propagiert wurde, die von der Beziehung Jahwes zu Israel weitgehend unabhängig war. So wie David zu seiner Machtausübung nicht mehr notwendig auf das Heeresaufgebot der Stämme angewiesen war, so schuf sich das davidische Königtum seine eigenständige theologische Basis.
Aus dem exzeptionellen Gottesverhältnis des Königs leiteten die Hoftheologen – auch hierin dem Konzept der vorderorientalischen Königstheologie folgend – direkt seine politischen und sakralen Funktionen ab: Weltherrschaft, Segensmittlerschaft, Rechtshilfe für die Schwachen und Priestertum.
Die Einsetzung des davidischen Königs wurde in unmittelbarem Zusammenhang mit der göttlichen Weltregierung gesehen (vgl. Ps 2), d. h., Jahwe war in dieser Theologie nicht mehr nur der Gott Israels, sondern der Herr über die Völkerwelt (s. u. S. 327). Als solcher bändigte er die aufbegehrenden Völker (V. 1-3), indem er den davidischen König zu seinem Sohn proklamierte (V. 7), ihm freigebig die Weltherrschaft gewährte (V. 8) und ihm den Auftrag erteilte, die Völker mit harter Hand in die Knie zu zwingen (V. 9). Mit der Unterwerfung der Völker setzte somit der König die Herrschaft und Anerkennung Jahwes in der Welt durch (V. 10-12a). Dieses Ineinander von göttlicher und königlicher Weltregierung konkretisierte sich etwa darin, daß die Abgesandten der unterworfenen Völker Jahwe in Jerusalem huldigten (Ps 47,10) und David Jahwe Anteil an seinen Feldzügen gab, indem er ihm die kostbarsten Beutestücke weihte (2. Sam 8,11).
Auch wenn die israelitischen Könige nur wenig Gelegenheit hatten, die theologische Konzeption in die Tat umzusetzen, klar ist, daß sich von ihr her jede Art von Eroberungskrieg legitimieren ließ. Der Krieg wurde hier zum Bestandteil einer umfassenden theologischen Weltordnungsvorstellung, welche die Interessen des eigenen Staates völlig absolut setzte. Jahwe wurde in der Königstheologie zum Symbol einer expansiven politischen Herrschaft.
Auffällig ist wiederum, wie sehr dabei der Bezug Jahwes zu Israel in den Hintergrund tritt. War in den Befreiungskriegen der vorstaatlichen Zeit das rettende Handeln Jahwes auf Israel als ganzes bezogen, so wurde dies in den staatlichen Kriegen auf den König beschränkt (2. Sam 8,6.14); die Feinde, die Jahwe hier unterwarf, waren Feinde des Königs (Ps 110,2; 72,9; vgl. 18,40.44), nicht mehr unbedingt Israels Feinde. So spiegelt sich die Wandlung des Kriegs vom Befreiungskrieg des Volkes zum Mittel königlicher Machtpolitik auch auf der theologischen Ebene.
Hatten die Charismatiker als Mittler des Rettungshandelns Gottes gegolten, so bestand nach der Königstheologie die wichtigste innenpolitische Funktion des Königs darin, Mittler und Garant des göttlichen Segenshandelns zu sein (Ps 21,7). In der Königsfürbitte Ps 72 wird er regelrecht mit dem Regen gleichgesetzt, der auf den Acker herabflutet (V. 6f.), es sprossen aber nicht nur «seine Früchte» (V. 16), sondern umfassend Heil (*ṣädäq*) und Frieden (*šālōm* V. 7). Der König bewirkte nach dieser Vorstellung sowohl die Fruchtbarkeit der Felder als auch das öffentliche Wohl des ganzen Landes. Ähnlich wie in Ägypten konnte auch in Israel der König als Lebenshauch angesehen werden, von dem alles Leben im Lande abhing (Thr 4,20). Deswegen war es

wichtig, daß der König durch seine Gesundheit und sein langes Leben die Segenskraft selber symbolisierte (Ps 72,5.17). Hinter dieser eigenartigen Verquickung von naturhafter und politischer Sphäre steht wohl die in der Antike noch massiver als heute gemachte Erfahrung, daß innen- und außenpolitische Stabilität eine Grundvoraussetzung für ein «blühendes» Wirtschaftsleben ist. Eine solche in einem für Israel bis dahin unbekannten Ausmaß geschaffen zu haben, gehörte zu den wichtigsten Aktivposten, die das Königtum für sich in Anspruch nehmen konnte (1. Kön 4,20; 5,5). So wird denn auch in der Josefsgeschichte die königliche Beamtenherrschaft damit legitimiert, daß durch sie die wirtschaftliche Versorgung selbst noch in Notzeiten gesichert werden kann. Die Funktion, Garant von Sicherheit und Wohlstand zu sein, war somit eine ganz wesentliche theologische Legitimation des israelitischen Königtums, die ihm wahrscheinlich sogar relativ breit abgenommen wurde.

Neben der politischen Segensmittlerschaft nahm das davidische Königtum für sich in Anspruch, Rechtshelfer der Armen und Schwachen zu sein (Ps 72,2.4.12). Dieser Anspruch gehörte fest zum Repertoire der altorientalischen Königstheologie, spielte aber in der Realität kaum eine Rolle. Wohl hören wir einige Male davon, daß Könige als eine Art Appellationsinstanz angegangen werden konnten (2. Sam 15,1 ff.; 2. Kön 6,26 ff.; 8,3 ff.), doch war die Bedeutung der königlichen Rechtsprechung neben der Torgerichtsbarkeit anfangs sehr begrenzt, und als sie sich ausweitete, hat sie die sozialen Konflikte eher geschürt als gemildert. Zentral wurde diese Funktion erst in der Erwartung eines besseren, zukünftigen Königtums (Jes 11).

Die Funktionen des Königs waren aber nun keineswegs auf den politischen und rechtlichen Bereich beschränkt. Entsprechend der Konzeption vom sakralen Königtum beanspruchten die Davididen selbstverständlich auch kultische Funktionen so wie die jebusitischen Könige vor ihnen (vgl. den legendären «Priesterkönig» Melchisedek Gen 14,18; Ps 110,4). Als Priester vollzog der König selber den Opferkult, besonders an herausragenden Festtagen (2. Sam 6,17 f.; 1. Kön 8,62 f.; 2. Kön 10,18 ff.25), und wie ein Priester teilte er dem Volk den gottesdienstlichen Segen aus (2. Sam 6,18; 1. Kön 8,14.55 vgl. Ps 21,7). Die kultischen Aktivitäten des Königs waren wahrscheinlich noch vielseitiger, wie ein Kulttanz Davids (2. Sam 6,14 ff.) und das Fürbittegebet Salomos (1. Kön 8) bezeugen. Doch abgesehen davon, wieweit die Könige ihre kultischen Funktionen wahrnahmen, sie leiteten aus ihrer besonderen Gottesbeziehung den grundsätzlichen Anspruch ab, die Heiligkeit der Priester zu besitzen und wie diese die kultische Vermittlung zwischen Gott und Volk übernehmen zu können. Eine engere Verquickung von Thron und Altar läßt sich kaum denken; der israelitische Großkult wurde zu einem wesentlichen Teil zum königlichen Staatskult (s. u. S. 323 f). Erst nach dem Untergang der Institution des Königtums, im Exil, wurde diese Umklammerung aufgelöst und dem König seine priesterliche Funktion abgesprochen (Ez 43,1-12; 46).

Der Einschnitt, den die hier skizzierte Königstheologie für die Jahwereligion bedeutete, ist in seiner Tiefe und in seinen Folgen kaum zu überschätzen. Hier drang mit dem ganzen Rückhalt staatlicher Unterstützung eine Theologie in die offizielle Religion Israels ein, die nicht nur völlig andere Wurzeln hatte, sondern auch zu vielem völlig querstand, was die Jahwereligion von ihren Ursprüngen her ausgemacht hatte. Zwei Konfliktpunkte sind vor allem zu benennen: erstens die Monopolisierung der Gottesbeziehung Israels durch das Königtum und zweitens die enge Verquickung Jahwes mit der staatlichen Macht.

Die von den Hoftheologen propagierte Theologie versuchte, den König zu einem umfassenden Heilsgaranten für Israel aufzubauen. Nach ihrem Verständnis vermittelte der König Israel nicht nur Jahwes politisch-geschichtliches Handeln in der Völkerwelt, sein segnendes Handeln in Natur und Gesellschaft, sondern auch Jahwes gottesdienstliche Nähe; d. h., alle wesentlichen Aspekte der Gottesbeziehung der Großgruppe, der kreatürliche, der politische und der kultische, sollten nach dieser Anschauung über den König laufen und in seiner Person ihre Einheit finden. Was aber wurde dann aus der unmittelbaren Beziehung Jahwes zu Israel, die in der vorstaatlichen Geschichte gewachsen war? Von Hause aus stand die Königstheologie dieser Geschichte völlig fremd gegenüber. Zwar gelang es dem davidischen Königshaus nie, sich wie etwa das sumerische mythologisch zu begründen als ein Königtum, das mit der Urzeit vom Himmel herabgestiegen sei, aber immerhin schuf es sich mit der Natanverheißung (2. Sam 7) eine eigenständige geschichtliche Begründung, die vom Exodus, der die Gottesbeziehung des Volkes geschaffen hatte, völlig unabhängig war. War nunmehr Israel notwendig auf die Vermittlung des königlichen Gottessohnes angewiesen, um mit Jahwe in Beziehung zu treten? Es hat wahrscheinlich eine Gruppe unter den Hoftheologen gegeben, die in diese Richtung dachte. Doch es hat auch entschlossenen Widerspruch dagegen gegeben; jedenfalls läßt sich eine ganze Anzahl von Versuchen erkennen, zwischen der neu propagierten exzeptionellen Bindung Jahwes an das Königshaus und seiner traditionellen Bindung an das Volk Israel zu vermitteln.

Noch empfindlicher war natürlich die Jahwereligion von der Vereinnahmung Jahwes für die königliche Politik getroffen. Jahwe, der einmal Symbol der Befreiung von staatlicher Unterdrückung gewesen war, wurde von den Hoftheologen zum Garanten staatlicher Macht gemacht, die nicht nur gegenüber fremden Völkern (Expansionskriege), sondern auch gegenüber der eigenen Gesellschaft (Fronarbeit) erneut Unterdrückungsmechanismen aufbaute. Hier war der ursprüngliche Impuls regelrecht konterkariert, verkam die Jahwereligion zur Überhöhung politischer Machtinteressen, geriet zur Ideologie im strengen Sinn des Wortes. So ist es kein Zufall, daß an dieser Stelle der Widerspruch besonders scharf aufbrach. Es ist eine Besonderheit der israelitischen Religionsgeschichte, die sich nur aus ihren außergewöhnlichen Startbedingungen erklären läßt, daß die machtpolitische Vereinnahmung Jahwes in der Königstheologie nicht widerspruchslos hingenommen wurde.

Aufstandsbewegungen und Gegenpositionen

Die zweite Hälfte der Regierungszeit Davids wurde von zwei Aufständen schwer erschüttert, dem Absalom-Aufstand (2. Sam 15-19) und dem Scheba-Aufstand (2. Sam 20). Nur etwa zwei Jahrzehnte der Erfahrung mit dem Königtum hatten ausgereicht, trotz aller blendenden Anfangserfolge die Unzufriedenheit unter weiten Teilen der Bevölkerung so zu steigern, daß die traditionellen tribalen Entscheidungsträger von ihrem Königsvertrag mit

David abrückten und sich zu einer großen, Nord und Süd gleichermaßen umfassenden Koalition der «Ältesten Israels» und «Männer Israels» (17,15; 15,6 u. ö.) gegen ihn vereinigten. Ziel des Absalom-Aufstandes war zwar nicht die Abschaffung der Monarchie, wohl aber die Beseitigung ihrer autokratischen Ausprägung, die sie unter David angenommen hatte, und der Versuch, mit dem jungen Königssohn Absalom eine Art konstitutionelle Monarchie zu errichten, die den tribalen Gremien politische Mitwirkungsrechte einräumte und den vorstaatlichen Idealen Israels mehr entsprach (2. Sam 17,4.11.14).[44] Als dieses – für die Antike ganz erstaunliche – Experiment scheiterte, der Heerbann der Stämme von den Söldnern Davids geschlagen und Absalom getötet wurde (2. Sam 18) und es David gelang, einen Keil zwischen Süd und Nord zu treiben, brach der noch radikalere Scheba-Aufstand los, bei dem die nord- und mittelpalästinischen Stämme ihre Gefolgschaftsverpflichtung gegenüber dem davidischen Königshaus restlos aufkündigten. Die Parole dieses Aufstandes (2. Sam 20,1)

> Wir haben keinen Anteil an David
> und kein Erbe am Sohn Isais.
> Ein jeder zu seinen Zelten, Israel!

beinhaltet ganz sicherlich eine Totalverweigerung auf militärischem Gebiet (vgl. Ri 7,8; 1. Sam 4,10; 13,2 u. ö.), möglicherweise aber sogar eine Abkehr vom Königtum als solchem. Erst die Niederschlagung dieses Aufstandes ermöglichte, daß sich in Israel die Konzeption des sakralen Königtums nach orientalischem Vorbild voll durchsetzen konnte (Salomo). Die Freiheitsbestrebungen des Nordens machten sich noch einmal gegen Ende der Regierung Salomos im Jerobeam-Aufstand Luft (1. Kön 11,27ff.; 12), mündeten aber wieder in die Errichtung einer – wenn auch zunächst alternativ konzipierten – Monarchie (dazu s. u. S. 330f).

Leider sind wir über das politische und theologische Selbstverständnis dieser Aufstandsbewegungen nur ansatzweise informiert, da die Berichte über sie allesamt von der Gegenseite stammen; aber immerhin hat F. Crüsemann wahrscheinlich gemacht, daß eine Reihe königskritischer Texte des Alten Testaments solchen Widerstandsgruppen der frühen Königszeit zuzuordnen sind.[45] Die hieraus noch erkennbare Argumentation gegen das Königtum verlief einmal auf politischer, zum anderen auf theologischer Ebene: Ätzende politische Polemik findet sich in der Jothamfabel (Ri 9,7-15) und im sogenannten «Königsrecht» (1. Sam 8,11-17): Nur der gesellschaftlich Unnütze wird König, und er nimmt euch alles weg, eure Söhne, Töchter, Sklaven, Acker und Vieh! Hier wird das Selbstverständnis einer Gruppe erkennbar, die sich ihres gesellschaftlichen Werts durchaus bewußt ist, die aber durch das Königtum erhebliche materielle Einbußen befürchtet. Grundsätzlicher ist die theologische Kritik, die in Stellen wie Ri 8,22f.; 1. Sam 8,7; 12,12 gegen das Königtum vorgetragen wird: Die institutionelle Verfestigung politischer Herrschaft im dynastischen Königtum tangiert, so wird am Beispiel Gideons demonstriert, die Herrschaft Jahwes über Israel (Ri 8,22f.). Oder noch schärfer: Die Errichtung eines menschlichen Königtums ist ein Angriff auf das Königtum Jahwes (1. Sam 8,7; 12,12). Auch in den Widerstandsgruppen wurde also die Vorstellung eines göttlichen Königtums aufgegriffen, aber polemisch gegen die politische Institution des Königtums gewendet: Behauptete die Königstheologie, daß der König ausführendes Organ der göttlichen Weltregierung sei, der davidische König somit das Königtum Jahwes repräsentiere, so hielten die Widerstandsgruppen dagegen, daß die Monarchie Jahwe faktisch aus seiner Herrscherstellung verdränge und damit «praktizierter Atheismus» sei (Crüsemann). Interessant ist, daß in diesen tribal gesinnten Kreisen das Königtum Jahwes nicht wie in der Königstheologie auf die Völkerwelt oder auf den König, sondern auf Israel bezogen wird. Sie wehrten sich also nicht nur gegen eine machtpolitische Vereinnahmung Jahwes, sondern auch gegen eine Monopolisierung der Gottesbeziehung durch das Königtum. Jahwe war direkt und unmittelbar König bzw. Herrscher über Israel, er bedurfte der Vermittlung durch das Königtum nicht. Neben der antiherrschaftlichen Tendenz verschaffte sich somit auch der populistische Zug der vorstaatlichen Jahwereligion in der Königskritik Geltung. Dem entspricht auf politischer Ebene ein Beharren auf dem tribalen israelitischen Gesellschaftsmodell: Wenn die Konzeption Israels als Zwölf-Stämme-Volk (Gen 49; Dtn 33) sehr wahrscheinlich erst in der frühen Königszeit entstanden ist, dann läßt sie sich nur als ein Alternativentwurf der tribal gesinnten Oppositionsgruppen gegen den inzwischen entstandenen monarchischen Zentralstaat verstehen: Nicht durch den König, sondern durch die Stämme sollte die Einheit Israels konstituiert sein.

In den frühen Aufstandsbewegungen gegen das Königtum wirkten somit die politischen und religiösen Traditionen der vorstaatlichen Zeit in ganz erheblichem Umfang weiter. Dies wird noch deutlicher beim Arbeitskampf gegen die salomonische Fronarbeit zutage treten, der nachweislich unter Berufung auf die Exodustradition geführt wurde (s. u. S. 328). Die antiherrschaftliche Symbolik der vorstaatlichen Jahwereligion bewies darin ihre Kraft, daß sie unter den gewandelten gesellschaftlichen Verhältnissen nicht einfach aufgegeben wurde, sondern – nun gesellschaftlich dysfunktional – weiterwirkte.

Rechtfertigungen des Königtums und Vermittlungspositionen

Auch wenn die Widerstandsbewegungen gegen das davidische Königtum letztendlich politisch scheiterten, haben sie dennoch das Königtum gezwungen, sich politisch und theologisch zu rechtfertigen und damit nach einer Vermittlung zwischen der schroffen Position der altorientalischen Königstheologie und der traditionellen Jahwereligion zu suchen. Die ersten Literaturwerke Israels, die «Thronnachfolgeerzählung» (2. Sam 9; 1. Kön 2) und die «Aufstiegsgeschichte Davids» (1. Sam 16; 2. Sam 5), sind aus diesem Anliegen entstanden. Wenn deren Autoren, die wahrscheinlich in der Beamtenschaft im Umkreis des Hofes zu suchen sind, den König so gar nicht übermenschlich wie die Königspsalmen, sondern mit allen menschlichen Stärken und Schwächen behaftet darstellen, was im Vorderen Orient ohne jede Parallele ist, dann tun sie das, um ihn den kleinbäuerlichen Vorstellungskategorien der israelitischen Gesellschaft näherzubringen. Mit ihm, dem trickreichen und doch großmütigen jungen Mann, mit dem rührenden Vater in Freud und Leid sollen sich alle jungen Männer und Familienväter identifizieren können! Hand in Hand geht damit eine politische und theologische Rechtfertigung: David war unschuldig am Untergang Sauls, dessen Scheitern und Davids Aufstieg sind vielmehr das Werk einer geheimen Führung Jahwes. Ihr hat sich David im Gegensatz zu Saul in seinen fortlaufenden Jahwebefragungen gehorsam unterworfen (1. Sam 27,10.13.15; 23,4; 30,8). Auf diese Weise versuchen die Hofbeamten der Bevölkerung den Anspruch der Königstheologie, daß der davidische König der Erwählte Jahwes sei (Ps 47,5; 89,4.20), aus dem Verlauf der Geschichte plausibel zu machen (2. Sam 6,21; 16,18 vgl. 1. Sam 16,8.9.10). Ein späterer Vermittlungsversuch geht davon aus, daß das Charisma Sauls für immer auf David übergegangen sei (1. Sam 16,13f.).

Ein weiterer interessanter Ausgleichsversuch zwischen Königstheologie und traditioneller Jahwereligion stammt wahrscheinlich aus frühen Prophetenkreisen des Nordreiches, wurde aber schon bald von davidischen Hoftheologen übernommen: Nach diesem wird der König als der von Jahwe designierte Führer über sein Volk Israel bestimmt:

1. Kön 14,7 Ich machte dich zum *nāgīd* über mein Volk Israel.

2. Sam 7,8 Ich habe dich von der Weide hinter der Herde fortgenommen, daß du *nāgīd* über mein Volk, über Israel seist.

(Vgl. 1. Sam 10,1; 2. Sam 5,2.12; 6,21; 1. Kön 11,37; 16,2; 2. Kön 9,6.) Das Wort *nāgīd* bezeichnete wahrscheinlich den öffentlich verkündeten Thronprätendenten (1. Kön 1,35). Bevor der König den Thron bestieg, war somit Jahwe – entweder konkret durch einen Propheten oder zumindest theoretisch – an seiner Bestimmung beteiligt. Auffallend ist in diesen Formulierungen die ausdrückliche Bezeichnung Israels als Volk (*ʿam*) oder als Erbe (*naḥălā*) Jahwes. Die enge personale Beziehung Jahwes zu Israel wird also ausdrücklich hervorgekehrt. Indem Jahwe sich um sein Volk kümmert, bestimmt er einen Menschen aus diesem Volk zum König. Es geht vielleicht zu weit, mit T. Mettinger hier von einer Demokratisierung der Gottessohnschaftsvorstellung der vorderorientalischen Königstheologie zu sprechen, die den König zum primus inter pares depotenzierte[46], aber sicher ist damit zugestanden, daß die traditionelle Beziehung Jahwes zu Israel die Basis bildet, zu der seine besondere Beziehung zum König erst hinzukommt. Der König übernimmt zwar innerhalb des Verhältnisses Jahwes zu Israel eine Führungsfunktion, aber er konstituiert dieses nicht. Hier wird zum ersten Mal deutlich der Versuch erkennbar, das Königtum positiv in die traditionelle Jahwereligion einzubinden, seinem religiösen Monopolanspruch jedoch einen Riegel vorzuschieben. Wenn die Hoftheologen sich auf diesen Kompromiß einließen, dann geschah das wohl, um die Akzeptanz des Königtums in der israelitischen Gesellschaft zu erhöhen. Institutionelle Zugeständnisse waren damit offenbar nicht verbunden, aber doch immerhin eine ideologische Schranke aufgerichtet dagegen, daß sich das Königtum in Israel zu dem alleinigen zentralen sakralen Mittelpunkt der Gesellschaft entwickeln konnte (wie etwa in Ägypten). Und vielen mag der Kompromiß es erleichtert haben, sich mit der neuen Institution abzufinden. Erst Hosea und das Deuteronomium sollten darüber hinausgehen und dem Königtum jede sakrale Dignität bestreiten.

Der staatliche Großkult im Süden

Die Errichtung des Königtums bedeutete auch für die Geschichte des Großkultes einen wichtigen Einschnitt. Neben die schlichten, von der Bevölkerung eines Ortes oder einer Region getragenen Lokalheiligtümer trat nunmehr der neue Typ des königlichen Heiligtums, der den israelitischen Großkult hinsichtlich seiner Organisation, Institutionalisierung, Ausstattung und Funktion nachhaltig veränderte. Der kultgeschichtliche Sprung, der sich hier vollzog, zeigt sich z. B. anschaulich an der Kulthöhe von Arad, die mit dem Ausbau zur königlichen Festung unter Salomo mit einer regelrechten Tempelanlage überbaut wurde.

Doch wesentlicher als solche Provinzheiligtümer war der prächtige Ausbau königlicher Zentralheiligtümer, zuerst in Jerusalem und dann in Bethel. Letzteres wird Am 7,13 als «Haus des Königreiches» (*bēt mamlākā*) und «Heiligtum des Königs» (*miqdaš hammäläk*) bezeichnet, d. h., es war das Eigentum und die Privatkapelle des Königs, und es beanspruchte zugleich das öffentliche Reichsheiligtum zu sein, in dem das gesamte Königreich seine kultische Mitte finden sollte. Die Zentralisierung der politischen Gewalt setzte somit einerseits eine Zentralisierung des israelitischen Großkultes in Gang, die später – und unter anderem religionspolitischen Vorzeichen – in die deuteronomische Forderung der Abschaffung aller Lokalkulte außerhalb Jerusalems münden sollte. Sie führte andererseits zu einer engen institutionellen Verquickung von politischer Macht und Kult; der Großkult am Zentralheiligtum war im hohen Ausmaß eine staatliche Angelegenheit.

Mit der staatlichen Trägerschaft ging zugleich eine sprunghafte Ausweitung des Großkults einher. Der wirtschaftliche Aufschwung, den Israel durch das Königtum erfuhr, machte eine ganz andere Ausstattung des Kultes insbesondere an den Reichsheiligtümern möglich, und zwar nicht nur hinsichtlich der Bauten, der Gerätschaften und des Tempelpersonals, sondern auch hinsichtlich der Dimension des gottesdienstlichen Festes selbst: Angezogen von der staatlichen Prachtentfaltung, strömte aus allen Teilen des Landes zu den Jahresfesten eine große gottesdienstliche Gemeinde zusammen, der Opferkult nahm – auch wenn die Angaben darüber (z. B. 1. Kön 8,63) sicher übertrieben sind – gewaltige Ausmaße an, und die Zahl der Kultfeiern wurde erheblich vermehrt (vgl. Tamid-Opfer, das jeden Morgen und Abend zelebriert wurde). Ein Großkult dieses Ausmaßes setzte eine ganz erhebliche Überschußproduktion im Lande voraus und war überhaupt nur durch ein staatliches Steuer- und Verteilungssystem und durch gezielte Viehzucht auf den königlichen Domänen finanzier- und organisierbar.

Gelten diese Merkmale für den staatlichen Großkult der Königszeit generell, so ist im einzelnen die Entwicklung im Süden und Norden doch unterschiedlich verlaufen.

Der Jerusalemer Staatskult

An der Einrichtung und am Ausbau des Jerusalemer Reichsheiligtums war das Königtum maßgebend beteiligt; es ist deshalb kein Wunder, daß es hier zu einer besonders engen Verbindung von Thron und Altar kam. Es war David selber gewesen, der die geniale Idee hatte, das nach der Zerstörung von Silo vergessene tribale Kultsymbol der Lade in seine neue Hauptstadt zu überführen (2. Sam 6), um sie so auch zum kultischen Mittelpunkt seines Reiches zu machen. Und es ist Salomo gewesen, der die Initiative ergriff, das Jerusalemer Heiligtum zu der prächtigen Tempelanlage auszubauen (1. Kön 6f.). Der Jerusalemer Tempel war nicht nur königliches Eigentum, sondern bildete auch mit dem Palast zusammen eine bauliche Einheit (1. Kön 7,12; vgl. Ez 43,8). Die Priester waren weisungsgebundene königliche Beamte (2. Sam 8,17), zum Teil sogar Mitglieder der königlichen Familie (V. 18) oder doch mit ihr verwandt (2. Kön 11,2). Der Konzeption des sakralen Königtums entsprechend übte der König selber priesterliche Funktionen aus (s. o. S. 321); er war für die bauliche Instandhaltung des Tempels und die Unterhaltung des Opferkults verantwortlich und besaß die Verfügungsgewalt über die Tempelfinanzen (2. Kön 12,4ff.). Wie die babylonischen Könige, so waren auch die Davididen «Versorger des Heiligtums» *(zāninu)*. Dafür wurde im Kult Fürbitte für den König geleistet (Ps 20; 72). So diente der Staatskult direkt der Legitimation und Stabilisierung königlicher Herrschaft und – besonders im ständigen Tamid-Opfer – der dauernden Sicherung des Bestandes und der Einheit des Reiches.

Das davidisch-salomonische Großreich verfügte nun aber inzwischen über einen nicht unerheblichen nichtisraelitischen Bevölkerungsanteil, insbesondere in der ehemaligen Jebusiterstadt Jerusalem. So verwundert es nicht, daß auch der Jerusalemer Staatskult auf allen Ebenen von der Absicht eines bewußten Ausgleichs zwischen den beiden Bevölkerungselementen und ihren kultischen Traditionen bestimmt ist. David setzte zwei Priester(familien) an seinem Reichsheiligtum ein (2. Sam 8,17): der eine war Äbjatar, der alte Vertraute aus der Zeit seiner Kämpfe um die Macht (1. Sam 23,9; 30,7), der aus der berühmten Priesterfamilie der Eliden am Ladeheiligtum von Silo stammte (1. Sam 22; 14,3); mit ihm wollte David – wie schon bei der Überführung der Lade – an die Kulttradition der israelitischen Stämme anknüpfen. Der andere war Zadok, der hier plötzlich neu auftaucht und dessen nur mühsam nachträglich zurechtgezimmerter Stammbaum nicht darüber hinwegtäuschen kann, daß es sich wahrscheinlich um den ehemals jebusitischen Priester oder sogar Priesterkönig von Jerusalem handelt. Wenn David diesen im Amt beließ und sogar Äbjatar vorordnete, dann bedeutet dies, daß er auch der vorisraelitischen Jerusalemer Kulttradition ihre Geltung in seinem Staatskult belassen und sie mit der Jahwereligion versöhnen wollte. Diese ausgleichende Religionspolitik Davids wurde dann von Salomo noch einmal zugunsten Zadoks verändert: Er verbannte den der Adonja-Partei angehörenden Äbjatar nach Anatot (1. Kön 2,26f.) und überließ den Zadokiden das Jerusalemer Priestermonopol (1. Kön 4,2). Salomo fühlte sich offenbar schon so sehr als Herrscher in Analogie zum kanaanäischen sakralen Königtum, daß er nicht mehr glaubte, auf eine institutionelle Rückbindung des Staatskultes an die vorstaatlichen Jahwetraditionen Rücksicht nehmen zu müssen. Wenn die offizielle Jahwereligion des Jerusalemer Tempels kaum noch etwas von den Befreiungstraditionen der Frühzeit erkennen läßt, dann hängt das ursächlich damit zusammen, daß spätestens ab Salomo ehemalige Nichtisraeliten als Priester und Theologen den Ton angaben.

Was für die Priesterschaft gilt, galt ähnlich auch für den Tempel. Auch hier kann die Überführung der Lade als geschickter religionspolitischer Schachzug Davids angesehen werden, seinen Staatskult mit der vorstaatlichen Jahwereligion zu verknüpfen. Die zu erwartende Anknüpfung an die jebusitische Heiligtumstradition hat die Überlieferung bewußt verdunkelt: Um den Eindruck zu erwecken, daß der salomonische Tempelbau ein völliger Neubau auf kultisch jungfräulichem Boden gewesen sei, wird behauptet, daß David die Lade erst einmal in einem Zelt untergestellt habe (2. Sam 6,17; 7,2 vgl. 1. Kön 1,39f.;2,28f.), bis sie von Salomo in den Tempel überführt wurde (1. Kön 8,1ff). Ist ein solches Provisorium über einen Zeitraum von immerhin vierzig Jahren schon an sich fragwürdig, so wird es völlig unwahrscheinlich, wenn man die Tendenz der Überlieferung berücksichtigt, sich über ein vorisraelitisches Jerusalemer Heiligtum auszuschweigen, ja sogar zu behaupten, vor David habe die Stadt gar kein Heiligtum besessen, der Platz des späteren Heiligtums sei noch eine Tenne gewesen (2. Sam 24,16ff) und darum habe die Bevölkerung und sogar der König bis zum Tempelbau nach Gibeon ausweichen müssen (1. Kön 3,2.4). Doch wenn 2. Sam 24,16ff immerhin zugesteht, daß David auf der «Tenne» des Arauna einen Altar errichtet habe, und 2. Sam 12,20 ganz beiläufig und darum unverdächtig erzählt, daß David den Jahwetempel *(bēt jhwh)* aufgesucht habe, dann ist es doch recht wahrscheinlich, daß auch das vordavidische Jerusalem schon einen Tempel auf der besagten «Tenne» besaß, dieser von David – anders als die Stadttempel im Siedlungsbereich der Stämme – bewußt übernommen wurde, die Lade dort «ihren Ort» fand (vgl. 2. Sam 6,17) und deswegen gar keine dringende Notwendigkeit für einen Tempelbau bestand. Auch die Bauberichte vom «salomonischen Tempel» (1. Kön 6f) lassen eher auf einen Umbau als auf einen völligen Neubau des Tempels schließen[47]; es war ein ehemals jebusitischer Tempel, den Salomo für den Jahwekult des Reichsheiligtums renovieren und prächtig ausstatten ließ.

Der jebusitisch-salomonische Tempel, der wie A. Kaufmann wahrscheinlich gemacht hat[48], ca. hundert Meter nordwestlich des Felsendomes zu suchen ist (in Fluchtlinie zum «Goldenen Tor»), gehört zum Typ des Langhaustempels, wie er in Syrien seit der Wende zum 2. Jahrtausend (Mari, Ebla) und auch in Palästina in der Mittel- und Spätbronzezeit (Sichem, Megiddo, Hazor) und in der Eisenzeit (Tell Qasile, Betschean) bezeugt ist. Die vorgezogenen Seitenwände bildeten eine offene Vorhalle (*'ūlam*, Antentempel), hinter der sich – durch ein Tor abgetrennt – der heilige einteilige Langraum befand (*qōdeš* oder *hēkal*, ca. 25,70 × 8,60 × 12,90 m lichte Maße). In dessen hinteren Teil ließ Salomo das Allerheiligste *(dĕbir)*, einen mit Goldblech ausgeschlagenen Holzschrein von ca. 8,60 Meter Kantenlänge einbauen, welcher der Aufnahme der Lade dienen sollte (1. Kön 6,20ff). Deren Stangen reichten bis an die Flügeltür, welche den Debir vom Hekal trennte (1. Kön 8,8), und legten damit wohl dessen ungewöhnlich große Tiefe fest. Ausgefüllt wurde das Allerheiligste jedoch nicht durch die Lade, sondern von einem gewaltigen Kerubenthron aus goldüberzogenem Ölbaumholz (ca. 4,30 m hoch); die äußeren Flügel dieser Mischwesen bildeten die Armlehnen, die inneren stießen waagerecht zusammen und bildeten die Sitzfläche. Unter ihr fand die Lade als eine Art «Fußschemel» Platz.

Abgesehen von der Gestaltung und Ausstattung des Allerheiligsten, repräsentierte dieser Tempel in seiner Architektur und Symbolik weitgehend die syrisch-palästinische Heiligtumstradition. Nicht nur, daß sich die von Salomo neu gestaltete Vorderfront eng an syrische Vorbilder anlehnte (*bit-ḫilani*-Architektur) und die phönizischen Handwerker den Hekal mit Holztäfelung und Friesen nach phönizischem Vorbild ausstatteten, die Gesamtanlage entsprach auch völlig der gängigen vorderorientalischen Konzeption vom Tempel als Wohnort Gottes. Der Tempeltyp drückt eindeutig eine Trennung von Gott und Mensch aus, er will mit seinen dicken Mauern und dreifach gestaffelten Räumen mit zunehmendem Heiligkeitsgrad die Gottesfigur vor jeder unbedachten Profanisierung schützen. Wohl stand im salomonischen Tempel kein Gottesbild, Jahwe wurde auf dem riesigen Kerubenthron vielmehr unsichtbar sitzend vorgestellt, das änderte jedoch nichts daran, daß man die zugrundeliegende Heiligkeitskonzeption beibehielt, obgleich der Langraum, der eigentlich für die Versorgung des Gottesbildes durch die Priester vorgesehen war, damit seine kultische Funktion weitgehend verlor. Die für Jahwe so charakteristische Bindung an eine Menschengruppe fand in dieser Tempelarchitektur überhaupt keinen Ausdruck. Das Laienvolk konnte nur vom äußeren Vorhof her den Opferkult vor dem Tempel beobachten, zum Tempel selber hatte es keinen Zutritt, und von den kultischen Verrichtungen im Tempelgebäude war es faktisch ausgeschlossen. Jahwe, der Gott der Befreiung, verschwand für das Volk hinter den dicken Mauern im Halbdunkel des königlichen Reichstempels.

Die ganze Architektur des Tempels – und zwar auch und gerade des neugeschaffenen Allerheiligsten – war darauf ausgerichtet, die Bindung Jahwes an einen Ort zu symbolisieren. Jahwe wurde im Jerusalemer Tempel zu einem Gott, der auf dem Zion wohnt und thront (Jes 6,1; 8,18). Der Kerubenthron repräsentierte die statuarische Anwesenheit Jahwes im Tempel, wie sie auch der Tempelweihspruch Salomos (1. Kön 8,12) ausdrückt:

> ‹Der Sonne hat ihren Platz angewiesen im Himmel› Jahwe
> er hat erklärt, im Dunkeln wohnen zu wollen,
> so habe ich ein Herrschaftshaus für dich gebaut,
> die Stätte deines Thrones für alle Zeiten.

Wohl deutet der übergroße Kerubenthron an, daß Jahwe größer ist, als daß ihn das Allerheiligste fassen könnte – Jesaja sieht in seiner Vision schon die Säume seines Gewandes den gesamten Tempel ausfüllen (6,1 ff) –, dennoch wurde in der Jerusalemer Tempeltheologie die Anwesenheit Jahwes auf dem Zion ganz massiv ausgedrückt (s. u. S. 327). Erst sehr viel später setzte eine theologische Reflexion darüber ein, ob eine solche lokale und kultische Vereinnahmung Jahwes der Jahwereligion angemessen sei (Deuteronomium; Jer 7,1-15; Jes 66,1). Doch hat sie nicht dazu geführt, eine angemessenere Tempelarchitektur zu entwikkeln, auch die Tempelentwürfe der exilischen Reformpriesterschaft (Ez 40 ff; Ex 25 ff), der nachexilische Tempel und dessen herodianischer Umbau folgten noch der syrisch-palästinischen Tempeltradition.

Die Jerusalemer Tempeltheologie

Die Theologie, die am Jerusalemer Staatstempel entwickelt wurde, ist – wie die davidisch-salomonische Religionspolitik im ganzen – von einem offiziellen Synkretismus geprägt. Die königlichen Priester und Theologen, die wie Zadok und Natan dem jebusitischen Milieu entstammten, knüpften aus eigenem Interesse, aber doch wohl mit Billigung des Königs ausdrücklich an die vorisraelitischen Jerusalemer Heiligtumstraditionen an, um durch eine Synthese von israelitischen und kanaanäischen Vorstellungen eine offizielle Jahwereligion zu schaffen, die den durch das Königtum veränderten gesellschaftlichen und politischen Verhältnissen – aus ihrer Sicht – besser entsprach. Es sind vor allem zwei Zentren, um welche die Jerusalemer Tempeltheologie kreiste: das Königtum Jahwes und Jerusalem als Gottesstadt.

Obwohl dies manchmal bestritten wird, ist die Königsvorstellung erst nach der Errichtung des politischen Königtums auf Jahwe übertragen worden; auch die vermeintlich früheren Belege (Ex 15,18; Nu 23,21; Dtn 33,5; 1. Sam 8,7; 12,12) setzen es schon voraus. Speziell Jerusalemer Herkunft ist dabei sehr wahrscheinlich der Titel «Jahwe Zebaoth, der auf den Keruben thront» (1. Sam 4,4; 2. Sam 6,2), der sich eng an die kultische Ausstattung des salomonischen Tempels anlehnt und gerne mit der Königstitulatur verbunden wird (Jes 6,5; Ps 24,10; 84,2; Sach 14,16).[49] «*ṣĕbā' ōt*», wörtlich «Heere», bezeichnet darin den himmlischen Hofstaat, der Jahwe als König umgibt und mit dem er seine Weltregierung ausführt (1. Kön 22,19; Ps 103,21; 148,2). In die Nähe des Titels Jahwe Zebaoth gehört auch die Vorstellung einer Götterversammlung (Ps 82,1) bzw. eines himmlischen Thronrats (Ps 89,8; Jer 23,8; Hi 1,7 ff.; 15,8). So wie sich die politische Macht des irdischen Königs in einem Heer von Beamten und Untergebenen zeigt, so zeigt sich die Macht des zum König aufgestiegenen Jahwe in einem Heer himmlischer Wesen, die seinem Willen gehorchen. Und dabei besteht durchaus eine Parallelität zwischen göttlicher und königlicher Weltregierung (Ps 89,6-13.20-28).

Die Vorteile einer solchen Theologie liegen auf der Hand: Mit ihr ließ sich nicht nur die politische Herrschaft des davidischen Königs stützen, sondern ließen sich auch Anknüpfungspunkte finden zur Götterwelt der vorderorientalischen Staaten, mit denen Israel nun politisch, wirtschaftlich und kulturell in Kontakt trat. Die traditionelle Stellung Jahwes als Einzelgott verhinderte wohl den Ausbau eines regelrechten Pantheons, die Hofstaatvorstellung machte es jedoch möglich, Jahwe mit den Göttern der Völker in Beziehung zu setzen: Er war der König, der alle anderen Götter zu seinem Hofstaat degradierte. Die Gefahren dieses imperialen Synkretismus wurden erst später deutlich, als unter Einfluß der assyrischen Religion die *ṣĕbā' ōt* im 7. Jahrhundert leicht mit den Gestirnen identifiziert werden konnten und der aufkommende Gestirnkult die Alleinverehrung Jahwes bedrohte (2. Kön 21,3; 23,5; s. u. S. 345).

Ist die kanaanäische Herkunft des Zebaoth-Titels nur zu vermuten, so ist dies für die Königstitulatur Jahwes sicher nachweisbar: Wie W.H. Schmidt gezeigt hat, gab es in der ugaritischen Religion zwei verschiedene Konzeptionen des Königtums Gottes.[50] Da war einmal die mehr statische Vorstellung vom Königtum Els, des höchsten Gottes im ugaritischen Pantheon: Er wurde «König der Ewigkeit» *(mlk ʿlm)* und «Herr der großen Götter» *(ʾadn ʾilm rbm)* genannt und war als solcher Haupt der Götterversammlung *(pḫr ʾilm)*. Zum anderen gab es die dynamischere Vorstellung vom Königtum Baals, der sein Königtum erst durch den Sieg über die Chaosmacht Jam erringt: «Jam ist wahrlich tot, Baal ist König!» Auf Jahwe wurden offenbar beide Vorstellungen übertragen: Wie El residiert er inmitten seines himmlischen Hofstaats (Ps 82; 89,6-8), er ist der «König über alle Götter» (Ps 95,3), dem die übrigen Götter ihre Reverenz erweisen (Ps 29,2 f.9; 97,7). Wenn jedoch in dem ehemals kanaanäischen Kultgesang Ps 29 Jahwe von den Göttersöhnen als der ewige König *(mäläk lĕ ʿōlām)* gerühmt wird (V. 10), der über der Urflut thront, dann klingt damit zugleich das Chaoskampfmotiv an; wie Baal ist auch Jahwe Chaoskämpfer (Ps 74,13 f.; 89,10 f.; Jes 51,9 f.; Hi 26,12 f.; Jes 27,1). Wie diese eigenartige Mischung religionsgeschichtlich abzuleiten ist, ist noch nicht völlig geklärt; wir haben sichere Zeugnisse dafür, daß im vorisraelitischen Jerusalem der Gott El, wahrscheinlich in der Gestalt des El-Eljon, verehrt wurde (Gen 14,18-20), dagegen fehlen solche für die Baalverehrung. Wenn dies nicht Folge einer nachträglichen Retuschierung ist, muß man annehmen, daß der Gott El im südpalästinischen Raum – anders als im nördlichen Ugarit – schon Züge Baals an sich gezogen hatte, bevor Jahwe an seine Stelle rückte.[51]

Die dynamische Gottkönigtumskonzeption erhielt nun aber in der Jerusalemer Theologie eine neue, für die Jahwereligion typische Zuspitzung: Jahwe wird aufgrund seiner Siege über die Nachbarstaaten Israels (Ps 47,3-6) zum «König über die Völker» proklamiert (V. 9). Das Chaoskampfmotiv wurde somit teilweise seines mythologischen Charakters entkleidet und in den Bereich der politischen Geschichte transponiert. Die Jerusalemer Theologen gaben an dieser Stelle der spezifisch israelitischen Gotteserfahrung Raum, nach der Jahwe seine Wirksamkeit vor allem im geschichtlich-politischen Bereich erwiesen hatte, aber sie taten dies in der Weise, daß sie nicht den alten vorstaatlichen Befreiungserfahrungen, sondern neuen Erfahrungen staatlicher Macht und Größe theologische Geltung verschafften: In den glänzenden Siegen Davids über die umliegenden Kleinstaaten hatte Jahwe seine überlegene Macht erwiesen, dadurch war er zum universalen König über die Völkerwelt aufgestiegen.

Nun hatten auch die mythologischen Götterkämpfe in der Umwelt Israels immer auch etwas mit Politik zu tun; wenn etwa das babylonische Epos «Enuma elisch» den Sieg des Gottes Marduk über das Chaosungeheuer Tiamat und seine Erhebung zum König der Götter feierte, dann propagierte es damit zugleich die Vormachtstellung Babylons in Mesopotamien. Aber die Transponierung des Götterkampfes und des Gottkönigtums in den Raum der politischen Geschichte, wie sie in der Jerusalemer Theologie vorgenommen wurde, ließ den imperialen Charakter des Königtums Jahwes ungleich schärfer hervortreten. In ihm drückte sich völlig unverhüllt der Anspruch des jungen israelitischen Staates auf politische Vorherrschaft über die umliegenden Völker aus. Als universaler König der Götter und Völker wandelte sich Jahwe in der Jerusalemer Tempeltheologie vom Befreier der Unterdrückten zum Promotor der eigenen Expansions- und Unterdrückungspolitik. Doch blieb diese Konzeption nicht unwidersprochen (s. o. S. 322).

Neben der Königstitulatur wurde in der Jerusalemer Theologie sehr wahrscheinlich auch die Weltschöpferprädikation von El auf Jahwe übertragen. Wohl galt El in Ugarit nur als Menschenschöpfer («Vater der Menschen», «Schöpfer der Geschöpfe»), aber immerhin wird er in einer phönizischen Inschrift aus dem 8. Jahrhundert als «Schöpfer der Erde» *(qônē ʾarṣ*, KAI 26 III 18) bezeichnet, und Melchisedek, der sagenhafte Priesterkönig von Jerusalem, nennt Gen 14,19 El-Eljon «Schöpfer Himmels und der Erde» *(qōnē šāmajjīm wāʾārāṣ)*. Eine ähnliche eingliedrige Weltschöpferprädikation begegnet dann stereotyp in Segenssprüchen des Jerusalemer Kultes (Ps 115,15; 121,2; 124,8; 134,3), und Ps 24 belegt, daß Jahwe schon in der Jerusalemer Kultlyrik der vorexilischen Zeit als Schöpfer der Welt gepriesen wurde. Die Fülle der ganzen Erde repräsentierte die heilige Majestät Jahwe-Zebaoths (Jes 6,3). Damit wurde Jahwe mit allen Bereichen der Weltwirklichkeit in Beziehung gesetzt, er war nicht mehr nur ein Gott der Geschichte, sondern auch der Natur. Sein Wirken reichte weit über Israel hinaus, nicht nur der Bestand der eigenen Gesellschaft, sondern der Bestand der gesamten Welt hing von seinem machtvollen und bewahrenden Eingreifen ab.

Der synkretistische Ausbau des traditionellen Jahwebildes bildete den Hintergrund für die Entwicklung einer speziellen Jerusalemer Heiligtumstheologie, mit der die Jerusalemer Priesterschaft ihren Reichstempel zum Mittelpunkt der Jahweverehrung machen wollte. Unter Aufnahme jebusitischer Traditionen behauptete sie, daß sich Jahwe auf ganz besondere Weise an die Stadt Jerusalem gebunden habe und in ihrem Tempel unmittelbar anwesend sei: Jerusalem war nach Anspruch dieser Theologie «die Gottesstadt», «die heiligste der Wohnungen Eljons»; «Jahwe ist in ihrer Mitte» (Ps 46,5 f.), er hat sich den Zion zu seinem Wohnsitz erwählt (Ps 76,3; 132,13). Typisch für diese «Zionstheologie» war somit die fast vollständige Identifizierung Jahwes mit der Hauptstadt und ihrem Staatsheiligtum. War für die ältere Jahwereligion die Bindung Jahwes an eine Menschengruppe charakteristisch gewesen, so setzten die Jerusalemer Theologen an deren Stelle seine enge Bindung an einen Ort. Damit war nicht mehr die Befreiung Israels aus Ägypten, sondern das Ereignis, daß Jahwe auf dem Zion Wohnung genommen hat, d. h. konkret die Überführung der Lade in den jebusitisch-salomonischen Tempel, die entscheidende göttliche Heilstat, die den israelitischen Staat begründete und trug.

Der Jerusalemer Staatskult schuf sich somit eine von den vorstaatlichen Jahweüberlieferungen weitgehend unabhängige Heilstradition. Wie fremd diese von Hause aus den alten Traditionen gegenüberstand, zeigt sich daran, daß sie gar nicht direkt auf das Volk Israel bezogen war, sondern um die Zentren Stadt und Welt kreist: Der Zion wurde mit dem Götterberg «im äußersten Norden» (Ps 48,3) – nicht etwa mit dem Sinai im Süden! – identifiziert, d. h. dem Berg Ṣaphon (Dschebel el-Aqraʿ 50 km nördlich von Ugarit), auf dem nach ugaritischer Mythologie dem Gott Baal nach seinem Sieg über den Chaosgott Jam ein Palast errichtet wurde. Der Baalstempel von Ugarit war auf den Ṣaphon ausgerichtet, und Baal wurde in Ugarit u. a. unter dem Namen Baal-Ṣaphon verehrt. Wenn jedoch Jes 14,13 f. dieser Götterberg mit Eljon in Verbindung gebracht wird, dann hat es den Anschein, daß im jebusitischen Jerusalem auch dieses Motiv kanaanäischer Mythologie schon auf El-Eljon übertragen war, bevor es Jahwe erbte. Doch ungeachtet dieser etwas unsicheren religionsgeschichtlichen Herleitung, ist die Funktion der Identifikation klar: Als mythischer Götterberg beanspruchte der Zion, Mittelpunkt, «Nabel der Welt» zu sein (Ez 38,12); sein Bestand sicherte zugleich den Bestand der ganzen Welt.

Als Weltmittelpunkt war Jerusalem nach dieser Konzeption von Jahwe «für ewig gegründet» (Ps 48,9) und durch seine kultische Anwesenheit mit einer dauernden, unbedingten Schutz- und Heilsgarantie ausgestattet (Ps 46,6; 48,4). Damit wurde die Stadt zu einem Bollwerk gegen den Ansturm der Chaosmächte (Ps 46,3) und gegen den Ansturm der Völker (Ps 48,5-8; 76,4-6). Und indem Jahwe seine Gottesstadt so vor jeglicher Bedrohung sicherte, gab er damit der ganzen Welt Stabilität und machte vom Zion aus den Kriegen in der Völkerwelt überhaupt ein Ende (Ps 46,9-11). So beanspruchte Jerusalem in dieser Theologie – zumindest konzeptionell – Mittelpunkt eines universalen Friedensreiches zu sein («Wonne der ganzen Welt» Ps 48,3).

Die Theologie des Jerusalemer Staatsheiligtums trug damit in Anlehnung an kanaanäische Konzeptionen universale Züge. Ihr Universalismus ist vielleicht nicht ganz so aggressiv wie der der Königstheologie, hat doch das kriegerische Eingreifen Jahwes für seine Stadt mehr defensiven Charakter, doch ist auch das hier entworfene universale Friedensreich natürlich ein Reich unter israelitischer Vorherrschaft, das auf einer Unterwerfung der Völker beruht (Ps 46,9f.). Die Problematik dieser Theologie bestand vor allem darin, daß sie Jahwe so sehr mit dem Tempel, der Hauptstadt, ja sogar deren Verteidigungsanlagen (Ps 48,13f.) identifizierte, daß damit der Bevölkerung eine politische Heilssicherheit vorgespiegelt wurde, die sie völlig unsensibel gegen bedrohliche Entwicklungen von außen und völlig unkritisch gegen bedrohliche gesellschaftliche Entwicklungen im Innern machte (vgl. Mi 3,11; Jer 7,4). Wenn sich dagegen zum Teil scharfer prophetischer Protest erhob, dann zeigt dies, daß der Jahwereligion ein Differenzpotential innewohnte, das sich gegen eine solche massive kultische Vereinnahmung Jahwes sträubte. Erst nachdem die Zionstheologie durch den Gang der Geschichte widerlegt wurde und die Hauptstadt samt ihrem Tempel 586 in Trümmern lag, konnte sie voll in die Jahwereligion integriert werden und hat in eschatologischer Brechung – nun gesellschaftlich dysfunktional – ein erhebliches Hoffnungspotential entwickelt.

Die Einrichtung des königlichen Staatskults in Jerusalem hat noch einmal einen breiten Schwall der Kulttraditionen und der Mythologie der kanaanäischen Hochreligion in die Jahwereligion einfließen lassen. Auch wenn die genaue religionsgeschichtliche Herleitung an einigen Stellen immer noch mit Unsicherheiten belastet ist, da wir nicht wissen, wieweit die Zeugnisse aus Ugarit für den südpalästinischen Raum Aussagekraft besitzen, scheint es sich hier vornehmlich um einen El-Synkretismus zu handeln. Obgleich dieser offiziell vollzogene Synkretismus die traditionelle Symbolwelt der Jahwereligion stark veränderte und teilweise sogar ersetzte, war er nicht schon grundsätzlich etwas Schlechtes. Die Jahwereligion mußte sich verändern, sollte sie ihre Relevanz für die neu entstandene politisch-gesellschaftliche Realität des monarchischen Staates behalten. Und da sie auf deren Herausforderungen kaum eigene hinreichende Antworten besaß, war eine Anleihe an die vorisraelitischen Jerusalemer Kulttraditionen nur zu verständlich und bis zu einem gewissen Grad auch unumgänglich.

Der Gewinn, den der Jerusalemer Synkretismus für die Weiterentwicklung des israelitischen Gottesbildes brachte, ist ja auch nicht von der Hand zu weisen: Jahwe stieg in Nachfolge von El-Eljon zum höchsten Gott, Weltschöpfer, Chaoskämpfer, König der Götter und ihrer Völker auf; sein Wirkungsbereich weitete sich damit gewaltig aus: Er war nicht mehr nur der Gott einer politisch marginalen Gruppe und für deren Wohl und Wehe zuständig, sondern regierte nun vom Zion aus – mit Hilfe seines Königs – die gesamte Völkerwelt und war für das Weltgeschehen im ganzen verantwortlich. Von El her wuchsen Jahwe, dem ehemals wilden und kämpferischen Gott südlicher Wüstenregionen, die Züge der majestätischen Ruhe, Weisheit und Milde zu. Erst diese erhebliche Machtsteigerung Jahwes und die universale Ausweitung seines Wirkungshorizonts machten es möglich, die politische Machtkonzentration und die politische wie kulturelle Öffnung, mit der sich Israel seit David konfrontiert sah, theologisch einigermaßen zu verarbeiten. Und es spricht für eine hohe gesellschaftliche Akzeptanz, daß dieser Jerusalemer El-Jahwe-Synkretismus auch späterhin nie wieder grundsätzlich in Frage gestellt wurde. Auch die prophetischen Oppositionellen – vor allem natürlich der Jerusalemer Jesaja – setzten das universal geweitete Gottesbild ganz selbstverständlich voraus.

Der Widerspruch entzündete sich im Süden an einer ganz anderen Stelle, nicht an der Tatsache des Synkretismus als solchem, sondern daran, daß die Jerusalemer Hof- und Tempeltheologen im Zuge dieser Anleihen, den vorderorientalischen Vorbildern folgend, Jahwe so direkt mit den Institutionen der politischen Macht, dem Königtum, seiner Residenz und seinem Staatskult verquickten und als deren Garanten vereinnahmten, daß sie darüber vergaßen, daß Jahwe einmal der Garant der Freiheit der politisch Ohnmächtigen gegen die Übergriffe der politisch Mächtigen gewesen war.

Der staatliche Großkult im Norden

Während uns für den Jerusalemer Staatskult eine Fülle authentischer Zeugnisse zur Verfügung steht, sind wir über den staatlichen Großkult des Nordreiches sehr viel schlechter informiert. Das hängt zum einen damit zusammen, daß das Nordreich schon relativ früh seine nationale Selbständigkeit verlor und seine religiösen und kultischen Traditionen nur soweit überlebten, als sie vom Südreich übernommen wurden, zum anderen damit, daß aus der Perspektive der späteren deuteronomisch-deuteronomistischen Erneuerungsbewegung mit ihrer Kultzentralisation auf das Jerusalemer Heiligtum der gesamte Kult des Nordreiches als Irrweg und Abfall von Jahwe verurteilt wurde. Die wenigen Quellen sind somit noch dazu extrem parteilich und müssen gegen den Strich gelesen werden, um die religionsgeschichtliche Entwicklung einigermaßen sachgerecht zu rekonstruieren.

Der deuteronomistische Bericht 1. Kön 12,26-32 bringt den Ausbau Bethels zum Reichsheiligtum zunächst durchaus zutreffend mit dem Zerfall des davidisch-salomonischen Großreiches in Zusammenhang. Wenn er ihn jedoch als pure Herrschaftssicherungsmaßnahme darstellt, mit der Jerobeam seine Untertanen davon abhalten wollte, weiterhin nach Jerusalem zu pilgern und ihm ihre Loyalität aufzukündigen (V. 26f.), dann ist dies eine boshafte Unterstellung, die den historischen Gegebenheiten nur insofern gerecht wird, als auf der Ebene der Nationalreligion eine politische Verselbständigung auch eine kultische Eigenständigkeit nach sich ziehen mußte und der Staatskult im Nordreich natürlich auch die Funktion hatte, die Einheit des Reiches zu sichern und die monarchische Herrschaft zu stabilisieren. Aber hier folgte Jerobeam nur dem Weg, den David und Salomo vor ihm gegangen waren. Der eigentlichen Triebkraft, die zur Einrichtung des Betheler Staatskultes führte, wird man erst gewahr, wenn man berücksichtigt, daß der politischen und kultischen Trennung eine Aufstandsbewegung vorausging und dieser Kult, woran auch der Deuteronomist nicht vorbeigehen konnte, demonstrativ den Bezug auf den Gott des Exodus in seinen Mittelpunkt stellte (1. Kön 12,28).

Der Jerobeam-Aufstand und seine theologische Motivation

Die Abspaltung des Nordreiches aus dem davidisch-salomonischen Großreich entsprang vornehmlich einer sozialen Revolte gegen staatliche Fronarbeit. Der Aufstand begann schon unter Salomo, als ein junger Efraimit namens Jerobeam, der aufgrund seiner Leistungen beim Bau der Jerusalemer Befestigungsanlage von Salomo persönlich zum Aufseher über das Fronarbeiterkontingent des Hauses Josef befördert worden war, überraschend «seine Hand gegen den König erhob» (1. Kön 11,26-28). Leider wissen wir nicht genau, was damit gemeint ist, da die Erzählung, die von diesem Vorfall zu berichten wußte, schon nach ihrer Exposition abbricht (V. 27f.); aber egal, ob Jerobeam direkt einen Mordanschlag auf Salomo verübte oder indirekt eine Revolte unter seinen Fronarbeitern organisierte (vgl. 2. Sam 20,21), in jedem Fall kündigte hier ein königlicher Beamter seine Loyalität zu seinem Dienstherrn auf und solidarisierte sich mit seinen Stammesangehörigen, denen die Belastungen durch staatliche Zwangsarbeit unter Salomo unerträglich geworden waren. Doch der Aufstandsversuch scheiterte offensichtlich schon in seinen Anfängen; Jerobeam mußte sich der Strafverfolgung Salomos durch Flucht nach Ägypten entziehen, wo er bis zu dessen Tod blieb (1. Kön 12,40).

Man darf vermuten, daß die Unzufriedenheit unter den mittel- und nordisraelitischen Stämmen weiter schwelte, jedenfalls trat die Aufstandsbewegung sofort nach dem Tode Salomos in ihre zweite Phase ein. Die Stämme versuchten, durch Verhandlungen mit dem Salomo-Sohn Rehabeam eine Erleichterung der Fronbelastung zu erreichen (1. Kön 12,36ff.), doch als diese scheiterten und Rehabeam auch noch eine Verschärfung der Fron androhte, kündigten sie ihre Loyalitätsverpflichtung gegenüber dem Davidshaus auf (1. Kön 12,14). In nicht mehr ganz zu klärendem Zusammenhang damit wurde der verhaßte Fronvogt Adoram erschlagen, und Rehabeam mußte Hals über Kopf nach Jerusalem fliehen (V. 18). Wieweit bei diesen Aktionen Jerobeam beteiligt war, ist aus der vorliegenden judäischen Überlieferung nicht mehr mit Sicherheit auszumachen (vgl. die widersprüchlichen Angaben V. 2.3aα.20 und die LXX 12,24f.n). Zu vermuten ist, daß er, der den Aufstand in seiner ersten Phase getragen hatte, nach seiner Rückkehr aus Ägypten – als immer noch Strafverfolgter – zumindest im Hintergrund die Fäden zog und militärische Vorsorgemaßnahmen traf (LXX 12,24f.). Wenn ihm die Versammlung der Waffen tragenden Männer Israels nach erfolgtem Abfall die Königswürde antrug (V. 20), dann war das wohl mehr als eine bloße Verlegenheit, die aus der Einsicht stammte, daß eine Rückkehr in vorstaatliche Verhältnisse illusorisch war. Es war vielmehr der entschlossene Versuch, mit dem bewährten Revolutionsführer ein Königtum nach der Art Sauls zu verwirklichen, das anders als das davidische Königtum den tribalen Interessen mehr Raum zugestand.

Der Ablauf des Jerobeam-Aufstandes war hier deswegen so genau zu verfolgen, weil zwischen ihm und der ältesten Darstellung der Exodusereignisse auffällige Parallelen bestehen: Wie Jerobeam so wird auch Mose als ein Mann dargestellt, der, aus königlichem Milieu stammend, sich mit seinen geschundenen Landsleuten solidarisiert und den Aufstand wagt, indem er einen ägyptischen Vorarbeiter erschlägt (Ex 2,11-15 vgl. 1. Kön 11, 26-28; 12,18). Beide Male schlägt der Aufstandsversuch fehl, wie Jerobeam muß Mose vor der Strafverfolgung des Königs ins Ausland fliehen (Ex 2,15 vgl. 1. Kön 11,40). Beide kehren erst nach dem Tod des Königs zu ihren Landsleuten zurück (Ex 2,23aα + 4,19f. vgl. 1. Kön 12,2). Es kommt in beiden Fällen zu Verhandlungen mit dessen Nachfolger um die Erleichterung der Fron, die jedoch mit einer Verschärfung der Fronforderung enden (Ex 5,3ff.; 1. Kön 12,3bff.) und an denen eigenartigerweise ursprünglich weder Mose noch Jerobeam beteiligt sind. Schließlich erfolgt die Befreiung aus der Fronarbeit beide Male auf vergleichbare Weise durch einen Trennungsvorgang.

Vor allem für die Erzählung Ex 5,3-4.6-19 ist schon häufig vermutet worden, daß sie ihre anschaulichen Details aus der konkreten Erfahrung mit der salomonischen Fronarbeit bezogen habe. Ja, man könnte aufgrund der Formulierung in V. 16, wo die israelitischen Vorarbeiter dem Pharao vorwerfen, gegen sein eigenes (!) Volk zu sündigen, sogar vermuten, daß es sich hier um eine Propagandaerzählung handelt, die den eigenen König polemisch dem Pharao gleichsetzt, der Israel in Ägypten mit Fronarbeit geknechtet hatte. Der harte offene Schluß der Erzählung in V. 19 geht in die gleiche Richtung wie die zynische Reaktion Rehabeams in 1. Kön 12,10f. und könnte einmal geradezu dazu gedient haben, zum Aufstand anzustacheln.

Nimmt man alle diese Beobachtungen zusammen, so ist es recht wahrscheinlich, daß der Kampf gegen salomonische Fronarbeiter von Jerobeam und den Nordstämmen unter Berufung auf die Befreiung der Väter von der ägyptischen Fron geführt worden ist und daß diese alten religiösen Erinnerungen von den aktuellen Erfahrungen des Jerobeam-Aufstandes her ihre erste erzählerische Ausgestaltung bekommen haben. Die parallelisierende Aktualisierung verlieh der alten Exodustradition unmittelbare gesellschaftliche Relevanz und gab den Aufständischen gegen die Herrschaftsansprüche der Davididen die notwendige religiöse Motivation und Legitimation. Wenn aber die Aufstands- und Separationsbewegung der Nordstämme unter dem religiösen Banner der altisraelitischen Exodustradition stand, dann erscheinen auch die religionspolitischen Maßnahmen Jerobeams in einem neuen Licht; der Ausbau Bethels zum Nordreichheiligtum und die Stiftung eines kostbaren Kultsymbols, das explizit auf den Gott des Exodus hinweist, waren als dankbare Reaktion gegenüber Jahwe gemeint, der sich in der Befreiung von der salomonischen Fron – wie weiland gegenüber den Vätern – als Retter erwiesen hatte.

Der Staatskult von Bethel

Die deuteronomistischen Theologen warfen Jerobeam vor, er habe im Kult seines Reiches willkürliche Neuerungen eingeführt, die das ganze Land zur Sünde verführten. Er habe zwei goldene Kälber anfertigen und in Bethel und Dan aufstellen lassen (1. Kön 12,28f.), habe die Kulthöhen ausgebaut, nichtlevitische Priester eingestellt (V. 31) und den Termin des Herbstfestes vom 7. in den 8. Monat verlegt (V. 32).

In Wirklichkeit tragen die kultpolitischen Maßnahmen Jerobeams – wie der Aufstand gegen die Davididen insgesamt – eine eher konservative Handschrift. Jerobeam wählte zu seinem wichtigsten Reichstempel mit Bethel ein Heiligtum aus, das im Unterschied zu Jerusalem über eine alte tribale Legitimation verfügte (Gen 28,10-22; für Jerusalem erst nachexilisch: Gen 14,17-20; 22,2; 2. Chron 3,1), obgleich es sich wegen seiner dezentralen Lage eigentlich wenig zum kultischen Mittelpunkt des Reiches eignete. Jerobeam nahm auch stärker als David auf die kultische Dezentralität der vorstaatlichen Zeit Rücksicht, baute neben Bethel auch andere Heiligtümer wie Dan und Pnuel aus und verzichtete darauf, seine Residenz mit dem Reichsheiligtum zu verbinden (1. Kön 12,25; 14,17). Im Unterschied zu David griff Jerobeam in die lokalen Priesterschaften der Kultorte nicht ein, und es ist auch unwahrscheinlich, daß er deren Ritus wesentlich veränderte. Das abweichende Datum des Herbstfestes hängt wahrscheinlich einfach damit zusammen, daß dieses anfangs überhaupt noch nicht generell festgelegt war, sondern sich nach dem Reifeprozeß der Ernte richtete, der regional unterschiedlich eintrat.

Man hat somit den Eindruck, daß Jerobeam nach dem erfolgreichen Befreiungskampf gegen die Davididen, der mit Rückgriff auf die vorstaatlichen Jahwetraditionen geführt worden war, auch kultisch eine bewußt archaisierende Alternative zum Staatskult von Jerusalem und all seinen synkretistischen Neuerungen aufbauen wollte, welche die Kontinuität zu den vorstaatlichen Verhältnissen stärker wahrte. In diesem Rahmen muß auch die einzige auffällige kultische Neuerung Jerobeams interpretiert werden, die später so in Mißkredit geriet: das Stierbild von Bethel.[52]

Der Deuteronomist behauptet, Jerobeam habe zwei goldene Kälber angefertigt und sie mit den Worten: «Siehe, deine Götter, Israel, die dich aus dem Lande Ägypten heraufgeführt haben», für die Heiligtümer von Bethel und Dan gestiftet (1. Kön 12,28), an anderer Stelle setzt er sogar mehrere Kälber in Bethel voraus (V. 33). Doch an dieser Darstellung ist fast alles polemisch: Die Pluralität der Kälber soll den Vorwurf des Polytheismus unterstreichen, ihre Interpretation als Gottesbilder die Anschuldigung des Bilderkultes erheben und ihre despektierliche Bezeichnung («Kalb» hebr. *ʿegäl*, so schon Hosea 10,5 u.ö.) das ganze Unternehmen herabwürdigen.

Da aber die Existenz eines «Kalbes» in Dan überhaupt unsicher ist (nur noch Tob 1,15) und die sonstige Überlieferung meist im Singular von ihm spricht (Hos 8,5f.; 10,5cj; Ex 32,4.8; Dtn 9,16 u.ö., plur. nur Hos 13,2; Ps 106,19), hat es sehr wahrscheinlich nur ein einziges derartiges Kultsymbol im Reichsheiligtum von Bethel gegeben. Somit ist auch die Präsentationsformel – was grammatisch möglich ist – ursprünglich singularisch zu verstehen (so auch Neh 9,18).

Sucht man dieses Kultsymbol in die religiöse Symbolik des Alten Testaments und die vorderorientalische Ikonographie einzuordnen, so wird sofort deutlich, daß es sich nicht um ein Kalb, sondern sehr wahrscheinlich um ein Stierbild bzw. Jungstierbild gehandelt haben muß (hebr. *par*; vgl. *ʾabbir* = «Stier» Gen 49,24; Jes 1,24; 49,26 bzw. *rěʾem* «Wildstier» Nu 24,8 als Gottesbezeichnung). Wir haben aus der vorderorientalischen Umwelt (z.B. aus Arslan Tasch) mehrere Darstellungen erhalten, in denen ein Gott auf dem Rücken eines Stieres steht. Das Stierbild von Bethel, das man sich wahrscheinlich als eine mit Goldblech überzogene Holzplastik vorstellen muß (vgl. Hos 8,6), war somit ursprünglich nicht als Gottesbild gemeint, sondern als ein Postament, auf dem Jahwe unsichtbar stehend vorgestellt wurde. Es sollte Jahwe nicht abbilden, sondern – ähnlich wie der Kerubenthron in Jerusalem – auf seine göttliche Macht verweisen.

Allerdings war der Stier im Vorderen Orient längst religiös besetzt: In Mesopotamien wurde der Wettergott Adad als «gehörnter Wildstier» bzw. «großer Wildstier von Himmel und Erde» *(rīmu)* bezeichnet. In Ugarit wurde der Gott Baal als Stier vorgestellt, der mit der jungen Kuh, der Göttin Anat, ein Kälbchen zeugt. Der Titel «Stier» *(ṯr)* war hier allerdings dem Gott El vorbehalten, der in dem Text «Šaḥar und Šalim» ja ebenfalls über enorme sexuelle Potenz verfügt. In der vorderorientalischen Bildsymbolik drückte der Stier somit nicht nur die unbändige Kraft, sondern auch die Fruchtbarkeit aus. Hier lag zweifellos eine gewisse Gefahr, die später wirksam wurde.

Wenn Jerobeam für sein Reichsheiligtum gerade einen goldenen Stier stiftete, dann knüpfte er damit wahrscheinlich an das alte vorisraelitische Erbe dieses Heiligtums an. In Bethel («Haus Els») war in vor- und frühisraelitischer Zeit einmal der Gott El-Bethel verehrt worden (Gen 31,13; 35,7), bevor Jahwe mit ihm verschmolz. Wahrscheinlich wurden hier schon in vorstaatlicher Zeit El- und Jahwe-Epitheta wechselseitig übertragen; es ist durchaus wahrscheinlich, daß Jahwe dabei u.a. die Stiersymbolik von El ererbte (vgl. Nu 24,8; Gen 49,24 u.ö.). Das Stierbild Jerobeams schuf somit nicht etwas völlig Neues, sondern gab einem in Bethel schon bestehenden El-Jahwe-Synkretismus einen sinnenfälligen Ausdruck. Allerdings stand die Symbolik auch einem Baal-Synkretismus offen, was sich später verhängnisvoll auswirken sollte.

Mit dem Stierbild war offenbar fest eine Präsentationsformel verbunden, die an drei verschiedenen Stellen des Alten Testaments (1. Kön 12,28; Ex 32,8; Neh 9,18) fast gleichlautend überliefert ist:

> Dies ist dein Gott, Israel, der dich aus Ägypten
> heraufgeführt hat

Wahrscheinlich handelt es sich um einen regelrechten Kultruf, mit dem im Betheler Tempel der versammelten Gemeinde das Kultbild präsentiert wurde. Dieser Kultruf macht zweierlei deutlich: Die goldene Stierplastik sollte die unbändige Kraft Jahwes als Gott des Exodus und Befreier aus der ägyptischen – und salomonischen – Unterdrückung symbolisieren. Und sie sollte demonstrativ den Reichskult des Nordens gegenüber den Jerusalemer Neuerungen als den eigentlichen Erben der alten Jahwetraditionen kennzeichnen.

Dem demonstrativ konservativen Anspruch des Betheler Kultes entspricht es, daß seine – sehr wahrscheinlich – aaronidische

Priesterschaft das Kultbild Jerobeams schon bald in der Frühgeschichte Israels verankerte. Die Erzählung vom «Goldenen Kalb» (Ex 32), die in der jetzigen Form den ersten Abfall Israels in der Wüste erzählt, ist zwar erst eine spätere Südreichreplik, sie setzt aber eine ältere nordisraelitische Erzählung voraus, in der Jahwe selbst vom Sinai aus Aaron, dem Stammvater der Betheler Priester, den Befehl gab, das goldene Stierbild zu schaffen und so den Reichskult von Bethel zu begründen.

Auch in seiner Art scheint der Kult von Bethel den popularistischen vorstaatlichen Gottesdiensten auf den Kulthöhen näher gewesen zu sein als der Reichskult in Jerusalem. Das Stierbild von Bethel war offenbar ausgesprochen populär; Hosea weiß von der Trauer zu berichten, die sein Verlust an die Assyrer hervorrief (10,5); es war üblich, ihm – als Dankgestus – Kußhände zuzuwerfen (Hos 13,2). Das setzt – wie auch der Kultruf – voraus, daß das Kultsymbol im Gottesdienst frei sichtbar, möglicherweise für den einzelnen berührbar war. Anders als in Jerusalem, wo Jahwe hinter dicken Mauern verborgen und nur den Priestern zugänglich im Allerheiligsten thronte, kam er dem Volk in Bethel ganz nahe; seine Bindung an eine Menschengruppe fand hier einen viel direkteren Ausdruck. Wenn es im Festkult von Bethel offenbar ausgelassener und lauter zuging, als dies in Jerusalem schicklich war (vgl. Ex 32,6.18.22.25), dann zeigt sich darin nur noch einmal der volksnahe Charakter dieses Gottesdienstes. Jahwes Anwesenheit unter der Gemeinde, die das Stierbild sinnenfällig symbolisierte, gab der Nordreichbevölkerung die freudige Gewißheit, Jahwe auf ihrer Seite zu haben.

Wenn gerade dieser konservative Reichskult, der sich in kritischer Reaktion auf den Jerusalemer Staatskult darum bemühte, an die vorstaatliche Theologie und Kultpraxis anzuknüpfen, später so in Mißkredit geriet, dann hängt das neben den nicht ganz ungefährlichen Implikationen seiner Stiersymbolik mit seinem populistischen Charakter zusammen.

Das Zur-Schau-Stellen des Kultsymbols setzte dieses auch der Gefahr populärer Mißverständnisse aus. Zumindest in der Anschauung des Volkes vermischte sich offenbar im Laufe der Zeit die theologische Differenzierung zwischen Jahwe und seinem Kultsockel, das Stierbild wurde direkt mit Jahwe identifiziert (vgl. Hos 8,6). Die doppeldeutige Bildsymbolik trug das ihre dazu bei, Jahwe so sehr zum kultisch verfügbaren Garanten der Fruchtbarkeit des Landes zu machen, daß darüber sein geschichtliches Differenzpotential als Befreier aus Ägypten verlorenging. So repräsentierte für den Propheten Hosea schließlich das Stierbild einen «baalisierten» Jahwekult, der die Erinnerung an seine geschichtlichen Ursprünge vergessen hatte; seiner Meinung nach würde sich Jahwe, «der Gott von Ägypten her», in der totalen Zerstörung dieses Kultbetriebs Geltung verschaffen (10,3-8). Dies Verdikt Hoseas war der Ausgangspunkt dafür, den gesamten Reichskult Jerobeams als Irrweg zu betrachten, und bildete schließlich die Legitimation für Josia, das Heiligtum von Bethel 622 v. Chr. zu zerstören. Während der staatlich stärker kontrollierte El-Synkretismus von Jerusalem gelang, endete der volksnahe El-Synkretismus von Bethel schließlich in einem völligen Desaster.

Der Streit um den offiziellen Synkretismus im 9. Jahrhundert

Neben den synkretistischen Neuformulierungen der Jahwereligion im königlichen Staatskult, die in Jerusalem in erheblichem und in Bethel in geringerem Umfang vollzogen wurden, führte die internationale Verflechtung und kulturelle Öffnung, die mit der Staatenbildung Israels einherging, zu einem diplomatischen Synkretismus, d. h. zur Einrichtung von Kulten für die Götter der Nachbarstaaten, mit denen das Königshaus politische Beziehungen unterhielt.

So wird schon von Salomo berichtet, daß er auf dem Ölberg – vis à vis vom Jerusalemer Tempel – Heiligtümer für die phönizische Aschtarte, den ammonitischen Milkom und den moabitischen Kamosch einrichtete (1. Kön 11,5.7; 12,7; vgl. 2. Kön 23,13f.). Da die Göttin Aschtarte auch außerbiblisch sowohl in Sidon als auch in Tyros eine wichtige Rolle spielte (KAI 13,1; 14,15 vgl. 18 Sidon 6.–5. Jh.; 17,1 Tyros 2. Jh.) und die Götter Milkom (Malkum?) und Kamosch als Nationalgötter von Ammon (vgl. Siegel und Votivinschrift) bzw. Moab (Mescha-Stele, auch Aschtar-Kamosch) belegt sind, ist diese Nachricht durchaus glaubwürdig, auch wenn ihre deuteronomistische Begründung unter Hinweis auf die vielen ausländischen Frauen Salomos z. T. legendäre Züge trägt. Belegt ist nur eine diplomatische Heirat mit einer ägyptischen Prinzessin (1. Kön 3,1; 9,16). Doch hat der Kult der phönizischen Aschtarte ganz sicher etwas mit den engen Handelsbeziehungen Salomos zu Tyros zu tun (1. Kön 5,15ff; 9,17), und der Kult für die Götter der beiden unterworfenen Vasallenvölker sollte wohl der Festigung des Großreiches dienen. Die außenpolitischen Beziehungen des Salomonischen Reiches spiegelten sich somit direkt in einem gewollten Nebeneinander verschiedener Nationalkulte in dessen Hauptstadt.

Es hat nicht den Anschein, daß dieser diplomatische Synkretismus im Südreich auf irgendeine Kritik gestoßen ist; wenn man den Deuteronomisten glauben darf, haben diese Kulte bis in die späte Königszeit fortbestanden und wurden erst von Josia liquidiert (2. Kön 23,12ff.). Man muß wohl annehmen, daß sich an diesen Fremdkulten nur die jeweiligen ausländischen Diplomaten und einige königliche Beamte beteiligten, die breitere Bevölkerung daran aber keinen Anteil nahm.

Um so erstaunlicher ist, daß es gerade dieser außenpolitisch bedingte Synkretismus war, der ein Jahrhundert später vor allem im Nordreich einen scharfen religiösen und politischen Konflikt provozierte und damit den weiteren Fortgang der Religionsgeschichte Israels nachhaltig beeinflußte.

Die Religionspolitik der Omriden

Die politische Alternative, die Jerobeam zur autoritären Monarchie im Süden aufbauen wollte, hat sich in der Folgezeit nicht bewährt: Sie führte das Nordreich in den nächsten fünfzig Jahren in die außenpolitische Isolation und eine zunehmende innenpolitische Destabilisierung. Geschwächt durch dauernde Abwehrkriege im Süden und Norden und erschüttert durch Revolten rivalisierender Heerkönige, war nunmehr auch das Nordreich wieder bereit, den Aufbau einer starken politischen

Zentralinstanz hinzunehmen. Es war der tatkräftige Usurpator Omri (881-870), der diesen politischen Kurswechsel einleitete: Er baute nach davidischem Vorbild Samaria zur Hauptstadt des Reiches aus und schuf dem Königtum damit erstmals eine ständige, stark befestigte Machtbasis (1. Kön 16,24). Das Nordreich führte er zielstrebig aus der politischen Isolation, indem er sich mit den Davididen aussöhnte, seine Tochter Atalja mit dem dortigen König Joram vermählte und indem er ein Bündnissystem zu den phönizischen und aramäischen Staaten aufbaute. Deutlichster Ausdruck dieser neuen diplomatischen Einbindung war die Verheiratung seines Sohnes Ahab mit der sidonischen Königstochter Isebel (1. Kön 16,31).[53] Ahab (870-851) setzte diese Ausgleichspolitik seiner Vaters konsequent fort, er nahm z. B. eine führende Position in dem «Bündnis der zwölf Könige von Ḫatti (Syrien) und der Küste (Phönizien)» ein, das in der Schlacht von Karkar 853 den Assyrerkönig Salmanassar III. zurückschlug. Die Erfolge dieser neuen Außenpolitik waren beeindruckend: Nord- und Südreich erlebten einen ungeahnten wirtschaftlichen Aufschwung und eine neue kulturelle Blütezeit. Die zweitausend Streitwagen, die Ahab allein in Karkar aufbieten konnte, die hochentwickelte Bautechnik seiner Palastanlage in Samaria und die dort gefundenen Elfenbeinapplikationen im phönizisch-ägyptischen Stil verdeutlichen beispielhaft, welche politische, wirtschaftliche und kulturelle Potenz dem Nordreich durch diese internationale Einbettung und kulturelle Öffnung zuwuchs.

In den Rahmen dieser neuen Außenpolitik der Omriden gehört auch ihre Religionspolitik hinein; auch sie sollte dem Ausgleich mit den nördlichen Nachbarn und der Festigung der politischen Beziehungen dienen. Ahab ließ in seiner Hauptstadt Samaria einen Baaltempel errichten (1. Kön 16,32; vgl. 2. Kön 10,18ff.), der wahrscheinlich dem Baal von Sidon (vgl. KAI 14,18) geweiht war und vor allem seiner Frau Isebel und ihrem phönizischen Gefolge den heimischen Kult ermöglichen sollte.[54] Doch auch wenn man von der vielfach aus späterer Zeit stammenden, stark übertreibenden Überlieferung ganz erhebliche Abstriche machen muß, hat es den Anschein, daß dieser Baaltempel mehr gewesen ist als nur eine Privatkapelle der Königin. Es handelte sich um einen ausgebauten Kultbetrieb mit einer Vielzahl von Priestern und Propheten, der über die Hauptstadt hinaus seine Attraktivität auf Teile der Bevölkerung ausübte (2. Kön 10,18ff.). Baal war ja, anders als etwa Milkom oder Kamosch, kein eindeutig ausländischer Gott, sondern über Jahrhunderte im späteren israelitischen Staatsgebiet verehrt worden. Seine Verehrung war, wie z. B. die vielen baalhaltigen Namen der Samaria-Ostraka zeigen, zumindest in der persönlichen Frömmigkeit noch immer virulent und bei dem erst in der Königszeit eingemeindeten kanaanäischen Bevölkerungsanteil wohl auch noch nicht völlig vergessen. So hat es den Anschein, daß unter der Schirmherrschaft des offiziellen Staatskultes für den phönizischen Baal auch andere ehemalige Baalheiligtümer im Lande, so etwa auf dem Karmel, zu neuem Leben erwachten. Es ist relativ unwahrscheinlich, daß vom Königshaus eine aggressive Religionspolitik gegen die Jahwereligion ausging, wie es die Texte speziell Isebel vorwerfen (Verfolgung von Jahwepropheten 1. Kön 18,4; 19,2), aber sehr wahrscheinlich hat es das Nebeneinander von Jahwe- und Baalverehrung bewußt gebilligt, wenn nicht sogar gefördert, und die Revitalisierung der Baalreligion jedenfalls nicht verhindert.[55] Der offizielle «Ditheismus» entsprach dem staatlichen Interesse; ein Festhalten an der Alleinverehrung Jahwes der Frühzeit, die auf staatlicher Ebene ja nur unter der irrealen Bedingung der Weltherrschaft oder um den Preis totaler außenpolitischer Isolation durchzuhalten war, erschien auf dem eingeschlagenen Kurs der internationalen Einbindung des Nordreiches als politisch inopportun und überholt. Wir wissen nicht, wie die Hoftheologen Ahabs das Nebeneinander von Jahwe- und Baalverehrung theologisch begründeten, da alle Texte, die wir besitzen, von der Gegenseite stammen bzw. im nachhinein eine Verurteilung der omridischen Religionspolitik vornehmen. Man kann nur vermuten, daß unter den gegebenen Bedingungen des diplomatischen Synkretismus nicht eine völlige Verschmelzung der beiden Götter wie etwa beim El-Synkretismus von Jerusalem und Bethel, sondern eine polytheistische Zuordnung zur Debatte stand. Man kann dagegen nicht einwenden, daß die Kinder Ahabs, soweit bekannt, alle jahwehaltige Namen tragen, das war eine Frage der persönlichen Frömmigkeit, und die stand auf einem ganz anderen Blatt als der offizielle Staatskult. Nein, konsequent zu Ende gedacht, hätte die omridische Religionspolitik, die übrigens auch im Südreich ihr Pendant fand (2. Kön 11,17f.), wahrscheinlich einmal in einer polytheistischen Ausformung der israelitischen Religion geendet, wenn sie genügend Zeit gehabt hätte.

Prophetische Oppositionsgruppen und die Jehu-Revolution

Es gehört zu den Besonderheiten der israelitischen Religionsgeschichte, daß sich gegen diese an sich ganz normale religionsgeschichtliche Entwicklung Protest erhob, der schließlich sogar zu einem brutalen Abbruch der omridischen Religionspolitik führte. Die Überlieferung bringt mit diesem Protest vor allem die beiden Propheten Elia und Elisa in Verbindung, und auch wenn man damit rechnen muß, daß deren Rolle in diesem Konflikt nachträglich pointiert und ausgeweitet worden ist, so ginge es ganz sicher zu weit, ihr Auftreten für eine pure Erfindung späterer Zeiten zu halten.[56] Wir stoßen damit im 9. Jahrhundert zum ersten Mal auf prophetische Oppositionsgruppen, d. h. Einzelpersonen und Gruppen, die religiös konstituiert sind und deren Widerstand sich vornehmlich aus religiösen Quellen speist.

Die gesellschaftliche Oppositionsrolle war der israelitischen Prophetie keineswegs von Anfang an in die Wiege gelegt. Sie gehört von Hause aus religionsphänomenologisch unter die weitverbreitete Erscheinung der intuitiven Mantik oder Divination, d. h. der Wahrsagekunst und Hellseherei, die, an verschiedenen Stellen des antiken Vorderen Orient bezeugt (Ebla, Byblos, Mari, Hamat, Assyrien), ganz verschiedene Funktionen übernehmen konnte. Ohne sichtbare gesellschaftliche Funktion waren z. B. die ekstatischen Prophetengruppen in der frühen Königszeit gewesen; dagegen standen die Hofpropheten Davids, Natan und Gat, in festem staatlichem Dienstverhältnis und hatten überwiegend die Funktion, die Institution des Königtums zu stabilisieren (2. Sam 7); auch im 9. Jahrhundert sind solche Propheten noch im Dienste des Königs bezeugt (1. Kön 22). Daneben gab es – wenn auch erst später belegt – fest an den Tempeln angestellte

Kultpropheten, die z.B. die Aufgabe hatten, bei nationalen Klagefeiern das Volk einer heilvollen Zukunft zu versichern (vgl. Jer 28; 29,26; Ps 74,8; 60,8 ff.). Auch in Israel war die Prophetie also zum größten Teil staatlich oder kultisch institutionalisiert und hatte als solche überwiegend gesellschaftsstabilisierende Funktionen.

Erst im 9. Jahrhundert traten daneben auch institutionell ungebundene Einzelpropheten und Prophetengruppen auf, die sich aus verwandtschaftlichen und beruflichen Bindungen weitgehend gelöst hatten (1. Kön 19,19-21), um als wandernde Wunderheiler, Exorzisten und Orakelgeber ihren Lebensunterhalt zu verdienen. Diese Erscheinung hängt auch mit der wirtschaftlichen Entwicklung dieser Zeit zusammen: Sie setzt auf der einen Seite einen relativ breit gestreuten gesellschaftlichen Wohlstand voraus, welcher der Bevölkerung ermöglichte, die Dienste der Propheten in Anspruch zu nehmen und zu bezahlen, und sie ist andererseits Hinweis auf eine zunehmende soziale Schichtung, denn solche prophetischen Gruppen scheinen sich vor allem aus einer mittellosen bzw. verarmten Unterschicht rekrutiert zu haben.

Elia gehörte – wenn der hebräische Text im Recht ist – zu den «Beisassen» *(tōšābîm)*, die über keinen Grundbesitz verfügten (1. Kön 17,1); Elisa war zwar einmal ein wohlhabender Bauer gewesen (1. Kön 19,19), zu seiner Prophetengenossenschaft gehörten aber Leute, die unter die Räder des harten antiken Kreditrechts geraten waren (2. Kön 4,1), und die Gruppe als ganze litt zum Teil unter großer Armut (2. Kön 4,38 ff.; 6,1-7). Für die Opfer der wirtschaftlichen Entwicklung waren diese freien Prophetengruppen offensichtlich eine Möglichkeit, ihr Leben zu fristen. Erst aus einer solchen wirtschaftlichen Unabhängigkeit und gesellschaftlichen Außenseiterstellung heraus gelangte ein Teil der israelitischen Prophetie zu einer systemkritischen Funktion.[57]

In diese Entwicklung gehören auch die beiden Propheten Elia und Elisa hinein. Ersterer ist dem Typ der wandernden Einzelpropheten zuzurechnen, während der zweite Haupt einer Prophetengenossenschaft war, die am Jordan in der Nähe von Gilgal über ein Versammlungshaus verfügte (2. Kön 4,38; 6,1 ff.), aber ebenfalls weit im Lande umherkam. Beide stammten aus der Provinz – Elia aus dem ostjordanischen Tisbe (1. Kön 17,1), Elisa aus dem mittleren Jordantal (1. Kön 19,16) – und standen wohl schon von daher dem Treiben im Zentrum der politischen Macht eher reserviert gegenüber. Doch hatte ein Großteil ihrer Tätigkeit erst einmal gar nichts mit der politischen und religionspolitischen Auseinandersetzung zu tun. Beide – vor allem Elisa – betätigten sich als Wundertäter und Krankenheiler innerhalb der Prophetengruppe bzw. gegenüber einer privaten Klientel (1. Kön 17,12 ff.; 2. Kön 4; 1-6); doch drang Elisas Ruf als Wunderheiler bis nach Syrien (2. Kön 5), und Elia erhielt als Regenmacher eine öffentliche Bedeutung (1. Kön 18,41-48). Für beide Propheten ist somit neben der mantischen auch eine stark magische Komponente charakteristisch.

Der Konflikt mit dem omridischen Königshaus entzündete sich vor allem an zwei Punkten: seinem absolutistischen Gebaren und seiner Religionspolitik. Dabei setzte Elia die traditionelle Königskritik fort, die im Nordreich ja schon immer virulenter als im Süden gewesen war und die durch den offensiven Ausbau königlicher Macht seit Omri wieder erneute Nahrung erhielt.

Einen wahrscheinlich typischen Konflikt in dieser Richtung schildert die Naboth-Erzählung (1. Kön 21). Ahab will die Palastanlage seiner Residenz in Jesreel erweitern. Dazu benötigt er den Acker eines gewissen Naboth, der aber, weil es sich um den «Erbbesitz seiner Väter» handelt, nicht verkaufen oder tauschen will. Das königliche Expansionsstreben stößt auf die Grenze des altüberlieferten Sippenrechts. Nach der Erzählung ist Ahab – wenn auch zähneknirschend – bereit, diese Grenze seiner Macht zu akzeptieren, nicht jedoch Isebel; für sie, die phönizische Königstochter, wird durch die Weigerung Naboths die Souveränität des Königtums in Frage gestellt (V. 7). Sie inszeniert einen perfekten Justizmord, um Naboth zu beseitigen. Zweierlei ist an diesem Verfahren der sakralen Ortsgerichtsbarkeit bezeichnend: die Anklage, Naboth habe «Gott und dem König geflucht» (V. 10) – ein todeswürdiges Verbrechen, das bezeichnenderweise mit seiner Verquickung von Gott und König in keines der alttestamentlichen Rechtskorpora Aufnahme gefunden hat –, und die Schwäche der alten tribalen Autoritäten, die sich vom Königshaus korrumpieren lassen. Nach der Überlieferung ist es der Prophet Elia gewesen[58], der in dieser Situation, als die traditionelle Rechtsinstanz vor dem Machtanspruch des Königshauses schmählich versagte, aufgrund seiner religiösen Autorität den Mut hatte, den Skandal aufzudecken und dem König die vergeltende Strafe Jahwes anzukündigen (V. 17-20). Er sprach damit aus, was viele in den konservativen Kreisen der Bevölkerung gedacht haben werden, aber nicht mehr zu äußern wagten. Die königskritische Tradition erhielt in der prophetischen Bewegung um Elia und Elisa ein neues Sprachrohr.

Mit der Verteidigung der traditionellen bäuerlichen Rechte gegen Übergriffe der Krone verband sich – und das ist das Neue – in der prophetischen Bewegung des 9. Jahrhunderts ein Kampf für die althergebrachte Jahwereligion gegen den staatlich verordneten Synkretismus. Erst diese Verbindung gab der Auseinandersetzung mit der omridischen Dynastie ihre Schärfe und Breitenwirkung. Anlaß und Ablauf des religiösen Konflikts sind infolge der späteren Ausgestaltung der Eliatradition einigermaßen undeutlich geworden. Immerhin kann man noch erkennen, daß es wahrscheinlich eine längere Dürrenot war, die Elia in Konflikt mit dem König brachte. Wenn Ahab Elia in 1. Kön 18,17 mit dem unerfindlichen und darum wahrscheinlich historischen Titel *ʿōkēr jiśrāʾel* belegt, was so viel wie «Verderber Israels» oder «Behexer Israels» bedeutet, Elia jedoch V. 18 gegen Ahab und seine Familie den Vorwurf erhebt, sie seien es, die Israel ins Verderben geführt bzw. behext haben, dann ging es in der Auseinandersetzung offensichtlich darum, wer die Schuld für die Dürrekatastrophe trug: Elia, der berühmte Regenmacher (1. Kön 18,41-45), der sich über einen längeren Zeitraum weigerte, seine magischen Fähigkeiten zugunsten des Staates einzusetzen (vgl. 17 f.), oder Ahab, dessen synkretistischer Staatskult nicht in der Lage war, den dringend benötigten Regen herbeizuführen. Obgleich der Schuldvorwurf gegen Ahab (18,16b), er habe die Gebote Jahwes verlassen und sei den Baalen nachgefolgt, eindeutig eine deuteronomistische Sprache spricht, trifft er sachlich wohl ungefähr das Richtige: Wahrscheinlich hat man in den konservativen Kreisen und in der prophetischen Bewegung die Dürrekatastrophe als eine Strafe Jahwes für den synkretistischen königlichen Staatskult angesehen, und die Weigerung des Jahwepropheten Elia war als religiöse Machtprobe gemeint, welcher Gott denn nun Israel Regen spenden könne, Baal oder Jahwe. Die aufgenommene «Karmelerzählung» (1. Kön 18, 19-40) weitet dagegen diese Machtprobe schon stark über den ursprünglichen Anlaß des Konflikts aus: Ihr geht es um den Nachweis, daß Jahwe allein der wahre Gott ist (18,37.39) und Baal nicht mehr als ein machtloser Popanz. Sie setzt nicht nur den Sieg der «Jahwe-Allein-Partei» in der Jehu-Revolution schon voraus (vgl. die Parallelen zu 2. Kön 10,18ff.), sondern in ihrer rationalistischen Götzenpolemik (18,27) wahrscheinlich auch den Monotheismus der Exilszeit (vgl. Deuterojesaja). Wohl kann man möglicherweise aus der Lokalisierung dieses Götterwettstreits auf dem Karmel schließen, daß hier infolge der omridischen Religionspolitik ein Baalheiligtum erbaut bzw. reaktiviert wurde, doch die weitreichenden religionsgeschichtlichen Rückschlüsse, die von A. Alt u.a. aus der Karmelerzählung abgeleitet wurden, lassen sich so nicht halten.[59] Nur soviel läßt sich aus ihr entnehmen, daß die religiöse und kultische Öffnung, welche die Omriden mit ihrer Religionspolitik vollzogen hatten, von Elia und den hinter ihm stehenden konservativen Kreisen als Angriff auf die althergebrachte Jahwereligion aufgefaßt wurde. An die Stelle des königlichen Programms: Jahwe *und* Baal, setzten sie die Parole: Jahwe *oder* Baal (vgl. 18,21). Daß dieser Kampf zumindest teilweise unter Rückgriff auf alte, vorstaatliche Jahwetraditionen geführt wurde, zeigt die Überlieferung von der Wanderung Elias an den Gottesberg im Süden, wo einstmals die Exodusgruppe ihre erste Jahwetheophanie erlebte (1. Kön 19).

Allem Anschein nach war der Protest gegen die königliche Religionspolitik in ihrer ersten Phase nicht allzu erfolgreich. Wenn die spätere Überlieferung davon spricht, Isebel habe die Jahwepropheten systematisch verfolgen und umbringen lassen (18,4; 19,2), so daß Elia als einziger übriggeblieben sei (18,22; 19,10), so ist das sicherlich übertrieben; aber so völlig ohne Gegenmaßnahmen wird das Königshaus die Angriffe auf seine Religionspolitik nicht hingenommen haben. Staatspolitisch gefährlich wurde der Protest erst in seiner zweiten Phase, als unter Ahabs Sohn Joram (850-845) die einst so erfolgreiche omridische Außen- und Wirtschaftspolitik erste empfindliche Schwächen zeigte: Die Provinz Moab ging wieder verloren (um 850 vgl. Mescha-Stele), der Usurpator Hazael von Damaskus begann, Israel erneut in Kämpfe um das Ostjordanland zu verwickeln; dabei wurde Joram verletzt und mußte die Truppe verlassen, um sich in der Residenz Jesreel gesundpflegen zu lassen (2. Kön 8,28; 9,14f.). Unter diesen Bedingungen gewann die prophetische Protestbewegung erstmals eine große politische Breitenwirkung; es kam zu einer Koalition zwischen ihr, konservativen gesellschaftlichen Gruppen wie den Rekabitern (2. Kön 10,15-17) und Teilen des Offizierskorps. Das Machtvakuum ausnutzend, das sich durch die Verletzung Jorams aufgetan hatte, salbte ein Elisaschüler den Offizier Jehu zum Gegenkönig (1. Kön 9,1-13).[60] Mit dieser religiösen Legitimation im Rücken setzte Jehu den Staatsstreich in Gang, ermordete Joram und die verhaßte Königinmutter und rottete mit beispielloser Härte die gesamte omridische Königsfamilie in Samaria aus (2. Kön 9,16ff.). Dieser Staatsstreich hatte dabei von vornherein auch eine religionspolitische Zielsetzung: Jehu bezeichnete sich ausdrücklich als «Eiferer für Jahwe» (2. Kön 10,16), der der «Hurerei und den Zauberkünsten» Isebels ein Ende machen wollte (9,22), und so endete die Aktion mit einer Zerstörung des Baaltempels in Samaria und der Ermordung seiner Priester und Kultteilnehmer (10,18-27). Der diplomatische Synkretismus der Omriden wurde mit Stumpf und Stiel ausgerottet.

Ein solch brutaler Umsturz ist kaum ohne eine relativ breite Akzeptanz in der Bevölkerung denkbar. An dieser wiederum hat die religiöse Untergrundarbeit der prophetischen Gruppen einen nicht unerheblichen Anteil. Provoziert durch die Einpflanzung eines Fremdkultes, verbunden mit Absolutheitsansprüchen des Königtums, erwies damit die Jahwereligion in der stark religiös motivierten Jehu-Revolution erstmals ihre Unduldsamkeit. Die exklusive Gottesbeziehung der vorstaatlichen Zeit zeitigte unter den Bedingungen der Staatlichkeit durchaus fanatische Züge und grausame Konsequenzen. Der Abwehrkampf der traditionell orientierten Kreise gegen den vom Königtum aufoktroyierten phönizischen Baalkult hat dabei tiefe Spuren in der weiteren Religionsgeschichte hinterlassen. Er führte dazu, daß in der Folgezeit jeder Kampf gegen eine religiöse und kulturelle Überfremdung als Kampf gegen den Baalkult aufgefaßt wurde, ohne daß dahinter noch konkrete Baalgestalten greifbar sind. Baal wurde von Hosea bis zu den Deuteronomisten zu dem religiösen Feindbild, von dem sich die Jahwereligion fortlaufend abzusetzen habe und mit dem alles denunziert wurde, was man für unvereinbar mit ihr empfand.

In der Jehu-Revolution hatten die prophetischen Oppositionsgruppen und die mit ihr verbündeten konservativen Kreise einen unerwarteten Sieg errungen. Dieser Sieg hatte jedoch einen hohen politischen Preis. Er zerstörte das Gewebe diplomatischer Beziehungen, das die Omriden gesponnen hatten, und trieb das Nordreich erneut in die außenpolitische Isolation. Wenn das Nordreich unter Jehu und seinen Söhnen ohne Verbündete schutzlos den Angriffen der Aramäer ausgeliefert war und fast unter ihren Schlägen zusammenbrach, so ist das eine unmittelbare Konsequenz aus der schroffen religiösen Abgrenzung, der Jehu zum Siege verhalf. Auch die Unterstützung Elisas konnte daran wenig ändern (2. Kön 13,14-17). Daß sich Jehu, der «Eiferer für Jahwe», schon wenige Jahre nach seiner Revolution den Assyrern freiwillig als Vasall unterwerfen mußte, um ihre Unterstützung gegen die Aramäer zu gewinnen, wie es uns der schwarze Obelisk Salmanassars III. plastisch vor Augen führt, wirft ein grelles Schlaglicht auf den politisch-religiösen Grundkonflikt, der die ganze staatliche Geschichte Israels durchzieht.

Die theologischen Auseinandersetzungen in der sozialen und politischen Krise des 8. Jahrhunderts

Eine neue Dimension erreichte die theologische Auseinandersetzung in der Gerichtsprophetie des 8. Jahrhunderts. Während sich die prophetischen Oppositionsgruppen des 9. Jahrhunderts darauf beschränkten, einzelne Mißstände anzugreifen und einzelnen Menschen, vor allem dem König, Unheil zu verkünden, traten ab den sechziger Jahren des 8. Jahrhunderts im Nord- wie im Südreich Propheten auf, die umfassend den Zustand der Gesamtgesellschaft, ihre kultischen und politischen Institutionen samt deren politischen und theologischen Optionen einer beißenden Kritik unterwarfen und die nicht davor zurückschreckten, im Namen Jahwes dem gesamten israelitischen Staatswesen den Untergang anzusagen. Männer wie Amos, Hosea, Jesaja und Micha sahen sich von Jahwe getrieben, den nationalen und religiösen Grundkonsens ihrer Gesellschaft überhaupt in Frage zu stellen. Wohl war ihre unmittelbare Breitenwirkung geringer als die der Propheten des 9. Jahrhunderts, stießen sie doch mit ihrer radikalen Position auf weitgehende Ablehnung und fanden anfangs nur in kleinen Zirkeln Gehör, doch entfaltete ihre Botschaft eine große Fernwirkung, die ganz wesentlich zu einer tiefgreifenden Neuformulierung der Jahwereligion in der späten Königszeit und der Exilszeit beitrug.

Diese neue, radikale Phase prophetischer Opposition hängt historisch direkt mit einer krisenhaften geschichtlichen Entwicklung zusammen: mit einer längerfristigen sozialen Krise, die seit dem 8. Jahrhundert unübersehbar zu einem Auseinanderbrechen der israelitischen Gesellschaft führte, und mit einer aktuellen politischen Krise, die durch die Expansion des neuassyrischen Reiches nach Westen ausgelöst wurde. Letztere riß schließlich das Nordreich in den Strudel des politischen Untergangs hinein (722) und brachte für das Südreich eine hundertjährige Besatzungszeit. Eine zweite Phase der Gerichtsprophetie (Jeremia, Ezechiel) wurde noch einmal durch die Expansion des neubabylonischen Reiches heraufbeschworen (ab 609); sie sei hier nur am Rande mitbehandelt.

Die gesellschaftlichen und politischen Entwicklungen

Wir wissen nicht genau, welche konkreten Faktoren die soziale Krise gerade in einer Zeit des wirtschaftlichen Aufschwungs und der politischen Stabilität nach der langen Aramäer-Depression unter der Regierung Jerobeams II. (787-747) auslösten. Da auch im Südreich in dieser Zeit ähnliche Erscheinungen zu beobachten sind, nimmt man meistens an, daß es sich eher um eine längerfristige strukturelle Entwicklung handelt, die ihre Wurzeln schon in den mit der Staatenbildung eingeleiteten gesellschaftlichen Veränderungen hat (s. o. S. 317 f) und sich erstmals im 8. Jahrhundert krisenhaft zuspitzte. Der sich von der Krone her ausbreitende Großgrundbesitz hatte die altisraelitische Bodenordnung durchlöchert und das egalitäre Ideal der vorstaatlichen Zeit beiseite gedrängt (Mi 2,1 f.). Eine prosperierende Schicht aus Großgrundbesitzern, Beamten, Militärs und Kaufleuten hatte sich über die traditionellen israelitischen Kleinbauern geschoben (Mi 3,1.9; Jes 1,23; 3,12.14). Krisenhaft wurde diese schleichende gesellschaftliche Entwicklung, als die Angehörigen der kleinbäuerlichen Schicht im 8. Jahrhundert so sehr unter den Druck der wirtschaftlich expandierenden Oberschicht gerieten, daß sie auf breiter Front in deren Abhängigkeit getrieben wurden und zusehends dauerhaft verarmten. Die Propheten bezeichnen sie schon typisierend als Gruppe der «Schwachen» (*dal* Am 2,7; 4,1; 5,11), «Armen» (*'äbjōn* Am 2,6; 4,1; 5,12; 8,4) und «Elenden» (*'ānaw/'ānī* Am 2,7; 8,4; Jes 3,14).

Hauptinstrument war in diesem Prozeß das harte antike Kreditrecht. Es sah nicht nur den Zugriff des Kreditgebers auf den gesamten Besitz des säumigen Schuldners vor, sondern auch auf dessen Familie und seine Person (Personalhaftung). Und dabei waren die Pfänder, die der Schuldner dem Kreditgeber zu dessen Sicherheit einräumen mußte, wegen fehlender staatlicher Eigentumsgarantie im Vergleich zur Schuldsumme unverhältnismäßig hoch. So konnten die kleinbäuerlichen Familienbetriebe, die nur über wenige Reserven verfügten, schon infolge relativ geringer wirtschaftlicher Schwierigkeiten in die Mühle eines fortschreitenden wirtschaftlichen und sozialen Abstiegs geraten: Konnten sie einen Kredit nicht zurückzahlen, den sie etwa infolge einer Mißernte, Steuer- und Fronbelastungen hatten aufnehmen müssen, so mußten sie dem Kreditgeber zuerst ihren Acker, d. h. einen Teil der nächsten Ernte verpfänden; kamen sie auch damit noch nicht aus den Schwierigkeiten heraus, so mußten sie zuerst ihre Familienangehörigen und schließlich sich selbst in die Schuldknechtschaft verkaufen, d. h. unter Verlust ihrer Persönlichkeitsrechte eine bestimmte Zeit lang für den Kreditgeber ihre Schulden abarbeiten (Ex 21,1-6 vgl. Neh 5,1-5). Meist wirtschafteten sie in dieser Zeit zwar noch auf eigenem Grund und Boden, aber faktisch waren sie und ihr Besitz in die völlige Verfügungsgewalt ihres Schuldherrn geraten. Die Schwierigkeiten, die sich nach den Jahren der Schuldsklaverei einem eigenständigen Neubeginn in den Weg stellten, veranlaßten viele Kleinbauern sogar, ihre Besitztitel völlig aufzugeben und sich bei ihrem Herrn als Dauersklaven zu verpflichten (Ex 21,5 f.); andere wurden in die Fremdsklaverei abgeschoben (Am 2,6), wieder andere zogen es vor, als grundbesitzlose Tagelöhner *(śākīr)* ihr Leben zu fristen, um zumindest ihre Freiheitsrechte zu behalten.

Es hat nun den Anschein, daß die Oberschicht, die überwiegend als Kreditgeber auftrat, dieses Mittel des antiken Kreditrechts clever und unsentimental eingesetzt hat, um ihren Grundbesitz auszuweiten und ihren Wohlstand zu steigern. Sie gewann damit ein Heer billiger Arbeitskräfte, die für sie auf dem Lande einen sicheren Gewinn erwirtschafteten, während sie selber in den Städten residierte und dort ungehemmt ihren Reichtum zur Schau stellte. Die gesamtgesellschaftliche Solidarität war zerbrochen; die traditionellen Institutionen, die für Solidarität und gerechten Interessenausgleich hätten sorgen sollen, versagten. Die alte Loskaufverpflichtung innerhalb der Sippe *(gĕ'ullā)* blieb wirkungslos, ja, sie ließ sich unter den gewandelten Normenvorstellungen der Oberschicht auch als Instrument verwenden, die ärmeren Verwandten in Abhängigkeit zu bringen. Die Laiengerichtsbarkeit im Tor, in ihrer Funktionstüchtigkeit auf ein ungefähres Gleichgewicht der sich streitenden Parteien angewiesen, wurde durch die starke soziale Differenzierung der Gesellschaft weitgehend außer Kraft gesetzt. In ihr gaben nun die reichen Sippen und Großgrundbesitzer den Ton an, die ihre Schuldforderungen unnachsichtig durchsetzten; eine verschuldete Kleinbauernfamilie hatte unter diesen Bedingungen nur eine geringe Chance, hier zu ihrem Recht zu kommen.

Man wird sich hüten müssen, aufgrund der bewußt einseitigen prophetischen Polemik in dieser sozialen Krise eine Horde von gottlosen Bösewichtern und Gewalttätern am Werke zu sehen. Wir müssen vielmehr davon ausgehen, daß sich die Oberschicht weitgehend legaler Mittel zur Durchsetzung ihrer Interessen bediente. Auch wenn in Einzelfällen Rechtsbrüche und Betrügereien vorgekommen sein mögen, es handelt sich vornehmlich um Auswirkungen struktureller Gewalt, die ihren Grund in wirtschaftlichen und gesellschaftlichen Entwicklungen der Königszeit hatte. Wahrscheinlich sahen die Angehörigen der Oberschicht die traditionellen, allein auf Selbstversorgung abgestellten kleinbäuerlichen Betriebe als nicht mehr zeitgemäß an, als eine überholte Wirtschaftsform, die sowieso zum Aussterben verurteilt war. Möglicherweise hatten sie für ihr Verhalten auch eine theologische Begründung parat, sahen in ihrem Reichtum und Erfolg das Segenswirken Jahwes am Werk, das sie vollauf rechtfertigte.[61] Die höfische Weisheitstradition etwa, in der viele Angehörige der Oberschicht aufgewachsen waren, setzte ganz selbstverständlich das Nebeneinander von arm und reich voraus und sah den Reichtum ganz überwiegend positiv (vgl. Prov 10,15; 13,8 u.ö.). Die Frage war nur, ob eine solche stark individuell ausgerichtete theologische und ethische Position, welche die wirtschaftliche Entwicklung als gegeben hinnahm, den gesellschaftlichen Zuständen, die zur Verelendung einer ganzen Bevölkerungsschicht führten, gerecht wurde.

Ab den dreißiger Jahren des Jahrhunderts wurde die soziale Krise von der politischen Krise überdeckt, welche die assyrische Expansion nach Syrien-Palästina auslöste. Schon der erste Feldzug Tiglat-Pilesers III. 738 hatte die Vasallität des Nordreiches zur Folge; König Menahem mußte einen Tribut von 1000 Talent Silber zahlen, die er durch eine Sondersteuer erhob (2. Kön 15,19f.). Der neue Druck von außen führte aber nun nicht zum Zusammenschluß und zur Mobilisierung aller eigenen Kräfte, sondern zu einer fortschreitenden Destabilisierung des politischen Systems: Als Tiglat-Pileser in den östlichen Teilen seines Reiches beschäftigt war, ermordete Pekaḥ den Sohn des assyrerfreundlichen Menachem, um mit Rezin von Damaskus zusammen eine antiassyrische Aufstandsbewegung zu organisieren. Das heißt, es entstanden in Israel rivalisierende politische Gruppen, die nicht nur darum stritten, ob die pro- oder antiassyrische Option die bessere Außenpolitik sei, sondern die die Großmächte in ihre kleinstaatlichen Rivalitäten und innenpolitischen Machtkämpfe mit einbezogen.

Ein krasses Beispiel dafür liefern die Ereignisse um den sogenannten «syrisch-efraimitischen Krieg» von 734; als der judäische König Ahas sich weigert, der antiassyrischen Koalition beizutreten – wohl weil er damit den Führungsanspruch des Nordreiches anerkannt hätte –, gehen Pekaḥ und Rezin gegen Juda militärisch vor, um Ahas zu stürzen und einen antiassyrischen und damit auch ihnen ergebenen König einzusetzen. Doch der Feldzug bricht zusammen, als Tiglat-Pileser 734 erneut in Palästina erscheint. Nun ist es Ahas, der seine Macht gegen die antiassyrische Partei dadurch sichert, daß er sich freiwillig dem assyrischen König unterwirft und unter Zahlung eines hohen Tributs sein Land in die Vasallität führt (2. Kön 16,5-8).

Das Nordreich mußte für die Aufstandspolitik Pekaḥs schwer büßen, weite Gebiete wurden abgetrennt und dem assyrischen Provinzsystem einverleibt und ein Teil der Bevölkerung deportiert (2. Kön 15,29). Diesen Mißerfolg nahm nun wiederum die proassyrische Partei zum Anlaß, Pekaḥ zu ermorden, um mit Hosea einen den Assyrern genehmen König an seine Stelle zu setzen (2. Kön 15,30). Doch schon wenige Jahre später, nach dem Tod Tiglat-Pilesers 727, gewann die antiassyrische Partei wieder die Oberhand; Hosea versuchte, durch Anlehnung an Ägypten seine Unabhängigkeit gegenüber Assyrien zurückzugewinnen. Doch dieser Aufstandsversuch löste nur die Strafaktion Assyriens aus, die den politischen Untergang des Nordreiches besiegelte (722; 2. Kön 17,1-6).

Das Desaster, in welches das Taktieren zwischen den Großmächten das Nordreich gestürzt hatte, verhinderte nicht, daß sich im Südreich zwei Jahrzehnte später das gleiche politische Drama noch einmal wiederholte: Hiskia nahm den plötzlichen Tod Sargons 705 zum Anlaß, seinen Vasallenvertrag mit den Assyrern aufzukündigen (2. Kön 18,7) und weitgespannte politische Beziehungen mit den Ägyptern und Babyloniern zu knüpfen, um die assyrische Vorherrschaft zu brechen. Ein Feldzug gegen die Philisterstädte sollte diese in die antiassyrische Koalition hineinzwingen und zugleich die eigene Machtposition im südpalästinischen Raum erweitern (V. 8). Der nicht willfährige König von Ekron wurde von Hiskia kurzerhand ab- und gefangengesetzt. Doch auch diesmal ging diese Politik nicht auf; 701 erschien Sanherib in Palästina, schlug das ägyptische Heer und verwüstete ganz Juda so schwer, daß es nur eine Frage der Zeit war, wann sich auch die Hauptstadt ergeben mußte. Hiskia unterwarf sich, und nur durch eine hohe Tributzahlung, für die Hiskia sogar die goldenen Verzierungen des Tempels entfernen lassen mußte, konnte er sich retten und seinen Staat vor dem völligen Untergang bewahren (2. Kön 18,13-16).

Der Versuch der Machteliten in Israel und Juda, durch geschicktes Lavieren zwischen den Großmächten ihre eigene Macht zu sichern und wenn möglich noch auszubauen, erwies sich somit als ausgesprochen ruinös. Er führte nicht nur zu einer Aushöhlung der politischen Moral (Königsmorde, Vertragsbrüche), sondern auch zu immensen Kriegsfolgelasten für die Bevölkerung (Verwüstungen, Tribute, Deportation) und im Falle des Nordreiches sogar zum völligen Zusammenbruch des Staates.

Die prophetische Totalopposition

Die Männer, die sich in dem Zeitraum von ca. 760-701 von Gott getrieben sahen, in bis dahin unbekannt radikaler Weise zu den krisenhaften Entwicklungen dieser Epoche Stellung zu nehmen, gehören alle zum Typ des institutionell ungebundenen Einzelpropheten. Amos, der aus Tekoa im Südreich stammte, um 760 aber wahrscheinlich relativ kurze Zeit im Nordreich als Prophet auftrat, war eigentlich Viehzüchter und wehrte sich energisch dagegen, mit den berufsmäßigen Propheten *(nābîʾ)* in einen Topf geworfen zu werden (Am 7,14). Jesaja, dessen prophetische Wirksamkeit im Südreich sich über einen Zeitraum von ca. 35 Jahren hinzog (drei Hauptphasen 734-732; 713-711; 705-701), entstammte einer einflußreichen Aristokratenfamilie Jerusalems. Micha, dessen Verkündigung wahrscheinlich in die Zeit vor 701 anzusetzen ist, war möglicherweise Ältester aus Moreschet in der judäischen Schefela.[62] Nur von dem einzigen genuinen Nordreichpropheten Hosea, der zwischen 750 und 725 aufgetreten ist, kennen wir den Beruf bzw. die soziale Herkunft nicht.

Diese Propheten waren somit finanziell unabhängig; sie gehörten eher begüterten Schichten, ja sogar im Fall Jesajas eindeutig der Oberschicht an. Das verschaffte ihnen auf der einen Seite die Unabhängigkeit, ihre radikale Kritik durchzuhalten, und wohl auch den nötigen Einblick in die gesellschaftlichen und internationalen Zusammenhänge. Auf der anderen Seite macht es die Stärke ihrer religiösen Motivation deutlich, wie sehr sie sich von den Interessen und Ansichten ihrer Schichten haben trennen können. Ihr religiöser Impuls setzte sie in Distanz zu sich selber und ihrer Herkunft. Er ermöglichte ihnen nicht nur, sich mit der verarmenden Kleinbauernschicht zu solidarisieren, sondern auch die angeblichen nationalen Interessen, welche die Machteliten formulierten, kritisch zu hinterfragen und den kultischen und staatlichen Institutionen ihre scheinbar selbstverständliche theologische Legitimation zu entziehen. Wohl verkündeten sie ihre Worte im Namen Jahwes, nahmen somit direkt und unmittelbar die göttliche Autorität für ihre Sache in Anspruch, aber sie verfügten – anders als ihre Gegner – über keinerlei politische Machtmittel, mit denen sie ihren Worten hätten Nachdruck verschaffen können, und es ging ihnen dabei nicht um die Durchsetzung eigener partikularer Interessen, sondern um den Bestand des ganzen Volkes. Diesen Bestand sahen sie in der Krise ihrer Gegenwart aufs äußerste gefährdet. Angesichts des Unheils, das sie Jahwe selber gegen Israel heraufführen sahen, fühlten sie sich getrieben, die sozialen, politischen und kultischen Mißstände ihrer Gesellschaft aufzudecken, die Schuldigen namhaft zu machen und den Verantwortlichen – vor allem in der Führungsschicht – die verheerenden Konsequenzen ihres Tuns vor Augen zu stellen (Mi 3,5). Solcherart religiös begründete Totalopposition führte diese Propheten rasch in Konflikt mit den staatlichen und kultischen Funktionsträgern (Am 7,10 ff.) und in die gesellschaftliche Isolierung (Hos 9,7-9; Mi 2,6 ff.; Jes 8,11 ff.; vgl. Jer 16). Sie konnten nur einen kleinen Schülerkreis um sich scharen, in dem ihre provozierenden Gottesworte Gehör fanden und tradiert wurden. Wenn wir von diesen Propheten des 8. Jahrhunderts schriftliche Sammlungen überliefert haben, dann hängt das direkt mit der gesellschaftlichen Ablehnung zusammen, die sie erfuhren: Die Propheten und ihre theologischen Zirkel begannen schon recht bald damit, die Botschaft, die in der Öffentlichkeit kein Gehör gefunden hatte, zu sammeln, zu diskutieren, auszuwerten und aufzuzeichnen, um sie für spätere Zeiten, wenn das angekündigte Unheil eingetroffen sein würde, als «Zeugnis» zu bewahren (Jes 30,8 ff.). Die prophetische Totalopposition erzeugte somit erstmals in der israelitischen Religionsgeschichte eine religiöse Oppositionsliteratur aus sich heraus.[63]

Kritik an sozialen Mißständen

Die soziale Anklage ist typisch für die Propheten Amos und Micha, spielt aber auch in den Anfängen der Verkündigung Jesajas eine wichtige Rolle. Sie richtet sich vor allem an die Oberschicht, deren wirtschaftliches und soziales Gebaren sie einer beißenden Kritik unterzieht: Angegriffen wird die hemmungslose wirtschaftliche Expansion der Großgrundbesitzer, die Haus an Haus und Feld an Feld reihen, bis ihnen das Land allein gehört (Jes 5,8), ihre Gier nach immer mehr Landbesitz, welche die Kleinbauern und ihre Familien von ihrem angestammten Besitz verdrängt (Am 8,4) und den Grundsatz des altisraelitischen Bodenrechts: «ein Mann und sein Haus, ein Mensch und sein Erbbesitz», außer Kraft setzt (Mi 2,1 f.9 f.). Kritisiert wird die rücksichtslose Handhabung des Pfand- und Kreditrechts durch die Oberschicht: Schon wegen geringer Schulden verlangt sie von den Kleinbauern schmerzhafte Pfänder (Mi 2,9) und treibt sie in Schuld-, ja sogar in die Fremdsklaverei (Am 8,6; 2,6). Nach Meinung der Propheten ist das ganze System von Pfand- und Pachtabgaben, welches das antike Kreditrecht an die Hand gab (Am 5,11), schlichtweg Raub und Plünderei (Jes 3,12.14 vgl. Mi 3,2 f.), die Schuldknechtschaft Terror und Unterdrückung (Am 3,9 f; 4,1.). Gegeißelt wird schließlich das sorglose Luxusleben, das die Oberschicht aufgrund ihrer erpreßten Gewinne an den Tag legt. Sie baut sich feine Stadthäuser aus behauenen Steinen (Am 4,1; 5,12), feiert darin rauschende Feste (Am 6,1-7; Jes 5,11 f.) und scheut sich nicht einmal, selbst bei Gottesdiensten, welche die Solidarität der Gemeinschaft stärken sollen, ihr eingezogenes Pfandgut zur Schau zu stellen (Am 2,8). Daneben decken die Propheten die Ungerechtigkeit der israelitischen Rechtsprechung auf: Die Oberschicht dominiert die Ortsgerichtsbarkeit und verhindert durch Einschüchterung und Bestechung die Objektivität der Rechtsfindung (Jes 5,20.23; Am 5,10); die Rechtsansprüche der Kleinbauern werden abgewiesen (Am 2,7; 5,12), und selbst dann, wenn ein Reicher einmal schuldig gesprochen wird, unterläuft das Gericht seine Verurteilung, indem es den Armen bedrängt, statt dessen eine Sühnegeldzahlung anzunehmen (Am 5,12). Das Ortsgericht ist in den Augen der Propheten nur noch ein parteiisches Unterdrückungsinstrument der herrschenden Klasse. Das gilt gleichfalls für die staatliche Rechtsprechung in Jerusalem, die nach Jesajas Ansicht nur noch Unrechtsgesetze erläßt, um die Ärmsten der Armen, die Witwen und Waisen auszubeuten (Jes 10,1 f.; vgl. 1,23).

Die soziale Anklage der Propheten ist somit keine objektive Gesellschaftsanalyse, sondern eine bewußt einseitige Parteinahme. Die Propheten decken im Namen Gottes die scheinbar eigengesetzlichen krisenhaften sozialen Entwicklungen ihrer Zeit als schuldhaftes Verhalten der Oberschicht auf und stellen sich damit eindeutig an die Seite der verarmenden Unterschicht. Die wirtschaftlich Starken, die von den Entwicklungen profitieren, sind für sie klar die Schuldigen, während die wirtschaftlich Schwachen, die Opfer dieser Entwicklung, die eigentlich Unschuldigen sind (*ṣaddīq* Am 2,6). Indem die Propheten deren ohnmächtigen Protest aufnehmen und dem Unrecht, das sie erleiden müssen, in ihren Gottesworten sprachlichen Ausdruck verleihen, nehmen sie Jahwe direkt und bewußt einseitig für das Lebensrecht der Schwachen und Unterdrückten in Anspruch. Wohl rufen die Propheten die Kleinbauern nicht zum Aufstand auf, aber indem sie verkünden, daß Jahwe dieses himmelschreiende Unrecht an den Schwachen nicht hinnehmen wird, bahnt sich ex negativo wieder der alte Befreiungsimpuls den Weg, der die Jahwereligion initiiert hatte.

Dieser Zusammenhang wird deutlich, wenn man nach dem Kriterium fragt, von dem aus die Propheten ihre Schuldzuweisung an die Oberschicht vornehmen. Dieses lautet eindeutig «Recht und Gerechtigkeit» (*mišpāṭ ūṣĕdāqā* Jes 5,7; Am 5,7.24; 6,12; vgl. Mi 3,1.8.9). Gemeint ist damit der gerechte Interessenausgleich zum Wohle aller, die solidarische Gemeinschaftsordnung, die allen Israeliten ihre elementaren Lebensrechte sichert. Und die Propheten werfen der Oberschicht vor, die Grundlage des gesellschaftlichen Wertsystems verkehrt und zu Boden getreten zu haben (Am 5,7; 6,12; Mi 3,9), ja noch nicht einmal am Zerbrechen der Solidargemeinschaft zu leiden (Am 6,6 vgl. Jer 6,14). *mišpāṭ* und *ṣĕdāqā* waren u. a. Grundwerte der vorstaatlichen israelitischen Gesellschaft gewesen; und so ist es relativ wahrscheinlich, daß sich die Propheten bei ihrer Kritik der gegenwärtigen Zustände an einem – idealisierten – Gegenbild der egalitären Gesellschaft der Frühzeit orientierten. Am deutlichsten ist dies bei Micha, der explizit auf das altisraelitische Bodenrecht Bezug nimmt (Mi 2,1 f.); höchstens bei Jesaja könnte man erwägen, ob er sich eher am Idealbild königlicher Rechtsprechung orientiert, wie es die Jerusalemer Theologie entworfen hatte (vgl. Jes 1,26; 28,17). Es ist unsicher, ob die Propheten eine Restitution vorstaatlicher Verhältnisse erwarteten (Mi 2,4; Am 7,17), aber die Erinnerung an sie bot ihnen doch eine zumindest theoretische Basis, von der aus sie die wirtschaftlichen und rechtlichen Unterdrückungsmechanismen ihrer Zeit als schuldhafte Fehlentwicklungen aufdecken konnten: Eine Wirtschafts- und Rechtsordnung, die sich nicht mehr an den Grundnormen und *mišpāṭ* und *ṣědāqā* orientiert und nicht mehr die Lebensrechte der gesellschaftlichen Randgruppen schützt, so deckten sie auf, ist Unrecht, so legal es auch darin zugehen mag.

Die Propheten beließen es nun nicht bei einer isolierten Verurteilung des sozialen Fehlverhaltens, sondern sie ordneten es theologisch in den weiten Horizont der Geschichte Jahwes mit Israel ein (Am 2,6ff.; Jes 5,1-7). Dies gilt für die Vergangenheit wie für die Zukunft: Für Jesaja etwa hatte Jahwe so viel Liebe und Mühe in der Vergangenheit an Israel, seinen geliebten Weinberg, gewandt, daß er mit Fug und Recht von ihm erwarten konnte, daß er gute Früchte tragen würde, d. h. Recht und Gerechtigkeit verwirkliche (Jes 5,1-4). Wenn das in der Gesellschaft seiner Zeit nicht der Fall war, sondern Rechtsbrüche und gellende Hilfeschreie der enteigneten Kleinbauern die Szene beherrschten (V. 7), dann ist das – so versucht Jesaja seinen Zeitgenossen deutlich zu machen – nicht nur soziales Unrecht, sondern Undankbarkeit gegenüber Jahwe, die ihn bitter enttäuschen muß. Die Geschichte Israels impliziert nach Jesaja einen ethischen Anspruch Jahwes, dem Israel, wie die soziale Krise zeigt, nicht gerecht geworden ist. Wenn sich nun Jahwe in enttäuschter Liebe entschließt, seinen mißratenen Weinberg zu zerstören (V. 5ff.), so wird deutlich, wie sehr die Gottesbeziehung Israels in der Sicht der Propheten von dem sozialen Fehlverhalten der Oberschicht betroffen ist. Mit dem Unrecht, das der israelitischen Gesellschaft geschieht, steht die Gottesbeziehung Israels insgesamt auf dem Spiel. So wird auch die Divergenz erklärlich, die zwischen den partiellen – gegen die Oberschicht gerichteten – sozialen Anklagen und den totalen – das ganze Volk umfassenden – Gerichtsankündigungen besteht: An der Frage der gesellschaftlichen Gerechtigkeit entscheidet sich für die Propheten die Zukunft Israels insgesamt; ein Volk, dessen Solidaritätsbeziehungen so zerrüttet sind, hat ihrer Meinung nach keine Zukunft mehr, wenn die Verantwortlichen nicht sofort ihre verdrängte Schuld annehmen und ihr Verhalten ändern.

Kritik an der Militär- und Bündnispolitik

Die zweite Stoßrichtung prophetischer Anklage richtete sich gegen die Militär- und Bündnispolitik und wurde von Jesaja und Hosea vorgetragen. Sie standen hier in der Nachfolge der Hofpropheten, deren Aufgabe es war, zu wichtigen politischen und militärischen Entscheidungen des Königs den göttlichen Willen zu erkunden und eine Prognose abzugeben (1. Kön 22 u.ö.), verfolgten allerdings eine andere Intention. So hatte Jesaja zwar in der Panik des syrisch-efraimitischen Angriffs seinem König anfangs noch Heil verkündigt, indem er den baldigen Untergang der angreifenden Könige ansagte (Jes 7,7-9), aber er verband diese Heilsprophetie mit der Aufforderung an Ahas, auf jegliche politische und militärische Aktivität zu verzichten (V. 4). Konkret bedeutete das die Warnung, aus Angst vor den kleinen Feinden Israel und Syrien den großen Feind Assur ins Land zu holen (vgl. 8,5-7), wie es dann Ahas getan hat. Statt sich durch Unterwerfung unter die Assyrer die eigene Macht zu sichern mit allen unabsehbaren wirtschaftlichen, politischen und kulturellen Folgen, die das für das Land haben würde, hätte Ahas Jesajas Meinung nach lieber gelassen abwarten sollen im Vertrauen darauf, daß Jahwe die bedrohliche Lage klären und ihm eine neue Chance eröffnen werde. Das Vertrauen auf Gott, auf sein Heilsangebot, schließt somit nach Jesaja den Verzicht auf politisch-militärische Machtsicherung ein (7,9b).

Doch dazu war Ahas nicht bereit, eine solche Politik erschien ihm zu risikoreich (V. 11 f.). Nach der Ablehnung, die er mit seiner Heilsbotschaft erfuhr, änderte Jesaja seine Position: Wohl erhielt er die Gerichtsankündigung gegen die syrisch-ephraimitische Koalition aufrecht (V. 16) – der Bruderkrieg war und blieb für ihn verwerflich (V. 5f.)–, aber er kündigte nun auch Juda Unheil an, die herbeigerufenen Assyrer würden es überfluten und schließlich seinen Untergang herbeiführen (7,17; 8,7; 5,26ff.). Doch mit dieser Botschaft stieß Jesaja noch mehr auf Unverständnis; sein Frontwechsel entlarvte ihn in den Augen seiner Gegner als Hochverräter, der die Sache des Feindes betrieb (8,11-15).

In seiner Spätzeit, in den Aufstandsbewegungen nach dem Tode Sargons II. 705, hat Jesaja seine politische Anklage noch schärfer profiliert. Die außenpolitische Option der judäischen Politik hatte sich gegenüber 734 um 180 Grad gedreht: Hiskia setzte auf die ägyptische Karte, um die assyrische Besatzung wieder abzuschütteln. Doch trotz dieses Wandels bleibt die Position Jesajas erstaunlich konstant: Wie die politische Unterwerfung Ahas' unter die Assyrer, so ist für ihn auch der Befreiungskrieg Hiskias gegen die Assyrer Ausdruck mangelnden Gottvertrauens. Das Vertrauen auf Waffen und die militärische Macht Ägyptens und das Vertrauen auf Jahwe stehen für Jesaja in sich ausschließendem Gegensatz zueinander; die Bündnis- und Militärpolitik Hiskias ist Abfall von Gott, Ausdruck faktischer Gottlosigkeit (Jes 28,14-19; 30,1-5; 31,1-3). Die politische Alternative, die Juda gehabt, aber verspielt hatte, deutet Jesaja in 30,15 an:

> In Zurückhaltung und Gelassenheit liegt eure Rettung,
> in Stillehalten und Vertrauen eure (militärische) Stärke.

Das heißt, ein bewußter Verzicht auf militärische Anstrengungen, ein gelassenes Abwarten im Vertrauen darauf, daß Gott auch die Macht des assyrischen Weltreiches nicht in den Himmel wachsen läßt, hätte das Überleben Judas sichern können. Diese Prognose Jesajas hat sich in dem Vernichtungsfeldzug Sanheribs bitter bestätigt.

Zum ersten Mal in der Religionsgeschichte Israels tritt somit Jahwe in der Prophetie Jesajas in grundsätzliche Distanz zur staatlichen und militärischen Macht. Jesaja bestreitet dem König und der judäischen Machtelite die Vereinnahmung Jahwes für ihre militärpolitischen Ziele. Er bricht die Gleichsetzung von königlicher Militärpolitik und göttlicher Weltregierung, welche die Königstheologie vollzogen hatte, auf. Wohl handelt auch für Jesaja Jahwe in der politischen Weltgeschichte, aber weit souveräner, als sich das die Königstheologie vorstellen konnte. Er läßt sich nicht an die Machtinteressen des davidischen Königs binden; die Heilschance, die er ihm einräumt, kann nur durch Verzicht auf politisch-militärische Machtsicherung ergriffen werden. Eine ähnliche Korrektur nimmt Jesaja an der Zionstheologie vor: Die in ihr zugesagte Heilsgarantie gilt nur den Ohnmächtigen, die bewußt auf eigene machtpolitische Sicherung verzichten (Jes 28,12; 14,32), nicht für die hochgerüstete Stadt. Die kultische Gegenwart des auf dem Zion thronenden Gottes wird der gegenwärtigen Hauptstadt gerade gefährlich (Jes 6 ff.). Jahwe befreit sich somit in der Sicht Jesajas aus den ideologischen Verquickungen, in die ihn die Jerusalemer Königs- und Tempeltheologie gebracht hatte. In den sich überstürzenden geschichtlichen Ereignissen sieht er einen göttlichen Plan am Werk, nach dem Jahwe seine bezwingende Majestät gerade darin erweist, daß er systematisch jede hybride politisch-militärische Selbstsicherung des Menschen zerschlägt, zuerst Israels und Damaskus', dann Judas und Jerusalems und schließlich auch die des Strafwerkzeuges Assur (Jes 10). Jahwe erweist seine Gottheit nach Jesaja nicht in der Legitimation, sondern gerade in der Erniedrigung menschlicher Macht (Jes 2,12-17).

Etwas anders gelagert ist die Kritik, die Hosea gegen die Bündnispolitik des Nordreiches richtet: Sie zielt nicht so sehr auf das falsche Vertrauen auf politisch-militärische Macht – obgleich Hosea auch dies kennt (Hos 10,13b)–, sondern mehr auf den Verlust nationaler Identität und eine Verwilderung politischer Sitten. Er geißelt das dauernde Abschließen und Brechen internationaler Verträge (Hos 10,3 f) und die schwankenden Anbiederungsversuche an die beiden Großmächte: zuerst, nach dem politischen Desaster, in das die Koalition mit Syrien 734/33 geführt hatte, der Versuch des Königs Hosea, durch eilfertige Unterwerfung unter Assur und werbende Tributzahlungen die Besatzungsmacht versöhnlich zu stimmen und sich politische Vorteile zu erkaufen (5,12-14; 8,9), etwas später dann das riskante Unternehmen des Königs, durch eine Schaukelpolitik zwischen den Großmächten seinen politischen Handlungsspielraum zu erweitern (7,11 f.). Damit hat sich Israel – so sagt Hosea – unter die Völker mengen lassen und merkt gar nicht, wie es durch die ständigen Zahlungen nach allen Seiten langsam aber sicher wirtschaftlich ausblutet (7,8f.; 8,10). Das fortlaufende Buhlen um die Gunst der Großmächte (8,9) ist aber für Hosea nur Teil eines umfassenderen Abfalls Israels von Jahwe. Es demonstriert ihm, daß Israel seine religiöse Mitte, die es «von Ägypten her» konstituierte (12,10; 13,4), vergessen und damit sich selber aufgegeben hat. Eine Anlehnung an die Großmächte kann seiner Meinung nach einen Neuanfang des geschlagenen Rumpfstaats nicht gewährleisten, sondern nur noch tiefer ins Verderben hineinführen: Er kämpft gegen die Illusion, von den fremden Schutzmächten die Hilfe zu einem neuen Start zu erwarten, wo es doch der verlassene Jahwe selbst ist, der Efraim wie ein eiterndes Geschwür zerfrißt (5,12-14). Hosea und seine Schüler kommen zu der Überzeugung, daß Israel erst einmal durch die völlige Zerstörung seiner staatlichen Existenz hindurch muß, bevor es aus seiner Selbstvergessenheit erwacht, sich Jahwes und seiner eigenen Geschichte erinnert und ein Neuanfang möglich wird (Hos 2,8f.; 3,4). Hilfe kann für Hosea allein durch Jahwe und das heißt durch entschlossene Rückbesinnung auf die eigenen religiösen und geschichtlichen Traditionen kommen (vgl. 14,2-4). Darum greifen er und seine Schüler auf die Anfänge der Religionsgeschichte Israels zurück und stellen ihren Zeitgenossen die Wüstenzeit, in der sich Israel noch allein auf die Hilfe Jahwes angewiesen wußte, als kritisches Gegenbild vor Augen (13,4-6).

Die Bündnispolitik mit all ihren Gefahren der politischen und kulturellen Überfremdung ist somit die eine Front, gegen die Hosea eine in dieser Schärfe noch unbekannte Exklusivität des israelitischen Gottesverhältnisses formuliert. Sie ist die Basis, von der aus er sie verurteilt, aber sie ist zugleich auch die Basis für eine neue, religiös konstituierte Identität, die er dem in staatlicher Auflösung begriffenen Nordreich anbietet.

Kritik an Königtum und Beamtenherrschaft

Neben der Kritik an der Bündnispolitik findet sich bei Hosea an politischer Anklage auch noch eine scharfe Polemik gegen das Königtum und die es umgebenden Beamtencliquen. Während die Führungsschicht bei den anderen Propheten meist im Rahmen der sozialen Anklage ins Visier kommt und Jesaja sich darauf beschränkt, die falsche Politik der Könige und ihrer Ratgeber aufs Korn zu nehmen (Jes 7,13; 28,14), unterzieht Hosea die Institution des Königtums als solche einer grundsätzlichen politischen und theologischen Kritik. Das hängt sicher mit dem erbärmlichen Erscheinungsbild zusammen, das das Königtum des Nordreiches seiner Zeit bot: Voll in die Destabilisierung des Staates hineingerissen, verbrauchte die Institution in den letzten fünfundzwanzig Jahren des Nordreiches allein sechs Regenten, davon bestiegen vier als Usurpatoren den Thron. Ausgangspunkt der Kritik Hoseas sind darum auch die galoppierenden Thronwechsel und die meist damit verbundenen Königsmorde (Hos 1,4; 7,3-7; 8,4). Darin drückt sich aber für Hosea eine menschliche Eigenmächtigkeit aus, die mit Jahwe nichts mehr zu tun haben will (7,7; 8,4). Ein Königtum, das so zum Spielball rivalisierender Machtcliquen geworden ist, die tückisch, treulos, ohne Rücksicht auf die Würde des Amtes und die politische Moral nicht genehme Amtsinhaber abservieren, um ihren Kandidaten durchzuboxen (7,3-7; 9,15), hat keine göttliche Legitimation mehr, sondern ist Produkt und Symbol des Abfalls Israels von Jahwe. Doch Hosea geht in seiner theologischen Kritik noch weiter: Er sieht die gleiche gottentfremdete Eigenmächtigkeit Israels schon bei der Königserhebung Sauls am Werk (9,15; 13,10). Die Institution des Königtums, die Israel damals verlangte, war von vornherein Ausdruck des Zornes Gottes, die Jahwe in der Gefangennahme des letzten Nordreichkönigs Hosea durch Salmanassar V. 724 in seinem Grimm wieder vernichtet hat (13,10). Die ganze staatliche Geschichte Israels mit Königtum und Beamtenherrschaft war seiner Meinung nach ein Irrweg, der jetzt zu seinem Ende kam.

Hosea greift mit diesem grundsätzlichen Verdammungsurteil über das Königtum wahrscheinlich auf die älteren königskritischen Traditionen zurück, die im Nordreich ja immer virulent geblieben waren (Jerobeam-Aufstand, Elia). Aber für ihn steht nicht die soziale, sondern die theologische Komponente dieser Kritik im Mittelpunkt: Das Königtum mit seinem Anspruch auf politische Segensmittlerschaft war ja schon in der frühen Königszeit als Konkurrenz zur unmittelbaren Beziehung Jahwes zu Israel empfunden worden (s. o. S. 320 f). Indem Hosea die Exklusivität des israelitischen Gottesverhältnisses schärfer ausformulierte, als dies bis dahin üblich war, spitzte sich für ihn diese Konkurrenz zu einem sich ausschließenden Gegensatz zu: Wenn es für Israel keinen anderen Retter gibt als Jahwe, den Retter von Ägypten her (13,4), dann ist Israels Wunsch nach einem König, der es retten könnte (13,10), Abfall von Jahwe. Das Königtum ist für Hosea eine Form des Götzendienstes, für es ist im Gottesverhältnis Israels, wie er es versteht, kein Platz.[64]

Kritik an Kult und «Synkretismus»

Die dritte Stoßrichtung der prophetischen Anklage richtet sich schließlich gegen den Großkult. Angriffspunkte waren erst einmal einzelne, ins Auge springende Mißstände, etwa Dienstpflichtverletzungen des Kultpersonals oder Ausschweifungen der Gottesdienstteilnehmer: So klagt Micha die Priester und Propheten wegen ihrer Bestechlichkeit an: Erstere geben ihre kultischen Weisungen *(tōrōt)*, etwa ob ein Tier opferbar sei, gegen Bezahlung und drücken bei entsprechender Höhe wohl auch mal ein Auge zu (Mi 3,11), und letztere geben bei privaten Orakelanfragen nur dann positive Bescheide, wenn die Kasse stimmt (3,5.11). Jesaja geißelt die Trunkenheit von Priester und Prophet (Jes 28,7-13) und Hosea den Verkehr der Priester mit Tempelprostituierten (Hos 4,14). Besonders Hosea nimmt auch das Verhalten der Gottesdienstteilnehmer aufs Korn: Ihre ausgelassene Festfreude (9,1) mit Weingenuß (4,11) und sexuellen Ausschweifungen (4,13bf.) und ihr frenetisches Heulen bei den Klagegottesdiensten, das sie noch durch schmerzhafte Selbstminderungsriten (Einschnitte in die Haut) unterstützen (7,14).

Doch mit dieser Einzelkritik lassen es die Propheten nicht bewenden. Amos, Micha und Jesaja lehnen den Kultbetrieb ihrer Zeit grundsätzlich ab, weil er das soziale Unrecht und Elend in der Gesellschaft zudeckt. Ein Gottesdienst, in dem die Oberschicht ihren zusammengeraubten Reichtum zur Schau stellt und religiös absichern läßt (Am 2,8f.; vgl. Jer 7,9ff.), ein Gottesdienst, dem keine Gerechtigkeit und Solidarität im Alltagsleben mehr entspricht (Jes 1,16f.; Am 5,24), ist für Amos schlicht *pāša*ʿ, Aufruhr gegen Gott (Am 4,4f.). Amos und Jesaja scheuen sich nicht, dies den Gottesdienstteilnehmern provozierend ins Gesicht zu schleudern: Sie schlüpfen in die Rolle des Priesters, der den Gott wohlgefälligen Vollzug der Opfer zu bestätigen hatte (Lev 19,7), um im Gottesdienst öffentlich zu verkünden, daß Jahwe diesem ganzen Kultbetrieb die Annahme verweigert (Am 5,21-27; Jes 1,10-17). Statt Opfern und Gesängen fordern sie im Namen Jahwes Recht und Gerechtigkeit (Am 5,24) und Solidarität mit den Armen (Jes 1,17). Die prophetische Polemik richtet sich nicht gegen die Opfer und nicht gegen die kultische Gottesverehrung als solche, wie man immer wieder meinte, sondern gegen einen Gottesdienst, dem kein ethisches Gott-Dienen im Alltag mehr entspricht.

Amos und Micha gehen in ihrer Kritik so weit, den Hauptstätten dieses für sie gottlosen Kultes, den Reichsheiligtümern von Bethel bzw. Jerusalem, die Zerstörung anzukündigen (Am 3,14; 9,1-4; Mi 3,12 vgl. Jer 7,12.14). Dabei nimmt Micha explizit auf den Kernsatz der Jerusalemer Tempeltheologie Bezug: Die politischen und geistlichen Führer der Hauptstadt meinten, es könnte gar kein Unheil über sie kommen, weil Jahwe ja im Tempel kultisch anwesend sei (Mi 3,11; vgl. Ps 46,6). Insbesondere der Kult von Jerusalem vermittelte der Oberschicht eine Heilssicherheit, die sie völlig unsensibel für das Unrecht machte, das von ihr ausging. Wenn Micha dagegen behauptete, daß die Gottesstadt samt ihrem Tempel verwüstet werden würde, nicht zuletzt deswegen, weil an ihnen das Blut geschundener Fronarbeiter klebt (V. 10), dann stellte er damit die kultische Vereinnahmung Jahwes grundsätzlich in Frage, die in der offiziellen Tempeltheologie vorgenommen worden war. Jahwes Bindung an das Recht, seine Parteinahme für die Entrechteten ging nach Meinung der Propheten so weit, daß er sich von seinem eigenen Kult trennen konnte.

Stand für Amos fraglos fest, daß der Kult des Nordreiches bei aller Kritik, die er gegen ihn vorzubringen hatte, ganz zweifellos Jahwekult war, so stellt der Prophet Hosea auch diese Übereinkunft noch in Frage. Der israelitische Kult ist für Hosea Baalkult (2,15) und neben der schwankenden Anlehnung an die Großmächte und den dauernden Palastrevolten der tiefste Ausdruck für den Abfall Israels von Jahwe. Allerdings befindet sich die religionsgeschichtliche Interpretation dieser kultisch-religiösen Anklage Hoseas bis heute in einer Schwierigkeit: Meist vermutet man dahinter ein reales Wiederaufleben der Baalverehrung bzw. eine neue kanaanäische Überfremdung des Jahwekults, die im 8. Jahrhundert um sich gegriffen hätten. Die synkretistische Komplementierung der Jahwereligion wird dann meist damit erklärt, daß Jahwe ursprünglich ein Nomadengott gewesen sei, welcher der Ergänzung durch Baal als Spender der Fruchtbarkeit bedurft hätte.[65] Und man sucht und findet dann in der Polemik Hoseas Hinweise auf «kanaanäische Fruchtbarkeitsriten», die aus dem Baalkult in die Jahwereligion eingeflossen seien: so auf sakrale Prostitution bzw. Brautriten (Hos 4,13f.; vgl. Herodot I 199), «kanaanitischen Jubel» (9,1)[66], «heulende Brunstschreie ... in Fruchtbarkeitsriten» und «Ritzwunden ... nach dem Ritual des Baal» (7,14 vgl. 1. Kön 18,28)[67] und Rosinenkuchen als Liebessymbole für die Göttin Anat bzw. Aschtarte (Hos 3,1).[68]

Doch ist an dieser Sicht so gut wie alles unsicher: Weder läßt es sich verständlich machen, warum das Bündnis mit den Aramäern und die Expansion des assyrischen Einflußbereichs ausgerechnet zu einem Aufleben des Baalkultes führen sollte, noch warum nach vierhundert Jahren jahwistischer Kultgeschichte im Kulturland die fruchtbarkeitspendende Funktion Jahwes immer noch ein theologisches Problem gewesen sein soll. Keiner der postulierten «kanaanäischen Fruchtbarkeitsriten» läßt sich auch nur mit einiger Sicherheit aus dem Baalkult herleiten. Wohl hatte Baal in Ugarit viel mit der Sicherung einer gedeihlichen Vegetation zu tun, aber seine Funktionen als «Herr der Erde» sind weit vielfältiger, als daß man ihn zu einem Fruchtbarkeitsgott reduzieren dürfte.[69] Ein *hieros gamos* ist bis jetzt im Baalkult von Ugarit nicht bezeugt und auch aus Hos 4,13f. nicht zu erschließen: Der Text spricht nur davon, daß Priester Umgang mit Prostituierten haben und mit Qedeschen zusammen opfern (!) und so für die israelitischen Töchter und Schwiegertöchter ein schlechtes Vorbild abgeben. Daß diese sexuellen Ausschweifungen eine sakrale Bedeutung hätten, etwa Vereinigung des Himmelsgottes mit der Muttergöttin Erde symbolisieren sollten[70], deutet Hosea mit keiner Silbe an.

Schon die Tatsache, daß im Hoseabuch nicht nur von Baal im Singular (2,10-18; 13,1; vgl. 9,10), sondern auch im Plural die

Rede ist (2,15.19; 11,2; vgl. 2,7.14), spricht dagegen, daß hier noch ein spezifischer Baalkult im Blick ist. Nimmt man nun noch die Beobachtung hinzu, daß für Hosea und seine Schüler dieser «Abfall» zu Baal offenbar gar keinen akuten Anlaß hatte, sondern schon mit der Ansiedlung im Kulturland geschehen ist (9,10; 13,1), dann wird klar, daß es sich hier um eine polemisch-typisierende Sicht handelt. So gut wie alles, was Hosea als Baalverehrung disqualifiziert, die Kulthöhen (4,13ff.; 10,8), die Masseben (10,1f.), die Orakelbäume (4,12 vgl. Gen 12,6; Ri 9,37), die Gottesbilder (4,17; 8,4b; 11,2), das Stierbild von Bethel (8,5f.; 10,5; 13,2), ja selbst die Rosinenkuchen (3,1; vgl. 2. Sam 6,31) und Ritzwunden als Zeichen der Trauer (7,14; vgl. Jer 16,6 bei der Totenklage, verboten erst Dtn 14,1; Lev 19,28), ist über Jahrhunderte unkritisiert Bestandteil des Jahwekultes gewesen. Wohl geht vieles davon auf synkretistische Anleihen der Jahwereligion zurück, aber diese waren vor langer Zeit geschehen und wurden von der Bevölkerung längst nicht mehr als Synkretismus angesehen.[71] Es ist erst Hosea, der den «ganz normalen» Jahwekult seiner Zeit unter Aufnahme des religiösen Feindbildes aus dem 9. Jahrhundert als Baalkult und damit verwerflichen Synkretismus denunziert.

Fragt man, welche Gründe Hosea zu dieser polemischen Abqualifizierung des Jahwekultes seiner Zeit führten, so ist es – neben einzelnen Mißständen – vor allem das veräußerlichte, unreflektierte und mechanische Gottesverhältnis, das er seiner Meinung nach repräsentiert: Er wendet sich gegen eine – vielleicht durch die Krisenstimmung bedingte – Aufblähung des Kultbetriebes (4,7f.; 8,11; 10,1f.), mit dem nicht eine Annahme der Weisungen Jahwes *(tōrā)* einhergeht. Er wirft den Priestern vor, über ihrem Interesse nach Steigerung des Opferkults und damit ihrer Opferanteile das «Wissen um Gott» *(daʿat)* zu verwerfen und die Weisung Jahwes vergessen zu haben (4,6; vgl. 6,6). Dem Jahwekult fehlt somit die theologische Reflexion, das ernsthafte Bemühen der für ihn Verantwortlichen, ihn von Jahwe her zu gestalten und vor ihm zu verantworten. So konnten an den lokalen Kulthöhen unwürdige Mißstände einreißen (4,11-14), konnte aber auch der Staatskult des Nordreiches auf völlige Abwege geraten: Das Stierbild von Bethel ist für Hosea der aberwitzige Versuch, der heilvollen Nähe Jahwes kultisch habhaft zu werden (8,5f.; 10,5f.; 13,2). Die Polemik gegen die Gottesbilder (4,17; 8,4b; 11,2) steht für Hosea dabei im Zusammenhang einer umfassenderen Kritik an einer Kultkonzeption, die meint, allein schon durch kultische Symbole oder kultische Riten Jahwes Zuwendung und Segen herbeizwingen zu können (6,1-3; 7,13-16). Nicht darin, daß der Kult Fruchtbarkeit und Wohlstand sichern sollte, lag für Hosea der Angriffspunkt (7,14; vgl. 14,6ff.) – das war ja schon immer eine wesentliche Funktion des Jahwekults gewesen –, sondern der Umstand, daß dies auf diese mechanisch-magische Weise geschah, so als könne man sich Segen und Glück eigenmächtig herstellen, machte diesen Kult für Hosea zum Baalkult, zum Ort der tiefsten Jahwe-Vergessenheit.

Es ist somit auch bei Hosea letztlich die Gefahr einer kultischen Manipulation Jahwes, die ihn zur Verurteilung des bestehenden Jahwekultes führt. Aber indem Hosea eine solche kultische Vereinnahmung Jahwes sogar als Baalkult denunziert, distanziert er Jahwe noch schärfer von seinem Kult, als es Jesaja, Amos und Micha getan haben. Jahwe hat mit einem solchen Kult positiv überhaupt nichts mehr zu tun, über ihm steht nur noch sein Vernichtungsurteil; und Hosea kann seinen sich abzeichnenden Untergang, etwa den Verlust des Stierbildes als Tribut an Assur (10,6), nur noch mit Sarkasmus kommentieren.

Fragt man nach dem Gegenbild, das Hosea eine so grundsätzliche Distanzierung vom Kult seiner Zeit ermöglichte, so zeigt sich bei ihm noch deutlicher als bei den anderen Propheten ein bewußter Rückgriff auf die Frühzeit der Jahwereligion, besonders auf die im Norden stärker als im Süden lebendig gebliebene Exodustradition. Der theologischen Reflexion, die Hosea bei den Priestern vermißte, haben er und seine Schüler sich intensiv unterzogen und dabei zum ersten Mal ein theologisches Gesamtbild der Geschichte Israels entwickelt. Kritisch gegen den selbstgenügsam dahinlaufenden Kultbetrieb halten sie daran fest, daß die Beziehung zwischen Jahwe und Israel geschichtlich begründet ist, und zwar jenseits der zeitgenössischen staatlichen Existenz Israels in Ägypten (11,1; 10,14) oder in der Wüste (9,10; 13,5; vgl. 2,10). Als positives Spiegelbild zum veräußerlichten Jahwekult ihrer Zeit entwerfen sie das Ideal eines engen persönlichen Gottesverhältnisses von hoher emotionaler Bindung (Vater-Sohn Hos 11; Mann-Frau Hos 2), in dem der liebenden Zuwendung Jahwes *(ʾāhab* 11,1 u.ö.) anfangs noch ganz die ungeteilte Liebe Israels entsprach. Der Abfall begann nach dieser Konzeption damit, daß Israel spätestens im Kulturland, als es – nunmehr satt geworden – meinte, nicht mehr auf die alleinige Hilfe Jahwes angewiesen zu sein (13,5f.), diese besondere geschichtliche Begründung seiner Gottesbeziehung vergaß. Es vergaß damit, daß es seine gesamte gegenwärtige Kulturlandexistenz samt deren Segnungen einzig Jahwe, seinem Retter von Ägypten her (12,10; 13,4), verdankte, und glaubte, sie sich selber politisch und kultisch sichern zu können (2,10.7). So brach es aus der exklusiven Gottesbeziehung aus und ordnete sich politisch wie kultisch der Völkerwelt ein. Darum würde Jahwe Israel alle diese Segnungen wieder nehmen, es nach Assyrien und das heißt erneut in die uranfängliche Not Ägyptens bzw. der Wüste führen (11,5; 8,13; 2,17). Erst nach dieser völligen Zurücknahme der fehlgelaufenen Geschichte Israels könne die Heilsgeschichte zwischen Jahwe und Israel wieder neu beginnen (11,8-11; 2,17).

Dieses imponierende Gesamtbild, das die ganze komplizierte Geschichte Israels von seinem Gottesverhältnis her auf wenige Linien reduziert, hat erst einmal eine kritische Funktion: Der gegenwärtigen staatlich gesicherten Kulturlandexistenz Israels wird ihre Selbstverständlichkeit genommen, sie erscheint als Israel von Jahwe unverdient gewährtes Geschenk, das er ihm auch wieder nehmen kann. Kriterium dafür ist für Hosea die exklusive Gottesbeziehung der Frühzeit, in der Israel noch keinen anderen Retter als Jahwe kannte (13,5). Wir hatten davon gesprochen (s.o. S. 296ff), daß sich unter den Befreiungserfahrungen und extremen Lebensbedingungen der Wüste in der Tat ein persönliches Gottesverhältnis der Exodusgruppe ausgebildet hatte, dem eine gewisse Exklusivität innewohnte. Unter der Herausforderung der nationalen Auflösungserscheinungen seiner Zeit radikalisierte nun Hosea die alte Befreiungstradition in der Weise, daß Israel nicht nur seine Freiheit, sondern seine Existenz überhaupt der Zuwendung Jahwes am Anfang seiner Geschichte verdankte. Damit gewann aber nun die Exklusivität seiner Gottesbeziehung eine neue, radikale Dimension: Israel mußte sich daran messen lassen, ob es in seinen politischen und kultischen Aktivitäten dem Postulat, alles, was es war und was es hatte, nicht sich selbst, sondern allein Jahwe zu verdanken, gerecht wurde. Das Ergebnis fiel für Hosea total negativ aus: Ein Kultbetrieb, der diese geschichtlich-theologische Grundbedingung Israels vergessen hatte, hatte für ihn mit Jahweverehrung nichts mehr gemein.

Auf der anderen Seite läßt sich der entschlossene Rückgriff auf die geschichtlichen Wurzeln der Jahwereligion zugleich als ein Versuch Hoseas und seines Schülerkreises verstehen, ihren Hörern eine neue, religiös begründete Identität über die staatliche Katastrophe des Nordreiches hinaus anzubieten. Die vorstaatlichen Befreiungstraditionen Israels aus der Frühzeit boten auch ein Hoffnungspotential für einen Fortgang der Geschichte Israels jenseits der staatlichen Existenz. Die vom Hoseakreis radikaler gefaßte Exklusivität der Gottesbeziehung lieferte eine Basis, von der aus die Einheit und Identität Israels auch nach Wegfall des staatlichen und territorialen Bandes definiert werden konnte.

Wir hatten gesehen, daß gerade die kultische Entwicklung bis dahin in Israel weitgehend unreflektiert und unkritisch verlaufen war; man hatte kultische Einrichtungen und Riten übernommen und verwendet, ohne tiefer über ihre Vereinbarkeit mit der Jahwereligion nachzudenken. Wenn jetzt Hosea angesichts des drohenden Verlusts nationaler Identität auf eine Unterscheidbarkeit des Jahwekultes von anderen Religionen drängte, indem er ihn von den besonderen geschichtlichen Ursprüngen der Jahwereligion her theologisch be- und verurteilte, leitete er damit eine Entwicklung ein, die den über die Jahrhunderte entstandenen Kult einer grundlegenden theologischen Revision unterzog und viele Einrichtungen und Praktiken ausschied. Diese Entwicklung begann mit der hiskianischen Reform und sollte in der deuteronomischen Kultreform ihren ersten Höhepunkt finden.

Prophetische Neuorientierungen der Jahwereligion

Auch wenn es schwierig ist, die vielgestaltigen und recht unterschiedlichen kritischen Ansätze der Propheten des 8. Jahrhunderts auf eine Linie zu bringen, soll hier der Versuch gemacht werden, den wesentlichen Impulsen nachzugehen, die ihre Verkündigung für die Fortentwicklung der Jahwereligion vermittelt hat.

Ein erster solcher Impuls ist in einer Universalisierung und Potenzierung der Gottesvorstellung erkennbar. Jahwe ist für die Propheten fraglos die Macht, welche die Geschichte der vorderorientalischen Völker weit über Israel hinaus bestimmt (Am 1) und die Großmacht Assur zur Durchführung seines Planes einsetzt (Jes 5,26ff.; 10,5ff.). Die Propheten knüpfen damit an Erweiterungen des Machtbereichs Jahwes an, die ihm im offiziellen Kult der staatlichen Zeit – z. B. in Jerusalem – zugewachsen waren, konkretisieren sie nun aber, indem sie sie direkt mit den dramatischen, internationalen politischen Entwicklungen ihrer Zeit in Verbindung bringen. Daß Jahwe Herr der Geschichte ist, der die Mächtigen vom Stuhle stößt, ist für sie nicht nur ein Satz des Gotteslobes, sondern bedrängende politische Realität. Von daher waren sie in der Lage, den weitreichenden politischen Kräfteverschiebungen ihrer Zeit eine theologische Relevanz zu geben. Doch anders als für die offizielle Theologie war für die Propheten mit der Ausweitung und Steigerung der Macht Jahwes kein Machtzuwachs Israels mehr verbunden. Im Gegenteil, Jahwe würde seine ganze geschichtliche Macht – so verkünden sie – nun gegen Israel wenden. Die Macht Gottes wird für sie zu einem kritischen, destabilisierenden Element, das die Existenz des eigenen Staates in Frage stellt.

Ein zweiter, besonders hervorstechender Impuls ist die vielfache Distanzierung Jahwes, welche die Propheten vornehmen. Jahwe distanziert sich ihrer Meinung nach von der ungerechten Wirtschaftsordnung, vom Königtum, von der politisch-militärischen Macht und sogar von seinem eigenen Kult. Die politischen und kultischen Vereinnahmungen Jahwes, die vor allem die offizielle Königs- und Tempeltheologie vorgenommen hatte, werden von den Propheten kritisch hinterfragt und mehr oder minder radikal aufgelöst. Jahwe läßt sich – so erkennen die Propheten – nicht einfach zum Garanten der bestehenden Gesellschaftsordnung machen, er läßt sich nicht ungestraft zur Durchsetzung eigener politischer oder wirtschaftlicher Interessen mißbrauchen. Der so politisch und kultisch Manipulierte entzieht sich vielmehr (Hos 5,6.15; 9,15), trennt sich schließlich sogar von seinem Volk (Hos 1,9) und gibt es dem staatlichen Untergang preis.

Die Propheten unterziehen somit die offizielle Jahwereligion erstmals einer umfassenden theologischen Ideologiekritik. Sie sprechen den Mächtigen, den politischen und kultischen Führern und der das Wirtschaftsleben bestimmenden Oberschicht das Recht ab, Jahwe zur religiösen Überhöhung ihrer eigenen Interessen in Anspruch zu nehmen. Die Propheten weisen sie vielmehr unmißverständlich darauf hin, daß jede Inanspruchnahme Gottes an Kriterien gebunden ist: Jahwe steht an der Seite der wirtschaftlich Schwachen (Amos, Micha, Jesaja), er steht an der Seite derer, die im Vertrauen auf ihn auf eine politisch-militärische Durchsetzung ihrer Interessen verzichten (Jesaja, Hosea) und die gelernt haben, daß ihre Existenz allein von ihm abhängt (Hosea). In diesem prophetischen Widerspruch schafft sich somit erneut und jetzt theologisch profiliert das antiherrschaftliche Differenzpotential Geltung, das für die frühe Jahwereligion so typisch war.

Ein dritter Impuls besteht schließlich in der Stärkung der ethischen Dimension der Jahwereligion. Die Propheten haben in der Gesellschaft ihrer Zeit in großem Umfang Fehlverhalten aufgedeckt, verdrängte Schuld benannt, die Verantwortlichen fortlaufend auf die selbstzerstörerischen Konsequenzen ihres Tuns hingewiesen. Sie haben ihren Zeitgenossen ihre Gott vergessende Heilssicherheit aus der Hand geschlagen und die Besonderheit der israelitischen Gottesbeziehung in einen besonderen ethischen Anspruch Jahwes an Israel umgemünzt (Jes 5,1-7). Wohl waren sie keine Reformer und haben darum kein Alternativprogramm entworfen, aber sie haben doch Kriterien benannt, an denen sich eine rechtliche Ausformulierung der Jahwereligion orientieren konnte, die es unternahm, eine Form der israelitischen Gesellschaft zu schaffen, die dem Anspruch Jahwes mehr entsprach.

Die hiskianische Reform

Der scharfe prophetische Protest mit seiner aufrüttelnden Untergangsprognose ist nun aber keineswegs die einzige Reaktion auf die Herausforderung der sozialen und politischen Krise des

8. Jahrhunderts geblieben. Spätestens seit dem Fall Samarias 722, in dessen Folge Tausende von Israeliten aus dem Norden in das Südreich flohen, gewann das Krisenbewußtsein eine derartige Öffentlichkeit, daß sich ihm auch die politisch und religiös Verantwortlichen in Juda nicht länger entziehen konnten. Die wahrscheinlich vor allem von den Flüchtlingen aus dem ehemaligen Nordreich in Gang gesetzte Diskussion über die Gründe, die zur politischen Katastrophe geführt hatten, ließ im Südreich eine erste religiös motivierte Reformbewegung entstehen, die bereit war, Lehren aus der jüngsten Vergangenheit zu ziehen und durch entsprechende Reformmaßnahmen dem Südreich ein ähnliches Schicksal zu ersparen.

Aus der Sicht der späteren Deuteronomisten ist diese sogenannte «hiskianische Reform» vor allem eine Kultreform gewesen: Hiskia habe die Kulthöhen abgeschafft, Masseben und Ascheren zerstört und Nehuschtan, das eherne Symbol einer schlangenartigen Heilgottheit, aus dem Jerusalemer Tempel beseitigt (2. Kön 18,4; vgl. Jes 26,19). Hierbei handelte es sich um ein ehrwürdiges Kultemblem, das sogar auf Mose zurückgeführt wurde (Nu 21,4-9).

Die letzte Angabe kann nicht erfunden worden sein und ist kaum zu bezweifeln; aber auch der Bericht über die Abschaffung der Kulthöhen, der wegen seiner stereotyp deuteronomistischen Vorstellungswelt häufig angezweifelt worden ist, hat jüngst eine unerwartete archäologische Bestätigung erfahren: Gegen Ende des 8. Jahrhunderts wurde zuerst der Brandopferaltar und kurz darauf auch das ganze Heiligtum in der Festung Arad außer Betrieb gesetzt. Ein weiterer Beleg käme hinzu, wenn die Profanisierung des großen Hörneraltars von Beerscheba, wie Y. Aharoni annimmt, in die Zeit vor 701 anzusetzen ist.[72]

Die Maßnahmen Hiskias beschränkten sich also nicht nur darauf, die ganz auf politischen Synkretismus ausgerichtete Kultpolitik seines Vaters zu revidieren (2. Kön 16,10-16), sondern zielten auf eine tiefgreifende Revision der bis dahin üblichen Praxis des Jahwekultes: Die Provinzheiligtümer mit ihren schwer kontrollierbaren populistischen Bräuchen und mißverständlichen Kultsymbolen wurden in ihrem Betrieb eingeschränkt, populäre Nebenkulte und ihre Kultbilder aus dem Jerusalemer Staatskult beseitigt. Das heißt, der Untergang des Nordreiches bildete für Hiskia und die Reformgruppe um ihn den Anlaß, eine bis dahin nicht gekannte Exklusivität der Jahweverehrung durchzusetzen und bis dahin übliche Gottesbilder und Kultsymbole auszumerzen.

Die Parallelen zwischen dieser Kultreform im Süden und der Polemik, die Hosea im Nordreich vorgetragen hatte, liegen auf der Hand. Sie erklären sich am einfachsten, wenn man annimmt, daß der Schülerkreis Hoseas mit den Flüchtlingen nach Juda gekommen war und die theologische Debatte über die Gründe für den Untergang des Nordreiches nachhaltig mitbestimmte: Wenn Jahwe nach Hosea sein Gericht vor allem deswegen über das Nordreich gebracht hatte, weil Israel aus der exklusiven Vertrauensbeziehung zu ihm herausgefallen war und sich statt dessen sein Heil durch Bilder und Kultsymbole zu sichern versuchte, dann hatte Juda nur eine Zukunftschance, wenn es die alleinige Jahweverehrung und die Bilderlosigkeit des Jahwekultes konsequenter verwirklichte. Auch wenn die Kritik Hoseas noch sehr viel tiefer ging, so kann doch die königliche Reformpolitik als eine erste administrative Antwort auf diese theologische Diskussion angesehen werden: Mit einer schärferen Kontrolle über die Provinzheiligtümer und einer konsequenteren Realisierung einer alleinigen und bilderlosen Jahweverehrung war zumindest der Prozeß einer Rückbesinnung auf die unverwechselbaren Wesenszüge der eigenen Religion eingeleitet, der die eigene Identität sichern konnte. Allerdings war bei Hiskia diese religiös-kultische Rückbesinnung wiederum mit einer riskanten Aufstandspolitik gegen die Assyrer verbunden, die den Bestand Judas aufs äußerste gefährdete.

Eine Reform, die einen solch tiefgreifenden Neubesinnungsprozeß der Jahwereligion einleitete, sollte nun eigentlich seine Spuren in den alttestamentlichen Schriften hinterlassen haben. An dieser Stelle tappt die Wissenschaft aber noch immer im dunkeln; einige Forscher möchten die ältesten Schichten des Deuteronomiums mit ihr in Verbindung bringen[73]; daran ist richtig, daß zwischen der hiskianischen und der knapp hundert Jahre späteren josianischen Reform durchaus Verbindungen bestehen, dennoch gibt es auch unübersehbare Differenzen[74], ganz abgesehen von der Schwierigkeit, dann in den wenigen Jahren, die zwischen Hosea und dem Tod Hiskias liegen (725-696) eine geradezu explosionsartige Entwicklung des theologischen Denkens annehmen zu müssen. Ich möchte darum vorschlagen, das sogenannte «Bundesbuch» (Ex 20,23-23,19), das meist in die vorstaatliche Zeit datiert wird, als die rechtliche Basis der hiskianischen Reform anzusehen.

Gegen eine frühe Ansetzung des Bundesbuches spricht ja schon seine komplizierte kompositorische Gestalt: Ganz verschiedene Rechtsgattungen mit ganz unterschiedlicher Herkunft und Thematik werden hier in einem kunstvollen Geflecht miteinander verbunden; weitgehend profanes kasuistisches Recht aus der Torgerichtsbarkeit (21,2-11.18-22,16) mit apodiktischem Recht aus dem sakralen Gerichtsverfahren (21,12-17), soziale Prohibitive aus der familiären Unterweisung (22,20-26; 23,1-9) mit religiösen und kultischen Prohibitiven aus der priesterlichen Belehrung (20,23-26; 22,27-30; 23,10-19), die noch dazu schon stark mit Paränese durchsetzt sind.[75] Das alles setzt nicht nur schon die Entwicklung, sondern auch die Auflösung bzw. bewußte Verbindung vormals getrennter Rechtstraditionen voraus. Für die Ansetzung in die fortgeschrittene Königszeit spricht die vorausgesetzte Zerklüftung der israelitischen Gesellschaft: Es gibt im Bundesbuch schon Arme, die geschützt und versorgt werden müssen (20,20f.24,25f.; 23,3.7.11), und eines der Hauptprobleme, mit denen es sich beschäftigt, ist die Schuldsklaverei (21,1-11; vgl. 21,20f.26f.32). Daß dabei das Bundesbuch in der sozial- und rechtsgeschichtlichen Entwicklung noch vor dem Deuteronomium zu stehen kommt, steht außer Frage. Für eine Datierung in die angenommene Situation des 8. Jahrhunderts kann schließlich sprechen, daß das Bundesbuch dem Schutz des Fremdlings ganz besondere Aufmerksamkeit zuwendet (vgl. die Rahmung der Prohibitive durch 22,20 und 23,9), womit es gut auf das gravierende Flüchtlingsproblem reagieren könnte, dem sich Juda nach dem Fall Samarias ausgesetzt sah.[76]

Es ist immer schon aufgefallen, daß im Bundesbuch das weltliche Recht eine religiös-kultische Klammer erhalten hat (20,23-26; 23,10-19; vgl. 22,17-19.27.30); mehr noch, es ist gegen den Duktus eines Großteils der aufgenommenen Rechtsmaterialien als Gottesrede stilisiert und offenbar für die Verlesung im Gottesdienst bestimmt. Das entspricht der primär religiösen Motivation der hiskianischen Reform: Sub specie Dei soll hier das in verschiedenen Lebensbereichen Israels entstandene Recht zusammengefaßt, normiert und novelliert werden; alle Rechtsbereiche werden in die priesterliche, von Gott her autorisierte Weisung einbezogen. Institutionelle Voraussetzung für eine solche Zusammenfassung und Theologisierung des Rechts ist sehr wahrscheinlich das Obergericht aus Priestern und Ältesten, das Josephat schon im 9. Jahrhundert in Jerusalem zur Klärung schwieriger Rechtsfälle und Vereinheitlichung und Weiterentwicklung des Rechts hatte einrichten lassen (2. Chron 19,8-11).[77] Im Umkreis dieses königlichen Obergerichts sind auch am ehesten die Träger der hiskianischen Reform zu suchen; sie traten in der Krise des ausgehenden 8. Jahrhunderts erstmals mit einem umfassenderen Reformwerk an die Öffentlichkeit.

Das Reformwerk, das sie im Bundesbuch zur Laienunterweisung im Kult vorlegten, hat eine religiös-kultische und eine soziale Zielrichtung. Es formuliert in Aufnahme der von Hosea und seinen Schülern in Gang gesetzten theologischen Diskussion über das Gottesverhältnis Israels rechtlich weiter aus: Das Bundesbuch bedroht jeden, der einem anderen Gott als Jahwe allein opfert, mit dem Bann, d. h. mit dem Tod und dem Einzug des Vermögens (Ex 22,19), es verbietet die Nennung anderer Götter, etwa beim Eid oder Fluch (23,13), und es untersagt die Herstellung von silbernen und goldenen Gottesbildern und ihre Verwendung im Jahwekult (20,23). Diese ersten und noch sehr konkreten Formulierungen des Fremdgötter- und Bilderverbots sollen die Exklusivität und Unverfügbarkeit Jahwes im offiziellen Kult und in der Öffentlichkeit sichern und bilden den rechtlichen Hintergrund für den kultischen Teil der hiskianischen Reform. Sie stehen darum im Bundesbuch an ganz prominenter Stelle (Anfang, Mitte, Schluß). Andere abgrenzende kultische Gebote und Gesetze, etwa das Altargesetz (20,24-26), das Gesetz gegen Zauberei (22,17), Sodomie (22,18) und verschiedene Speisegebote (22,20; 23,19b) kommen hinzu, auch wenn die aktuellen Auseinandersetzungen, um die es bei ihnen ging, für uns im dunkeln bleiben. Klar ist jedoch das Gesamtziel der religiös-kultischen Reform: Israel als Kultgemeinde eindeutig Jahwe zuzuordnen und von der Umwelt abzugrenzen («heilige Männer seid ihr mir» 22,30).

Neben den religiös-kultischen Reformbemühungen versucht das Bundesbuch, der schlimmsten sozialen Mißstände der Zeit Herr zu werden: Mit einer Zusammenfassung des Prozeßrechts geht es gegen die grassierende Parteilichkeit und Bestechlichkeit in den Torgerichten vor (23,1-8, vgl. Am 2,7), die lasche Praxis der Sühnegeldzahlung, welche die Reichen begünstigte, wird verschärft und eingeschränkt (21,30.23 ff. *ius talionis;* Am 5,12)[78] und der Mißbrauch der Asylfunktion des Heiligtums verboten (21,14). Mit dem Anspruch göttlicher Autorität griff das Obergericht auch materialiter in das Gewohnheitsrecht der Ortsgerichte ein; und dabei lag ihm besonders das im 8. Jahrhundert bedrükkend gewordene Phänomen der Schuld- und Dauersklaverei am Herzen: Es schuf ein regelrechtes Schuldsklavengesetz (Ex 21,2-11), um die verheerende Rechtspraxis in diesem Bereich zumindest zu normieren und die Rechtswillkür einzuschränken. Die Freilassung der Schuldsklaven wurde unabhängig von der Höhe der Schuld in Anlehnung an den kultischen 7-Jahres-Rhythmus (vgl. 23,10) einheitlich auf maximal sechs Jahre begrenzt und weitere Haftungsansprüche ausdrücklich ausgeschlossen (21,2). Die eherechtliche Stellung verkaufter Mädchen (Kreditgeschäft mit dem Brautpreis), die nur zu häufig in der Familie des Kreditgebers als Mätressen von Vater und Sohn herumgestoßen wurden (Am 2,7), wurde geklärt und festgeschrieben (21,7-11). Und der Rechtsgrundsatz, daß ein Sklave Besitz seines Herrn sei und er mit ihm darum machen könne, was er wolle (21,21), wurde zumindest für die Fälle von Totschlag und schwerer Körperverletzung außer Kraft gesetzt: Der Totschläger seines Sklaven sollte wie der eines Freien der Blutrache ausgeliefert werden und die Sklaven und Sklavinnen für den Verlust eines Auges oder Zahnes die Freiheit erhalten (21,20f., 26).

Darüber hinaus versuchen die Reformer, durch religiös begründete Verbote die schlechte soziale Position der gesellschaftlichen Randgruppen zu bessern: Der reichen Oberschicht wird verboten, die von ihr abhängigen grundbesitzlosen Fremden sowie Witwen und Waisen zu unterdrücken (22,20f.; 23,9), für Kleinkredite an Arme Zinsen zu nehmen (22,24) und dem völlig Überschuldeten auch noch den Mantel zu pfänden (22,25). Interessant dabei sind nun die massiven religiösen Motivationen, die sie ihren sozialen Forderungen beigeben: Die Reformer weisen die Oberschicht mit Nachdruck darauf hin, daß Jahwe das Klagegeschrei der unterdrückten Randgruppen ganz sicher erhören und es ihren Unterdrückern mit gleicher Münze heimzahlen wird (22,22 c.26), weil er ein gnädiger Gott ist (V. 26). Den Angesprochenen wird vor Augen gehalten, daß Israel einmal selber Fremdling in Ägypten gewesen ist und sie deswegen doch wissen müssen, wie es den Flüchtlingen aus dem Nordreich zumute ist (22,20; 23,9). Hier werden somit erstmals kultische (Ex 34,6 u. ö.) und geschichtliche Traditionen der Jahwereligion direkt für die Weiterentwicklung des israelitischen Rechtsempfindens fruchtbar gemacht: Jahwe, der gnädige Gott, der Israel aus der Unterdrückung befreite, steht an der Seite der Unterdrückten und verteidigt ihre elementaren Lebensrechte gegen die Unterdrücker.

Es ist deswegen nur konsequent, wenn die Reformer versuchen, über eine Neuinterpretation alter kultischer Institutionen einen Beitrag zur Erleichterung der Lage der Unterschicht zu leisten: Sie geben dem alten Tabubrauch der alle sieben Jahre zu praktizierenden Ackerbrache, der ursprünglich die Segenskraft des Bodens sichern sollte, eine neue soziale Ausrichtung: Der Wildwuchs dieses Jahres soll den Armen zur Ernährung zur Verfügung stehen. Dieser erste Ansatz zu einer Armenfürsorge erhält dadurch eine durchaus ernstzunehmende Bedeutung, daß auch die Erträge der Weinberge und Ölbaumanlagen des 7. Jahres in die Regelung einbezogen werden (23,10f.). Und die Institution des Sabbats wird so uminterpretiert, daß seine Arbeitsruhe u. a. auch der Erholung der abhängigen Arbeitskräfte, der Sklaven und Fremden, dienen soll (23,12).

Die hiskianische Reform war also keineswegs nur eine kultische, sondern auch eine soziale Reform. Ihre beiden Aspekte hatten das Ziel, angesichts der Verunsicherung, die der Untergang des Nordreiches ausgelöst hatte, den Zusammenhalt der judäischen Gesellschaft zu stärken. Wohl war diese Reform noch nicht allzu weitgehend, vor allem in sozialer Hinsicht konnte sie das Auseinanderdriften der Gesellschaft nicht beseitigen, sondern nur einige Dämme gegen die schlimmsten Mißbräuche aufrichten, aber stellt man in Rechnung, daß sie von oben ausging und nur vom König und einem kleinen Kreis der Oberschicht um das

Jerusalemer Obergericht getragen wurde, so ist doch ihr Impetus ganz beachtlich. In ihr kündigte sich eine Entwicklung an, die für die weitere Sozial- und Religionsgeschichte Israels von großer Bedeutung werden sollte: eine Aufspaltung der Oberschicht in einen Teil, der clever und unsentimental seine eigenen Interessen verfolgte, und einen – anfangs kleinen – Teil, der aus Sorge um den Bestand des Ganzen um einen gesellschaftlichen Ausgleich bemüht war. Letzterer wurde Träger einer kultischen und sozialen Gesetzgebung, die in mehreren Anläufen versuchte, eine Gesellschaft zu schaffen, die dem Anspruch Jahwes, dem Retter aus der ägyptischen Fron, mehr entsprach.

Familiäre Frömmigkeit in der späten Königszeit

Die zahlreichen religiösen und politischen Auseinandersetzungen, die in der Königszeit geführt wurden, betrafen über weite Strecken nur die offizielle Religion und den offiziellen Kult der Großgruppe. Die Frömmigkeit der familiären Kleingruppe blieb von ihnen über die längste Zeit – sofern erkennbar – weitgehend unberührt. Das heißt, die persönliche Frömmigkeit paßte sich wohl der jeweiligen religionsgeschichtlichen Großwetterlage an, ohne aber in ihrem Kern davon tangiert zu sein. Das änderte sich erkennbar erst in der späten Königszeit, als sich einerseits besonders die Frömmigkeit in den israelitischen Familien unter der lang anhaltenden assyrischen Besatzungszeit verstärkt fremdreligiösem Einfluß öffnete und andererseits unter den verschärften Normenvorstellungen der offiziellen Jahwereligion der religionsinterne Pluralismus selber in die Kritik geriet.

Die Entwicklung ist von zwei gegenläufigen Tendenzen bestimmt: Auf der einen Seite rückte der Nationalgott Jahwe immer selbstverständlicher in die Stellung des Familiengottes ein. Die jahwehaltigen Personennamen, die in der frühen Königszeit nur etwa 20 Prozent ausgemacht hatten, steigerten ihren Anteil in der späten Königszeit (2. Kön; Jer) auf 75 Prozent; den gleichen Eindruck vermitteln auch die Belege aus den Siegeln und Inschriften dieser Zeit. Vorreiter dieser Entwicklung war besonders im Südreich die Königsfamilie, die sich ja auch in der offiziellen Königstheologie in einem besonders engen Verhältnis zu Jahwe stehen sah: Ab Salomo tragen fast alle judäischen Könige jahwehaltige Namen, und Jahwe galt als persönlicher Gott der davidischen Dynastie (2. Kön 20,5), was nicht ausschloß, daß noch im 9. Jahrhundert die Königinmutter Maacha ein Ascherabild anfertigen ließ (1. Kön 15,13) und daß sich Ahasja nach einem schweren Unfall an den Baal von Ekron mit einer Orakelanfrage wandte (2. Kön 1).

Doch wie wenig man diese Entwicklung in der Familienreligion im Sinne einer immer exklusiver werdenden Jahweverehrung interpretieren darf, zeigt auf der anderen Seite die Tatsache, daß der religionsinterne Pluralismus im 7. Jahrhundert nicht nur fortbestand, sondern sich eher noch verschärfte: Gegen Ende des Jahrhunderts konnte Jeremia den Bewohnern des ehemaligen Nordreiches vorwerfen, sie würden sich in ihren privaten Nöten vertrauensvoll an Baum und Stein, d. h. fremde Götter(-bilder) wenden und nur bei nationalen Katastrophen Jahwe um Rettung anflehen (Jer 2,27.28a). Das heißt, der religionsinterne Pluralismus hatte hier sogar synkretistische Dimensionen angenommen. Diese Entwicklung hängt ursächlich mit der lang anhaltenden assyrischen Besatzungszeit zusammen: In ihren Provinzen auf dem Gebiet des ehemaligen Nordreiches hatten die Assyrer durch ihre Deportationspolitik eine synkretistische Situation geschaffen: Anstelle der deportierten Israeliten wurden verschiedene Bevölkerungsgruppen aus Babylonien und Syrien angesiedelt, die ihre Götter und Kultbräuche mitbrachten (2. Kön 17, 29-32). Wohl wurde – abgesehen von dem assyrischen Staatskult – der Landesgott Jahwe weiter offiziell in Bethel verehrt, aber neben fremdländischen Göttern vor allem im privaten Bereich. Es hat den Anschein, daß sich die verbliebenen israelitischen Familien auf ihre pluralistische religiöse Umgebung einließen und die Götter und Göttinnen ihrer Nachbarn mit in ihre persönliche Frömmigkeit einbezogen.

Obgleich das Südreich noch von solchen Bevölkerungsverschiebungen verschont blieb, kam es in ihm zu durchaus vergleichbaren Erscheinungen. Schon Ahas hatte bei seiner Unterwerfung unter Tiglat-Pileser den Jerusalemer Tempel dem assyrischen Staatskult geöffnet (2. Kön 16,10-18); wahrscheinlich war es Hiskia gelungen, im Zuge seiner Reform diesen fremdreligiösen Einfluß kurzzeitig wieder zurückzudrängen, doch mit dem Scheitern seines Aufstandes 701 wurde Juda wieder assyrischer Vasallenstaat, und unter der langen Regierungszeit seines Nachfolgers Manasse war auch das Südreich voll der kulturellen und religiösen Infiltration aus dem Norden ausgesetzt. Dabei ist keineswegs sicher, daß die Assyrer gegenüber ihrem judäischen Vasallen eine aggressive Religionspolitik betrieben, wie das andernorts durchaus belegt ist.[79] Wohl kann man vermuten, daß die Assyrer von ihm die Berücksichtigung der wichtigsten assyrischen Götter im Jerusalemer Kult verlangten, und aus dem Bericht von der Kultreform Josias ist auch das Eindringen – wenn auch anderer – assyrischer Kultbräuche (Gestirnsverehrung, Pferde für den Sonnengott Schamasch 2. Kön 23,5.11) in den Jerusalemer Tempel direkt bezeugt, dennoch scheint dieser mehr oder weniger aufoktroyierte Synkretismus auf der Ebene der offiziellen Religion kaum ernsthafte Konflikte heraufbeschworen zu haben. Das mag daran liegen, daß die Jerusalemer Tempelpriesterschaft, die durch die hiskianische Reform ein stärkeres theologisches Selbstbewußtsein erlangt hatte, wohl bereit war, mit der Besatzungsmacht kultische Kompromisse einzugehen, aber doch darauf achtete, den offiziellen Jahwekult separat zu halten und es nicht zu synkretistischen Verschmelzungen kommen zu lassen.

Die eigentlich synkretistischen Prozesse des 7. Jahrhunderts liefen auch im Südreich auf der Ebene nicht der offiziellen Religion, sondern der privaten Frömmigkeit. Es ist erstaunlich zu sehen, daß sich die judäische Bevölkerung gegen die fremdreligiösen Bräuche und Vorstellungen ihrer Besatzer nicht etwa abschottete, sondern sie freiwillig und geradezu begeistert übernahm. Vor allem für die Bevölkerung der Hauptstadt, die direkt in Kontakt mit assyrischen Soldaten, Verwaltungsbeamten und Kaufleuten kam, und hier wiederum besonders für die Oberschicht, scheint es ausgesprochen attraktiv gewesen zu sein, sich nicht nur assyrisch zu kleiden (Zeph 1,8), sondern ihre familiären Kultbräuche assyrischen Gewohnheiten anzupassen.

Besonders anziehend scheint vor allem das assyrisch-babylonische Orakel- und Beschwörungswesen gewesen zu sein, das in Mesopotamien eine sehr viel höhere Differenzierung und Professionalisierung als in Israel erreicht hatte (Dtn 18,11 f.). In diesem Zusammenhang sind auch die Kultstätten auf den Hausdächern zu interpretieren, die in dieser Zeit in Jerusalem üblich wurden (Zeph 1,5; 2. Kön 23,12; Jer 19,13; 32,29). Das heißt, man verlegte den familiären Kultschrein, der sich vorher z. B. neben der Haustür befand, auf das Flachdach seines Hauses, weil hier nach assyrisch-babylonischem Brauch die kasuellen Bittzeremonien samt den sie begleitenden Beschwörungsriten üblicherweise stattfanden. Dies hing mit dem astralen Charakter der babylonisch-assyrischen Religion zusammen, in der die Götter direkt mit bestimmten Gestirnen identifiziert wurden. Die Rituale fanden darum nachts statt. Von den prophetischen und deuteronomistischen Kritikern dieser Privatkulte wird darum der pauschale Vorwurf der Gestirnsanbetung erhoben (Zeph 1,5; Jer 19,13; 32,29), doch muß dies nicht unbedingt der Fall gewesen sein; es ging den Familien auch bei diesen Kulten primär – wie schon seit alters – um die Heilung eines erkrankten Mitgliedes. Aber immerhin bekamen nun die Sterne (*ṣĕbāʾ haššamajīm* «Himmelsheer»), die im Jahwe-Zebaoth-Titel der Jerusalemer Tempeltheologie zum Hofstaat Jahwes degradiert waren, für den einzelnen eine neue religiöse und kultische Relevanz. Typische Kulthandlungen bei diesen familiären Zeremonien waren Räucheropfer und Libation (Jer 19,13; 32,29), die auch in assyrischen Beschwörungstexten erwähnt sind, aber wahrscheinlich schon früher in Israel üblich waren (s. o. S. 315).

Neben den Beschwörungsriten gewann auch die hochentwickelte babylonisch-assyrische instrumentelle Mantik in Juda ausgesprochene Popularität. Wenn Zephanja den Jerusalemern im Zusammenhang seiner Anklage gegen den «Gestirnskult» auf den Dächern vorwirft, sie würden Jahwe nicht mehr befragen (Zeph 1,6), dann scheint dieser auch etwas mit Orakelanfragen zu tun gehabt zu haben. Man könnte z. B. an astronomische Omina denken, die bei den Assyrern eine große Rolle spielten. Sehr wahrscheinlich hat die auflebende Verehrung des Sonnengottes Schamasch etwas mit der Orakelpraxis zu tun, denn dieser galt neben Adad in Mesopotamien als der typische Orakelgott.[80] Schamasch war in der Ikonographie das Pferd zugeordnet. Wie die Stiftung von Pferden und Wagen für Schamasch, die seinen Weg über den Himmel symbolisieren sollten, beweist, fand diese Orakelpraxis auch im Jerusalemer Kult Aufnahme (2. Kön 23,11). Sie wurde aber offenbar besonders gerne von Privatleuten in Anspruch genommen, um sich Prognosen für die Probleme des Alltags geben zu lassen. Darauf weisen nicht nur die in Jerusalem und anderswo gefundenen Pferdeterrakotten, die eine Sonnenscheibe zwischen den Ohren tragen[81] und die bei solchen privaten Orakelanfragen gestiftet worden sein könnten, sondern auch die eigenartige Nachricht, daß Manasse Altäre für das «Himmelsheer» in beiden Vorhöfen des Tempels hat errichten lassen (2. Kön 21,5), d. h. auch in dem äußeren Vorhof, zu dem das Volk freien Zutritt hatte. Ich möchte dies als eine Maßnahme ansehen, der Jerusalemer Bevölkerung Leberschau-Omina nach babylonisch-assyrischem Vorbild zu ermöglichen, die für Schamasch besonders typisch waren (vgl. Ez 21,26). Die in Palästina gefundenen Lebermodelle aus Hazor und Megiddo gehören allerdings schon der späten Bronzezeit an.[82] Vielleicht darf man sogar in den Zeph 1,4 und 2. Kön 23,5 im Zusammenhang mit dem «Gestirnskult» genannten «Götzenpriestern» *(kĕmārīm)* ausländische (assyrische oder aramäische) Fachleute sehen, die über das komplizierte Berufswissen eines babylonischen *barû* («Opferschaupriester») oder *āšipu* («Beschwörungspriester, Exorzist») verfügten und die von den judäischen Familien für ihre Orakelanfragen und zur Durchführung der Beschwörungsrituale in Anspruch genommen wurden. Der vor allem private Bedarf an wirkungsmächtigen assyrischen Ritualen schuf in Juda eine neue Klasse von Kultfachleuten.

Im Rahmen dieser familiär-religiösen Anleihen an assyrische Kultpraktiken ist nun auch der umstrittene «Molochkult» auf dem Tofet im Ben-Hinnom-Tal südlich von Jerusalem zu sehen, der für das 7. und 6. Jahrhundert belegt ist (2. Kön 23,10; Dtn 18,10; Jer 7,31; Ez 20,20f.31; Jes 57,5 u. ö.; 2. Kön 16,4 wohl zu früh). M. Weinfeld hat wahrscheinlich gemacht, daß es sich bei diesem Kult nicht um Kinderopfer handelt, wie prophetische und deuteronomistische Polemik dagegen zum Teil glauben machen will (Dtn 12,31; Jer 7,31; 19,5; Ez 16,20f.; 23,39), und daß er nicht von den Phöniziern herzuleiten ist, selbst wenn es in ihren westlichen Kolonien die Praxis des Kinderopfers gegeben haben sollte.[83] Der eigenartige Ausdruck «Söhne und Töchter durchs Feuer gehen lassen» *(hāʿăbīr . . . bāʾēš)* bezeichnet vielmehr einen Reinigungsritus, mit dem die Kinder der Gottheit geweiht und an sie feierlich übergeben wurden (vgl. *nātan* «geben» Lev 18,21; 20,3ff.). Es geht also nicht um Kinderopfer, sondern um eine religiöse Weihe oder Dedikation von Kindern. Für eine Herleitung aus dem assyrisch-aramäischen Traditionsbereich spricht, daß ein ähnlicher Brauch, bezogen auf den Wettergott Adad bzw. Adadmilki und seine Begleiterin Bēlet-sēri bzw. Ischtar, in assyrischen Vertragstexten des 9. bis 7. Jahrhunderts bezeugt ist und daß nach 2. Kön 17,31 die im Nordreich angesiedelten, wahrscheinlich aramäischen Sepharwiten ihre Kinder auf diese Weise dem Gott Adadmäläk und der Göttin ʿAnatmäläk[84] geweiht haben sollen.

Damit wird nun auch deutlich, wer sich hinter dem *moläk* (Lev 18,21; 20,3ff.; 2. Kön 23,10; Jer 32,35) verbirgt; es ist niemand anders als der aramäisch-assyrische Wettergott Adad, dessen in diesem Traditionsbereich übliches Epitheton *mäläk* («König») unter Verwendung der Vokale von *bošät* («Schande») von den Tradenten bewußt entstellt worden ist (vgl. aber Jes 30,33; Am 5,26; Zeph 1,4f.). Wir haben es also bei diesen Kinderweihungen mit einem Adad-Jahwe-Synkretismus zu tun, der auf der Ebene der familiären Frömmigkeit vollzogen worden ist. Dabei trat dem König Adad auch in der judäischen Religiosität die Himmelskönigin *(malkat haššamajīm)* zur Seite, deren familiäre Verehrung mehrfach in der späten Königszeit bezeugt ist (Jer 7,18; 44,15-19; vgl. Am 5,26). Damit ist eine Ischtargestalt gemeint, die in der babylonisch-assyrischen Religion durch den Abendstern repräsentiert wird. Das heißt, über die männlich-weibliche Götterzweiheit Jahwe und Aschera der älteren persönlichen Frömmigkeit lagerte sich unter assyrischem Einfluß im 7. Jahrhundert die neue von Adad und Ischtar.

Welches Ziel die judäischen Familien mit der Weihung ihrer Söhne und Töchter für Jahwe/Adad und Ischtar verfolgten und was mit den Kindern geschah, wird aus der polemischen Darstellung der erhaltenen Texte nicht klar. Die assyrischen Parallelen gehen davon aus, daß aus den so Geweihten Priester bzw. Priesterinnen wurden. Ein ähnlicher Vorgang war 1. Sam 1 für Samuel geschildert worden, und man könnte fragen, ob nicht auch jetzt ein in der Not der Kinderlosigkeit abgelegtes Gelübde im Hintergrund dieser Dedikationen stand. Die Weihung des Kindes sollte dann die Dankbarkeit für die glückliche Geburt ausdrücken und die weitere Fruchtbarkeit der Frau und den Segen für die Familie sichern. Auch könnte man fragen, ob hier nicht eine Revitalisierung des alten Brauchs vorliegt, Jahwe den Erstgeborenen zu «opfern» (Ex 13,12f., mit *hā'ābīr*; 22,27 mit *nātan*), der allerdings in der Jahwereligion längst durch ein Tieropfer abgelöst worden war (Ex 34,20). Wenn Ezechiel diesen alten Brauch als ein schlechtes Gebot Jahwes ansieht, mit dem er Israel strafen und absichtlich in weitere Sünde habe hineinführen wollen (20,25f.), dann hat er möglicherweise den Umstand vor Augen, daß dieses Gebot einen Ansatzpunkt für den Synkretismus seiner Zeit bot.

Setzt man diesen Zusammenhang voraus, dann wird die kultische Problematik des neu aufgekommenen Brauchs deutlich: Das Erstgeburtsgebot hatte nur männliche Erstgeborene im Sinn, und das gleiche galt ja auch für die Weihung Samuels. Dem entspricht, daß der offizielle Jahwekult immer nur männliche Priester zugelassen hat. Die unter assyrischem Einfluß aufkommenden Weihungen umfaßten dagegen Söhne und Töchter, weil es in Mesopotamien auch Priesterinnen gab. Es entstand somit durch die familiäre Kultpraktik weibliches Kultpersonal, für das der offizielle Jahwekult keine Verwendung hatte (vgl. aber die Qedeschen der Aschera/Ischtar, die in der Tempelweberei beschäftigt sind; 2. Kön 22,6). Und auch gegen den dauernden Zustrom männlichen Kultpersonals wird sich die eingesessene Jahwepriesterschaft gewehrt haben. Mir scheint, daß hier die eigentlichen Konfliktpunkte lagen, die diesen durchaus fromm gemeinten neuen familiären Brauch völlig in Mißkredit geraten ließen. Ein so aufgeblähtes Kultpersonal, wie es für assyrische Tempel üblich war, konnte man sich unter den bescheidenen wirtschaftlichen Bedingungen des Südreiches nicht leisten.

Die Verehrung einer weiblichen Gottheit neben Jahwe scheint unter dem Einfluß der assyrischen Ischtargestalt in den israelitischen Familien noch einmal ausgesprochen populär geworden zu sein. Neue Bräuche kamen auf, an denen sich nach Jer 7,18 alle Familienmitglieder mit Eifer beteiligten: Einer dieser Bräuche war es, Ischtar Aschenkuchen *(kawwanîm)* in Form eines Sternes zu backen (7,18; 44,19; vgl. Am 5,26). Das heißt, die astrale Konkretisierung der Göttin im Abendstern gab ihrem Kult neuen Auftrieb.

Ein anderer Brauch war es, das Symbol Jahwe/Adads und das Sternensymbol Ischtars in einem hölzernen Schrein durch die Straßen zu tragen (Am 5,26 sek). Besonders beliebt war diese Verehrung offenbar bei den weiblichen Mitgliedern der Familie. Sie hatten in der Göttin eine direkte Ansprechpartnerin, an die sie sich in den kleinen Nöten des Alltags wendeten, wenn es darum ging, daß alle satt zu essen hatten, Wohlstand zu sichern und Unglück von der Familie abzuhalten (Jer 44,15-19); und wie früher durch Aschera, so kam ihnen Jahwe nun durch Ischtar, deren Symbol sie am Abendhimmel aufgehen sahen, ganz nah. Wie tief diese Frömmigkeit gerade bei den Frauen verankert war, zeigt ihr Protest gegen Jeremia, als sie ihre Not nach der Katastrophe von 586 mit der alleinigen Jahweverehrung infolge der deuteronomischen Reform in Verbindung brachten. Die Abkehr von Ischtar und die radikale Exklusivität Jahwes auch auf der Ebene familiärer Frömmigkeit hatten sich nach ihrer Ansicht nicht ausgezahlt.

So nahm der religionsinterne Pluralismus in der späten Königszeit die Ausmaße eines regelrechten Synkretismus an, der den notgedrungenen diplomatischen Synkretismus auf offizieller Ebene bei weitem übertraf. Es ist darum nicht verwunderlich, daß der bis dahin geduldete Pluralismus ein Hauptzielpunkt der deuteronomisch-deuteronomistischen Polemik und Reformanliegen wurde. Wenn die Jahwereligion erneuert werden sollte, dann konnte man die religiösen Vorstellungen und kultischen Gebräuche auf familiärer Ebene nicht mehr unkontrolliert lassen, sondern mußte dieses Einfallstor des Synkretismus schließen.

Diese starke kulturelle und religiöse Anpassung an die assyrische Besatzungsmacht scheint aber nicht für alle judäischen Familien in gleichem Maße gegolten zu haben. Die Polemik Zephanjas läßt noch erkennen, daß sich vor allem die Familien der Jerusalemer Oberschicht bis hinauf in die Königsfamilie, die dauernd mit den Assyrern zu tun hatten, begeistert dem fremdreligiösen Einfluß öffneten. Dagegen hielten Unterschichtfamilien, vor allem auf dem Lande, stärker an den alten Formen der familiären Religiosität fest. So bekommt der Begriff *'ānāw / 'ānī*, der bei den Propheten des 8. Jahrhunderts eine rein soziale Bedeutung hatte, bei Zephanja gegen Ende des 7. Jahrhunderts einen religiösen Nebensinn: Die Armen werden zu den Frommen des Landes, die – im Unterschied zu der stolzen, anpassungsbereiten Oberschicht – Jahwe, sein Recht, Gerechtigkeit und Demut gesucht haben (Zeph 2,1-3 vgl. 3,10bff.). Damit kündigte sich erstmals die Verknüpfung von sozialem und religiösem Bruch in der israelitischen Gesellschaft an, der in der Folgezeit große Bedeutung bekommen sollte.

Die deuteronomische Reformbewegung

Mit der Mitte des 7. Jahrhunderts war der Höhepunkt der assyrischen Machtentfaltung überschritten, und das durch seine extensive Kriegführung ausgeblutete Riesenreich erlebte in den folgenden Jahrzehnten einen erstaunlich raschen Niedergang. Nach dem Tode des letzten großen Assyrerkönigs Assurbanipal (627) in Bruderkriege verstrickt, geriet es unter den Druck der aufsteigenden Meder und Neubabylonier; schon 614 fiel Assur, 612 die Hauptstadt Ninive, und 606 ging schließlich auch noch das letzte Restreich in Haran unter.

Seit dem Beginn der dreißiger Jahre verloren die Assyrer sukzessive ihre Kontrolle über ihre Vasallen und Provinzen in Palästina. Damit bot sich für Juda erstmals nach einer sechzigjährigen Besatzungszeit wieder die Chance für einen politischen Neubeginn und damit auch die Möglichkeit, das unter Hiskia begonnene, aber schon 701 steckengebliebene Reformwerk nach langer Unterbrechung auf einer neuen Basis fortzusetzen.

Hintergründe und Ziele der «josianischen» Reform

Während sich von der hiskianischen Reform in der Überlieferung nur wenige Spuren erhalten haben, die sich erst hypothetisch zu einem größeren Gesamtbild zusammensetzen lassen, besitzen wir für die Reform, die gemeinhin als die josianische bezeichnet wird, einen ausführlichen deuteronomistischen Bericht (2. Kön 22f.). Nach ihm soll König Josia, der 639 von einer Gruppe, die *ʿam hāʾāräṣ* («Volk des Landes») genannt wird, als Achtjähriger auf den Thron gehoben worden war, im Jahre 622 von einem bei Bauarbeiten im Tempel zufällig aufgefundenen, angeblich von Mose stammenden Gesetzbuch Kenntnis erhalten und auf seiner Grundlage eine umfassende Kultreform durchgeführt haben, die nicht nur den Jerusalemer Tempel von allen fremdreligiösen, d.h. vor allem assyrischen Einflüssen reinigte (23,4.6f.11), sondern auch alle übrigen Kulthöhen in Juda beseitigte (V. 8f.13f.) und die eingerissenen privaten synkretistischen Riten ihrer Basis beraubte (V. 5.10.12). Schließlich habe er, über das judäische Gebiet ausgreifend, das alte Reichsheiligtum von Bethel und andere Kultstätten des ehemaligen Nordreiches zerstört (V. 15-20).

Wegen der Radikalität der geschilderten Maßnahmen ist dieser Bericht immer angezweifelt worden, doch auch wenn an ihm einiges deutlich legendär ist (z. B. der Buchfund) und er manches aus der Sicht der späteren Tradenten generalisiert und zusammengefaßt hat, was sich in Wahrheit über einen längeren Zeitraum hinzog, so können doch viele Details nicht erfunden worden sein (vgl. z. B. die Sonnenpferde für Schamasch 23,11), und die Gesamtintention der Kultzentralisation wie die Durchsetzung einer exklusiven Jahweverehrung sind nicht zu bestreiten. Schließlich muß man sich klarmachen, daß die deuteronomistischen Verfasser des Berichts kaum mehr als achtzig Jahre von den Ereignissen getrennt sind und damit für ein Publikum schreiben, dessen Eltern die Maßnahmen Josias selber noch erlebt haben.

Eine genauere Einschätzung der josianischen Kultreform wird allerdings erst möglich, wenn die Identität des Gesetzbuches, das die Basis für sie abgab, geklärt ist. Für die deuteronomistischen Verfasser scheint die Sache klar gewesen zu sein: Das Buch, das sie «Gesetzbuch» (*sēfär hattōrā*; 2. Kön 22,8ff.) bzw. «Gesetz des Mose» (*tōrat mōšä*; 23,25) nennen, ist für sie eindeutig das Deuteronomium (vgl. Dtn 30,11; 31,9). So hat die alte, von W. M. L. de Wette schon 1805 aufgestellte These immer noch viel für sich, daß eine Urform des Deuteronomiums, besonders des deuteronomischen Gesetzkorpus (Dtn 12-26), die Programmschrift für die josianische Reform abgegeben habe, zumal hinsichtlich wesentlicher Programmpunkte, etwa der Zerstörung der Kulthöhen (Dtn 12), Masseben und Ascheren (16,21) oder Beseitigung assyrischer Gestirnskulte (17,3) und Kinderweihriten (18,21), klare Übereinstimmungen zwischen dem Reformbericht und dem deuteronomischen Gesetz bestehen und sich die wenigen Differenzen (so bes. zwischen 2. Kön 23,9 und Dtn 18,6-8) relativ einfach erklären lassen.

Auf der Basis dieser Hypothese läßt sich erkennen, daß die sogenannte josianische Reform weit mehr als eine bloße Kultreform war: Sie war zugleich eine breite nationale, soziale und religiöse Erneuerungsbewegung, welche die historische Chance, die das Zurückweichen der assyrischen Fremdmacht bot, entschlossen zu einer völligen Neukonstituierung des israelitischen Staates nutzen wollte.

Damit erhebt sich die Frage, wer Träger einer so umfassenden und radikalen Reform gewesen sein kann. Daß diese kaum von Josia allein durchgesetzt werden konnte, ja der König nicht einmal ihre treibende Kraft gewesen ist, geht schon aus der ausgesprochen königskritischen deuteronomischen Gesetzgebung hervor (Dtn 17,14-20; s. u. S. 357). Wenn man dazu noch berücksichtigt, daß Josia schon als achtjähriges Kind auf den Thron gehoben wurde, dann wird endgültig deutlich, daß die Initiative zu dieser Reform von anderen Gruppen ausging, die sich des jungen Königs nur zur Durchsetzung ihrer eigenen Ziele bedienten.

Hier ist erst einmal der *ʿam hāʾāräṣ* zu nennen, der schon bei der Palastrevolte gegen den Manasse-Sohn Amon in die Thronfolge eingriff und Josia zum König gemacht hatte (2. Kön 21,23f.). Es handelt sich dabei um eine politisch aktiv werdende Mittelschicht der grundbesitzenden Bauern Judas, die sich in der Nachfolge der Versammlung wehrfähiger Männer der vorstaatlichen und frühen Königszeit mit dem Königshaus gegen die destruktive Oberschicht der Hauptstadt verbündet. Die politische Destabilisierung, die sich im Mord am assyrerergebenen Manasse-Sohn ankündigte, wird durch diese Gruppe im Keim erstickt, indem die Königsmörder erschlagen werden. Es geht der freien Bauernschaft Judas offensichtlich darum, Machtkämpfe rivalisierender Hofparteien, wie sie das Nordreich in seinen letzten Jahren erschütterten, von vornherein zu verhindern und die Chance, welche die Verschiebung der internationalen Kräfteverhältnisse bot, nicht wieder durch kurzfristige Schaukelpolitik, z. B. eine Anlehnung an Ägypten, zu verspielen, sondern zu einer tiefgreifenden nationalen Erneuerung zu nutzen. Das Eingreifen für das angeschlagene Davidshaus soll zugleich den alten tribalen Traum einer konstitutionellen Monarchie verwirklichen.

Diese politische Aktivität des *ʿam hāʾāräṣ* hätte aber kaum Aussicht auf einen längerfristigen Erfolg gehabt, wenn sie nicht durch einen Teil der Jerusalemer Oberschicht abgestützt worden wäre. Wenn der Bericht 2. Kön 22 ausführlich der zentralen Rolle gedenkt, welche der Schreiber Schafan und der Oberpriester Hilqija bei der «Auffindung» des Gesetzbuches gespielt haben, dann weist er damit auf die entscheidenden politischen und intellektuellen Trägergruppen der Reform hin: eine Gruppe einflußreicher, weisheitlich geschulter Hofbeamten und ein Großteil der Jerusalemer Tempelpriesterschaft.

Es ist zu vermuten, daß Schafan, dessen Söhne und Enkel bis hin zum Statthalter Gedalja die Politik der letzten Jahrzehnte Judas entscheidend mitbestimmten, der Erzieher des jungen Josia war, ihn im Sinne der Reformideen prägte und bis zu seiner Volljährigkeit für ihn das politische Geschäft ausübte.

Die vielen weisheitlichen Elemente im Deuteronomium, auf die vor allem M. Weinfeld hingewiesen hat[85], machen es sogar wahrscheinlich, daß Schafan und der Schreiberzirkel um ihn herum ganz wesentlich an der Konzipierung und Abfassung der deuteronomischen Reformgesetzgebung beteiligt waren. Dafür spricht auch, daß Jeremia, der in seiner Frühzeit begeistert für die Reform eingetreten ist, nach deren Scheitern im Jahr 609 Klage darüber erhebt, daß der «Lügengriffel der Schreiber» das «Gesetz Jahwes» verfälscht habe (Jer 8,8f.), und enttäuscht feststellt, daß selbst die Oberschichtkreise, die doch eigentlich das «Recht ihres Gottes» kennen müßten, es nicht mehr konsequent vertreten (Jer 5,5). Wenn Jeremia dennoch später immer wieder von Mitgliedern der Schafan-Familie geschützt wurde (Jer 26,24; 36,9ff.; 40,7ff.), dann wird erkennbar, daß man ihn von seiten der Reform-Beamtengruppe weiterhin als Verbündeten betrachtete. Hier wird ganz deutlich: Die deuteronomische Reform war eine Reform von oben, hinter ihr stand maßgeblich eine weisheitlich geschulte Aristokratengruppe, die sich vom Großteil der anpassungsfreudigen und auf ihren wirtschaftlichen Vorteil bedachten judäischen Aristokratie getrennt hatte. Um den Bestand des Ganzen willen kämpfte diese Gruppe für eine Veränderung von Staat und Gesellschaft, mußte aber nichtsdestoweniger nach dem Tod Josias verwässernde Kompromisse eingehen.

Verbündet mit dieser Beamtengruppe war Hilqija und der hinter ihm stehende Teil der Jerusalemer Priesterschaft. Ihr Interesse war es, das Zurückweichen der assyrischen Vorherrschaft zu einer konsequenten Zurückdrängung fremdreligiöser Einflüsse zu nutzen. Dabei profitierte sie unmittelbar von der Reformidee einer Beschränkung des Jahwekultes auf Jerusalem; da alle Abgaben und Opfer des Landes ihnen allein zuflossen.

Unterstützung erhielt die Reformbewegung schließlich von einzelnen Propheten. 2. Kön 22,14ff. erwähnt eine Prophetin Hulda in der Jerusalemer Neustadt, von deren genauer Funktion wir jedoch infolge deuteronomistischer Überarbeitung nichts wissen. Deutlicher ist schon die Rolle Zephanjas, der gegen assyrische Riten unter der Jerusalemer Oberschicht zu Felde zog (Zeph 1,4ff.) und mit seinen Völkersprüchen die territoriale Expansion Josias unterstützte (2,4ff.).[86] Nationale Unterstützung erhielt die Bewegung auch von einem Schülerkreis um die Jesajaprophetie, die in Josia einen neuen David sah und von ihm die Restitution des davidischen Großreiches erwartete (Jes 8,23aβ-9,6).[87] Der engagierteste Propagandist der deuteronomischen Reform war jedoch der junge Jeremia, der wiederum dem Hosea-Schülerkreis nahestand. Dieser wurde nicht müde, in seiner Frühzeit (627-609) vom heimatlichen Anatot im nördlichen judäischen Grenzgebiet aus ganz im Sinne Hoseas die Brüder im ehemaligen Nordreich aufzufordern, jetzt endlich die Konsequenzen aus dem staatlichen Untergang von 722 zu ziehen, dem Synkretismus und der Anlehnung an fremde Großmächte abzuschwören und zu Jahwe zurückzukehren (Jer 2, 4-4,2).[88] Er sah jetzt die von Hosea in Aussicht genommene Zuwendung Jahwes nach der langen Zeit des Gerichts gekommen (3,22ff.; vgl. Hos 14,2.5; Jer 31,18-20) und erwartete sogar die Rückkehr der nach Assyrien Deportierten (31,15-17). Damit propagierte Jeremia zumindest den kultischen Anschluß des Nordreiches an Juda, den auch Josia durch die Zerstörung von Bethel erzwingen wollte. Die israelitische Bevölkerung sollte nach Jerusalem wallfahren, um hier an dem einzigen legitimen Jahwekult teilzunehmen (31,4-6). Dies schloß aber wohl – unter den damaligen Bedingungen der Nationalreligion – einen politischen Anschluß mit ein, wie ihn Josia verfolgte. Wenn dieser sich weit im Norden in Megiddo 609 dem Pharao Necho in den Weg stellte, dann wollte er eine Restitution eines selbständigen Nordreiches mit ägyptischer Unterstützung verhindern. Jedenfalls warnte auch Jeremia die Bevölkerung des ehemaligen Nordreiches davor, durch Wiederaufnahme der alten Schaukelpolitik die Chance für eine religiöse und nationale Rückbesinnung zu verspielen (2,36f.). Als Jeremia sich nach dem Tod Josias in Megiddo teilweise von der Reformbewegung trennte und ein neues Gericht Jahwes über Juda heraufziehen sah, tat er dies vor allem deswegen, weil trotz der durchaus geglückten Kultreform die von ihr intendierte soziale und staatliche Erneuerung Judas ins Stocken geriet und unter Jojakim ganz aufgegeben wurde.

Die deuteronomische Reformbewegung konnte sich somit in der Zeit von ca. 630-609 auf eine breite Trägerschaft in der judäischen Gesellschaft stützen; sie bestand aus einer großen Koalition zwischen Teilen der Jerusalemer Beamtenschaft, der Jerusalemer Priester, der judäischen Mittelschicht, einzelnen Propheten und dem davidischen Königshaus. Nur so ist es zu erklären, daß die gesellschaftliche Akzeptanz der zum Teil einschneidenden Reformmaßnahmen relativ groß war, aber auch, daß diese Koalition angesichts der durchaus vorhandenen unterschiedlichen Einzelinteressen der beteiligten Gruppen unter gewandelten politischen Bedingungen relativ schnell auseinanderbrach.

Die verschiedenen Trägergruppen arbeiteten aber nicht nur informell zusammen, sondern hatten ein institutionelles Zentrum. Dieses war wie schon bei der hiskianischen Reform das Jerusalemer Obergericht, das nicht zufällig im Deuteronomium erstmals in einem Gesetzeskorpus erwähnt wird und dessen Kompetenzen gegenüber der Ortsgerichtsbarkeit ausdrücklich festgeschrieben werden (Dtn 17,8-13): In schwierigen Rechtsfällen sollen sich die örtlichen Gerichte an das Obergericht wenden, das aus Priestern und weltlichen Richtern besteht; der Rechtsfindung des Gremiums, sei es nun der priesterlichen Weisung oder der richterlichen Gesetzesinterpretation, ist von den Ortsgerichten wortwörtlich und unbedingt Folge zu leisten (V. 8-11). Zuwiderhandeln wird sogar mit der Todesstrafe bedroht (V. 12). Mit den V. 9 erwähnten «levitischen Priestern» sind Angehörige der Jerusalemer Tempelpriesterschaft gemeint (vgl. V. 12), mit dem parallel dazu genannten «Richter» *(šōfēt)* sehr wahrscheinlich Repräsentanten der Reform-Beamtenschaft, die entweder die an dieser Stelle früher tätigen Laienrichter (Familienhäupter, Älteste vgl. 2. Chron 19,8) ersetzen oder an ihre Seite treten. Damit haben wir im Jerusalemer Obergericht eine Institution vor uns, in der die Reformflügel von Priester- und Beamtenschaft bei der Rechtsfindung und Fortschreibung des Rechts im Sinne der Reform zusammenarbeiten. Der *ʿam hāʾārāṣ* war daran vielleicht durch Delegierte beteiligt; seine Aufgabe lag aber bestimmt darin, mit dafür zu sorgen, daß die Reformgesetzgebung des Obergerichts auf Ortsebene durchgesetzt wurde. Seinem Interesse entsprach es, daß die deuteronomische Gesetzgebung die Kompetenzen der Ältesten in den Ortsgerichten erweiterte und deren Stellung durch Zuordnung geschulter Richter stärkte (Dtn 21,19ff. u.ö.; 16,18).

Berücksichtigt man, daß im Deuteronomium religiös-kultisches, staatliches und bürgerliches Recht eng miteinander verklammert sind und daß für die Annahme der Weisungen und Gesetzesinterpretationen des Obergerichts auf ganz ähnliche Weise geworben und gedroht wird wie für den Gehorsam gegenüber den Geboten und Gesetzen des Deuteronomiums überhaupt (vgl. 17,10f. mit 13,1; 5,32), dann ist es durchaus wahrscheinlich, daß die gesamte deuteronomische Reformgesetzgebung dem Jerusalemer Obergericht entstammt. Das ganze deuteronomische Gesetz läßt sich als umfassende Legalinterpretation älterer Rechtsüberlieferung, deren Fortschreibung und Vereinheitlichung verstehen. Mit dieser Annahme erklären sich nicht nur die Gemeinsamkeiten mit dem Bundesbuch, etwa die Weiterentwicklung der kultischen und sozialen Gesetzgebung, die noch stärker fortgeschrittene Auflösung der Rechtsformen (Wenn-du-Stil u.a.) und vermehrte paränetische Durchdringung des Gesetzesmaterials, sondern auch die nicht zu übersehenden Unterschiede: Beschränkte sich das Obergericht aus Priestern und

Ältesten zur Zeit Hiskias noch auf eine Neuordnung des kultischen und bürgerlichen Rechts, so weitet das Deuteronomium seine Reformgesetzgebung auf den staatlichen Bereich aus. Dies hat ursächlich damit zu tun, daß nun hohe Staatsbeamte in das Obergericht einrücken. Damit hängt eine weitere institutionelle Differenz zusammen: Zu Josephats und Hiskias Zeiten war das Obergericht noch ein königliches Gericht gewesen, unter Josia jedoch emanzipierte sich das Obergericht von der königlichen Aufsicht. Es sprach dem Königtum nicht nur das Recht ab, Richter einzusetzen (Dtn 16,18), sondern machte sich sogar anheischig, aufgrund eigener Vollmacht alle wesentlichen staatlichen Institutionen, den Kult, das Priestertum, die Rechtsprechung, die Kriegführung, ja sogar das Königtum neu zu regeln.
Das heißt, die deuteronomische Reformbewegung stand wohl in einer institutionellen und sachlichen Kontinuität zur hiskianischen Reform, doch bekam sie vor allem durch die Einbeziehung einflußreicher Kreise innerhalb der Beamtenschaft eine viel größere Breitenwirkung und gesellschaftliche Durchschlagskraft. Anders als das Bundesbuch, das für die Verlesung im Gottesdienst konzipiert wurde, sollte das Deuteronomium Staatsgesetz sein, auf das alle gesellschaftlichen Gruppen einschließlich des Königs in einem öffentlich rechtlichen Akt, einem förmlichen Bundesschluß analog zu den assyrischen Vasallenverträgen verpflichtet wurden (2. Kön 23,1-3; Dtn 17,18-20; s. u. S. 357).[89]
Entsprechend dieser weitgesteckten Ziele begleitete die deuteronomische Reformbewegung die Gesetzgebungsarbeit des Obergerichts mit einer breiten Öffentlichkeitsarbeit, die weit über die der hiskianischen Reform hinausging. Immer wieder ist im Deuteronomium davon die Rede, daß die Israeliten lernen sollen, vor allem «Jahwe zu fürchten» (Dtn 13,12; 14,23; 17,13.19; 19,20; 21,21 vgl. 4,10; 31,12f. u.ö.); d.h. aber, die deuteronomischen Reformer sahen ihre ganze Gesetzgebung auch als Bildungsarbeit an, als Einübung in das rechte Gottesverhältnis. Wenn man dazu noch berücksichtigt, wie sie die wichtigsten Gebote pädagogisch umsichtig, für jedermann an den zehn Fingern abzählbar, im Dekalog zusammenstellten und in ihren Paränesen nicht müde wurden, wortreich und in immer wieder gleichen oder ähnlichen Wendungen ihren Hörern die Einhaltung der Gebote und Gesetze einzuschärfen, dann kann man geradezu von einer volksmissionarischen Bewegung sprechen, welche die Reformgesetzgebung des Obergerichts abstützte und in allen gesellschaftlichen Gruppen um Zustimmung für sie warb.
Auf welche Autorität aber konnte sich eine solche vom Königtum emanzipierte Rechtsfindungsbehörde berufen, die oberste Zuständigkeit für alle Bereiche des gesellschaftlichen Lebens beanspruchte? Diese mußte nach Lage der Dinge jenseits der bestehenden Institutionen liegen, die gerade verändert werden sollten. So griffen die Führungszirkel der Reformbewegung – angeregt durch die von Hosea und seinen Schülern eingeleitete Rückbesinnung auf die Frühzeit der Jahwereligion (vgl. 12,14) – auf die Gestalt des Mose zurück, der ja noch priesterliche, prophetische und politische Funktionen auf sich vereinigte. Wie Mose das Volk in der Frühzeit durch Jahwes Verheißung und Weisung geleitet hatte, so wollten die Reformer das Israel ihrer Zeit durch ihre Gesetzgebung wieder auf den rechten Weg bringen. Sie sahen sich und ihr Tun in unmittelbarer Kontinuität zum Wirken Moses, der nach ihrer Meinung seine Autorität an sie, die Priester, Richter und Weisen, delegiert hatte (Dtn 1,13-17; 24,8f.; vgl. Ex 18,13-27); sie verstanden ihre Reformgesetzgebung als Ausformulierung des Vermächtnisses Moses, ihr Gesetzeswerk war eigentlich sein Gesetz. So gingen die Reformer dazu über, die gesamten deuteronomischen Gesetze als Gesetz des Mose zu stilisieren, das dieser Israel kurz vor seinem Tode für das Leben im Kulturland hinterlassen habe (Dtn 4,44ff.).
Auf diesem Hintergrund wird nun auch die eigenartige Konzeption von der zufälligen Auffindung des deuteronomischen Gesetzbuches im Tempel erklärlich. Sie entspricht dem konservativen Anstrich der ganzen Reform: Die Autorität des Mose, die für das Reformgesetz aus dem 7. Jahrhundert in Anspruch genommen wurde, machte aus ihm auch materialiter eine uralte Urkunde, die lange Zeit in Vergessenheit geraten sei, wodurch die Verirrungen, die Israel in seiner staatlichen Geschichte nach Meinung der Reformer durchlaufen hatte, verständlich wurden. Mit der «Auffindung des Gesetzbuches» wurde Israel endlich wieder mit dem Vermächtnis des Mose konfrontiert und hatte die Chance, seine ganze verfehlte staatliche Geschichte rückgängig zu machen. Der Aufbruch nach vorne ist nach Meinung der Reformbewegung – ganz im Sinne der Geschichtssicht Hoseas – eine Rückkehr zu den Anfängen. Das staatliche Israel des 7. Jahrhunderts wird in dieser Konzeption noch einmal hypothetisch in die Frühzeit vor der Einwanderung nach Palästina versetzt und ist aufgerufen, jetzt eine Gesellschaftsordnung zu verwirklichen, die dem anfänglichen Gottesverhältnis besser entspricht.

Der Kampf gegen offiziellen Synkretismus und Polyjahwismus

Anknüpfend an Hosea und die in Anfängen steckengebliebene hiskianische Reform, ging die erste Hauptstoßrichtung der deuteronomischen Bewegung dahin, nach der Befreiung von der assyrischen Vorherrschaft die Ausschließlichkeit und Einheit der Jahweverehrung in allen Bereichen der judäischen Gesellschaft durchzusetzen. «Höre, Israel, Jahwe unser Gott, Jahwe ist einer!» (Dtn 6,4) lautete die Reformparole, die der Bevölkerung in öffentlichen Kundgebungen immer wieder eingehämmert wurde (vgl. 20,2). Damit war zweierlei gesagt: 1. Jahwe, der Gott Israels, ist für Israel der einzige Gott, er läßt sich nicht mit der Verehrung anderer Götter und Göttinnen kombinieren und synkretistisch in ein Pantheon einbauen (Monolatrie); und 2. Jahwe, der Gott Israels, ist für ganz Israel ein und derselbe Gott, er kann nicht in verschiedene lokale Kultformen, etwa als Jahwe-Zebaoth von Jerusalem, als Jahwe von Bethel, Samaria oder Hebron aufgespalten werden (Monojahwismus s. o. S. 301). Beide Maximen der Formel sind funktional auf die religiös-nationalen Erneuerungsbestrebungen der Josiazeit bezogen: Die Einzigkeit Jahwes sollte die Identität Israels gegen alle fremdkulturellen Einflüsse von außen, die Einheit Jahwes das Zusammengehörigkeitsgefühl der Nation nach innen jenseits aller geschichtlich gewachsenen Differenzen sichern.
Die institutionelle Maßnahme, mit der diese beiden Anliegen auf der Ebene der offiziellen Religion durchgesetzt wurden, war vor allem die sogenannte «Kultzentralisation», die deswegen nicht zufällig an der Spitze der deuteronomischen Reformgesetze steht

(Dtn 12). Sie beinhaltete nicht weniger als die Beschränkung der kultischen Jahweverehrung allein auf den Jerusalemer Tempel. Jeglicher Opferkult – besonders die Darbringung des für den offiziellen Kult typischen Brandopfers (*ʿōlā*) – außerhalb von Jerusalem wurde verboten (V. 13f.), alle regelmäßigen und kasuellen privaten Opfergaben durften nur noch im Heiligtum der Hauptstadt dargebracht werden (V. 17f.). Dies bedeutete faktisch die Außerbetriebsetzung aller anderen lokalen Heiligtümer, auch wenn deren Zerstörung erst in einer späteren Schicht des Gesetzes (V. 2f.) explizit gefordert wird. Schließlich wird auch schon in den älteren Partien des deuteronomischen Gesetzes die Errichtung der typischen Symbole der Kulthöhen, Masseben und Ascheren verboten (Dtn 16,21f.).

Man hat immer wieder gefragt, was die deuteronomischen Reformer zu einem solch radikalen Einschnitt in den Kultbetrieb ihrer Zeit bewogen haben mag, welcher der Bevölkerung zumutete, jahrhundertealte kultische Gewohnheiten aufzugeben. Aus dem Postulat der ausschließlichen Jahweverehrung allein muß ja nicht notwendigerweise die Exklusivität eines einzigen Kultortes folgen. Hier ist einmal zu bedenken, daß im Gefolge der Kultkritik Hoseas schon in der hiskianischen Reform gerade die Kulthöhen mit ihrem populistischen Kult als Einfallstor des Synkretismus gegolten hatten. Die Abschaffung der Provinzheiligtümer ist somit erst einmal als eine radikale Schutzmaßnahme zu verstehen, um fremdreligiöse Einflüsse zu unterbinden und eine lückenlose Kontrolle über den Jahwekult ausüben zu können.

Doch war ja auch der Jerusalemer Kult gegen synkretistische Einsprengsel nicht gefeit gewesen, und eine bessere Kontrolle über die anderen Jahweheiligtümer hätte sich auch auf andere Weise erreichen lassen. Wenn die Reformer dennoch nicht den Weg der Reinigung, sondern der Abschaffung aller Provinzheiligtümer gingen, dann müssen hier noch weitere Interessen wirksam gewesen sein: Zu denken ist erstens an das politische Interesse Josias und der Beamtenschaft, die gesamte Bevölkerung des in Aussicht genommenen neuen Großreiches fester an die Hauptstadt zu binden. Der Polyjahwismus an den verschiedenen Kultorten begünstigte nicht nur religiöse, sondern auch politische Sonderentwicklungen in einem aufgrund seiner geographischen Struktur immer schon zur Dezentralität neigenden Lande. Immerhin hatte der Ausbau Bethels zum Reichsheiligtum die politische Trennung des Nordens endgültig zementiert. Die Zerstörung Bethels und anderer Provinzheiligtümer durch Josia verfolgte darum den Zweck, die gesamte israelitische Bevölkerung im Süden wie im Norden zu zwingen, mehrmals im Jahr nach Jerusalem zu kommen und so die Einheit der Nation zu stärken. Zu beachten ist allerdings, daß diese Bemühungen nicht mit einer Stärkung der politischen Zentralgewalt einhergingen. Die Kultzentralisation ist vielmehr der Versuch, die Einheit des Reiches nicht mehr durch den harten Zwang einer starken königlichen Zentralgewalt, sondern durch die gemeinsame Verehrung des einen Gottes und religiöse Überzeugungsarbeit zu begründen.

Als zweites sind – und sicher nicht zu knapp – die Eigeninteressen der Jerusalemer Tempelpriesterschaft in Anschlag zu bringen. Für sie, die ja auch zum Trägerkreis der Reform gehörte, bot die Kultzentralisation die Möglichkeit, sich praktisch eine Monopolstellung mit traumhaften Privilegien zu schaffen. Der gesamte Strom der Opfergaben des Landes floß nun ihr allein zu. Aufgrund der sprunghaft ansteigenden Opferanteile war es ihr leicht möglich, auf Grundbesitz zu verzichten, um sich allein ihren priesterlichen und theologischen Aufgaben zu widmen (Dtn 18,1-3). Wie stark die Eigeninteressen, die hier ins Spiel kamen, tatsächlich waren, kann man daraus ersehen, daß die ursprüngliche Reformabsicht, den arbeitslos gewordenen Landpriestern, sofern sie wollten, in Jerusalem die gleiche Rangstellung im Kult und bei der Verteilung der Opferanteile einzuräumen (18,6-8), nicht durchgesetzt werden konnte (2. Kön 23,8f.). Neben den Priestern profitierte natürlich auch die gesamte Bevölkerung der Hauptstadt von dem jetzt einsetzenden Wallfahrtsbetrieb.

Schließlich ist drittens noch das Interesse der weisheitlich geprägten Beamtenschaft an einer Reduzierung des Kultbetriebes zu nennen. Die Kultzentralisation schränkte wegen der nun erheblich größer gewordenen Entfernung zum Heiligtum die Möglichkeit zu kultischen Verrichtungen stark ein, wovon besonders die familiären und dörflichen *zäbaḥ*-Feiern betroffen waren, die jetzt nur noch – wenn überhaupt – im Rahmen der drei großen Wallfahrtsfeste zum Tragen kommen konnten. War bis dahin jedes Schlachten eines Tieres ein Gottesdienst gewesen, so geben die deuteronomischen Reformer bewußt das profane Schlachten frei (12,15f.). Diese weitgehende Entsakralisierung des alltäglichen Lebens ist gewollt. Die Weisheitstradition stand ja traditionell dem Kultbetrieb eher distanziert gegenüber, besonders da, wo er sich aufblähte und zur äußerlichen Farce wurde (Prov 21,3; Koh 4,17; Sir 34,21-24). So war gerade der weltliche Flügel der deuteronomischen Reformbewegung auf die Verinnerlichung der Gottesbeziehung (Dtn 6,5) und ihre ethische Bewährung in allen Bereichen des gesellschaftlichen Alltags aus, er hatte gar kein direktes kultisches Interesse und stand in dieser Frage den Gerichtspropheten mit ihrer Kultkritik näher als den priesterlichen Reformkollegen. Wenn in Dtn 12,20-27 das profane Schlachten wieder eingeschränkt und nur noch den entfernt von Jerusalem Wohnenden anempfohlen wird, offensichtlich weil die Priesterschaft um den ordnungsgemäßen Vollzug des Schächtritus besorgt war, dann wird daran deutlich, wie unterschiedlich die Interessen der beiden Reformflügel an dieser Stelle waren (vgl. auch Lev 17,1-14 den Versuch der Priester, das profane Schlachten wieder zu verbieten). Was für den Priesterflügel eine problematische Folge der Kultzentralisation war, war für den Beamtenflügel ein begrüßter Nebeneffekt. In der Reformidee der Kultzentralisation verband sich somit ein ganzes Geflecht unterschiedlicher, aber in der Konsequenz einheitlicher Interessen. Es ist darum kein Wunder, daß dieser Teil des Reformwerkes voll realisiert werden konnte.

Die Kultzentralisation griff tief in das bisherige kultische Brauchtum ein und machte damit eine ganze Reihe kultischer Neuregelungen nötig: Die Zehntabgabe wurde an das Zentralheiligtum verpflanzt und nur in jedem dritten Jahr mit einer neuen karitativen Funktion in den einzelnen Ortschaften belassen; wegen Transportschwierigkeiten wurde eine Umwandlung in Geld zugelassen, was den Handel in der Hauptstadt begünstigte (14,22-29; 26,12-15). Die Opferung der Erstlinge in Jerusalem machte eine Neuregelung bei den tierischen Erstgeburten notwendig, weil diese nicht mehr direkt nach der Geburt dargebracht werden konnten. Es wurde bestimmt, daß sie erst einmal nur Gott geweiht wurden und keine Arbeit verrichten durften, bevor man sie bei einem Jahresfest darbrachte. Fehlerhafte Tiere wurden zum profanen Verzehr freigegeben (15,19-22). Das traditionell familiäre Passafest wurde zu Wallfahrtsfest gemacht und mit dem Massotfest verbunden (Dtn 16,1-8). Dem Wegfall des lokalen Heiligtums als Asylstätte suchte man damit zu begegnen, daß man die Einrichtung dreier Asylstädte anordnete; damit wurde die Asylfunktion vom heiligen Ort getrennt (Dtn 19). Und schließlich bildeten die arbeitslos gewordenen Provinzpriester («Leviten») ein bedeutendes soziales Problem, dem man durch karitative Maßnahmen beizukommen suchte.

Neben diesem Herzstück der Reform sind noch einige weitere Einzelmaßnahmen zur Eindämmung des offiziellen Synkretismus zu nennen. Wie schon in der hiskianischen Reform wurden Gottesbilder, ja in einem späteren Stadium sogar sämtliche bildliche Darstellungen im Jahwekult verboten (Dtn 5,8); dieses galt auch für die Gottessymbole Massebe und Aschere (16,21 f.). Die Tempelprostitution wurde abgeschafft (23,18f. vgl. 2. Kön 23,7), der «Gestirnskult» und d. h. das assyrische Omen- und Beschwörungswesen aus dem Tempelbereich verbannt (2. Kön 23,5.11 vgl. Dtn 17,3; 18,9-14). Dem diplomatischen Synkretismus suchte man dadurch zu begegnen, daß dem König verboten wurde, viele Frauen zu nehmen (17,17).

Wie entschlossen man war, jede Form von Synkretismus von nun an zu bekämpfen, zeigt das 13. Kapitel des Deuteronomiums. Auf der Ebene der offiziellen Religion wollte man nicht einmal davor zurückschrecken, eine Stadt, in der sich eine synkretistische Jahweverehrung breitgemacht hatte, zu bannen, d. h. ihre Bewohner zu töten und sie zu verbrennen, um sie als unbewohnte Ruinenhügel liegenzulassen (V. 13-19); für eine Nation, die ihre Einheit und Identität religiös definieren wollte, war ein solcher regionaler Synkretismus nicht mehr tragbar. Wieweit solche Postulate praktikabel waren oder nur der Abschreckung dienen sollten, sei dahingestellt.

Der verbissene Kampf um die Reinheit und Einheit der Jahwereligion hatte nun aber auch eine schroffe Abgrenzung nach außen zur Folge. Die Erfahrung unter der sechzigjährigen assyrischen Besatzungszeit, daß die Bedrohung der Jahwereligion vor allem durch fremdreligiöse Einflüsse von außen kam, wurde generalisiert und zu einem religiösen Feindbild verdichtet. Es besagte, daß sich die Jahwereligion schon immer, seit der Einwanderung in Palästina, in einem nicht enden wollenden Kampf der verderblichen Einflüsse der «kanaanäischen Ureinwohner» habe erwehren müssen. Alles, was die deuteronomischen Reformer als Fehlentwicklung der Jahwereligion betrachteten, galt in ihren Augen pauschal als «kanaanäisches Erbe», egal wodurch es konkret verursacht war. Alles Fremde wurde als Bedrohung der ausschließlichen Jahweverehrung verstanden. Die politische Konsequenz konnte für sie darum nur lauten: ein Verbot der politischen Bündnisse mit allen «Kanaanäern», d. h. allen fremden Bevölkerungsgruppen, die innerhalb oder in der Nähe des von den Reformern beanspruchten Staatsgebietes wohnten (Ex 34,11-14; Dtn 7,1 f. 5), und ein Gebot, alle fremden Städte im Umkreis des eigenen Siedlungsgebietes im Kriegsfall schonungslos zu zerstören (Dtn 20,15-17); politische Agreements waren nur mit entfernten Städten vorstellbar (V. 10-14). Israel mußte sich nach Meinung der Reformer als «heiliges Volk» verstehen, das Jahwe von allen Völkern ausgesondert habe (7,6; 14,2.21; 26,19), wenn es nach einem Jahrhundert der politischen Anlehnung an die umliegenden Mächte die Chance für einen nationalen und religiösen Neuanfang haben sollte. Die Rückbesinnung auf das eigene exklusive Gottesverhältnis hatte somit unter den Bedingungen der Staatlichkeit durchaus grausame und aus heutiger Sicht nicht unproblematische Konsequenzen.

Der Kampf gegen privaten Synkretismus und religionsinternen Pluralismus

Die familiäre Frömmigkeit, die fast die ganze vorexilische Zeit über eine von den Trägern der offiziellen Jahwereligion kaum beachtete Sonderexistenz geführt hatte, war im 7. Jahrhundert in besonders starkem Maße dem assyrischen Einfluß ausgesetzt gewesen. So ist es verständlich, daß sich die deuteronomischen Reformer ganz besonders ihr zuwenden mußten, wenn sie ihren Kampf um die Reinheit und Einheit der Jahwereligion nicht auf halber Strecke verlieren wollten. Ein religionsinterner Pluralismus derartigen Ausmaßes, der dazu geführt hatte, daß in den Familien andere Götter angebetet und assyrische Beschwörungsriten vollzogen wurden, mußte von den verschärften theologischen Kriterien der Reformer her als völlig untragbar erscheinen: Ihre Reformparole «Jahwe, unser Gott, Jahwe ist einer» implizierte selbstverständlich, daß auch in den Familien niemand anders als Jahwe allein verehrt werden könne und daß der hier verehrte Jahwe mit dem Gott Israels identisch sein müsse. Auch wenn der Realisierung dieser Maxime strukturelle religionssoziologische Grenzen gesetzt waren, mußte somit die deuteronomische Reformbewegung bemüht sein, den privaten Synkretismus zu beseitigen und die familiäre Frömmigkeit möglichst eng an die offizielle Jahwereligion anzubinden.[90]

Es ist darum nicht zufällig, daß sich die meisten kultischen Verbote des Deuteronomiums gegen Kleinkultriten richten, die entweder von der Familie vollzogen oder doch von ihr in Anspruch genommen wurden. Sie richten sich vor allem gegen die weitgefächerten Omenpraktiken und Beschwörungsriten, wie sie besonders durch den Einfluß der Assyrer in Israel heimisch geworden waren (18,10b-14). In die gleiche Richtung geht die Androhung der Todesstrafe durch Steinigung für den «Gestirnskult» (17,2-7). Es ist sicher kein Zufall, daß die Gesetzgeber gerade in der Mantik die größte Gefahr für den Abfall von Jahwe im privaten Bereich sahen: Omenexperten (genannt sind Propheten und Traumdeuter), die aufgrund irgendwelcher Vorzeichen Klienten weismachen wollen, sie müßten zur Abwendung einer Gefahr bestimmte andere Götter verehren, werden mit der Todesstrafe bedroht (13,2-6). Verboten wird auch die mit dem Adadkult eingedrungene Kinderweihung (18,10a), dazu bestimmte Trauerbräuche, «Einschnitte-Machen» u. a. (14,1) und Eßsitten (14,21).

Wie schwierig das Vorhaben gewesen sein muß, im Bereich der familiären Frömmigkeit eine hier bis dahin völlig unbekannte exklusive Jahweverehrung durchzusetzen, macht die rigide Bestimmung Dtn 13,7-12 deutlich: Sie fordert für den Fall, daß ein Familienmitglied oder ein guter Freund jemand zu einer synkretistischen Gottesverehrung verführen will, die Betroffenen auf, jegliche Familiensolidarität hintanzustellen und den Täter anzuzeigen. Jeder einzelne wird somit dafür verantwortlich gemacht, daß in seiner Familie und in seinem Freundeskreis die alleinige Jahweverehrung praktiziert wird, und die gesamte Ortsgemeinde hat sich an der Ausmerzung eines überführten Götzendieners durch Steinigung zu beteiligen (V. 10f.). Daß hier der Gesinnungsschnüffelei und böswilligen Denunziation Tür und Tor offenstand, zeigt die Verfahrensneuregelung Dtn 17,2-7, keine Verurteilung mehr aufgrund der Aussage nur eines Zeugen vorzunehmen.

Betroffen von dieser strengen Überwachung, in die nun die familiäre Frömmigkeit geriet, war natürlich vor allem der Brauch, neben Jahwe noch eine weibliche Begleiterin anzubeten, wie es im gesamten antiken Vorderen Orient gang und gäbe war; diese war in älterer Zeit Aschera gewesen, die unter assyrischem Einfluß durch eine Ischtargestalt («Himmelskönigin») ersetzt wurde (s. o. S. 309; 345). Wie Josia die Aschera/Ischtarverehrung im Jerusalemer Tempel beseitigte (2. Kön 23,6f.), so ist es den deuteronomischen Reformern offensichtlich gelungen, durch Überwachung und Überzeugungsarbeit die judäischen Familien zu bewegen, die Ischtarverehrung aufzugeben, was besonders den Frauen nicht leichtgefallen ist (Jer 44,18). Wenn ihnen damit kein durchschlagender Erfolg beschieden war, sondern die Ischtarverehrung nach 586 unter den nach Ägypten geflohenen Judäern wieder auflebte und in der jüdischen Militärkolonie von Elephantine noch Ende des 5. Jahrhunderts eine Göttin Anat-Bethel verehrt wurde, dann zeigt das nur noch einmal, wie tief verankert dieser Brauch ganz besonders in der familiären Religiosität war.

Durch die Kultzentralisation wurde der familiäre Kleinkult ganz erheblich eingeschränkt; bis auf die kasuelle Bittzeremonie, die wahrscheinlich weiter am häuslichen Schrein vollzogen werden konnte, waren alle kasuellen Kultveranstaltungen der Familie betroffen, die am örtlichen Heiligtum stattgefunden hatten und auf dessen örtliche Nähe angewiesen waren: Das gilt vor allem für die verschiedenen Mahlopferfeiern *(zäbaḥ)*: das *zäbaḥ hattōdā* nach der Genesung eines Familienmitgliedes im Kreis der Familie und Nachbarn, das Schlachtopfer aufgrund von Gelübden (vgl. die ausdrückliche Warnung vor Gelübden 23,22-24) und das *zäbaḥ hajjamīm* im Kreis der Sippe bzw. der Dorfgemeinschaft (s. o. S. 315). All diese Opfer waren nur noch am meist erheblich weiter entfernten Zentralheiligtum möglich, was ihre Darbringung auf wenige Male im Jahr beschränkte (vor allem während der Jahresfeste) und in der Folge davon ganz sicher reduzierte. Damit verlor die Familie ein gutes Stück ihrer religiösen Autonomie und die Ortsgemeinde die Möglichkeit häufiger kultischer Integration. Wenn die Deuteronomiker so stark die Freude bei den zentralen Gottesdiensten betonen, dann nicht zuletzt darum, weil sie der Familie und der Ortsgemeinde fast jede Möglichkeit des fröhlichen gottesdienstlichen Feierns genommen haben. Das profane Schlachten, das weitgehend an die Stelle des *zäbaḥ*-Opfers trat, konnte die entstandene Lücke anfangs sicher nur unvollkommen ausfüllen.

Die teilweise kultische Entmündigung der Familie und die damit verbundene Lockerung der kultischen Einbettung des alltäglichen Lebens waren von den Reformern, besonders von ihrem weisheitlichen Flügel, bewußt gewollt. Sie standen für sie im Dienst einer Verinnerlichung und ethischen Durchdringung der israelitischen Gottesbeziehung auf allen Ebenen und im Zusammenhang damit im Dienst einer stärkeren Verklammerung von persönlicher Frömmigkeit und offizieller Religion.

Zuerst zur Verinnerlichung: Die Gottesbeziehung Israels sollte sich nach Meinung der deuteronomischen Reformer nicht in äußerlichen kultischen Veranstaltungen erschöpfen, sondern der Zuwendung des einen Gottes Jahwe zu Israel sollte eine ganz persönliche ungeteilte Zuneigung des Volkes entsprechen (Dtn 6,4f.). Doch wenn die deuteronomischen Prediger formulieren:

> Du sollst Jahwe, deinen Gott, lieben mit ganzem Herzen,
> mit ganzer Seele und mit ganzem Vermögen,

dann reden sie damit jeden einzelnen israelitischen Hausvater an. Sie knüpfen hiermit einmal an die emotionale Sprache Hoseas an (zu *ʾāhab* «lieben» vgl. Hos 11,1ff.), nehmen aber auch die Sprache der persönlichen Frömmigkeit auf. So persönlich, von «meinem» bzw. «deinem Gott», hatte man bis dato nur im familiären Bereich vom Gott der Familie bzw. des einzelnen gesprochen (Klage des einzelnen, Heilsorakel). Diese ganz persönliche, von einem engen Vertrauensverhältnis getragene Gottesbeziehung der familiären Religiosität wird von den Deuteronomikern auf ganz Israel ausgeweitet; gleichzeitig bekommt damit die Gottesbeziehung eines jeden einzelnen Anteil an der Ausschließlichkeit des Verhältnisses zwischen Jahwe und Israel, die diesem bis dahin fremd war. Die persönliche Gottesbeziehung erhält damit den Charakter einer engen emotionalen, innerlich bejahten Bindung; sie ist für die Deuteronomiker die Basis, von der aus eine ethische Neuorientierung des einzelnen erfolgen und von der aus eine Veränderung der Gesellschaft herbeigeführt werden soll.

Sodann zur ethischen Durchdringung der Gottesbeziehung: Anstelle der reduzierten kultischen Verpflichtung weisen die Reformer den einzelnen mit großem Nachdruck auf die ethische Verpflichtung hin, die aus seiner persönlichen Beziehung zu Jahwe entspringt. Der gesellschaftliche Alltag ist der Ort, wo jeder zum ständigen Gottesdienst aufgerufen ist. Es war davon die Rede gewesen, daß die persönliche Gottesbeziehung des einzelnen weitgehend unbedingt gewesen war: Schutz und Segen Gottes für den einzelnen waren letztlich in dessen Erschaffung begründet und hingen nicht primär von seinem Verhalten ab. Auch die Deuteronomiker kennen ein solches unbedingtes Segenshandeln Jahwes am einzelnen, das dem einen mehr und dem anderen weniger Wohlstand verleiht (12,7; 14,24; 15,4; 16,10.15), aber dieses beinhaltet für sie die Verpflichtung, Bedürftigen davon etwas abzugeben! Meist reden sie jedoch von einem bedingten Segenshandeln Jahwes, und zwar in paränetischen Einschüben, mit denen sie jedem einzelnen israelitischen Hausvater die Befolgung ihrer Reformgesetze ans Herz legen wollen: Halte dich daran, «damit du lange lebst» (5,16; 22,7; 25,15), «damit du am Leben bleibst» (16,20), «damit es dir gut geht» (5,16; 12,25.28; 22,7) oder noch expliziter «damit Jahwe, dein Gott, dich segne bei allem, was du unternimmst» (14,29; 15,10.18; 16,15; 23,21; 24,19). Die Deuteronomiker knüpfen somit bewußt an die Erfahrung von Gottes Segen und Schutz im persönlichen Lebensbereich an, machen sie aber ausdrücklich von der der Einhaltung der Gebote und Gesetze abhängig. Sie wollen damit ihren Adressaten beibringen: Glück, Wohlstand, langes Leben, worum es auch in eurer persönlichen Gottesbeziehung so zentral geht, sind nicht einfach selbstverständlich, sondern an die Einhaltung ethischer Normen gebunden.

An einigen Stellen sind diese sogenannten «Segenshinweise» noch durch eine adverbiale Bestimmung erweitert: «in dem Lande, das Jahwe, dein Gott, dir gegeben hat» (5,16; 25,15; vgl. 23,21). In ihnen weiten die Deuteronomiker den Blick wieder bewußt vom Geschick des einzelnen auf das ganze Volk aus. Sie weisen damit jeden einzelnen Israeliten unmißverständlich auf die geschichtliche Basis seines Wohlstandes hin: Nur deswegen kann er Jahwes Segen teilhaftig werden, weil dieser zuvor Israel das Land geschenkt hat. Mit diesem generalisierenden Rückgriff auf die alte Erinnerung, daß die Exodusgruppe nicht immer schon in Palästina ansässig war, sondern ihren Lebensraum erst im Zuge ihrer Befreiung aus der ägyptischen Fron von Jahwe erhalten hat, decken die deuteronomischen Reformer nicht nur – ganz im Sinne Hoseas – den Geschenkcharakter der göttlichen Segensgüter auf, sondern binden auch die tief im Anthropologischen verankerte persönliche Frömmigkeit an die besondere Befreiungsgeschichte Jahwes mit seinem Volk an. Nur innerhalb des geschichtlich begründeten exklusiven Gottesverhältnisses Israels kann auch der einzelne Israelit Glück und Segen finden.

Um diese Einsicht jedem Israeliten in Fleisch und Blut übergehen zu lassen, müssen die deuteronomischen Reformer darum bemüht sein, ihre Sicht der religiösen Gründungsgeschichte Israels in der Familie selbst zu verankern. Es war schon davon die Rede gewesen, daß die politischen Befreiungserfahrungen, welche die Exodusgruppe mit Jahwe gemacht hatte, in der familiären Religiosität kaum eine Rolle spielten (s. o. S. 313). Wohl gedachte man des Exodus seit alters im Massotfest, und wohl hatte die Exodustradition in einigen geschichtlichen Phasen wie etwa im Jerobeam-Aufstand revolutionäre Kraft entfalten können, aber damit war sie doch primär eine Sache des offiziellen Kults und des politischen Lebens geblieben. Im Raum der Familie und des alltäglichen Lebens hatte man dagegen seine eigenen religiösen Erfahrungen, auf die man sich stützen konnte. Aber eben dies sollte nach dem Willen der deuteronomischen Reformer nun anders werden: So entwickeln sie im Anschluß an die Konzeption Hoseas kleine heilsgeschichtliche Kompendien, welche die komplizierte Frühgeschichte Israels auf die eine Linie vom Exodus zur Landnahme reduzieren (6,21-24; 26,5-10). Damit wollen sie den Familienvätern eine Handreichung geben, damit sie ihren Kindern von dieser Geschichte erzählen können, wenn die Frage nach dem Woher bestimmter Gebote und Bräuche aufkommt (6,20). Ja, die Erinnerung an die Rettungsgeschichte des Volkes soll zeichenhaft quasi körperlich an Händen und Stirn des einzelnen und an seine Lebenswelt (Türpfosten) befestigt werden (6,8f; 11,18.20), damit er sie nie vergißt und sie seinen täglichen Lebensrhythmus begleitet (6,7; 11,19). Und schließlich verankern die Deuteronomiker das Bekenntnis zu Jahwe, dem Befreier aus Ägypten, in den beiden wichtigsten familiären Kultfeiern, dem Passafest (Dtn 16,1), das mit dem Massotfest verbunden wird (vgl. Ex 13,2-10), und der Darbringung der Erstlinge (Dtn 26,1-11). Im Rezitieren des «geschichtlichen Credos» soll jeder Familienvater die Einsicht in den Zusammenhang, der zwischen der Befreiungsgeschichte Jahwes mit Israel und dem Segen Jahwes für seine Familie besteht, alljährlich immer wieder neu einüben.
Als ausgereiftestes Beispiel religiöser Laienunterweisung der deuteronomischen Reformbewegung darf sicherlich der Dekalog gelten (Dtn 5,6-21; vgl. Ex 20,2-17). Anknüpfend an Gebote, die schon seit langem in der familiären Erziehung zu Hause bekannt waren (bes. Dtn. 5,16-20), schaffen die deuteronomischen Theologen unter Hinzufügung weiterer kultischer und religiöser Anweisungen in ihm ein kleines katechismusartiges Kompendium, mit dem sie jedem israelitischen Hausvater nicht nur eine leicht memorierbare Zusammenstellung der wichtigsten Grundnormen, sondern auch eine knappe Zusammenfassung ihrer theologischen Reformkonzeption an die Hand geben. Letztere zeigt sich besonders deutlich im durchkomponierten Eingangsteil des Dekalogs (5,6-10): Dieser bestimmt das Gottesverhältnis Israels als ein geschichtlich-dialogisches: Es ist begründet durch die Rettungstat Jahwes, mit der er Israel aus dem ägyptischen Sklavenhaus befreite (V. 6); damit hat sich Jahwe an Israel gebunden («dein Gott») und fordert es besonders im Fremdgötter- und Bilderverbot auf, sich ebenfalls ganz und gar an ihn zu binden. Mit seinem Gehorsam gegenüber Jahwes Gebot antwortet Israel auf die seine Existenz begründende Rettungstat Jahwes in der Vergangenheit; der Gebotsgehorsam und vor allem die ausschließliche Jahweverehrung ist Dankbarkeit gegenüber dem Retter (V. 7-9a). Und auf den Gehorsam bzw. Ungehorsam Israels antwortet Jahwe wiederum mit Treueerweis bzw. strafender Heimsuchung in der Zukunft (V. 9b-10). Der Retter aus Ägypten ist zugleich ein «eifersüchtiger Gott» (V. 9b; vgl. Ex 34,14; Jos 24,19; Dtn 4,24; 6,15; Nah 1,2), der – wie schon Hosea und Jesaja gesagt hatten – aus gekränkter Liebe straft.

Die pädagogische Zielrichtung dieser Konzeption wird vor allem in ihrer durchgängigen Stilisierung als Du-Anrede erkennbar: Gesprochen wird von Israel und seiner Geschichte, seiner Vergangenheit und seiner Zukunft (Dtn 5,6.9bf.), angesprochen jedoch wird mit dem «Du» jeder Israelit, an den sich die Gebote Jahwes richten: Es findet eine paränetisch gewollte Verschmelzung von Volks- und Einzelschicksal statt: Jeder Israelit – so wird behauptet – war in Ägypten und wurde von Jahwe dort befreit, jeder Israelit ist aufgerufen sich zu entscheiden, ob er im Gehorsam gegenüber Jahwe in der ihm geschenkten Freiheit bleiben will, und von der Entscheidung jedes Israeliten hängt das Schicksal des Volkes in der Zukunft ab. Die religionsinternen Differenzen zwischen persönlicher Frömmigkeit und offizieller Religion werden damit bewußt eingeebnet; Jahwe, der Retter aus Ägypten, ist nicht nur der Gott Israels, sondern auch der persönliche Gott («dein Gott») eines jeden einzelnen.
Durch die theologische Rahmung werden von den deuteronomischen Reformern Fremdgötter- und Bilderverbot als die über die Zukunft Israels und das Schicksal eines jeden einzelnen entscheidenden Gebote herausgehoben. Dabei entspricht es ihrem Anliegen der Verinnerlichung der israelitischen Gottesbeziehung, daß das Fremdgötterverbot nicht mehr allein auf die kultische Gottesverehrung beschränkt bleibt. Die bewußt allgemein gehaltene Formulierung: «Du sollst keine anderen Götter haben mir ins Angesicht», schließt die gesamte Gottesbeziehung ein: Jede Hinwendung zu einem anderen Gott, und geschähe sie nur in Gedanken, wäre ein Schlag ins Angesicht Jahwes, der selbst in das Verborgene des Herzens blickt. Entsprechend der erlebten Gefährdungssituation, in die gerade die familiäre Frömmigkeit im 7. Jahrhundert geriet, werden in der deuteronomischen Formulierung des Gebots die anderen Götter durchaus noch als

wirksame Mächte begriffen. Erst in der spätexilischen Zeit, als der Kampf um die alleinige Jahweverehrung weitgehend entschieden war, werden sie zu machtlosen Götzen zusammensinken (Lev 19,4a; 26,1). Interessant ist auch, daß für die Deuteronomiker Fremdgötter- und Bilderverbot fast identisch sind; eine Verwendung von Kultbildern, selbst wenn sie Jahwe gelten sollen, ist für sie eo ipso Fremdgötterkult. Auch damit soll gerade der schwer kontrollierbaren Religiosität in den Familien – man denke nur an die Aschtartefiguren und die Sternenkuchen für Ischtar – eine klare Grenze gezogen werden.
So haben die deuteronomischen Reformer aus den Erfahrungen mit dem privaten Synkretismus im 7. Jahrhundert heraus die familiäre Religiosität an die kurze Leine gelegt. Sie haben sich als erste in der Religionsgeschichte Israels dem Problem des religionsinternen Pluralismus gestellt und die persönliche Frömmigkeit von ihrer neu konzipierten Religion Israels her theologisch zu durchdringen gesucht. Sie fügten ihr dabei eine geschichtstheologische und ethische Komponente ein, die sie bis dahin nicht gehabt hatte. Sie versuchten aber auch, von der persönlichen Gotteserfahrung her der offiziellen Jahwereligion als ganzer eine neue Innerlichkeit zu vermitteln. So kommt es, daß sich seit der späten Königszeit familiäre Frömmigkeit und offizielle Religion sehr viel enger nebeneinander entwickelten, als dies davor der Fall gewesen war.

Die Eindämmung gesellschaftlicher Mißstände

Neben der religiös-kultischen verfolgte die deuteronomische Reform eine soziale Zielrichtung. Auch in dieser Hinsicht wurden Ansätze der hiskianischen Reform aufgenommen und konsequent weiterentwickelt. Vor allem die Beamtengruppe innerhalb der Reformbewegung war wohl entschlossen, durch zum Teil massive Eingriffe in die Rechte der Besitzenden den verhängnisvollen Verarmungsprozeß in der judäischen Gesellschaft endlich zu stoppen und das Elend der inzwischen breiten landbesitzlosen Unterschicht durch organisierte Hilfe zu mildern.[91]
Ein Hauptgrund für die Verelendung der Kleinbauernschicht war, wie schon erwähnt, das antike Kreditwesen mit seinem extensiven Pfand- und Haftungsrecht gewesen. Es ist darum kein Zufall, daß die deuteronomischen Gesetzgeber ihre Reformbemühungen vor allem darauf konzentrierten. So schränkten sie das Recht des Pfandnehmers über das Bundesbuch hinaus weiter ein: Es wird nicht nur verboten, den Mantel des Armen über Nacht zu pfänden (Dtn 24,12), sondern auch das Kleid der Witwe (24,17); es wird untersagt, die «Handmühle», d.h. die Reibesteine, die man zur täglichen Brotbereitung brauchte, als Pfand zu nehmen, weil man damit das Leben pfänden würde (24,6). Ebenso wird dem Gläubiger verboten, in das Haus des Schuldners einzudringen, um sich ihm passende Pfänder herauszuholen; er muß das akzeptieren, was ihm der Schuldner herausbringt (24,10f.). Hier wird deutlich das Bemühen spürbar, auch dem überschuldeten Mitbürger noch einen Rest von Lebensrecht und Menschenwürde zu sichern. Das Verbot des Leihens auf Zinsen, das Ex 22,24 noch auf die Armen eingeschränkt war, wird auf alle Israeliten ausgeweitet (Dtn 23,20), zugelassen wird diese sozial schädlichste Form des Darlehensgeschäfts nur noch gegenüber Ausländern.

Der weitgehendste Eingriff in das Kreditwesen geschah mit der Schaffung der neuen Institution der Schemitta (Dtn 15,1-11): Alle sieben Jahre sollte nach dem Willen der Reformgesetzgeber eine öffentliche «Loslassung» *(šĕmiṭṭā)* für Jahwe ausgerufen werden, bei der alle Kreditgeber auf alle ihre Forderungen gegenüber ihren Schuldnern verzichteten, d.h. sowohl auf die Rückzahlung der Schuldsumme als auch auf ihre Zugriffsrechte auf den Besitz (Pfand, Pfandnutzung) und die Person des Schuldners (Schuldsklaverei). Allgemeine Lasten- und Sklavenbefreiungen sind auch sonst im antiken Vorderen Orient durchaus üblich gewesen; so sind uns z.B. aus Mesopotamien königliche *andurāru-*, *mīšaru-* oder *šūdûtu-*Verfügungen bezeugt, durch die ein Herrscher – z.B. bei seinem Regierungsantritt – die soziale Lage seiner Untertanen bessern wollte (vgl. auch Esth 2,18). Diese Institution war auch in Juda nicht unbekannt: Jer 34 berichtet von einer Sklavenbefreiung *(dĕrōr)* des Königs Zedekia, zu der er die Jerusalemer Oberschicht förmlich vor Jahwe im Tempel verpflichtet; und in die gleiche Tradition gehört auch noch der Schuldenerlaß, den der Statthalter Nehemia in frühnachexilischer Zeit durchführen läßt (Neh 5).
Die deuteronomischen Reformer knüpften an diese königliche Rechtspraxis an, trennten sie aber von der Institution des Königtums. Statt dessen griffen sie auf den kultischen Brauch der Ackerbrache zurück, dem ja schon in der hiskianischen Reform eine soziale Zielrichtung gegeben worden war (Ex 23,12 ff.), und setzen an die Stelle eines Verzichts auf ackerbäuerliche Nutzung *(šāmaṭ)* den Verzicht auf Schuldforderungen. Indem sie den für die einzelnen Felder unterschiedlich ablaufenden Siebenjahresrhythmus der Ackerbrache zu einer allgemein gültigen Siebenjahresperiode der Schemitta umgestalteten, gaben sie damit dem öffentlichen Schuldenerlaß eine von der Huld des Königs unabhängige Automatik. Wenn man schon das harte antike Kreditrecht nicht abschaffen konnte, so sollten dessen verheerende Auswirkungen jedenfalls regelmäßig alle sieben Jahre gestoppt werden. Auch diese weitreichende finanzielle Entlastung der verarmenden Unterschicht war allerdings auf Volksangehörige beschränkt; sie galt nicht gegenüber Fremden (Dtn 15,3).
Die deuteronomischen Reformer waren sich dabei durchaus bewußt, daß ihr massiver Eingriff in die Besitzrechte der Oberschicht auf erheblichen Widerstand stoßen würde; die starre zeitliche Festlegung des Schuldenerlasses konnte z.B. dazu führen, daß kurz vor dem Erlaßjahr keine Kredite mehr an Arme gegeben wurden (V. 8). Darum versuchten die Reformer, dieser Gefahr durch eindringliche religiöse Mahnungen und Warnungen zu begegnen (V. 7-11). Sie appellieren an die Solidarität der Oberschicht gegenüber ihrem armen «Bruder» (7.8.11), sie machen sie darauf aufmerksam, daß Jahwe solche Hartherzigkeit als Sünde ahnden wird (V. 9), und sie stellen ihr für den Fall des generösen Besitzverzichts Gottes Segen und Glück in Aussicht (V. 10).
Des weiteren bemühten sich die Deuteronomiker, die soziale Lage derjenigen zu bessern, die das Kreditrecht um ihre Persönlichkeitsrechte oder ihren Grundbesitz gebracht hatte: der Schuldsklaven und der Lohnarbeiter. Für viele verarmte Kleinbauern war es offensichtlich immer schwieriger geworden, nach abgeleisteter Schuldsklaverei von sechs Jahren wieder wirtschaftlich Fuß zu fassen; viele zogen es darum vor, auf die Freilassung zu verzichten und Dauersklaven zu werden

(Dtn 15,16). Dieser Entwicklung suchen die Reformer dadurch entgegenzuwirken, daß sie für die Auszahlung eines Startkapitals an den zu Entlassenden werben (V. 14f.). Damit war der Grundgedanke der Schuldsklaverei, bei der ja der Schuldner seine Schuld abarbeiten sollte, eigentlich auf den Kopf gestellt, der Schuldsklave sollte jetzt – wie andere abhängige Arbeitskräfte auch – noch etwas für seine Arbeit verdienen (vgl. V. 18). So scheuten sich die Reformer denn auch, die Höhe des Verdienstes festzulegen und in eine eindeutige gesetzliche Regelung zu fassen. Um so mehr versuchten sie, durch theologische Motivation Zustimmung für ihren Reformvorschlag zu finden: Der Herr der Sklaven soll sich daran erinnern, daß er selber einmal Sklave in Ägypten gewesen ist und von Jahwe befreit wurde (V. 15), sein Reichtum, von dem er etwas abgibt, ist Gottes Segen (V. 14b), und Jahwe wird ihn für seinen Besitzverzicht erneut mit Segen überschütten (V. 18).

Hier wird das ganze Panorama der theologischen Argumente sichtbar, mit dem die Deuteronomiker eine neue soziale Verantwortung der Oberschicht in der sozialen Krise ihrer Zeit begründen wollten: Reichtum ist Segen Gottes und impliziert somit eine soziale Verpflichtung (14,24; 16,10.15), Reichtum für die Zukunft ist nur durch freiwilligen und freudig bejahten Besitzverzicht in der Gegenwart zu sichern (14,29; 15,10; 16,15; 23,21; 24,19), und die religiösen Befreiungstraditionen Israels verpflichten jeden Israeliten, sich aus Dankbarkeit für die geschenkte Freiheit für die versklavten und entrechteten Mitbürger einzusetzen (16,12; 24,18.22).

Von dieser grundsätzlichen theologischen Position her wäre es konsequent gewesen, die Abschaffung der Schuldsklaverei zu verlangen. Wenn Jahwe Israel aus dem «Sklavenhaus im Lande Ägypten» befreit hatte (*pādā* 15,15; 24,18), dann konnte eigentlich kein Israelit mehr Sklave eines anderen sein. In der Tat ist die Entwicklung später in diese Richtung gelaufen (vgl. Lev 25,39-43 Umgestaltung der abhängigen Arbeit); in der Zeit der deuteronomischen Reform besaßen solche theologischen Motivationen ganz offensichtlich nicht die Überzeugungskraft, um die wirtschaftlichen Zwänge im Kreditwesen aufzusprengen. Doch immerhin haben die Deuteronomiker durch das Verbot, entlaufene Sklaven ihrem Herrn auszuliefern (Dtn 23,17f.), die Fremd- und Schuldsklaverei schon ganz erheblich eingeschränkt (vgl. auch 21,10-14).

Der Lohnarbeiter *(śākir)* taucht erst im Deuteronomium als eigene soziale Gruppe auf (Dtn 15,18; 24,14f.); seine Existenz ist wahrscheinlich ein Kennzeichen der fortgeschrittenen sozialen Krise, in deren Verlauf immer mehr Kleinbauern ihren Grundbesitz verloren und sich für Tage oder Stunden zur abhängigen Arbeit verdingen mußten, um ihren Lebensunterhalt zu fristen. Die Reformgesetzgeber ordneten zu ihrem Schutze an, daß ihnen in ihrer völlig ungesicherten Lage der Lohn für ihre Arbeit jeden Abend ausgezahlt werden mußte (24,14f.).

Die deuteronomischen Reformer beschränkten sich nun aber keineswegs darauf, die verheerenden Auswirkungen des Kreditrechts einzudämmen, sondern sie machten sich auch daran, erstmals in der israelitischen Geschichte eine regelrechte Armenversorgung zu organisieren. Bis dahin war die Familie das einzige «soziale Netz» der israelitischen Gesellschaft gewesen. Die hohen Solidaritätsverpflichtungen innerhalb der Familie hatten allerdings zur Folge, daß das soziale Verantwortungsgefühl des einzelnen meist schon an der Grenze der Familie, spätestens aber der Sippe endete. Es hat sogar den Anschein, daß die fortschreitende Verstädterung und der verschärfte Verdrängungswettbewerb in der späten Königszeit noch einmal zur Schrumpfung der verwandtschaftlichen Solidarität geführt haben. Witwen und ihre unmündigen Waisen wurden immer häufiger von der Sippe des Mannes rücksichtslos von ihrem Acker gedrängt (Mi 2,8ff.) und standen nun völlig mittellos da; die ebenfalls grundbesitzlosen Fremden wurden offenbar immer seltener von den Familien in ein festes Schutzverhältnis übernommen (vgl. Dtn 26,11). Jedenfalls scheint sich die Lage dieser beiden Gruppen in der späten Königszeit so verschlechtert zu haben, daß es nicht mehr ausreichte, sie vor Übergriffen und Rechtswillkür zu schützen (Dtn 24,17); sie mußten wirtschaftlich gestützt werden.

Zu diesen traditionellen *personae miserae* kam infolge der deuteronomischen Kultreform eine dritte Gruppe hinzu: die arbeitslos gewordenen Priester der Provinzheiligtümer. Die Deuteronomiker nennen sie Leviten. Diese Terminologie ist jedoch interpretationsbedürftig und hat zur Verwirrung Anlaß gegeben, da auch die Jerusalemer Priester Leviten genannt werden können (Dtn 18,7). Der Terminus «Levit» ist im Deuteronomium somit eine zusammenfassende Bezeichnung für alle Priester; dies ist ganz im Sinne der archaisierenden und bewußt vereinheitlichenden deuteronomischen Geschichtssicht, die so tut, als seien alle israelitischen Priester Leviten gewesen, was historisch nicht zutrifft. Die reale Lage war vielmehr durch ein konkurrierendes Nebeneinander ganz verschiedener Priestergeschlechter gekennzeichnet (Eliden, Zadokiden, Aaroniden). Der archaisierende terminologische Rückgriff der Deuteronomiker auf die Priestergenossenschaft der Frühzeit, die sich auf Mose zurückführte und später am Heiligtum von Dan tätig war (Ri 18,30), sollte gegen diese Realität die Einheit und Solidarität der Priesterschaft stärken. Die ursprüngliche deuteronomische Reformabsicht ging denn auch dahin, den «Landleviten» neben ihren «levitischen Brüdern» in Jerusalem den Opferdienst zu ermöglichen (Dtn 18,6f.); sie scheiterte jedoch am Eigeninteresse der Jerusalemer Priesterschaft, die ihre «levitischen Brüder» aus der Provinz als «Höhenpriester» denunzierten (2. Kön 23,9) und nicht an die Opferanteile heranließen. Man muß somit im Deuteronomium zwei Gruppen von Leviten unterscheiden: 1. die Leviten *(hallewī)*, «die in deinen Toren bzw. deiner Mitte wohnen» (Dtn 12,12.27; 16,11.14; 26,14), keinen Grundbesitz haben und deswegen auf Almosen angewiesen sind (12,12.18.27.29; 16,11.14; 26,11.13); hier handelt es sich um die arbeitslos gewordenen Priester der Provinzheiligtümer; und 2. die Leviten, die in Jerusalem Dienst tun (18,7) oder sonstige kultische oder rechtliche Funktionen ausüben; sie werden auch levitische Priester genannt (*hakkohănīm hallewīm* 17,9.18; 18,1; 24,8 vgl. 21,5) und sind faktisch mit den Priestern *(kohēn)* des Jerusalemer Tempels identisch (12,2; 18,3; 19,17; 20,2; 26,3f.).

Die durch die Kultreform hervorgerufene soziale Notlage der «Landleviten» mag den Deuteronomikern den Anlaß geliefert haben, eine regelrechte Armenfürsorge für alle grundbesitzlosen Gruppen zu organisieren. Dazu beschritten sie drei Wege:

1. Sie verboten die Nachlese bei der Ernte und wiesen alle Früchte, die auf den Äckern, Weinbergen und Olivenbaumplantagen stehen- oder hängenbleiben, Fremdling, Witwe und Waise zu (Dtn 24,19-22). Möglicherweise knüpften die Reformer damit

schon an einen älteren Tabubrauch an (vgl. Lev 19,9f.), doch lassen die umfangreichen theologischen Motivationen (Segenshinweise V. 19; Exodusmotiv V. 22) erkennen, daß sie damit den Grundbesitzern, vor allem beim Wein- und Olivenanbau, nicht unerhebliche Ernteeinbußen zumuteten.

2. warben die Deuteronomiker dafür, die gottesdienstlichen Opfermahlfeiern der Familie für die armen Bevölkerungsgruppen zu öffnen. Ausgenommen blieben allein das traditionell familiäre Passamahl und die Darbringung der Tiererstlinge (Dtn 16,1-8; 15,20); zu allen anderen Opfermahlzeiten am zentralen Heiligtum sollten dagegen die Familien die «Leviten» ihres Ortes mitnehmen und mitfeiern lassen (12,11f.18; 14,26f.; 16,11.14; 26,11). Bei der Darbringung der Pflanzenerstlinge sollte darüber hinaus auch noch der Fremdling miteinbezogen (26,11) und schließlich bei den großen fröhlichen Mahlopferfeiern am Wochen- und Herbstfest zusätzlich noch die Witwen und Waisen aus dem Heimatort mitversorgt werden (Dtn 16,11.14). Diese kultische Armenversorgung hatte für die Deuteronomiker erhebliche theologische und pädagogische Bedeutung: Sie diente ihnen zur Einübung einer religiös begründeten Solidarität, die über die natürliche Gruppengrenze der Familie hinausging. Jedenfalls im Gottesdienst, in den freudigen Festessen vor Jahwe, sollte die soziale Aufspaltung der israelitischen Gesellschaft aufhören, hier jedenfalls sollte das eine befreite solidarische Gottesvolk seinem Gott gegenübertreten.

3. fügten die Deuteronomiker dem noch eine spezielle Armenversorgung hinzu, die überfamiliär auf Ortsebene geregelt werden sollte: Sie bestimmten, daß die Zehntabgabe, die normalerweise an das zentrale Heiligtum abzuführen war, in jedem dritten Jahr in den Wohnorten bleiben und an die Leviten, Fremdlinge, Witwen und Waisen verteilt werden solle (14,29; 26,12f.). Auch dieser Armenzehnt galt wie der Tempelzehnt als heilige Weihgabe (26,12), die dem Verzehr durch andere Personen entzogen war. Dadurch war seine dezentrale Verwaltung ohne Inanspruchnahme staatlicher Zwangsmittel vor Mißbrauch geschützt. Es handelt sich somit um den ersten Schritt zu einer institutionellen Regelung, die den grundbesitzlosen Gruppen, unabhängig von dem Wohlwollen der Besitzenden, einen regelrechten Versorgungsanspruch einräumte.

Die Sozialgesetzgebung der deuteronomischen Reformbewegung trägt damit ausgesprochen humane Züge. So schroff, ja sogar grausam von ihr im religiös-kultischen Teil der Reform die Abgrenzung nach außen vollzogen wurde, so integrativ war die Zielrichtung nach innen. Dem einen Gott Jahwe sollte das eine, ungeteilte Gottesvolk entsprechen (Dtn 7,6; 14,2; 26,8); deswegen war es für die deuteronomischen Theologen so wichtig, die bestehenden Klassengegensätze der judäischen Gesellschaft zu überwinden und vor allem die Oberschicht auf eine neue soziale Solidarität mit den wirtschaftlich schwächeren «Brüdern» einzuschwören (vgl. die solidarisierende Rede von «deinem Bruder» Dtn 15,3.12 u.ö.).

Man hat gerade der Sozialgesetzgebung des Deuteronomiums immer wieder einen utopischen Charakter bescheinigt und ihre Praktikabilität bezweifelt. Dazu ist zu bemerken: Ohne Utopie ist keine Reformbewegung, noch dazu keine so stark religiös motivierte wie die deuteronomische, denkbar. Hier wurde ja nicht weniger als der Versuch unternommen, eine schon relativ komplizierte Gesellschaftsordnung vom Befreiungsimpuls her, der der Jahwereligion in ihren Anfängen innewohnte, aufzubrechen und zu verändern. Nirgendwann sonst in der israelitischen Geschichte hat die Jahwereligion eine derartige gesellschaftliche Kraft entwickelt wie in dieser Bewegung. Wenn die soziale Seite des deuteronomischen Programms kaum durchgesetzt werden konnte, dann lag das nicht in erster Linie an ihrer mangelnden Praktikabilität, sondern am Widerstand eines Großteils der judäischen Oberschicht, die nach dem frühen Tod Josias im Jahr 609 den schon erreichten nationalen Konsens aufkündigte und wieder allein auf den eigenen Vorteil bedacht war (vgl. Jer 5, 26-29; 8,13-19). Hätten die deuteronomischen Reformer für ihr gesellschaftliches Umerziehungsprogramm mehr Zeit gehabt, als ihnen tatsächlich zur Verfügung stand (kaum mehr als ein Jahrzehnt!), hätten sie auf den weiteren Verlauf der gesellschaftlichen Entwicklung sicher einen größeren Einfluß gewonnen. Die Grenze der hier projektierten Sozialreform lag sicherlich in der Tatsache, daß es sich um eine Reform von oben handelte und den Trägern der Bewegung aus Oberschicht- und Mittelschichtkreisen trotz aller Solidarisierung mit der Unterschicht nicht daran gelegen sein konnte, die betroffene Unterschicht selbst zu ihrer Befreiung zu aktivieren. Aber immerhin, daß der Jahwereligion in der Zukunft dieser starke Zug zur sozialen Solidarität mit den Schwachen anhaftete bis hin zum breit gefächerten frühjüdischen Almosenwesen, ist nicht zuletzt ein Verdienst der deuteronomischen Bewegung.

Die Synthese von vorstaatlicher und staatlicher Religion

Die deuteronomische Bewegung hat nun aber keineswegs nur praktische religiös-kultische und soziale Reformziele verfolgt, sondern auch eine intensive theologische Arbeit geleistet, die neben den paränetischen Partien der Reformgesetze vor allem in den sogenannten «Einleitungsreden» des Deuteronomiums (6-11) ihren Niederschlag gefunden hat. Man kann ohne Übertreibung sagen, daß die Deuteronomiker überhaupt den ersten begrifflich und gedanklich durchstrukturierten theologischen Gesamtentwurf der Jahwereligion geschaffen haben.[92] Der gewaltige Aufschwung, den die theologische Arbeit damit in Israel nahm, ist wohl nur dadurch zu erklären, daß sich neben den Priestern und Ältesten erstmals eine Gruppe intellektuell geschulter Beamter mit der religiösen Tradition beschäftigte.

Die deuteronomische Theologie läßt sich als großangelegte Vermittlungstheologie charakterisieren. Dies hängt einmal mit der breit gefächerten Trägerschaft der deuteronomischen Bewegung zusammen, die Priester und Beamte, Älteste und Propheten umfaßte, ein andermal mit dem Ziel der Reform, alle Gruppen der israelitischen Gesellschaft religiös zu einen. Waren die bisherigen theologischen Entwürfe auf der Ebene der offiziellen Religion immer nur von einzelnen Gruppen entwickelt und getragen worden, die davidische Königstheologie und Jerusalemer Tempeltheologie von den Hoftheologen und der Tempelpriesterschaft oder prophetische Alternativtheologen von prophetischen Oppositionszirkeln wie z.B. dem Hoseakreis, so beanspruchten die Deuteronomiker, nicht weniger als eine offizielle Theologie für ganz Israel zu schaffen, die für jedermann akzeptabel war und von allen getragen werden konnte. Der Anspruch, sich für die Gesamtgesellschaft zu halten und für das Ganze zu sprechen, ist typisch für die Mentalität der Mittelschicht, der ein Teil des deuteronomischen Trägerkreises (*'am hā'āräṣ*) angehört.

Die deuteronomische Theologie ist darum von einer Fülle von Synthesen bestimmt: Religionsgeschichtliche Entwicklungen der staatlichen Zeit wie die Jerusalemer Königs- und Tempeltheologie wurden aufgegriffen, aber eng mit den vorstaatlichen Jahwetraditionen verknüpft und zum Teil erheblich zurückgeschnitten. Das machte diese Theologie für konservativ eingestellte Kreise auf dem Land und staatskritische Oppositionsgruppen annehmbar. Der kultische Führungsanspruch des Jerusalemer Tempels, der aus der Zionstheologie entsprang, wurde aufgenommen, ja sogar noch verstärkt, aber er wurde bewußt mit Heiligtumstraditionen aus dem Nordreich komplementiert (vgl. Dtn 27 Sichem, Dtn 29; vgl. Jos 3 Gilgal). Das sollte den Brüdern aus dem Norden, die man ja in das neue Großreich einbeziehen wollte, die Annahme dieser Theologie erleichtern. Geschichts-, Kult- und Gesetzestradition wurden eng miteinander verknüpft, um damit alle, die für die Fortentwicklung der Jahwereligion und der israelitischen Gesellschaft Verantwortung trugen, die Priester, Richter, Ältesten und Propheten, zu vereinen. Ja, man kann sagen, daß der gesamte Rückgriff auf die Frühgeschichte Israels, die Ausarbeitung einer allen gemeinsamen Gründungsgeschichte und die Konzeption eines in der Frühzeit als Einheit agierenden Israel, den die deuteronomischen Theologen in Aufnahme der Geschichtssicht des Hosea-Kreises vollzogen, dem Ziel entsprang, allen Gruppen ihrer Gesellschaft eine integrative theologische Basis anzubieten.

Einige der angesprochenen theologischen Synthesen sollen im folgenden weiter entfaltet werden: Die erste betrifft die Jerusalemer Königstheologie. Das Königsgesetz (Dtn 17,14-20) nimmt insofern das Postulat der altorientalischen und davidischen Königstheologie auf, als der König von Jahwe erwählt ist und damit in einer besonderen Beziehung zu Gott steht (V. 15 vgl. Ps 47,5; 89,4.20), doch so gut wie alle politischen und sakralen Kompetenzen, welche die Königstheologie daraus ableitete, werden negiert. Das ganze Königsgesetz ist von Verboten bestimmt, die als Reflex der negativen Erfahrungen, die man mit dem Königtum gemacht hatte, festhalten, was der König alles nicht machen darf: Er darf sich nicht viele Streitwagen anschaffen und damit seine militärische Machtbasis extensiv erweitern (Dtn 17,16), er darf keine militärpolitischen Bündnisse mit Ägypten schließen und damit die verhängnisvolle Schaukelpolitik fortsetzen (V. 16), ihm wird verboten, sich viele Frauen zuzulegen und damit dem diplomatischen Synkretismus Vorschub zu leisten (V. 17), und untersagt, sich persönlich zu bereichern, um damit das Land mit Fron und Steuern zu belasten (V. 17; vgl. Jer 22, 13-17). Das Eigentümliche dieses Gesetzes wird erst deutlich, wenn man es mit den Dogmen der Königstheologie (s. o. S. 320) vergleicht: Der König ist nicht mehr Weltherrscher, die Verantwortung für die Kriegführung soll nach deuteronomischer Ansicht vielmehr zumindest teilweise auf Beamte und Heerführer übertragen werden (vgl. Dtn 20). Die Deuteronomiker wollen in ihrem Kriegsgesetz bewußt wieder an die milizionäre Kriegführung der vorstaatlichen Zeit anknüpfen und damit auch die Kriegsziele wieder stärker an die Interessen des Volkes binden.

Der König ist auch nicht mehr Rechtshelfer; das Recht, Richter einzusetzen, wird ihm entzogen (Dtn 16,18) und seine Rechtskompetenz vom unabhängigen Obergericht wahrgenommen (17,8-13). Und schließlich ist der König auch nicht mehr Segensmittler. Der göttliche Segen für Israel hängt allein an der Erfüllung des Gesetzes (Dtn 7,12-16; 28), nicht mehr an der Person und dem Wirken des Königs. Der König ist nach deuteronomischer Ansicht somit nicht mehr der entscheidende Heilsgarant Israels, als den ihn die Königstheologie ausgegeben hatte. Dem Königtum wird jede sakrale Dignität abgesprochen. Er hat für die Gottesbeziehung Israels überhaupt keine Funktion mehr; diese ist vielmehr völlig unabhängig vom Königtum begründet, und zwar direkt und unmittelbar. Indem die Deuteronomiker auch den König ihrem Reformgesetz unterstellen und ihn mahnen, fleißig darin zu lesen und daraus zu lernen (17,18f.), binden sie auch seine besondere Gottesbeziehung, die sie nicht leugnen, in die Beziehung Jahwes zu Israel ein und behaften sie mit den gleichen ethischen Forderungen. Eine machtpolitische Vereinnahmung Jahwes durch das Königtum ist damit unmöglich gemacht. Der König ist nach deuteronomischer Konzeption kein absoluter Monarch mehr, sondern primus inter pares (vgl. 17,15); die Untertanen sind seine «Brüder», und er wird gewarnt, sich über sie zu erheben (V. 20). Mit seiner Bindung an das Gesetz wollen die deuteronomischen Reformer eine Art konstitutionelle Monarchie schaffen, wie sie schon den frühen königskritischen Gruppen vorgeschwebt hatte (s. o. S. 322), aber nicht verwirklicht werden konnte.

Die zweite theologische Synthese betrifft die Jerusalemer Heiligtumstheologie. Mit der sogenannten «Zentralisationsformel», die in ihrer Kurzform lautet: «der Ort, den Jahwe, dein Gott, erwählt hat» (12,14.18; 14,23; 15,20; 16,6; 17,8.10; 18,6 u.ö.), nehmen die deuteronomischen Theologen den von der Zionstheologie vertretenen Anspruch positiv auf, daß Jahwe den Zion erwählt (Ps 76,3; 132,13) und sich damit auf ganz besondere Weise an dieses Heiligtum gebunden habe. Aber im Unterschied zur Zionstheologie hat diese Bindung Jahwes an den Zion nicht mehr den Rang einer die Gottesbeziehung Israels konstituierenden Heilstat. Diese ist nach ihrer Auffassung längst im Exodus geschehen, und nur innerhalb der dort vollzogenen Erwählung Israels (Dtn 7,6; 14,2) findet auch die Erwählung des Zions ihren Platz. Sie ist ein Akt der Pädagogik Jahwes in der Geschichte mit seinem Volk und verändert nur die Form der kultischen Jahweverehrung, nicht aber die Gottesbeziehung als ganze (12,8-12). Eine ähnliche Vorordnung der Exodus- vor die Zionstheologie findet sich auch in dem Psalm Ex 15,1-18, der gut aus der Zeit der josianischen Reform stammen könnte.

Wie die Langform der sogenannten «Zentralisationsformel» (plus «um seinen Namen dort wohnen zu lassen»; 12,11; 14,23; 16,2.11) zeigt, sind die deuteronomischen Theologen daneben auch darum bemüht, die massive kultische Vereinnahmung Jahwes, die von der Zionstheologie vorgenommen worden war, aufzulockern. Jahwe wohnt (*šākan*) nicht mehr direkt auf dem Zion, wie die Zionstheologie behauptet hatte (Ps 46,5; 76,3), sondern nur noch sein Name (*šem*); nur in seinem Namen, den er Israel in der Rettungsverheißung in Ägypten und bei der Gebotsverkündigung auf dem Horeb offenbart hat, ist Jahwe Israel in Jerusalem kultisch gegenwärtig. Damit bekommt die kultische Gottesgegenwart, die in der Zionstheologie völlig ungeschichtlich und unbedingt gegeben war, von vornherein eine geschichtliche und ethische Dimension. In die gleiche Richtung weist die Uminterpretation der Lade, die in der deuteronomischen/deuteronomistischen Theologie vollzogen worden ist. Sie, die einmal die kultische Anwesenheit Jahwes im Jerusalemer Tempel begründet hatte, wird nun zum Behälter für den Dekalog gemacht (Dtn 10,1 ff.); nur in Verbindung mit seinen Geboten ist Jahwe für Israel auch kultisch gegenwärtig. Die deuteronomistischen Nachfolger der deuteronomischen Reformer werden dann in der Zurücknahme der kultischen Vereinnahmung Jahwes noch einen Schritt weitergehen: Für sie, die die Zerstörung des Tempels 586 schon hinter sich haben, hat Jahwe seinen Namen in Jerusalem nur hingesetzt (*śîm* 12,5.21; 14,24) bzw. über dem Tempel ausgerufen (Jer 7,10.14).

Mit diesen beiden Synthesen haben die deuteronomischen Theologen zwei wesentliche religionsgeschichtliche Entwicklungen, welche die Jahwereligion in der frühen Königszeit durchgemacht hat, nach vierhundert Jahren staatlicher Geschichte teilweise wieder zurückgenommen. Die gefährlichen Identifikationen Jahwes mit Staatsmacht und Staatskult, die in der Jerusalemer Königs- und Tempeltheologie vollzogen worden waren, wurden von ihnen als theologischer Irrtum erkannt und darum ganz erheblich gelockert. Erst in dieser korrigierten und reduzierten Form waren für sie Königs- und Tempeltheologie mit der Jahwereligion vereinbar. Der populistische Grundzug und die antiherrschaftliche Tendenz, die dieser Religion von Anfang an innewohnten, hatten sich damit einmal mehr gegen die machtpolitische Vereinnahmung Jahwes Geltung verschafft.

Während die deuteronomischen Theologen die staatlichen Heilstraditionen ganz erheblich beschnitten, räumten sie den vorstaatlichen Jahweüberlieferungen eine bis dahin nicht dagewesene zentrale Stellung ein. Erst durch sie rückte der Exodus, der besonders im Südreich von Königs- und Zionstheologie ganz an den Rand gedrängt worden war, zum entscheidenden Grunddatum der Religionsgeschichte Israels auf. Wenn damit in Anknüpfung an den Nordreich-Propheten Hosea gerade der religiösen Tradition, die einmal den Befreiungskampf der Nordstämme gegen das salomonische Reich getragen hatte und dann im – nun durch Josia zerstörten – Reichsheiligtum von Bethel besonders gepflegt wurde, auch für Juda die zentrale Heilsbedeutung beigemessen wurde, dann hat dies wiederum mit dem Anliegen der deuteronomischen Theologen zu tun, einen tragfähigen theologischen Kompromiß zu finden, dem auch die Brüder aus dem Norden zustimmen konnten.

Doch nicht nur der Rückgriff selbst, sondern auch die Ausformulierung der Frühzeittraditionen durch die deuteronomischen Theologen ist deutlich von dem Willen nach einer theologischen und begrifflichen Synthese bestimmt: Väter-, Exodus- und Landnahmetraditionen werden von ihnen in einen kohärenten geschichtlichen Bogen zusammengefügt, die Offenbarung am Sinai/Horeb streng auf die Gebots- und Gesetzesverkündigung bezogen und beides, geschichtliche Heilstradition und Gesetzestradition, eng miteinander verknüpft. Die Deuteronomiker präsentieren zum ersten Mal das Bild einer einheitlichen, zusammenhängenden Frühgeschichte, an der Israel von Anfang an als ganzes beteiligt war. Die theologische Synthese, die sie hiermit leisten, wird besonders an zwei Begriffen deutlich, die sie neu einführen, am Begriff der Erwählung und des Bundes.

Zuerst zur Erwählung[93]: Daß Jahwe zu Israel in einer besonderen Beziehung steht, war eine Überzeugung, die bis in die Anfänge der Religion Israels zurückgeht. Sie war so lange kein Problem, solange der Wirkungsbereich Jahwes auf Israel beschränkt blieb, wie es in der vorstaatlichen Zeit der Fall gewesen war (vgl. z.B. noch 1. Sam 26,19); es galt der Grundsatz: Jeder Gott hatte sein Volk, so Jahwe Israel (Dtn 32,8f.; Ri 11,24). Doch was wurde aus dieser besonderen Beziehung, nachdem Jahwe in der staatlichen Zeit zum König der Götter, König über alle Völker und universalen Weltschöpfer aufgestiegen war wie etwa in der Jerusalemer Tempeltheologie (s.o. S. 325)? Wie waren die Universalität Jahwes und seine partikulare Bindung an Israel zusammen denkbar? Das war das theologische Problem, vor das sich die deuteronomischen Theologen gestellt sahen. Eine mögliche Konsequenz wäre es gewesen, die Gottesbeziehung Israels nach außen hin zu öffnen; und dies war (wie oben S. 327 beschrieben) in der Zionstheologie geschehen: Nach ihr regierte Jahwe vom Zion aus die Völkerwelt, die Gottesbeziehung lief hier über den heiligen Ort und den König und ließ für eine spezifische Beziehung Jahwes zu Israel wenig Raum. Man erwartete hier vielmehr, daß auch Abgesandte anderer Völker dem König der Völker auf dem Zion huldigen würden (Ps 47,10). Aber eine solche universalisierende Öffnung, die in der Königszeit immer wieder die Möglichkeit zu synkretistischen Kompromissen geboten hatte, mußten die deuteronomischen Theologen gerade verhindern, wollten sie das Gottesverhältnis Israels sogar noch exklusiver fassen, als es in der Frühzeit Israels je gewesen war. Die theologische Lösung fanden sie in der Vorstellung von der Erwählung *(bāḥar)*, die sie von der Königs- und Tempeltheologie auf ganz Israel übertrugen: Jahwe, der als universaler Weltschöpfer Verfügungsgewalt über alles hat, was es im Himmel und auf Erden gibt (Dtn 10,14), hat sich aus allen Völkern in der Landverheißung an die Väter und in der Herausführung aus Ägypten nur dieses eine Volk Israel zum Eigentumsvolk *(ʿam sĕgullā)* erwählt (Dtn 4,37; 7,6ff.; 10,15 vgl. 14,1f; 26,19). Dies hat er nicht wegen irgendwelcher Vorzüge Israels getan (7,7), sondern aus freier Entscheidung, allein aus Liebe (4,37; 7,7; 10,15 vgl. Hosea), und daran, daß er es tun konnte und getan hat, soll Israel erkennen, daß er der wahre und überragende Gott ist (7,8; 10,16; 4,39). Die partikulare Bindung des universalen Gottes ist damit, so verkündeten die deuteronomischen Theologen, gottgewollt; sie ist nicht etwa eine Einschränkung seines Wirkungsbereichs, sondern geradezu Beweis seiner überlegenen Göttlichkeit.

Indem die deuteronomischen Theologen die Befreiung aus Ägypten als Erwählung interpretierten, verstärkten sie zugleich den exklusiven Charakter der israelitischen Gottesbeziehung und gaben ihr eine positive Funktion: Als aus allen Völkern erwähltes Volk ist Israel ein heiliges Volk (7,6; 14,2.21; 26,19; 28,9), das von allen Völkern getrennt ist und in dieser Sonderstellung zu ihnen gerade seine Bestimmung findet. Der in der unverdienten Erwählung erfahrenen, liebenden Zuwendung Jahwes soll die ungeteilte liebende Hinwendung Israels entsprechen, die sich im Gehorsam gegenüber Gottes Geboten und Gesetzen äußert (7,10f.; 10,12f.; 4,40). Nur innerhalb seiner besonderen, herausgehobenen Gottesbeziehung kann Israel dem wahren und universalen Gott begegnen.

Der zweite Begriff, den die Deuteronomiker zur Verknüpfung

und theologischen Ausdeutung der religiösen Frühzeittraditionen einführten, ist der des Bundes *(bĕrīt)*. Es handelt sich hierbei nicht um einen religiösen, sondern um einen politischen Begriff, den die deuteronomischen Theologen auf das Gottesverhältnis Israels übertragen. Nun ist es schon immer aufgefallen, daß das Deuteronomium in seinem Aufbau, vor allem in seinem Abschluß mit Segen und Fluch (Dtn 28), an die altorientalischen Staatsverträge erinnert. Früher hat man eine Beeinflussung von den hethitischen Verträgen des 2. Jahrtausends her annehmen wollen, doch liegt es heute, seit es ziemlich sicher ist, daß die religiöse Bundesvorstellung in Israel erst eine deuteronomische Innovation ist[94], viel näher, an die assyrischen Vasallenverträge zu denken, mit denen Juda im 7. Jahrhundert unmittelbar zu tun hatte. Ja, motivliche und terminologische Entsprechungen zwischen dem Deuteronomium und den *adê*-Verträgen Asarhaddons und Assurbanipals machen es relativ wahrscheinlich, daß die königlichen Schreiber, die mit zu den Trägern der deuteronomischen Reform rechneten, unmittelbare Kenntnis der assyrischen Vasallenverträge mit Juda hatten. So kann man annehmen, daß es die gerade erlebte und erlittene assyrische Vertragspraxis war, welche die Deuteronomiker dazu inspirierte, das von ihnen erneuerte Gottesverhältnis Israels nach Analogie eines Vasallenvertrages aufzufassen. Nachdem der assyrische Großkönig ausfiel, trat gleichsam Jahwe als der eigentliche König Israels an seine Stelle.[95] Ursprüngliches Ziel dieser Übertragung war es, dem erneuerten Gottesverhältnis Israels auf der Grundlage des deuteronomischen Reformgesetzes einen öffentlich rechtlichen Charakter zu geben. Wie ein Vasallenverhältnis sollte es durch einen symbolischen Vertragsschluß, d. h. durch die Proklamation wechselseitiger Selbstverpflichtungen, öffentlich bekräftigt werden können (vgl. 2. Kön 23,1-3; Dtn 26, 16-19). Wie schon beim Vasallenvertrag handelte es sich erst recht beim religiösen Bund nicht um ein Abkommen zwischen gleichen Partnern; es war allein Jahwe, der die Vertragsbedingungen vorgab, Israel konnte in den ihm gewährten Bund nur noch zustimmend eintreten (2. Kön 23,3; Dtn 29,11).

Diese aus der aktuellen Reformarbeit gewonnene Vorstellung eines symbolischen Bundes zwischen Jahwe und Israel haben die deuteronomischen Theologen nun auch zur Interpretation der religiösen Frühzeittraditionen verwendet. So wird verständlich, daß sie im Deuteronomium den Begriff bei ihren Hörern offensichtlich als schon bekannt voraussetzen und in der Auswahl dessen, welche Elemente der Frühzeitüberlieferung sie mit dem Bundesbegriff behaften, durchaus schwanken können. Da ist es einmal die Landverheißung an die Erzväter, welche die deuteronomischen Theologen als Schwur oder Bund, d. h. in diesem Fall als feierliche Selbstverpflichtung Jahwes interpretieren (Dtn 7,8.12; 8,18; vgl. 6,10; 9,5 u. ö.). Das Reden von Landverheißungen an die Erzväter war wahrscheinlich schon etwas früher nach dem Fall des Nordreiches aufgekommen (vgl. Gen 13,15.17; 28,13), um angesichts der zutage getretenen Bedrohung des Landbesitzes sich dessen religiös zu versichern. Die deuteronomischen Theologen verstärkten nun diese Tendenz, indem sie den Landbesitz Israels zum Gegenstand einer quasi juristischen Selbstverpflichtung Jahwes gegenüber den Vätern machten. Das Land wurde damit in ihrer Theologie zu einer zentralen Heilsgabe; wohl war diese nicht selbstverständlich, aber Israel konnte sich ihrer sicher sein, solange es seinerseits bereit war, seinen Teil der Selbstverpflichtung zu übernehmen und die Gebote und Gesetze zu halten (7,12 ff.; 8,11 ff.). Neben der Väterverheißung konnte aber auch die Befreiung aus Ägypten als der Punkt in der Frühgeschichte Israels angesehen werden, an dem die Bundestreue Jahwes erkennbar wurde (7,9); auch diese ist reziprok und gilt denen, die Jahwe lieben und seine Gebote halten.

Einen förmlichen Bundesschluß zwischen Jahwe und Israel verankerten die deuteronomischen Theologen jedoch an zwei anderen Stellen der Überlieferung: Als erstes interpretierten sie die Sinaitheophanie, die in der älteren Tradition auf die Begründung des Gottesdienstes hinauslief, zu einem Bundesschluß um (Dtn 5,2 f.; vgl. Ex 24,3-8). Zum Inhalt dieser Horeb-*bĕrīt* machten sie den Dekalog, d. h. das knappe Kompendium ihrer Theologie und der wichtigsten Forderungen der Reformbewegung, das sie zur allgemeinen Laienunterweisung geschaffen hatten (s. o. S. 349). Damit erhielt der Dekalog eine hohe Autorität, er wurde zur Gründungsurkunde des Bundes, die Israel direkt von Jahwe aus der Offenbarung heraus für alle Zeiten übergeben worden war. Seine Prädikationen (5,6.9 f.) repräsentierten die Selbstverpflichtung Gottes, seine Gebote die Verpflichtung, die Israel zu übernehmen hatte. Mit dieser Neuinterpretation leiteten die deuteronomischen Theologen eine weitreichende Entwicklung ein, in deren Gefolge fast die gesamte Gesetzestradition am Sinai verankert wurde.

Als zweites schufen sie oder auch ihre deuteronomistischen Nachfolger die Tradition eines Moabbundes (28,69; 29), mit dem auch das deuteronomische Gesetz, das als Abschiedsrede des Mose kurz vor der Einwanderung konzipiert war, zur Urkunde eines Bundesschlusses in der Frühgeschichte wurde. Beide Bundesschlüsse wurden so miteinander ausgeglichen, daß Jahwe am Horeb nach der Verkündigung des Dekalogs an das ganze Volk das deuteronomische Gesetz allein an Mose offenbart habe, der es dem Volk später für das Leben im Kulturland vermitteln sollte. Durch den Eintritt in die Moab-*bĕrīt*, die ihm Jahwe auf der Grundlage des deuteronomischen Gesetzes gewährte, wurde Israel endgültig zu Jahwes Volk und Jahwe zu seinem Gott (V. 11 f.). Damit bekam auch der Bundesschluß Josias (2. Kön 23,1-3) sein geschichtliches Pendant.

Die deuteronomistischen Nachfolger der deuteronomischen Reformer haben dann schließlich noch eine ständige Erneuerung des anfänglichen Bundesschlusses beim Herbstfest des Schemittajahres konzipiert (Dtn 31,9-13), bei dem das ganze Deuteronomium regelmäßig verlesen werden sollte, doch ist unsicher, ob sie sich damit durchsetzen konnten. Obgleich es immer wieder behauptet wird, ist ein «Bundeserneuerungsfest» als ständig geübte Kultpraxis im Alten Testament auf jeden Fall nicht nachweisbar.

Mit der Bundesvorstellung waren die deuteronomischen Theologen nunmehr in der Lage, die gesamte Gottesbeziehung Israels in Geschichte und Gegenwart auf einen einzigen Begriff zu bringen. Mit ihm ließen sich nicht nur die geschichtlichen Heilstraditionen der Frühzeit vereinigen, sondern auch die neu geschaffene Gesetzestradition eng verbinden. Vergangenheit und Gegenwart fielen in diesem Begriff zusammen, am Horeb wurde mit jeder gegenwärtigen Generation von neuem der Bundesschluß vollzogen (Dtn 5,2 f.).

Die Zusammenfassung der gesamten religiösen Tradition unter

einem einzigen Begriff hat dieser in der Folgezeit eine erhöhte Durchschlagskraft gegeben, was nicht unerheblich zum Überleben Israels nach dem Wegfall der staatlichen Einheit beigetragen hat. Mit dem Bundesbegriff drückten die deuteronomischen Theologen der Gottesbeziehung Israels für alle Zukunft einen unverwechselbaren rechtlichen Stempel auf. Daß eine solche rechtliche Strukturierung des Gottesverhältnisses auch nicht ganz unproblematisch war, weil die Zuwendung Gottes ja nicht etwas war, was Israel rechtlich einklagen konnte, sollte sich erst später herausstellen. Doch wenn sich die Religion Israels und des Judentums in der weiteren Zukunft zu einer Religion entwickeln sollte, in der weder der König noch der Kult, sondern die Thora und damit ein Buch im Mittelpunkt der Gottesbeziehung steht, dann geht dies wesentlich auf die korrigierenden Synthesen zurück, welche die deuteronomischen Theologen am Ende der Königszeit erarbeitet haben.

Manfred Görg

Christentum und Altes Testament

Spannungen im Bekenntnis

1. Im sogenannten ökumenischen Credo der Christen kommt das Alte Testament nicht vor. Im Glaubensbekenntnis der Gottesdienste ist weder vom Gott Abrahams, Jakobs oder des Mose die Rede noch von der Botschaft der Propheten – schon gar nicht vom Inbegriff alttestamentlicher Vorstellung von der Wirklichkeit und Wirksamkeit des Gottes Israels selbst, von JHWH nämlich, dessen Name in all seiner Rätselhaftigkeit und Unauslotbarkeit dem «Gott» des christlichen Credo das charakteristische Plus des Name-Seins voraus hat. Der namhafte Gott des Alten Testaments hat offenbar schon in den Glaubenssymbolen der altkirchlichen Konzilien, dem Apostolicum, dem Nicänum und dem Athanasianum, keinen Erbplatz zugestanden bekommen. So stellt sich gleich am Anfang unserer Erwägungen die Frage nach der Identität und Kontinuität des alttestamentlichen Gottes über den Tag der Ablösung des Alten Bundes durch den Neuen hinaus, sollte nicht vom «Tod» eines Gottes oder Gottesbegriffs gesprochen werden dürfen, dessen Zeit mit der Geburtsstunde eines ganz anderen, des christlichen Gottes abgelaufen wäre. Möchte man hier auch die religionsgeschichtlichen Kategorien zum Werden und Vergehen eines Gottes oder Götterhimmels samt der betroffenen Religion einstweilen noch beiseite lassen, es bleibt doch der Eindruck eines göttlichen Platztausches, verbunden mit dem Anschein einer heilsgeschichtlichen Diskontinuität. Der Gott des Christentums nicht mehr der Gott des Alten Testaments?

Das Problem verschärft sich, wenn wir die jeweiligen Bekenntnisse mit ihren formelhaften Implikationen sprechen lassen. Der Gottesdienst in Israel kennt eine Vielfalt liturgischer Abläufe, deren literarische Darstellungen älteren und jüngeren Datums eine Rekonstruktion originärer Riten keineswegs ohne weiteres erlauben, da sich in ihnen vielfach theologische Konzeptionen widerspiegeln, die sich im Zuge von Reform- oder Alternativbewegungen gebildet haben. Zu den Resultaten einer im Laufe der nationalen Geschichte Israels gewachsenen und deutenden Rückschau in eine geglaubte Vergangenheit gehört auch jenes klassische Bekenntnis mit dem vor allem in Dtn 26,5b-9 gebotenen Wortlaut, das als das «heilsgeschichtliche Credo» in die Theologie des Alten Testaments Einzug genommen hat: «Mein Vater war ein heimatloser Aramäer. Er zog nach Ägypten, lebte dort als Fremder mit wenigen Leuten und wurde dort zu einem großen, mächtigen und zahlreichen Volk. Die Ägypter behandelten uns schlecht, machten uns rechtlos und legten uns harte Fronarbeit auf. Wir schrien zum Herrn, dem Gott unserer Väter, und der Herr hörte unser Schreien und sah unsere Rechtlosigkeit, unsere Arbeitslast und unsere Bedrängnis. Der Herr führte uns mit starker Hand und hoch erhobenem Arm, unter großem Schrecken, unter Zeichen und Wundern aus Ägypten, er brachte uns an diese Stätte und gab uns dieses Land, ein Land, in dem Milch und Honig fließen.» [1] Obschon in der neueren Exegese bis in die jüngste Vergangenheit als ein grundlegendes und frühes Dokument israelitischer Glaubensgeschichte angesehen, neigt man gegenwärtig doch mehr und mehr dazu, in diesem Bekenntnis vor JHWH ein mit überlieferten Wendungen und Formeln durchsetztes Selbstzeugnis deuteronomisch-deuteronomistischer Reflexion zu erkennen. Eine solche Spätdatierung des Credotextes (etwa ins 6. Jahrhundert v. Chr.) hindert freilich nicht, gerade dieses Bekenntnis als exemplarische Verdichtung alttestamentlicher Rede vor Gott und von Gott zu betrachten und es einmal in einen kritischen Vergleich mit dem ökumenischen Credo der Christen in Gestalt des Apostolicums einzubringen.

Schon die ersten Formulierungen auf beiden Seiten zeigen eine charakteristische Divergenz, die einen grundlegend differierenden Ausgangspunkt der Bekennenden hier und dort wahrnehmen läßt. Das israelitische «Credo» ist im Gegensatz zum christlichen Credo keine Erklärung über die Annahme von Glaubensartikeln, die mehrheitlich einem systematischen Interesse zu folgen scheinen. Von einer Kurzfassung der Glaubenslehre oder Dogmatik Israels kann überhaupt keine Rede sein, wohl aber von einem überwiegend geprägten Bekenntnis zu geschichtlichen Erfahrungen, die sich in gar keiner Weise zu einem Kompendium objektiver und distanzierter Lehrsätze über die Eigenwirklichkeit Gottes und seiner Welt zusammenbinden lassen, sondern den Bekenner von vornherein in die Tiefen und Höhen des gemeinschaftlichen Geschicks Israels einbinden. So ist der Rückblick auf den wandernden Stammvater aus Aram zugleich eine Art Selbstoffenbarung des Israeliten, der noch vor Beginn seiner Darstellung zur konkreten Heilswirksamkeit seines Gottes die eigene Identität im Spannungsfeld zwischen Ost (Aram) und West (Ägypten) definieren will. Richtet sich der Blick des Christen unmittelbar auf den allmächtigen Vater und den Schöpfer von Himmel und Erde als den beiden zentralen Prädikationen seines Gottes, erscheint der Israelit von dieser universalen und kosmischen Orientierung in eigentümlicher Weise unberührt: Omnipotenz und kreative Funktion eines Vatergottes sind ihm hier kein Thema, eher schon die Existenz seines Vaters und seiner Väter, sein originäres Fremdsein und seine Zugehörigkeit zu einem gewachsenen Volk. Das christliche Bekenntnis spricht von geistgewirkter Empfängnis und Menschwerdung, von Tod und Auferstehung, von Erhöhung und Wiederkunft des Gottessohnes, während Israel die eigene Demütigung und Unterdrückung in Ägypten reflektiert und dann der spektakulären Befreiungstat seines Gottes samt der Übermittlung des Landbesitzes in Palästina das Wort redet. Den ehrwürdigen Bildworten des Credo, die mit ihrem mythologischen Gewand eine bis in die älteste Menschheitsgeschichte hinabreichende Vorstellungstradition aufweisen (z. B. im Blick auf Trinität, Geistgeburt, Auferstehung, Gericht), um diese freilich einer christologischen Interpretation des historischen Jesus zuzuordnen, hat Israel die Konzentration auf das eigene Leben und Überleben durch JHWH vorausgesetzt und dabei die auch von ihm gewählte Verbindung von Formel und Bildwort (z. B. im Blick auf den Exodus und die Hineinführung in das Kulturland) in den Dienst einer genuinen Vergegenwärtigung gestellt. Für Israel ist die Erinnerung an den in die Geschichte des Volkes tatkräftig eingreifenden Gott so außerordentlich relevant, daß darüber jedes Bedürfnis nach einer theoretisch-theologischen Bewältigung in Gestalt einer Heilsökonomie im Hintergrund verbleibt, sollte es überhaupt je bestanden haben. Das christliche Glaubensbekenntnis verläßt demgegenüber die Ebene des gegenwartsbezogenen Gedenkens, transzendiert die Tradition und formuliert endzeitliche Perspektiven – im Bewußtsein, daß Vergangenheit, Gegenwart und Zukunft des gläubigen Menschen in der unendlichen Zeit Gottes aufgehoben sind, wie eben das Gesamt der Heilstatsachen und zeitlosen Wahrheiten die Dramatik individueller und kollektiver Schicksale in der Menschheitsgeschichte relativiert erscheinen läßt. In der Gemeinschaft der Kirche und der Heiligen findet der Christ seine eigentliche Heimat, während Israel in der steten Herausforderung des Volkes durch Bedrängnis und Befreiung bis hin zum Angebot des Landbesitzes lebt, um sich dabei jedes hoffnungsvollen Ausblicks auf eine verinnerlichte oder gar jenseitige Heilsgemeinschaft zu enthalten. Ein ewiges Leben nach dem Tode ist für Israel nicht attraktiv, die Idee einer Auferstehung oder Neuschöpfung nur insoweit, als es sich um erfahrbare Veränderungen in dieser Zeit und Wirklichkeit handelt. An dieser grundsätzlich auf Modifikationen im Diesseits zielenden Hoffnung haben auch die späteren Strömungen der Apokalyptik mit ihrem Postulat eines «neuen Himmels» und einer «neuen Erde» nicht rütteln wollen und können. Der Glaube des Christen öffnet sich nicht nur für eine alternative Weltordnung, sondern gibt offenbar auch Bewegungen Raum, die aus dem Strom außerbiblischer Jenseitserwartungen schöpfend den irdischen und den himmlischen Bereich für vollkommen inkompatibel halten. Die zuversichtliche Orientierung über den Tod hinaus, im Credo gefordert und gefördert mit den Artikeln zur Auferstehung, Erhöhung und Wiederkunft Jesu Christi einerseits und zur Auferstehung der Toten, Gemeinschaft der Heiligen und zum Ewigen Leben andererseits, hat sich immer wieder dem Verdacht der Begünstigung einer Dichotomie der Wirklichkeit aussetzen müssen. Der Israelit favorisiert die leibhaftige Realität und verklärt nichts, nicht einmal seinen Gott, wenn er mit ihm rechtet oder ihn gar anklagt. So ist das heilsgeschichtliche Bekenntnis in Dtn 26,5b-9, das nach dem originären Wortlaut der Einleitung in V.5a im eigentlichen Sinne eher als «Antwort», d. h. als Reaktion auf Gottes Wort in Tateinheit zu deuten ist, keineswegs Ausdruck eines Programms, das überzeitliche Wahrheiten oder gar Verbindlichkeiten der göttlichen Wirklichkeit festschreibt, sondern vergegenwärtigende Rückschau in menschliche Ohnmacht und göttliche Machttat ohne ausgesprochenen Anspruch auf Erlösung oder Seligkeit. Auch der christliche Bekenner wird mit seinem Credo keine Verwirklichung von Heilsgarantien einfordern wollen, er setzt sich aber, so scheint es, mit seiner Hinordnung auf das Ewige und Absolute in der zukünftigen Welt der bleibenden Versuchung aus, es nicht so ganz ernst mit der kritischen Bewältigung seiner eigenen Vergangenheit und mit der Herausforderung durch die Gegenwart zu nehmen, gibt es doch eine im Glaubensbekenntnis verankerte Flucht nach vorn mit der Aussicht auf endzeitlichen Trost. Insgesamt mag sich nach diesem kritischen Durchgang im Vergleich der Bekenntnisse der Eindruck einstellen, daß in beiden Glaubensäußerungen derart tiefgreifende Aspektdifferenzen und Tendenzverschiebungen zur Sprache kommen, daß eine integrierende Betrachtungsweise ausgeschlossen erscheint. Gibt es eine Alternative, die das alte Bekenntnis Israels in seiner Spannung zum neuen Credo der Christen im vollen Umfang respektiert und zugleich als notwendige Voraussetzung, ja sogar als konstitutives Element glaubwürdigen Redens vom Gott Jesu Christi begreift, ohne welches Fundament jedwedes Festhalten an einer Heilsordnung nach der Hierarchie des Apostolicums sinnlos und unmöglich wäre?

2. Nun hat schon das Apostolicum den Vorwurf hinnehmen müssen, es sei nicht geeignet, den christlichen Glauben adäquat auszudrücken, weil es ihm an einer überzeugenden Legitimation durch den biblischen Befund fehle. Unter dem Einfluß der historisch-kritischen Exegese konnte es sogar zu einer massiven Kontroverse über die Relevanz des Credo kommen. Eine der Folgeerscheinungen der Kritik am Symbolum war das Postulat der Entmythologisierung durch existentiale Interpretation, d. h. der Versuch einer Befreiung der Bekenntnisformeln vom mythischen «Ballast» mit dem Ziel einer vermeintlich unmittelbaren und plausibleren Akzeptanz auf seiten des Glaubenden. Die Übertragung der Mythologeme in Denk- und Sprachformen gegenwärtiger Wirklichkeitsbetrachtung war von der Intention begleitet, der heilstatorientierten Aussage ihre Eigentlichkeit in der Begegnung mit der menschlichen Existenz zurückzuschenken, ohne sich dessen ganz bewußt zu sein, daß das metaphorisch-mythologische Reden von Gott eine letztlich unübersetzbare und keiner Substitution zugängliche Tiefendimension enthält. Das Apostolicum geriet so in den Sog einer radikalen Ausprägung historisch-kritischer Arbeit vorzugsweise an neutestamentlichem Textmaterial. Die existentiale Interpretation als Entfremdung vom scheinbar unfruchtbaren Mythos hat sich um der Neuorientierung an Jesus Christus willen von einer «uneigentlichen» Rede von Gott zur Forderung des ungefilterten Jesuskerygams und zur Herausforderung des einzelnen vor und durch diese Botschaft durchringen wollen, bei diesem Bemühen aber das Alte Testament weitgehend vor der Tür gelassen. Gerade aber im Blick auf die alttestamentliche Rede von und über Gott kann die integrative Kraft der heilsgeschichtlichen Erinnerung verdeutlicht werden, da die Auseinandersetzung und Ineinandersetzung Israels mit der Mythenwelt seiner Vorgänger und Nachbarn im Vorderen Orient und in Ägypten nur

auf dem Wege über die Vergegenwärtigung der geschichtsmächtigen Souveränität JHWHs möglich werden konnte und geleistet wurde. Israel hat sich trotz lebhafter und substantieller Kontroversen mit den schillernden Inhalten der Mythen ringsum der faszinierenden Sprache des Mythos nicht radikal verschlossen, im Gegenteil, die heilsgeschichtliche Erinnerung konnte die Basis werden, von der aus ein unbefangener Umgang mit mythischen Sprachformen realisierbar wurde, ohne die eigene Identität mit der genuinen Gotteserfahrung in Frage zu stellen oder gar aus der Mitte zu verdrängen. Die Formeln des «heilsgeschichtlichen Credo» führen zwar keine Aussage über den Schöpfergott, das Mysterium seiner unzerstörbaren Vitalität oder das Geheimnis seiner lebenschaffenden und lebenerneuernden Kraft vor, um so den Eindruck eines Glaubenswissens über Gottes Wirklichkeit im Sein und Werden zu vermitteln, sie lassen aber kraft ihrer Rückschau auf die immer noch und bleibend lebendigen Heilstaten Gottes an Israel eben jenen Freiheitsraum entstehen, in dem neben dem überlieferten Traditionsgut der JHWH-Gemeinde auch genügend Platz für Redeformen von und über Gott in Adaption der Sprache des Mythos sein kann. Obwohl man bedenken muß, daß die Konzentration auf JHWH und die Bündelung von Erfahrungssätzen im Zuge der deuteronomischen Bewegung ihren besonderen Ort haben, da hier das Interesse an «Kultuseinheit und Kultusreinheit» (A. Alt) gerade der Gefahr der Überfremdung durch den Mythos begegnen will, setzt ausgerechnet die fundamentale Besinnung Israels auf den Gott, der mit seinem Volk eine Bindung eingeht, die Möglichkeiten einer Integration mythischer Redeweisen frei, so daß das nachexilische Israel in narrativer und poetischer Form über das kosmische Wirken des Schöpfergottes (z. B. im priesterschriftlichen Schöpfungstext Gen 1,1-2,4a oder im Schöpfungshymnus Ps 104) ebenso reden kann wie über den bündnisstiftenden JHWH, der sein Volk mit der bewahrenden Verbindlichkeit seines Gebotes konfrontiert. Eines der Geheimnisse der Religions- und Glaubensgeschichte Israels liegt in der niemals ganz spannungsfreien, aber immer wieder vollzogenen Begegnung zwischen Mythos und Geschichte. Aus der jahrtausendealten Entwicklung der Religionen im Vorderen Orient und Ägypten kennen wir zwar das Phänomen der mythenbildenden Kraft geschichtlicher Ereignisse, beobachten auch die Nachwirkung mythischer Vorstellungen auf den Gang der Geschichte, beides Prozesse, von denen auch Israel nicht unberührt geblieben ist, doch gerade hier und nur hier kommt es zu einer konstruktiven Reflexion über den Gott, der die Geschicke seines Volkes steuert und zudem allgewaltiger Herr der Schöpfung und der Menschheit überhaupt ist, bei alledem in unauslotbarer Weise majestätische Distanz und geradezu aufdringliche Nähe offenbarend.

Das christliche Bekenntnis, letztlich aus dem Taufbekenntnis der Alten Kirche erwachsen, ist ohne die Erinnerung an die Heilstaten JHWHs an Israel und zugleich ohne den Blick auf die Machttaten Gottes in der geschaffenen Welt nicht denkbar und vollziehbar. Unter dem Eindruck der unausschlagbaren Erbschaft Israels und der unverzichtbaren Botschaft des Alten Testaments kann das christliche Credo nur an Profil gewinnen. Wenn es gleich zu Beginn den Glauben an den Schöpfergott als den allmächtigen Vater und anschließend an den Gottessohn mit dem israelitisch-jüdischen Namen in griechischer Fassung («Jesus» bedeutet das, was schon der alttestamentliche Name Josua anzeigt: «JHWH ist Rettung») ausspricht, verbindet es die Universalität des Kosmos und der Menschheit vor Gott mit der Individualität des Juden Jesus und seiner Geschichte vor JHWH. Die in der Religionsgeschichte des Judentums vorgegebene und weiter bestehende Symbiose mythologischer und heilsgeschichtlicher Rede von Gott findet im christlichen Bekenntnis mit der akzentuierten Doppelpoligkeit der Glaubensbeziehung eine bestätigende und zugleich herausfordernde Analogie. Der Christ muß sich der Tiefendimension mythischer Gotteserfahrung in Gestalt der Vergegenwärtigung der eigenen Dependenz und geschöpflichen Verwiesenheit ebenso stellen wie der unverbildlicht greifbaren Wirklichkeit des jüdischen Menschen Jesus mit der bitteren Realität des Kreuzes. Wer den historischen Jesus und den verkündigten Christus in die Mitte seines Glaubenslebens setzt, kann wieder nicht umhin, das Neben- und Ineinander mythologischer und historischer Äußerungen wahrzunehmen und zu respektieren, da Christologie und Jesusbiographie im Credo einen unlösbaren Zusammenhang eingegangen sind. Die Selbstbindung Gottes an das nach wie vor auserwählte Volk Israel, dem die Christenheit nunmehr als jüngere Tochtergemeinschaft zur Seite treten darf, um in und durch Jesus am gemeinsamen Glauben an die Unzerstörbarkeit der göttlichen Bindungstreue teilzuhaben, führt auch die Christenheit in die bleibende Verpflichtung zur Kommunikation mit Israel und dem Judentum ein, zumal Gottes ungeschuldete Garantieerklärung gegenüber seinem Volk auch angesichts der Tage des Gerichts keinen unüberbrückbaren Einschnitt in Raum und Zeit zuläßt, wie ihn eine Absolutsetzung des Christentums bedeuten würde. Mögen die Spannungen zwischen den Bekenntnissen hier und dort noch so sehr scheinbarer Unverträglichkeit das Wort reden, im Glauben an und mit Jesus ist der Christ zu beständiger Revision seines Gottesbildes und seiner Grundhaltung vor Gott aufgerufen, da sich die Anerkenntnis objektiver Heilstatsachen oder einer transsubjektiven Heilsökonomie nur in der intensiven Verbindung mit der demütigen Reverenz vor der unbegreiflichen Wirklichkeit des geschichtsmächtigen Gottes, seiner majestätischen Ferne und seiner barmherzigen Nähe, seiner richtenden Gewalt und seiner aufrichtenden Liebe nachvollziehen läßt. Das Apostolicum, in individueller Andachtsform oder in der liturgischen Gottesdienstgemeinschaft gesprochen, schafft mit seiner Orientierung am Schöpfergott und der Person Jesu, nicht zuletzt aber mit der Beziehung auf den Gottesgeist ein dynamisches Spannungsfeld, auf dem das Alte Testament als Grundurkunde für Juden und Christen eine provozierende Schlüsselstellung einnehmen muß. Dies gilt es, in der Begegnung mit der Botschaft des Jesus von Nazareth und mit der Christusverkündigung im Raum der Kirche noch näher zu entfalten.

Synagoge und Ekklesia

1. Dem Plädoyer für eine konstruktive Zusammenschau der alt- und neutestamentlichen Botschaft und eine Begegnung mit dem Gott der ganzen Bibel im christlichen Bekenntnis scheint die Geschichte der Auseinandersetzungen um das Alte Testament

im Raum des Christentums auf weite Strecken kein positives Votum anzubieten. Die Kirchengeschichte muß den Leidensweg des jüdischen Volkes in ihre Selbstdarstellung einbeziehen, wenn sie eine kritische und damit glaubwürdige Reflexion über den Weg der Christenheit in der Vergangenheit präsentieren will. Von den zweifellos vorhandenen antijudaistischen Tendenzen in der Alten Kirchengeschichte zieht sich die mit Bitterkeit und Schuld gezeichnete Spur der Konfrontation der Christen mit den berufenen Trägern der Botschaft des Alten Testaments bis in die zeitgenössische Gegenwart, in der die Diskreditierung des Alten Testaments in Verbindung mit dem Versuch der Vernichtung des Judentums eine historisch unvergleichbare und an Entsetzlichkeit unüberbietbare Zuspitzung erfuhr. Der mutige, vielfach aber einsame Widerstand einzelner Christen und christlicher Bekennergruppen kann nicht über den traurigen Befund hinwegtäuschen lassen, daß es das Christentum trotz des fast zweitausendjährigen Weges der Kirche und der Kirchen, die der Botschaft des beistandswilligen und menschgewordenen Gottes verpflichtet sein sollten und wollten, zur Zeit der wohl größten Herausforderung nicht vermocht hat, die faschistische Agitation gegen die Juden als Angriff auf die Menschenwürde und auf die Basis des gemeinsamen Gottesglaubens transparent zu machen und sich als Bollwerk dagegen zu stemmen. Es kann nicht verwundern, daß der Verdacht aufkommen mußte, das Christentum sei bereits von seiner Substanz her und im Keim seines Kerygmas von der judenfeindlichen Tendenz belastet, der auch eine ungehinderte und fruchtbare Begegnung mit dem Alten Testament zum Opfer fallen mußte. Wenn die immer noch spürbare Stimmungslage gegenüber einer vorurteilsfreien Rezeption des Alten Testaments im Raum der Kirchen im Schlepptau eines latent vorhandenen Antijudaismus gesucht werden sollte, wäre das Selbstverständnis der christlichen Verkündigung überhaupt auf den Prüfstand zu setzen und kritisch zu durchleuchten.

Obwohl das Alte Testament in den neutestamentlichen Schriften und in den Frühstadien der Urkirche als «die Schrift» schlechthin gelten konnte und so eben die Autorität der bindenden und einigenden Gewalt Gottes über die Wende der Zeiten hin darstellen sollte, geriet es doch im Zuge der Schriftwerdung der neutestamentlichen Literatur in den Schatten der Umbruchssituation und erhielt in der Konsequenz der Profilierung der neuen Heilsurkunden das Odium der vergangenen und im Heilsplan Gottes überholten Offenbarungsschrift. Die alten Verheißungen schienen ja ein für allemal eingelöst, die Heilszusagen mit der Konstituierung der Urgemeinde und der Aussicht auf die Parusie des Herrn endgültig erfüllt. Das Alte Testament konnte allenfalls als Instrument der Erziehung auf Christus hin oder gar nur als dekorativer Vorbau des christlichen Hauptgebäudes gelten, auf dessen Altären die Apostel und Heiligen ihren gebührenden Platz fanden, während die Väter und Propheten Israels mit einem reduzierten Status vorlieb nehmen mußten. Der bereits in der urkirchlichen Gemeinde und in der Kirchengeschichte immer wieder reklamierte Antijudaismus im Paulinischen Briefkorpus (vgl. vor allem 1. Thess 2,14-16) darf indessen nicht als legitime Grundlage einer in christlicher Verantwortung vollziehbaren Kampagne gegen alttestamentlich-jüdische Tradition überhaupt in Anspruch genommen werden, da sich die dort greifbare Opposition zunächst und grundsätzlich in den Bahnen der alttestamentlichen, näherhin deuteronomistischen Polemik gegen die Verfolgung der Propheten innerhalb Israels und unter dem Eindruck der überkommenen Vorstellung vom Gotteszorn gegenüber dem eigenen Volk bewegt. Solange das «Christentum» eben noch eine innerjüdische Reformbewegung darstellt, kann von einer antijudaistischen Orientierung keine Rede sein. Sobald aber die Bande zum Judenchristentum zerfielen und das Sendungsbewußtsein der «Heidenchristen» berufene Unterstützung erhielt (so etwa durch das sogenannte Apostelkonzil), mag man hier auch zunächst noch um eine gewisse Toleranz geworben haben, war doch sukzessiv die Möglichkeit gegeben, die neue Gemeinde um ihrer selbst willen als die Ecclesia von der Synagoge abzugrenzen und als neue Heilsträgerin zu etablieren. Das Alte Testament war nunmehr in der unglücklichen Lage, selbst die Beweislast für seine Relevanz im christlichen Raum tragen zu müssen. Die apostolischen Väter und die Apologeten der Alten Kirche üben sich in dem dubiosen Unterfangen, das Judentum auszugrenzen und dessen Grundurkunde zu vereinnahmen, d. h. so umzuinterpretieren, daß erst mit der Brille des Christen die vermeintlich vor den Augen der Juden verhüllte Wirklichkeit des Christuszeugnisses im Alten Testament entdeckt werden könnte. Die Allegorese, umdeutende Überhöhung des angeblich unfruchtbaren Wortsinnes, wird zu einer beständigen pseudoexegetischen Methode, die bis heute ihre verführerische Faszination nicht eingebüßt hat, wird es doch mit ihrer Hilfe möglich, den immanenten Spannungen und Interessengegensätzen im Alten Testament, wie aber auch den provozierenden und unbequem radikalen Postulaten vor allem in der Botschaft der Propheten die schneidende Schärfe zu nehmen und sich manch verbindlicher Antwort auch im Widerstand in Kirche und Gesellschaft zu entheben. Die Vorbehalte der antiochenischen Schule gegenüber der wuchernden Allegorie in Alexandria «rauschen vorüber, wie eine Weissagung für ferne Zukunft» (L. Diestel).[2] Die Christozentrik als Frömmigkeitsform, Maßstab der Schriftauslegung bei Augustinus wie auch bei Hieronymus, beläßt es bei einer halbherzigen Integration des Alten Testaments, dessen Schrifttum noch von sektiererischen Bewegungen, wie den Markioniten und Manichäern, nicht als Zeugnisse vom Gott des Lichtes, sondern als Machwerke der Finsternis bezeichnet wurde. Die Selbstreinigung der Kirche von Irrtümern und ihre Emanzipation im Kampf mit konkurrierenden Systemen wie der Gnosis hat dem Alten Testament eine Überlebenschance eingeräumt, sicher nicht mehr als ein Zugeständnis, das mit fortdauerndem Wildwuchs in der allegorischen Schriftauslegung erkauft werden konnte. Bezeichnend für die schleichende Unterwerfung Israels im Raum der Kirche ist die eklektische Seligsprechung zentraler Gestalten wie des Mose oder des David, auch etwa der makkabäischen Brüder, um deren vorchristliches «Christentum» öffentlich transparent zu machen. Das Lebensrecht der Glaubenstraditionen Israels im Judentum *und* Christentum fand nur eine beschränkte Anerkennung. Die Idee von der Schriftinspiration als der Einwirkung des Gottesgeistes auf die «Hagiographen» ist selbst noch in der neueren Theologiegeschichte als «konstitutiver» Bestandteil der Kirchenbildung benannt worden (K. Rahner),[3] ohne daß dem Schriftgut des Alten Testaments ein autonomer Part außerhalb und innerhalb der verfaßten Kirche zugedacht worden wäre. Bis zur Schwelle des Mittelalters regiert die Entmächtigung des

Anspruchs Israels auf ungeschönte und unverblümte Rede vom richtenden und aufrichtenden Gott, dann ist es die Lehre vom vierfachen Schriftsinn, die mit einer grandiosen Mobilmachung der geistig-geistlichen Kräfte den Literalsinn überhöht und damit vielfach seines anstößigen und anstoßenden Charakters beraubt hat. Willkommen schien offenbar das Geflecht der Mitteilungen über die Institutionen Israels, von der Gesetzespraxis im Rechtswesen bis zur Organisation der Liturgie, da sich die einschlägigen Vorschriften und Praktiken bei der kirchlichen Administration als modellhafte und exemplarische Verwirklichung göttlicher Ordnungsgewalt Respekt verschaffen konnten. Die Auslegung verkümmert weithin zur Ausbeutung, die bloße Indienstnahme des alttestamentlichen Wortes gab dessen Anspruch *auf* Anspruch keine Chance.

Das typologische Verständnis der Bibel im Hochmittelalter mit seiner programmatischen Gegenüberstellung von Synagoge und Ekklesia verläßt die so vorgezeichneten Bahnen grundsätzlich nicht, mag man sich auch dem Eindruck nicht entziehen wollen, daß die Darstellung der Synagoge als Typus die Anerkennung derselben in ihrer elementaren und unzerstörbaren Würdeposition impliziert: «Der Typus bleibt im Antitypus gegenwärtig; er geht nicht unter, er geht ein in die Gestalt seiner Erfüllung als eine Zeugnisspur des gottgedachten Planes der Erlösung» (F. Ohly).[4] Doch eben die Kontrastierung mit dem Antitypus konstruiert Wertungen, die das Zeugnis des Alten Testaments relativieren, in seiner über die Zeitenwende hin gültigen Verbindlichkeit entwerten. Ursprüngliche Vitalität aus und vor Gott läßt sich aber nicht ihrer zeitlosen Wirkkraft berauben. Dies mögen nicht zuletzt die Künstler gespürt haben, die etwa im Kaiserdom zu Bamberg die Kathedralplastiken der Propheten an den spätromanischen Chorschranken oder insbesondere die Frauengestalt der Synagoge schufen, deren faszinierende Wirkung den heutigen Betrachter stärker in den Bann zieht als die beigeordnete Ekklesia, die eine Zeitlang mit der Synagoge am Fürstenportal mit seiner apokalyptischen Vision des Endgerichts im Tympanon zu stehen kam, bis beide Figuren wieder (auch dies nicht ohne Symbolik!) den Weg ins Innere der Kathedrale fanden. Es ist die Seitenansicht, die der Synagoge ihre spannungsreiche Lebendigkeit abgewinnen läßt: die Dramatik ihres Profils würdigt die Leibhaftigkeit mit einer plastischen Klarheit, dergegenüber die Ekklesia fast wie eine personifizierte Tugendwache dazustehen scheint. Dennoch hat der Reiz des Körperlichen, der das Mittelalter durchaus stärker mit alttestamentlichem Menschenbild verbindet, als es spätere Generationen in der Kirche anerkennen wollten, der Darstellung der Synagoge insgesamt nicht die tragische Note nehmen können, die ihr die Lehre zugedacht hat: die der Hand entgleitenden Gesetzestafeln, der Verlust der Spannkraft nach oben hin, das geblendete, geneigte Haupt, der geknickte Stab – Zeichen für den Niedergang des «Alten Bundes», eine Bezeichnung übrigens, die mit ihren griechischen und lateinischen Äquivalenten der unglücklichen Vorstellung von einer Antithese im «Neuen Bund» Vorschub geleistet hat und immer noch zu dem Mißverständnis Anlaß gibt, mit dem Beginn des Christentums sei das Schicksal Israels besiegelt, die Zeit der Partnerschaft dieses Volkes mit seinem Gott endgültig abgelaufen. Man wird freilich der typologischen Deutung alttestamentlicher Gestalten und Inhalte nicht gerecht, wenn man sie ausschließlich mit dem Schema Typus–Antitypus behaftet sieht. Vielleicht liegt ihre besondere Chance darin, die im Lichte des alttestamentlichen Bezuges gedeutete Gegenwart des Christen als Präfiguration zukünftiger Heilswirklichkeit zu sehen, in der allein dann die wahren Dimensionen der vom Christen nur im eingeschränkten Sinn erschließbaren Kundgabe Israels aufgehoben sind. Die Attraktivität dieser in mittelalterlicher Kunst und Dichtung verankerten Konzeption ist nicht zu leugnen; doch ist man auch in ihrem Geist der drängenden Antwort auf die Frage nach der unmittelbaren Signifikanz der Botschaft Israels im Raum der Kirche nicht entbunden, da deren Wahrheit in all ihrer Konkretheit nicht im Meer der Zukunft versenkt werden kann, selbst wenn die zweifellos vorhandene Tiefe des Mysteriums Gottes im Alten Testament in der Zeitlichkeit nicht ausgelotet werden kann.

Die Reformation führt mit ihrer radikalen Zuwendung zum Schriftwort und ihrer Devise Rechtfertigung aus Glauben aus der Christozentrik der hochmittelalterlichen Typologie insoweit hinaus, als Wörtlichkeit und Menschlichkeit des Alten Testaments nunmehr entschiedener zur Geltung kommen.[5] Die Allegorese hat hier weitestgehend ihre Legitimation verloren, der Literalsinn fordert zugleich den Blick auf die Autoren, sieht man letztlich auch weiterhin die Kompetenz des Gottesgeistes am Werk. Doch auch Luther und Calvin wollen im Alten Testament die Spuren Christi finden, beide möchten unter Verzicht auf allegorische Ausdeutung einer christologischen Interpretation das Wort reden, wenn auch Calvin deutlicher als Luther der fragwürdigen Tendenz einer «Verchristlichung» des Alten Testaments widerstrebt. In seiner Vorrede auf das Alte Testament empfiehlt Luther den gläubigen Respekt vor der biblischen Einfalt: «Bitte und warne treulich einen jeglichen frommen Christen, daß er sich nicht stoße an der einfältigen Rede und Geschichte, so ihm oft begegnen wird, sondern zweifle nicht daran, wie schlecht es immer sich ansehen läßt, es seien eitel Worte, Werke, Gerichte und Geschichten der hohen göttlichen Majestät, Macht und Weisheit. Denn dies ist die Schrift, die alle Weisen und Klugen zu Narren macht und allein den Kleinen und Albernen offensteht, wie Christus sagt Matth. 11,25. Darum laß dein Dünkel und Fühlen fahren und halte von dieser Schrift als von dem allerhöchsten edelsten Heiltum, als von der allerreichsten Fundgrube, die nimmermehr genug ausgegründet werden mag. Auf daß du die göttliche Weisheit finden mögest, welche Gott hier so albern und schlecht vorlegt, daß er allen Hochmut dämpfe.» In der Grundhaltung der Selbsterniedrigung soll der Mensch dem alttestamentlichen Wort begegnen, in dem Gott selbst sich erniedrigt habe. Es kann kein Zweifel sein, daß eine solche Zugangsweise sich auch dem Verdacht aussetzen mußte, das Alte Testament lasse keinen Höhenweg in der Verbindung mit dem Gott Israels begehen und belasse seine christlichen Leser allesamt im Tal der gnadenlosen Knechtschaft, aus der erst die Botschaft des Neuen Testaments herausführe. Mit der Distinktion der beiden Reiche und vor allem der Kategorien «Gesetz» und «Evangelium» wird von Luther bis zur Theologie der Gegenwart um die Bestimmung des Christen angesichts der Botschaft an Israel gerungen, eine Ortung gesucht, die der Kompetenz des «Gesetzes» ebenso gerecht werden soll wie der allumfassenden Kraft der «Gnade».

2. Die christlichen Konfessionen haben im Spannungsbereich «Gesetz» gegen «Evangelium» lange Zeit kontrastierende Positionen bezogen, die allerdings nicht geeignet waren, die Glaubwürdigkeit des Christen im Umgang mit dem Alten Testament zu demonstrieren. Die Festschreibung der alttestamentlichen Inhalte auf das «Gesetz» im Sinne einer verordneten Wegweisung zum Heil mit beigefügter Garantieerklärung entspricht, wie die Alttestamentliche Theologie inzwischen längst erwiesen hat, einer ideologischen Verzeichnung, die der Würde der Thora in keiner Weise gerecht wird. Schon Luther hat in Abmilderung der Devise «Gesetzbuch hier, Gnadenbuch dort» geltend gemacht, daß «gleichwie im Neuen Testament neben der Gnadenlehre auch viel andere Lehren gegeben werden, die da Gesetz und Gebot sind», auch «im Alten Testament neben den Gesetzen etliche Verheißungen und Gnadensprüche» enthalten sind. Doch steht das «Gesetz» für sich genommen fortan deutlich genug in einer Absolutsetzung paulinischer Perspektiven da, die ein bestimmtes zeitgenössisches und einseitig fixiertes Gesetzesverständnis als Negativfolie des reinen Glaubensaktes zeichnen. Dabei hätte das im Rahmen der Bergpredigt überlieferte Jesuswort: «Denkt nicht, ich sei gekommen, um das Gesetz und die Propheten aufzuheben. Ich bin nicht gekommen, um aufzuheben, sondern um zu erfüllen» (Matth 5,17), als vieldiskutiertes Schlüsselwort der im Laufe der Zeit immer wieder besorgten Schelte des «Gesetzes» die nötige Zurückhaltung auferlegen müssen, ja sogar nach dem verborgenen Geheimnis seiner bleibenden Autorität und Attraktivität forschen lassen sollen. Statt dessen ist die abschätzige Wertung der Thora vielfach eine unheilige Allianz mit humanistischen und rationalistischen Stellungnahmen zum Alten Testament eingegangen, die dieses ausschließlich zum Objekt eines Studiums menschlicher Literatur und Geschichte machten und hier die «Autorität des Deus loquens» (H.-J. Kraus) grundsätzlich in Frage stellten. Die Frühstadien der historisch-kritischen Arbeit am Alten Testament sind allem Anschein nach von Negativurteilen begleitet, wie sie von Johann Salomo Semler artikuliert werden: «Da wir durch alle 24 Bücher des Alten Testaments nicht moralisch gebessert werden, so können wir uns auch von ihrer Göttlichkeit nicht überzeugen», und: «überhaupt besteht der Kanon des Alten Testaments aus einer Sammlung grober jüdischer Vorurteile, welche dem Christentum gerade entgegen sind, und nur ein kleiner Teil dieses Kanons enthält für die Juden göttliche und eingegebene Schriften, worin auch nützliche und brauchbare Wahrheiten für die Christen angetroffen werden.» Man erkennt die fatalen Konsequenzen, wenn die Inhalte des Alten Testaments als «ganz und gar ausländisch, ganz fremd und unbekannt für uns und unseren Geschmack in der Erkenntnis und Moral» charakterisiert werden. Wenn gerade die Menschlichkeit im Alten Testament in den einschlägigen Erwägungen J. G. Herders eindrucksvolle Beachtung findet, geschieht dies in Wahrheit doch mit einer Tendenz zur romantischen Verschleierung, deren Unverbindlichkeit der aufklärerischen Ab- und Ausgrenzung des alttestamentlichen Zeugnisses im Effekt nicht nachsteht. Die hegelianische Konzeption vom Prozeß des absoluten Geistes, die sich auch der Ortung der Religion Israels bemächtigt, läßt diese als «Religion der Erhabenheit» an die Seite der griechischen und römischen Religion treten, will aber ihre als solche erkannten Unzulänglichkeiten von der absoluten Religion bewältigt und überhöht sehen, welche im Christentum zum Vorschein kommen soll. Auch hier wird die Relativität der Botschaft Israels augenfällig, wenn auch Wilhelm Vatkes konkrete Beziehung der Geschichtskonzeption Hegels auf das Alte Testament gegenüber den heidnischen Religionen eine Vergeistigung wahrnehmen will, die freilich noch im Schatten der christlichen «Geistigkeit» dasteht. Julius Wellhausens differenzierte Position zur Religionsgeschichte Israels, in welcher er einen Prozeß von einer natürlichen und allgemeinen Opferkultpraxis über eine Periode der Kultuszentralisation hin zu einer dritten Phase, nämlich der «Denaturierung» des Kultgeschehens zu einem starren Ritualsystem beobachten will, modifiziert das hegelianische Modell, wirbt aber für eine Geschichtskonzeption, die die jüdische Phase als degenerierte Folgeerscheinung der israelitischen Epoche in der alttestamentlichen Religionsgeschichte deutet. So wird auch hier wieder das «Gesetz» aus dem eigentlichen Innenraum Altisraels verbannt und zu einem Spätprodukt erklärt, das der Nomokratie der Zeit nach dem Exil zugehöre und der pharisäischen Erstarrung Vorschub geleistet habe. Das Christentum habe schließlich wieder an das Niveau des prophetischen Israel anknüpfen können, womit ein erheblicher Teil des Alten Testaments in die Ghettoexistenz verwiesen wird. Der formgeschichtliche Ansatz H. Gunkels kann zwar den Vorstoß in die vorliterarischen Phasen alttestamentlicher Texte proklamieren und damit der religionsgeschichtlichen Betrachtung Israels neue Wege öffnen, läßt aber die Orientierung an der Faszination des Ursprungs nicht verkennen, so daß auch hier letztlich nur eine partielle Relevanz der Vorstellungen Altisraels für die christliche Theologie zum Tragen kommt. Das Problem einer Integration alttestamentlicher Botschaft reduziert sich dabei auf die Frage nach dem religiösen Erlebnisgehalt, dem Grad subjektiver Frömmigkeit, ohne daß es nötig wäre, über die Quellensituationen, den jeweiligen «Sitz im Leben» hinaus die literarischen Ebenen der Schriften bis zum Endstadium des «Alten Testaments» nach ihrer theologischen Intention auszuleuchten. Den methodischen Prinzipien Gunkels folgend hat in unserem Jahrhundert vor allem Gerhard von Rad das Alte Testament aus der Gefahr ideologischer Verengung seines Zeugnisses befreit, da er den Werdegang des Schrifttums im Kontext des Anwachsens heilsgeschichtlicher Bekenntnisformen reflektierte und so ein ökumenisches Interesse an der geschichtstheologischen Bedeutung auch der scheinbar unfruchtbaren Darbietung der Gesetzestexte auszulösen verstand. So konnte das Alte Testament dem Christen erstmals als vielschichtiges und breitgefächertes Glaubenszeugnis der Geschichte Israels vor Augen treten, womit auch dieses so lange unerkannte «Evangelium» Israels die Möglichkeit erhielt, eine Heimstatt im Raum der Christen zu gewinnen und in ungeschmälerter Gestalt (nicht nur als überdimensionales «Vorwort» zum Neuen Testament) seinen Platz auf dem Altar zu finden.

Die ökumenische Arbeit der Christen am und mit dem Alten Testament findet sich gegenwärtig in einer Situation vor, die angesichts der überkommenen Pluralität der Zugangsweisen, der frustrierenden Erfahrungen aus dem Begehen ideologischer Einbahnstraßen und Sackgassen, aber vor allem auch der tiefgreifenden Erkenntnisse zum Ineinander von Sprache und Bekenntnis, zur unverwechselbaren Gestalt biblischer Ausdrucksformen in engster Verbindung mit der innewohnenden

Intention, zum theologischen Gewicht auch vermeintlich peripherer Daten und Mitteilungen, das Zeugnis des Alten Testaments in unverkürzter Weise zu Gehör zu bringen wünscht, um zugleich in Israel und dem Judentum die Gesprächspartner wiederzuentdecken, die die erste Wahl Gottes getroffen hat. Wenn Gottes «erste Liebe» (F. Heer) denen zugekommen ist, denen die Christen vielfach ihre Anerkennung (von der Liebe ganz zu schweigen) versagt haben, kann das Bemühen um die angemessene Methodik im Umgang mit den Texten nur von einer Grundhaltung getragen sein, die die Wege Israels als Wege der Begeisterung für Gott, aber auch der bitteren Klage vor Gott nach- und mitzugeben bereit ist. Dies läßt nicht nur zu, sondern gebietet geradezu, daß der christliche Interpret seine Schuhe auszieht, bevor er sich auf das Gelände des Schriftworts wagt, das ihm trotz mancher Expeditionen eine terra incognita bleiben wird, wenn es nicht die Möglichkeit erhält, Wahlheimat zu werden. Es gilt, den grundsätzlichen Respekt vor dem Heimatrecht Israels im Land der Bibel zu bewahren, womit auch ein Auslegungsprinzip formuliert ist. Wenn Israel seine geschichtlichen Überlieferungen deutet, ältere Traditionen wie die Erinnerung an die Befreiungstat JHWHs beim Exodus aus Ägypten im Variantenreichtum von Formeln, Erzählungen und Anspielungen prosaischer oder poetischer Gestalt immer aufs neue reflektiert, ist den wechselnden, sich bis zum Widerspruch artikulierenden Stimmen Gehör zu schenken, ohne sich voreiliger Harmonisierung der Textinhalte hinzugeben. Das Ernstnehmen des Vorrechtes Israels auf Kommentierung seiner eigenen Erfahrungen und deren Äußerungen ist dem christlichen Ausleger auch ohne versichernde oder gar ängstliche Rückschau auf einschlägige und eindeutige Rezeption alttestamentlicher Einsichten in den Schriften des Neuen Testaments geboten. Die Botschaft des Alten Testaments muß ihr ureigenes Gewicht im Raum der Christenheit bewahren dürfen, wenn das christliche Bekenntnis zur Erwählung Israels und zur Treuegarantie Gottes glaubwürdig bleiben soll.

Die Achtung vor dem ungefilterten Selbstzeugnis Israels fordert eine ihrer Grenzen bewußte historisch-kritische Arbeit am Bibeltext. Die Verfeinerung der sprachwissenschaftlichen und literaturwissenschaftlichen Methodik darf dabei nicht den Anschein selbstgewissen Verfügungsrechts über das Schriftwort vermitteln, sondern muß jede Analyse als Chance zu weiterem Hinhören begreifen. Die immer wieder vorgebrachte Skepsis gegenüber Recht und Effekt rationaler Entschlüsselungsversuche verliert dann an Überzeugungskraft, wenn die philologische Forschung am Bibeltext Möglichkeiten und Kompetenzen in Verantwortung vor der im Prinzip immer gegebenen Fremdheit und Andersartigkeit des Schriftworts wahrnimmt. Die problematischen Erfahrungen mit der systematischen oder gar dogmatistischen Inanspruchnahme des Alten Testaments in der Auslegungsgeschichte sollten ihrerseits ein Lehrstück für unprätentiöse Textarbeit sein; gerade die beklagenswerte Vergewaltigung verlangt christliche Wiedergutmachung. Es versteht sich von selbst, daß den Erkenntnissen der Archäologie und Altertumskunde des Orients, der ägyptischen, vorderasiatischen und hier insbesondere der palästinisch-syrischen Kunst- und Religionsgeschichte Rechnung getragen werden muß, will man die Vorstellungswelt des Alten Testaments in ihrem Kontext profilieren. Bei alledem hat freilich der Blick auf die Textgestaltung absolute Präferenz, nicht als ob die zeitgenössische Bildkunst nicht gewichtige und häufig unverzichtbare Verständnishilfen geben könnte, doch hieße es deren Kompetenz für die Interpretation überziehen, wenn man die Dienstfunktion des Bildes in der Exegese eines Bildworts oder eine Visionsdarstellung zugunsten einer ikonischen Auslegung im Widerspiel zur Karikatur einer «Wortgläubigkeit» hochstilisiert. In Wahrheit stehen wir ja vor der unverrückbaren Tatsache, daß das Bibelwort in Textgestalt und nicht als Bildkomposition mit einer künstlerischen «Aussage» geworden und überliefert ist. Auch die gegenwärtig von einer wachsenden Zahl von Anhängern favorisierte tiefenpsychologische Einsichtnahme in den Bibeltext kann bei aller positiven Integration des Mythos und der Archetypik nicht am Postulat einer kontrollierbaren Analyse des in die Geschichte Israels eingebundenen Schriftwortes vorbei.

Unser grundsätzliches Plädoyer für eine nicht verchristlichte Einrede des Alten Testaments in den Raum der christlichen Ökumene ist zugleich ein Votum für die «Emanzipation» der Synagoge, die aus dem Schatten der Ekklesia heraustreten darf und soll.

Erfüllung in Verheißung

1. In der theologischen Diskussion um die Position des Alten Testaments im Christentum hat sich das Kategorienpaar «Verheißung/Erfüllung» einen festen Stammplatz gesichert. Nach weitverbreitetem Urteil hat das Alte Testament als «Buch der Verheißung» zu gelten, das Neue Testament dagegen als «Buch der Erfüllung»; die Zeit der Kirche wird entsprechend als «Zeit der Erfüllung» etikettiert, während die Geschichte Israels eine solche der «Verheißung» genannt wird. Vielfach wird auch der Begriff «Weissagung« synonym zu «Verheißung» verwendet, gelegentlich aber auch in scharfem Gegensatz dazu, wenn etwa «Weissagung» als Menschenwort qualifiziert und in eine Dependenzbeziehung zu einem kommenden Geschehen gesetzt wird, während «Verheißung» als Gotteswort und somit als ein bereits in sich und durch sich wirksames Heilsgut gilt. Gerade die letztere Differenzierung hat zu der hermeneutischen Konsequenz geführt, ausschließlich die «Verheißung» sei als eine für den christlichen Glauben relevante Wirklichkeit zu fassen, während der «Weissagung» nur eine inneralttestamentliche Funktion zukomme. In jedem Fall aber wird die «Fülle» im Neuen Testament als die Instanz begriffen, die über den jeweiligen Ort von «Weissagung» oder «Verheißung» autoritativ befindet. Kann es hier noch einen theologischen Progreß geben?

Die christliche Urgemeinde hat den Weg Jesu von Nazareth bis zum Kreuz und zur Auferstehung im Licht der Ostererfahrungen gedeutet; dazu und zur Interpretation des eigenen Geschicks in der Erwartung der Wiederkehr Christi bediente sie sich des «Schriftbeweises», d. h., sie glaubte, in den «Weissagungen» des Alten Testaments durchweg messianische Weisungen und im Alten Testament insgesamt ein Lehrdokument auf Christus hin (vgl. Röm 15,3f.) erkennen zu dürfen. In dieser Betrachtungsweise konnte sie sich auf den Spuren der alttestamentlich-jüdischen Tradition mit deren messianistischer Ausdeutung vor allem prophetischer Texte bewegen, zum andern aber auch hellenistisch-stoischen Rezeptionsverfahren folgen, wie etwa der von Philo von Alexandria praktizierten Allegorese. «In jedem Falle ist es klar, daß man aus den Texten herausliest, was man vorher schon weiß. Man will es aber in den alten Texten finden, damit es als autoritative Wahrheit gelten kann» (R. Bultmann).[6] In der Exegese hat sich seit langem die Einsicht etabliert, daß das Arsenal der «messianischen Weissagungen» im Alten Testament keine einschlägige Deutung auf den Messias Jesus Christus fordert, sondern in erster Linie im Horizont der geschichtlichen Erfahrungen Israels zu beurteilen ist. Es kann auch kein Zweifel sein, daß der engagierten Suche nach vorausweisenden Signalen im Alten Testament teilweise eine konstitutive Bedeutung für die Traditionsbildung im Urchristentum zukommt. So konnte etwa die griechische Wiedergabe von Jes 7,14 mit ihrer Deutung der im Urtext genannten «jungen Frau» als «Jungfrau» zur klassischen Referenz für die Vorstellung von der Jungfrauengeburt Jesu werden, wie sie sich in Matth 1,23 und im Credo wiederfindet. Dabei kann man nach dem heutigen Erkenntnisstand nicht umhin, zunächst einmal im Verband jesajanischer und zeitgeschichtlicher Informationen zu verbleiben, so daß mit dem von der «jungen Frau» geborenen «Immanuel» wenigstens primär der König Hiskia, Sohn der Königsgemahlin Abija, gemeint sein sollte, obschon auch diese namentliche Fixierung nicht unumstritten ist. Eben der zitierte Hiskia kann auch im Visier jenes vieldiskutierten Fluchwortes über die Schlange in Gen 3,15 stehen, das als «Protoevangelium» auf den Messias Jesus Christus als den Überwinder von Tod und Teufel und sogar auf die Gottesmutter Maria bezogen worden ist. Indizien, wie der Spruchcharakter, die metaphorische Rede, das Fehlen von Eigennamen, der Kontext der Sündenfallerzählung, können allerdings das Recht auf ein typologisches Verständnis nicht grundsätzlich streitig machen, wie dieses schon innerhalb der jüdischen Auslegungsgeschichte greifbar wird. Der Text hat so bereits in nichtchristlicher Perspektive zur Formung des Messiasbildes beigetragen, das mit seiner Personifikation einer elementaren, individuellen oder kollektiven Hoffnung gewiß eine archetypische Dimension besitzt, die freilich wiederum nicht ohne weiteres außerhalb von Raum und Zeit Israels definiert werden kann. Der Christ wird jedenfalls auch hier keinen «Alleinvertretungsanspruch» in dem Sinn geltend machen dürfen, daß er die alttestamentlich-jüdische Messiashoffnung ausschließlich auf den historischen Jesus von Nazareth bezieht und damit eine in die Kategorie der «Verheißung» gesetzte Zukunftstat des geschichtsmächtigen Gottes zu einem mit dem Anspruch der «Erfüllung» versehenen Ereignis in datierbarer Vergangenheit macht. Es wird darauf ankommen, das Kontinuum der Messiashoffnung im christlichen Raum auch angesichts des urchristlichen Erfüllungsbewußtseins mit neuen Konturen zu versehen, da gerade die Urgemeinde mit der Reflexion über Jesu Person und Botschaft den Gedanken an die Parusie des Herrn verband und so «Erfüllung» vor allem auch in der «Verheißung» der Wiederkunft Christi in Macht und Herrlichkeit vorfand. Einem derart gefüllten Verständnis von Verheißung, das zugleich der in Christus gewährten Erfüllung eine Raum und Zeit übergreifende Dimension zugesteht, ohne die Überzeugung von der Gegenwart Jesu Christi in der Gemeinschaft der Glaubenden und der Kirchen mit gnostischen Spekulationen zu verbinden, kann die Möglichkeit eingeräumt werden, der fundamentalen und bleibenden Ausrichtung auf das Kommende in Solidarität mit alttestamentlich-jüdischer Hoffnung ein grenzenüberragendes Gewicht zu geben. Eine wirkliche Rezeption des Alten Testaments im christlichen Raum muß sich wohl daran messen lassen, inwieweit die Kirchen über die Vergegenwärtigung ihres Stifters und die Erinnerung an ihre ureigenen Traditionen hinaus fähig sind, die unbeirrbare Orientierung auf den entgegenkommenden Gott als das Tagesprogramm festzusetzen. Mit dem Alten Testament glauben heißt dementsprechend nicht bloß Rückschau auf vergangene Heilstaten, sondern antwortendes Sich-Einlassen auf die Vorschau der kommenden Manifestation des geschichtsmächtigen Gottes. Soll die «Verheißung» als Heilsgut auch im Christentum den Ort bewahren, den es der Treue Gottes gegenüber seinem erwählten Volk einräumen muß, kann sich die Christenheit nicht im Hochgefühl des ausschließlichen Beschenktseins rühmen, sondern nur noch in die Schar der Wartenden eintreten, die auf die endgültige Ankunft Gottes setzen. In dieser Perspektive bedeutet Jesus Christus Erfüllung in Verheißung, die Vollendung seines Jude-Seins, «Stern der Erlösung» und «Menschensohn».

Das Ineinander von Verheißung und Erfüllung, insbesondere die Transparenz der Erfüllung auf bleibende Verheißung hin, ist nicht ein Privileg christlicher Einsicht oder gar das Produkt kirchlicher Selbstbestätigungsversuche, sondern eine Gegebenheit, die bereits im Alten Testament repräsentiert ist. So läßt etwa der scheltende Prophet erkennen, «wie dieses Volk, das sich unter den Stichworten: Erwählung der Väter, Bund, Gesetz als Gottesvolk versteht, in der Gefahr ist, sich als in einem abgeschlossen verwirklichten Sein zu verstehen» (W. Zimmerli).[7] Hier muß die Einrede des Propheten die Gefahr einer Verfestigung gewachsenen Erwählungsbewußtseins bannen, dessen von Haus aus mitgegebene Belastung nicht mehr als Herausforderung zu angespanntem Engagement für Gott vor den Menschen empfunden worden ist. Die bekannte zeitkritische Verkündigung eines Amos, Jesaja oder Jeremia, ob nun auf Mißverhältnisse in Recht oder Kult gerichtet, zielt letztlich auf Revision eines Bewußtseins, das vom Besitzanspruch umfangen und befangen ist und die konstitutiven Merkmale des Unterwegsseins aus der Sicht verloren hat. In den Zeiten politischer Koalitions- und Rückversicherungstendenzen angesichts der Gefahren aus dem Osten (Assyrer, Babylonier) findet die Verführung zum Verzicht auf das Risiko des Sich-Einlassens auf den beistandswilligen Gott breites Echo. Kein Wunder, daß gerade der Verbleib im Lande als scheinbares Garantiesymbol für Erfüllung schlechthin mit einem Schlage zur Disposition gestellt wird. Der massive Einbruch des Exils in der Geschichte Israels signalisiert in den Augen kritischer Zeitgenossen das Nein Gottes zu einer selbstsüchtigen und satten Pragmatik innerhalb seines Volkes. Dieser Aspekt der Prophetie eines Ezechiel hat den utopischen Entwurf einer neuen Verfassung zur Seite, nach der es im nachexilischen Israel keine Selbstdarstellung menschlicher Autorität mehr geben wird. Eine analoge, noch deutlicher die Erfüllungsdimension der Verheißung aufdeckende Perspektive bietet die Priesterschrift, da sie auf dem Wege über ein kritisches und utopisches Kultprogramm das Bewußtsein für die Reform des Gottesdienstes schärft, der im Bereich eines fiktiven und alternativen Heiligtums vonstatten gehen soll.[8] Wie der Verfassungsentwurf des Ezechiel, so bleibt das Kultprogramm der Priesterschrift auf der Ebene der Ansage für die Zukunft, obschon hier Ausführungsnachrichten den Vollzug suggerieren und damit wiederum die Erfüllung in der Verheißung anzeigen. Auf dem Hintergrund solcher kritischer Prophetien, Visionen und Programme gewinnt die Kategorie der Verheißung ein Profil, das nicht mehr allein an das Phänomen der Weissagung einer messianischen Gestalt gebunden ist, um auf diese allein dann auch das Geschehen der Erfüllung zu fixieren, sondern eine Identität als substantielle und bleibende Gabe Gottes, unter deren Eindruck Juden und Christen eine neue Hoffnungsgemeinschaft eingehen könnten, ohne sich bei unausweichlicher Auseinandersetzung um das «wahre Israel» aus dem Auge zu verlieren. Das Gotteswort aus der Mitte priesterschriftlicher Theologie: «Ich werde mitten unter den Israeliten wohnen und ihnen Gott sein» (Ex 29,45), ist nach allem nicht ohne weiteres gegen eine Zusage andersorientierter Präsenz austauschbar, auch nicht gegen die Verheißung Jesu: «Ich bin bei euch alle Tage bis zum Ende der Welt» (Matth 28,20). Die Anerkenntnis der bleibenden Gegenwart Jesu Christi in der Gemeinschaft der Glaubenden kann nicht ohne verbindliche Anerkenntnis der Selbstbindung Gottes an ein Wohnen in Israel gedacht werden. Die beiden konkurrierenden Gegenwartsansagen können nur von einer übergreifenden Glaubenshaltung ertragen und getragen werden, die auf die noch ausstehende Offenbarung Gottes in letzter Erfüllung der Verheißungen gespannt ist. Wer die alttestamentlichen Verheißungen ausschließlich im gewohnten Selbstverständnis der christlichen Ökumene aufgehoben und erfüllt sehen möchte, rückt sie in verdächtige Nähe der vaticinia ex eventu (Weissagungen, die nach Eintritt der Geschehnisse formuliert sind) und entwertet damit ihre konstitutive Rolle für Glauben auf Zukunft hin. Der Christ wird nie das Recht haben, ein Erbe für sich zu reklamieren, das Gott Juden *und* Christen zugedacht hat.

2. Ist in der Verheißung Gottes an Israel auch Erfüllung in und durch Israel konstituiert, gewinnt das ganze «Alte Testament» den Charakter einer unrevidierbaren, im überrechtlichen Sinne «letztwilligen» Verfügung Gottes und wird so ein auch den Christen bindendes Dokument göttlicher Treue. Die bleibende Verheißungsdimension nötigt die Christen immer wieder, im Gespräch mit dem Zeugnis Israels eigene Positionen und Funktionen vor allem darin zu überprüfen, ob sie Ausdruck universaler und endzeitlicher Hoffnung sind oder etwa bereits Anzeichen introvertierter Selbstgewißheit an sich tragen. Die Verheißung an Israel hautnah zu spüren, bedeutet dann auch nicht zuletzt, dem Leiden Israels an der Verheißung, der mitreißenden Klage vor Gott im christlichen Raum Solidarität zu schenken. Denn auch die Klage ist eine Gabe Gottes, da sie den Menschen in seiner geschöpflichen Ohnmacht an- und ernstnimmt. Hat die Christenheit der Stimme Israels erst einmal grundsätzlich Gehör bei sich selbst verschafft, öffnet sich eine Reihe von Türen zu verlorenen Erfahrungen in der Begegnung mit Gott und Welt.
In einem erst jüngst publizierten Beitrag über das «Jüdische am Christentum»[9] hat Norbert Lohfink die seitens des Judentums erhobene Einschätzung aufgenommen, das Christentum habe sich in einem Prozeß der Verinnerlichung aus der Aufgabenstellung vor dieser Welt verabschiedet, um zugleich die politische Dimension von «Erlösung» zu verkennen. Zur Bestätigung dieser Vorbehalte kann Lohfink auf die problematischen Stellungnahmen kirchlicher Autoritäten gegenüber der lateinamerikanischen Befreiungstheologie verweisen, die nicht zuletzt einer vermeintlich unpolitischen Verkündigungsaufgabe das Wort reden. Von der kanonischen Einstufung des Neuen Testaments ausgehend will Lohfink dagegen zu Bewußtsein bringen, daß es gerade dem Kern christlicher Botschaft entspricht, wenn über die individuelle Gottesbeziehung hinaus ein öffentliches Engagement für kirchliche und gesellschaftliche Reform verwirklicht wird. In der Tat ist schon die Verkündigung des historischen Jesus auf die «Kinder Israels» als das erwählte Volk konzentriert gewesen, eine Linie, der nicht nur die lukanische Perspektive zur Frühgeschichte der christlichen Gemeindebildung folgt, sondern im besonderen Sinne Paulus als ehemals prominenter Jude verpflichtet ist, wenn er die Restitution des künftigen Israel auch angesichts des Wachstums der Kirche im Auge behält (Röm 9-11), von der apokalyptischen Zeichnung eines «Israel» der Endzeit ganz zu schweigen. Die auf dem Boden alttestamentlicher Sprache geprägte Rede von der «Königsherrschaft Gottes» zielt auf eine alternative Gesellschaft, desgleichen die alt- und neutestamentliche Option für die Armen und Unterdrückten überhaupt. Im Neuen Testament meldet sich deuteronomisches Gedankengut zu Wort, da vor allem das Geheimnis der göttlichen Weisung im Gesetz seinen erhabensten Ausdruck im alt- und neutestamentlichen Liebesgebot findet. In dieser Mitte jüdisch-christlicher Sozialethik kommt die Nächstenliebe als Korrelat der Gottesliebe zum Vorschein, die mit ihrer aktiven und passiven Beziehung auf den Menschen immer auch die menschliche Gemeinschaft angeht. Das Prinzip der «Gemeinde» vor Gott, die in gläubiger Erinnerung und Vergegenwärtigung göttlicher Befreiungstat Zeichen der Verbundenheit setzt, findet sich in exemplarischer und jenseits des Alten Testaments kaum ansatzweise realisierter Art in der «Wir»-Gemeinschaft Altisraels vor, um der Abendmahlsgemeinschaft des Neuen Testaments und der Urkirche Grundstruktur und paradigmatische Funktion zu geben. Die spät- und nachexilische Prophetie Israels und des beginnenden Judentums beschränkt sich keineswegs darauf, mit einem Appell an eine gesetzestreue Elite mit weltflüchtigen Ambitionen einer Diasporamentalität Vorschub zu leisten, sondern operiert im Gegenteil mit der universalistischen Idee einer «Völkerwallfahrt» nach Jerusalem, wo sich die eschatologische Kultgemeinde treffen wird: ein bleibendes Signal, dem sich auch die christliche Urgemeinde nicht entziehen sollte, da sie sich in einer für alle Welt gültigen Sendungsfunktion begriff. Die weitgehende Zurückhaltung Israels und des frühen Judentums im Bereich missionarischer Bekehrungsarbeit tut der grundsätzlichen Orientierung auf eine allumfassende Heilsordnung, heraufgeführt durch die endzeitliche Befreiung durch Gott selbst, keinen Abbruch. Auch die neutestamentliche Gemeinde versteht sich in der Tradition des Anspruchs auf beispielhafte und der Weltgeschichte vorgreifende Selbstdarstellung einer «Exodus»-Gemeinde im permanenten Gegenüber zu den Zwängen menschlicher Gesellschaftsordnungen und Institutionen, von denen auch der Innenraum der Kirche nicht unberührt geblieben ist. So ist es insgesamt nur folgerichtig, wenn N. Lohfink «die Sorge Gottes um die rechte menschliche Gesellschaft als eine gemeinsame Perspektive von Altem und Neuem Testament bezeichnen» möchte.
Unsere vorangegangenen Erwägungen zur heilschaffenden

Dimension der alttestamentlichen Verheißung selbst mögen uns freilich zu weiteren Konsequenzen führen, deren Basis nicht unbedingt der begleitende und nötigende Rückbezug auf das Neue Testament sein müßte, sondern in erster Linie die sich gegenüber Israel versichernde Treue Gottes selbst. Das bereits vorgetragene Plädoyer für eine unverchristlichte Einrede des Alten Testaments in die christliche Gemeinde ist mit der Anerkenntnis einer herausfordernden Inspiration verknüpft, die sich gerade im Blick auf Überlebensfragen der Menschheit mit dem unvermittelten Eintritt alttestamentlicher Botschaft in unsere Gegenwart ergibt.

Die Verantwortung des geschaffenen Menschen für ein Gleichgewicht der natürlichen Kräfte im Widerstand gegen chaotische Zerstörungsgewalt wird nirgendwo in den beiden Testamenten deutlicher akzentuiert als in dem priesterschriftlichen Herrschaftsauftrag an die Menschheit (Gen 1,28). Die dennoch tradierten und gepflegten Mißverständnisse, die sich vor allem auf die Interpretation der Aufrufe «Bevölkert die Erde, unterwerft sie euch, und herrscht (über die Tiere)!» konzentieren, können nicht einfach mit Argumenten aus dem Neuen Testament aus der Welt geschafft werden, sondern fordern zu einer unverkürzten und ungeschminkten Deutung der Bildsprache heraus. Eingebettet in die religionsgeschichtliche Phraseologie und Ikonographie der Umwelt Israels kommt hier der göttliche Anspruch an die Menschheit zur Geltung, die geschaffene Welt mit Leben zu erfüllen, in königlicher Machtvollkommenheit die Erde vor dem Fall ins Chaos zu bewahren (nicht auszubeuten!), die Dämonie der Unordnung zu überwinden: all dies als eine majestätische Begabung, der aber die Menschheit nicht zu genügen vermochte, da sie sich der Gewalttat hingab (Gen 6,11 f.). Die Priesterschrift hat die historische Insuffizienz des Königtums und damit auch das Versagen des königlichen Menschen registrieren müssen; mit der Zeichnung des kultisch-priesterlichen Menschen versucht sie dann, der unaufgebbaren Verpflichtung zur ordnenden Gestaltung der Gemeinschaft vor Gott zu entsprechen. Auch hier bietet sie also ein Programm für die Zeit der Erneuerung (nach dem Exil) an; die neue Gemeinde kann nur in dem von Gott gesetzten Rahmen Beistand haben, wenn sie sich der elementaren Befugnis zu ordnendem Dienst füreinander und vor Gott entsinnt.

Ein zweites Beispiel greift mitten in die Auseinandersetzungen um eine glaubwürdige Friedenspolitik. Wiederum bietet das Gesamt der Testamente keine konkretere und vorbehaltlosere Kritik am falschen Sicherungswahn als die prophetische Auseinandersetzung mit fragwürdigen Koalitionsbemühungen der Zeit eines Jesaja oder Jeremia. Hier nötigt die Prophetenrede zu einem Verzicht auf selbstzerstörerische Bündnispolitik, die das Sich-Einlassen auf den allein Sicherheit gewährenden und Fortexistenz auf seine Weise garantierenden Gott im Kleinglauben beiseite läßt. Der Christ, der sich dem alttestamentlichen Appell zur Verwirklichung von «Recht und Gerechtigkeit» öffnet, kann nicht anders als der utopischen Idee vom Umschmieden der Schwerter zu Pflugscharen und der Lanzen zu Winzermessern nachjagen (vgl. Jes 2,4; Mi 4,3).

Mit einem dritten Beispiel sei die Besinnung auf elementare Erfordernisse humaner Lebensform angesprochen. Hier kann die poetische Literatur der Weisheitsschriften, nicht zuletzt das Hohelied, mit einer bildreichen und doch unverblümten Eindringlichkeit aufwarten, um die menschlichen Beziehungen bis hin zur zärtlich-liebevollen Begegnung zu beleuchten. Gerade das Hohelied, im Neuen Testament nicht einmal zitiert, in der Geschichte der Christenheit bis in die jüngste Zeit immer wieder mit dem Kleid der Allegorese überdeckt oder mit mystischer Auslegung verfremdet und verkannt, nur selten als Loblied auf die Leibhaftigkeit und Sexualität in menschlicher Partnerschaft ernstgenommen, hat eine verchristlichte Version nicht nötig, um mit seiner anregenden und erregenden Sprache das unverzichtbare und für die Zukunft menschlichen Gemeinschaftslebens grundlegende Postulat des zärtlichen Umgangs miteinander zu besingen. Freilich wird man sich vielleicht auch bei diesem keineswegs am Außenrand theologischen Sprechens vom Menschen befindlichen Werk der Weltliteratur daran erinnern dürfen, daß es in der Geschichte Israels seinen angestammten Platz hat, um so auch Ausdruck bestimmter politischer Erfahrungen sein zu können. Denkt man etwa an die spätvorexilische Zeit mit ihrer anwachsenden Bedrängnis Judas und Jerusalems, legt sich der Eindruck nahe, daß das Hohelied einer heilen, ganz andersartigen Lebenswelt zuneigt, als sie die erfahrbare Wirklichkeit bietet. Es ist das Kontrastbild eines Traums, einer utopischen Beziehung, der sich die Sehnsucht in tiefgreifender Krise öffnet.

Die hier gewählten Beispiele führen in Situationen und Erfahrungen, wie sie auch der christlichen Gemeinde angesichts der generellen Notwendigkeit, eine Überlebensstrategie zu finden, durchaus vertraut sind. Die Christenheit kann hier aus dem Alten Testament als einem «Buch des Lebens» schöpfen und sich gemeinsam mit den Botschaftern der «ersten Liebe» Gottes auf eine alternative Lebensform aus einem tiefen Glauben an die bewußtseinsverändernde und lebenstiftende Kraft Gottes einlassen.[10] Dem Alten Testament im Leben der Kirche Raum und Zeit zu geben, heißt wohl auch die Suche nach einer utopischen Wirklichkeit, der andersartigen Welt Gottes in den Dimensionen dieser Welt des Diesseits im Vertrauen aufzunehmen.

Manfred Görg, Traudl und Erich Lessing

Beschreibung der Bilder

Von Dan bis Beerscheba (S. 13-60)

Im Hermon-Massiv
Der Hermon, nach Dtn 3,9 von den Phöniziern Sirjon, von den Amoritern Senir genannt, stellt die östliche Kette des mittelsyrischen Gebirges (der sog. Antilibanon) dar, meint aber insbesondere die majestätische Südspitze in der Sichtweite Nordisraels. Das Hermonmassiv ist mit seinen Gipfeln bereits im 14. Jh. v. u. Z. als Kultstätte bezeugt, dürfte aber seit ältester Zeit als heiliger Berg im Norden Kanaans verehrt worden sein – *S. 13*

Die Hule-Ebene und der Hermon von Hazor aus
Die Hule-Ebene im oberen Jordantal mit dem Hule-See (von Flavius Josephus Semachonitis-See genannt), der fast 70 m über dem Meeresspiegel liegt, befindet sich im Einzugsbereich der altkanaanäischen Stadt Hazor, die aus ägyptischen Quellen seit ca. 1800 v. u. Z. und aus den Maribriefen (ca. 1700) als politisches und wirtschaftliches Zentrum bekannt ist und im Alten Testament als Hauptstadt galiläischer Stadtstaaten erscheint (Jos 11, 10) – *S. 14/15*

Auf dem Golan
Die Golan-Höhen, wonach die Landschaft Gaulanitis benannt ist, sind vulkanischen Ursprungs, enthalten umfangreiche Weidegebiete und besonders im Süden fruchtbares Ackerland – *S. 16*

Der Vulkankrater Birket-Ram auf dem Golan
Birket-Ram ist ein wohl schon von Flavius Josephus erwähnter Kratersee, der etwa 50 m unter den Boden der umliegenden Landschaft eingesenkt ist. Einer Lokalsage zufolge soll der See an der Stelle eines wegen seiner Ungastlichkeit untergegangenen Dorfes liegen – *S. 17*

Der bewaldete Abfall des Golan nach Banyas hin
Banyas, Ort einer Jordanquelle, erinnert mit seinem Namen an die in griechischer Zeit dem Pan geweihte Landschaft. Der Herodessohn Philippus baute den Ort Paneas aus und nannte ihn Cäsarea Philippi – *S. 18*

Die Wasserfälle des Jordan
Die vier Quellflüsse des Jordan vereinigen sich im Norden der Hule-Ebene. Der Jordan senkt sich von seiner 520 m über dem Meeresspiegel gelegenen Nordquelle über ca. 220 km nach Süden bei einem Gesamtgefälle von ca. 926 m bis zur Mündung in dem 394 m unter dem Meeresspiegel liegenden Toten Meer – *S. 19*

Blick über den Kinereth-See vom Golan nach Westen
Der See Kinereth (Genesaret), wohl zunächst nach der anliegenden Ortschaft Kineret benannt, später auch Meer von Galiläa bzw. von Tiberias genannt, ist 21 km lang, bis 12 km breit, bis 44 m tief, umfaßt eine Fläche von 170 km² und liegt ca. 208 m unter dem Meeresspiegel. Er wird im Nordwesten und Süden von fruchtbaren Ebenen, ansonsten von Bergen begrenzt. Teil der Ostgrenze Israels – *S. 20/21*

Der Jarmuk bildet hier die Grenze zwischen Israel und Jordanien
Der Jarmuk, linker Nebenfluß des Jordan, verfügt über ein reiches Quellgebiet im Hauran und bei seiner Mündung über ebensoviel Wasser wie der Jordan selbst – *S. 22*

Der Jordan nach dem Verlassen des Kinereth-Sees; im Hintergrund die jordanischen Berge
Zwischen dem Südrand des Sees Kinereth und dem Nordrand des Toten Meeres durchfließt der Jordan eine bis zu 30 km breite, 105 km lange Senke. Der Jordangraben ist im Westen von bis 1100 m ansteigenden Bergketten und im Osten von bewaldeten Berghängen begrenzt – *S. 23*

Das Jordantal gegen das Gebirge Ephraim nach Westen
Das Gebirge Ephraim bezeichnet den mittelpalästinischen Bergrükken zwischen Bethel und der Ebene Jesreel. Sein Territorium gehört zum Kernbereich des frühvorstaatlichen Israel – *S. 24/25*

Im oberen Galiläa
Galiläa (wohl alte Territorialbezeichnung) wird in älterer Zeit im Osten vom See Kinereth und dem Jordan, im Süden von der Ebene Jesreel begrenzt, während die Grenzen im Norden und Westen Schwankungen unterliegen. Im Kerngebiet von Galiläa siedelte der Stamm Naphtali, während auf dem Westrand des galiläischen Gebirges der Stamm Asser und an dessen Südrand die Stämme Sebulon und Issachar Platz fanden. Im Norden des Jordangrabens schuf Dan seinen Siedlungsraum – *S. 26*

Die Jesreel-Ebene nach Norden gegen die Berge Galiläas gesehen
Die Jesreel-Ebene (der Name bedeutet: «Gott sät») liegt zwischen dem samarischen Gebirge im Südwesten und dem untergaliläischen Bergland im Norden und wird im Osten vor allem vom Tabor und dem Gilboa-Gebirge begrenzt. Das große, fruchtbare Gebiet ist im 2. Jahrtausend Kontrollgebiet kanaanäischer Stadtstaaten wie Megiddo und Taanach und wird erst zu Beginn der Königszeit Teil des Reiches Israel. Seit alters Schauplatz militärischer Auseinandersetzungen, die dem Gelände sogar endzeitliche Perspektiven vermittelt haben (Armageddon) – *S. 27*

Der Ruinenhügel Beit-Schean; im Hintergrund die jordanischen Berge
Südlich des Sees Kinereth gelegen (25 km) ist die alte Kanaanäerstadt Beit-Schean mit einstmals guten Beziehungen nach Ägypten erst spät unter israelitische Kontrolle geraten. Nach der Einnahme der Stadt durch die Philister haben die Könige David und Salomo den besonderen Status weitgehend respektiert, so daß die Bevölkerung ihre kanaanäischen Traditionen bewahren konnte. Vorgang und Datum von Änderungen in der Bevölkerungsstruktur bleiben im unklaren. In hellenistischer Zeit Skythopolis genannt – *S. 28/29*

Blick vom Jordantal gegen die Anhöhen von Samaria
Samaria, Zentrum Nordisraels, ist eine relativ späte Gründung. Erst Omri hat die Stadt um 880 v. u. Z. angelegt, vielleicht um ein von israelitischen Traditionen unbelastetes Gegenstück zu Jerusalem zu schaffen. Samaria gewährte kanaanäischen und aramäischen Einflüssen breiten Zugang, wurde mehrfach belagert und 722 v. u. Z. von den Assyrern eingenommen, womit das Schicksal des Nordreiches Israel besiegelt war – *S. 30*

Die Olivenhaine Samarias
Die Kuppe des Hügels von Samaria (443 m) wird von dem Propheten Jesaja mit einer Krone verglichen (Jes 28,1). Äußere und innere Bedingungen haben zu einem exquisiten Lebensstil «auf dem Berge von Samaria» geführt, den bereits Amos kritisiert und als Ursache des kommenden Untergangs brandmarkt – *S. 31*

Die weißen Kreidefelsen von Rosch Hanikra an der libanesischen Grenze
Rosch Hanikra (von Flavius Josephus «Treppenweg der Tyrier» genannt) bietet einen prachtvollen Blick auf die Akko-Ebene und das Karmel-Gebirge im Süden. Der natürliche Fixpunkt liegt im Grenzbereich des Stammesgebietes von Asser – *S. 32/33*

Die Küste südlich von Caesarea
Südlich vom Karmel erstreckt sich die Saron-Ebene, deren Fruchtbarkeit sprichwörtlich ist. Der bis südlich von Jaffa (Tel Aviv) reichende Küstenstreifen ist ein Teil des Expeditionsweges ägyptischer Pharaonen nach Palästina-Syrien und südlich von Caesarea Ziel des im Alten Testament genannten Meeresweges (Jes 8, 23) – *S. 34*

Der Karmel
Das Karmel-Gebirge (der Name bedeutet »Fruchtgefilde», «Baumgarten») ist ein etwa 20 km langer, bis 552 m ansteigender Höhenzug von Südosten nach Nordwesten. Nach Norden steil abfallend geht der Karmel nach Süden allmählich in die Talebene Saron über. Schon sehr früh besiedelt, stellt er die Südgrenze des Stammesgebiets von Asser dar; sein Waldreichtum wird im Alten Testament gerühmt. Der Karmel war Stätte eines alten Baalheiligtums, das der Prophet Elia bekämpft hat (1 Kön 18) – *S. 35*

Küstenlandschaft bei Caesarea
Caesarea «am Meer» (zu unterscheiden von Caesarea Philippi am Südhang des Hermon) ist eine römerzeitliche Gründung, deren Bauherr Herodes neben den für eine hellenistische Stadt üblichen Monumentalbauten auch einen bedeutsamen Hafen anlegte, um die Handelsverbindungen mit Damaskus effektiver werden zu lassen – *S. 36/37*

Die Dünen bei Nathania
Die flache und sandige Küste hat schon in vorbiblischer Zeit Fremdvölkern aus dem Mittelmeerraum leichten Zutritt eröffnet, so vor allem den Philistern, deren Präsenz dem beginnenden Israel sehr zu schaffen machte. Die Stämme Israels haben aus begreiflichen Gründen keine Vorliebe für ein Wohnen im Küstenbereich entwickelt – *S. 38/39*

Kirjat-Jearim, westlich von Jerusalem, und der Abfall zur Küstenebene
Kirjat-Jearim («Wälderstadt») ist eine alte Kanaanäerstadt, die in einem Bündnis mit Nachbarstädten wie Gibeon stand und in ein besonderes politisches Verhältnis zur frühisraelitischen Stammesstruktur einbezogen wurde. Sie wird als letzter Standort der Lade vor deren Überführung nach der Stadt Davids benannt, ist aber wohl erst in der Zeit Josias judäisches Siedlungsgebiet geworden – *S. 40/41*

Die Wüste Juda gegen das Jordantal und die jordanischen Berge
Juda ist wohl ein übernommener Territorialname des Gebirgsabfalls südöstlich Jerusalems bis zum Toten Meer. Die spärliche Vegetation läßt vor allem zur Winterzeit seit alters Kleinviehherden Nahrung finden, so daß die Wüste Juda beduinischer Lebensraum geworden ist. Die biblische Bildsprache erkennt in der Wüste ein Land der Beschwernis und des Todes, aber auch einen Raum der Neubesinnung. Die essenische Gemeinde von Qumran am Toten Meer hat in der Wüste «den Weg des Herrn» bereiten wollen – *S. 42*

Die Wüste Juda im Frühling
Die Wüstengebiete am Rande der Kulturzonen Palästinas sind keine eigentlichen Trockenwüsten (Sandwüsten), sondern Kalksteingebiete mit dünner Humusschicht, die eine bescheidene Vegetation zulassen, wie sie besonders im Frühjahr augenfällig und eindrucksvoll ist – *S. 43*

Die Wüste Juda im Sommer
Je weiter der Gebirgsabfall zu den Ufern des Toten Meeres vordringt, um so öder wird die Landschaft, deren Lebensfeindlichkeit und Unkontrollierbarkeit Außenseitern der Gesellschaft und Rebellen Schlupfwinkel in großer Zahl anbot. Die spärlichen Regenfälle werden hier von der trockenen und porösen Kreide aufgesogen, die das Landschaftsbild östlich der Wasserscheidenstraße Jerusalem–Bethlehem–Hebron bestimmt – *S. 44/45*

Die Oase Jericho gegen das Judäische Gebirge
Die uralte Stadt Jericho liegt 200 m unter dem Meeresspiegel nördlich des Toten Meeres in einer fruchtbaren Oase mit dem biblischen Namen «Palmenstadt». Die Bewässerung erfolgt durch die Quelle En els-Sultan, in alter Zeit nutzte man auch die Quellen des nahen Gebirges. Ein wirtschaftlicher und verkehrspolitischer Mittelpunkt konnte Jericho aufgrund seiner abseitigen Lage nicht werden; auch feindlichen Belagerungen gegenüber war Jericho auf Dauer nicht gewachsen – *S. 46/47*

Am Ufer des Toten Meeres, bei Massada – S. 48 (Bilderklärung wie – *S. 50/51*)

In der Oase von Ein Gedi
Im abrupten Gegensatz zu der Öde des Toten Meeres steht die reizvolle Quellandschaft von Ein Gedi, die etwa in der Mitte der Längsseite des Meeres auf der Höhe von Hebron liegt und von zwei Hauptquellen bewässert wird. Der Name («Quelle des Böckchens») nimmt wohl auf die Quelle Bezug, die zur dominanten Felskuppe der Oase gehört, dazu aber auch auf die zahlreichen Steinböcke des Felsmassivs – *S. 49*

Das Tote Meer mit den jordanischen Bergen im Hintergrund
Das Tote Meer (im Alten Testament u. a. «Salzmeer» oder «Wüstenmeer» genannt) ist der Rest eines diluvialen Binnensees in der Fortsetzung des unteren Jordangrabens. Eine vom Ostufer vorspringende Halbinsel («die Zunge») teilt die Fläche des Sees auf, der 85 km lang, bis 15 km breit ist und in seinem nördlichen Hauptbecken eine Tiefe von 400 m erreicht und damit mit über 790 m Tiefe unter dem Meeresspiegel die stärkste Depression der Erde bildet. Der überdurchschnittlich hohe Salzgehalt hindert die Entstehung organischen Lebens. Von wirtschaftlicher Bedeutung waren schon in alter Zeit die reichlichen Asphalt- und Steinsalzvorkommen – *S. 50/51*

Die Skorpionensteige, die klassische Südgrenze Kanaans
Von Hazeva führt eine 34 km lange Piste nach Mampsis und Dimona. Das nach Verlassen des Wadis stark ansteigende Teilstück wird heute noch mit dem bibli-

schen Namen «Skorpionensteige» bezeichnet. Die biblischen Texte (Num 34:4, Ri 1:36, Jos 15:3) nennen die Skorpionensteige im Zusammenhang mit der Südgrenze des Stammes Juda zu den Edomitern hin. Die nabatäisch-byzantinische Straße verlief über den nächsten Felssporn südlich der heutigen. An der ursprünglichen Straße befinden sich drei römische Forts – *S. 52/53*

Die Araba und die Berge des Negeb bei Timna
Die Araba zieht sich als weitere Fortsetzung des großen Grabens vom Südufer des Toten Meeres über 175 km hin bis zum Nordende des Golfes von Akaba. Im Westen von den Negeb-Bergen begrenzt, zeigt sich das ausgedehnte Tal mit gewaltigen bis zu 1000 m hohen Steilwänden an der Ostseite. In alter Zeit war die Araba vor allem wegen der Kupfervorkommen von Interesse, nicht zuletzt auch als Einzugsgebiet halbnomadischer Bevölkerungsgruppen des edomistischen Berglandes der Ostseite, aus denen sich wahrscheinlich ein gewichtiger Bestandteil des späteren Volkes Isreal herleitet. Nördlich von Edom liegt Moab, das anscheinend früher als Israel zu relativer Selbständigkeit gelangt ist – *S. 54/55*

Schirmakazien in der Araba vor den moabitischen Bergen Jordaniens
Ein charakteristisches Gewächs der Wüstenzonen der Araba südlich des Toten Meeres und des Negeb Südpalästinas ist die Akazie, deren Holz bei aller Leichtigkeit doch genügend Festigkeit besitzt, so daß die Beduinen darin ein willkommenes Verarbeitungsmaterial finden. Im Alten Testament spielt das Akazienholz als Brennmaterial der Wüstenzeit eine besondere Rolle – *S. 56/57*

Die Berge des Sinai vom Joramberg bei Eilat aus gesehen
Von der Höhe des Joramberges (13 km nach Eilat; 600 m über dem Meeresspiegel) hat man einen eindrucksvollen Überblick über das Nordende des Golfs von Akaba, der einen Teil des Roten Meeres darstellt und auf der Westseite die östliche Bergkette des mittleren Sinai erkennen läßt – *S. 58/59*

Am Golf von Eilat
Eilat (Bedeutung des Namens vielleicht: «Ort des Widders») lag ursprünglich anscheinend im Bereich der heute jordanischen Stadt Akaba in unmittelbarer Nachbarschaft. Das Alte Testament nennt den Ort vor allem im Zusammenhang mit den Ophirfahrten Salomos, die womöglich in Richtung des einstmaligen Wunderlandes Punt (südlicher Sudan?) gingen. Der israelitische Hafen bei Eilat mit Namen Ezjon-Geber (1 Kön 9,26) mag etwa in der Mitte zwischen den heutigen Stadtgebieten von Eilat und Akaba gelegen haben – *S. 60*

Gott und Götter der Nachbarvölker (S. 93-132)

Pharao Taharka und der Gott Hemen
Taharka, König der 25. (nubischen) Dynastie, kniet vor dem Gott Hemen, dem Falkengott, der eine Kobra zwischen seinen Fängen hält.
Blattgold und Silber auf Holz und Schiefer, Taharka aus Bronze, Hemen aus mit Gold belegtem Schiefer, der Sockel aus mit Silber belegtem Holz.
690-664 v. u. Z.
26 × 10,3 × 7 cm, Inv. E 25276.
Louvre, Paris
Lit. Vandier, *Revue d'Egyptologie* X, 1955 – *S. 93*

Der Schöpfergott Ptah
Kalksteinstele, Ramses II.
19. Dynastie.
Ptah wurde in Memphis verehrt, um 1250 v. u. Z.
18 × 13 × 3,8 cm, Inv. N 522
Louvre, Paris
Lit. Perrot et Chipiez, 706 – *S. 94*

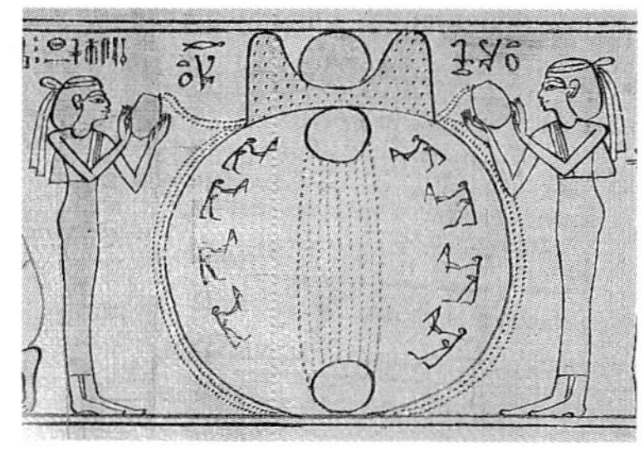

Die Erschaffung der Welt
Das Detail aus dem Totenbuch des Chonsumes zeigt die auf- und untergehende Sonne innerhalb des Kreises und die Erdhack-Zeremonie, die älteste Zeremonie Ägyptens, die vor der neuen Aussaat vorgenommen werden muß und von acht Männern durchgeführt wird. Die Zeremonie steht im Zusammenhang mit der Bestattung des Osiris, und die acht Männer stellen wahrscheinlich die acht Urgötter dar. Die beiden an den Seiten stehenden Göttinnen streuen Sand um die Erde, sie sind namenlos.
Papyrus aus Theben.
21. Dynastie, 100-947 v. u. Z., Ende des Neuen Reiches.
Inv. 3859
Kunsthistorisches Museum Wien.
Lit. Komorzinski, *Das Erbe des Alten Ägypten;* Piankoff, *Mythologische Papyri* – *S. 94/95*

Totenbarke
Holz
Mittleres Reich, 11. Dynastie, 2100-2000 v. u. Z.
Oberägypten
National Maritime Museum, Haifa – *S. 96 oben*

Uschebti-Kiste
zur Verwahrung der Uschebtis, figürlicher Grabbeigaben, die dem Toten im Totenreich dienen.
Vorderseite: Seelenwaage; ein stehender Mann vor dem sitzenden Harachte, dem Gott mit dem Falkenkopf und der Uräusschlange, Zepter und Flagellum in Händen haltend. Anubis, der hundeköpfige Gott, stehend, der ibisköpfige Thot hält die Schreibtafel.
Holz mit gelbem Ocker bemalt.
21. Dynastie, 1100-947 v. u. Z.
13,5 × 44 × 16 cm Inv. N 4124,
Louvre, Paris – *S. 96 unten*

Der tote Osiris befruchtet die Welt
Steinsarg des Es-schu-tfene, dunkler Stein,
Spätzeit, 30. Dynastie, um 350 v. u. Z.
296 cm lang, Inv. 1
Kunsthistorisches Museum Wien.
Lit. Satzinger, *Ägyptische Kunst in Wien;* Mysliwiec, *La Renaissance solaire du mort* – *S. 97*

Opfer an den Sonnengott Aton
Höhe 21,5 cm
um 1350 v. u. Z.
aus dem Echnaton-Tempel in Karnak
Centre Franco-Egyptien Karnak, Ägypten – *S. 98 oben*

Goldring mit dem Namen Tutanchamuns
aus dem «Gouverneursgrab» in Tel Adschul
18. Dynastie (1550-1305)
Rockefeller Museum (IDAM Collection) Jerusalem – *S. 98 unten*

Beterin (Isis?)
Ostrakon-Fragment, Kalkstein, schwarze Zeichnung
18. Dynastie, aus Deir el Medineh
16 × 15,8 cm Inv. E 25339
Louvre, Paris
Lit. Vendier d'Abbadie, *Ostraca figures* – *S. 99 oben*

Der Gott Bes und mythische Tiere
Zaubermesser aus Elfenbein, graviert und schwarz eingefärbt; Bruchstück. Zweiter Teil im Metropolitan Museum, New York.
Mittleres Reich, nach 1540
16,1 × 6 cm Inv. E 9614
Louvre, Paris
Lit. *Univers des Formes* I; Tardy, *Les Ivoires*, Paris 1977 – *S. 99 unten*

Der Gott Thot als Schutzgott der Schreiber
Höhe 14 cm
um 1340
Amarna-Zeit, um 1340
Ägyptisches Museum, Kairo – *S. 100*

Isis mit dem Horuskind, auch als Isis lactans bezeichnet
Bronze
aus Bubaste
Spätzeit, 26. Dynastie, 7.-6. Jh. v. u. Z.
28 cm hoch, Inv. 2622
Kunsthistorisches Museum Wien.
Lit. Katalog *Osiris, Kreuz und Halbmond* – *S. 101*

«Die Beter von Tell Asmar»
geäderter Alabaster, geäderter Gipsstein
frühdynastisch, Mesilim-Stil
etwa 3000-2900 v. u. Z.
72 und 59 cm hoch, Inv. 19752, 19751
Irak Museum, Bagdad
Lit. Frankfort, *Sculpture* – *S. 102*

Stehende weibliche Figur
Kalkstein, frühdynastisch, Mesilim-Stil
etwa 3000-2900 v. u. Z.
43 cm hoch, Inv. IM 19653
Irak Museum, Bagdad
Lit. Frankfort, *Sculpture* – *S. 103*

Kultvase aus Uruk
Kalkstein
Dschemdet-Nasr-Periode
etwa 2800-2700 v. u. Z.
5 Bildreihen zeigen Wasser, Getreide, das aus dem Wasser wächst, Schafe, nackte Männer, die Opfergaben bringen, die Göttin Innin aus Uruk.
Kopie aus den Staatlichen Museen Berlin, Original im Irak Museum, Bagdad – *S. 104*

Statue einer Göttin mit Wassergefäß
Weißer Stein
früh-altsyrische Zeit, Larsa-Periode, 2040-1870 v. u. Z.
aus dem Palast in Mari
142 cm hoch, Inv. Aleppo 1659
Archäologisches Museum Aleppo
Lit. A. Parrot, *Syria*; Strommenger-Hirmer, *Mesopotamien – S. 105*

Priester, der einen Opferstier führt
Fragment eines Freskos auf Gipsputz
früh-altsyrische Zeit, Larsa-Periode, 2040-1870 v. u. Z.
aus dem Palast in Mari
47 × 52 cm, Inv. Aleppo 1666
Archäologisches Museum Aleppo
Lit. A. Parrot, *Syria*; U. Seidl in *Propyläen-Kunstgeschichte – S. 106*

Stele König Naramsins von Akkad
Der König und sein Heer verfolgen die Gegner durch bewaldete Berge.
Roter Sandstein
um 2250 v. u. Z.
aus der Akropolis von Susa
200 × 105 cm, Inv. SB 4
Louvre, Paris
Lit. A. Parrot, *Sumer – S. 107*

Betender
möglicherweise König Hammurapi
Bronze und Gold
aus Larsa, 1792-1750 v. u. Z.
19,6 cm hoch, Inv. AO 15704
Louvre, Paris
Lit. *Propyläen Kunstgeschichte* Vol. 14; Schmökel, *Ur, Assur und Babylon*; A. Spycket, *La Statuaire du Proche-Orient – S. 108*

König Gudea von Lagasch auf seinem Thron
Die Statue des sitzenden Gudea ist dem Ningizzida, dem persönlichen Gott des Gudea, geweiht.
Dunkelgrüner Diorit
aus Tello, um 2150 v. u. Z.
45 × 22 cm, Inv. AO 3293
Louvre, Paris
Lit. A. Parrot, *Tello*; P. Amiet, *L'Art antique du Proche-Orient – S. 109*

Die Hammurapi-Stele
Hammurapi, König der 1. Dynastie von Babylon, 1792-1750 v. u. Z., stehend vor dem auf seinem Thron sitzenden Sonnengott Schamasch, der auch als Gott der Rechte galt, darunter die Gesetze des Hammurapi.
schwarzer Basalt,
Aus Babylon, 1760 v. u. Z.
225 cm hoch, Inv. SB 8
Louvre, Paris
Lit. A. Finet, *Le Code de Hammurabi*; P. Amiet, *L'Art antique du Proche-Orient – S. 110*

Das Gesetz des Hammurapi
Fragment einer Tontafel
1760 v. u. Z.
Museum für orientalische Altertümer, Istanbul – *S. 111*

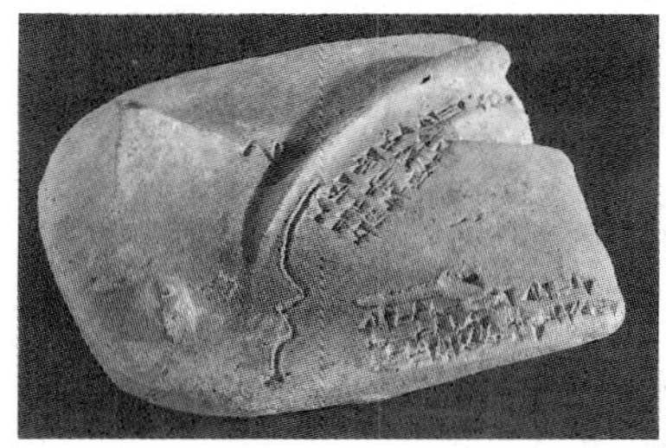

Terrakottamodell einer Schafsleber zum Wahrsagen
Terrakotta, geschmaucht
spät-mittelsyrische Zeit Ende 14.-12. Jh. v. u. Z.
aus Emar (Maskana)
10,8 × 11 × 4,1 cm, Inv. Aleppo MSK 7430
Archäologisches Museum Aleppo
Lit. D. Arnaud, *AEPHE* V/83 – *S. 112 oben*

Beter vor einem Stufenturm (Zikkurat)
Rollsiegel, Achat (Abrollung auf Gips)
Aus Babylon
14.-12. Jh. v. u. Z.
4,7 × 1,6 cm, Inv. VA 7736
Staatliche Museen Berlin – *S. 112 unten*

Kudurru des Melisipak
kassitischer König, 1202-1188 v. u. Z.
Der König präsentiert seine Tochter, die eine Harfe in der Hand hält, der auf dem Thron sitzenden Göttin Nana.
Stiftungsurkunde auf der Rückseite.
83 cm hoch, Inv. SB 23
Louvre, Paris
Lit. P. Amiet, *L'Art antique du Proche-Orient* – *S. 113*

Stele des Asarhaddon, 680-669 v. u. Z.
Der assyrische König führt die Völker am Nasenring. Die linke, kniende Figur ist Uschanachuru, Sohn des Pharao Taharka, der nach Assyrien verschleppt wurde, die rechte, stehende Figur ist der Baal von Tyrus. Auf den Seitenreliefs die beiden Söhne des Asarhaddon, Schamasch-Schum Ukim, später König von Babylon, und Assurbanipal, später König von Assyrien.
Granit, aus Babylon
Staatliche Museen Berlin – *S. 114*

Zwei assyrische Hofbeamte
Farbe auf Wandputz
Mitte 8. Jh. v. u. Z.
aus Achmar, Palast von Til Barsib, Hauptstadt des aramäischen Staates in Nordsyrien.
40,5 × 3,8 cm, Inv. Aleppo 230
Archäologisches Museum Aleppo
Lit. A. Parrot, *Assur* – *S. 115*

Votivbett, Opfergabe mit Gebet um Fruchtbarkeit
Gelbe Terrakotta
Mitte 2. Jahrtausend v. u. Z.
aus Susa
9,5 × 5,7 cm, Inv. SB 5888
Louvre, Paris – *S. 116*

Geflügelte Sphinx
Elfenbein, teilweise vergoldet
8.-7. Jh. v. u. Z.
aus Nimrud, Fort Salmanassar
19 × 15 cm, Inv. IM 61882
Irak Museum, Bagdad
Lit. Mallowan, Barnett, Stucky – *S. 117*

Prozession hethitischer Götter
aus dem Felsheiligtum von Yazilikaya
14.-13. Jh. v. u. Z.
Gipsabguß, Ausschnitt
Staatliche Museen Berlin – *S. 118*

Der hethitische König vor dem Wettergott
Steinrelief in Eregli bei Konya, noch in Situ.
Abguß
späthethitisch, 8. Jh. v. u. Z.
Museum für orientalische Altertümer, Istanbul – *S. 119*

Zwei Männer bei einem Festmahl
Relief von der Zitadelle von Sinjirli
hethitisch, 10.-9. Jh. v. u. Z.
Museum für orientalische Altertümer, Istanbul – *S. 120 oben links*

Der hethitische Wettergott Teschup
Basalt-Stele
aus Babylon
späthethitisch, 9. Jh. v. u. Z.
Museum für orientalische Altertümer, Istanbul – *S. 120 oben rechts*

Dämon
Relief auf dem Orthostat des Südtores der Zitadelle von Sinjirli
späthethitisch, 9. Jh. v. u. Z.
Museum für orientalische Altertümer, Istanbul – *S. 120 unten links*

Atlasgott mit Flügeln
Basaltrelief aus dem Palast Assurbanipals II. aus Nimrud
neuassyrisch, 9. Jh. v. u. Z.
Inv. 5
Museum für orientalische Altertümer, Istanbul – *S. 120 unten rechts*

Säulenbasis mit Doppel-Sphingen
Basalt, Säulen waren aus Holz
aus dem Palast des aramäischen Königs Barrekub Hilani III.
Sinjirli
späthethitisch, 8. Jh. v. u. Z.
Museum für orientalische Altertümer, Istanbul – *S. 121*

Goldanhänger mit nackter Göttin
Gold, mittelsyrische Zeit, 13.-12. Jh. v. u. Z.
aus Ugarit (Ras Schamra), gefunden im Hafenviertel Minat al-Baida, aus dem «Hort der Schwangeren». Die nackte Göttin hat eine ägyptische Hathor-Frisur mit großen, eingerollten Locken.
7,2 × 4 cm, Inv. Aleppo 4575
Archäologisches Museum Aleppo
Lit. C. F. A. Schaeffer, *Syria* 10; O. Negby, *Canaanite Gods in Metal – S. 122*

Wisent mit Menschengesicht
Geschnitzter Holzkern mit Goldfolie, das Haar aus Steatit eingelegt.
Es ist nicht geklärt, was die in der mesopotamischen Bildkunst der frühdynastischen Zeit häufig von Löwen oder dem «nackten Helden» angegriffene Gestalt des menschenköpfigen Wisent verkörpert. Der Wisent war ursprünglich in Europa, Nordafrika und Asien weit verbreitet.
Aus Ebla (Tell Madrich, Palast G)
um 2250 v. u. Z.
4,2 × 5 × 1,8 cm, Inv. Aleppo TM 76 G 850
Archäologisches Museum Aleppo
Lit. P. Matthiae, *Ebla – S. 123*

Vorderseite eines Kultbassins aus Ebla
Drei Paare von Kriegern umarmen einander unter Aufsicht eines gehörnten Gottes (rechts), um einen Friedensvertrag (?) zu besiegeln.
Kalkstein
Ebla, Tempel N
Mittlere Bronze, um 2250 v. u. Z.
Archäologisches Museum Aleppo
Lit. P. Matthiae, *Ebla – S. 124/25*

Blitze schleudernder Baal
Kalkstein
Ras Schamra (Ugarit) Grabungen Schaeffer 1932
16. Jh. v. u. Z.
142 × 50 cm, Inv. AO 15775
Louvre, Paris
Lit. G. Contenau, *La civilisation phénicienne;* J. Börker-Klähn, *Altvorderasiatische Bildstelen und vergleichbare Felsreliefs* 1982 – *S. 126*

König Ahiram von Byblos auf seinem Thron
empfängt seinen Sohn und eine Prozession, die Opfergaben bringt.
Kalkstein
aus Byblos
13. Jh. v. u. Z.
284 cm lang
Nationalmuseum Beirut – *S. 127 oben*

Darstellung eines Kindes als Weihegabe an Eschmun, den phönizischen Gott der Heilkunst.
Mit phönizischer Inschrift auf dem Sockel
aus dem Tempel des Eschmun in Sidon
Marmor, 4. Jh. v. u. Z.
35 cm lang
Nationalmuseum Beirut – *S. 127 unten*

Statuetten aus dem Tempel der Obelisken in Byblos
Götter oder Krieger
Bronze, vergoldet
19.-18. Jh. v. u. Z.
7,3 cm hoch
Nationalmuseum Beirut – *S. 128/29*

Ein Gott (Baal?) *und eine weibliche Gestalt*
Bronzeplastiken
Späte Bronzezeit, 14.-13. Jh. v. u. Z.
6,5 und 8 cm
Reuben und Edith Hecht Collection, Universität Haifa – *S. 130*

Männliche Figur mit ausgebreiteten Armen (Baal?)
aus Sebaste
Späte Bronzezeit, 14.-13. Jh. v. u. Z.
6,6 cm Inv. 151
Reuben und Edith Hecht Collection, Universität Haifa –
S. 131 oben links

Kanaanäischer Gott
Bronzebüste
aus Jerusalem
Späte Bronze – Eisen I. (13.-12. Jh. v. u. Z.)
5,8 cm Inv. 332
Reuben und Edith Hecht Collection, Universität Haifa –
S. 131 oben rechts

Der Gott Reschef mit Streitkolben und Schild
Bronze
aus Sebaste
Späte Bronze – Eisen I. (13.-12. Jh. v. u. Z.)
11 cm, Inv. 149
Reuben und Edith Hecht Collection, Universität Haifa –
S. 131 unten links

Kanaanäischer Gott auf seinem Thron
Wahrscheinlich Reschef in langem, bortengeschmücktem Gewand
Bronze
aus dem Jordantal
Späte Bronze II (14.-13. Jh. v. u. Z.)
13,3 cm, Inv. 138
Reuben und Edith Hecht Collection, Universität Haifa –
S. 131 unten rechts

Der Götterkönig El (?)
Er sitzt auf seinem Thron und hebt die Linke zum Gruß; vor ihm steht ein Beter mit einer hohen Spitzmütze und einem Stirnband mit der Uräusschlange, was ihn als König ausweist.
Stele aus Serpentin
Ras Schamra (Ugarit)
späte mittelsyrische Zeit, 13. Jh. v. u. Z.
45,5 × 29,5 × 22,5 cm, Inv. Aleppo 4622
Archäologisches Museum Aleppo
Lit. C. F. A. Schaeffer, *Syria* 18; P. Matthiae, *Ars Syra;* A. Parrot, *Die Phönizier*, Universum der Kunst – *S. 132*

Von Abraham bis Bar Kochba (S. 173-284)

Kopf eines Semiten
Glasierter Ton, bemalt
aus dem Palast Ramses' III., in Tell el-Yahudieh
Neues Reich, 20. Dynastie, um 1180 v. u. Z.
13,4 × 12,5 cm, Inv. 3896
Kunsthistorisches Museum Wien
Lit. Kisa, *Das Glas im Altertum;* A. Badawy, *History of Egyptian Architecture;* Komorzynski, *Das Erbe des Alten Ägypten – S. 173*

Das Heiligtum von Mamre, wo die Abraham-Tradition angesiedelt ist
Das alte Mamre liegt an der heutigen Hauptstraße von Hebron nach Jersualem. Östlich dieser Straße liegt Ramat el-Chalil, die «Höhe des Freundes» (Gott), umgeben von den höchsten Bergen Südisraels. Der höchste, der Berg des Patriarchen, ist 1024 m hoch. Die Anziehungskraft des Ortes muß schon früh in einem Brunnen, in alten Bäumen und in einem hier befindlichen Heiligtum bestanden haben. Für die Identifizierung des Ortes sprechen die alten Mauern, deren heutige Fundamente auf Herodes zurückgehen. Hier sollen die drei Engel Abraham begegnet sein – *S. 174*

Beerscheba; hier, an der Grenze zwischen Kulturland und Wüste, siedelt die Überlieferung das Weideland Isaaks an.
Beerscheba liegt am Fluß gleichen Namens, dem Hauptzufluß des Bezor, der fast den ganzen nördlichen Negeb entwässert. Beim Zusammenschluß der verschiedenen, El verehrenden Stämme, scheint Beerscheba eine wichtige Rolle gespielt zu haben, denn es ist der einzige Ort, der mit den drei Patriarchen Abraham, Isaak und Jakob verbunden ist. «Beerscheba als Tor zur Wüste und Knotenpunkt der Karawanenwege war der Ort, wo nomadische und halbnomadische Gruppen zusammentrafen und wo sich ihre Traditionen verbinden konnten» (De Vaux, *Histoire*). Im Heiligtum von Beerscheba, bei den heiligen Bäumen und am Brunnen, wurden die Verträge zwischen Abraham und Abimelech und zwischen Isaak und Abimelech unter dem Schutz von El Berit, dem El des Bundes, geschlossen. In Beerscheba wurde zur Zeit der Patriarchen außerdem noch der El Olam, der uralte El der Vorzeit, verehrt – *S. 175*

Semitischer Hirte
Terrakotta
aus Nordsyrien
18.-17. Jh. v. u. Z.
10,6 cm, Inv. AO 12984
Louvre, Paris
Lit. P. Amiet, *L'Art antique du Proche-Orient* – *S. 176*

Hungernde Ägypter
Relief der Aufgangsrampe der Pyramide des Unas, des letzten Herrschers der 5. Dynastie, um 2420 v. u. Z.
aus Sakkara, Inv. 17381
Louvre, Paris – *S. 177*

Bauarbeiter mit Sklavenaufseher in Ägypten
Aus dem Grab des Rechmire in Theben. Rechmire war Wesir unter Thutmosis III. und Amenophis II. und Aufseher über die Handwerker. In seinem Grab finden sich viele Darstellungen von Handwerkern und Bauarbeitern.
Fresko
um 1450 v. u. Z.
Grab in Theben (Luxor), Ägypten – *S. 178*

Opfernder Semite (Syrer)
Der stehende, bärtige Mann trägt ein Gefäß und wird von einer Gazelle begleitet.
Kupferartiges Metall, gestanztes Relief
Neues Reich oder saitische Zeit
18,3 × 0,4 cm, Inv. E 8879
Louvre, Paris
Lit. Boreux, *Guide catalogue II* – *S. 179*

Die Oase von Kadesch Barnea, wo vor der Landnahme «das Volk lagerte»
Die Ruinen stammen von der davidischen Grenzfestung gegen Ägypten – *S. 180/81*

Menschengestaltige Tonsarkophage aus Deir al-Balah bei Gaza
Deckel anthropoider Tonsärge
aus dem Friedhof von Deir al-Balah
14.-13. Jh. v. u. Z.
Sammlung Mosche Dajan, Israel Museum, Jerusalem – *S. 182/83/84*

Die Reste der Mauern von Jericho, dahinter die Oase und die judäischen Berge.
Etwa 8 km nördlich des Toten Meeres liegt die Oase von Jericho am Fuße des steil abfallenden judäischen Gebirges. «Jericho ist eine Ebene, ringsum von einer Art gebirgigem Land umgeben, das sich wie ein Theater zu ihr niedersenkt. Hier ist der Palmgarten, der auch mit anderen Arten kultivierter und fruchtreicher Bäume durchsetzt ist, obwohl er hauptsächlich aus Palmen besteht; er ist 100 Stadien (ca. 18 km) lang. Er ist überall bewässert und voll von Behausungen. Hier sind auch der Palast der Herodianer und der Balsamgarten» (Strabo).
Jericho war seit der Mittleren Steinzeit bewohnt, mehrere Sied-

lungen östlich des Jordan sind bekannt. Das unangenehme Klima und die Gefährdung von Oasensiedlungen durch Überfälle haben immer wieder zu Unterbrechungen der Besiedlung geführt. Die englische Archäologin Cathleen Kenyon hat am Tell es-Sultan, 2 km vom Zentrum des heutigen Jericho, die wahrscheinlich älteste Stadt der Erde ausgegraben, deren Anfänge zwischen 7000 und 5000 v. u. Z. liegen. Der in der Bibel geschilderte Einsturz der Mauern läßt sich nach C. Kenyon vielleicht auf ein Erdbeben zurückführen – *S. 185*

Die Ruinen des Palastes von Ai
Der heutige Hügel Et Tell, etwa 5 km östlich von Ramallah, ist wahrscheinlich der Ruinenhügel des biblischen Ai. Nach einem ersten erfolglosen Versuch wurde Ai nach der biblischen Überlieferung von Josua erobert und zerstört. Die Lage der Siedlung ist umstritten. Grabungen haben hier Artefakte aus der Frühen und Späten Bronzezeit, aus der Späten Eisenzeit und die Grundmauern eines Palastes zutage gefördert – *S. 186 oben*

Das Tor von Sichem
Abraham baute in Sichem einen Altar, Jakob kaufte dort ein Stück Land, die Gebeine Josefs wurden aus Ägypten hierher gebracht und begraben, Josua erneuerte in Sichem den Bund mit Jahwe: Sichem gehört zu den traditionsreichsten Städten des antiken Israel. Die Ruinenstadt liegt am Rande der heutigen Stadt Nablus, zwischen den Bergen Garizim und Ebal. Das Tor stammt wahrscheinlich aus der Späten Bronzezeit – *S. 186 unten*

Tierplastiken aus Elfenbein, Stein und Terrakotta aus der Späten Bronzezeit

Elfenbeinkopf einer Gazelle
aus dem Tempel von Lachisch
Späte Bronze, 14.-13. Jh. v. u. Z.
Rockefeller Museum (IDAM Collection), Jerusalem
Lit. G. Tufnell etal. *Lachish II: The Fosse Temple*, London 1940 – *S. 187 oben links*

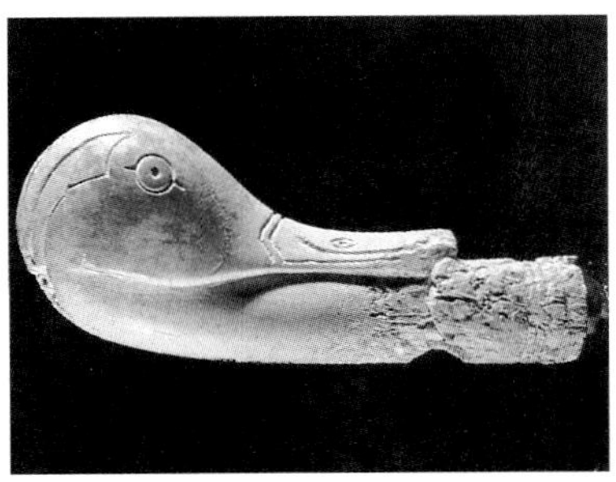

Entenkopf aus Elfenbein
aus Megiddo
Späte Bronze, 14.-13. Jh. v. u. Z.
Rockefeller Museum (IDAM Collection), Jerusalem
Lit. G. Lond, *The Megiddo Ivories*, Chicago 1939 – *S. 187 oben rechts*

Zwei Terrakottastiere
Tell Abu Hawam
Späte Bronze, 14. Jh. v. u. Z.
Rockefeller Museum (IDAM Collection), Jerusalem
Lit. R. W. Hamilton, *Excavations at Tell Abu Hawam*, London 1934 – *S. 187 unten links*

Terrakottagefäß in Form eines Fisches
Tell Poleg
Mittlere Bronze, 19.-18. Jh. v. u. Z.
Israel Museum, Jerusalem
Lit. M. Tadmor, *Highlights of Archaeology*, The Israel Museum, Jerusalem, 1984 – *S. 187 unten rechts*

Porträts von Frauen aus Elfenbein, Stein und Terrakotta

Frauenmaske
Glasierte Fritte, aus Karana, Zamachu/Rimach, in der Cella des Haupttempels.
mittelassyrisch, etwa 14.-13. Jh. v. u. Z.
11,8 × 7,9 cm, Inv. 69695
Irak Museum, Bagdad
Lit. D. Oates, *Irak* 28; H. Kühne, *Bagdader Mitteilungen* 7 – *S. 188 oben links*

Frauenkopf
Elfenbein
aus Megiddo
13.-12. Jh. v. u. Z.
Rockefeller Museum (IDAM Collection), Jerusalem – *S. 188 oben rechts*

Frauenkopf mit ägyptischer Frisur
Terrakotta
Späte Bronze- oder Eisenzeit I, 1550-1200 v. u. Z.
Reuben und Edith Hecht Collection, Universität Haifa – *S. 188 unten*

Menschliches Gesicht
Elfenbein
aus Megiddo
Späte Bronze- oder Eisenzeit I, 14.-13. Jh. v. u. Z.
Rockefeller Museum (IDAM Collection), Jerusalem
Lit. G. Loud, *The Megiddo Ivories*, Chicago 1939; R. D. Barnett, Ancient «Ivories in the Middle East» *Quedem* 14 1982 – *S. 189*

Die Quelle von Harod
Die Quelle von Harod entspringt am Fuß der Berge von Gilboa in der Jesreel-Ebene zwischen Afula und Bet Shaan. An dieser Quelle hat Gideon seine Männer vor dem Kampf geprüft – *S. 190*

Bärtiger Kanaanäer
Malerei auf einem Krugscherben aus Beit-Schean
1000-1200 v. u. Z.
Rockefeller Museum (IDAM Collection), Jerusalem
Lit. A. Rowe, *The Four Canaanite Temples of Beit-Shean*, Philadelphia 1940 – *S. 191*

Die Hügel zwischen Beit Schemesch und Jerusalem, wo Simson mit den Philistern kämpfte.
Die bewaldeten Hügel liegen am Abfall des Judäischen Gebirges zur Scheffela – *S. 192/93*

Gefangene Philister
Relief zur Erinnerung an den Sieg des Pharao Ramses II. über die Seevölker. Ein Teil der Seevölker ließ sich an der Mittelmeerküste nieder. Bekannt wurden sie als «Philister» durch ihre Kämpfe gegen die Israeliten. Die beiden Gefangenen auf dem Relief machen die Unterwerfungsgeste.
Zweiter Pylon, Südturm, Tempel Ramses' III.
Medinet Habu, Theben
20. Dynastie, 12. Jh. v. u. Z. – *S. 194 oben*

Die Zisterne in Silo
Der Ruinenhügel von Silo liegt 3 km östlich von Maale Levona, an der Ramallah-Sichem-Straße. Nach der israelitischen Landnahme war Silo ein religiöses Zentrum. Die Stadt wurde von den Philistern nach ihrem Sieg über die Israeliten bei Ebenezer zerstört, später aber wieder aufgebaut. Unter den Heimkehrern aus dem babylonischen Exil befanden sich auch Männer und Frauen aus Silo. Im Mittelalter berichteten jüdische Reisende von einer Moschee, den Überresten eines Altars und vom sogenannten Grab des Hohepriesters Eli in Silo – *S. 194 unten*

Beit-Schemesch, die Heimat Simsons
Tell Beit-Schemesch, im Westen der heutigen Stadt, liegt am Fuß der judäischen Hügel. Das biblische Beit-Schemesch beherrschte die wichtige Straße durch die judäischen Hügel nach Jerusalem. Die erste Siedlung stammt aus der Frühen Bronzezeit, in der Späten Bronzezeit stand hier schon eine wohlhabende Stadt mit weitreichenden Handelsbeziehungen. Bei der Landnahme durch Josua wurde die Stadt dem Stamm Dan zugesprochen, anscheinend aber nicht gleich erobert. Die Philister brachten die Bundeslade nach Beit-Schemesch, und in dieser Gegend hat Simson gegen die Philister gekämpft. Tempelüberreste, die vielleicht das «Haus der Sonne» (Beit Schemesch) waren, wurden ausgegraben – *S. 195*

Kirjat-Jearim. Hier stand die Bundeslade, nachdem sie von den Philistern zurückerobert worden war.
Kirjat-Jearim wird in Psalm 132 «Waldlandschaft» genannt und ist als «Rastort der Bundeslade» nach deren Rückkehr aus dem Philisterland bekannt. In der Schlacht von Ebenezer hatten die Philister die Bundeslade erbeutet und sie in Aschdod, im Tempel des Gottes Dagon, aufgestellt. Nach der biblischen Tradition fiel die Statue Dagons so lange wieder um, bis die Philister die Lade über Ekron und Beit-Schemesch brachten und dort stehen ließen. Von dort holten sie die Bewohner von Kirjat-Jearim. Es scheint allerdings, daß die Lade historisch im alten, heidnischen Heiligtum von Baala stand, worauf auch das bei der Überführung erwähnte Tanzen und Spielen, bei dem sich David entblößt, schließen läßt. Durch die Überführung der Lade aus dem Waldgebiet auf den Zionsberg wird Jerusalem erst zur heiligen Stadt und dem religiösen Zentrum Israels – *S. 196/97*

Zwei Goldanhänger

Goldanhänger aus dem Tempel von Beit-Schean
15.-13 Jh. v. u. Z.
IDAM, Rockefeller-Museum, Jerusalem –
S. 198 oben links

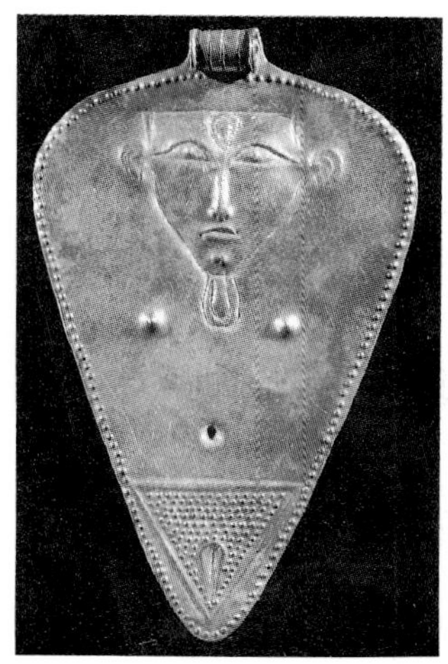

Goldanhänger mit der schematischen Darstellung einer Frau, vielleicht einer Fruchtbarkeitsgöttin
aus Tell Adschul
15.-13. Jh. v. u. Z.
IDAM Collection, Jerusalem –
S. 198 oben rechts

Bronzefigurine in langem Gewand, einen König oder Gott darstellend
aus Gezer
um 1400 v. u. Z.
IDAM Collection, Jerusalem – *S. 198 unten links*

Astarte
Gold, Mittelteil gebrochen und repariert
Höhe 3,8 cm
aus dem Jordantal
Späte Bronze, 15. Jh. v. u. Z.
Inv. 153, Archaeological Collection Rishumim, Haifa – *S. 198 unten rechts*

Statuette einer sitzenden Gottheit
Bronze, Blattgold
aus Ras Schamra Südstadt
Höhe 13,5 × 5 × 9 cm
mittelsyrische Zeit, 14.-13. Jh. v. u. Z.
Inv. Damaskus S 3573
Nationalmuseum Damaskus
Lit. C. F. A. Schaeffer, *Syria* 11/12; O. Negby, *Canaanite Gods in Metal Saade*, Ugarit – *S. 199*

Endor, wo die weise Frau Sauls Niederlage und Tod voraussagte.
Endor liegt an einer Quelle einige km südlich vom Berg Tabor. Der Ruinenhügel befindet sich in einem Wadi, das vom Tabor zur Jesreel-Ebene hinführt. Selbst heute ist dieses Wadi nur zu Fuß begehbar. Saul, der zur «weisen Frau» nach Endor pilgerte, konnte zu Fuß in kurzer Zeit von seinem Lager in Beit-Schean nach Endor gelangen. Der Ort war von der frühen Bronzezeit an bewohnt – *S. 200*

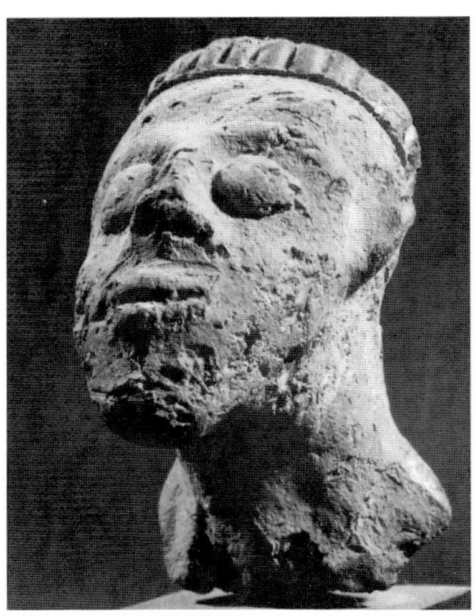

Kopf eines Philisters
Terrakotta aus Gaza
7. Jh. v. u. Z.
5 cm, Inv. 10
Privatsammlung – *S. 201*

Axt und Speerspitze aus der Zeit König Sauls
11.-10. Jh. v. u. Z.
Herkunft unbekannt
Israel Museum (IDAM Collection), Jerusalem – *S. 202*

Das Tor von Beit-Schean
Beit-Schean ist einer der ältesten Siedlungen in Israel. Im Zentrum einer fruchtbaren Gegend an der Grenze der Jesreel-Ebene und des Jordantales gelegen, beherrscht die Ortschaft eine der Jordansfurten und einen wichtigen Teil der Via Maris. Der Name wird zum ersten Mal schon im 19. Jh. v. u. Z. in ägyptischen Texten genannt. Während der Zeit König Sauls hatten die Philister die Stadt besetzt. Im Hintergrund sieht man das Gebirge Gilboa, wo Saul im Kampf gegen die Philister den Tod fand. Am Tor von Beit-Schean wurde die Rüstung des Königs aufgehängt – *S. 203*

Die Jesreel-Ebene und das Gilboa-Gebirge, wo Saul und seine Söhne den Tod fanden.
Die Hügel von Gilboa sind Ausläufer der Hügelkette von Samaria und liegen zwischen der Jesreel-Ebene und Beit-Schean. Ihre höchste Erhebung erreicht 356 m. In der Bibel kommen diese Hügel sehr oft vor. Bei der Landnahme wurden sie Issachar und Manasse zugesprochen; die Schlachten der Richter Debora und Gideon wurden hier geschlagen, und König Saul und seine Söhne starben bei den Kämpfen um Gilboa. Die Jesreel-Ebene ist ein breites und fruchtbares Tal, zwischen den Hügeln von Galiläa und Samaria. Alte internationale Straßen durchziehen es; fremde Eroberer drangen durch das breite Tal ein oder wurden dort zurückgeschlagen – *S. 204/05*

Köpfe von Kriegern
Terrakotta
Eisen II, 9.-8. Jh. v. u. Z.
z. T. aus Zypern
Reuben und Edith Hecht Collection, Universität Haifa – *S. 206*

Kopf einer israelitischen Frau mit zwei langen Locken, Perlendiadem und Perlenkette
Elfenbein
5,3 cm hoch
aus der Gegend von Hebron
Eisen II, 9.-8. Jh. v. u. Z.
Inv. H 194, Reuben und Edith Hecht Collection, Universität Haifa – *S. 207*

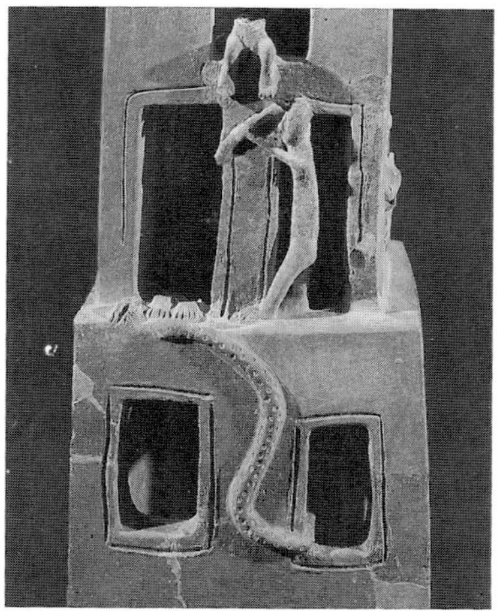

Weihrauchbehälter in Form eines zweistöckigen Hauses
israelitische Terrakotta aus Beit-Schean
Israel Museum (IDAM Collection), Jerusalem
Lit. A. Rowe, *The Four Canaanite Temples of Beit-Shean*, Philadelphia 1940 – *S. 208 oben*

Gehörnter Altar aus Sandstein
aus Megiddo
9. Jh. v. u. Z.
Israel Museum (IDAM Collection), Jerusalem
Lit. H. G. May, *Material Remains of the Megiddo Cult*, Chicago 1955 – *S. 208 unten*

Männlicher Kopf
schematisch, kegelförmig, mit großen Augen, großer Nase und Bart
Rote Terrakotta

Höhe 6 cm
Eisen II (israelitisch), 9.-8. Jh. v. u. Z.
Reuben und Edith Hecht Collection, Universität Haifa – *S. 209 oben links*

Kopf einer Astarte
vogelkopfartig
Gelbe Terrakotta
Höhe 6 cm
aus dem Negeb
Eisen II (israelitisch), 9.-8. Jh. v. u. Z.
Reuben und Edith Hecht Collection, Universität Haifa – *S. 209 oben rechts*

Zwei Stiere
Bronze
Höhe 4,8 cm
aus dem Jordantal
Späte Bronze- oder Frühe Eisenzeit (12.-11. Jh. v. u. Z.)
Reuben und Edith Hecht Collection, Universität Haifa – *S. 209 unten*

Der Kalender von Gezer
7 Zeilen althebräische Inschrift; links eine vertikale Linie.
Holz und Gips
Höhe 7,2 cm
aus Gezer
Eisen II, spätes 10. Jh. v. u. Z.
Museum für orientalische Altertümer, Istanbul – *S. 210*

Getreidesilos an der Außenmauer der befestigten Stadt Kadesch
Nördlicher Sinai
aus der Zeit Salomos oder aus dem judäischen Königreich
900-700 v. u. Z. – *S. 211*

Die Mauern von Arad und die salomonische Festung
Tell Arad liegt auf der Höhe des Negeb, in der Nähe des Abbruchs zur Arala. Die Stadt stammt aus der frühen Bronzezeit und war von den Kenitern bewohnt. Die Bibel stellt eine Verbindung zu Moses her: «Die Söhne des Keniters Hobab, des Schwiegervaters des Moses, zogen aus Tamar mit den Judäern hinauf in die Steppe von Juda, beim Abstieg von Arad.» Das verknüpft die Keniter mit der ältesten Überlieferung der Jahwe-Verehrung, denn durch diesen Schwiegervater lernte Moses Jahwe kennen.
Die von einer Kasemattenmauer umgebene Festung aus der Zeit Salomos schützte den berühmten Tempel von Arad. Die Festung wurde kurze Zeit nach ihrer Erbauung von Pharao Scheschonk (Schischak) zerstört. Arad befindet sich auf der Liste eroberter kanaanäischer Städte – *S. 212*

Die Stallungen der Könige Salomo und Ahab in Megiddo
Megiddo liegt in der Jesreel-Ebene und ist das «Armageddon» der Apokalypse Johannis. Megiddo war schon früh wegen seiner strategischen Lage an einer Kreuzung der Via Maris eine befestigte Stadt. Die Gegend um Megiddo wurde immer wieder zum Schlachtfeld: Die erste Erwähnung findet sich in einem ägyptischen Dokument des Pharao Thutmosis III. (15. Jh. v. u. Z.), das eine Schlacht mit kanaanitischen Königen beschreibt. Megiddo wurde später ein ägyptischer Stützpunkt. Der König von Megiddo war nach der biblischen Überlieferung einer der 31 Könige, die von Josua besiegt wurden. Zur Zeit Salomos war es eine wichtige Garnisonsstadt. Pharao Scheschonk hat Megiddo zerstört, die Könige Omri und Ahab von Israel haben es wieder aufgebaut und mit Palästen und Befestigungen versehen. König Josia von Juda wurde bei Megiddo in einer Schlacht gegen Pharao Nehu getötet – *S. 213*

Die Pfosten der Lagerhallen in der Stadt Hazor, einer der Vorratsstädte Salomos
Der Tell Hazor ist der größte Ruinenhügel im heutigen Israel. Er liegt im oberen Galiläa, 6 km von Roshpina entfernt an der Via

Maris. Hazor wird schon in ägyptischen Dokumenten des 19. Jh.s v. u. Z. und in den Amarna-Briefen aus dem 14. Jh. v. u. Z. erwähnt. Viele Schlachten der Richterzeit haben hier stattgefunden. König Salomo hat die Stadt befestigt, Tiglat-Pileser III. hat Hazor 732 v. u. Z. zerstört und die Bewohner ins Exil verschleppt. Ein großer Tunnel, der den Zugang zu einer versteckten Quelle und damit die Wasserversorgung der Stadt in Belagerungszeiten sicherte, wurde zur Zeit des Königs Ahab gegraben und vom israelischen Archäologen Jigael Jadin wieder entdeckt – *S. 214/15*

Terrakottageschirr

Bierkrüge mit eingebautem Sieb
Rote Tonware
Höhe 21 cm
aus Tekoa, der Stadt des Amos, und Hebron
Eisen II, 1000-587 v. u. Z.
Sammlung Dagon, Haifa –
S. 216 oben links

Bierkrug aus Ton
anthropomorpher Bierkrug
Gesicht, darüber ein Henkel
rötliche Tonware
Sieb im Bauch
Höhe 23,5 cm
aus den Hügeln südlich von Hebron
10. Jh.
Inv. 028, Reuben und Edith Hecht Collection, Universität Haifa – *S. 216 oben rechts*

Trinkschale
Keramik
Höhe 14,5 cm
aus der Gegend von Hebron
8. Jh. v. u. Z.
Reuben und Edith Hecht Collection, Universität Haifa –
S. 216 unten links

Terrakottaflasche
Höhe 27,6 cm
aus der Gegend von Hebron
8. Jh. v. u. Z.
Reuben und Edith Hecht Collection, Universität Haifa –
S. 216 unten links und rechts

Trinkbecher mit Sieb und Henkel
Ton
9,5 cm hoch
aus Judäa
Eisen II, 9. Jh. v. u. Z.
Reuben und Edith Hecht Collection, Universität Haifa –
S. 216 unten rechts

Bronzesieb und Krug
Herkunft unbekannt
11.-10. Jh. v. u. Z.
Israel Museum, Jerusalem –
S. 217 oben

Bronzeschüsseln
Herkunft unbekannt
mit genieteten Henkeln
11.-10. Jh. v. u. Z.
Israel Museum, Jerusalem –
S. 217 unten

Zwei Halsketten aus Karneol, Achat und Gold
Kette mit langer Karneolperle, Goldkappen an jedem Ende;
Kette mit länglichen Achaten und Goldkappen, flaches Achatpendant
aus Deir el-Balach
19.-20. Dynastie, Zeit der Richter
1300-1100 v. u. Z.
Reuben und Edith Hecht Collection, Universität Haifa – *S. 218*

Zwei nackte Frauen – Doppelfigur
Wahrscheinlich Zierat an Geräten oder Möbeln, ursprünglich auf dem Kopf wahrscheinlich eine Schale Elfenbein, teilweise vergoldet aus Kalchu/Nimrud, Thronsaal des «burnt palace».
Neuassyrisch/syrisch, 8.-7. Jh. v. u. Z.
17 × 5 × 8,5 cm Inv. im 56346
Irakmuseum, Bagdad
Lit. Malowan, Orthmann, Barnett – *S. 219*

«Das goldene Kalb»
Stier
Bronze, blattvergoldet
aus Byblos, Phönizien, 19.-18. Jh. v. u. Z.
4 × 6 cm, Inv. AO 14680
Louvre, Paris
Lit. P. Amiet, *L'Art antique du Proche-Orient* – *S. 220*

Die «Tausendjährige Eiche» im Heiligtum von Dan
Der Hügel von Tell Dan ist 20 m hoch und liegt nördlich vom Kibbuz Dan an den Jordanquellen. Die Stadt hieß früher Leschem, erst nach ihrer Eroberung durch den Stamm Dan erhielt sie ihren späteren Namen. Micha hat hier sein Gottesbild aufgestellt, und nach der Spaltung des Reiches ließ Jerobeam hier das goldene Kalb neben der heiligen Eiche aufstellen. Dadurch wurde das Heiligtum zum Kultzentrum der Nordstämme.
Dan wurde von Ben Haddad,

dem König von Damaskus, im 9. Jh. v. u. Z. zerstört. Grabungen haben Überreste eines Heiligen Ortes und einer Torkonstruktion ähnlich denen in Megiddo und Hazor erbracht – *S. 221*

Israelitische Gefangene (Köpfe) und *Namenstafeln der von Pharao Scheschonk eroberten israelitischen Städte im Tempel von Karnak*
Relief zum Gedenken an den Sieg Scheschonks I. über die Israeliten 930 v. u. Z.
Westliches Ende der Südwand des Hypostyls
Tempel von Karnak
Ägypten – *S. 222*

Moabitischer Krieger
Basalt, Basrelief aus Schihan, Jordanien
12.-10. Jh. v. u. Z.
103 × 58 cm
Inv. AO 5055, Louvre, Paris
Lit. Ausstellung *La voie royale. 900 ans d'art en Jordanie* – *S 223*

Stele König Meschas von Moab
Schwarzer Basalt
aus Diban, Transjordanien.
Auf der Stele befinden sich 34 Zeilen in moabitischer Schrift, sie ist dem Nationalgott Kemosch geweiht und berichtet vom Abfall König Meschas nach dem Tod König Ahabs von Israel.
Um 830-805 v. u. Z.
100 × 60 cm, Inv. AO 55066
Louvre, Paris
Lit. Ausstellungskatalog *La Naissance de l'écriture* – *S. 224*

Tirza, die erste Hauptstadt des Nordreiches
Tirza, heute Tell el-Farah, etwa 10 km nördlich von Nablus, ist eine der kanaanäischen Städte, die zunächst nach der biblischen Überlieferung erobert wurden. Nach der Teilung des Reiches war Tirza zunächst die Hauptstadt der Könige von Israel, bis König Omri seine Hauptstadt nach Samaria verlegte, das strategisch viel günstiger liegt. Roland de Vaux grub die Stadt aus und stellte eine Besiedlung bis etwa 600 v. u. Z. fest. Seit damals ist der Tell verlassen – *S. 225*

Schwangere
Tonfigur, eine sitzende Schwangere darstellend
aus Achsiv
phönizisch. 8.-6. Jh. v. u. Z.
Israel Museum (IDAM Collection), Jerusalem – *S. 226*

Die Ruinen von Megiddo und sein Hoher Platz
Ein Hoher Platz war ein Kultort, der auf einer künstlichen Terrasse oder einem Berggipfel lag. Hohe Plätze waren entweder unter freiem Himmel angelegt oder Heiligtümer verschiedener Art. Auf einem solchen Hohen Platz gab es Altäre für Opfer und Weihrauch, aufgestellte Steine und Kultpfähle. Die Hohen Plätze waren große, kompliziert angelegte Stätten, sogar eine Halle für gemeinsame Mahlzeiten wird einmal erwähnt. Der vorisraelitische Hohe Platz im Tempelbezirk von Megiddo ist ein gut erhaltenes Beispiel. Die Hohen Plätze waren ein wichtiger Bestandteil der kanaanitischen Religion, an der nach der Landnahme auch viele Israeliten partizipierten. Später wurden manche Hohen Plätze in israelitische Heiligtümer umfunktioniert – *S. 227*

Astarte-Figurinen
Säulenform
Terrakotta
Eisen II, 1000-600 v. u. Z.
Reuben und Edith Hecht Collection, Universität Haifa – *S. 228/29*

Der Sturmgott Hadad
Der Gott steht auf einem zum Sprung bereiten Stier und hat ein Bündel Blitze in der Hand.
Diorit
aus Arslan Tasch, Nordsyrien
8. Jh. v. u. Z.
136 cm, Inv. AO 13092
Louvre, Paris
Lit. J. Börker-Klähn, *Altvorderasiatische Bildstelen und vergleichbare Felsreliefs* 1982 – *S. 230 links*

Baal, auf einem Löwen stehend
Kalkstein
aus Amrit, Nordsyrien
6. Jh. v. u. Z.
180 cm, Inv. AO 22247
Louvre, Paris
Lit. P. Amiet, *L'Art antique du Proche-Orient* – *S. 230 rechts*

Die Ausläufer des Karmelgebirges, wo die Überlieferung das Gottesurteil über die Baalpriester ansiedelt
Das Karmelgebirge ist die nordwestliche Fortsetzung der Hügel von Samaria. Es steigt bis zu einer Höhe von 500 m an und fällt steil zum Mittelmeer ab. Nur eine schmale Küstenebene trennt die Berge vom Meer. Im Steilabfall liegen viele Höhlen, die in prähistorischer Zeit bewohnt waren. Der größte Teil des Karmel ist bewaldet und mit fruchtbarer Erde bedeckt. Das Karmelgebirge galt in ältesten Zeiten als Symbol der Schönheit. Ein dem Baal geweihter Altar befand sich auf dem Gipfel. Hier forderte Elia die Baalpriester zum Wettstreit zwischen Jahwe und Baal auf. In hellenistischer Zeit stand dort ein Zeustempel, und eine Inschrift erwähnt einen Kult des «Zeus heliopolitanus» – *S. 231*

Die «Frau im Fenster»
geschnitzte Elfenbeinplatte
aus Arslan Tasch, Nordsyrien
8. Jh. v. u. Z.
8 × 8,6 cm, Inv. AO 11459
Louvre, Paris
Lit. G. Contenau, *La civilisation phénicienne* – *S. 232*

Die Mauern von Samaria, der Hauptstadt König Ahabs und der Isebel
Samaria (hebräisch Schomron) war die Hauptstadt des Nordreichs. König Omri von Israel kaufte den Hügel von einem Mann namens Schemer (daher Schomron) und baute dort seine neue Hauptstadt anstelle von Tirza. Der Hügel liegt etwa 90 m hoch über dem fruchtbaren Bauernland seiner Umgebung. Strategisch beherrscht die Stadt drei Richtungen: im Westen die Straße zum Mittelmeer, im Osten die nach Sichem (dem heutigen Nablus) und von dort zum Jordan oder nach Jerusalem und im Norden die Straße nach Megiddo und der Jesreel-Ebene. Ahab, der Sohn Omris, hat in Samaria einen Baaltempel und das berühmte Elfenbeinhaus erbaut, wahrscheinlich unter dem Einfluß seiner phönizischen Gattin Isebel. Nach der Bibel wurde die Stadt in den letzten Monaten der Herrschaft Salmanassars V. erobert, der 722 v. u. Z. starb. Assyrische Berichte nennen allerdings Sargon II. als Eroberer. Die Bewohner wurden ins Exil verschleppt. Die Mischbevölkerung aus im Lande gebliebenen Israeliten und von den Assyrern angesiedelten Kolonisten wurden nach Samaria später Samaritaner (bei Luther Samariter) genannt. Ihre Jahwe-Religion galt den Judäern als unrein. Alexander d. Große siedelte mazedonische Veteranen in der Stadt an. Johannes Hyrcanus zerstörte 108 v. u. Z. ihren Tempel auf dem Garizim. Herodes der Große nannte die Stadt zu Ehren des Kaisers «Sebaste», und seine Bauten machten sie zu einer der prächtigsten im Land – *S. 233*

Lotusfries aus Elfenbein
9.-8. Jh. v. u. Z.
Israel Museum (IDAM Collection), Jerusalem
Lit. J. W. und G. M. Crowfoot, *Early Ivories from Samaria*, London 1938 – *S. 234*

Palmbaum aus Elfenbein
von einem Palast in Samaria
9.-8. Jh. v. u. Z.
Elfenbeinornament
Israel Museum (IDAM Collection), Jerusalem
Lit. J. W. und G. M. Crowfoot, a. a. O. – *S. 235*

Tributpflichtige vor dem assyrischen König Salmanassar III.
Bronzeplatte auf einer Tür des Palastes von Balawat (Yeni Assur), ein Palast König Salmanassars III.
858-824 v. u. Z., Inv. AO 22280
Louvre, Paris – *S. 236 oben*

Träger bringen dem assyrischen König Salmanassar III. Gaben
Getriebene Bronze
Platte auf einer Tür des Palastes von Balawat (Yeni Assur), ein Palast König Salmanassars III.
(858-824 v. u. Z.)
British Museum, London
Lit. A. Layard, *The Monuments of Niniveh* – *S. 236 unten*

König Jehu wirft sich vor Salmanassar III. nieder
Detail von der Schwarzen Stele des Salmanassar III.

Inv. 118.885, British Museum, London
Lit. A. Layard, *The Monuments of Niniveh* – *S. 237*

Befestigungsturm der Stadt Samaria
der zweiten Hauptstadt des Nordreiches Israel, die 723 von Salmanassar II. und Sargon II. zerstört wurde – *S. 238/39*

Siegel aus der Zeit König Jerobeams II. (784-744)
Die Inschrift lautet: «Schema, Diener des Jerobeam»
Kopie eines verlorenen Originals, 6×8 cm
Reuben und Edith Hecht Collection, Universität Haifa – *S. 240*

Das Tor der Zitadelle von Hazor
9. Jh. v. u. Z.
Rekonstruktion im Israel Museum (IDAM Collection), Jerusalem
Lit. Jigal Yadin, *Hazor*, Hamburg 1976 – *S. 241*

König Sanherib auf seinem Thron im Lager von Lachisch
Detail eines Reliefs vom Palast Sanheribs in Ninive, das die Belagerung und Eroberung von Lachisch darstellt.
Inschrift: «Sanherib, König der Welt, König von Assur, saß auf einem Throne und besah sich die Beute von Lachisch»
Stein
165 × 190 cm
British Museum
Lit. Barnett, *Illustrations of Old Testament History* – *S. 242/43*

Sanheribs Prisma
mit der Beschreibung seines dritten Feldzugs, um die assyrische Herrschaft über Syrien und Israel zu festigen
(Im Text wird unter anderem auch Hiskia, König von Juda, erwähnt.)
691 v. u. Z.
Israel Museum
Lit. D. D. Luckenbill, *The Annals of Sennacherib*, Chicago 1924 – *S. 244 oben*

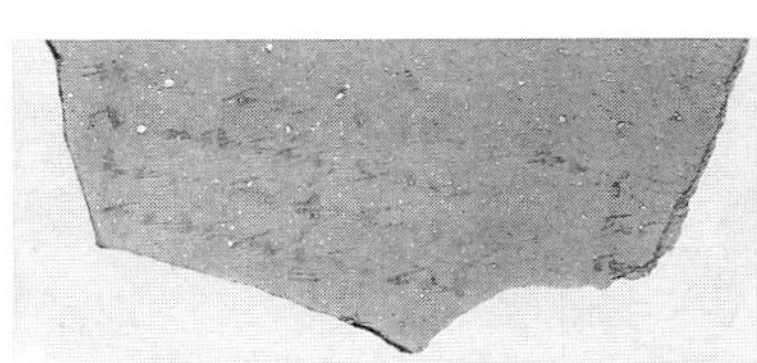

Ostrakon von Lachisch
Mit dem Text «Wir sehen die Feuer von Azeka nicht mehr»
Israel Museum (IDAM Collection), Jerusalem
Ca. 586 v. u. Z.
Lit. O. Tufnellet *al Lachis I*, London 1940 – *S. 244 unten*

Die von Sanherib zerstörten Festungsmauern von Lachisch
Lachisch liegt am Fuß der judäischen Hügel, etwa 10 km südöstlich von Kirjat Gat in der Scheffela. Die besiegte Stadt beherrscht die Straße von der philistäischen Küste zu den judäischen Hügeln und bis nach Jerusalem und Hebron. Sie wird in den Amarna-Briefen als königliche Stadt bezeichnet. Nach der Landnahme wurde Lachisch nach der biblischen Überlieferung von Josua dem Stamme Juda zugewiesen. Die Bedeutung dieser zweitgrößten Stadt des Königreichs Juda (nach Jerusalem) geht schon daraus hervor, daß der König Amasia von Juda, um einer Verschwörung zu entgehen, nach Lachisch floh, wo er dann ermordet wurde. Im 9. Jh. v. u. Z. war Lachisch eine befestigte judäische Königsstadt mit einer mächtigen Palastfestung. Sargon II. starb im Jahr 705 v. u. Z. Aufstandsbewegungen gegen die Assyrer, unterstützt durch den König Hiskia von Juda, folgten auf seinen Tod. 701 v. u. Z. zog sein Nachfolger Sanherib nach Juda, belagerte Lachisch und eroberte und zerstörte die Stadt. Die Reliefs aus Ninive zeigen Belagerung, Eroberung und Zerstörung von Lachisch. Nach seiner Zerstörung war es nur mehr spärlich besiedelt. Endgültig ausgelöscht wurde es durch den Neubabylonier Nebukadnezar 587 v. u. Z. Aus dem Tonscherben (Ostrakon) von Lachisch ergibt sich das Bild dieser Festung, die eine Reihe von Außenposten besaß, die vom Kommandanten von Lachisch, Jaosch, ihre Befehle erhielten – *S. 245*

Inschrift am Eingang des Tunnels von Siloa im Kidrontal bei Jerusalem
Die Inschrift erinnert an den während der Herrschaft König Hiskias von Juda (716-687 v. u. Z.) erfolgten Tunneldurchstich zwischen der Gichonquelle und dem Teich Siloa, wodurch das Wasser von außen in den innerhalb der Mauern gelegenen Teich geführt und damit die Wasserversorgung der Stadt während einer Belagerung gesichert wurde. (Abb. um 90° gedreht)
Museum für orientalische Altertümer, Istanbul – *S. 246*

Eingang zur unterirdischen Wasserleitung zwischen der Gichonquelle und dem Teich Siloa

die König Hiskia (716-687) graben ließ, um die Wasserversorgung Jerusalems im Fall einer Belagerung sicherzustellen – *S. 247*

Hoher Platz
Diese Bronzeplatte wurde von Schilhak-Inschuschinak, König von Elam, um 1150 v. u. Z. geweiht. Sie trägt den Namen der gezeigten Zeremonie «Sitschamschi» = Sonnenaufgang. Zwei nackte Priester kauern zwischen kultischen Einrichtungen. An der Seite zwei aufgestellte Steine, die an die Masseben der kanaanäischen Hohen Plätze erinnern
aus Susa
60 × 40 cm, Inv. SB 2743
Louvre, Paris
Lit. J. Boerker-Khaehn, *Altvorderasiatische Felsenreliefs – S. 248/49*

Die Belagerung und Eroberung von Lachisch im Jahr 701
Details eines Reliefs aus dem Palast des Sanherib in Ninive, British Museum
Von der Belagerung Jerusalems durch die Neubabylonier sind keine vergleichbaren Darstellungen überliefert, im Prinzip dürfte sich die Kriegstechnik jedoch kaum sehr viel davon unterschieden haben – *S. 250*
Die Wasserzufuhr der belagerten Stadt wird unterbrochen *(oben links) Bildverweise nur für Bildteil*
Sturm auf einen Befestigungsturm mit Verteidigern *(oben rechts)*
Gefangene Feinde werden gepfählt *(unten links)*
Die siegreichen Soldaten schleppen ihre Beute fort *(unten rechts)*

Der Weg in die Gefangenschaft
Ein Ehepaar mit Kind wird von einem Krieger abgeführt.
Detail einer Reliefplatte vom Palast des assyrischen Königs Assurbanipal (668-631 v. u. Z.)
Stein
162 × 77 cm, Inv. AO 19904
Louvre, Paris
Lit. Barnett, *Assurbanipal at Niniveh – S. 251*

Tiere vom Ischtar-Tor in Babylon
Ein Löwe, ein Attribut des Baal, ein Stier, Attribut des Sturmgottes Hadad, und ein mythisches Tier, das Drachenschlangentier, das Attribut des Marduk, des Schutzgottes von Babylon.
Glasierte Ziegel
Vom Ischtar-Tor in Babylon
6. Jh. v. u. Z. aus der Regierungszeit Nebukadnezars (605-562 v. u. Z.)
Museum für orientalische Altertümer, Istanbul
Lit. R. Koldewey, *Das Ischtar-Tor in Babylon – S. 252/53*

Zwei persische Bogenschützen
Emaillierte Ziegel
Aus dem Palast des Perserkönigs Darius in Susa, um 515 v. u. Z.
200 × 68 cm, Inv. SB 3302
Louvre, Paris
Lit. A. Dayton, *Minerals and Metals – S. 254/55*

Figur eines bewaffneten Mannes, den Bogen in der linken Hand
untere Körperhälfte fehlt
aus Jerusalem
Terrakotta
Perserzeit, 6. Jh. v. u. Z.
7,5 cm hoch, Inv. H 1556
Reuben und Edith Hecht Collection, Universität Haifa – *S. 256*

Zwei persische Reiter
Terrakotta
aus Beit Oula
persische Periode
6.-5. Jh. v. u. Z.
Reuben und Edith Hecht Collection, Universität Haifa – *S. 257*

Hellenistischer Kopf mit Lorbeerkranz
Sandstein
hellenistisch, 3.-2. Jh. v. u. Z.
Höhe 11,3 cm
Inv. H 1437, Reuben und Edith Hecht Collection, Universität Haifa – *S. 258*

Siegesgöttin
Terrakotta
Höhe 19,9 cm
hellenistisch aus Transjordanien, 4.-2. Jh. v. u. Z.
Inv. H 1581, Reuben und Edith Hecht Collection, Universität Haifa – *S. 259*

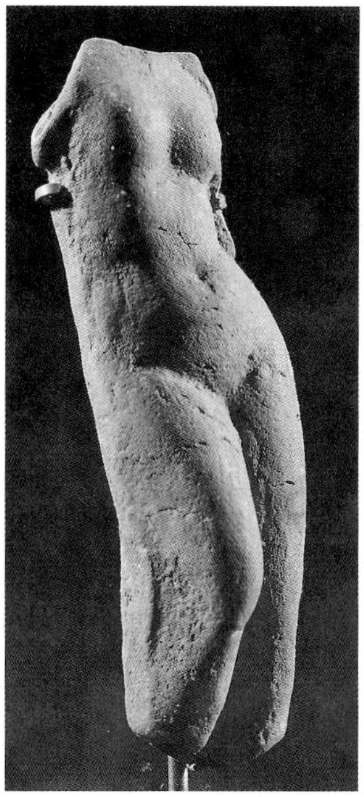

Weiblicher Akt
Tonfigur
11,4 cm lang
aus Jerusalem
hellenistisch, 2. Jh. v. u. Z.
Reuben und Edith Hecht Collection, Universität Haifa – *S. 260*

Zwei Ringkämpfer
Bronze, aus Unterägypten
Alexandrinisch, 2.-1. Jh. v. u. Z.
17,9 cm. Inv. BR 366
Louvre, Paris
Lit. A. de Ridder, *Bronzes antiques du Louvre;* J. Charbonneaux, *Les Bronzes grecs – S. 261*

Brotstempel mit hebräischer Inschrift
in den abgebrochenen Henkel einer Meßschale graviert
Kalkstein
Länge 5,6 cm
aus Jerusalem
herodianisch, 1. Jh. v. u. Z.
Inv. R 1174, Dagon Collection, Haifa – *S. 262 oben*

Oliven, Trauben und Feigen
Terrakottarelief mit drei der sieben biblischen Früchte
aus Jerusalem
Hasmonäerzeit, 2. Jh. v. u. Z.
9 cm, Inv. H 659
Reuben und Edith Hecht Collection, Universität Haifa – *S. 262 Mitte*

Weinsiegel aus Bronze
mit griechischer Inschrift OINOC OEOLI zum Verschließen von Gefäßen mit Opferwein
6 cm lang
aus Bethlehem
1. Jh. v. u. Z. römisch
Inv. R 1185
Dagon Collection, Haifa – *S. 262 unten*

Der «Alexanderhort»
Ein kleiner Terrakottakrug mit 59 Drachmenstücken, von denen 20 das Porträt Alexanders des Großen tragen.
Tell-Zippor, ca. 300 v. u. Z.
Israel Museum (IDAM Collection), Jerusalem
Lit.: Schweizer Münzblätter – *S. 263*

Antiochus III., der Große, König von Syrien (223-187 v. u. Z.)
Marmor
Höhe 34 cm
aus Italien
hellenistisch, 3. Jh. v. u. Z.
Inv. MA 1204, Louvre, Paris
Lit. G. M. A. Richter, *The Portraits of the Greeks – S. 264*

Nackter griechischer Krieger
Bronze
Höhe 6,8 cm
aus Jerusalem
hellenistisch
Reuben und Edith Hecht Collection, Universität Haifa – *S. 265*

Indischer Kriegselefant, einen feindlichen Krieger zertrampelnd
Terrakotta, aus der Metropole von Myrina, Lemnos
Mitte 2. Jh. v. u. Z.
Inv. MYR 284
Louvre, Paris
Lit. S. Mollard-Besques, *Catalogue raisonné des figurines et reliefs en terre cuite grecs et romains de Myrina* – *S. 266*

Krieger mit Helmen und Schilden
Teil eines Brustschildes
Getriebene Bronze
aus dem Jordantal, 1. Jh. v. u. Z.
14,6 cm
Israelmuseum, Jerusalem – *S. 267 oben*

Beladenes Kamel
Öllampe, Bronze
aus Syrien
2.-1. Jh. v. u. Z.
6,3 × 14,5 cm, Inv. BR 428
Louvre, Paris
Lit. de Ridder, *Bronzes antiques du Louvre* – *S. 267 unten*

Die Gräber der Makkabäer in Modin
Modin, etwa 10 km östlich von Lod, am Beginn der judäischen Hügel gelegen, ist der Tradition nach die Heimat der Makkabäer, die im 2. Jh. v. u. Z. das Land von der mazedonischen Herrschaft befreiten und die Dynastie der Hasmonäer begründeten, die 150 Jahre lang herrschte. Mariamne, die letzte Hasmonäerin, war eine der Frauen Herodes' des Großen. Die an den Stein gehauenen Gräber in Modin sind, der Überlieferung nach, die des Mattatias, eines Nachkommen des Jerusalemer Priesters Hasmonäus, der den Aufstand begann, sowie seiner Söhne Eleazar, Johanaan, Jonatan und Judas – *S. 268*

Die Ruinen von Beit-Zur
einer Befestigung der Makkabäerzeit, die oft heftig umkämpft war. An der Straße von Hebron nach Jerusalem, etwa 6 km nördlich von Hebron, liegt die Turmruine von Beit-Zur. Die strategische Bedeutung des Ortes, der keine Quelle besaß, lag in seiner verkehrsgeographischen Lage an der Hauptstraße nach Jerusalem. Der Name Beit-Zur bedeutet «Haus des Felsens». Schon in der Mittleren Bronzezeit war der Ort bewohnt, aber erst nach dem babylonischen Exil wurde Beit-Zur wieder besiedelt. Zu Beginn der hellenistischen Zeit war es noch ein unbefestigtes Dorf, nach den großen Kämpfen zwischen den Generälen Antiochus' IV. und den aufständischen Juden befestigte Judas Makkabäus nach der Eroberung Jerusalems Beit-Zur als einzige Stadt des Landes. Bei Beit-Zur setzten die Mazedonier unter dem Befehl des Lysias zum ersten Mal Kriegselefanten ein. Jeder Elefant trug einen starken, hölzernen Turm mit Besatzung, ein Inder lenkte das Tier. Beit-Zur mußte sich damals ergeben.
Die heutigen Ruinen sind wahrscheinlich byzantinisch. 1983 stürzte die Turmruine ein – *S. 269*

Die Westwand des von Herodes erbauten Tempelplatzes in Jerusalem
meist als «Klagemauer» bezeichnet. Auf dem Tempelberg, einer von Mauern umgebenen Terrasse, standen der erste und der zweite Tempel, religiöse und nationale Zentren des Judentums. Heute stehen folgende Gebäude auf dem Tempelberg: der Felsendom (Omar-Moschee), die El Aksa Moschee und drei kleinere Moscheen. Am nordwestlichen Ende der Terrasse sind Überreste der Antonia-Zitadelle aus römischer Zeit zu sehen. An der Westseite befindet sich als Teil der Stützmauern des Tempelplatzes die sogenannte Klagemauer. Nach jüdischer Tradition ist der Tempelberg mit dem Berg Moriah identisch, auf dem Jahwe Abraham befahl, das bisher übliche Menschenopfer durch Opfertiere zu ersetzen. Der erste Tempel, von König Salomo erbaut, wurde durch die Soldaten König Nebukadnezars von Babylon 586 v. u. Z. zerstört. Der zweite Tempel wurde nach der Rückkehr aus dem babylonischen Exil erbaut, während der hellenistischen Zeit war er griechische Kultstätte und wurde erst nach der Eroberung Jerusalems durch Judas Makkabäus wieder geweiht. König Herodes der Große vergrößerte und verschönerte den Tempel nach 22 v. u. Z. Römische Soldaten unter Titus setzten ihn im Jahr 70 in Brand. Nach dem Aufstand Bar Kochbas (131-135) wurde ein Jupitertempel erbaut und den Juden der Zugang zum Tempelberg verboten. Nach der arabischen Eroberung 638 wurde der Tempelberg ein moslemisches Religionszentrum, und während der Herrschaft des Omaijadenkalifen Abd al-Malik wurde der Felsendom und die El Aksa Moschee erbaut. Beide Gebäude wurden während der Herrschaft der Kreuzfahrer in Kirchen verwandelt, nach der Wiedereroberung durch die Araber neuerlich zu Moscheen geweiht. Nach der türkischen Eroberung 1517 wurde Juden und Christen der Zugang zum Tempelplatz verboten. Dieses Verbot galt bis zum Ende des Britischen Mandates Palästina im Jahr 1948 – *S. 270/71*

Das herodianische Tor der Stadt Samaria
Im Jahre 30 v. u. Z. wurde Samaria von den Römern dem Reich Herodes' des Großen zugeschlagen, der die Stadt in «Sebaste» umbenannte, neu befestigte und vergrößerte. Das westliche Stadttor und die Mauer stammen aus dieser Zeit – *S. 272/73*

Knochenkiste aus Sandstein
mit den Symbolen der Sonne und des Lebensbaumes
aus einem Grab in Jerusalem
1. Jh. v. u. Z.
Privatsammlung – *S. 274*

Das Grab des Herodes
«Das Grab des Herodes» in Jerusalem, ein großes Felsengrab 20 m neben dem King David Hotel, ist nach der Tradition das Familiengrab Herodes' des Großen. Seine Frau Mariamne, die letzte Hasmonäerin, soll hier begraben sein. Es ist ein bedeutendes Beispiel der «Rollsteingräber», bei denen der Grabraum durch einen großen, wie ein Mühlstein geformten Stein verschlossen wird (s. rechte Bildhälfte). Das Grab hat eine zentrale Halle mit vier Grabnischen – *S. 275*

Das Herodeion
ein von König Herodes dem Großen künstlich aufgeschütteter Hügel, mit der Ruine seines Palastes.
Flavius Josephus sagt über das Herodeion: «Die Parther und die feindlichen Juden belästigten ihn (Herodes) fortwährend und 60 Stadien (ca. 122 km) von Jerusalem entfernt zwangen sie ihn zu einer regelrechten, langdauernden Schlacht. Dabei behielt Herodes die Oberhand und tötete viele von ihnen. Später aber legte er zur Erinnerung an diesen Sieg den bekannten Platz an und zeichnete ihn mit äußerst kostbaren Palästen aus, ferner errichtete er eine sehr starke Burg. Als Namen wählte er, seinem eigenen Namen entsprechend, ‹Herodeion›. Nach seinem Tode wurde sein Leichnam von Jericho durch die Wüste zum Herodeion gebracht und dort begraben. Der Palast wurde zum Mausoleum» – *S. 276*

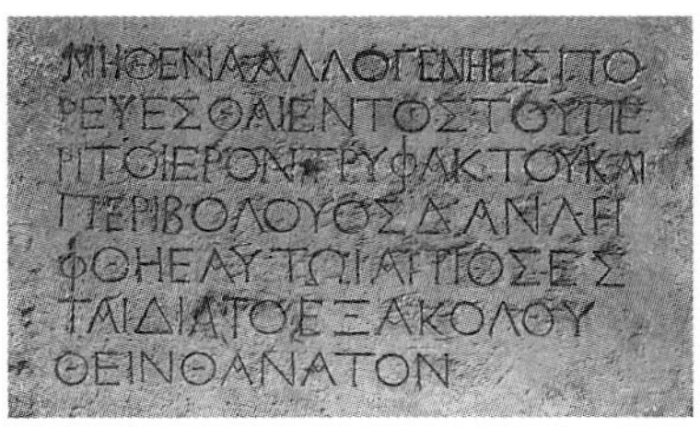

Inschrift am Tempel in griechischer Sprache
die Nichtjuden den Eintritt ins Allerheiligste verbietet.
Museum für orientalische Altertümer, Istanbul – *S. 277 oben*

Hebräische Inschrift am Tempel
«Der Platz zum Blasen der Trompeten»
1. Jh. v. u. Z.
Israel Museum (IDAM Collection), Jerusalem – *S. 277 Mitte*

Ziegel der Legio X Fretensis
die Jerusalem im Jahr 70 eroberte.
Reuben und Edith Hecht Collection, Universität Haifa – *S. 277 unten*

Tintenfaß aus herodianischer oder hasmonäischer Zeit
ähnlich denen, die in Qumran gefunden wurden.
2.-1. Jh. v. u. Z.
Reuben und Edith Hecht Collection, Universität Haifa – *S. 278*

Qumran; im Vordergrund die Höhle der Schriftrollen
Qumran liegt am Rand des Toten Meeres, am Fuß des Steilabfalls der Wüste Juda. Der Ort ist seit der israelitischen Königszeit bewohnt, die erste klösterliche Siedlung der Essener entstand in der Zeit des Hasmonäerkönigs Johannes Hyrkan (135-104 v. u. Z.). Die Männer von Qumran wohnten in Zelten oder Höhlen, Schriftrollen geben ein genaues Bild ihrer Regel und des klösterlichen Lebens. Um 37 v. u. Z. vernichtete ein Erdbeben die Siedlung, wie Flavius Josephus berichtet. Erst um die Zeitenwende kehrten die Mönche zurück und bauten die Klostersiedlung wieder auf. Nahe von Qumran verkündete Johannes der Täufer den Weltuntergang und das Kommen des Messias. Die Zehnte römische Legion unter Vespasian zerstörte die Siedlung von Qumran, als sie zur Belagerung von Jerusalem durch das Jordantal hinaufzog – *S. 279*

Eines der drei Lager
die der römische Feldherr Silva am Fuße der Festung Massada errichten ließ – *S. 280*

Die Mauern von Massada mit Blick auf das Tote Meer und die moabitischen Berge in Jordanien – *S. 281 oben*

Das römische Fort «A» am Fuß der Skorpionensteige
An diesem Lager vorbei führte die vom Euphrat kommende Königsstraße, nachdem sie die Araba überquert hatte, über den Paß und die Berge nach Hebron – *S. 281 unten*

Die Münze «Judaea capta»
die Vespasian nach der Zerstörung Jerusalems im Jahr 70 u. Z. prägen ließ.
Israel Museum, Jerusalem
Lit. Ya'akov Meshorer, *Jewish Coins of the Second Temple Period*, Tel Aviv 1967 – *S. 282*

Bronzemünze mit Leier aus der Zeit des Bar-Kochba-Aufstandes
132 u. Z.
Reifenberg Collection, Israel Museum Jerusalem – *S. 283*

Menorah mit Weihrauchschaufel und Salbhorn
Mosaik aus der Synagoge von Hammath bei Tiberias
4. Jh. u. Z. – *S. 284*

Der Nahe Osten 1300–1200 v. Chr.

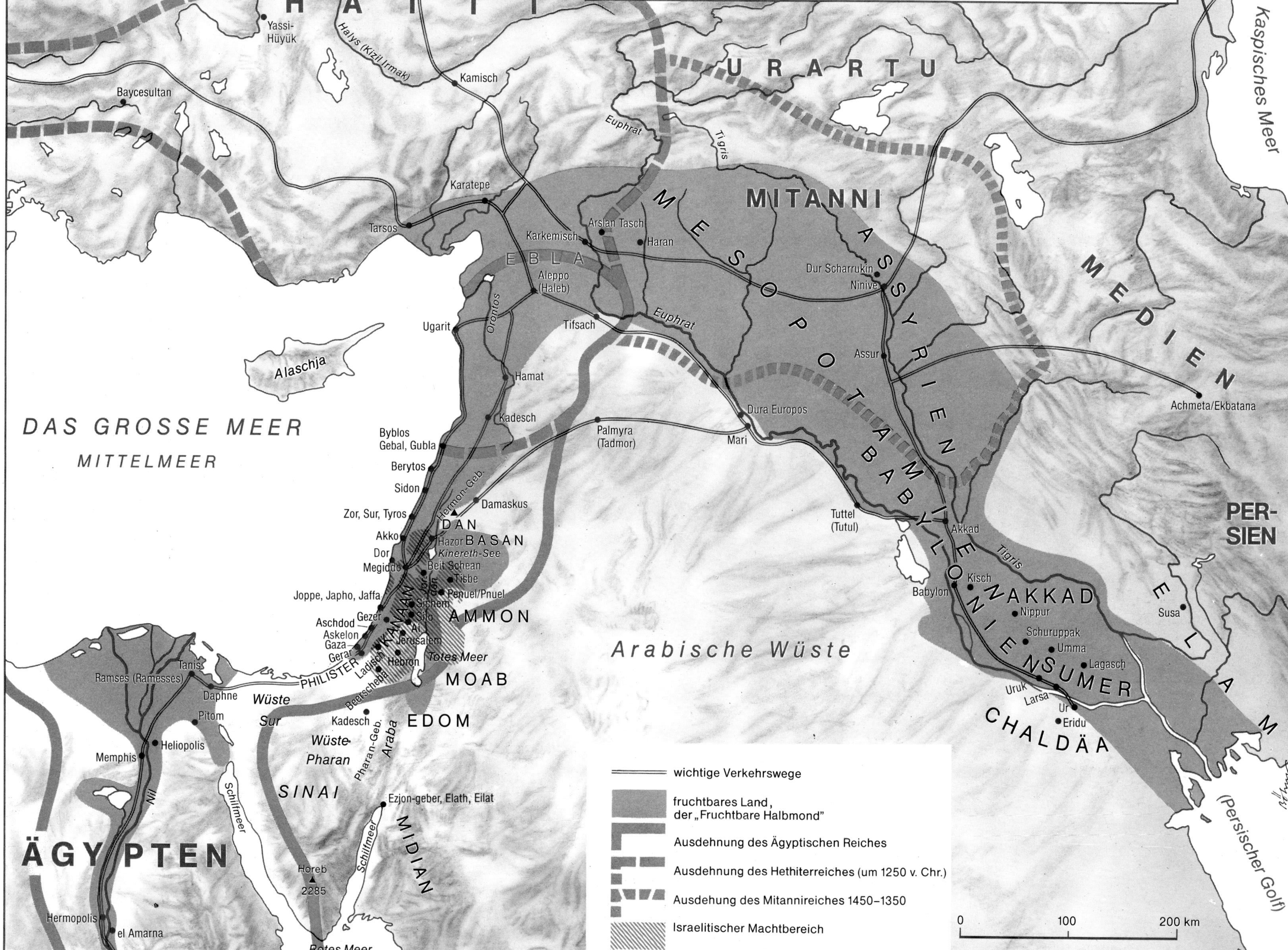

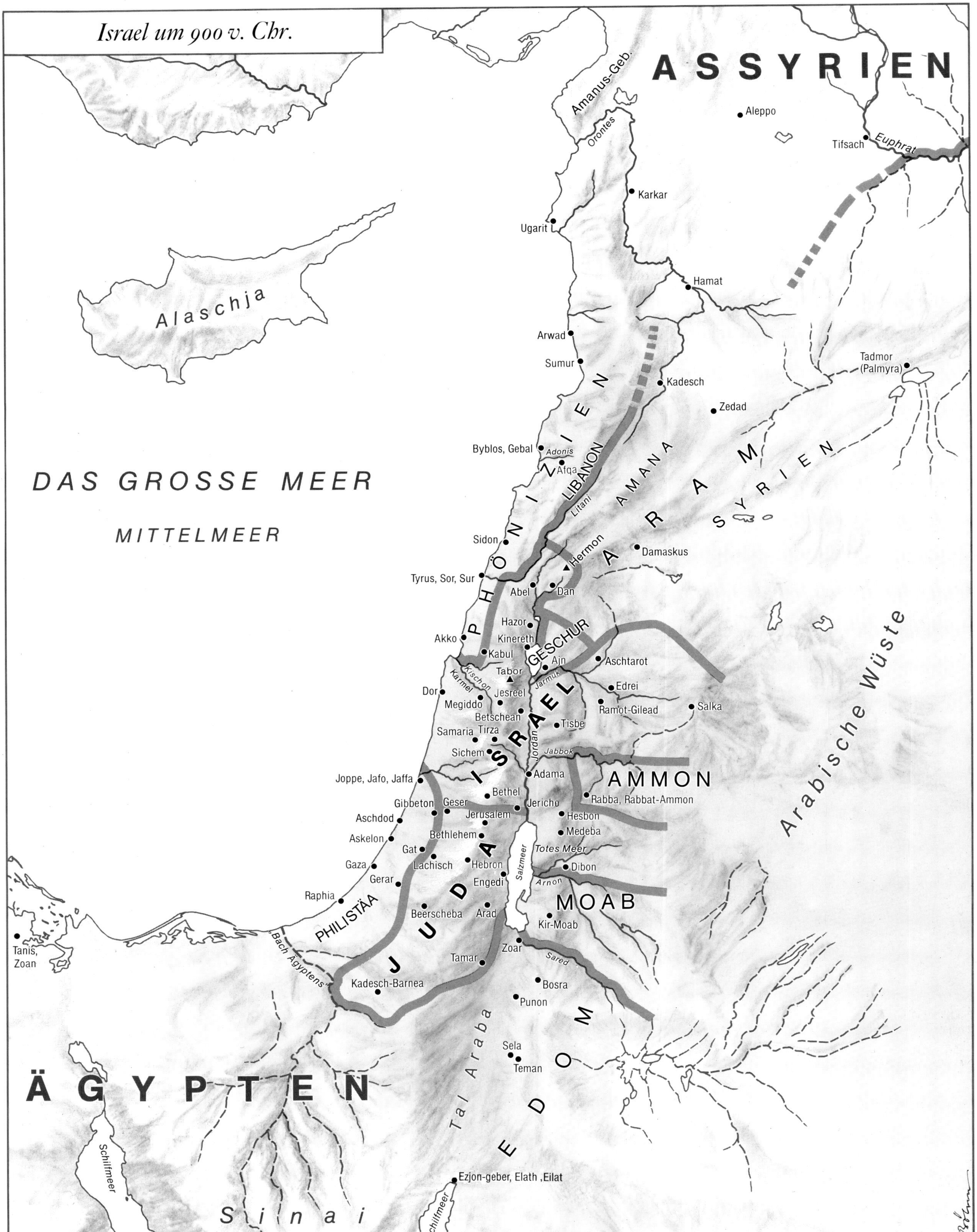
Israel um 900 v. Chr.
ASSYRIEN
Amanus-Geb.
Orontes
Aleppo
Tifsach
Euphrat
Karkar
Ugarit
Hamat
Alaschja
Arwad
Sumur
Tadmor (Palmyra)
Kadesch
Zedad
PHÖNIZIEN
Byblos, Gebal
Adonis
Afqa
LIBANON
AMANA
ARAM
SYRIEN
DAS GROSSE MEER
MITTELMEER
Litani
Sidon
Hermon
Damaskus
Tyrus, Sor, Sur
Abel
Dan
Hazor
Kinereth
GESCHUR
Akko
Kabul
Ajn
Aschtarot
Tabor
Kischon
Karmel
Jarmuk
Dor
Jesreel
Edrei
Megiddo
Ramot-Gilead
Salka
Betschean
ISRAEL
Tisbe
Samaria
Tirza
Jordan
Sichem
Jabbok
Arabische Wüste
Joppe, Jafo, Jaffa
Adama
AMMON
Bethel
Rabba, Rabbat-Ammon
Gibbeton
Geser
Jericho
Aschdod
Jerusalem
Hesbon
Askelon
Bethlehem
Medeba
Gat
Totes Meer
Salzmeer
Gaza
Lachisch
Hebron
Dibon
Gerar
Engedi
Arnon
Raphia
PHILISTÄA
MOAB
Beerscheba
Arad
Kir-Moab
Tanis, Zoan
Bach Ägyptens
JUDA
Tamar
Zoar
Sared
Kadesch-Barnea
Bosra
Punon
EDOM
Tal Araba
Sela
Teman
ÄGYPTEN
Schilfmeer
Ezjon-geber, Elath, Eilat
Sinai

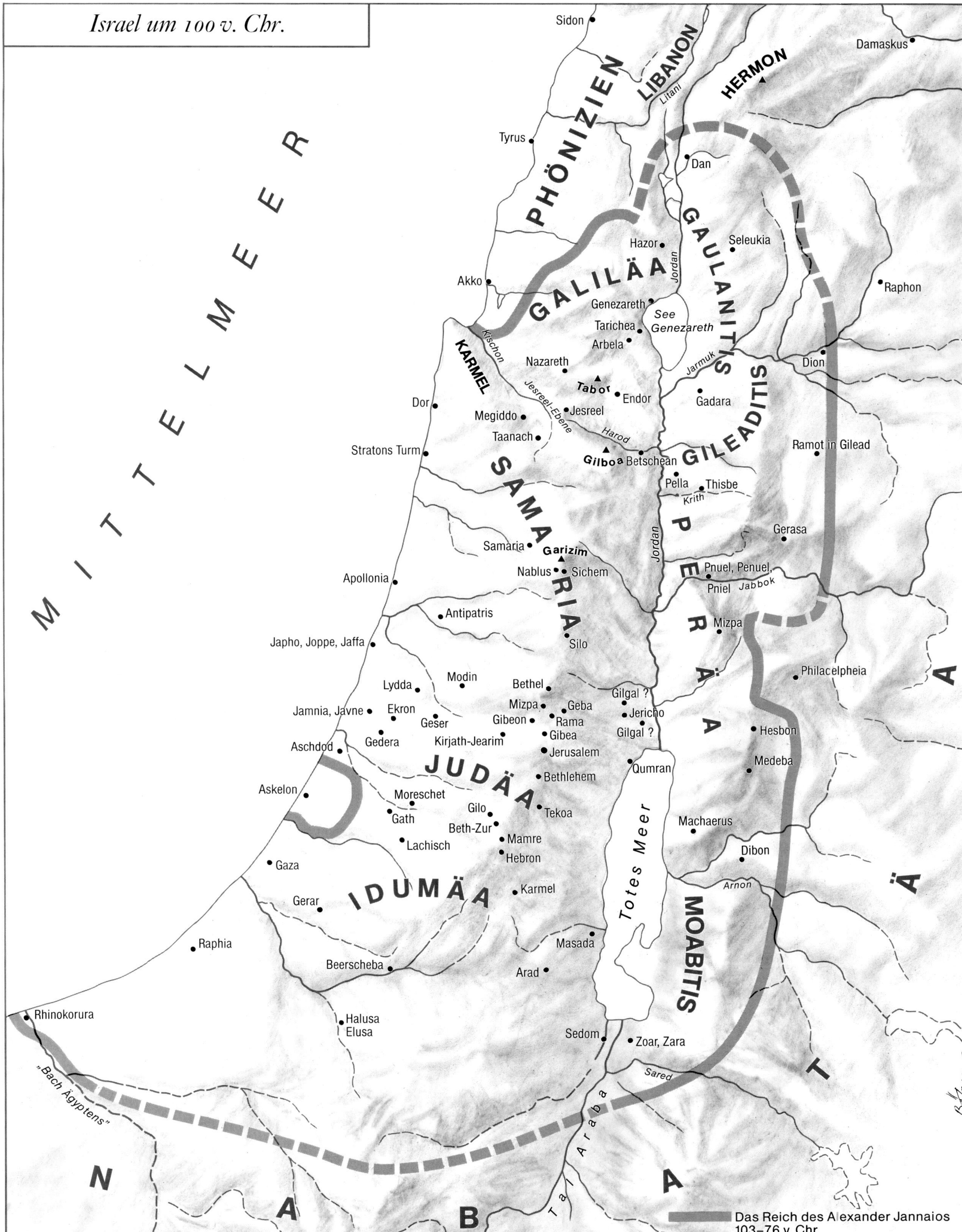
Israel um 100 v. Chr.
MITTELMEER
PHÖNIZIEN
LIBANON
HERMON
Litani
Sidon
Damaskus
Tyrus
Dan
GALILÄA
GAULANITIS
GILEADITIS
PERÄA
SAMARIA
JUDÄA
IDUMÄA
MOABITIS
NABATÄA
KARMEL
Hazor
Seleukia
Raphon
Akko
Jordan
Genezareth
See Genezareth
Tarichea
Arbela
Kischon
Jarmuk
Dion
Nazareth
Tabor
Endor
Gadara
Dor
Jesreel-Ebene
Jesreel
Megiddo
Harod
Taanach
Gilboa
Betschean
Ramot in Gilead
Stratons Turm
Pella
Thisbe
Krith
Gerasa
Samaria
Garizim
Nablus
Sichem
Pnuel, Penuel,
Pniel
Jabbok
Apollonia
Antipatris
Mizpa
Japho, Joppe, Jaffa
Silo
Philadelpheia
Modin
Lydda
Bethel
Gilgal ?
Mizpa
Geba
Jericho
Jamnia, Javne
Ekron
Geser
Gibeon
Rama
Gibea
Gilgal ?
Hesbon
Gedera
Kirjath-Jearim
Aschdod
Jerusalem
Qumran
Medeba
Bethlehem
Askelon
Moreschet
Tekoa
Gath
Gilo
Beth-Zur
Machaerus
Mamre
Lachisch
Hebron
Dibon
Gaza
Totes Meer
Arnon
Gerar
Karmel
Raphia
Masada
Beerscheba
Arad
Rhinokorura
Halusa
Elusa
Sedom
Zoar, Zara
Sared
„Bach Ägyptens"
Tal Araba
Das Reich des Alexander Jannaios
103–76 v. Chr.

Anmerkungen

Zum Beitrag von Jürgen Ebach (S. 61-92)

1 Dazu bedarf es eines Mikroskops; es ist (nicht nur) in diesem Fall der Stand der Technik, der über die Gültigkeit der Theorie entscheidet.

2 Nach den Angaben von J. A. Wilson von 1946 leben 99,5 Prozent der Bevölkerung auf 3,5 Prozent des Landes. Die Bewässerungsmaßnahmen der letzten Jahrzehnte, das gewaltige Bevölkerungswachstum und dabei vor allem das rapide Anwachsen von Kairo haben die Relationen etwas verändert, aber noch immer wohnen mehr als 80 Prozent der Bevölkerung auf ca. 3 Prozent der Fläche.

3 Heute ebenfalls ein Teil Kairos.

4 So gegenübergestellt von G. Lanczkowski in der Neubearbeitung von F. Heilers *Religionen der Menschheit*, hg. v. K. Goldammer, Stuttgart 1984, S. 105.

5 Dieser in der Bibel gebrauchte und von daher bis heute übliche Königstitel bedeutet ursprünglich «großes Haus» (ägypt. *pr*ꜥ*ȝ*, etwa: *per a'a*) und ist mit einem Titel wie «Hohe Pforte» für den Sultan oder Bezeichnungen wie «das weiße Haus», «der Kreml» vergleichbar.

6 Die früher zuweilen vertretene Auffassung, die Zeit der Hyksos sei mit der biblischen Josephsgeschichte in 1. Mose 37-50 zu verbinden, ist historisch ganz unwahrscheinlich. Zum geschichtlichen Hintergrund der Josephsgeschichte und der in der Bibel folgenden Exodusgeschichte vgl. S. Herrmann, *Israels Aufenthalt in Ägypten*, Stuttgart 1970, und F. Crüsemanns Beitrag in diesem Buch.

7 So in der «Tombos-Stele», Z. 13; vgl. dazu und zu(m) altorientalischen Weltbild(ern) im ganzen den von H. Frankfort u. a. verfaßten Band *The Intellectual Adventure of Ancient Man*, Chicago 1946, letzte deutsche Ausgabe unter dem Titel *Alter Orient – Mythos und Wirklichkeit*, Stuttgart 1981 (zur ägyptischen Euphratbeschreibung dort S. 44).

8 *Ägypten. Theologie und Frömmigkeit einer frühen Hochkultur*, Stuttgart 1984, bes. S. 11 ff.

9 Assmann, *Ägypten*, S. 13.

10 Jean Paul, Goethe u. a. wären hier zu nennen; vgl. dazu E. Hornung, *Der Eine und die Vielen. Ägyptische Gottesvorstellungen*, Darmstadt 1971, bes. S. 1 ff.

11 Zu diesem Aspekt O. Keel, *Jahwes Entgegnung an Ijob*, Göttingen 1978; J. Ebach, *Leviathan und Behemoth*, Paderborn 1984.

12 In der Ägyptologie gewöhnlich «netscher» ausgesprochen; da im Ägyptischen in der Regel die Vokale nicht mitgeschrieben werden, bleibt die Aussprache meist hypothetisch, oder man bedient sich einer in der Wissenschaft verabredeten künstlichen Ausspracheregel.

13 Vielleicht erscheint diese doppelte Wirklichkeit von Einheit und Vielfalt der Götter weniger ungewöhnlich, wenn man sich immerhin Vergleichbares in der christlichen Tradition in Erinnerung ruft: Die christliche Frömmigkeit, aber auch Kunst kennt die Verehrung, Darstellung und Benennung Gottes in verschiedenen Formen. Gott kann – je spezifisch – als Schöpfer, als Weltenherrscher, als Christus, als Heiland, als Heiliger Geist, als Erlöser, als Herr Jesus, als Mensch, als Taube, als Auge und in vielen anderen Symbolen dargestellt werden, ohne daß man von daher die christliche als eine polytheistische Religion bezeichnen müßte.

14 Ca. 30 Kilometer südlich Kairo; der griechische Name der Stadt, «Stadt des Hermes», verweist auf den ägyptischen Schreibergott Thot als «ihren» Gott, da die Griechen Thot mit dem «ressortverwandten» Hermes identifizierten. Der altägyptische Name des Ortes ist «Stadt der Acht».

15 Der griechische Sonnengott heißt Helios; Heliopolis ist heute ein Teil Kairos.

16 Die Grundvorstellungen der Weltentstehung bzw. -schöpfung basieren in aller Regel auf Erfahrungen und Beobachtungen. Beobachtungen des Nils und des Nilschlamms führen dazu, dem Wasser und dem fruchtbaren Schlamm die Rolle eines Urstoffs zuzuschreiben. Erfahrung und Beobachtung sind es auch, die zu einer entsprechenden Rolle des Windes in verschiedenen altorientalischen Weltentstehungslehren führen. Scheinbar ist der Wind ja eine Größe, die ohne erkennbare Ursache aus sich selbst entsteht; man denke an die bekannte Kinderfrage: Wo ist der Wind, wenn er nicht weht?

17 Zum Begriff und zur ausführlichen Begründung sei auf die o. Anm. 8 genannte Darstellung der ägyptischen Religion von J. Assmann verwiesen (hier besonders S. 144 ff.).

18 Dazu und zur Beziehung zu biblischen Texten K. Koch, «Wort und Einheit des Schöpfergottes in Memphis und Jerusalem», *ZThK* 62 (1965) S. 251-293.

19 Zu diesem Beleg und zur ägyptischen Geschichtsauffassung im ganzen E. Hornung, *Geschichte als Fest*, Darmstadt 1966, bes. S. 18.

20 Totenbuch, Kap. 125, übersetzt nach E. Hornung, *Das ägyptische Totenbuch*, Zürich 1979, S. 234; vgl. auch E. Wiebach, «Die altägyptischen Jenseitsvorstellungen und das Grab des Tutanchamun im ‹Tal der Könige›», *Antike Welt* 15/1 (1984) S. 9-26.

21 Der Begriff «semitisch» bezeichnet (seit dem Ende des 18. Jahrhunderts) eine *Sprachfamilie*. Nur in dieser Bedeutung kann er als wissenschaftlich seriöser Begriff verwendet werden. Die übliche Rede von «semitischen» *Völkern* ist deshalb unscharf. Jede Rede von einer «semitischen» *Rasse* (die es ebensowenig gibt wie eine «jüdische Rasse») stammt selbst aus dem Repertoire antisemitischer Ideologie.

22 In der altorientalischen Geschichtsschreibung benutzt man den Begriff «Dynastie» in Analogie zu Ägypten.

23 In Frankfort u. a., *Alter Orient* (s. o. Anm. 7), S. 136.

24 Lugal-e Tafel VIII, Z. 7 ff. (Übersetzung nach G. Pettinato, *Das altorientalische Menschenbild und die sumerischen und akkadischen Schöpfungsmythen*, Heidelberg 1971, S. 93 f.

25 Enki und Ninmaḫ, Z. 10 f. (Pettinato, S. 70).

26 Enki und Ninmaḫ, Z. 25 (Pettinato, S. 71).

27 So im Text vom Mutterschaf und dem Getreide (u_8 und *ašnan*), Pettinato, S. 88 f.; zur Interpretation J. Ebach, *Weltentstehung und Kulturentwicklung bei Philo von Byblos*, Stuttgart 1979, S. 355 ff.

28 Ebd., S. 371 ff.

29 Zur Debatte über die erste Zeile dieses Epos ebd., S. 366 ff.

30 S. N. Kramer, *Enmerkar and the Lord of Aratta*, Philadelphia 1952; vgl. auch die knappe Charakterisierung von C. Wilcke in *Kindlers Literatur Lexikon*, S. 9093 f.

31 Deutlich überakzentuiert sprechen einige amerikanische Altorientalisten von einer sumerischen Urdemokratie.

32 So in der oben mehrfach genannten Studie von G. Pettinato über das sumerische und akkadische Menschenbild (s. o. Anm. 24); kritisch dazu H. M. Kümmel, «Bemerkungen zu den altorientalischen Berichten von der Menschenerschaffung», *WO* 7 (1973/74) S. 25-38.

33 Diese im Libanon spielenden Teile des Epos wurden im syrisch-kanaanäischen Raum vor allem überliefert.

34 Eine leicht greifbare deutsche Übersetzung des Epos von A. Schott und W. von Soden liegt in einer Reclam-Ausgabe vor; zur Überlieferung und Interpretation dieses Epos K. Oberhuber (Hg.), *Das Gilgamesch-Epos*, Darmstadt 1977.

35 Vgl. dazu F. Ellermeier, *Prophetie in Mari und Israel*, 1968; K. Koch, «Die Briefe ‹profetischen› Inhalts aus Mari», *Ugarit-Forschungen* 4 (1972); S. Herrmann, *Ursprung und Funktion der Prophetie im alten Israel*, Opladen 1976.

36 Die neueste deutsche Übersetzung (mit kurzer Kommentierung) des Codex Hammurapi hat R. Borger für die Sammlung *Texte aus der Umwelt des AT*, Bd. I, Lieferung 1, Gütersloh 1982, S. 39-80, verfaßt; zur Interpretation H. J. Boecker, *Recht und Gesetz im AT und im Alten Orient*, Neukirchen 2. Aufl. 1984.

37 Das ganze Gebet (und mehrere ähnliche Texte) bei A. Falkenstein, W. von Soden, *Sumerische und akkadische Hymnen und Gebete*, Zürich 1953, S. 264ff.; vgl. H. Ringgren, *Die Religionen des Alten Orients*, Göttingen 1979, S. 162.

38 Dazu H. Spieckermann, *Juda unter Assur in der Sargonidenzeit*, Göttingen 1982, besonders S. 227ff.

39 Uria spielt eine tragische Rolle in der in 2. Sam 11ff. aufgezeichneten Geschichte, die erzählt, wie David sich mit Gewalt Batscheba, die Frau dieses Hethiters, aneignete, wie er den Uria beseitigte und von Gott zur Verantwortung gezogen wurde. Ein Sohn Davids und der Batscheba, der Frau des Hethiters Uria, war Salomo, der Nachfolger Davids auf dem Thron in Jerusalem.

40 Zum Gesamtkomplex H. M. Kümmel, «Die Religion der Hethiter», in: U. Mann (Hg.), *Theologie und Religionswissenschaft*, Darmstadt 1973, S. 65-85; V. Haas, *Hethitische Berggötter und hurritische Steindämonen*, Mainz 1982.

41 Die üblich gewordene Bezeichnung «Hexe» stammt nicht aus der biblischen Erzählung selbst, setzt vielmehr die Polemik gegen weibliche Kultformen fort. Zum religionsgeschichtlichen Hintergrund der Geschichte von Endor J. Ebach, U. Rüterswörden, «Unterweltsbeschwörung im AT», *Ugarit-Forschungen* 9 (1977), S. 57-70; 12 (1980), S. 205-220.

42 Der Text stammt aus einer Instruktion für Tempelbedienstete, vgl. Kümmel, «Religion» (s. o. Anm. 40), S. 75.

43 Zur Beziehung alttestamentlicher Sühnerituale zu hethitischen vgl. H. M. Kümmel, «Ersatzkönig und Sündenbock», *ZAW* 80 (1968), S. 298-318.

44 Vgl. den Artikel «Ibla» (Ebla) im *Reallexikon der Assyriologie*, Bd. V (1980), S. 9-20; ferner H.-P. Müller, «Religionsgeschichtliche Beobachtungen zu den Texten von Ebla», *ZDPV* 96 (1980) S. 1-19.

45 Hier wie in anderen Fällen sprachlicher Gleichsetzungen altorientalischer Namen muß man sich verdeutlichen, daß in den semitischen Sprachen die Konsonanten den festen Bestand eines Wortes markieren, während die Vokale leicht wechseln können.

46 Eine Einführung in die Geschichte der Stadt gibt D. Kinet, *Ugarit – Geschichte und Kultur einer Stadt in der Umwelt des AT*, Stuttgart 1981.

47 Aqhat (KTU 1. 17. Z. 26ff.); zur Interpretation vgl. H. Gese, «Die Religionen Altsyriens», in: *Die Religionen der Menschheit*, hg. von Chr. M. Schröder, Bd. 10,2, Stuttgart 1970, S. 87ff.

48 Zum Typus der Göttin und zum Zusammenhang zwischen der jeweiligen religiösen Verbindung mit den sozialen Formen vgl. W. Helck, *Untersuchungen zur Großen Göttin und den ihr verbundenen Gottheiten*, München 1971.

49 Einen guten Überblick über die Texte bieten die Artikel zur ugaritischen Literatur von J. Sanmartín Ascaso in *Kindlers Literatur Lexikon*, S. 9692-9701.

50 Zum Gesamtzusammenhang des Baʿal-Mythos vgl. H. Gese, «Die Religionen Altsyriens» (s. o. Anm. 47), besonders S. 51ff.

51 Man hat in diesem Jahrhundert den Libanon, das Land der Phöniker, «Die Schweiz des Orients» genannt. Bevor die modernen Stellvertreterkriege das Land zerstörten, setzte sich in dem auf Handel und Banken ruhenden Wohlstand des heutigen Phönikerlandes etwas von der alten Rolle dieses Handels- und Seefahrervolkes fort.

52 Die Texte sind in der von H. Donner und W. Röllig besorgten Ausgabe: *Kanaanäische und aramäische Inschriften*, 3 Bde., Wiesbaden 2. Aufl. 1966-69, gesammelt, übersetzt und kommentiert.

53 Vgl. H. Gese, «Die Religionen Altsyriens» (s. o. Anm. 47), besonders S. 182ff.

54 Zur Interpretation dieser Fragestellung und Intention biblischer Texte im Zusammenhang der gegenwärtigen ökologischen Zerstörungen vgl. J. Ebach, *Ursprung und Ziel*, Neukirchen 1986, besonders S. 16ff.

55 Zu Text und Interpretation der Kosmogonie des Philo J. Ebach, *Weltentstehung* (s. o. Anm. 27).

Zum Beitrag von Frank Crüsemann (S. 133-172)

1 Über den Durchgang der Israeliten durchs Rote Meer, in: H. S. Reimarus, *Apologie oder Schutzschrift für die vernünftigen Verehrer Gottes*, hg. v. G. Alexander, Frankfurt/M. 1972, 299-326. Als Fragment wurde der Text zuerst von Lessing herausgegeben und findet sich in allen größeren Lessing-Ausgaben.

2 «Geständnisse» (1854), *Sämtliche Schriften*, hg. v. K. Briegleb, Bd. 11, München 1976, S. 483. Vgl. ders., «Zur Geschichte der Religion und Philosophie in Deutschland» (1834), ebd. Bd. 5, S. 545.

3 O. Kaiser, *Einleitung in das Alte Testament*, 5. Aufl. Gütersloh 1984; R. Rendtorff, *Das Alte Testament*. Eine Einführung, 2. Aufl. Neukirchen-Vluyn 1985.

4 Nach einer anderen Chronologie hat Merenptah von 1212 bis 1202 v. Chr. regiert, die Stele stammte dann aus dem Jahre 1208. Vgl. zu den Problemen W. Wolff, *Das alte Ägypten*, dtv 3201, 1971, S. 287ff. Die Chronologie der Geschichte Israels folgt A. Jepsen / R. Hanhart, «Untersuchungen zur israelitisch-jüdischen Chronologie», *BZAW* 88, 1964, man vgl. die Zeittafeln in: *Biblisches Reallexikon*, hg. v. K. Galling, 2. Aufl. Tübingen 1977, S. 386ff; K. Matthiae / W. Thiel, *Biblische Zeittafeln*, Neukirchen-Vluyn 1985.

5 Quellen aus der Umwelt des Alten Testamentes werden meist zitiert nach der Übersetzung in TGI = *Textbuch zur Geschichte Israels*, hg. v. K. Galling, 3. Aufl. Tübingen 1979; außerdem ist TUAT = *Texte aus der Umwelt des Alten Testaments*, hg. v. O. Kaiser, Bd. I, Gütersloh 1985 wichtig.

6 W. Helck, *Die Beziehungen Ägyptens und Vorderasiens zur Ägäis bis ins 7. Jahrhundert v. Chr.*, EdF 120, Darmstadt 1979, S. 133ff.

7 Vgl. M. Weippert, *Die Landnahme der israelitischen Stämme in der wissenschaftlichen Diskussion*, Göttingen 1967.

8 «Die Landnahme der Israeliten in Palästina» (1925), in: ders., *Kleine Schriften*, Bd. I, München 1953, S. 89-125.

9 N. K. Gottwald, *The Tribes of Yahweh. A Sociology of Liberated Israel 1250-1050 B. C. E.*, New York 1979.

10 V. Fritz, *Einführung in die biblische Archäologie*, Darmstadt 1985; als Beispiel sei hingewiesen auf: *Ergebnisse der Ausgrabungen auf der Ḫirbet el-Mšāš (Tēl Māśōś)*, hg. v. V. Fritz u. A. Kempinski, 3 Bde, Wiesbaden 1983.

11 Vgl. E. Blum, *Die Komposition der Vätergeschichte*, Neukirchen-Vluyn 1984, bes. S. 478ff.

12 M. Noth, *Überlieferungsgeschichte des Pentateuch*, 2. Aufl. Darmstadt 1960, S. 52.

13 L. Perlitt, *Bundestheologie im Alten Testament*, Neukirchen-Vluyn 1969, bes. S. 54-128.

14 *Das System der zwölf Stämme Israels* (1930), 2. Aufl. Darmstadt 1966.

15 E. Kutsch, *Verheißung und Gesetz. Untersuchungen zum sogenannten «Bund» im Alten Testament*, Berlin/New York 1973.

16 F. Crüsemann, *Der Widerstand gegen das Königtum. Die antiköniglichen Texte des Alten Testamentes und der Kampf um den frühen israelitischen Staat*, Neukirchen-Vluyn 1978. Zum ethnologischen Material vgl. C. Sigrist, *Regulierte Anarchie. Untersuchungen zum Fehlen und zur Entstehung politischer Herrschaft in segmentären Gesellschaften Afrikas*, 2. Aufl. Frankfurt/M. 1979; F. Kramer / C. Sigrist (Hg.), *Gesellschaften ohne Staat*, 2 Bde., Frankfurt/M. 1978.

17 R. Albertz, Art. «Israel», *Theologische Realenzyklopädie*, Bd. 16/17, 1987.

18 T. Dothan, *The Philistines and their Material Culture*, Jerusalem 1982.

19 Übersetzungen aus den Samuelbüchern im Anschluß an F. Stolz, *Das erste und zweite Buch Samuel*, Zürcher Bibelkommentare, Zürich 1981.

20 N. Avigad, «The Chief of the Corvée», *Israel Exploration Journal*, 30, 1980, S. 170-173.

21 So K. Rupprecht, *Der Tempel von Jerusalem*, Berlin/New York 1977.

22 H. Donner, *Geschichte des Volkes Israel und seiner Nachbarn in Grundzügen*, Teil 1, Göttingen 1984, S. 222.

23 *Theologie des Alten Testamentes*, Bd. I, 6. Aufl. München 1969, S. 62ff.

24 Übersetzung nach H. Wildberger, *Königsherrschaft Gottes. Jesaja 1-39*, 2 Bde., Neukirchen-Vluyn 1984, S. 256f.

25 K. Koch, «Weltordnung und Reichsidee im alten Iran», in: P. Frei / K. Koch, *Reichsidee und Reichsorganisation im Perserreich*, Freiburg-Schweiz/ Göttingen 1984, S. 52.

26 Übersetzung nach K. Galling, «Die Bücher der Chronik, Esra, Nehemia», *Das Alte Testament Deutsch*, Göttingen 1954, S. 196.

27 H. Gese, «Anfang und Ende der Apokalyptik, dargestellt am Sacharjabuch», in: ders., *Vom Sinai zum Zion*, München 1974, S. 202-230.

28 U. Kellermann, *Nehemia. Quellen, Überlieferung und Geschichte*, Berlin 1967.
29 R. Rendtorff, «Esra und das ‹Gesetz›», *Zeitschr. f. d. altt. Wissenschaft* 96, 1984, 165-184.
30 F. Crüsemann, «Israel in der Perserzeit». Eine Skizze in Auseinandersetzung mit Max Weber, in: W. Schluchter (Hg.), *Max Webers Sicht des antiken Christentums*, stw 548, Frankfurt/M. 1985, 205-232.
31 G.v. Rad, a. a. O., S. 104f.
32 Dazu R. Rendtorff, «Das ‹Ende› der Geschichte Israels», in: ders., *Gesammelte Studien zum Alten Testament*, München 1975, S. 267-276.
33 So der wirkungskräftige Titel der Darstellung von Julius Wellhausen, *Israelitische und Jüdische Geschichte* (1894), 9. Aufl. Berlin 1958.
34 Donner, *Geschichte*, Bd. 2, S. 431.
35 R. Zadoq, *The Jews in Babylonia during the Chaldaean and Achaemenian Periods according to the Babylonian Sources*, Haifa 1979.
36 M. Stern, «Die Zeit des Zweiten Tempels», in: *Geschichte des jüdischen Volkes*, hg. v. H. H. Ben-Sasson, Bd. I dt. Übers. München 1978, S. 231.
37 Vgl. H. G. Kippenberg, *Garizim und Synagoge*, Berlin/New York 1971.
38 M. Hengel, *Judentum und Hellenismus*, Tübingen 1969, S. 83.
39 H. G. Kippenberg, *Religion und Klassenbildung im antiken Judäa*, Göttingen 1978.
40 Übersetzungen nach K.-D. Schunck, «1. Makkabäerbuch», *Jüdische Schriften aus hellenistisch-römischer Zeit*, I/4, Gütersloh 1980; C. Habicht, «2. Makkabäerbuch», ebd. I/3, 1976.
41 P. Schäfer, *Geschichte der Juden in der Antike. Die Juden Palästinas von Alexander dem Großen bis zur arabischen Eroberung*, Stuttgart/Neukirchen-Vluyn 1983, S. 103.
42 J. A. Sanders, «Text and Canon: Concepts and Methods», *Journal of Biblical Literature* 98, 1979, S. 5-29; ders., «Text and Canon: Old Testament and New», in: *Mélanges D. Barthélemy*, Fribourg/Göttingen 1981, S. 373-394.

Zum Beitrag von Rainer Albertz (S. 285-360)

Diese Anmerkungen beschränken sich auf wenige Angaben, die dem mit der Fachdiskussion nicht vertrauten Leser die Orientierung erleichtern sollen.

1 Vgl. bes. M. Weber, *Das Antike Judentum, Wirtschaftsethik der Weltreligionen*, Gesammelte Aufsätze zur Religionssoziologie Bd. III, Tübingen 1920 = 1966, und A. Causse, *Du groupe ethnique à la communauté religieuse. Le problème sociologique de la religion d'Israël*, Paris 1937.
2 Vgl. die Ansätze von E. Durkheim bis hin zu Th. Luckmann, aber auch die Übersichten von M. Hill und G. Kehrer / B. Hardin in: F. Whaling, *Contemporary Approaches to the Study of Religion* Vol. II, *Religion and Reason* Vol. XXVIII, Berlin/New York/Amsterdam 1985, 89-177.
3 *The Invisible Religion. The Problem of Religion in Modern Society*, New York 1967.
4 *Identity and the Sacred*, Oxford 1976.
5 R. Albertz, *Persönliche Frömmigkeit und offizielle Religion. Religionsinterner Pluralismus in Israel und Babylon*, CTM A. 9, Stuttgart 1978.
6 Zur Korrelation zwischen gesellschaftlichen Autoritätsstrukturen und Gotteskonzeptionen vgl. die Untersuchung, die G. E. Swanson zu einer Reihe schriftloser Kulturen vorgelegt hat: *The Birth of Gods. The Origin of Primitive Belief*, Ann Arbor 1964; 1974.
7 Vgl. z. B. E. Sellin, *Mose und seine Bedeutung für die israelitisch-jüdische Religionsgeschichte*, Leipzig 1922.
8 So ein Teil der Wellhausen-Schule und noch G. Fohrer, *Geschichte der israelitischen Religion*, Berlin 1969.
9 A. Alt, «Der Gott der Väter» (1929), *Kleine Schriften*, Bd. I, München, 1-78.
10 Vgl. die Forschungsübersicht bei C. Westermann, *Genesis 12-50*, EF 48, Darmstadt 1975, 97-123.
11 So bei H. Ringgren, «Israelitische Religion». *Religionen der Menschheit* Bd. 26, Stuttgart, 15-24, und G. Fohrer, (Anm. 8), 20-27.
12 S. R. Albertz, (Anm. 5), 88f.
13 Vgl. E. Blum, *Die Komposition der Vätergeschichte*, WMANT 57, Neukirchen 1984, bes. 478ff.
14 Vgl. V. Maag, «Der Hirte Israels. Eine Skizze von Wesen und Bedeutung der Väterreligion (1958), Kultur, Kulturkontakt und Religion». *Gesammelte Studien zur allgemeinen und alttestamentlichen Religionsgeschichte*, Göttingen/Zürich 1980, 111-144; «Malkût JHWH» (1960), ebd., 149-169; «Jahwäs Begegnung mit der kanaanäischen Kosmologie» (1965), ebd., 203-220.
15 *Weidewechsel und alttestamentlicher Festkalender* (1943); ders. *Das Kleine Credo und andere Studien zum Alten Testament*, Heidelberg 1969, 101-112
16 Gegen M. Görg, «Ausweisung oder Befreiung?» Neue Perspektiven «zum sogenannten Exodus», *Kairos* 20, 1978, 272-280.
17 So bes. von M. Noth u. a., vgl. den Forschungsüberblick von W. H. Schmidt, *Exodus, Sinai, Mose*, EF 191, Darmstadt 1983, 1-19.
18 So zuletzt wieder M. Rose, *Jahwe*, ThSt 122, Zürich 1978; vgl. zum Folgenden M. Weippert, Art. «Jahwe», *RLA* V, 246-253.
19 Vgl. Ex 18, 27 und Nu 10, 29; dazu A. H. J. Gunneweg, «Mose in Midian», *ZThK* 60, 1964, 1-9.
20 Vgl. dazu Th. Booij, «Mountain and Theophany in the Sinai Narrative», *Bibl.* 65, 1984, 1-26.
21 Vgl. V. Fritz, *Tempel und Zelt*. Studien zum Tempelbau in Israel und zum Zeltheiligtum der Priesterschrift, WMANT 47, Neukirchen 1977, 109ff.
22 Vgl. grundsätzlich dazu A. Brelich, «Der Polytheismus», *Numen* 7, 1960, 123-136.
23 Die Erzählung vom «Goldenen Kalb» (Ex 32) reflektiert den späteren nordisraelitischen Staatskult.
24 Vgl. dazu stellvertretend für viele andere die Arbeiten von V. Fritz. «Die kulturhistorische Bedeutung der früheisenzeitlichen Siedlung auf der Ḫirbet el-Mšāš und das Problem der Landnahme», *ZDPV* 96, 1980, 121-135; «Das Ende der spätbronzezeitlichen Stadt Hazor Stratum XIII und die biblische Überlieferung in Jos 11 und Richter 4», *UF* 5, 1973, 123-139; meine Sicht weiß sich auch mündlichen Hinweisen von H. Weippert verpflichtet.
25 Diese Sicht bestimmt in der deutschsprachigen Forschung bis heute noch weitgehend das Bild der Frühgeschichte Israels, vgl. zur älteren Diskussion M. Weippert, *Die Landnahme der israelitischen Stämme in der neueren wissenschaftlichen Diskussion*, FRLANT 92, Göttingen 1967.
26 C. H. J. de Geus, *The Tribes of Israel. An Investigation into some of the Presuppositions of Martin Noth's Amphictyony Hypothesis*, Assen/Amsterdam 1976; N. K. Gottwald, *The Tribes of Yahweh. A Sociology of the Religion of Liberated Israel 1250-1050 B. C. E.*, Maryknoll 2. Aufl. 1981.
27 *Das System der Zwölf Stämme Israels*, BWANT 52, Stuttgart 1930, Darmstadt 1966 u. a., die These kann heute als weitgehend widerlegt gelten.
28 F. Crüsemann, *Der Widerstand gegen das Königtum. Die antiköniglichen Texte des Alten Testaments und der Kampf um den frühen israelitischen Staat*, WMANT 49, Neukirchen 1978, 201ff.
29 *Stadt und Eidgenossenschaft im Alten Testament. Eine Auseinandersetzung mit Max Webers Studie «Das antike Judentum»*, BZAW 156, Berlin/New York 1983, 202ff.
30 Daß Jahweglaube und Gruppenzugehörigkeit anfangs nicht völlig identisch waren, zeigt das Beispiel der Kalebiter bzw. Keniter. Doch erhielten sie aufgrund der religiösen Gemeinschaft Siedlungsrecht im Stammesverband eingeräumt (Ri 1, 12ff.; 4, 17ff.) und wurden später in den Stamm Juda integriert.
31 Vgl. (Anm. 27), 91.
32 «Hier sind deine Götter, Israel, Wort und Geschichte», FS K. Elliger, 1973, 45-50; vgl. auch J. A. Emerton, «New Light on Israelite Religion: The Implications of the Inscriptions from Kuntillet 'Ajrud», *ZAW* 94, 1982, 2-20.
33 Vgl. M. Ottosson, *Temples and Cult Places in Palestine*, Uppsala 1980, 107.
34 Y. Aharoni, «Arad: Its Inscriptions and Temple», *BA* 31, 1968, 2-33, 19. Als Kulthöhe ist wahrscheinlich auch eine früheisenzeitliche Anlage zu deuten, die jüngst durch den Fund einer bronzenen Stierplastik Aufsehen erregte, vgl. A. Mazar, «Bronze Bull Found in Israelite ‹High Place› from the Time of Judges», *BAR* 9, 1983, 34-40.
35 «A Study of Palestine Iron Age Baked Clay Figurines, with Special Reference to Jerusalem: Cave 1», *Levant* 9, 1977, 121-155.
36 Vgl. B. Lang, «Persönlicher Gott und Ortsgott. Über Elementarformen der Frömmigkeit im alten Israel», *Fontes atque pontes*, FS H. Brunner, Wiesbaden 1983, 271-301.
37 S. M. Ottosson (Anm. 33), 97f.
38 E. Gerstenberger, *Der bittende Mensch. Bittritual und Klagelied des Einzelnen im Alten Testament*, WMANT 51, Neukirchen 1980, bes. 134ff.

39 Vgl. R. Rendtorff, *Studien zur Geschichte des Opfers im alten Israel*, WMANT 24, 1967, bes. 143 ff.

40 Vgl. dazu W. Brueggemann, «Trajectories in Old Testament Literature and the Sociology of Ancient Israel», *JBL* 98, 1979, 161-185.

41 Vgl. dazu W. Thiel, «Soziale Wandlungen in der frühen Königszeit Alt-Israels» in H. Klengel (Hg.), *Gesellschaft und Kultur im alten Vorderasien*, Schriften zur Geschichte und Kultur des Alten Orients 15, (Ost-) Berlin 1982, 235-246; ders., «Soziale Auswirkungen der Herrschaft Salomos» in: R. Rendtorff (Hg.), *Charisma und Institution*, Gütersloh 1985, 297-314.

42 S. F. Crüsemann, «Der Zehnte in der israelitischen Königszeit», *Wort und Dienst* N. F. 19, 1985, 21-47.

43 Stellvertretend für viele Arbeiten zum Thema seien hier genannt: J. A. Soggin, «Der Beitrag des Königtums zur israelitischen Religion», VTS 23, 1972, 9-25; T. N. D. Mettinger, «King and Messiah. The Civil and Sacral Legitimation of the Israelite Kings», CB.OT 8, 1976, und T. Ishida, «The Royal Dynasties in Ancient Israel. A Study on the Formation and Development of Royal-Dynastic Ideology», BZAW 142, 1977.

44 Vgl. H. Tadmor, «Traditional Institutions and the Monarchy. Social and Political Tensions in the Time of David and Salomo» in: T. Ishida (Hg.), *Studies in the Period of David and Salomon and other Essays*, Winona Lake 1982, 239-257.

45 S. (Anm. 28), 19 ff.

46 So (Anm. 43), 151-184.

47 Vgl. K. Rupprecht, *Der Tempel von Jerusalem. Gründung Salomos oder jebusitisches Erbe?*, BZAW 144, Berlin/New York 1977.

48 «Where the Ancient Tempel of Jerusalem Stood», *BAR* 9, 1983, 40-58.

49 Vgl. dazu T. N. D. Mettinger, «YHWH SABAOTH – The Heavenly King on the Cherubim Throne», in T. Ishida (Hg.), *Studies in the Period of David and Salomon and other Essays*, Winona Lake 1982, 109-138.

50 Königtum Gottes in Ugarit und Israel. Zur Herkunft der Königsprädikation Jahwes, *BZAW* 80, 2. Aufl., Berlin 1966.

51 Vgl. «E. Otto, El und Jhwh in Jerusalem. Historische und theologische Aspekte einer Religionsintegration, *VT* 30», 1980, 316-329.

52 Vgl. M. Weippert, «Gott und Stier», *ZDPV* 77, 1961, 93-117; H. Motzki, «Ein Beitrag zum Problem des Stierkults in der Religionsgeschichte Israels», *VT* 35, 1975, 470-485; J. Hahn, *Das Goldene Kalb. Jahwe-Verehrung bei Stierbildern in der Geschichte Israels*, Frankfurt 1981. Eine bronzene Stierplastik in kultischem Kontext der vorstaatlichen Zeit wurde jetzt im nördlichen samaritanischen Bergland gefunden, s. A. Mazar, (Anm. 34), 34 ff.

53 Meist hält man sie für eine tyrische Königstochter; doch vgl. S. Timm, «Die Dynastie Omri». Quellen und Untersuchungen zur Geschichte Israels im 9. Jh., *FRLANT* 124, Göttingen 1980, 200-241.

54 Y. Yadin nimmt die nicht ganz eindeutigen Texte 1. Kön 16,32 und 2. Kön 10,25 zum Anlaß, den Ort des «Hauses Baal» nicht in Samaria, sondern auf dem Karmel zu vermuten; doch bleibt diese Annahme unsicher (The «House of Baal» of Ahab and Jezebel in Samaria, and that of Athalja in Juda, Archaeology in the Levant, FS K. Kenyon, Warminster 1978, 127-135).

55 So auch S. Timm, (Anm. 53), 302 f.

56 So jetzt E. Würthwein, *Die Bücher der Könige. 1. Kön 17 – 2. Kön 25*, ATD XI,2, Göttingen 1984, 218 ff unter Zurücknahme seiner älteren Ansichten.

57 Vgl. Micha ben Jimla 1. Kön 22 und z. T. auch schon Ahia v. Silo 1. Kön 14.

58 Da in der Parallelüberlieferung 2. Kön 9,25-26 der Name Elia fehlt, könnte er eine anonyme Prophetengestalt verdrängt haben. Die ursprüngliche literarische Zugehörigkeit von 1. Kön 21,17-20 zur Naboth-Erzählung ist nicht über jeden Zweifel erhaben.

59 *Das Gottesurteil auf dem Karmel* (1935). Ders., *Kleine Schriften* II, München 1953, 135-149; zur weiteren Diskussion vgl. S. Timm (Anm. 53), 87 ff; gegenüber A. Alt u. a. ist festzuhalten, daß es sich in 1. Kön 18 weder um ein Gottesurteil noch um eine Kulturlegende handelt.

60 Der Vorschlag von E. Würthwein, 9,1-13 einer späteren Schicht zuzuweisen und damit die Jehu-Revolte ganz vom prophetischen Hintergrund zu trennen (Anm. 56, 324 ff), kann nicht überzeugen.

61 Vgl. die nachexilische Polemik gegen die (reichen) Frevler, sie würden den Reichtum zu ihrem Gott machen Hi 31,24f; Ps 69,11; wie stark gerade die Oberschicht dieser Zeit in den Kategorien der weisheitlichen Vergeltungslehre dachte und darum einen Anspruch auf Glück und Reichtum zu haben meinte, zeigt z. B. das Hiobbuch; wahrscheinlich war dies in der Königszeit nicht allzu anders.

62 So eine These von H. W. Wolff, *Dodekapropheton 4. Micha*, BK XIV,4, Neukirchen 1982, XIII-XVII.

63 Vgl. dazu Chr. Hardmeier, «Die judäische Unheilsprophetie. Antwort auf einen Gesellschafts- und Normenwandel im Israel des 8. Jahrhunderts vor Christus», *Der altsprachliche Unterricht* 26, 1983, 20-44.

64 Zum Zusammenhang von politischer und religiöser Anklage bei Hosea vgl. R. Gnuse, «Calf, Cult, and King. The Unity of Hosea 8,1-13», *BZ* N.F. 26, 1982, 83-92.

65 Als Beispiel für viele andere sei hier auf die Untersuchung von U. Oldenburg, *The Conflict between El and Baal in Canaanite Religion*, Numen Suppl. 3, Leiden 1969, 176 ff hingewiesen.

66 W. Rudolph, *Hosea, KAT XIII*, 1, Gütersloh 1966, 175.

67 H. W. Wolff, *Dodekapropheton 1. Hosea*, BK XIV, 1 Neukirchen 2. Aufl. 1965, 163 f.

68 J. Jeremias, *Der Prophet Hosea*, ATD 24,1, Göttingen 1983, 54.

69 Vgl. z. B. K. Koch, «Zur Entstehung der Ba'al-Verehrung», *UF* 11, 1979, 465-475, und L. E. Toombs, «Baal, Lord of the Earth. The Ugaritic Baal Epic», in C. L. Meyers (Hg.), *The Word of the Lord shall go Forth*, FS D. N. Freedman, Winona Lake 1983, 613-623.

70 So J. Jeremias (Anm. 68), 71.

71 Man stelle sich vor, spätere Archäologen würden aus aufgefundenen Resten von Weihnachtsbäumen und Ostereiern schließen, dem Christentum sei es in Deutschland auch nach 1000 Jahren nicht gelungen, mit der germanischen Religion fertigzuwerden! Kein Mensch sieht heute diese Dinge als Synkretismus an, obgleich sie es einmal waren.

72 Vgl. D. Conrad, «Einige (archäologische) Miszellen zur Kultgeschichte Judas in der Königszeit», in A. H. J. Gunneweg/ O. Kaiser (Hg.), *Textgemäß. Aufsätze und Beiträge zur Hermeneutik des Alten Testaments*, FS E. Würthwein, Göttingen 1979, 28-32.

73 Vgl. z. B. M. Weinfeld, «The Emergence of the Deuteronomic Movement. The Historical Antecedents», in: N. Lohfink (Hg.), *Das Deuteronomium. Entstehung, Gestalt und Botschaft*, Löwen 1985, 76-98.

74 So ist die Kultzentralisation nach dem Ausweis von Arad keineswegs konsequent; es fehlt noch die Polemik gegen den Gestirnskult, der von den deuteronomistischen Tradenten erstmals Manasse vorgeworfen wird (2. Kön 21,3.5), u. a. m.

75 Diese und andere Beobachtungen führen J. Halbe immerhin schon dahin, die Entstehung des Bundesbuches in die frühe Königszeit anzusetzen («Das Privilegrecht Jahwes Ex 34,10-26. Gestalt und Wesen, Herkunft und Wirken in vordeuteronomischer Zeit», *FRLANT* 114, Göttingen 1975, 319 ff).

76 Zur archäologischen Evidenz vgl. M. Broshi, «The Expansion of Jerusalem in the Reigns of Hezekiah and Manasse», *IEJ* 24, 1974; 21-26: Allein Jerusalem vergrößerte seine Einwohnerzahl in dieser Zeit um das Drei- bis Vierfache. Der hebräische Begriff *ger* kann auch grundbesitzlose Israeliten aus fremden Stämmen bezeichnen (vgl. Ri 19,16), so auch die Leviten (Ri 17,7 ff; 19,1).

77 G. Chr. Macholz, «Zur Geschichte der Justizorganisation in Juda», *ZAW* 84, 1972, 314-340.

78 Vgl. zu dieser Sicht betreffend die Lex talionis S. M. Paul, *Studies in the Book of Covenant in the Light of Cuneiform and Biblical Law*, VTS 18, Leiden 1970, 75 ff.

79 So z. B. in Gaza; zu der in letzter Zeit kontrovers diskutierten Frage der assyrischen Religionspolitik vgl. H. Spiekermann, «Juda unter Assur in der Sargonidenzeit», *FRLANT* 129, Göttingen 1982, bes. 307 ff.

80 Auch der Mondgott Sin hatte etwas mit dem Orakelwesen zu tun, vgl. etwa sein Epitheton *mukallim ittati* («der die Vorzeichen zeigt»).

81 S. T.A. Holland, (Anm. 35), 149.

82 Vgl. B. Landsberger/ H. Tadmor, «Fragments of Clay Liver Models from Hazor», *IEJ* 14, 1964, 201-218.

83 «The Worship of Molech and of the Queen of Heaven and its Background», *UF* 4, 1972, 133-154. Dagegen scheinen die Ausgrabungen von L. Stager in Karthago nun doch auf Kinderopfer zu weisen («Child Sacrifice at Cartage. Religious Rite or Population Control?», *BAR* 10, 1984, 31-51).

84 So wahrscheinlich zu lesen; ein Problem bleibt freilich das maskuline Epitheton bei der Göttin.

85 *Deuteronomy and the Deuteronomic School*, Oxford 1972.

86 D. L. Christensen, «Zephaniah 2:4-15: A Theological Basis of Josiah's Program of Political Expansion», *CBQ* 46, 1984, 669-682.

87 H. Barth, «Die Jesaja-Worte der Josiazeit. Israel und Assur als Thema einer produktiven Neuinterpretation der Jesajaüberlieferung», *WMANT* 48, Neukirchen 1977, bes. 141 ff.

88 Vgl. R. Albertz, «Jer 2-6 und die Frühzeitverkündigung Jeremias», *ZAW* 94, 1982, 20-47; N. Lohfink, *Der junge Jeremia als Propagandist und Poet.* Zum Grundstock von Jer 30-31, P.-M. Bogaert, *Le livre de Jérémie. Le prophète et son milieu. Les oracles et leur transmission*, Löwen 1981, 351-368.

89 Erst nach dem Untergang des Staats 586 versuchten die Deuteronomisten, das Deuteronomium im Kult heimisch zu machen; vgl. Dtn 31,9-13.

90 Vgl. zum Ganzen R. Albertz, (Anm. 5), 169 ff.

91 Vgl. dazu F. Crüsemann, «‹. . . damit er dich segne in allem Tun deiner Hand . . .› (Dtn 14,29). Die Produktionsverhältnisse der späten Königszeit, dargestellt am Ostrakon von Meṣad Ḥashavjahu, und die Sozialgesetzgebung des Deuteronomiums», in L./ W. Schottroff (Hg.), *Mitarbeiter der Schöpfung.* Bibel und Arbeitswelt, München 1983, 72-103.

92 So mit Recht S. Herrmann, «Die konstruktive Restauration. Das Deuteronomium als Mitte biblischer Theologie», H. W. Wolff (Hg.), *Probleme biblischer Theologie*, München 1971, 155-170.

93 Vgl. dazu R. Rendtorff, «Die Erwählung Israels als Thema der deuteronomischen Theologie», in J. Jeremias/ L. Perlitt (Hg.), *Die Botschaft und die Boten.* FS H. W. Wolff, Neukirchen 1981, 75-86.

94 Vgl. den Nachweis von L. Perlitt, «Bundestheologie im Alten Testament», *WMANT* 36, Neukirchen 1969.

95 Vgl. dazu die Parallelen, die R. Frankena zusammengestellt hat («The Vassal Treaties of Esarhaddon and the Dating of Deuteronomy», *OTSS* 14, 1965, 122-154); es gab in Assyrien auch *adê*-Verträge zwischen dem König und seinem eigenen Volk, die strukturell der deuteronomischen Übertragung noch genauer entsprechen. Vielleicht war auch diese Form in Juda bekannt.

Literaturhinweise

Zum Beitrag von Frank Crüsemann

Aharoni, Y., *Das Land der Bibel. Eine historische Geographie*, dt. Übers. Neukirchen-Vluyn 1984

Alt, A., *Kleine Schriften zur Geschichte des Volkes Israel*, 3 Bände, München 1953-59 (u. ö.)

Ben-Sasson, H. H. (Hg.), *Geschichte des jüdischen Volkes*, Bd. I: *Von den Anfängen bis zum 7. Jahrhundert*, dt. Übersetzung, München 1978

Donner, H., *Geschichte des Volkes Israel und seiner Nachbarn in Grundzügen*, Grundrisse zum Alten Testament, *Das Alte Testament Deutsch.* Ergänzungsreihe, Bd. 1: *Von den Anfängen bis zur Staatenbildung*, Göttingen 1984; Bd. 2: *Von der Königszeit bis zu Alexander dem Großen*, Göttingen 1986

Encyclopedia of Archaeological Excavations in the Holy Land, Hg. M. Avi-Yonah, 4 Bände, London 1975-1978

Fritz, V., *Einführung in die biblische Archäologie*, Darmstadt 1985

Hayes, J. H./Miller, J. M. (Hg.), *Israelite and Judaean History*, London 1977

Keel, O./Küchler, M., *Orte und Landschaften der Bibel.* Ein Handbuch und Studien-Reiseführer, 4 Bände, Bd. 1: *Geographisch-geschichtliche Landeskunde*, Einsiedeln u. a. 1984; Bd. 2: *Der Süden*, Zürich u. a. 1982

Metzger, M., *Grundriß der Geschichte Israels*, 6. Aufl. Neukirchen-Vluyn 1983

Noth, M., *Geschichte Israels*, 4. Aufl. Göttingen 1959

Otto, E., *Jerusalem – die Geschichte der Heiligen Stadt. Von den Anfängen bis zur Kreuzfahrerzeit*, urban-tb 308, Stuttgart u. a. 1980

Rendtorff, R., *Das Alte Testament. Eine Einführung*, 2. Aufl. Neukirchen-Vluyn 1985

Schäfer, P., *Geschichte der Juden in der Antike. Die Juden Palästinas von Alexander dem Großen bis zur arabischen Eroberung*, Stuttgart 1983.

Vaux, R. de, *Das Alte Testament und seine Lebensordnungen*, 2 Bde, dt. Übers., Freiburg u. a. 2. Aufl. 1964

Zum Beitrag von Manfred Görg

1 Vgl. dazu u. a. Gerhard von Rad, *Theologie des Alten Testaments* I: Die Theologie der geschichtlichen Überlieferungen Israels, München 1962, S. 135-142; Claus Westermann, *Theologie des Alten Testaments in Grundrissen*, Göttingen 1978, S. 38-43.

2 Ludwig Diestel, *Geschichte des Alten Testamentes in der christlichen Kirche*, Jena 1869 (Nachdruck: Leipzig 1981), S. 1-6, hier S. 2.

3 Karl Rahner, *Über die Schriftinspiration*, Freiburg 1959.

4 Friedrich Ohly, «Synagoge und Ecclesia. Typologisches in mittelalterlicher Dichtung», in: Ders., *Schriften zur mittelalterlichen Bedeutungsforschung*, Darmstadt 1977, S. 312-337, hier S. 312.

5 Vgl. zum Folgenden: Hans-Joachim Kraus, *Geschichte der historisch-kritischen Erforschung des Alten Testaments*, Neukirchen-Vluyn 1956/69. Zitate M. Luthers: S. 19f.; Zitate J. S. Semlers: S. 109f.

6 Rudolf Bultmann, «Weissagung und Erfüllung», in: Ders., *Glauben und Verstehen* II, Tübingen 1952, S. 162-186, hier S. 163.

7 Walther Zimmerli, «Verheißung und Erfüllung», in: *Evangelische Theologie* 12 (1952/53), S. 34-59, hier S. 49.

8 Vgl. u. a. Bernd Janowski, *Sühne als Heilsgeschehen. Studien zur Sühnetheologie der Priesterschrift und zur Wurzel KPR im Alten Orient und im Alten Testament*, Neukirchen-Vluyn 1982, S. 295-346. Peter Weimar, «Struktur und Komposition der priesterschriftlichen Geschichtsdarstellung», in: *Biblische Notizen. Beiträge zur exetischen Diskussion* 23 (1984), S. 81-134, 24 (1984), S. 138-162, hier S. 161; Ders., «Die Meerwundererzählung. Eine redaktionskritische Analyse von Ex 13, 17-14, 31» *(Ägypten und Altes Testament* 9), Wiesbaden 1985, S. 236.

9 Norbert Lohfink, «Das Jüdische am Christentum. Wider die Entscheidung der Christen zur Weltlosigkeit», in: Ders., *Das Jüdische am Christentum. Die verlorene Dimension*, Freiburg/Basel/Wien 1987, S. 48-70.

10 Vgl.u. a. Manfred Görg, «Fremdsein in und für Israel», in: *Münchener Theologische Zeitschrift* 37 (1986) S. 217-232.

Literaturquellen für die Zitate im Bildteil

Die biblischen Texte wurden der 1984 im Herder Verlag, Freiburg, erschienenen Einheitsübersetzung des Alten und Neuen Testaments *(Hausbibel)* entnommen. Für die Texte in Kapitel 2 wurden folgende Übersetzungen benutzt:

Aistleitner, J., *Die mythologischen und kultischen Texte aus Ras Schamra*, Budapest 1959

Assmann, J., *Ägyptische Hymnen und Gebete*, Zürich 1975

Bermant, Ch., *Ebla*

Brunner, T., *Die alten Ägypter*, Stuttgart 1974

Ermann, A., *Gespräche eines Lebensmüden mit seiner Seele*, Berlin 1896
–, *Die Literatur der Ägypter*, Leipzig 1925
–, *Ägyptische Zaubersprüche*, Berlin 1922

Falkenstein, A., *Sumerische und akkadische Hymnen und Gebete*, Zürich 1953; zitiert nach H. Uhlig, *Die Sumerer*, München 1976

Olten, H., *Kanaanäische Mythen aus Hattus-Boghazköy*, Mitteilungen der Deutschen Orientgesellschaft zu Berlin Nr. 85, Juni 1953; zitiert nach J. Lehmann, *Die Hethiter*, München 1975

Schott, S., *Altägyptische Liebeslieder*, Zürich 1975

Register

Die *kursiv* gesetzten Seitenzahlen weisen auf Abbildungen hin.

Abkürzungsverzeichnis

BA	The Biblical Archaeologist
BAR	Biblical Archaeological Review
BiBl.	Biblica
BWANT	Beiträge zur Wissenschaft vom Alten und Neuen Testament
BZAW	Beihefte zur Zeitschrift für die Alttestamentliche Wissenschaft
CB.OT	Coniectanea Biblica. Old Testament Series
CTM	Calwer Theologische Monographien
EF	Erträge der Forschung
FRLANT	Forschung zur Religion und Literatur des Alten und Neuen Testaments
JBL	Journal of Biblical Literature
RLA	Reallexikon für Assyriologie
ThSt	Theologische Studien (Zürich)
ThZ	Theologische Zeitschrift (Basel)
UF	Ugarit-Forschungen
VTS	Vetus Testamentum Supplements
WMANT	Wissenschaftliche Monographien zum Alten und Neuen Testament
WO	Die Welt des Orients
ZAW	Zeitschrift für die Alttestamentliche Wissenschaft
ZDPV	Zeitschrift des Deutschen Palästina-Vereins
ZTHK	Zeitschrift für Theologie und Kirche

Dank

Erich Lessing und der Verlag danken für die gewährte Unterstützung: Ruth und Azarya Alon, Bet-Hashita; Catherine Belanger, Louvre, Paris; Eli Borowski, Toronto; Dagon Museum, Haifa; Antoinette Decaudin, Louvre, Paris; Département des Antiquités orientales, Louvre, Paris; Grete Dostal, Hammer-Purgstall-Gesellschaft, Wien; Beth und Amos Elon, Jerusalem; Diane Harlé, Louvre, Paris; Edith und Reuben Hecht, Haifa; The Reuben and Edith Hecht Collection, University of Haifa; Israel Department of Antiquities and Museums, Tel-Aviv und Jerusalem; The Israel Museum, Jerusalem; Georg Kugler, Kunsthistorisches Museum Wien; Kunsthistorisches Museum Wien; Irene Levitt, Israel Museum, Jerusalem; Paolo Matthiae, Universität Rom; Helene Mazur, Den Haag; Jaakov Meshorer, Israel Museum, Jerusalem; Garo Nabaldian, Jerusalem; Zwi und Rina Perry, Tel Aviv; Helga und Alois Pfeifer, Wien; Helmut Satzinger, Kunsthistorisches Museum Wien; Brigitte Taillez, Louvre, Paris.